RÉUSSIR VOTRE RÉFÉRENCEMENT WEB

LE GUIDE COMPLET

TITAN

Micro Application

Copyright © 2012 MA EDITIONS
88 ter, avenue du Général-Leclerc
92100 Boulogne-Billancourt

1ère Édition - Novembre 2012

Auteur Gilles GREGOIRE

ISBN : 978-2-822-401111
ISSN : 1768-1871

Avant-propos

1° *Mythol.* Nom des enfants d'Ouranos (le Ciel) et de Gaïa (la Terre), dont l'aîné était *Titan* et le dernier *Kronos* (Saturne), qui furent vaincus par Zeus.

2° *Fig* et littér. (1831). Géant. *Une œuvre, un travail de Titan*.

Un petit peu d'histoire et de culture générale...

Dans la mythologie grecque, les Titans sont les enfants du Ciel et de la Terre, engendrés par Gaïa et Ouranos. Souvent dénommés les Dieux Anciens, ces divinités gigantesques, dotées d'une force remarquable, régnèrent sur le monde au commencement des temps.

Le plus connu d'entre eux fut Kronos, qui régna sur les autres Titans, jusqu'à ce que son fils Zeus le détrône et s'empare du pouvoir.

Les autres Titans et les Titanides les plus importants furent : Rhéa (femme de Kronos), Océan (le fleuve qui entourait la Terre), Téthys (sa femme), Japet (le père de Prométhée qui créa les mortels), Hypérion (Père du Soleil), Coéos, Crios, Phoebé (la Brillante), Thémis (la Loi), Mnémosyme (la Mémoire) et Théia (la Divine).

Titan est aussi le nom donné au plus important satellite de Saturne.

La collection Titan

Comme son nom l'indique, cette collection renferme des informations titanesques sur les sujets phares de la micro-informatique. Véritable guide de référence, LE TITAN vous apporte toutes les connaissances indispensables pour maîtriser un logiciel ou une nouvelle technologie, depuis l'apprentissage des bases, jusqu'à son utilisation avancée. Privilégiant toujours l'aspect pratique, les ouvrages de la collection LE TITAN délivrent de nombreux exemples, des trucs et astuces, mais aussi des conseils et des mises en garde pour vous éviter les mauvaises manipulations.

Conventions typographiques

Afin de faciliter la compréhension des techniques décrites, nous avons adopté les conventions typographiques suivantes :

- **gras** : menu, commande, boîte de dialogue, bouton, onglet.
- *italique* : zone de texte, liste déroulante, case à cocher, bouton radio.
- `Police bâton` : instruction, listing, adresse Internet, texte à saisir.
- ✂ : indique un retour à la ligne volontaire dû aux contraintes de la mise en page.

Au cours de votre lecture, vous rencontrerez les encadrés suivants :

A FAIRE	Vous indique une procédure ou une technique conforme.
A NE PAS FAIRE	Vous met en garde contre une erreur fréquemment commise ou une mauvaise procédure.
ASTUCE	Propose des trucs pratiques.
ATTENTION	Met l'accent sur un point important qu'il ne faut négliger à aucun prix.
DEFINITION	Donne en quelques lignes la définition d'un terme technique ou d'une abréviation.
INTERNET	Renvoi à un site où vous trouverez des infos complémentaires ou des outils à télécharger.
REMARQUE	Il s'agit d'informations supplémentaires relatives au sujet traité.

Sommaire

Introduction

Arriver en première page de Google est à la portée de tous

Les lecteurs du présent ouvrage sont intéressés par la réussite du référencement puis du positionnement de leur(s) site(s) Internet dans les moteurs de recherche. Il est recommandé de lire attentivement cette introduction afin d'être capable de bien appréhender les différents chapitres qui suivent en termes de pédagogie.

En premier lieu, expliquons l'acronyme SEO : *Search Engine Optimization*. En français, cela signifie référencement « naturel » sur les moteurs de recherche. C'est à 100 % l'objet du présent ouvrage. Régulièrement, vous trouverez cet acronyme au fil des pages.

Suite à nombre de publications, séminaires, formations, coachings réalisés depuis plusieurs années, il se révèle qu'expliquer le référencement naturel sur Google à des débutants est devenu de plus en plus complexe au cours des multiples évolutions de Google.

De plus, les dernières nouveautés de Google, Panda et Penguin, ont bouleversé l'univers du SEO. Une grande partie des méthodologies, des techniques est à reprendre. Bien des sites *a priori* sans histoire ont vu leur référencement malmené. Ces événements compliquent l'approche pédagogique car il va falloir tenir compte du Google « habituel » et prendre en compte ces nouveautés.

Les signaux sociaux, c'est-à-dire le fait que l'on parle d'un site web dans Facebook, Twitter et autres réseaux sociaux, influencent de plus en plus le positionnement et le référencement naturel. Là aussi, les règles du SEO doivent évoluer rapidement pour être capable de réussir un référencement.

Pour faire une tentative d'analogie : apprendre le poker et ses règles prend peu de temps. Être capable d'exploiter toutes les finesses du poker demande des années de pratique et d'entraînement. Le référencement est pire que le poker. En quelques heures on comprend les fondamentaux du référencement. Puis il faut des mois ou des années de pratique pour maîtriser les subtilités de la partie. Mais les règles de la partie évoluent vite et en permanence. Le croupier (Google) n'informe pas ou mal les joueurs des évolutions des règles. Les joueurs ont tous une tendance à tricher. Pour empirer la situation pédagogique, le croupier Google utile des technologies quelquefois hors de portée de la compréhension du public, voire de la plupart des informaticiens, et il se garde bien d'expliquer de nombreux éléments techniques. Le croupier a tous les droits, il cumule le rôle de juge et de bourreau. En SEO, ses jugements et exécutions sont sans appel. Google mémorise les webspam d'un site et lui en tient rigueur durant un laps de temps non défini par Google mais qui peut atteindre l'infini. Pour certains sites, des milliers, Google recommande carrément de tout jeter, nom de domaine inclus, et de tout refaire !

D'un point de vue pédagogique, en ayant en tête l'analogie expliquée ci-dessus, plusieurs challenges sont à relever dans le présent ouvrage. En référencement, tout interagit sur tout. Entrer brutalement dans le vif du sujet déconcertera le lecteur. Donc, une approche progressive depuis le niveau « initiation-débutant » jusqu'au niveau webmestre a été retenue pour le présent livre afin de mettre à la portée d'un public le plus large possible la réussite de son référencement. Un autre challenge pédagogique est à réussir : vulgariser sans les déformer (ou au minimum) des technologies informatiques sophistiquées mises en œuvre par Google. En effet, tout référenceur doit les comprendre pour ainsi être capable de réagir de manière adéquate.

REMARQUE

Expliquer le SEO, un challenge en pédagogie

Toutes les actions étant interdépendantes en SEO, il ne faudrait commencer à référencer son site qu'une fois cet ouvrage entièrement lu.

Cela signifie également que, pour comprendre efficacement le référencement, il faut comprendre et appréhender une multitude de critères et d'aspects du Web.

Un intervenant Google, lors du SEO Camp de mars 2012, nous a affirmé que 200 critères étaient pris en compte par Google pour évaluer une page et calculer son positionnement. C'est probablement vrai et on peut ajouter que chaque critère est évalué sous plusieurs angles, ce qui augmente encore la complexité de la démarche du référenceur.

Un ordonnancement des chapitres surprenant

Une fois passé le chapitre qui concerne les généralités indispensables à connaître, nous aborderons un hors-sujet surprenant : la publicité payante sur Google. En fait, comme vous allez vite le comprendre, malgré tout nous serons bien dans le cœur du sujet : le référencement naturel.

Les pages de résultats de recherche Google sont divisées en deux parties distinctes. Une première partie constitue le gagne-pain de Google : l'affichage des résultats est payant. Des annonceurs publicitaires payent Google pour figurer en haut de page ou en colonne de droite. Cette zone est dénommées *liens commerciaux* ou plus communément dans notre jargon *AdWords*. La deuxième partie, dénommée zone de résultats naturels, affiche les résultats les plus pertinents selon Google à votre requête.

Pour de nombreuses bonnes raisons qui seront exposées au fil des chapitres, nous commencerons par expliquer aux lecteurs le fonctionnement simplifié de Google AdWords. Le but n'est pas de faire du lecteur un *adworder* confirmé ; notre objectif est de montrer au lecteur comment utiliser AdWords pour en tirer des informations clés pour le SEO et comment mettre en œuvre une éventuelle synergie SEO et AdWords pour la création optimale de trafic ciblé et qualifié sur son site Internet. L'utilisation d'AdWords n'est pas obligatoire dans la durée. Ce qui compte, c'est d'obtenir des informations clés utiles au SEO afin d'accélérer le référencement et la création de trafic.

REMARQUE

Débuter sur le SEO par AdWords. Pourquoi ?

Aussi surprenant que cela puisse paraître, commencer par exposer le fonctionnement de la publicité payante sur Google va vous permettre d'être plus performant en référencement naturel.

Google a, au cours des dernières années, d'abord tué toute possibilité fiable et gratuite, hors son outil, d'avoir des statistiques sur l'usage des mots et expressions clés par les internautes dans son moteur. Il ne reste désormais que le « générateur de mots clés », un outil AdWords, accessible sous deux versions.

Il en existe une version payante accessible uniquement aux possesseurs de campagnes AdWords. Cette version a été bridée par Google au fil des années passées et au fur et à mesure de la disparition de la concurrence. Les résultats de cet outil sont désormais incomplets mais ont le mérite d'exister. En réalisant réellement une campagne AdWords, on découvre des informations clés supplémentaires sur le comportement des internautes et leurs usages des expressions clés dans leurs requêtes. Ces informations sont inaccessibles sans réalisation concrète d'une campagne AdWords.

Il existe une version gratuite du « générateur de mots clés » AdWords accessible à tous. Elle est encore plus bridée que la version payante et n'offre qu'un intérêt très limité.

La plupart des possesseurs de sites web ayant un objectif commercial veulent créer un trafic ciblé et qualifié vers leurs pages pour un budget donné. Exprimé en français courant, ces webmestres veulent capter l'attention de prospects qualifiés potentiellement aptes à acheter leurs produits ou services sur le site lui-même (un petit site d'e-commerce, par exemple) ou *via* une prise de contact (une entreprise de plomberie recevra un appel téléphonique ou un formulaire de demande de rendez-vous ou d'informations). Mixer AdWords et SEO en exploitant au mieux les synergies possibles permet à ces webmestres d'atteindre cet objectif : maximiser le trafic pour un budget limité.

REMARQUE

Une première étape fondamentale : la maîtrise de ses besoins en expressions clés

En effet, réussir son SEO passe par la maîtrise de ses besoins en expressions clés. Et AdWords avec l'outil de « générateur de mots clés » constitue la seule voie possible pour atteindre cette maîtrise.

Bien entendu, une fois cet objectif atteint, le webmestre pourra alléger ou carrément suspendre la campagne AdWords lui ayant permis de comprendre et de maîtriser les expressions clés porteuses de prospects potentiels vers son site.

Les années cohérence sont suivies des années crédibilité chez Google

Google occupe plus de 95 % du marché de la recherche d'informations par *moteurs de recherche* sur le Net français. La totalité de l'ouvrage porte donc sur Google. Cependant, les techniques et conseils exposés dans ce livre fonctionnent très bien dans la majorité des cas avec les moteurs concurrents de Google.

Il est à noter également que nous ciblons le référencement *via* moteur de recherche. Il existe d'autres formes de recherche indépendantes d'un moteur de type Google : les apps sur Smartphone. Chaque fois que vous utilisez **Around Me** ou **Siri** d'Apple, vous recherchez une information sans passer par Google. Nous en reparlerons plus en profondeur plus avant.

Les années 2000 ont vu Google centrer une partie de son effort qualité sur la cohérence. *« Les liens quittant cette page sont-ils cohérents avec son contenu et avec le contenu de la page ciblée par l'URL »*, par exemple.

Depuis presque deux ans, Google met en place progressivement un contrôle crédibilité. Le site est-il crédible sur son contenu ?

Ces deux aspects majeurs conditionnent un référencement réussi. Ils conduisent le présent ouvrage à mettre en œuvre des chapitres dédiés aux différents aspects de la cohérence puis de la crédibilité des contenus interconnectés *via* des liens.

REMARQUE

Aux années 2000 la cohérence, aux années 2010 la crédibilité

La cohérence des contenus et de leurs interconnexions permet à Google de trier des pages en résultats de recherche vis-à-vis d'une requête d'un internaute.

> **REMARQUE**
>
> L'impact des réseaux sociaux et des backlinks de qualité associés contribue au contrôle crédibilité de Google sur les contenus d'un site. Des actions en *crédibilité* des contenus *via* des actions collaboratives entre le site et des acteurs extérieurs prennent une importance de plus en plus grande dans la réussite du référencement de sites cohérents.
>
> Les multiples formes du Web 2.0 (forums, réseaux sociaux, annuaires certifiés, comptes utilisateurs, services Google certifiés…) offrent une opportunité extraordinaire à Google de mesurer et de contrôler la crédibilité des contenus d'une page et donc d'en tenir compte dans son positionnement dans une page de résultats. Donc, aux référenceurs et autres acteurs de la création de trafic d'en tirer parti !

La *crédibilité* est le maître mot caché derrière l'offensive de Google sur les réseaux sociaux dont, bien sûr, le sien, Google Plus. Certes, l'offensive de Google dans les réseaux sociaux n'a pas pour seul enjeu d'améliorer le moteur. Ce n'est qu'un enjeu majeur parmi d'autres dont celui d'affronter Facebook et de tenter de lui prendre des parts de marché sur le créneau du réseau social et des revenus associés. Mais l'occasion est là : *via* les réseaux sociaux, dont le sien, Google va pouvoir mieux contrôler la provenance et la qualité des contenus d'une page ; et donc utiliser ces mesures, ces signaux dit-on dans le monde du SEO, pour en tenir compte dans les calculs nécessaires au référencement de cette page dans son index vis-à-vis de ses expressions clés.

C'est l'événement majeur du début des années 2010 et pour plusieurs années dans le référencement. Devenir crédible, c'est réussir une partie du référencement naturel de son site sur Google. Google n'en est qu'au début de ce déploiement. Il s'étalera sur plusieurs années. Rien que le premier semestre 2012 a été riche en surprises. Illustrons le propos.

Google détecte un texte en français sur la politique étrangère des États-Unis. Ce texte est présent sur un blog abordant régulièrement la politique aux États-Unis. Donc, ce texte est cohérent avec la thématique globale du site. Mais est-il crédible ? Est-ce que l'auteur du post sur ce blog présente des garanties lui permettant d'aborder un tel sujet ? Déployé aux États-Unis mais pas encore en service début 2012 en Europe, la balise Author permet à un site ou à un blog de faire signer l'écrivain d'un post ou d'une page dédiée à un article. Cette signature renvoie vers son profil Google Plus. Ce profil décrit l'auteur du post. Son réseau social (ses cercles dans Google Plus, l'usage de son compte Facebook, ses performances sur Twitter) permet vite de situer sa crédibilité dans la maîtrise des informations sur la politique aux États-Unis.

Via cet exemple simple, vous venez de voir comment Google a réussi à évaluer la crédibilité et la cohérence d'un post sur un blog. Ces calculs contribuent au positionnement d'une page sur ses expressions clés.

REMARQUE

Google et Google Panda/Penguin

Dans un souci de pédagogie et d'efficacité, nous allons dans cet ouvrage totalement séparer Google de Google Panda/Penguin.

En effet, du point de vue technique, Google Panda/Penguin sont des surcouches, un ajout d'algorithmes et de programmes « qualité » au moteur Google. Les fonctionnements du moteur d'un côté, de l'outil logiciel Panda (Penguin) de l'autre, sont complémentaires. Leurs algorithmes sont totalement distincts. Comme nous le verrons au chapitre dédié à Panda, le contrôle qualité des sites va basculer vers un ou des logiciels de type Panda. L'impact sur le référencement sera total. Panda ou Penguin peuvent faire plonger un site si bas dans le référencement que le trafic se tarit jusqu'à 90 %.

Google, Panda, Penguin et leurs mises à jour favorisent les sites à contenus textes de qualité et enrichis (multimédia, design, qualité technique, qualité du rédactionnel, Web 2.0…) disposant d'une crédibilité sur le Net exempte de liens illicites.

Google favorise les sites et marques dont on parle sur le Net (*via* les réseaux sociaux, le Web 2.0, les news en tout genre), ayant de fréquentes mises à jour et accédant comme fournisseurs d'informations aux réseaux sociaux (ce qui crée et entretient une boucle entre un site et ses internautes lecteurs *via* les réseaux sociaux). Exprimé autrement, Google favorise les sites ayant du budget correctement utilisé. Les grandes marques seront favorisées par rapport aux autres du fait de leur buzz naturel dans les réseaux sociaux. Nous avons là un recoupement entre SEO et marketing. Créer une marque autour d'un produit et d'un service est toujours d'actualité. Les internautes ayant mémorisé votre marque vis-à-vis d'un produit/service précis auront une tendance à saisir votre marque dans les mots clés de leurs recherches.

Google fait rapidement évoluer sa technologie et ses algorithmes. Lors d'une réunion de l'association SEO Camp (*Search Engine Optimization Campus*) en région parisienne, une responsable Google Europe (basée en Irlande) a indiqué une fréquence de 400 mises à jour annuelles dans les algorithmes de Google, dans la partie moteur et qualité de recherche, celle qui nous intéresse particulièrement en tant que référenceur. Matt Cutts, de Google, a quant à lui chiffré à 500 ces mises à jour annuelles lors du SMX 2012 (un congrès des référenceurs aux États-Unis). Une remise à jour du savoir-faire en référencement est donc nécessaire en continu et chaque nouvelle édition de ce livre reçoit de nombreuses mises à jour.

Suivre et mesurer son référencement

Pour réussir son suivi de site, il va falloir utiliser un minimum de cinq sources de statistiques. Et il ne suffira pas de les regarder, il va falloir les comprendre, les analyser, les corréler puis en tirer des conclusions justes. De ces conclusions, le webmestre pourra faire une liste d'actions concrètes à réaliser sur son site ou dans d'autres places comme les réseaux sociaux.

Un chapitre complet est dédié à ce sujet. Mieux, pour faciliter la compréhension de ces statistiques, des exemples liés à des profils seront présentés et explicités :

- artisan au métier très « répandu » (plombier, par exemple) ;
- artisan peu « répandu » (comme couvreur) ;
- entreprise de plomberie (les besoins en SEO d'une entreprise de plomberie sont différents d'un artisan plombier) ;
- PME commercialisant dans plusieurs régions françaises ;
- PME commercialisant dans la France entière.

Le lecteur pourra ainsi choisir le profil et les exemples les plus proches de sa situation.

Un livre à la portée de tous

Ce livre est centré sur le référencement dans Google d'un site Internet sur ses expressions clés à la portée du plus grand nombre. Il ne traite quasiment d'aucun code source complexe ni de technique de programmation. Les parties du livre consacrées à des explications techniques tentent de vulgariser au mieux des sujets techniques assez complexes utilisant massivement les mathématiques.

REMARQUE

Le référencement réussi à la portée de tous

Le référencement/positionnement peut très vite devenir une technique complexe à comprendre et à pratiquer. Même si les codeurs trouveront matière à algorithmes dans ce livre pour coder des sites web plus faciles à référencer, cet ouvrage cible la compréhension par un large public du référencement réussi : il n'y aura donc pas de codes sources PHP/MySQL. Les codeurs trouveront ceux-ci ainsi que d'autres explications plus pointues dans la suite de ce livre. Cette suite, intitulée *Techniques de référencement Google*, est clairement destinée aux codeurs. Elle est publiée chez MA Éditions, dans la collection *Guide Complet* (réf. 3618, EAN 9782300036187).

REMARQUE

Les conseils et explications de ce livre pourront être mis en pratique immédiatement, chapitre par chapitre, par les responsables d'entreprises, les cadres marketing ou commerciaux et les webmestres.

Méthodologies de référencement

Souvent, un webmestre désirant référencer son site se heurte à une première difficulté : par quoi commencer ? Par quoi continuer ? Quelle est la bonne séquence des opérations, comment les coordonner ?

La réponse n'est pas si évidente. En effet, tout dépend du site, bien sûr, mais aussi des objectifs recherchés et des potentiels d'évolutions dans la durée de ces objectifs. On ne référence pas le site d'un artisan plombier comme celui d'une PME commercialisant produits et services sur plusieurs régions françaises, voire sur toute la France.

Des profils de site et les méthodologies de référencement seront présentés au fil des chapitres afin de permettre au lecteur d'identifier celui qui lui est le plus proche.

Technologies de réalisation de site et SEO

Si aucun code source complexe, ou presque, ne sera affiché ni expliqué, il sera en revanche abordé les différentes technologies pour créer un site web de contenu : CMS du type Joomla, blog, développement depuis un framework PHP, e-commerce et l'impact de chaque choix technologique non seulement sur le SEO, mais aussi sur vos coûts de possession du site.

En effet, le web marketing auquel appartient le SEO a pour objectif l'efficience des budgets par rapport aux objectifs : pour une dépense minimale, obtenir un résultat maximal. Si la technologie utilisée pour le site multiplie par deux ou trois le coût du SEO, mécaniquement la rentabilité du site et l'efficience du SEO en seront affectées négativement.

Les points clés abordés

Pour obtenir un positionnement réussi, il est nécessaire de procéder en plusieurs étapes séquentielles mais toutes interdépendantes les unes des autres. Certaines de ces étapes sont déjà abondamment documentées dans divers livres, blogs, sites et forums consacrés au référencement de sites Internet. Dans le présent ouvrage nous reprendrons toutes les étapes de manière détaillée. Mais quelques étapes fondamentales du référencement sont peu ou mal abordées sur le Net ou dans divers ouvrages, et nous les aborderons en détail :

- *La maîtrise réussie des liens* (appelés *backlinks* dans le jargon des référenceurs). C'est pourtant une étape clé dans la réussite finale du positionnement de son site web *via* des actions efficaces et correctes de *netlinking*. La pose réussie d'un backlink exige cohérence et suivi. La réussite des liens passe désormais par deux filtres majeurs : cohérence puis crédibilité. Sinon Google les rejettera.
- *L'impact du Web 2.0 et des réseaux sociaux dans le positionnement*. Il complémente de plusieurs manières les campagnes de netlinking, c'est-à-dire les efforts réalisés pour obtenir des liens pointant vers le site à référencer et à positionner. En effet, ces actions contribuent à la cohérence puis, en fonction des sources utilisées, à la crédibilité. Facebook et Twitter bien utilisés contribuent fortement au référencement réussi.
- *L'interdépendance de toutes les actions d'optimisation*. Sans coordination ni cohérence globale, il est impossible de réussir un positionnement performant. La qualité prime sur le volume : c'est une des conséquences majeures de Panda sur le référencement. La nécessité de rendre cohérents et crédibles auprès de Google les actions de référencement et les contenus publiés exige un pilotage global du référencement.

REMARQUE

Référencement et positionnement : des actions complémentaires

Un site techniquement bien référencé peut parfaitement rester hors des *places en or*. Ce sont les 5 à 20 premières positions dans une réponse d'un moteur sur une requête utilisant les mots clés de votre métier.

Le référencement correspond au travail d'optimisation sur les pages du site pour mieux être « compris » par le moteur et donc *tenter* d'en obtenir un « bon » positionnement. Ce travail indispensable est de plus en plus insuffisant pour atteindre un objectif si ambitieux : être dans ces places en or. Il y a trop de compétition sur la moindre expression clé susceptible de créer du trafic ; et de plus en plus de sites web et d'efforts de référencement de la part de ceux-ci.

La mise en place de fonctionnalités Web 2.0 sur les pages et un travail « externe » au site sur les liens menant aux pages (les backlinks) permettront de tenter de le positionner dans les 5 à 20 premières positions d'une réponse à une requête malgré cette compétition de plus en plus forte sur la moindre expression clé. Ce sont les actions liées au positionnement : le Web 2.0, les interactions avec les réseaux sociaux et le netlinking.

Toutes ces actions, pour être efficaces, touchent aux liens, à la déclinaison des mots clés sur les pages, à des échanges avec des réseaux sociaux et à la mise en œuvre d'une cohérence et d'une crédibilité des actions, comme nous le verrons au fil des chapitres.

Toutes les actions étant interdépendantes, nous débuterons de manière simple et compréhensible par les différentes étapes de base d'un référencement puis du positionnement d'un site Internet dans l'index de Google.

REMARQUE

Comprendre un moteur de recherche pour réussir son positionnement

L'approche pédagogique retenue passe par une explication simplifiée et compréhensible par tous du fonctionnement d'un « apprenti moteur de recherche ».

Comprendre, même approximativement, les mécanismes d'un moteur de recherche permettra au lecteur de mieux comprendre les interactions et interdépendances entre les différentes actions de référencement.

Cette compréhension aidera le lecteur à atteindre son objectif de réussir à positionner des pages de son site web dans les résultats des moteurs de recherche sur les mots clés voulus. Comprendre ces mécanismes permet de coordonner efficacement les actions et d'en comprendre les interactions. Au fil des réactions de Google lors du travail de référencement, le lecteur pourra y adapter des actions personnalisées à son site en toute connaissance de cause.

Ce livre est une initiation et une première mise en pratique du référencement de A à Z. Il s'adresse à un public le plus large possible. En comprenant les interactions entre les multiples critères d'un site, vous saisirez le sens et l'impact de chacune de vos propres actions d'optimisation. Vous pourrez ainsi les personnaliser aux besoins spécifiques de votre site et aux réactions de Google envers ce dernier, afin de réussir votre référencement.

Si vous avez externalisé votre site web et sa promotion (son référencement), vous pourrez mieux dialoguer avec les personnes en charge de votre site Internet, de son référencement et de la création de trafic ciblé et qualifié. En effet, l'expérience nous a appris qu'un prestataire référenceur correctement encadré et surveillé travaillait beaucoup plus efficacement. Comprendre son travail permet de mieux le suivre et de veiller à la bonne gestion des éventuels problèmes, erreurs ou oublis.

Résumons-nous. Dans ce livre, nous allons aborder et expliquer les points cruciaux suivants :

- *Les optimisations « classiques » d'un site*. Elles sont incontournables. Elles interagissent entre elles. Il y a de nombreuses interactions entre ces optimisations, les liens et le Web 2.0. Toutes ces interactions ont un impact sur l'efficacité du référencement.
- *Le Web 2.0 et Google*. Des fonctionnalités Web 2.0 améliorent le positionnement et le référencement de votre site. Des actions de promotion associées à de la cohérence donneront du poids à votre site.

- *Les réseaux sociaux participent au Web 2.0*, bien sûr. Interagir avec les réseaux sociaux est un des enjeux 2011/2012 et années suivantes de votre référencement. Ils s'ajoutent aux backlinks et contribuent plus ou moins bien à la crédibilité de vos contenus et donc de leur bon référencement dans Google.
- *Le netlinking* (également appelé *linkbuilding*), ou comment réussir l'optimisation des backlinks, internes au site ou de provenance externe, pour améliorer son positionnement. On peut agir de l'extérieur ou aussi faire en sorte que des internautes désirent poser des liens vers vos pages. On appelle cela le *linkbaïten*, littéralement appâter les internautes et leurs poses de liens. L'intérêt majeur du linkbaïten est qu'il est naturellement crédible à 80 %, voire plus. Sa contribution au référencement est tout simplement majeure.
- *Les techniques de triche* pour abuser un moteur de recherche. Google ne veut pas polluer son index, il pourchasse donc tout ce qu'il peut comme webspam tentant d'abuser ses calculs de positionnement de pages. Mais, attention, les maladresses ou erreurs peuvent être interprétées comme du spam ou comme du contenu sans intérêt, pénalisant ainsi le référencement de la page, voire de tout le site. Il est important de comprendre ce que l'on peut faire sur un site ou non : les maladresses coûtent cher en référencement et donc en perte de trafic. Il est important de savoir pourquoi telle ou telle technique de triche (triche selon la définition de Google) ne fonctionnera pas dans la durée ou quelles sont celles que l'on peut se permettre d'utiliser, pourquoi, comment. Ceux qui vous conseillent des astuces ne sont pas ceux qui paieront l'addition en cas de représailles de Google sur votre site. Il est fondamental de comprendre ces mécanismes pour éviter de se mettre dans une position délicate vis-à-vis du moteur de recherche.
- *La compétition* actuelle impose de pousser le SEO à ses limites. Il est indispensable de comprendre toutes les formes de triche (selon Google) pour différencier celles à pratiquer de celles, trop évidentes ou archaïques, à bannir. Un principe est à retenir : il est impossible de réussir un référencement dans les domaines à forte compétition sans tricher en violant les règles de Google. D'où l'absolue nécessité de comprendre ce que l'on fait ou demande à son prestataire avant d'agir.

La mise en service coordonnée et cohérente de ces points cruciaux permet de réussir son référencement/positionnement dans Google. En effet, violer des règles de cohérence et de crédibilité revient à détruire tout ou partie de son référencement, surtout depuis la montée en efficacité de Panda/Penguin.

REMARQUE

L'analyse des liens puis le Web 2.0 contribuent au succès de Google… et à votre référencement réussi

L'analyse des liens a permis à Google de disposer d'une qualité de réponse supérieure à ses concurrents. Cela a contribué à l'essor de Google face à ses concurrents. Savoir gérer les liens est fondamental pour réussir son positionnement dans Google.

Mais les backlinks, les liens, ne participent plus seuls aux calculs de Google pour positionner un site. Les fonctionnalités Web 2.0 sont prises en compte *via* le résultat de leurs utilisations. L'utilisation de ces fonctionnalités génère des liens et/ou des textes liés aux pages du site. Le volume de ces ajouts est fonction du nombre d'internautes qui les utilisent. L'impact sur la structure d'un site Internet est majeur. Passer de Web 1.0 à Web 2.0 exige une réorganisation au moins partielle du site dans la plupart des cas. Un Web 2.0 bien piloté permet d'atteindre des niveaux de cohérence et de crédibilité qui donnent des avantages concurrentiels majeurs à un site vis-à-vis de ses concurrents. Cela concerne aussi bien le site d'un plombier à Melun que celui d'une PME vendant dans toute la France.

Google se focalise sur l'internaute et son comportement. L'usage d'un réseau social n'est pas une mode passagère du Web, c'est un réel changement des comportements sociétaux. Plus un site Web 2.0 a du trafic de qualité, en cohérence et en crédibilité, mieux Google le positionne dans son index face aux autres sites restés en Web 1.0 ou dans un Web 2.0 mal ficelé.

Le futur et les moteurs de recherche

La part Internet dans le business des entreprises, directe ou indirecte, ne cesse de croître. Dans dix à quinze ans, Internet, la téléphonie mobile et probablement même la TV auront fusionné en un seul média. Le moteur de recherche, sous sa forme actuelle complétée d'autres outils et fonctionnalités, sera l'outil clé pour naviguer à travers ces masses d'informations de multiples natures. La pertinence des réponses renvoyées aux internautes décidera du moteur dominant. Actuellement, Google domine, et ses performances financières lui permettent d'investir dans le futur pour faire face à ses concurrents actuels et prochains.

Nous verrons dans cet ouvrage que des alternatives sérieuses à la recherche par moteur commencent à apparaître *via* Apple et d'autres acteurs. Conscient de l'émergence de ces concurrents, Google s'est lancé dans Android pour contrer de sérieux challengers potentiels. De la mobilité, de nouveaux usages vont apparaître et être au cœur de la stratégie avec Android. Google tente ainsi de ne pas faire les mêmes erreurs stratégiques que Microsoft dans Internet et dans la téléphonie mobile.

L'internaute et le mobinaute au centre de la stratégie de Google

Web 2.0, téléphonie 3G ou 4G, réseaux sociaux *via* des outils du Net vont révolutionner nos comportements dans les prochaines années. Dès à présent, Google prend tout ceci en compte et favorise les éventuels sites à forte qualité de contenus. Or l'usage de fonctionnalités Web 2.0 favorise la qualité des contenus. Google met l'internaute au centre de toute sa stratégie. Séduire l'internaute, c'est gagner sa fidélité envers Google, le nerf de la guerre pour ce dernier.

Google est devenu en quelques années le portail n° 1 dans la source de visites grâce aux centaines de services qu'il offre aux internautes. On peut l'exprimer autrement pour bien faire comprendre la puissance de l'argument : Google sous ses multiples formes et services est le premier pourvoyeur d'internautes vers d'autres sites. Cela fait de lui la première régie publicitaire de la planète, et un acteur incontournable dans la création de trafic sur vos sites. Comprendre sa démarche globale, c'est mieux comprendre les actions de référencement sur votre site et donc mieux les réussir.

Le référencement naturel *via* les moteurs de recherche représente approximativement de 20 à 50 % du recrutement des nouveaux clients pour les entreprises de type PME. Peu importe le détail des chiffres : 20, 30, 40 ou 50 %. C'est la tendance qui compte. Elle croît d'année en année et atteint des niveaux qui la rendent stratégique pour l'entreprise. Le référencement naturel est une des deux voies incontournables du Web, la plus importante pour de nombreuses PME dans la plupart des secteurs d'activité, pour développer l'activité commerciale. Sans visibilité sur les promesses de l'entreprise, il n'y a pas de communication, il y a moins de prospects et la force de vente est mécaniquement moins efficace.

Être en avance sur ses concurrents en référencement naturel représente un net avantage concurrentiel. Dans le futur, la qualité d'un site et de son référencement naturel ainsi que sa visibilité sur le Net vis-à-vis de son marché seront prises en compte lors de la valorisation d'une entreprise.

Comme nous le découvrirons au fil de cet ouvrage, le nombre de bonnes places dans une page de résultats de recherches est limité pour chaque mot clé. Pire, le nombre de mots clés dans la langue française est forcément limité. Certains secteurs d'activité ont de un à quelques mots clés en tout et pour tout ! Les premiers arrivés sont les plus facilement servis. Les autres doivent payer pour d'autres formes de visibilité, plus onéreuses et pas aussi efficaces.

Beaucoup de PME négligent les investissements web, et de très nombreuses bonnes places sont encore aisées à prendre pour le moment. Mais beaucoup d'autres ont enfin compris qu'un site web est un outil de prospection indispensable ainsi qu'une base de référencement. La plupart gèrent mal ces aspects, pour différentes raisons. Il reste donc nombre de bonnes places à prendre. Attention, cela ne durera pas !

ASTUCE

La qualité prime sur le volume quand il s'agit d'être dans les places en or

Relativement à un mot clé donné, la mise en pratique des approches exposées dans ce livre permet de prendre des places dans le carré d'or des 20 premières positions, bref de se hisser au niveau des sites concurrents qui, eux, sont déjà en place dans ce carré d'or. Pourquoi et comment est-ce possible ?

Réponse : ils ont un référencement négligent ou peu suivi. De plus, Google évolue, il faut donc adapter le site et le web marketing aux évolutions. Cela crée la possibilité de les doubler en faisant un travail plus approfondi, plus complet et de meilleure qualité.

Même si des millions de pages sont déjà positionnées sur votre mot clé, ce n'est pas le volume en millions de pages qui compte, c'est la qualité du travail en référencement/positionnement des 20 premiers qui est à prendre en compte. Si leur bon positionnement est dû à l'ancienneté et non pas à un site de qualité exemplaire vis-à-vis des attentes des programmes robotisés de Google, alors, il est possible de rejoindre ces bonnes places et de prendre des parts de trafic.

Publics de cet ouvrage

L'approche progressive et autant que possible vulgarisée de ce livre a pour objectif de mettre à la portée d'un large public les concepts du référencement et du positionnement.

REMARQUE

Des explications simples avec des compléments au fil des chapitres

Le responsable qui ne peut pas s'impliquer dans la technique pourra mieux calculer ses budgets et mieux choisir ses prestataires. Il pourra également mieux contrôler le projet en termes de qualité, de délai et de coût.

Le webmestre ou le *traffic manager* appréhenderont mieux les contraintes imposées par le référencement et pourront ainsi les intégrer dans leurs démarches et même annuler tous les effets secondaires indésirables.

Le chef de projet web pourra mieux préparer cahier des charges et spécifications techniques afin de prendre en compte, de manière native, dès la conception du projet de site, un référencement efficace et réussi.

Pour arriver à initier ces divers publics au référencement réussi, nous débuterons par des explications très simples puis, au fil des chapitres, nous les compléterons jusqu'à atteindre le niveau d'un webmestre connaissant le HTML mais ne maîtrisant pas PHP/MySQL, un langage web informatique et une base de données.

Les publics ciblés par les différents chapitres de ce livre sont les suivants :

- Tout néophyte, du curieux au chef d'entreprise : ce public s'attachera à comprendre le référencement sur Google mais sans s'investir techniquement. Cela lui permettra, par exemple, de mieux préparer son budget web, de choisir des critères de sélection pour retenir un prestataire et de contrôler la qualité du travail livré ou de piloter le projet référencement.
- Tout webmestre, débutant ou confirmé, désireux de hisser les pages de son site Internet sur des mots clés précis dans l'index de Google. En comprenant mieux les interactions des différentes optimisations, le webmestre pourra planifier et réaliser de multiples actions plus efficaces au lieu de travailler sans vraiment comprendre ce qu'il fait.
- Tout *traffic manager* (le terme est anglo-saxon, donc il y a bien deux *f*) désireux de mieux appréhender Google et le référencement naturel dans l'optique de piloter efficacement ses budgets et ses campagnes de web marketing tout support.
- Tout codeur informatique ayant en charge d'automatiser le référencement d'un site Internet. Ce public professionnel sera intéressé par la compréhension élémentaire des mécanismes du référencement afin de pouvoir automatiser efficacement certaines optimisations.

ASTUCE

Coder comme un expert en référencement

Le chapitre *Le référencement automatisé* intéressera les codeurs de sites web. Cette approche ainsi que les erreurs à éviter, les techniques de programmation pour les éviter sont détaillées dans le livre *Techniques de référencement Google*, publié chez Micro Application dans la collection Guide Complet.

La technologie retenue pour les exemples et le minisite associé est la solution open-source PHP/MySQL, mais les techniques exposées sont valables dans d'autres technologies (Microsoft ASP...). Il est nécessaire d'avoir de solides notions en PHP/MySQL pour appréhender ce livre.

Ce livre et les logiciels libres

Il est important de permettre à la grande majorité des lecteurs de tirer un maximum du présent ouvrage. L'approche pédagogique retenue fait appel à des explications simples, et elle utilise des exemples fondés sur des technologies gratuites et à la portée de tous : l'Open Source, dit aussi logiciel libre (HTML, XHTML, PHP, MySQL, Apache, Linux...).

Une majorité de sites Internet utilisent ces technologies web gratuites et ouvertes. Il existe des logiciels payants pour réaliser ces mêmes tâches de conception et de développement de sites Internet : Microsoft Windows Server, IIS, .Net (cela se prononce : dot Net) et de multiples autres outils logiciels de nombreux éditeurs, comme IBM pour n'en citer qu'un.

Pourquoi payer alors qu'il existe des technologies gratuites et performantes ? Sans se lancer dans le débat du gratuit versus payant, nous dirons simplement que certains sites utilisent les technologies payantes de Microsoft, IBM ou autres, car elles facilitent le développement rapide d'applications web complexes. Ces technologies payantes favorisent la fiabilisation et la maintenance de ces coûteux développements dans la durée. Il est à noter qu'on voit apparaître des outils gratuits industrialisant le développement web informatique comme Symfony ou CakePHP du MIT. Ces outils sont néanmoins réservés à des codeurs professionnels car assez complexes à mettre en œuvre.

Nous ferons référence dans ce livre aux technologies libres qui sont mises en œuvre sur des serveurs Linux : Apache, PHP, MySQL, etc. Mais les conseils et explications données dans ce livre peuvent être mis en œuvre sur des sites de toutes tailles et utilisant tout type de technologie.

REMARQUE

Logiciels payants versus logiciels libres et gratuits : illustration

Une banque n'hésitera pas à investir des sommes importantes en technologies Microsoft, IBM ou autre, car son site Internet bancaire devra supporter :

- des milliers d'utilisateurs simultanés avec le maintien de temps de réponse rapides ;
- une interconnexion complexe en réseau sécurisé sur de gros serveurs spécialisés ;
- un fonctionnement en toute sécurité ;
- de nombreux programmes complexes et composés de nombreuses lignes de code informatique.

L'équipe informatique de cette banque devra concevoir, produire et maintenir ces dizaines de milliers de lignes de codes représentant des dizaines d'années de développement informatique. Des outils logiciels

REMARQUE

conçus et commercialisés par des éditeurs ciblent ce type de client qui cherche non pas à économiser sur les coûts des licences mais plutôt à pérenniser les investissements et à diminuer les coûts de maintenance.

À l'inverse, le site d'une PME qui met en ligne son catalogue de produits ne nécessite aucunement un outil de développement payant. Les logiciels open-source comme Apache, Linux, PHP et MySQL sont largement suffisants pour la réalisation d'un site de qualité pour la quasi-totalité des PME.

chapitre

1

À savoir absolument

Ce chapitre aidera les personnes néophytes en technologies Internet désirant comprendre les enjeux et les principes nécessaires pour comprendre le référencement d'un site Internet. Sa lecture ne demande que peu de temps et sa compréhension ne nécessite aucune connaissance technique pointue. Une connaissance de base d'Internet suffit : il faut savoir naviguer, cliquer sur un lien, connaître les principes élémentaires d'utilisation de Google, etc.

Ce chapitre cible les chefs d'entreprise, les responsables marketing, les chefs de produit et autres décideurs impliqués dans la stratégie Internet de l'entreprise. En acquérant le vocabulaire, les définitions et concepts liés au monde du référencement, vous pourrez ainsi mieux dialoguer avec les personnes en charge du site web et de sa promotion. En tant que responsable, vous pourrez mieux maîtriser les budgets web, les demandes de dépenses et mieux appréhender les conséquences de vos décisions.

Avant de se lancer dans les différents chapitres du référencement, un socle de connaissances minimum est nécessaire. Le présent chapitre a pour objectif de vous donner ce socle, indispensable à la compréhension efficace du reste de cet ouvrage. Il se compose de plusieurs parties complémentaires. Voici quelques exemples pour exposer l'importance de lire ce chapitre avant de plonger dans le cœur du sujet :

- Des conventions ou des définitions. Par exemple quelle sont les différences entre un mot clé, une expression clé et une racine clé ? Comprendre ces nuances dans le présent chapitre vous permettra de rester dans une bonne compréhension de ces termes utilisés tout au long de ce livre.
- Méthodologies. Par exemple, comment évaluez un budget référencement pour votre site ? Quelle est la logique de business de Google entre les internautes, les annonceurs, les possesseurs de sites ?

Le lecteur ayant acquis un ensemble de connaissances de base via le présent chapitre, il lui sera plus facile de comprendre les nombreux chapitres suivants.

1.1 De vrais sites Internet

Ce livre cible les vrais sites Internet. C'est à dire des sites :

- D'organisations comme des entreprises de toute taille y compris TPE, artisans,
- De particuliers ayant une activité économique,
- D'associations, collectivités territoriale,

Donc des sites disposant de réels contenus et de réels messages à pousser vers les internautes qu'ils ciblent.

Les sites ayant une pure vocation « publicitaire », genre fermes à AdSense, fermes de liens ou autre sites à contenus à faible valeur ajoutée, ne sont que très moyennement ciblés dans le présent ouvrage.

En effet, nombre de techniques exposées dans ce livre nécessitent l'existence de réels contenus donc de vrais sites web.

1.2 Des concepts-clés à connaître

Sauf Panda et Penguin qui sont des logiciels en charge de traquer les opérations illicites et qui donc sanctionne des sites entiers, Google référence des pages HTML et non des sites Internet. Nous verrons que de nombreuses conséquences en découlent et que cela impacte fortement :

- la structure du site,
- le travail d'optimisation des pages
- les investissements en référencement basé sur des actions extérieures au site

Mots clés, racines clés, expressions clés, longue traine

Une expression clé est composée de mots clés. Par exemple : Mariage à Venise est une expression clé composée de deux mots clés : mariage et Venise. On ignore le *stop word* à.

La *longue traîne* est un concept traduisant la richesse et l'imagination des internautes en usages de mots quand ils sont à la recherche de quelque chose sur Google.

Nous allons ici vulgariser et simplifier ce concept pour le mettre à la portée de tous et d'en favoriser ainsi l'utilisation.

Un site « standard » voit son audience divisé en deux par une médiane. Disons que 30% du trafic est amené par quelques expressions-clés précises. Le solde des 70% de trafic est capté via les expressions-clés restantes, soit des centaines ou même des milliers. La fixation des valeurs des seuils est à personnaliser à chaque site.

Un exemple simple : un site organisant des mariages à l'étranger.

On identifie grâce à diverses statistiques les axes clés de recherche des internautes à la recherche d'un organisateur de mariage à l'étranger :

- Se marier à l'étranger sans trop savoir où au moment de la recherche
- Se marier dans un endroit précis (Marrakech ou Las Vegas ?)
- Se poser des questions sur le fait de se marier à tel endroit précis (prix, tarif, législation, administratif …)

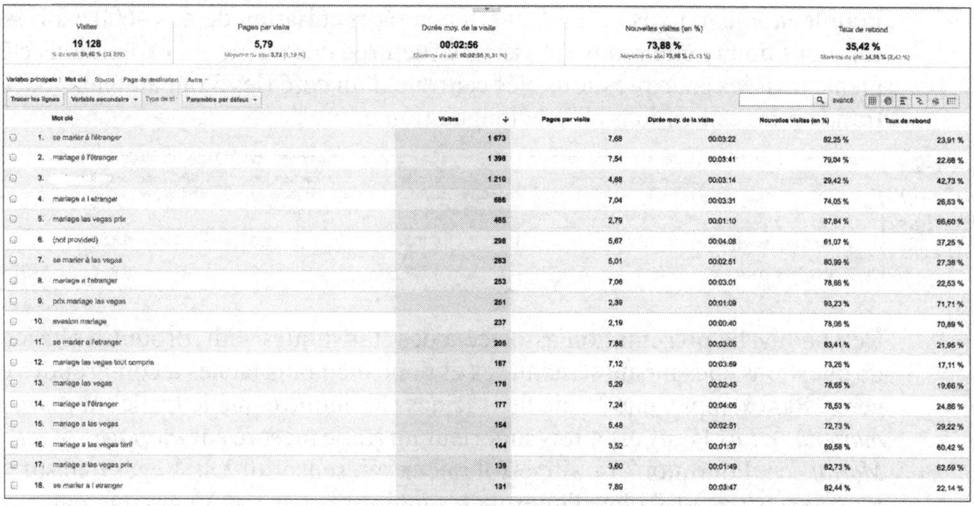

	Mot clé	Visites	Pages par visite	Durée moy. de la visite	Nouvelles visites (en %)	Taux de rebond
1.	se marier à l'étranger	1 673	7,68	00:03:22	82,25 %	23,91 %
2.	mariage à l'étranger	1 398	7,54	00:03:41	79,04 %	22,68 %
3.		1 210	4,88	00:03:14	29,42 %	42,73 %
4.	mariage a l etranger	686	7,04	00:03:31	74,05 %	26,53 %
5.	mariage las vegas prix	485	2,79	00:01:10	87,84 %	66,60 %
6.	(not provided)	298	5,67	00:04:08	61,07 %	37,25 %
7.	se marier à las vegas	263	5,01	00:02:51	80,99 %	27,38 %
8.	mariage a l'etranger	253	7,06	00:03:01	78,66 %	22,53 %
9.	prix mariage las vegas	251	2,39	00:01:09	93,23 %	71,71 %
10.	evasion mariage	237	2,19	00:00:40	78,06 %	70,89 %
11.	se marier a l'etranger	205	7,88	00:03:05	83,41 %	21,95 %
12.	mariage las vegas tout compris	187	7,12	00:03:59	73,26 %	17,11 %
13.	mariage las vegas	178	5,29	00:02:43	78,65 %	19,66 %
14.	mariage a l'étranger	177	7,24	00:04:06	78,53 %	24,86 %
15.	mariage a las vegas	154	5,48	00:02:51	72,73 %	29,22 %
16.	mariage a las vegas tarif	144	3,52	00:01:37	89,58 %	60,42 %
17.	mariage a las vegas prix	139	3,60	00:01:49	82,73 %	62,59 %
18.	se marier a l etranger	131	7,89	00:03:47	82,44 %	22,14 %

Figure 1-1 : *Extrait Google Analytics d'un site d'organisation de mariage à l'étranger*

Sur 12 mois de statistiques, ces 3 thèmes de questions ont pris la forme de 4600 expressions clés ayant captées 19 000 visites. Il n'est pas encore temps dans ce chapitre de savoir comment exactement gérer et organiser une telle masse d'informations. L'objectif présent est de comprendre que l'on doit en tout premier lieu décomposer les 4600 expressions clés en :

- Racine clé. Exemple : marier étranger, composé de 2 mots clés : (se) marier et étranger.
- Expressions clés déclinées d'une racine clé. Exemple : se marier à l'étranger, ou se marier a l etranger (aucun caractère accentué).

On factorise ainsi nos expressions clés par racine clé et on va avoir ainsi une vision plus claire de ces 4600 expressions clés. A chaque expression clé, on a une statistique. Par exemple *Se marier à l'étranger* a rapporté 1673 visites. On ventile et on s'aperçoit rapidement que :

- Cinq expressions clés captent 30% du trafic.
- Cinq racines clés captent 90% du trafic.

On en déduit rapidement de nombreuses questions et actions.

Nous distinguons l'importance de factoriser nos expressions clés autour de racines clés. Ainsi, vous comprendrez facilement qu'un site doit être structuré autour des racines clés apportant un fort trafic. Nous y reviendrons plus loin.

Nous distinguons l'importance de la longue traine. Très peu d'expressions clés très disputées captent une part importante du trafic (30%) mais la quasi-totalité capte 70% avec moins de compétition.

Pour le moment, nous retiendrons que la réorganisation de nos 4600 expressions clés nous donne une première vision structurée des racines et expressions clés, elle-même divisées en expressions clés centrale d'un côté (les 5 qui amènent 30% du trafic) et les expressions clés de longue traine.

Figure 1-2 : *Trafic sur Mariage Las Vegas*

Mot clé	Concurrence	Recherches mensuelles dans le monde entier	Recherches mensuelles dans les zones ciblées	CPC approximatif (Réseau de Recherche)	Tendances des recherches dans les zones ciblées
mariage las vegas	Moyen	8 100	6 600	0,82 €	
[mariage las vegas]	Moyen	1 300	1 000	0,93 €	

Cette nouvelle présentation associée à des statistiques vont produire plusieurs lots de questions elles même structurées et donc bien plus faciles à comprendre et à gérer. Par exemple, une étude des racines clés montre que le trafic sur *mariage / se marier à + Las Vegas* est 4 fois supérieur au trafic mesuré sur *mariage / se marier à + Marrakech*. Pourquoi ? Le site est-il mieux référencé sur Las Vegas que sur Marrakech ? Y a-t-il plus d'internautes intéressés par Las Vegas que par Marrakech ? Comment déduire des réponses des statistiques ?

- De simples tests de positons dans Google sur ces expressions clés donnent le positionnement du site. Il faut utiliser un navigateur vierge de tout cookie pour empêcher Google d'utiliser votre historique qui pourrait fausser la mesure. On identifie donc le rang du site sur chacune de ces 2 expressions clés. On obtient un premier élément de réponse. Admettons que le site soit en page un sur chacune de ces deux expressions.

Figure 1-3 : *Tendances de mariage Las Vegas*

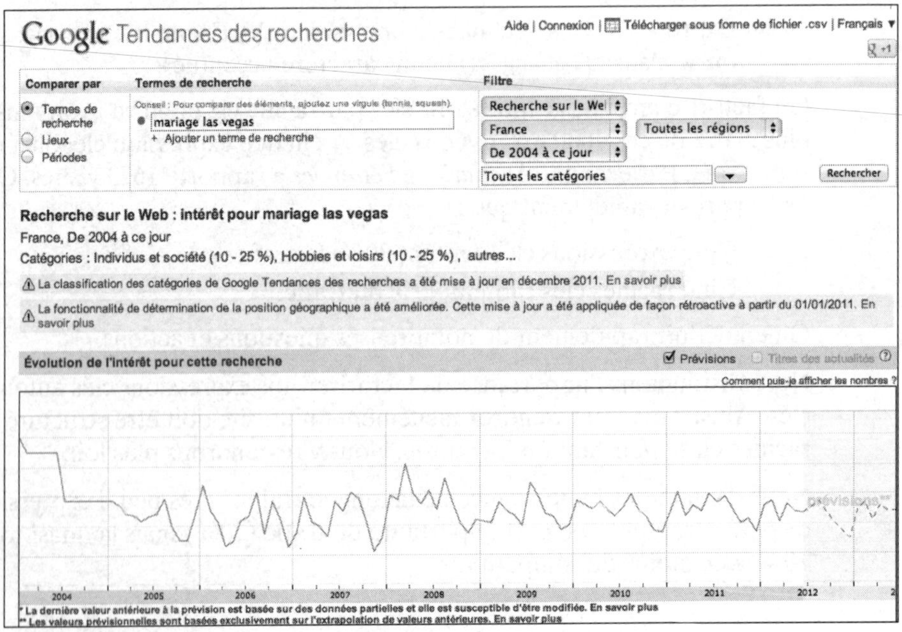

- Google Trends donne le volume relatif des requêtes utilisant ces deux expressions clés. Générateur de mots clés de AdWords nous donne un repère en valeur absolue.
- Ces deux informations nous donnent la réponse.

En mai 2012, Google Tendances (Google Trends en anglais) nous indique que mai 2012 possède un taux d'utilisation de la requête égal à 48, c'est-à-dire 48% de la mesure la plus élevée jamais mesurée qui date de … janvier 2004 ! On peut soupçonner un bogue ou autre, cette mesure de janvier 2004 est étrange mais passons outre. Nous avons une courbe avec un point étalon en mai 2012. Les mois précédents mai 2012 sont à peu près au même niveau.

Google Adwords nous donne une mesure absolue. En mai 2012 cette expression clé a eu en France 1000 requêtes en mode exact et 6600 requêtes en mode large.

Figure 1-4 : *chiffres absolus de mariage Las Vegas*

Mot clé	Concurrence	Recherches mensuelles dans le monde entier	Recherches mensuelles dans les zones ciblées	CPC approximatif (Réseau de Recherche)	Tendances des recherches dans les zones ciblées
mariage las vegas	Moyen	8 100	6 600	0,82 €	
[mariage las vegas]	Moyen	1 300	1 000	0,93 €	

On réitère cette mesure sur mariage Marrakech. Google Trends nous montre que mai et les mois précédents sont dans la moyenne de 36 et que le trafic absolu en mai 2012 sur la France est de 390 requêtes en mode exact et 2400 requêtes en mode large.

C'est clair : « Mariage Las Vegas » pèse 3 fois plus en termes de potentiel de trafic.

L'ensemble de ces analyses nous permettra de structurer un site et ses contenus puis de le référencer avec un ciblage optimum des expressions clés à pousser vers Google. Dans notre exemple, « mariage Las Vegas » devrait avoir un traitement SEO plus poussé car cette expression représente un trafic potentiel plus important.

REMARQUE

Expression-clé et racine-clé

Une expression-clé est aussi liée à la notion de longue traine. Une expression racine-clé est une expression-clé à laquelle sont associées d'autres expressions-clés secondaires qui en sont des déclinaisons.

Par exemple, l'expression clé mariage Venise est considérée comme une racine-clé. Les internautes à la recherche d'une prestation pour se marier à Venise vont googler des expressions clés déclinées de cette racine : mariage à Venise, organisation mariage à Venise, organisation de mariage à Venise, organisation mariages à Venise, organisation de mariages à Venise, organisation mariage en français à Venise, ainsi que des dérivés plus lointains comme se marier à Venise.

Les expressions-clés dérivées des racines-clés majeures du site composent la longue traine. Se pose alors plusieurs questions.

Première question : se concentre-t-on sur les quelques expressions clés majeures ou sur le reste ?

Réponse : tout dépend de la présence de votre site. Si vous êtes un acteur majeur sur le net dans votre métier, vous pouvez tenter d'être présent en page #1 sur les expressions clés majeures où bien sûr, la compétition sera féroce entre les multiples acteurs du marché.

Si vous êtes une PME acteur parmi des centaines d'autres d'un marché, la longue traine sera l'objectif n°1 pour d'abord glaner du trafic et se mettre progressivement en état d'attaquer ultérieurement la conquête de la page #1 d'une expression clé racine.

Deuxième question : comment couvrir efficacement un maximum d'expressions-clés secondaires ?

Réponse : via un site intelligemment conçu en l'organisant autour de chaque racine clé et en mettant en place une arborescence et des contenus permettant de couvrir un maximum d'expressions clés.

Savoir utiliser les racines-clés

Le nombre d'expressions-clés racines que l'on peut référencer efficacement par site est limité. Il est en effet impossible de référencer une grande quantité de mots/expressions-clés sur un site offrant peu de pages.

Nous établirons les règles fondamentales suivantes que nous détaillerons et expliquerons plus loin :

- Une page peut recevoir quelques mots clés maximum.
- Un site peut avoir autant de racines d'expressions-clés qu'il a de têtes de rubrique accessibles depuis un menu « principal » présent sur toute page du site sauf certaines pages dédiées à des photos (nous préciserons ceci avec des explications plus loin).
- Un site de PME "standard", doté de moyens financiers limités, noyé parmi des milliers d'autres sites concurrents sur le Net, possède une page-clé et une seule : sa page d'accueil. Cela impacte fortement la conception de "petits" sites web.
- Un site de PME disposant d'un budget référencement et netlinking « important » aura autant de racines-clés qu'il a de têtes de rubrique. Plus le site dispose de moyens financiers et / ou humains important, plus il peut tenter de conquérir des racines clés et expressions clés sur ses pages d'accueil et têtes de rubrique, mais aussi sur des pages intérieures. Cela impacte

fortement la conception des pages d'accueil et des têtes de rubrique. Ces pages devront posséder de solides contenus textuels et autres, car Google est un moteur de recherche orienté texte.

Exemple : le site **www.750g.com** possède un trafic entrant élevé sur de nombreuses pages internes. En effet, le mot clé recette est combiné à de nombreux autres mots clés : chocolat etc. et chaque expression clé possède sa landing page. Chaque landing page fait l'objet de liens internes cohérents. Ces centaines de landing pages reçoivent un fort trafic qui ensuite se répand dans tout le site. Plus on a de poids, plus on peut pousser de landing pages pour capter du trafic.

Nombre de racines-clés dans un site

Le nombre d'expressions-clés racines que l'on peut référencer efficacement par site est limité. Il est en effet impossible de référencer une grande quantité de mots/expressions-clés sur un site offrant peu de pages.

Pour les sites web de TPE / PME disposant d'un budget limité, nous établirons les règles fondamentales suivantes que nous détaillerons et expliquerons plus loin :

- Une page peut recevoir quelques mots clés.
- Un site peut avoir autant de racines d'expressions-clés qu'il a de têtes de rubrique.
- Un site de PME "standard", doté de moyens financiers limités, noyé parmi des milliers d'autres sur le Net, possède une page-clé et une seule : sa page d'accueil. Cela impacte fortement la conception de "petits" sites web.
- Un site disposant d'un budget référencement et netlinking important aura autant de racines-clés qu'il a de têtes de rubrique. Cela impacte fortement la conception des pages d'accueil et des têtes de rubrique. Ces pages devront posséder de solides contenus textuels et autres, car Google est un moteur de recherche orienté texte.

Les sites web de poids genre **lemonde.fr** ou **rueducommerce.fr** ou **750g.com** obéissent à des règles similaires mais élargies à des sous têtes de rubriques. En effet, ces sites disposent de milliers de backlinks et de mentions dans les réseaux sociaux qui leur donnent un poids leur permettant de référencer plein plus de racines clés que le site à faible poids d'une PME / TPE.

URL, title et méta Description uniques par page

Une page HTML possède une et une seule URL. Et à une URL correspond une et une seule page HTML.

DEFINITION

URL

Acronyme anglo-saxon signifiant *Uniform Resource Locator*. Une URL est plus communément désignée comme l'adresse d'une page d'un site, comme http://www.mon-site.fr/présentation.html. Par définition, une URL est unique sur tout Internet, tout comme votre adresse personnelle (nom prénom, n° appartement, n° rue, code postal, pays) est unique. Et tout comme la personne habitant à cette adresse est unique, le contenu de la page HTML située au bout de l'URL doit être unique selon Google.

Cette notion d'une URL unique pour une page unique a un énorme impact sur la publication des contenus d'un site et sur la stratégie de référencement. En effet, si vous publiez la même page de contenu sous différentes URL, Google se saura comment interpréter la bonne URL des mauvaises et il risque de ne pas choisir la bonne URL par rapport à vos besoin et attentes.

Une page HTML affiche des codes d'informations importantes :

- Son title de page, c'est-à-dire le nom de la page. Un genre de titre décrivant en 8 / 10 mots maximum le contenu de la page.
- Son meta description : ce champ contient la description du contenu de la page.

REMARQUE

Convention d'usage sur title et meta description

Une page HTML est divisée en plusieurs parties techniques. Les informations qu'elles contiennent sont très techniques. Une de ces parties est balisée head. C'est la partie haute. On appelle chacune de ces informations une *meta* balise. Deux de ces meta balises vont nous intéresser tout au long de ce livre :

meta title : c'est le titre, ou plutôt pour éviter un faux ami en anglais (un titre français se traduit par *Header* et non pas *Title*), c'est le nom de la page.

meta description : C'est la description en 200 caractères du contenu de la page.

Tout au long de ce livre, pour éviter les confusions avec *TITRE* en français, le mot title désignera la balise meta title. De même, description signifie meta description

Ces deux champs doivent être uniques pour toute page de votre site. Ils ne doivent pas contenir la même chose. Le title résume en peu de mots clés le contenu de la page. Le meta description contient un résumé du contenu de la page et dispose d'une plus grande place. Traditionnellement on se contente de 20 à 30 mots. On peut tenter de faire des meta description plus longs, Google se contente de prendre les extraits en rapport avec les mots clés de la requête. Il est recommandé d'écrire un texte « vendeur » du contenu de la page en meta description avec l'utilisation des mots clés du title de page. Cela favorise fortement le taux de clics depuis les pages de résultats de recherche.

Le non-respect de ces règles a un impact négatif sur le référencement :

- Les pages en faute sont mal prises en compte par Google.

Acronymes à connaître

SERP : *Search Engine Results Pages*. Cet acronyme désigne les pages de résultats de recherche affichées par un moteur. SERP est bien plus court à écrire d'où son usage fréquent dans de nombreux ouvrages sur Google dont celui-ci. C'est bien plus court à écrire !

SEO : *Search Engine Optimization*, le référencement naturel sur les moteurs de recherche.

SEM : *Search Engine Marketing*, la création de trafic via les liens sponsorisés comme Google AdWords par exemple.

Les Google bot

Un moteur de recherche accède aux pages des sites sur Internet via une multitude de petits programmes, les bots, qui suivent les liens lisibles.

DEFINITION

Un bot

Ce petit programme informatique est lancé à des millions d'exemplaires sur des milliers de serveurs de Google. Un bot simule un internaute mal voyant capable uniquement de *lire* les données de type texte. L'impact sur les techniques d'optimisation est très important. Un bot, théoriquement, suit uniquement les liens texte ou image. Il ne peut pas interpréter les liens programmés et calculés en JavaScript. Il télécharge chaque page, le code source accessible, sur laquelle il passe via les liens qui interconnectent ces pages entre elles. Ces pages sont ensuite cartographiées et évaluées par d'autres programmes de Google. Il en ressortira le positionnement sur des expressions clés de cette page face à ses concurrentes dans l'index de Google.

Attention, Google sait parfaitement décoder un lien calculé JavaScript (nous reviendrons sur ce sujet), il le fait sur les comptes Facebook. Il ne le fait pas sur les sites classiques comme celui d'une PME, actuellement en tout cas.

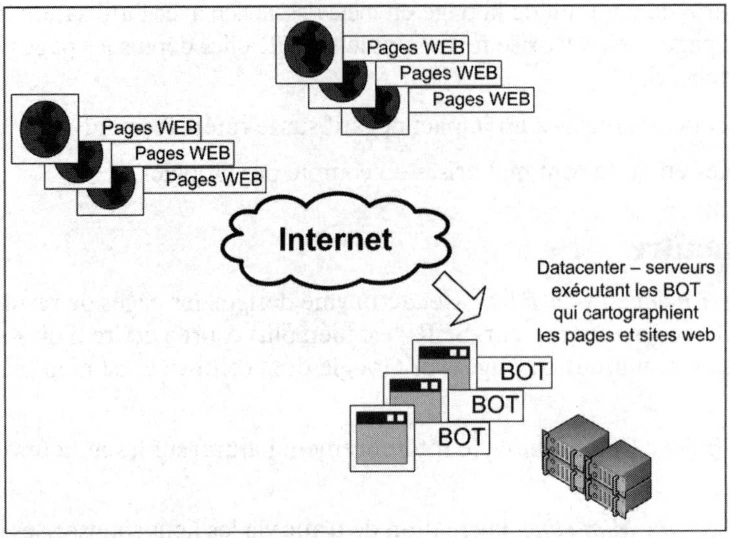

Figure 1-5 : *Cartographie de pages HTML par des bots depuis une flotte de serveurs*

Le bot scanne une page HTML. Il est arrivé dessus via un lien trouvé dans un tweet ou via l'utilisation de Google webmaster tools par le webmestre ou via un lien trouvé dans un site web.

Un navigateur comme Microsoft IE remonte de manière anonyme vers Bing, le moteur de recherche de Microsoft, les URL utilisées. Ainsi tout utilisateur d'IE est un bot pour Microsoft. Celui permet à ce moteur de découvrir des URL que ses bots auraient ratées.

Google fait de même et bien plus avec son navigateur Chrome.

La page scannée est cartographiée en base de données. Un champ title contient le title de la page, un autre champ contient le meta description, une structure stocke les liens et images de la page etc.

Cette masse de données est donc structurée et organisée de manière précise. Des programmes mettant en œuvre des algorithmes vont ensuite faire des calculs sur ces informations pour permettre leur indexation.

En 2012, nous distinguerons 3 groupes d'algorithmes du point de vue du SEO :

- Les algorithmes en charges d'évaluer le contenu pour l'indexer, le classer, gérer les erreurs comme les duplicates contents.
- Panda en charge de traquer les contenus que nous appellerons sans plus de précisions pour le moment illicites.
- Penguin en charge de traquer les liens illicites entre sites.

Le fonctionnement du tout permet à un internaute de saisir une requête composée de mots clés dans Google. Celui-ci affichera une SERP de 10 résultats.

Les liens, backlink (do)follow et nofollow

Les pages HTML d'un même site web ou de différents sites sont reliées par des liens. Il existe plusieurs techniques pour poser un lien. Toutes ne sont pas compatibles Google, à dessein quelque fois. Il importe de bien comprendre ces subtilités.

DEFINITION

Lien en dur

Quand un lien est directement accessible, c'est-à-dire qu'il n'est pas enfoui dans un codage informatique de type JavaScript, on dit que c'est un lien "en dur". Attention, un lien en dur peut être un « nofollow » donc visible mais Google fera comme s'il n'existait pas du point de vue référencement.

Les liens en dur sont visibles et accessibles par tout type de navigateur, dont ceux conçus pour les malvoyants et les périphériques Braille avec voix de synthèse associée. Les bots des moteurs accèdent uniquement aux liens en dur ou faiblement enfouis dans un code JavaScript. Ils peuvent les suivre pour cartographier les pages ainsi reliées entre elles.

Les liens enfouis dans des codes informatiques complexes, JavaScript ou Flash, sont invisibles ou pseudo-invisibles pour les bots. Google possède la technologie nécessaire pour identifier un lien calculé dans un JavaScript. Mais elle consomme de la ressource et Google la limite actuellement à des sites comme Facebook contenant de nombreuses informations sociales ayant une influence sur le référencement (des liens, des mots clés ...).

Quand la souris survole un lien en dur, il apparaît en bas du navigateur. Il est donc accessible à Google bot.

REMARQUE

Lien calculé dans un JavaScript

Google a fait savoir via un de ses blogs que leur équipes avaient développé un logiciel leur permettant notamment de lire les liens calculés et enfouis dans des codes JavaScript, même très complexes. Mais il réserve cette approche uniquement aux sites importants sans détailler ce qu'est un site important. Des tests montrent que Facebook, grand amateur de codes JavaScript complexes, est un site considéré comme étant important par Google.

Un tel logiciel de décryptage des JavaScripts porte d'ailleurs un nom : Google Chrome, le navigateur. Facebook est donc un des sites visés par cet avertissement. À tout moment, Google peut changer de politique. Gérer des liens cachés calculés dans un JavaScript apparaît donc désormais comme

> **REMARQUE**
>
> étant une démarche potentiellement risquée. A tout moment, Google peut accéder à ce lien et en tenir compte.

Figure 1-6 : *Le lien pointé par la souris est affiché en bas du navigateur (ici Firefox). Il est accessible au bot*

Un *backlink* désigne un lien en dur entrant sur une page. Ce lien est issu d'une page du même site web (donc le nom de domaine est identique pour les deux URL des deux pages interconnectées par ce lien) ou d'un autre site. La faible nuance entre lien en dur et backlink tient à la position d'où on s'exprime. Lorsqu'on fera référence à une page et que l'on désignera les liens en dur pointant vers ladite page, on parlera de backlinks. C'est plus court, plus concis et plus clair que de parler de liens en général. Quand on discutera de liens en dur optimisés pour le référencement, on emploiera l'expression *liens en dur*. Quand on parlera d'un lien en général, on se servira du terme *lien*.

Un moteur de recherche renvoie les résultats d'une requête vers l'internaute sous la forme d'une à cent pages au maximum avec dix résultats par page. On appelle ces pages des *SERP* (*Search Engine Results Page*, acronyme anglais signifiant : la page des résultats retournée par le moteur de recherche à l'internaute lui ayant soumis une requête).

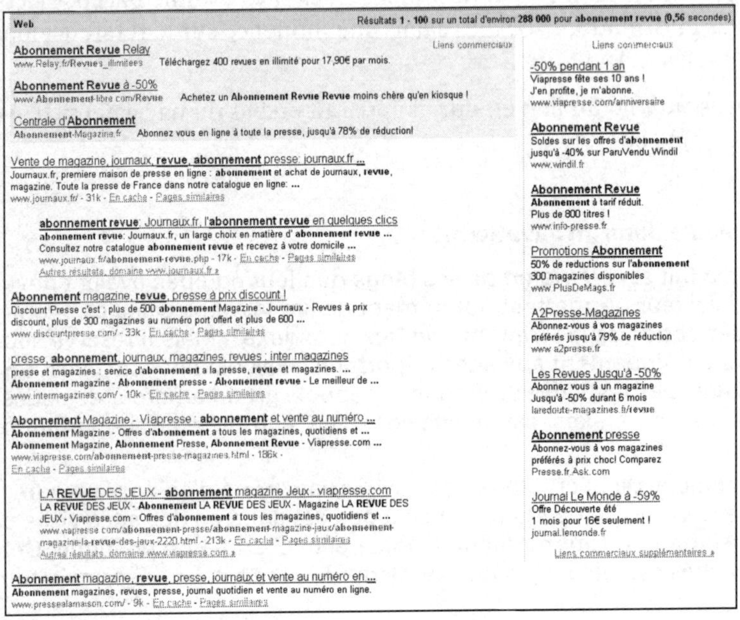

Figure 1-7 : *SERP de Google – 3 liens sponsorisés (commerciaux) en haut de page, 8 autres en colonne de droite*

Google a prévu le cas des liens en dur que le webmestre ne veut pas laisser en mode « *follow* » c'est-à-dire que Google pourrait l en tenir compte dans ses calculs de référencement. Un webmestre peut poser ou automatiser la pose de liens dits en *nofollow*, c'est-à-dire un lien en dur contenant un code informatif *nofollow* qui signifie : « *Google, merci de ne pas prendre en compte ce lien* ».

Les raisons sont multiples. En voici quelques-unes :

- Lien loué pour pointer un site publicitaire
- Zone web 2.0 d'un site où un internaute pourrait sans contrôle poser du texte et un lien. En mode *nofollow*, ce lien potentiellement incorrect n'attirera aucune sanction de Google quel que soit le lien posé par l'internaute.

Les liens en *nofollow* ont des propriétés particulières :
Le lien n'étant pas pris en compte pour le référencement, peu importe ce qu'il pointe. Google ne sanctionnera pas la page hébergeant le lien et Penguin ne sanctionnera pas le site de cette page.
Si le lien pointe une page interne au site, le Page Rank affecté à ce lien sera détruit. Google veut ainsi gêner les optimisations en Page Rank sculpting.

Nous allons prendre en compte ces propriétés dans les techniques de référencement pour les exploiter au mieux.

Algorithme : qu'est-ce que c'est ?

Régulièrement, nous parlerons d'algorithme.

DEFINITION

Algorithme

Ce terme désigne la succession coordonnée et synchronisée de tâches, d'actions à exécuter pour réaliser un travail précis de manière efficiente. Par exemple, le programme informatique Explorateur de Windows utilise un algorithme de tri pour afficher par ordre alphabétique les noms des fichiers d'un répertoire. Nous découvrirons dans ce livre différents algorithmes permettant à un moteur de trier des pages vis-à-vis d'un mot clé.

Pour une même fonction, il peut exister de multiples algorithmes différents.

ASTUCE

Un référenceur doit comprendre les subtilités sur les algorithmes

L'objectif n'est pas de devenir programmeur mais de mieux comprendre les mises à jour dans les algorithmes de Google et l'impact potentiel sur son positionnement.

Dans notre exemple d'algorithme de tri alphabétique sur des noms de fichier, il existe une dizaine et plus d'algorithmes différents capables de réaliser efficacement cette tâche. Ils sont différenciés chacun par la complexité à les coder, la consommation des différentes ressources physiques de l'ordinateur qui les exécute, la vitesse d'exécution, le délai de livraison du résultat.

De même, il existe de multiples approches pour trier efficacement des pages sur un mot clé. Dans les exemples abordés dans ce livre, nous découvrirons comment un moteur peut conjuguer différents algorithmes pour trier et positionner des pages en compétition sur un même mot clé.

Efficacité et efficience

DEFINITION

Efficacité et efficience

La compréhension de ces 2 termes est nécessaire pour mieux appréhender certains concepts exposés dans ce livre (par exemple, la définition du mot algorithme).

L'efficacité traduit l'atteinte réussie d'un objectif ; exemple : j'ai réussi telle tâche en consommant 12 min de mon temps et en dépensant 300 euros de budget.

L'efficience traduit l'atteinte réussie (donc efficace) d'un objectif en diminuant au maximum la consommation de ressources ; exemple : la tâche réussie précédemment en 12 min et 300 euros est passée au crible d'une optimisation de processus, et désormais elle est réalisée en 8 min et 200 euros.

Dans le cadre des algorithmes, au vu des centaines de millions d'usagers journaliers du moteur, chaque amélioration d'un algorithme pour le rendre efficient se traduit pour Google par des gains financiers et qualités importants.

Vous l'aurez compris, trier est un des multiples enjeux techniques majeurs pour un moteur de recherche. Il doit trier pour chaque mot clé la liste des pages candidates à celui-ci. Cette liste doit être accédée rapidement quand on l'interroge.

Les équipes de Google recherchent, sélectionnent, perfectionnent de multiples algorithmes à la recherche de la qualité et de l'efficience. Nous verrons plus loin que la consommation de ressources est un frein à la stratégie de Google. La recherche d'algorithmes efficients est un enjeu majeur pour Google et donc pour le référenceur qui doit analyser, comprendre et adapter son métier en permanence.

Voici un exemple d'algorithme intéressant le monde des moteurs de recherche et surtout Google qui est à l'origine de cette approche : *l'analyse des backlinks* pour affiner le positionnement des pages dans son index et les SERP qui en découleront.

En effet, l'objectif de tout moteur est de disposer d'une qualité de réponse supérieure à celle de ses concurrents.

Google a besoin de multiples algorithmes pour atteindre ses objectifs en performances techniques : temps de réponse, qualité des SERP, etc. Ces algorithmes sont codés dans des programmes informatiques fonctionnant sur des flottes de serveurs réparties dans de nombreux pays (on les appelle des *datacenters*).

La compréhension "fonctionnelle" de ces algorithmes, interagissant tous entre eux, est abordée dans ce livre. Cette compréhension favorisera une meilleure gestion des actions de référencement et positionnement.

Revenons à notre exemple : *l'analyse des backlinks*. L'enjeu pour Google est de disposer d'un algorithme lui permettant d'analyser efficacement et avec la consommation informatique la plus faible possible la pertinence d'un backlink vis-à-vis de sa page de départ et de la page ciblée par le lien.

Avant 2010, Google ne peut que limiter son calcul à la cohérence entre les contenus des 2 pages (départ, arrivée). A partir de 2010, il peut prendre en compte la localisation. Par exemple, si le lien pointe vers une page d'un site de PME connu de Google Places (Google Adresses en France), Google connaît alors la crédibilité de la page ciblée. Si le lien part d'un blog sur la plomberie et que la page visée est la page d'accueil du site d'un artisan plombier, Google pourra vérifier de multiples manières différentes si le blog et le site ne sont pas liés : même propriétaire, même serveur d'hébergement etc.

S'ils sont liés, il n'est pas sûr que Google prenne le lien en compte. Si un réseau de liens existe grâce à un réseau de blog / sites de mèche, alors Penguin sanctionnera tous les acteurs du réseau, Selon différents critères comme le taux de liens illicites pointant vers le site, il pourrait calculer d'impacter aussi le site bénéficiaire de manière plus ou moins durable.

REMARQUE

La barrière des ressources

L'efficacité de Google est limitée par plusieurs barrières, en particulier le manque de puissance de calcul. Les besoins pour suivre des milliards de pages sont gigantesques. Obligé de limiter la consommation de ses nombreux serveurs, Google doit optimiser ses ressources au mieux, et par conséquent affecter le moins possible de calculs à chaque page scannée par un de ses bots.

En d'autres termes, des optimisations à priori trop agressives peuvent ne pas être détectées et le référencement peut en profiter tant que cela dure. Une dénonciation, une évolution des algorithmes ou une augmentation de la puissance de calcul peuvent changer la situation et un site optimisé trop agressivement décrochera alors brutalement de ses bonnes positions.

> **REMARQUE**
> Google Panda et Penguin possèdent cette caractéristique clé : surveiller le webspam pour une consommation de ressources minimales.

Google Page Rank

Le *Google Page Rank* désigne l'indice de popularité d'une page HTML calculé par des algorithmes de Google. À ce niveau du livre, nous considérerons que cet indice représente grossièrement le volume et la qualité des backlinks pointant vers ladite page. Cela correspond à une forme de popularité. Plus une page reçoit des liens indique que plus les internautes la trouvent bien et donc sa popularité calculée par Google augmente. Le Page Rank est affiché dans la barre d'outils Google pour IE.

Bien que souvent décrié par nombre de référenceurs, le Page Rank est en réalité important même si la mesure affichée est grossière. Nous y reviendrons en détail dans un chapitre.

Figure 1-8 : *Barre d'outils Google affichant le Page Rank de la page affichée dans le navigateur IE*

Structure et navigation hiérarchisée

Un site web est destiné à publier des contenus. L'architecture du Web nécessite de structurer ces contenus en rubriques, sous rubriques, pages reliées par des liens groupés en menus. La structure de publication est exprimée par la navigation, par l'ergonomie des liens dans les menus. Cette structure et la navigation associée a un énorme impact sur le référencement et le positionnement des pages dans les SERP.

Plus haut dans ce chapitre, nous avons vu un exemple réel sur les statistiques d'un site de mariages organisés à l'étranger. L'analyse en racines clés et en expressions clés à fort trafic a un impact sur la structure du site. Quand par exemple 3 destinations associées à Mariage / se marier à concentre 40% du trafic, cela signifie que les destinations devraient être raccrochées d'une manière directe et visible directement à la page d'accueil sans passer par une tête de rubrique « destinations » qui nuirait à l'efficacité du référencement dans ce cas précis.

Nous reviendrons sur cette notion, mais un point est à retenir pour les « petits » sites : plus votre expression-clé est stratégique, plus elle doit être proche de la page d'accueil.

Un site doit présenter une structure et une navigation hiérarchique. Un site dispose d'une page d'accueil sur laquelle est installé un menu. Un clic dans un onglet du menu ouvre une nouvelle page : une tête de rubrique. Dans cette tête de rubrique, le menu de navigation évolue :

- on retrouve le même menu que sur la page d'accueil : le menu de niveau 1.
- un menu de navigation propre uniquement aux pages de cette rubrique ; c'est un menu « local » de niveau 2.

Une structuration du site associé à une navigation strictement hiérarchisée permet :

- de montrer à Google et de l'obliger à prendre en compte une hiérarchie. La page d'accueil a plus de poids qu'une tête de rubrique qui a plus de poids que les pages filles d'une tête de rubrique et ainsi de suite. Nous verrons dans la partie consacrée au Page Rank pourquoi.
- d'ouvrir une optimisation : via des manipulations de liens dans le site, on peut renforcer une expression clé stratégique au détriment d'expressions clés moins importantes voire d'une importance nulle.

ASTUCE

Structurer un site sur la signification des données

Les algorithmes d'un moteur doivent consommer un minimum de ressources informatiques. Optimiser un site signifie également le structurer au mieux pour avoir une bonne position sur ses mots clés. Les algorithmes des moteurs cohabitent mal avec une structure de site et de contenus mélangeant les thèmes et sujets. Malgré les efforts de Google, ce ne sont que des intelligences mécaniques pouvant rapidement être dépassées par le contenu de la page.

La structure du site devrait donc être calquée sur la signification des données publiée pour avoir un meilleur positionnement. À une page destinée à être bien positionnée sur des mots clés précis, on doit faire correspondre un thème central prédominant capable d'utiliser lesdits mots clés.

Illustration : une page publiant un article sur le Champagne n'abordera pas le thème de la mécanisation des vendanges sous peine de semer la confusion auprès du moteur de recherche et donc de pénaliser le référencement de ces deux thèmes : le Champagne et la mécanisation des vendanges.

Si le référenceur estime nécessaire néanmoins de disposer d'une combinaison de ces mots clés, il créera une page dédiée à cet objectif afin de ne pas polluer les deux autres pages dédiées à chacune de ces thématiques.

Nous reviendrons plus en détail sur cette approche fondamentale : laisser percevoir à Google une structure de site strictement hiérarchisée. Plus la racine clé est importante, plus on doit l'aborder vite dans la hiérarchisation de l'arborescence.

Figure 1-9 : *Deux pages dédiées à un thème et une page combinant ces deux thèmes*

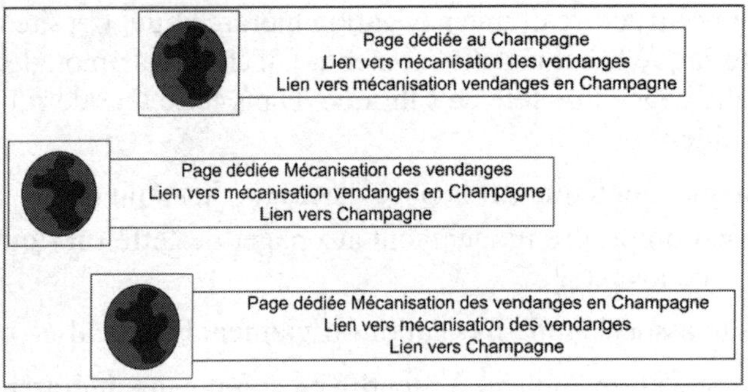

ASTUCE

Eviter les sites à arborescence en râteau

Un site sur lequel un immense menu à entrées déroulantes permet d'accéder en un clic à tout contenu est un site avec une arborescence en râteau.

Un tel site est vu comme une page d'accueil connecté à des dizaines voire centaines d'entrées au même niveau hiérarchique. Comment un moteur peut-il calculer l'importance d'une page par rapport aux autres ? Dans un tel site, Google mettra sur un pied d'égalité tous les contenus et vous écraserez votre gestion de priorité sur les expressions clés. C'est à dire que votre expression clé comme par exemple Mariage à Venise sera au même niveau que *nous contacter*.

1.3 Enjeux stratégiques : pourquoi référencer son site ?

Internet associé aux moteurs de recherche a changé les comportements préparatoires aux achats de biens ou services, des particuliers et également ceux des entreprises.

Désormais, la quasi-totalité des acheteurs potentiels, entreprises ou particuliers, utilisent un outil sur Internet pour :

- rechercher des offres alternatives à un prestataire en place "*des fois qu'il y ait mieux ailleurs*" ;
- comparer les prix, les prestations, les produits de différents intervenants avant tout achat ;
- consulter le buzz sur une entreprise, un produit. On pourrait résumer cette approche ainsi : "*avant tout achat, cherchons les avis des autres consommateurs*". Cette approche peut se décliner en différentes formes : l'usage de moteurs de recherche ou l'usage des réseaux sociaux.

Les téléphones mobiles (Smartphones) 3G accentuent ce comportement : directement, dans le point de vente, un acheteur potentiel consultera, sur Internet via un moteur de recherche ou d'autres outils, si le produit ou service est proposé au bon tarif, avec les bonnes options et les bons délais de livraison. Ainsi informé, le consommateur ou l'acheteur professionnel pourra sélectionner les fournisseurs avec lesquels il va discuter puis négocier pied à pied avec le vendeur.

Les outils à disposition des internautes pour préparer un achat

Nous pouvons distinguer différents types d'outils permettant à un internaute de gérer son comportement d'acheteur potentiel :

- *Les moteurs de recherche de type Google*. L'internaute saisit les mots clés liés à la prestation de service ou au produit, puis étudie les résultats de sa requête. Deux zones le ciblent : le résultat naturel en partie centrale et les liens sponsorisés en colonne de droite ou quelques lignes justes au-dessus de la zone de résultats naturels.
- *Les annuaires spécialisés*. Il y en a des milliers et ils sont par définition incomplets. La recherche prend du temps : il faut chercher la bonne rubrique, puis il faut naviguer dans de multiples pages, etc. Cela rend leur usage de moins en moins fréquent par les internautes.
- *Les sites comparateurs de prix pour les particuliers*. Ces comparateurs sont souvent incomplets et pas toujours très bien présentés – le site de vente doit être abonné pour y figurer en bonne place. Cette approche est très utilisée par les internautes dans le mode B2C lors de démarches très précises : "*Quelle est la liste des meilleurs prix dans les boutiques en ligne sur tel modèle ou telle gamme ?*".
- Les nouvelles approches de recherche via des *apps* comme *Siri* d'Apple ou *Around Me* et de nombreuses autres. Vous posez une question, le Smartphone y répond directement. Où se situe le boulanger le plus proche de ma position ? Des volumes de plus en plus importants de requêtes échappent ainsi à Google au profit des éditeurs de ces Applications embarquées d'où eux même pourront commercialiser des espaces publicitaires et ainsi prendre des parts de marché à Google.
- Les *réseaux sociaux* : vos amis achètent tel objet et ils en vantent les bénéfices. Ou vous cherchez parmi vos amis qui a déjà acheté et utilisé tel objet.
- *Le reste, surnommé le buzz ou la e-réputation*. L'internaute recherche des recommandations, des articles sur des forums ou des blogs, des avis de consommateurs, des articles de la presse en ligne pour identifier un produit/service, un fournisseur/vendeur ou pour connaître leur réputation afin de finaliser son choix.

Être visible dans les moteurs de recherche aujourd'hui et demain

Être invisible ou peu visible sur Google ou autres moteurs, c'est perdre des prospects qualifiés et ciblés.

Les conséquences sont évidentes mais indolores :

- Perte progressive de la compétitivité de l'entreprise. Petit à petit, l'entreprise est moins performante que ses concurrentes utilisant mieux Internet. Le chef d'entreprise manquant de points de repères (ses concurrents ne vont pas lui donner leurs chiffres sur Internet !), il ne détecte rien ou ne se pose pas (assez) de questions.
- Dans le futur, la valorisation d'une entreprise "moyenne" inclura la qualité de son référencement sur les moteurs. La problématique de la visibilité sur Internet via les moteurs commence à être perçue en France et dans le monde de la francophonie.

En langue anglaise, des dizaines de millions de pages sont en concurrence pour le moindre mot clé. Examiner l'activité du référencement aux États-Unis donne un aperçu fiable du futur pour le référencement en langue française. En français, le volume de pages par mot clé est approximativement dix à cent fois moindre qu'en anglais. Le nombre de sites en français et de leurs pages (françaises, belges, africaines…) augmentant chaque année, la compétition sur les mots clés ne va faire que croître en francophonie.

REMARQUE

Le Top 20 sera de plus en plus difficile à atteindre en référencement naturel.

Les premiers placés auront un avantage certain sur leurs concurrents. Et parmi ces premiers biens placés, ceux qui réaliseront la maintenance de leur référencement et de leur positionnement accroîtront leur avantage compétitif.

Le positionnement sur Internet deviendra un enjeu de plus en plus fort dans le futur.

1.4 La place du référencement dans le marketing global de l'entreprise

Un référencement suivi d'un positionnement dans un moteur de recherche ne vous fera rien vendre : il vous mettra en position de mieux vendre. L'objectif de cette démarche est de créer du trafic ciblé et qualifié sur les pages adéquates du site grâce à une bonne visibilité dans les SERP (réponses des moteurs de recherche).

Figure 1-10 : *Des internautes ciblés et qualifiés sur le site Internet*

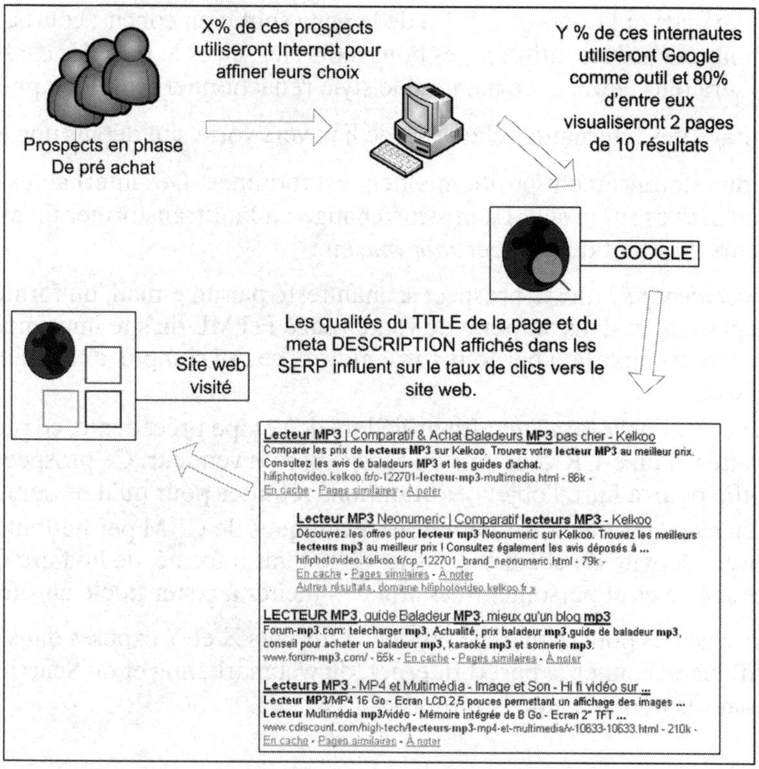

Des prospects non identifiés qualifiés existent (une étude de marché correctement menée est censée donner une estimation de leur volume annuel sur votre marché). Chaque jour, un volume d'internautes prospects ciblés et qualifiés pour vos offres est en situation de préachat dans votre aire géographique.

X % de ces prospects utilisent Internet pour affiner leurs choix de produits, de fournisseurs potentiels et autres points importants à leurs yeux, avant de concrétiser l'acte d'achat.

Y % utiliseront un moteur de recherche comme outil sur Internet. Une étude de marché et une analyse des mots clés utilisés dans les moteurs doivent identifier les mots clés utilisés par ces prospects et estimer le volume potentiel de trafic par mot/expression-clé.

Déduction évidente : l'entreprise doit investir pour être visible de ces Y % d'acheteurs potentiels.

Une partie de ces Y % trouvera ainsi votre site dans les 2 premières SERP (le Top 20) sur les mots clés de votre activité (le rapport de référencement et de positionnement calcule et analyse ce type de statistiques)

Si votre title de page et la meta description de la page sont bien conçus, courts, aisément compréhensibles, utilisant les bons mots clés, alors le taux des clics par les internautes sera plus élevé, et ce même si le style rédactionnel est télégraphique.

Un pourcentage des internautes clique sur le lien vers votre site depuis une SERP.

La mission du référencement/positionnement est terminée. Des internautes ciblés et qualifiés sont arrivés sur le site. La mission change : il faut transformer un maximum de ces visiteurs du statut de *prospect anonyme* en :

- *prospect identifié :* que le prospect se manifeste par un e-mail, un formulaire, un déplacement dans un point de vente (page HTML du site imprimée en main, par exemple) ou par tout autre moyen, ce qui compte, c'est qu'il se manifeste.
- puis en *client premier achat* : Identifié lors de l'étape précédente, ce prospect est traité via un e-CRM ou pris en charge par un vendeur. Ce prospect identifié pourra faire l'objet des attentions requises pour qu'il devienne client
- puis en *client fidélisé* : de nombreuses techniques de CRM permettent de mesurer l'activité du client sur le site, de le tenir informé, de lui faire des offres spéciales et personnalisées afin de l'inciter à rester fidèle au site.

Les volumes calculés pour le marché puis les différents X et Y exposés dans le schéma vont dimensionner la part d'Internet, du webmarketing et du Search Marketing dans la démarche de l'entreprise.

1.5 Pourquoi le référencement est difficile ?

REMARQUE

Le référencement se professionnalise

Le référenceur a besoin d'informations techniques pour travailler au mieux des intérêts du site. Google donne peu d'information hormis des généralités. Chaque référenceur doit se constituer un savoir-faire, une analyse du passé, des outils de mesures personnels ou achetés sur le marché chez des éditeurs spécialisés.
Réussir seul son référencement sur son site deviendra de plus en plus difficile. Déjà, les mots clés français très disputés ne sont à la portée que des référenceurs professionnels dotés de budgets. Le nombre de mots clés devenant inaccessibles à des webmestres débutants ou à des référenceurs amateurs augmente au fil du temps. Exemple : essayez de référencer un site sur « hôtel Paris ».

Google est une entreprise américaine ne donnant que peu d'indications sur son fonctionnement technique. Il suffit de lire les interviews de responsables techniques de Google pour s'en convaincre. À partir de quel seuil le moteur réagira-t-il ainsi ?

Pas de réponse. Les techniques de classement dans l'index de Google sont secrètes afin de laisser échapper le moins de savoir-faire possible vers les concurrents et les référenceurs.

Pourquoi ? Outre la théorie d'Andy Groove (le fondateur d'Intel) sur la paranoïa comme gouvernance d'entreprise efficace, il faut se pencher sur quelques étapes-clés dans la jeune histoire de la recherche d'informations sur le Net pour mieux comprendre.

Concentrons-nous sur les lignes de force influençant fortement les changements de leader sur le marché de la recherche d'informations sur Internet lors de ces dix dernières années, un marché qui pèsent des dizaines de milliards de dollars chaque année.

Les moteurs (Altavista essentiellement) dominent la recherche d'informations sur le début de la période du Web commercial (disons, entre 1995 et 1998).

Ces moteurs donnent des résultats de plus en plus approximatifs avec l'arrivée massive et exponentielle de sites web au fil du temps. Le spam sur les moteurs (déjà !) perturbe les résultats, la technologie n'est pas assez fine pour trier efficacement les résultats dans l'index ; bref, les internautes utilisateurs sont mécontents. La moindre recherche leur renvoie des résultats avec un taux élevé de sites poubelles ou inadéquats.

Les annuaires (Yahoo! en tête de liste) prennent le relais et dominent rapidement le marché. Établissons le début du règne de Yahoo! sur la période 1998-1999.

Les résultats de recherche via annuaires sont alors plus pertinents, les recherches plus faciles. Quelques inconvénients, mineurs au début, existent dès le début de la domination de Yahoo! :

- Il faut payer ou être patient pour avoir son site indexé par l'annuaire Yahoo!.
- Un site sans intérêt bien référencé peut aisément sortir devant un site réellement pertinent lors de recherches. Les annuaires type Yahoo écartent les sites poubelles ou inutiles, mais il n'y a pas de tri en terme de qualité ou d'adéquation. À l'internaute de se débrouiller et d'y perdre plus ou moins de temps.
- Vous avez de l'argent ! Vous serez bien référencé au final en payant Yahoo et en investissant sur votre site, peu importe la qualité. Yahoo! empoche et les internautes usagers sont "floués" sur la qualité des résultats de recherches. Certes, par rapport à Alta Vista, il y a du progrès. Mais il reste de nombreux défauts.

Bref, les annuaires représentent un progrès, mais les quantités impressionnantes de nouveaux sites arrivant chaque jour mettent en exergue les défauts de qualité des résultats lors des recherches via annuaires.

Conscient de ces défauts, Yahoo! signe avec une jeune société : Google. Yahoo! complète ainsi son offre de recherche.

La période entre 2001 et 2002 est le début de l'ascension fulgurante de Google. Il balaie tous ses concurrents et hisse ses parts de marché jusqu'à 90 % dans plusieurs pays ! Google a profité de l'impulsion donnée par son partenariat avec Yahoo!, et il offre de sérieux avantages en termes de qualité par rapport aux portails – annuaires, comme Yahoo!, et moteurs concurrents.

- C'est gratuit pour le référencement naturel. Il est réellement gratuit et accessible à tous, tout au moins au début.
- Il est facile d'avoir son site référencé par Google. Il n'y a pas de politique de filtrage manuel et/ou financier comme chez Yahoo!. Les robots de Google calculent et établissent une hiérarchie entre sites concurrents sur une même expression clé.
- Les algorithmes originaux et forts peu documentés de Google assurent de meilleurs résultats (ils sont plus pertinents) aux internautes que les autres technologies.
- L'interface est épurée : pas de gadgets clignotants à la Yahoo, pas de multiples données encombrant l'espace de travail de l'internaute. L'interface plaît beaucoup aux usagers lassés du style portail trop agressif.

Les internautes aiment la qualité des résultats de recherche de Google : les résultats sont plus pertinents et bien plus rapides que les résultats de ces mêmes recherches à partir d'annuaires. Le basculement se fait très vite. Le règne de Google vient de commencer, avec les conséquences suivantes :

- Pour ne pas se faire doubler, pour protéger son avance, Google ne publie pas de réelles informations sur le fonctionnement de ses algorithmes. Les référenceurs sont donc obligés de chercher par eux-mêmes, ce qui coûte cher. Cela incite chacun d'entre eux à protéger la partie "pointue" de son savoir-faire. D'où une pénurie d'informations de qualité pour référencer efficacement son site. Ce phénomène existe toujours. Nombre de bêtises se mélangent à des astuces intéressantes sur les forums traitant du SEO.
- Les internautes ont fait Google. Seuls eux pourront le défaire.
- Tant que l'usage de Google est fortement répandu parmi les internautes du monde entier, les entreprises voulant être vues sur le Net devront passer par Google et par ses liens sponsorisés (AdWords) et autres outils destinés à donner de la visibilité contre rémunération à Google. Nous avons donc un modèle peu usité et redoutable : Google a pour clients les Internautes, usagers gratuits de ses services. Pour accéder aux internautes, les sites web doivent payer Google, mais cela ne fait pas d'eux des « clients » de Google. Google dicte ses conditions, les sites web paient. Google ne respecte que ses usagers, pas ceux qui paient les factures c'est à dire les annonceurs et les sites web.

- Il en résulte que Google va soigneusement protéger son succès auprès des internautes en luttant contre toute pollution de son index. La masse des utilisateurs fidélisés par la qualité des réponses de Google établit puis maintient ce moteur comme leader sur le marché de la recherche sur le Net.

> ATTENTION
>
> **Le coût du positionnement augmentera inexorablement au fil du temps**
>
> Une autre conséquence fait suite à la forte domination de Google. Être présent dans les 2 premières SERP de Google est devenu le « canal Internet » où de nombreuses entreprises veulent être présentes.
>
> Or le nombre de mots clés sur un métier donné est limité : une fois que tous les concurrents présents sur ce marché les ont mis en œuvre, seule une guerre sur l'investissement en liens sponsorisés et/ou en référencement naturel pourra permettre aux plus rapides et aux plus pourvus en trésorerie de prendre place dans les deux premières pages de résultats.

En voici une illustration… Dans le monde du tourisme, de nombreux acteurs se disputent relativement peu de mots clés : voyage, vol, tourisme, hôtel, etc. La guerre que se livrent ces acteurs sur ces mots et expressions-clés hisse le niveau des enchères et met en place un excellent business pour les liens sponsorisés de Google. Le volume d'internautes utilisant ces mots clés croît certes, mais le coût des liens sponsorisés croît encore plus vite.

1.6 Tricher ou ne pas tricher dans son référencement

> REMARQUE
>
> **Les causes d'une telle tentation**
>
> Selon les résultats de la recherche universelle, la page n° un de résultats de recherche sur Google contient 11 places pour des publicités AdWords et de 10 à 20 places pour les résultats de la recherche naturelle plus ou moins personnalisée. La moindre expression clé possède des centaines de milliers de pages candidates à la page 1, voire des millions.
>
> Tous les clics et revenus associés étant associés à la page 1 à plus de 90% et à la page 2 pour le reste, la tentation est grande de donner un coup de pouce pour être bien référencé.

1.7 Web 2.0 pour réussir son référencement sur Google

Le Web 2.0 n'est pas une norme mais plutôt une philosophie de développement et d'usage d'un site web. Un site web 2.0 signifie qu'il a été développé pour tenir compte de la participation des internautes à la vie du site. Ces participations peuvent se faire de multiples façons :

- Ajout d'un commentaire ou d'une note à une page.
- Voter pour cette page via différents sites genre digg ou via Google+1 ou J'aime de FaceBook.
- Noter le site via des sites recensant les avis des internautes : Qype, Google Places (ou Adresses pour la version française).

L'usage "réseau social" du Net (YouTube, Facebook et plusieurs centaines d'autres) intéresse fortement Google. De cet usage, il peut obtenir de nombreuses informations pour améliorer la qualité de ses SERP et ainsi distancer tout moteur de recherche concurrent ne disposant pas de sa puissance.

Cet usage "réseau social" n'est pas une mode mais une vraie révolution des relations sociales, du fonctionnement des communautés, dans le monde. Elle en est tout juste à ses débuts. Dans les échanges entre membres d'une même communauté virtuelle, des liens de site web sont régulièrement exprimés. Le contexte et le lien associé intéressent Google. Cela lui permet d'affiner ses calculs en positionnement. En effet, chaque fois qu'un innocent internaute parle de l'URL d'une page d'un site web, cela constitue un vote (un lien = un vote) et le pourquoi du vote (l'ancre du lien ou les termes environnant le lien).

Exemples de grands et petits sites utilisant les capacités web 2.0 avec succès :

- Que serait Google sans l'analyse des liens posés par les internautes pointant vers les sites qui leur plaisent ? L'analyse de ces liens est indispensable pour calculer un positionnement des sites/pages ?
- Que serait eBay sans le système de notation des vendeurs/acheteurs ?
- Que serait Facebook sans les interactions entre membres d'une même communauté (les amis d'untel) ?

L'arrivée de la téléphonie mobile 3G et 4G sur des iPhone et des appareils équivalents va permettre de lier *réseau social web 2.0* à la mobilité, ouvrant d'immenses horizons pour des applications révolutionnaires en commerce, marketing, publication d'informations, et surtout, surtout, en interactivités entre membres d'une multitude de communautés physiques ou/et virtuelles.

Autre point fondamental : *travailler dans les nuages*. Cette expression signifie travailler uniquement avec un navigateur. Les données, les programmes les manipulant se lancent à travers le navigateur. Ils sont distants, hébergés sur un serveur quelque part sur le Net. Les offres Doc de Google et d'autres acteurs du Net vont dans ce sens. On utilise tout en ligne ce qui permet de réellement travailler de n'importe où : domicile, web café, train, voiture, restaurant, vacances, etc. comme si on était chez soi sur son PC ou Mac. Les téléphones / tablettes 3G à grand écran comme l'iPhone ou l'iPad vont accélérer ce phénomène.

Des traces numériques, la non-confidentialité des données

Bien sûr, votre usage d'Internet va laisser des traces plus ou moins visibles : fichier bookmark en ligne, votre réseau social, vos sites préférés, cookies, numéro IP fixe de votre box ADSL etc. Ces informations peuvent être plus ou moins récupérées par Google ou par d'autres acteurs. Google peut les utiliser, non pas pour vous espionner (c'est trop dangereux pour lui d'être impliqué dans un tel scandale, de plus cela ne lui ramènerait pas un cent), mais plutôt pour en tirer des statistiques globales afin, entre autres, de mieux cerner la *popularité* des sites Internet, des informations pour traquer ses « ennemis », les SEO ou plutôt les sites utilisant du SEO et votre profil pour pousser des publicités personnalisées à ce qu'il pense être de vos attentes.

REMARQUE

Crédibilité

Une des approches de Google pour s'assurer de la qualité de vos mots clés et de votre popularité est fondée sur la crédibilité. Google a donc mis en place au fil des années des services qui lui assurent un afflux permanent d'internautes : Gmail, Earth, Maps, Adresses, Places, etc. Chacun de ses services exige un compte Google. Depuis un compte unique, vous pouvez accéder à de multiples services Google. Via ces services des millions d'internautes laissent des traces numériques que Google utilise pour définir leur profil, la réalité de leurs existences et de nombreuses autres informations utiles à Google. Un de de ces usages est la crédibilité des liens, des votes de chaque possesseur d'un compte Google. Si le compte Google n'est pas cohérent, par exemple en raison de la pose massive de liens vers les pages d'un même site et aucune autre activité sur ce compte, Google pourra le détecter et neutraliser ces liens probablement non naturels dans ses algorithmes.

En d'autres termes, la triche par la pose massive de liens artificiels depuis des comptes Google bidons est très vite détectable. C'est donc un travail inutile sauf à le gérer de manière parfaite.

La Toolbar de Google ou le navigateur Google Chrome sont des capteurs de Google. Chaque utilisation vis-à-vis d'un site est remontée de manière anonyme vers les serveurs de Google. Vous marquez une page (et donc son URL) ? C'est une forme de vote sans backlink. Google collecte des dizaines, voire plus, d'informations sur votre comportement anonymisé dans les sites Internet visités via sa barre d'outils et son navigateur Chrome. Il capte ainsi un volume extraordinaire d'informations qui lui permettront de mieux cerner les sites web. Cela aura un impact majeur sur les techniques de référencement à mettre en oeuvre sur votre site. Nous en reparlerons plus loin.

Il est à noter que Microsoft fait de même avec Internet Explorer. Toute URL que vous utilisez est remontée vers un serveur Microsoft qui ainsi peut dresser de manière encore plus efficace la topologie de l'usage du Web dans le monde. Sur ce plan, Microsoft est encore plus en avance que Google, qui n'a que la Google Bar et son navigateur Chrome pour faire la même chose. En fait, deux sociétés dans le monde ont une solide idée de l'audience de tout site web : Microsoft talonné par Google.

Vous publiez dans un Digg like sur tel site web avec une URL ? Là aussi, vous exprimez un vote. Les participations dans les forums indiquant tel ou tel site sont également des votes issus de site sociaux et web 2.0. Un blog est un genre de site web. Là aussi, de manière classique, Google utilisera les mêmes outils pour évaluer les liens. Le spam de liens via des blogs possède un nom : le *splog* (de *SP*am et b*LOG*). Une gestion intelligente des splogs, comme des paid links, permet de se constituer à un coût raisonnable quelques backlinks de bonne qualité.

Bien entendu, on peut faire confiance à Google pour modérer via des coefficients et des calculs le poids de chaque vote afin d'éliminer les doublons, les tentatives de fraudes aisément détectables, les votes inappropriés, etc.

Les quantités phénoménales de données enregistrées de manière "anonyme" sur le Net par Google lui permettent de tracer des abaques de comportements et ainsi, via la détection d'anomalies statistiques, d'avoir des pistes lors de tentative massive de fraude aux votes sociaux. L'augmentation de la puissance de calcul de Google au fil du temps, une plus grande quantité de traces numériques et l'amélioration continue des algorithmes permettront à Google d'affiner de plus en plus la détection de la fraude et de la triche en backlinks et en liens sociaux.

Google et quelques autres l'ont bien compris. Réseau social et mobilité vont profondément remodeler la société dans les prochaines années.

Les backlinks, quoique toujours importants, sont passés du statut d'outil de calcul exclusif pour le positionnement dans Google à une des composantes nécessaires à ces calculs. Dans le proche futur, l'analyse des backlinks sera une composante parmi quelques autres permettant à Google de calculer encore plus efficacement la popularité d'un site, de ses pages face à des mots et expressions-clés.

Il est plus ou moins facile de faire du netlinking à base de paid links ou de liens non naturels. Il suffit d'avoir de l'argent. Il est nettement plus difficile d'avoir des liens sociaux payés. La prise en compte de Web 2.0 débarrassera partiellement Google de la problématique de détecter et neutraliser les paid links.

REMARQUE

Prévoir des technologies web 2.0 dès la conception du site

Pour inciter un internaute à mettre en favori (ou en « *share facebook* » ou à tweeter cet url au sein d'un tweet)) une URL de page, il faut que le contenu le justifie. Cela impacte fortement la structuration d'un site web. Il faut

REMARQUE

imaginer, puis concevoir des informations capables de séduire un internaute pour qu'il ait envie de la signaler à son réseau social.

Il faut également favoriser sa coopération en lui demandant son avis, en lui demandant de voter, de parler de la page dans un réseau social, etc.

Un contenu attrayant qui justifie une mise en favoris répond à plusieurs critères. En voici quelques-uns :

- Les données intéressent l'internaute.
- Il y a régulièrement des mises à jour de la page soit par le site lui-même ou via les autres internautes qui donnent leur avis ou une note d'appréciation.
- Ces mises à jour lui sont signalées via e-mail ou fil RSS aux internautes intéressés.

Les pages ainsi ciblées doivent permettre à l'internaute de naviguer facilement vers les pages ayant des contenus commerciaux ou marketing. Le but de l'opération est d'orienter un internaute arrivant sur cette page d'atterrissage via Google vers des pages plus commerciales ou marketing. Là aussi, cela se prévoit plus facilement à la conception du site plutôt que sur un site déjà existant

Quand un site met en œuvre des fonctionnalités web 2.0, Google peut les détecter s'il le décide. Quand un internaute vous inscrit en Google Bookmarks ou vous recommande via Digg, Facebook ou YouTube et autres sites de réseau social, il y a mécaniquement la pose d'un backlink ou équivalent dans ce site. Certes, ce backlink est codé de manière à empêcher sa prise en compte par les bots des moteurs. Mais est-ce vrai ? Eh bien, pas tout à fait ! La définition du masquage des backlinks dans ces outils spécifie un nofollow, c'est-à-dire que le bot ne devrait pas suivre ce lien. Mais il peut le lire sans le suivre et cartographier.

Une autre action web 2.0 porte sur l'interaction directe entre un internaute et le site : notation, avis, commentaire, etc. Une page ainsi animée a une signature très précise, aisément détectable par le moteur. En évaluant les textes, les outils mis en œuvre, en corrélant avec la popularité web 2.0 évoquée juste au-dessus, il est clair que le moteur peut affiner son calcul de popularité et donc le positionnement dans son index.

ASTUCE

Installer des fonctions web 2.0 pour booster son référencement

Si vos pages ont un contenu justifiant des échanges avec les internautes, profitez-en. Toute page ayant du succès en interactivité avec les internautes se voit octroyer des avantages dus aux backlinks ainsi générés et au texte ajouté à la page : commentaires, avis, notes, etc. Vos internautes travaillent ainsi à votre bon référencement. Ils vous créent des contenus.

1.8 Trop de texte ou pas assez

Panda sanctionne les pages ayant peu de texte et un lien dans ledit texte. Google considère qu'une page trop courte ne possède pas une valeur ajoutée suffisante pour être indexée.

D'un autre côté, plus on a de texte dans une page, plus on augmente la probabilité d'un duplicate content accidentel avec d'autres pages. 300 mots significatifs semblent être un minimum. Dépasser 1 200 mots entraîne un risque de duplicate content élevé.

1.9 Liens utiles ou rubrique « Les liens utiles »

Cette appellation de liens utiles recouvre plusieurs notions qui méritent votre attention.

Vous pouvez posséder une page dédiée aux liens utiles pour afficher … des liens que vous jugez utiles à montrer à vos internautes. Cela vous permet de gérer quelques échanges de liens, pas plus de quelques-uns surtout, comme nous le verrons plus loin. Vous pouvez y placer donc tous les liens réellement utiles par rapport au thème ou à l'usage de votre site. Mais est-ce la meilleure chose pour votre site ?

Vous pouvez poser un lien qui part d'une page de votre site et pointe vers une page faisant autorité sur le sujet. Et vous pouvez répéter cette opération plusieurs fois.

Exemple : Vous proposez un site sur la construction de maisons en bois et vous avez un lien dans une page de votre site qui pointe vers le site du Centre technique national de la construction, sur la page dédiée à la construction en bois.

Un tel lien a deux effets :

- Il renforce votre légitimité sur le sujet, donc votre référencement. Il appuie votre crédibilité, ce qui est important. En effet, ce lien part d'une page où vous présentez votre approche de la construction en bois pour une maison et vous avez un lien qui pointe une page faisant autorité sur ce même sujet. Le lien est donc 100% dans le contexte.
- L'internaute n'est pas vraiment intéressé par le contenu de votre page mais il est curieux. Il clique et quitte votre site via un lien utile dans la page pour aller sur cette page faisant référence. Google va enregistrer au minimum une chose : l'internaute ne revient pas tout de suite dans Google pour lancer une requête à nouveau. C'est donc qu'il passe du temps sur votre site. Si l'internaute utilise Chrome, Google mesurera qu'il y a trouvé un lien utile ce qui est positif pour votre page, un lien étant une forme de contenu. Ainsi, vous évitez des « malus » de Google. En effet, si des internautes cliquent vers votre site depuis une SERP et qu'ils reviennent aussitôt pour une nouvelle

recherche dans Google, celui-ci le mesure aisément. Trop d'internautes réalisant de tels allers retours indiquent à Google une inadéquation potentielle entre votre contenu et l'expression clé où vous êtes référencé. Vous risquez d'être déclassé sur cette expression clé. A contrario, un site est présent sur une expression clé ; il est peu cliqué mais les clics amènent internaute avec un taux de rebond faible. Ce site ne sera pas déclassé malgré un faible trafic obtenu.

La conséquence pour le responsable d'un site est de valider ou non une stratégie de liens utiles, pour chaque page du site. Cela permet à un internaute de voir et de cliquer vers des liens extérieurs de qualité. Une telle approche ajoute un troisième effet aux deux précédemment listés. Une stratégie d'une rubrique « liens utiles » est plutôt moins efficace que de disperser les liens utiles dans les pages du site.

La mise en forme d'un tableau de "*liens utiles*" cohérents vis-à-vis de la page et associés à des commentaires textuels logiquement cohérents vis-à-vis de la page renforce mécaniquement le référencement de cette page via l'ajout de mots contextuels et cohérents. Ce tableau liens utiles contiendrait des liens internes et cohérents vers des URL internes au site. Nous aborderons plus en détail cette technique dans le chapitre consacré au Page Rank Sculpting.

Quels sont les sites utiles à privilégier ? En voici une liste non exhaustive :

- Les encyclopédies en ligne, type Wikipédia, en pointant sur une page de contenu cohérente (définition de mots, par exemple).
- Les sites nationaux d'un métier le Syndicat de la location de bureau, le Centre technique du bâtiment, etc.
- Les sites en .gouv.fr et équivalent.

1.10 Référencement naturel versus liens sponsorisés

ASTUCE

80 % des internautes français consultent deux pages de SERP

Médiamétrie est une entreprise française publiant des informations sur le comportement des Français. Le comportement de l'internaute moyen français face à un moteur de recherche est fondamental à connaître. Selon les études de cette entreprise, la grande majorité des internautes français étudie 2 pages de 10 résultats d'un moteur sur une requête donnée. Si l'internaute ne trouve rien à cliquer dans ces 2 pages, il reformule sa requête ou il quitte le moteur pour un autre outil. Ces deux pages de SERP contiennent deux formes de référencement possibles pour le site web : les liens commerciaux (les liens sponsorisés Google AdWords) et le référencement naturel.

Il existe deux approches complémentaires pour être visible dans les SERP de Google : les liens sponsorisés et le référencement naturel.

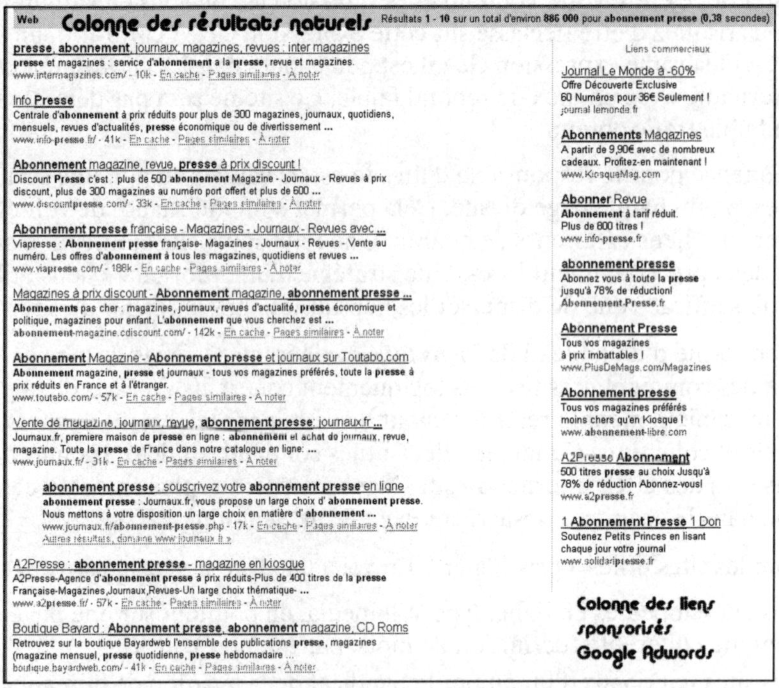

Figure 1-11 : *Les deux zones : référencement naturel ou AdWords dans une SERP d'avril 2008 de Google sur l'expression-clé "abonnement presse"*

Objectif : être dans les 20 premiers. En effet, d'après Médiamétrie (dans leur étude de 2007), plus de 80 % des internautes français lisent les 2 premières pages de 10 résultats de Google. Ce sont les 20 premiers rangs qui doivent être conquis, puis maintenus et améliorés au fil du temps.

Les chiffres publiés par Médiamétrie sont des moyennes lissées. En fait, quand on creuse sérieusement le sujet via l'analyse fine de statistiques, il se détache les comportements suivants qui auront un impact sur votre stratégie de référencement et sur son coût :

- Si le produit/service objet de l'attention de l'internaute lançant des requêtes dans Google est plutôt "cher" (une voiture, une recette pour un repas de fête, une maison, un séjour de vacances, un moteur pour un bateau, de la défiscalisation …), l'internaute parcourt deux pages et beaucoup plus en SERP sur une même requête. Cet internaute multiplie différentes requêtes pour tenter d'isoler les sites web offrant le produit/service le mieux adapté aux attentes de l'internaute. Le référenceur aura pour objectif d'identifier différentes combinaisons d'expressions-clés par offre métier du site et de positionner le site web sur un maximum d'entre elles sur la première page.

- Si le produit/service a un faible coût, la première bonne réponse visible fera l'affaire. Sa recherche et la préparation de son intention d'achat s'arrêteront là. Le référenceur aura pour objectif de positionner en Top 3/Top 5 le site web sur toute expression-clé porteuse de trafic ciblé.

Principe simple des liens sponsorisés (AdWords)

DEFINITION

Liens sponsorisés Google AdWords

Publiés comme "*liens commerciaux*" dans les SERP en français, ces liens sont affichés en colonne de droite dans chaque page de résultats de recherche (SERP) et quelquefois dans les 3 premières lignes au-dessus des résultats "*naturels*". Il faut louer ces emplacements à Google pour y être présent.

Louer des liens sponsorisés AdWords consiste à louer aux enchères un emplacement en colonne de droite dans une SERP de Google pour un mot clé ou une expression-clé précise associé à des critères relativement précis en ciblage : langue, zone(s) géographique(s) visée(s) (ex : France, Belgique, Luxembourg, Algérie et autres pays francophones), etc. Le site loue un mot clé pour un montant d'enchère donné, pour un montant journalier maximum et un montant total fixé à l'avance.

Des critères en budget doivent également être sélectionnés.

Exemple : l'expression-clé abonnement presse pour un montant de 0,80 euros pour la France entière et pour un montant maximum journalier de 80 euros et une limite budgétaire de 800 euros.

Google va trier par ordre décroissant de montants d'enchères pour les afficher en colonne de droite dans ses SERP.

Prenons la SERP de la requête "abonnement presse". À droite se trouve la colonne des liens sponsorisés AdWords. Google en affiche 8 maximums dans une colonne d'une page. L'annonce en haut de colonne paye plus cher à Google pour tout clic que l'annonce du bas de page ou des pages suivantes. Plus on veut être en haut de page et sur la première page, plus il faut enchérir cher pour tout clic. Les annonces fonctionnant bien (un mix du prix vendu par Google et du nombre de clics en volume) ont droit à un traitement de faveur : elles sont localisées juste au-dessus de la zone où s'affichent les résultats naturels. De 0 à 3 annonces maximum ont droit à ce traitement de faveur.

Pour être présent immédiatement, en colonne de droite dans la SERP en Top 10 ou suivante, il suffit de payer une campagne de liens sponsorisés. Le résultat est immédiat, il n'y a pas de délai d'attente contrairement à du référencement naturel.

Le référencement et le positionnement naturel

DEFINITION

Le référencement naturel d'un site Internet

Ce sont les actions techniques et rédactionnelles pour optimiser les pages du site pour tenter de la faire afficher dans les SERP d'un moteur sur un ou des mots clés précis.

Optimiser une page HTML signifie mettre en œuvre des techniques pour faciliter la compréhension des contenus de la page par le moteur de recherche.

L'objectif est de le pousser à prendre en compte les mots clés dont le site estime avoir besoin en priorité. Une telle prise en compte par le moteur donnera la possibilité future d'avoir au moins une page du site listée en SERP sur une requête employant un ou plusieurs des mots clés de cette page.

DEFINITION

Positionnement d'un site Internet

Ce sont les actions qui vont hisser les pages d'un site dont le référencement est correct, vers les premières positions dans une page de résultats de moteur (une SERP) sur les mots clés voulus par le webmestre ou le traffic manager.

Sur chaque page de tout site web accessible à Google, différents critères, que nous détaillerons plus loin, sont évalués par Google. Ils lui permettent de trier dans son index les millions de pages ayant les mots clés composant l'expression-clé de notre exemple abonnement presse dans leur contenu.

Ensuite Google évalue les backlinks pointant vers chaque page d'un site. Cette évaluation finalise pour quelques heures le classement dans l'index. Ce classement est régulièrement recalculé. Le fonctionnement des algorithmes lisse les montées ou descentes de pages au sein de l'index. À moins d'une mise à jour des algorithmes ou d'une forte modification d'une page, elle montera ou descendra progressivement au fil des jours.

Par défaut, les SERP de Google affichent les résultats 10 par 10. Selon Médiamétrie, 85 % des Français consultent les deux premières pages de réponses d'une requête soumises à un moteur.

Conclusion : seules les 20 premières places ont une valeur sur une expression-clé donnée.

ASTUCE

Augmenter le taux de clics dans une SERP sur votre page

La qualité du meta title est primordiale. Des mots clés doivent y être présents, et le sens du texte doit contenir une promesse attractive, courte, précise et ... séduisante. La qualité rédactionnelle de description et de chaque paragraphe doit être bonne.

Le résumé en deux parties sur chaque page proposée dans une SERP est issu de deux champs d'information : le title de page et un ou quelques extraits des contenus de la page contenant les mots clés de la requête. Ces extraits sont prélevés par Google dans la meta description en priorité ou dans un paragraphe de la page.

Si le résumé affiché dans la SERP est attrayant, il a de bonnes chances de séduire l'internaute et d'être cliqué. Il faut donc bien réfléchir à chaque texte pour le title de page, pour la meta description et les paragraphes de la page. Leurs qualités rédactionnelles auront un fort impact sur le taux de clics et le trafic généré.

En effet, si dès les premières lignes, l'internaute identifie dans la SERP quelques résumés prometteurs, il n'ira pas plus loin. L'enjeu, face à une concurrence de qualité présente dans des SERP sur vos mots clés, consiste alors à être présent dans le Top 5 avec un résumé efficace présenté en SERP sur vos mots clés. N'hésitez pas à tester ce que présente Google comme résumé SERP de vos pages sur vos mots clés puis à corriger les défauts rédactionnels.

Comparatif : liens versus référencement

Quand le site n'a pas le temps d'attendre son référencement naturel, il peut être nécessaire de démarrer une création de trafic via une campagne de liens sponsorisés. Le référencement naturel et les liens sponsorisés sont complémentaires. Ils offrent chacun des avantages et des inconvénients.

Tableau 1-1 : Avantages et inconvénients : liens sponsorisés vs référencement naturel

	Google AdWords	Référencement naturel
Budget prestataire éventuel	En investissant un peu de temps, on peut arriver à des résultats. Un spécialiste du domaine pourra améliorer le rendement de vos annonces et liens sponsorisés. Il n'est pas obligatoire de faire appel à ce prestataire de manière récurrente.	En y consacrant du temps et de la compréhension, on peut arriver à un résultat sans aide extérieure. Selon la difficulté ou l'ampleur de la tâche, il pourra être nécessaire d'avoir un accompagnement régulier et récurrent par un prestataire spécialisé.

Tableau 1-1 : Avantages et inconvénients : liens sponsorisés vs référencement naturel		
	Google AdWords	**Référencement naturel**
Coût de l'exploitation	Il faut payer Google ou tout autre fournisseur de liens sponsorisés au fil des clics sur les liens commerciaux – de 30 à 10 000 € par mois, voire plus.	Sur des mots clés en forte compétition, des dépenses de netlinking seront nécessaires. En clair, il faudra financer l'acquisition de liens de différentes manières possibles : en les payant, en mettant en ligne des contenus séduisants, etc. Nous reviendrons sur ce point plus avant. Ces opérations nécessitent un budget.
Pièges, fraudes…	Malgré les efforts de Google, il y a des clics frauduleux qui faussent les campagnes et qui renchérissent le coût.	De nombreux prestataires prétendent maîtriser le référencement naturel. Beaucoup le maîtrisent mal ou pas du tout, et font n'importe quoi. Au fil du temps, le marché se purge des acteurs incompétents, mais son assainissement n'est certes pas encore fini. La méfiance est de règle.
Délai de mise en œuvre	Immédiat. Mais dès l'arrêt de vos paiements, le flux des internautes se tarit fortement.	Il faut de plusieurs semaines à plusieurs mois pour percevoir le trafic issu d'un bon positionnement dans les SERP sur les mots clés sélectionnés.
Premières conclusions	Rapide, souvent efficace mais coûteux au fil du temps. Cela dépanne en attendant la montée en puissance du référencement naturel. Précieuse aide à la mise au point du référencement naturel grâce à l'identification des mots et expressions-clés producteurs de trafic de qualité. Cela permet des actions courtes à effet immédiat : c'est pratique quand on veut accélérer le recrutement de prospects identifiés. On peut donner de la visibilité à des pages impossibles à référencer naturellement.	L'investissement de départ est élevé : temps à consacrer, coût supplémentaire en développement PHP/MySQL, temps-homme en production de référencement, campagne de webmarketing, etc. Le site coûte plus cher à produire, pour des effets positifs non immédiats. À l'usage, sur la durée, le référencement naturel apporte un rapport prix/performance bien plus avantageux. Il n'y a pas de risque de clics frauduleux. En revanche, il faut supporter Google, Panda, Penguin et tout le bestiaire Google à venir.

Tableau 1-1 : Avantages et inconvénients : liens sponsorisés vs référencement naturel

	Google AdWords	Référencement naturel
Conflit d'intérêt	Une agence prestataire en référencement naturel agréé Google AdWords est à surveiller de près. Elle pourrait préférer "orienter en douceur" un client du référencement naturel vers des campagnes de liens sponsorisés bien plus rémunératrices et bien plus simples à concevoir et à produire que le SEO.	
Conclusion commune	Les deux approches sont complémentaires. Le développement du business d'une entreprise gagne à les utiliser toutes deux en exploitant les points forts de chacune. Le développement commercial efficient d'une entreprise passe par la mise en œuvre des différents outils disponibles comme le SEO (le référencement naturel) et le SEM (liens sponsorisés comme Google AdWords).	

Performances : liens sponsorisés vs référencement naturel

REMARQUE

Xiti

C'est une entreprise commercialisant des produits de gestion et mesures de performances des sites Internet (http://www.xiti.com). Des milliers de sites utilisent leurs outils. Xiti est l'une des entreprises à pouvoir communiquer sur les performances des différentes formes de référencement et de promotions sur le net grâce à leur retour d'expérience.

Date : avril 2008 – source : Xiti – Xiti Monitor *"Les performances comparées des campagnes de liens sponsorisés versus le référencement naturel et les autres types d'outils confondus"* (URL source en avril 08 : http://www.xitimonitor.com/fr-FR/index-1-1-4-123.html?xtor=AL-16). Secteur : 156 sites de ventes en ligne (e-commerce) – étude menée par Xiti du 1 au 29 février 2008.

En moyenne, les liens sponsorisés pèsent 26 % du trafic amené et le trafic naturel représente 62 %. Les autres types de campagnes, affiliation, e-mailing, bannières, flux RSS représentent le reste, 11 % environ.

Quelques commentaires sur ces informations publiées par Xiti :

- Le site que vous allez référencer n'est probablement pas un site de e-commerce national. Donc ces statistiques sont intéressantes en tant que tendances uniquement. Le référencement naturel efficace (c'est-à-dire être en Top 10 ou en Top 20 sur ses mots clés dans l'index des moteurs et principalement celui de Google) est en moyenne la source n°1 de trafic ciblé et qualifié pour un site.
- Le trafic naturel comprend aussi bien les accès directs que les accès via des SERP (un clic dans un résultat de recherche sur Google ou autre moteur).

Xiti ne détaille pas ces 2 sources naturelles. En basant les statistiques de sites auxquelles nous avons accès, on pourrait diviser en deux parts égales ces 2 sources pour avoir une tendance. Le référencement naturel pourrait être crédité d'un solide 31,25 % à égalité avec la fidélisation des internautes par la qualité de l'offre.

REMARQUE

Le référencement naturel est l'outil numéro 1 pour se faire connaître

Le référencement/positionnement naturel est le meilleur outil à ce jour pour collecter du trafic de nouveaux internautes ciblés et qualifiés. Il arrive en tête des outils capables de gérer la venue de nouveaux prospects sur un site.

Méthodologie : Mesurer le retour sur investissement

Une approche managériale, l'approche globale, enseignée dans différentes écoles de commerce, nous apprend que la chaîne globale de vente est composée de tous les acteurs de l'entreprise intervenant sur un produit de la conception à la vente, chacun étant un maillon.

La performance des ventes d'un produit ou d'un service donné sera calée sur les performances du maillon faible de cette chaîne.

Illustration simplifiée générale

Si l'équipe marketing produit d'une entreprise réalise des outils d'aide à la vente mal adaptés à la force commerciale, les performances des vendeurs en seront diminuées. Au lieu de présenter son produit en, disons, 10 min, il lui en faut 20. Pire, plus un rendez-vous dure, plus la probabilité que le commercial s'empêtre dans ses arguments ou rencontre des objections imprévues augmente. C'est le chemin direct menant à un échec de la vente.

La productivité commerciale en termes de volume de rendez-vous effectués diminue entraînant mécaniquement une diminution des volumes de ventes.

Mais cette moindre qualité des outils d'aide à la vente entraîne aussi une baisse du taux de transformation de prospects en clients. Le maillon faible, ici l'équipe marketing produit, a bien calé la performance globale de l'entreprise sur sa propre performance.

Un exemple

Nous sommes dans la thématique *abonnement presse*. Des sites web commercialisent à prix réduit des abonnements à de nombreux titres de la presse. Il est primordial d'être vu dans les SERP. Pour cela, il faut avoir de bons positionnements des pages du site sur les expressions-clés utilisées par les internautes.

Un internaute saisit une expression-clé dans un moteur de recherche : "abonnement magazine moins cher". Cet internaute recherche la formule d'abonnement la moins chère possible pour sa revue préférée.

Quelques dizaines de sites proposent ce type de services. Ils commercialisent moins chers que l'éditeur lui-même les abonnements de leurs multiples revues.

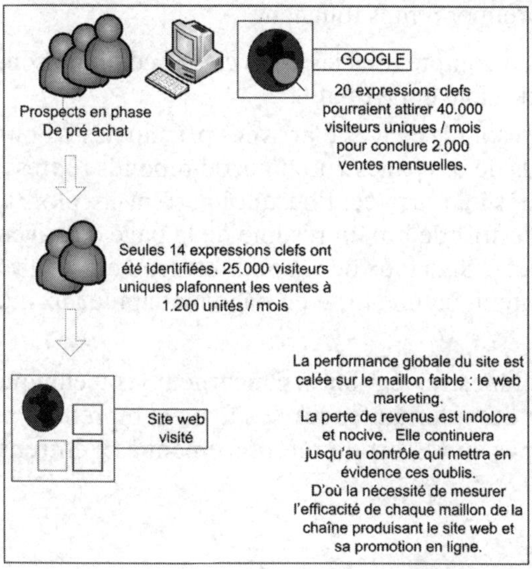

Figure 1-12 : *La performance globale est calée sur celle du maillon faible*

Le webmarketing d'une de ces sociétés a oublié de prendre en compte l'expression-clé abonnement magazine moins cher. Le site de cette société n'apparaît pas en Top 30 sur cette expression-clé précise. L'internaute de notre exemple, prospect ciblé et qualifié, ne lui achètera rien. En effet, il ne verra pas le site lors de ses recherches. L'oubli de l'équipe webmarketing en place a diminué l'efficacité commerciale globale de l'entreprise. Les ventes via le site en ligne auront tendance à être calées sur la compétence de cette équipe, quelles que soient les performances des autres équipes de l'entreprise.

L'efficacité du référencement et du positionnement passe par plusieurs étapes séquentielles. Chacune est un maillon dépendant de la qualité du maillon précédent. Il est important de mesurer l'efficacité de chaque maillon pour traquer les goulets d'étranglement. Voici quelques-uns des outils à votre disposition pour mesurer, analyser ces différentes étapes sur votre site :

- *Les mots clés* : des outils gratuitement mis à disposition des internautes par les moteurs permettent d'estimer le trafic potentiel sur un mot clé.

- *Google Analytics, Xiti et autres logiciels de statistiques basés sur des marqueurs JavaScript* : ces outils donnent de nombreuses informations sur le comportement des internautes : mots clés utilisés pour arriver sur le site, pages d'arrivée, taux de rebonds.
- *Les statistiques du site utilisent une autre technologie fort utile* : elles sont basées sur les appels aux fichiers composant les pages HTML du site : les fichiers *.html*, les fichiers image, etc. Cela complémente très bien les outils basés sur les marqueurs JavaScript.

Les mesures à étudier dans un premier temps touchent :

- *aux mots clés* : a-t-on pris en compte tous les mots clés et combinaisons capables de capter du trafic ciblé et de qualité ?
- *aux pages d'arrivée* : quelles sont les pages d'arrivées principales ? Pourquoi ? Quel est le taux de rebonds de ces pages ? Le taux de rebonds représente les internautes fuyant le site dès leur arrivée. Pourquoi partent-ils, alors qu'ils sont arrivés en ayant fait l'effort de lire un résumé de la page d'arrivée affiché dans Google puis de cliquer ? Si le taux de rebonds est trop élevé, il y a un problème potentiel de contenu ou une mise en page inadaptée aux mots clés captant le trafic.

Les autres préoccupations du webmestre, légitimes, concernent les techniques à mettre en œuvre pour conserver des internautes sur le site ou comprendre pourquoi ils quittent le site. Elles ne sont pas du ressort du référencement et n'entrent pas dans le cadre de cet ouvrage.

1.11 Les principes du référencement naturel

Le contenu est la base de tout. Sans contenu, il n'y a pas de référencement possible. Ces contenus doivent être originaux. Il est inutile de songer à copier-coller le site de votre concurrent.

Le contenu c'est bien, mais faut-il encore que votre contenu contient les mots et expressions clés utilisés par les internautes à la recherche de vos produits ou services. Il faut passer par un audit des mots clés pour identifier ceux qui seront porteurs de trafic ciblé et qualifié pour votre site.

Réussir un positionnement des pages de son site dans les SERP de Google exige de réaliser un référencement de qualité, c'est-à-dire les travaux d'optimisation des pages du site respectant une cohérence vis-à-vis des mots clés.

Optimiser les pages est un travail technique à réaliser page par page. Des balises doivent avoir un contenu travaillé sémantiquement, la mise en page influe, les visuels doivent être commentés etc. Un chapitre dédié expose le travail à faire et donne des premières pistes pour automatiser ce type de travail.

La mise en service de fonctionnalités web 2.0 appuie la démarche de contenus uniques et fréquemment mis à jour.

Les fonctionnalités web 2.0 contribueront à une meilleure optimisation. Elles permettant l'ajout d'informations : post et avis d'internautes, nouveaux contenus, notes…

Figure 1-13 : *Faire participer les internautes sur 750g.com*

Sur **750g.com** en bas de page d'une recette, on voit un bloc sur les commentaires, un système de notation, la possibilité d'ajouter un commentaire, une page dédiée à tous les commentaires de cette recette. La page est enrichie par les internautes et une page de contenus combinant de multiples textes est créée.

ASTUCE

Migrer de web 1.0 à web 2.0

Pour de nombreuses raisons techniques et marketing, un site web 2.0 sera mieux optimisé pour Google qu'un site web 1.0. Tant que vos concurrents en sont au web 1.0, vous pouvez faire l'impasse sur cet investissement. Si

ASTUCE

vous voulez prendre de l'avance sur vos concurrents, faites réfléchir votre équipe à une version web 2.0 de votre site.

Une fois le travail sur le site réalisé, on peut passer au travail à de SEO à réaliser à l'extérieur du site. Cela consiste à exploiter les backlinks déjà en place puis à en trouver d'autres. Les campagnes de backlinks, le netlinking ou link building, sont essentielles au positionnement face à des concurrents déjà installés. Elles ne seront efficaces que lorsque toutes les autres étapes auront été finalisées.

L'importance des liens

En effet, depuis plusieurs années, une stratégie de backlinks seule ne peut réussir à positionner un site mal optimisé dans Google sur des expressions clés fortement disputées entre de nombreux sites. Dans le passé, il suffisait d'une petite campagne de backlinks pour obtenir un *bombing* comme le célèbre "*miserable failure*" contre Georges W Bush.

REMARQUE

Les Google bombing démontrent l'importance des backlinks

Un exemple de bombing illustrant la puissance des backlinks en positionnement : avant 2007, en saisissant la requête "miserable failure" dans Google, échec lamentable en français, expression faisant référence à l'échec de la guerre en Irak, la première réponse dans la SERP était l'URL de la biographie de Georges W Bush sur le site web officiel de la Maison-Blanche.

Qu'est-ce qu'un Google bombing ? Ce sont, ou plutôt c'étaient, les actions coordonnées aboutissant à un référencement non désiré par une page Internet. Par exemple un mot ou une expression péjorative étaient associé à une page sur une personnalité par la pose concertée et coordonnée de backlinks associant cette page à cette expression-clé péjorative.

Dans l'exemple sur Georges W. Bush, un certain nombre de sites web s'étaient coordonnés pour placer sur diverses pages un lien en dur avec le libellé miserable failure (un backlink donc dans notre jargon technique) pointant vers la page de la biographie de ce président des États-Unis.

Comme cette expression-clé est peu concurrencée (hors blague et plaisanterie, qui pourrait être intéressé de dépenser du webmarketing sur une telle expression ?), cela fut assez facile. Vu le peu d'usagers de cette expression dans Google, une campagne de buzz (du webmarketing viral) fut lancée par les initiateurs du bombing pour faire connaître leur "blague". Les échanges Internet firent le reste en propageant la nouvelle dans toutes les langues vers des millions d'internautes.

Pire, le fait que des millions d'internautes testent le bombing le renforce : Google a mesuré une forte corrélation entre la saisie miserable failure dans la page de recherche et les clics depuis les SERP vers cette page sur G. W. Bush. Divers mécanismes dans Google en ont conclu que c'était un synonyme renforçant encore plus le bombing.

Cet exemple de bombing illustre la prise en compte des liens en dur dans le positionnement d'un site Internet.

Figure 1-14 : *Bombing 2003 sur George W. Bush via une campagne de backlinks*

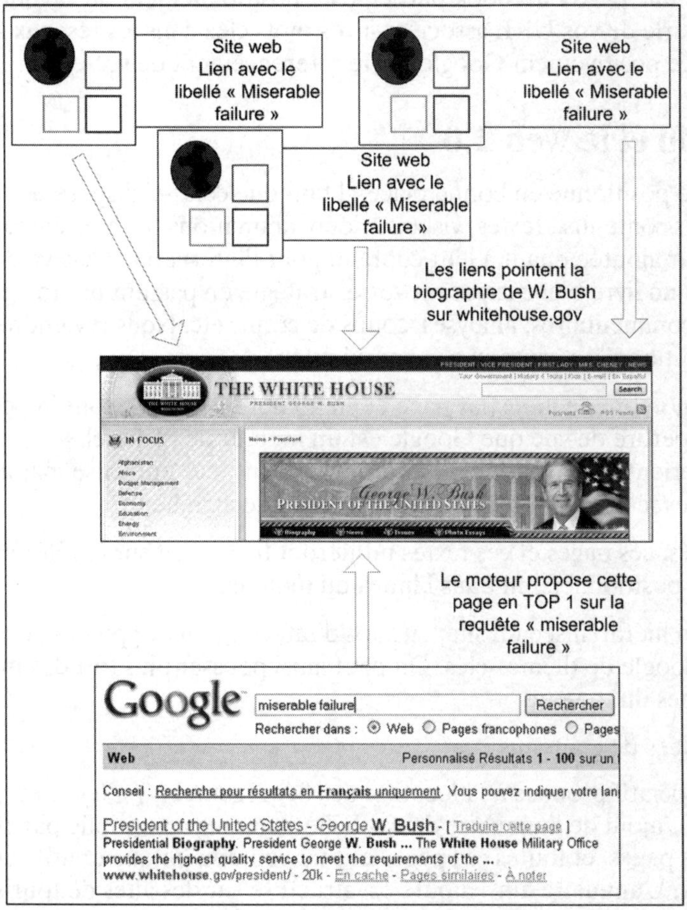

Depuis 2007, un tel bombing est devenu fort difficile. En effet, des mécanismes destinés à lutter contre le spam linking, mécanismes qui seront abordés plus loin dans ce livre, freinent désormais la réussite d'un positionnement uniquement de l'extérieur du site. Les backlinks et les pages qu'ils ciblent doivent être cohérents.

La cohérence nécessite une optimisation efficace des pages du site qui seront visées par les futurs backlinks. Les deux pages liées par un lien doivent être cohérentes : thématique proche, usage de mots clés en commun. Sans cette cohérence, il sera beaucoup plus difficile, voire impossible, de réussir le positionnement. Pire, ces liens pourraient être considérés comme des paid links par les automatismes logiciels de Google et cela pourrait entraîner d'une part des sanctions contre les pages de départ de ces backlinks mal gérés et d'autre part, indirectement, contre le site ciblé.

La troisième phase est voisine du linkbuilding. Il faut utiliser les réseaux sociaux pour obtenir d'autres formes de backlinks et d'autres formes de votes positifs. Un lien présent dans une page Facebook participe au positionnement du site ainsi pointé. Plus on parle de vos URL associées à vos mots clés dans les réseaux sociaux, plus cela influence positivement Google sur le référencement de votre site.

Étape n° 1 – Contenu et le Web 2.0

Pour avoir un site positionné en bonne place, il faut que celui-ci dispose de contenus, de réels contenus : textes, visuels, vidéo, animations flash ou JavaScript, créant de la valeur ajoutée quant à leur contenu pour l'internaute. Cela va de la fiche technique à un livre blanc exposant votre stratégie en passant par toutes sortes de descriptions, commentaires, analyses, coups de cœur, etc. Nous reviendrons en détail sur la définition d'un contenu à valeur ajoutée.

Les volumes, en nombre de mots par page et en nombre de pages, sont importants. Il ne faut jamais perdre de vue que Google est un moteur de recherche essentiellement orienté texte et que les internautes dans leur immense majorité utilise toujours des mots pour décrire l'objet de leurs recherches.

Une fois optimisés, ces pages et ces textes influeront fortement sur le référencement du site et sur son positionnement dans l'index du moteur.

Une structuration hiérarchisée du site, en silos d'informations, appuiera la perception par Google de thèmes-clés. On peut ainsi pousser plus fort des mots clés vers les algorithmes du moteur.

Voici quelques idées de contenus :

- Un site associatif propose à la location des hébergements / gites chez l'habitant. L'ajout de l'annuaire de ces hébergements a multiplié par 10 le volume des pages, et toutes ces pages ont un contenu unique et utile aux internautes. L'annuaire ainsi ajouté est structuré sur des gites de tourisme dans un département précis.
- La mise en ligne d'un catalogue de biens à louer a permis de fortement augmenter le volume de pages d'un site d'agence immobilière. Là aussi, une approche hiérarchisée du site web a permis de dégager un thème central stratégique : vente appartements/maisons sur des lieux précis.
- De manière générale, la mise en ligne sous forme d'annuaire de vos produits, services et références donne du contenu unique et utile à votre site et donc un support à une optimisation réussie de vos mots clés.

Avec ces pistes de réflexion, vous devriez pouvoir passer le cap de la "feuille blanche", illustrée généralement par un "que vais-je pouvoir mettre dans mon site ?".

Un deuxième enjeu au niveau du contenu porte sur les capacités web 2.0 du site.

REMARQUE

Web 2.0 : Google est internaute centrics

Pour maximiser la qualité de ses SERP, Google semble avoir abordé une approche basée sur le comportement de l'internaute et sur les fonctionnalités d'un site permettant à un internaute d'interagir avec le contenu. C'est une des définitions du Web 2.0.

Les pages des sites web 2.0 ont une tendance à être mieux positionnées que leurs concurrentes web 1.0. Au vu de ce que pensent de multiples spécialistes du Web du futur, il est logique que Google prenne mieux en compte les sites web 2.0.

Voici quelques exemples de fonctionnalités web 2.0 classiques :

- ajout d'un commentaire ou avis par l'internaute ;
- notation de la qualité de la page par l'internaute (possibilité de "voter pour cette page") ;
- possibilité de mettre la page dans les favoris et autres marque-pages dans le navigateur ou sur des sites comme MySpace, Facebook, ou YouTube ;
- présence de contenus rich media : vidéos, podcasts et autres outils multimédias indiquant à Google des lectures de données autres que sous forme de texte. Ces contenus rich media peuvent être commenté par le site, ce qui ajoute du texte (avec des mots clés) à la page et favorise ainsi son référencement ;
- réseau sociaux : proposer le partage de cette page sur le compte Facebook, proposer Google+1, proposer de tweeter cette page sont les trois fonctions minimum à proposer.

REMARQUE

Web 2.0 ou non ?

La décision stratégique de rendre web 2.0 son site doit bien sûr être prise très en amont par le responsable marketing. Les coûts peuvent être importants. Il est intéressant pour un responsable de voir si le passage en web 2.0 pourrait apporter d'autres retours sur investissement.

Un internaute interagissant en web 2.0 avec la page d'un site déclenche les effets suivants :

- ajout de contenus à la page elle-même, ce qui montre à Google une page fréquemment mise à jour avec des contenus souvent uniques surtout si le modérateur répond en choisissant soigneusement ses mots ;
- Ce supplément de contenus crée les conditions pour la pose de backlinks naturels depuis cette page vers d'autres pages du site (Page Rank Sculpting, nous aborderons cette technique) ;
- un internaute notant une page et discutant dessus a une tendance plus marquée à partager cette page via différents clics sur Facebook ou Twitter.

La détection de ces actions par Google est possible via différents outils : régie de clic, Google Toolbar, analyse des réseaux sociaux, Ajouter en Google Bookmarks, Google+1, etc.

Même si toutes les actions de tous les internautes ne sont pas tracées, il en reste suffisamment pour que les algorithmes de Google tiennent compte de ces actions pour valoriser votre référencement.

ASTUCE

Un test pour vérifier l'impact du Web 2.0 sur le référencement

C'est simple ! Prenez un site comme aufeminin.com : repérez une actualité très récente et fortement reprise par de nombreux sites. Un test a été réalisé par exemple avec pour sujet l'annonce du départ de PPDA du journal de 20 h de TF1 le jour même de l'annonce. En googlant quelques requêtes sur le sujet et on mesure le positionnement des pages de ce site (aufeminin.com) dans les SERP de Google. La page dédiée à ce sujet est présente dans le top 20 face à des dizaines de milliers d'autres pages en compétition sur les mêmes mots clés. Le site d'aufeminin.com est très "social", en plus d'un travail de référencement globalement correct.

Cette même recherche mène à trouver d'autres sites web 2.0 dans une moindre mesure : les sites de TF1/LCI, lemonde.fr. Certes, ce sont des sites à gros Page Rank, mais, dans la hiérarchie des SERP, une nette tendance à trouver les sites les plus "sociaux" en tête de résultats se vérifie régulièrement.

Différents tests de positionnement montrent que des sites à fort "social web 2.0" hissent leurs pages en tête de SERP bien plus vite que leurs concurrents.

Étape n° 2 – Identifier les mots clés

Il est nécessaire d'identifier les mots clés porteurs de trafic ciblé et qualifié utilisés par les internautes dans le "métier" du site web à référencer. Si votre site propose des locations de vacances en France, les premiers mots et expressions-clés seront aisés à identifier : France, location(s) vacances été appartements, maison villa, etc.

L'enjeu de cette étape est d'identifier tous les mots/expressions-clés utilisés lors de requêtes sur Google par les prospects et clients du secteur d'activité visé. Le propriétaire du site a en général une idée de cette liste. Mais souvent, il en oublie ou alors ajoute des mots clés qui sont en fait des termes de jargon peu ou pas utilisés par les internautes ciblés.

Un exemple : un site de courtier en assurance utilise massivement l'expression-clé espace crédit sur son site, alors que l'expression-clé appropriée était assurance crédit. Les conséquences sur le référencement naturel d'une telle erreur sont désastreuses. Une grande partie du site a été référencée autour d'une expression-clé inusitée, et durant ce temps le site est resté partiellement invisible aux yeux des prospects ciblés sur les bonnes expressions-clés.

Un *mot clé* est un mot seul et isolé. Exemples : TNT, HD, télévision, TV.

Une *expression-clé* est composée de mots clés dans une combinaison. Exemples : TV HD, référencement sur Google, lecteur MP3, TNT HD, etc.

Pour identifier les mots et expressions-clés utilisés par les internautes, il existe des outils mis à disposition par les moteurs pour permettre la mise au point de campagnes de liens sponsorisés.

Ces outils font apparaître un premier niveau de mots clés et expressions. Mais il manque de nombreuses informations pertinentes : les combinaisons de mots non ou mal tracées : TV HDready, TV HD ready, télévision HD Ready, TV Haute définition Ready, TV HD Sony, etc. On voit dans cet exemple que l'imagination des internautes n'a guère de limites et qu'il y a une quasi-infinité de combinaisons de mots clés à couvrir pour être vu par eux dans une SERP.

Certaines méthodes, sur lesquelles nous reviendrons, et l'utilisation des statistiques sur la fréquentation et l'audience du site permettent au référenceur de se faire une première idée de ces combinaisons, puis de les lister et d'en tenir compte lors de la maintenance du référencement.

Les contenus et l'optimisation des pages peuvent être modifiés pour tenir compte de l'acquisition d'expérience et de nouveaux savoirs lors du référencement d'un site web.

Étape n° 3 – Accessibilité des mots clés

L'accessibilité se décompose en deux types :

- *Technique* : le robot doit pouvoir accéder à la page et à son contenu. En effet, de nombreux sites ont des JavaScript, Ajax et autres gadgets techniques qui bloquent plus ou moins les bots de Google.
- *Sémantique* : rendre accessible au moteur les mots et expressions-clés retenus lors de l'étape précédente revient à optimiser les pages du site. Pour cela, le travail est découpé en plusieurs étapes :
  - Répartir les mots clés et les combinaisons de mots et expressions-clés sur les pages du site. Une racine clé est affectée à une landing page précise, généralement une tête de rubrique sur un site de PME.
  - Considérer un maximum de 5 mots clés par page (nous verrons le pourquoi de cette limitation plus loin).
  - Optimiser en conséquence chaque page du site autour des quelques mots clés qui lui sont affectés.
  - Assurer la cohérence des pages d'une même tête de rubrique. On ne mélange pas des produits de hifi et de salle de bain dans la même rubrique. On dispose de rubriques spécialisées pour chaque type d'article.

Sauf erreur de votre part, le moteur prendra en compte vos 3 à 5 mots clés stratégiques pour chaque page. L'accessibilité sémantique a ainsi pour objectif d'orienter le choix de Google sur votre choix de mots clés pour chacune des pages de votre site web. Cela ne garantit en rien le succès du référencement. Mais sans le respect de cette étape, il n'y aura aucun référencement possible.

Nous développerons ces aspects dans les chapitres suivants, mais voici d'ores et déjà quelques conseils de base :

- La triche pour leurrer le moteur est contre-productive, à savoir répéter très souvent un mot dans le texte, le mettre de multiples fois entre balises `h1` et autres soi-disant astuces. Ces techniques de spamdexing sont archiconnues et très faciles à identifier. Les moteurs sanctionnent les pages, voire les sites complets, qui font du spamdexing.
- Faites plutôt des phrases ayant du sens et investissez en référencement sur d'autres actions bien moins risquées et bien plus efficaces que ces techniques de triche aux résultats douteux. Des algorithmes simples pour un moteur comme Google détectent les phrases bien formées. Pour différentes bonnes raisons, Google notera mieux un texte grammaticalement correct qu'un texte contenant des fautes de grammaire, de français ou d'orthographe.

- utilisez de synonymes, des mots connexes. Le Google writing, abordé plus loin en détail, expose comment écrire pour marquer un maximum de points avec Google sur vos mots clés.
- Ciblez une page ou un thème unique. Plusieurs pages peuvent aborder le même thème, mais les mots clés utilisés devront avoir un usage distribué autant que possible.
- Deux pages distinctes peuvent cibler les cinq mêmes mots clés. Elles seront donc travaillées en ce sens tant pour être visibles de Google que pour avoir un sens et accrocher l'attention des internautes qui arrivent sur cette page via les mots clés en question. En effet, un internaute qui "rebondit" ne présente pas beaucoup d'intérêt.
- Il est inutile et contre-productif de référencer plus de deux pages sur la même séquence précise de mots clés.
- Le champ title de la page est un des critères les plus importants.
- avec Google Panda, sur optimiser une page, c'est à dire trop pousser une page vers une expression clé en piétinant trop de règles de bonne conduite édictée par Google, vous conduira vers un contre référencement. Il faut user sans abuser des techniques de SEO. Le bon référenceur dosera exactement ce qu'il faut comme « poussée » et il passera à des actions de linkbuilding et de référencement social pour finaliser son travail.

Hiérarchisation des mots et expressions-clés

Les mots clés n'apportent pas tous le même trafic, en volume comme en qualité. Il est donc intéressant de les hiérarchiser par ordre d'importance de création de trafic ciblé.

Par exemple, une société réalisant de la domiciliation d'entreprises en région parisienne concentrera tous ses efforts sur un mot clé central domiciliation accompagné de variantes comme domiciliation entreprise, domiciliation Paris, etc.

L'analyse des mots clés, du trafic, des statistiques montrent que domiciliation est la racine-clé stratégique et que la plupart des autres expressions clés sont moins importantes. Dans cet exemple, nous aurons donc la hiérarchisation /domiciliation/commerciale–paris–entreprises–ile–de–France/.

Cette hiérarchisation nous renseigne sur :

- le mot clé à pousser en priorité face aux autres mots clés potentiels ;
- les combinaisons intéressantes pour composer des expressions-clés capables de capter du trafic en longue traine.

Cette approche sera reprise en profondeur plus loin, car elle constitue une aide précieuse pour analyser la structure d'un site, d'une URL rewriting. Elle constitue un guide indispensable pour concevoir un site.

Étape n° 4 – backlinks et Top 20 sur les mots clés

Un site correctement référencé pourra recevoir des actions de référencement depuis l'extérieur du site pour appuyer la poussée sur des mots clés soigneusement sélectionnés.

Le netlinking (link building) est une des deux seules actions permettant d'avoir un contrôle sur le positionnement des pages. Il peut être interne (gestion des liens entre pages du même site) ou externe (les liens venant de pages externes au site). On pourra jouer sur plusieurs caractéristiques…

- *La qualité de chaque lien* : la qualité de l'environnement de départ, le texte du libellé du lien et de la page visée par l'URL du lien. De nombreux critères sont à prendre en compte : le whois du site, son serveur d'hébergement, le rapport géographique entre le site de départ et le site d'arrivée, la variété des ancres de texte, la vitesse de pose …
- Le volume des backlinks.
- *Les pages visées* par les backlinks externes. Il faut soigneusement choisir les landing pages visées par les campagnes de backlinks.
- *Les pages visées* par les backlinks internes. On pourra favoriser certaines pages plutôt que d'autres et ainsi influencer le positionnement de certaines pages au détriment d'autres pages – c'est un des intérêts de disposer de nombreuses pages.

Une question reste en suspens : avoir des backlinks… oui, mais comment faire pour en obtenir ? Nous verrons que plusieurs solutions peuvent se combiner.

Si obtenir de bons backlinks était chose facile, Google n'aurait pas retenu l'analyse des backlinks comme algorithme central pour positionner les pages dans son index.

Vous devez commencer à comprendre pourquoi on trouve des annonces du style *inscriptions dans 5 000 annuaires avec liens en dur : 399 € HT*. Si on croit à une telle publicité, on va obtenir 5 000 backlinks en quelques clics et pour quelques euros. Là encore, si c'était aussi facile, cela se saurait ! En fait, les backlinks ainsi proposés sont de si mauvaise qualité que l'effet positif est très loin d'être au rendez-vous. Google dans divers posts mais surtout en 2012, essaie de convaincre que nombre de dépenses dans les paid links sont des gaspillages financiers car les liens ainsi posés ne seront pas pris en compte.

De même, les échanges de backlinks entre 2 sites complètement différents ne sont guère efficaces si l'échange est réalisé sans réflexion, ce qui est le cas pour la plupart de ces échanges. L'échange est incohérent la plupart du temps, et toute page *Liens utiles* est rapidement étouffée par la formule du Page Rank (trop complexe à expliquer à ce niveau du livre, nous y reviendrons plus loin). Pour faire simple à ce stade, disons que trop de liens sortants externes d'une même page tuent ces mêmes liens en tant que backlinks. De plus, tant de liens incohérents désignent cette page comme une page ferme de liens et Penguin va vite lui régler son cas.

On trouve aussi des phrases très stimulantes du style *faites des contenus si intéressants que de nombreux backlinks seront posés par les internautes vers vos contenus*. Le site d'un revendeur de pompes hydrauliques va peut-être avoir quelques soucis avec une telle approche ! Il pourra avoir des backlinks de fans des pompes hydrauliques. Ils seront de bonne qualité mais le volume pourrait avoisiner le 0.

Enfin, à travers un post (d'un flou artistique remarquable) publié sur le blog de Matt Cutts, que nous avons déjà abordé dans le présent chapitre, nous avons appris qu'il était interdit de faire poser des backlinks contre "rémunération". Google menace de sanctions les sites qui poseraient de tels liens, dits "non naturels" : de telles pratiques sont assimilées par Google à du spam de liens.

Quand un webmestre responsable d'un site vital ou important pour son organisation comprend cet environnement plutôt hostile à son site, il est nettement moins enclin à accepter de vous poser un backlink, même contre une quelconque rémunération.

De nombreuses organisations et entreprises ont stipulé des règles strictes :

- Interdiction de poser un lien vers un site externe au groupe ;
- Génération automatique d'une balise (la balise nofollow) signalant à Google de ne pas suivre tout lien externe au site, au forum, au blog. Ainsi, il devient impossible d'être accusé de spam linking par Google.

Bref, obtenir des backlinks de qualité est difficile et long.

Nous reviendrons plus loin sur les approches aptes à générer des backlinks. Avant de se lancer dans de telles opérations coûteuses en temps-homme, voire en budget, il est nécessaire de bien comprendre le petit univers des backlinks, univers bien plus complexe qu'il n'y paraît au premier abord.

Dans les grandes lignes, obtenir des backlinks va prendre plusieurs formes possibles et complémentaires. Les pistes suivantes sont à adapter à chaque cas :

- *Spécialiser une partie du site dans le contenu purement informatif*. Cela pourra inciter à la pose de backlinks naturels. Un de mes clients adeptes de photos de paysage a mis en place un site présentant ses œuvres et une politique d'échanges de liens depuis ce site vers son site professionnel (peu, très peu de backlinks vers son site professionnel) et d'autres sites dédiés à la photo. Il s'est ainsi constitué quelques backlinks de qualité tout en gérant son hobby.
- *Passer des partenariats*. Mon site parle de tes recettes de cuisine sur mon site de vins, ton site parle de mes vins sur ton site de recettes de cuisine. Entre pages profondes et bien contextualisées, on peut ainsi gérer quelques échanges fructueux pour les deux sites.

- *Payer en nature*. En échange de la pose d'un backlink, mon entreprise vous livre tel produit ou tel service ou vous avez une remise de 10 %. Cette approche peut prendre de très nombreuses formes. Dans ce livre, nous détaillerons l'exemple d'une animation de réseau de distribution. Les entreprises commercialisant des produits/prestations via un réseau de distributeurs peuvent mettre en place des programmes de webmarketing bénéfiques pour tous. Inversement, quand on est une PME isolée, on peut investir dans des accords d'échanges de liens contre des cadeaux avec des fournisseurs et des clients.
- *Payer en euros*. Faire du paid link pur et dur. Louer pour une durée déterminée ou pour la durée de vie du site des backlinks est totalement interdit par Google, mais, en peu de clics, on trouve des annuaires à inscription payante. Pour une parution d'une année avec un texte et un ou deux liens en dur, sans que ce soit bien sûr clairement proclamé, vous payez X euros. De nombreuses variantes existent, de cette approche. Le problème potentiel porte sur la faible qualité du backlink ainsi loué. Vous voulez un nom ? Un grand ami et concurrent de Google pratique cela : Yahoo! Dans cette forme précise, vous payez quelques centaines d'euros HT pour une prise en compte sous quelques jours de votre soumission d'URL dans l'annuaire Yahoo! (Vous soumettez le nom de domaine de votre site, en général), sinon l'inscription valide de votre site pourra prendre des semaines, des mois, voire ne jamais avoir lieu. Voilà, vous avez un lien en dur dans la parution. Votre lien, payé quelques centaines d'euros annuel, sera sur une page ayant du Page Rank et le lien sera un *DoFollow* pris en compte comme backlink par Google. Plusieurs sociétés se sont spécialisées dans la location de paid links contre des euros. Un lien de bonne qualité loué sera efficace et indétectable car isolé dans un site dont le reste est tout à fait standard et ne donnant pas lieu à suspicion de la part de Google.
- *Analyser le buzz*, s'il y en a, sur vos produits : avis de consommateurs, mécontentement sur le SAV, etc. Répondre sur les forums, les blogs vous donne l'occasion de signer, avec l'URL de votre site, vos posts et interventions. Certes, ces backlinks pèsent peu, mais ils sont obtenus en sus de la qualité des échanges entre vos consommateurs et le CRM ainsi mis en place.

> REMARQUE
>
> **Dofollow**
>
> *Dofollow* est une expression qui n'existe pas réellement dans le code des pages web, seul existe le rel="nofollow".
>
> On utilise *dofollow* pour bien faire comprendre à un interlocuteur que ce lien n'aura pas (sous-entendu en catimini) un nofollow ou autre techniques équivalentes. On garantit ainsi qu'on ne discute pas d'un lien visible par un internaute, mais invisible à Google.

REMARQUE

En effet, une pratique douteuse consiste à proposer un échange de liens, mais l'un des protagonistes pose un lien en *nofollow* et échange donc un vrai lien contre du vide ayant l'apparence d'un lien. Il est donc impératif de vérifier que le lien échangé soit un « *dofollow* » et qu'il le reste.

Étape n° 5 - Maintenir son référencement et ses positions

Lors de la phase initiale, le référenceur a basé son analyse de mots clés sur les données fournies par les outils mis à disposition par les moteurs et sur les informations issues d'un briefing avec le propriétaire du site.

C'est insuffisant ! D'autres approches permettent de compléter le tableau, mais rien ne remplacera le test en réel. Les premières semaines de la mise en ligne du site généreront des statistiques collectées via différents outils. Ces indicateurs permettront de corriger oublis, erreurs et anomalies.

Plusieurs actions peuvent être déduites de ce contexte :

- Pour un premier site, ne pas hésiter à mettre en ligne un mini-site provisoire afin de "faire prendre de l'âge et de l'ancienneté en ligne" au nom de domaine (plus il est ancien, plus Google l'apprécie).
- La mise en ligne d'un mini-site d'attente fournira les premières statistiques de fréquentation. Dans ces statistiques que nous étudierons en détail plus loin dans ce livre, vous trouverez le détail des mots et expressions-clés ayant amené les internautes sur votre site. On peut y découvrir des surprises comme des combinaisons auxquelles on n'avait pas pensé.
- Les actions de référencement sur le mini-site constituent un capital. Le mécanisme des redirections permet de transférer ce capital vers les pages adéquates lors de la mise en ligne du site final. Cela représente un gain de temps et d'expertise non négligeable.
- Le capital référencement d'un ancien site peut de la même manière être hérité et transmis au site refondu.

L'étude des statistiques du site donne de nombreuses informations pour aider au maintien et à l'amélioration continue du positionnement du site dans les SERP. On peut ainsi identifier :

- de nouvelles combinaisons de mots clés ;
- des pertes de positions sur certains mots clés.

1.12 Construire une stratégie de référencement

La plupart des décideurs n'ont pas le temps (et ce n'est pas leur métier !) de se plonger au cœur des technologies web, en général, et du référencement, pour ce qui nous concerne. Le décideur se fait habituellement aider par une personne en interne (communication, marketing, webmestre, service informatique…) ou externe (un consultant, etc.).

Malgré cette assistance, l'enjeu, à savoir la génération de business via le web, recommande la prudence. Un raté dans la conception, une erreur de casting se traduiront par un webmarketing moins efficace, et cela aura des conséquences négatives sur le business de l'entreprise s'il n'y a pas de remontée rapide d'un indicateur signalant le problème. L'analyse des statistiques est fondamentale. Elle permet de guider les évolutions du site, de déceler des tendances, négatives ou positives, de comprendre et savoir comment régler des problèmes de SEO face à Penguin et Panda.

Une question se pose : comment élaborer une stratégie de référencement/positionnement en liaison avec la stratégie Internet de l'entreprise ?

Pour arrêter une stratégie, il faut réunir quelques informations-clés afin de dresser un tableau d'aide à la décision. Ces informations vont porter sur les revenus potentiels, leurs formes et montants estimés, les volumes de prospects, la faisabilité.

Détaillons-les ci-après…

Différentes formes de revenus du site web

A priori, quand il y en a une, la stratégie Internet a fixé les différentes formes de création de valeur que le site web doit apporter. Voici quelques exemples pour vous aider à comprendre :

- *Faire venir des prospects dans les points de vente*. Voici le résultat de quelques promesses incitant à venir dans telle ou telle enseigne :
  - "*Tiens, une promotion avec un tarif agressif ! Justement, acheter une clé USB MP3 est dans mes intentions d'achat : allons-y !*"
  - "*Ils ont des conseillers jardins compétents. Allons les voir ! On a le jardin à refaire et on y connaît pas grand-chose !*"

  Bien sûr promettre via le site Internet et d'autres canaux, c'est bien ; mais faire voir ces promesses à un maximum de personnes, c'est encore mieux. Le référencement du site web sera un des outils pour donner de la visibilité aux promesses affichées dans différentes pages du site.

  Un exemple… la chaîne de magasins Truffaut gère différentes formes de campagne dont un e-mailing renvoyant vers le site. Chaque mois, un e-mailing est envoyé à des dizaines de milliers d'abonnés. Il contient les conseils adaptés à la période, des offres ciblées, etc. Il faut bien sûr aller en magasin pour avoir des conseils supplémentaires adaptés à votre cas particulier et vous permettre d'acheter ce qu'il faut pour votre balcon ou votre jardin.

- *Inciter à une prise de contact commerciale*. Une entreprise désire être visible sous son meilleur jour pour inciter un acheteur à formuler une demande de devis, de documentation. Bref, il s'agit de faire passer un prospect du statut "anonyme" au statut "identifié". La relation commerciale est alors établie. Au vendeur de faire sa part du travail pour rentrer la commande !

  Un exemple… Spécialisée dans la gestion du temps, l'entreprise Pointeuse, Planning et Heures sup SARL désire être vue par les prospects à la recherche d'une solution de gestion des temps de travail collectés par pointeuse, de génération de planning, de passerelle vers la paie, de gestion des congés, des 35 h, etc. Ce type d'achat a lieu une fois par décade dans une PME. Être présent sur les bons mots clés au bon moment dans le bon moteur est bien sûr fondamental. Le service achat de la PME ne va pas relancer des recherches via Google chaque mois sur ce thème. Saisissez pointeuse dans Google. La SERP contiendra à 80 % des sites web d'entreprises prospectant des PME à achat occasionnel. Ces PME recherchent un numéro de téléphone ou un formulaire de contact pour solliciter une entreprise fournissant un outil pour la gestion du temps.

- *Donner de la visibilité à un réseau de revendeurs*. Le fabricant d'une gamme de produits désire que des prospects contactent les bons revendeurs (celui qui commercialise le produit adéquat avec les services adaptés au prospect en étant géographiquement proche). Il n'est pas certain qu'un client ait trouvé directement le site web du revendeur adéquat le plus proche. Ce client aurait pu sélectionner un point de vente commercialisant un produit concurrent.

  Un exemple… Cette société X and Y (le nom est changé) distribue via des revendeurs une large famille de logiciels. Elle tente via son site Internet de faire connaître ses revendeurs et d'appuyer leur référencement naturel.

- *Projeter une image de marque*. En marketing, l'image d'un produit, si elle est habilement choisie, peut contribuer fortement aux ventes. L'iPhone, les produits de luxe en sont quelques exemples. Un site de thalassothérapie aura intérêt à vendre un rêve, une image par exemple avec un graphisme et des visuels de haute qualité entre autres. Quelques exemples…

  – certains sites de thalassothérapie : **http://www.thalasso-grandemotte.com** ;

  – le site web d'une maison de luxe parmi d'autres : **http://www.hermes.com**.

Nous venons de voir quatre exemples d'aide au développement du business, de création de valeur pour une entreprise via son site web.

> REMARQUE
>
> **Évaluer les bénéfices de son site web**
>
> Une entreprise, même une modeste PME, doit lister les différentes contributions qu'elle attend de son site Internet. Pour chaque contribution attendue, il lui faut chiffrer ce que cela devrait lui rapporter financièrement.

Ce sont les premiers éléments pour déterminer l'importance des actions, la priorité à assigner à chacune d'elles, les objectifs à atteindre, les budgets en termes de temps et de finances, les ressources internes maximales à allouer.

Estimation des volumes

On vise des humains ! Il reste à déterminer, même approximativement, le volume d'humains potentiellement intéressés par les promesses affichées dans le site.

Dans ce volume de prospects potentiels, combien utilisent Internet ? Quels sont les autres outils Internet que ces prospects utiliseraient pour chercher des informations liées à mon activité ?

Dans cette cible d'utilisateurs d'Internet, combien utiliseront Google pour chercher un fournisseur, des informations, du buzz ? Quels sont les mots clés que ces personnes utiliseraient pour chercher une information ?

Nous avons déjà vu ce schéma dans ce chapitre : M millions de prospects potentiels dont X % utilisent Internet dont Y % utilisent Google ou d'autres moteurs pour chercher des informations liées à mon métier.

> REMARQUE
>
> **Chiffrer l'intérêt du référencement**
>
> Étudions un exemple (les nombres sont fictifs).
>
> 800 000 personnes désirent acheter un lecteur MP3 chaque trimestre en France. 500 000 utiliseront Internet pour les aider à finaliser leur choix ou pour sélectionner le vendeur une fois leur choix de modèle / marque arrêté.
>
> 200 000 iront dans un magasin pour l'acquérir et 300 000 l'achèteront via la meilleure offre d'un site de e-commerce. 250 000 utiliseront Google comme moteur de recherche pour saisir des requêtes lors de leurs recherches d'informations. Les mots et expressions-clés seront : lecteur MP3, lecteur MP3 à prix réduit, etc.
>
> L'utilisation de l'outil générateur de mots clés de Google AdWords nous indique une forte audience sur l'expression-clé lecteur MP3 chaque mois. D'autres outils de moteurs concurrents de Google donnent des indications similaires.

Une étude de marché donne la plupart des informations nécessaires sur les populations ciblées par les promesses du site à leur faire visualiser : leur nombre, leur comportement type sur le Net, (sites utilisés, éventuels mots clés et les données purement marketing : pourcentage d'hommes/femmes, pyramide des âges, etc.). Des outils mis à disposition des moteurs aident à un premier tri dans les mots clés utilisés.

Faisabilité d'un référencement

Une fois les différentes évaluations faites, le décideur a désormais en sa possession :

- la ou les créations de valeur attendue(s) du site Internet – en qualité et en chiffres bruts ;
- les volumes en cibles qui pourraient être touchées par des actions de référencement/positionnement sur Google et les mots clés associés aux débuts de leurs recherches ;
- les volumes en cibles qui pourraient être touchées par d'autres canaux que Google ;
- les caractéristiques humaines de ces populations cibles.

Ces informations sont précieuses dans la conception du site (mais le propos de ce livre ne porte pas sur ce sujet) et dans la mise en œuvre d'un référencement.

1.13 Cas d'école : les gains d'un référencement

Une société de conseil de haut niveau manque de personnel. Elle a besoin de recruter des ingénieurs et autres bac+5. Tout naturellement, un des canaux retenus pour attirer des candidatures est le site web de l'entreprise. Actuellement le nombre de CV collectés est faible et la qualité n'est pas au rendez-vous. Or le manque de personnel qualifié fait perdre des contrats à l'entreprise. La direction se penche sur la problématique du site web. Il est en ligne depuis quelques trimestres et un point sur sa réelle utilité s'impose.

Les créations de valeur à évaluer sont :

- *Communiquer sur l'image de l'entreprise*. Une rapide enquête montre que des prospects démarchés par la force commerciale se rendent sur le site et étudient les informations : références, forces de l'entreprise, etc. Le site est un outil réel pour positionner l'entreprise sur son créneau.
- *Générer des demandes de devis, d'informations* : néant. Une rapide enquête téléphonique montre que les entreprises à la recherche de consultants de haut niveau n'utilisent guère Google et autres moteurs pour rechercher de tels prestataires de services. Ou alors c'est parfois pour une recherche de free-lance ou autres indépendants. Le prospect type connaît ou se procure les

noms des principaux prestataires spécialisés et il consulte en accès direct le site de l'entreprise. Aucune recherche via mots clés n'est réalisée. Un référencement serait donc inutile dans l'optique de capter des prospects à ce jour.

- *Alimenter la CV-thèque de l'entreprise* : objectif non atteint à ce jour. Pas de volume, qualité médiocre. Une analyse détaillée sur les raisons à cela et les actions à faire pour remédier à la situation est commandée au webmestre sous supervision du DRH. C'est son budget qui sera mis en œuvre pour financer les éventuels travaux correctifs.

Le webmestre de son côté a analysé le trafic du site. Le mot clé le plus utilisé pour accéder au site via des SERP de Google ou autre est le nom de l'entreprise. On appelle cela une fonction "pages jaunes". L'internaute cherche le site Internet de telle société dont il connaît le nom. Plutôt que de tâtonner sur le nom associé aux extensions .fr, .net ou .com, il saisit la raison sociale dans Google et obtient en retour le nom de domaine de la société.

Des internautes font des coquilles sur la raison sociale de l'entreprise. Les statistiques sur les mots clés utilisés le montrent, car quelques-uns arrivent néanmoins sur le site web. Il est intéressant de faire référencer le site sur les déclinaisons du nom de l'entreprise pour récupérer ces internautes égarés. Ce n'est pas compliqué à faire.

Il y a aussi des accès via stage et autres mots clés liés à la recherche de travail de toute nature.

Une étude de marché, une enquête simple dirons-nous, est conduite sur quelques centaines de candidats et ex-candidats. Quelles sont leurs approches lors de la recherche d'un emploi ? La recherche d'informations brutes sur la mobilité et les premières recherches d'emploi par les bac+5 complètent l'enquête. Des points intéressants sont à prendre en compte :

- La grande majorité recherche via Internet. La presse spécialisée est plutôt peu lue, même si un pourcentage non négligeable la parcourt occasionnellement.
- Il n'y a pas de canal exclusif de recherche. Un candidat potentiellement de valeur dépose son CV auprès de plusieurs sites spécialisés, mais il effectue aussi des recherches par mots clés sur les moteurs, des accès directs sur les sites de sociétés prestigieuses à la recherche de postes à pourvoir. Il dépose sur ces sites des candidatures spontanées et un CV associé.
- Le volume des bac+5, ciblés par l'entreprise, qui recherchent chaque année un emploi ou un stage de dernière année est estimé à quelques dizaines de milliers. Un énorme pourcentage de ce volume utilise Google avec des mots clés classiques dans le domaine de la recherche d'emploi.

Une analyse sur la faisabilité d'un référencement est menée : les mots clés, le trafic potentiel sont listés et estimés.

Une mini campagne Google AdWords menée sur le site permet de mesurer durant quelques semaines l'usage précis des mots clés ciblés, d'en évaluer l'audience et de rechercher des déclinaisons ou des mots clés oubliés ou passés inaperçus.

Les conclusions livrées :

- Donner de la visibilité aux offres de postes à pourvoir va se heurter à une forte concurrence de sites ayant déjà cet objectif correctement intégré. Des opportunités existent. La recherche de stages est moins concurrentielle. La recherche de postes spécialisés aussi.
- Des actions concrètes vont pouvoir être sélectionnées et lancées. Une liste précise de mots et expressions-clés a été évaluée et fixée. La mise en place d'une politique de référencement naturelle permanente et de référencement via des liens sponsorisés occasionnellement afin d'être visible comme recruteur, et ce malgré la forte concurrence, est décidée, même si le budget est élevé en apparence.
- L'effet de levier est tel qu'en fait le point mort pour amortir un tel investissement est très bas. Quelques recrutements de qualité suffiront ! Dix candidats sérieux recrutés via leur CV déposé sur le site web représentent X euros annuels de CA HT et une économie de Y euros en recherche conventionnelle : annonces presse, cabinet de recrutement, etc.

REMARQUE

Le référencement crée de la valeur pour cette entreprise.

Cette approche méthodique a permis de déterminer la partie du site web où il est rentable d'investir en référencement (le recrutement), de fixer des objectifs, de lister les expressions-clés où se positionner, de valoriser en euros les objectifs atteints et d'en déduire une ligne d'actions associées à des objectifs techniques à respecter durant la réalisation.

1.14 Internaliser ou externaliser le référencement ?

Une stratégie de référencement a été fixée. Le point suivant qui se pose aux décideurs est l'organisation à mettre en place pour exécuter cette stratégie : en interne ou en externe ? Ou les deux ?

Voici les points à évaluer pour vous donner une ligne de conduite générale…

Le résultat du référencement aura une valeur élevée

Si la valeur attendue du référencement de votre site Internet est élevée, il serait prudent de bien contrôler le déroulement du projet afin de détecter au plus vite toute erreur : le temps perdu coûte très cher. Une conduite de projets et d'atteinte des objectifs est à mettre en place. Il y sera incorporé un plan d'actions avec des objectifs intermédiaires à atteindre par palier.

ASTUCE

Précautions et enjeux

Nous avons abordé dans ce chapitre la difficulté croissante de réussir son référencement. C'est un métier de plus en plus complexe, et de plus en plus de mots clés sont en compétition forte. L'exemple du marché US confirme clairement ces tendances pour le marché français. Le référencement se professionnalise fortement.

Si votre projet est important et qu'il porte sur un seul site, si votre équipe interne n'a que peu d'expérience en référencement, il serait plus prudent de se doter d'un conseil externe ou d'une formation et autres précautions. Ne pas pallier ce manque d'expérience se révèlera catastrophique sur les résultats et sur la tenue des délais. Si vos compétiteurs directs ou indirects sur vos mots clés ont entamé cette démarche avant vous, la tenue de vos objectifs et de vos budgets financiers va être difficile.

Ce premier chapitre a donné les grandes lignes à suivre séquentiellement lors de tout référencement : mots clés, accessibilité technique, accessibilité sémantique, backlinks.

Les prochains chapitres compléteront les connaissances à avoir pour mieux réaliser un suivi de projet référencement quels que soient les acteurs, internes ou externes.

Qu'il soit réalisé en interne ou en externe ou les deux à la fois, tout suivi de projet exige un cahier des charges partagé par tous les acteurs. Ce cahier des charges devra :

- Décrire la structure fonctionnelle du site (rapidement s'il est déjà en ligne et aisé à consulter !).
- Définir la liste version 1 des mots et expressions-clés à prendre en compte. Au fil du temps et de la prise d'expérience qui l'accompagne, elle sera complétée et mise à jour.
- Fixer les technologies autorisées, interdites ou acceptées sous condition. Cela conditionne l'accessibilité technique, cela guide les codeurs informatiques dans la structure de la base de données, cela fixe certaines règles entre le maître d'ouvrage, vous, et le référenceur.
- Aborder l'accessibilité sémantique – les mots et expressions-clés devront être répartis sur le site, mis en valeur.
- Évaluer les efforts à faire pour obtenir des backlinks et la durée à y consacrer.

Les personnes autorisées à intervenir sur le dossier devront avoir les compétences ou autorités suivantes :

- Pouvoir remanier les contenus ou valider de tels travaux. Il sera probablement nécessaire de modifier des textes, la mise en page, la répartition des textes entre les rubriques, de créer ou supprimer certaines d'entre elles.
- Comprendre les technologies utilisées pour produire un site web : Flash, HTML, PHP, etc.
- Faire correspondre le projet et son déroulement aux objectifs assignés au site par la direction. Un chef de projet (en général, une personne de l'entreprise, un interne donc) est généralement le titre associé à une telle autorité.
- Avoir la compréhension des mécanismes du référencement, même si le savoir faire en réalisation est faible. En effet, une entreprise a généralement un site web. Il est difficile de se faire une expérience solide sur juste une réalisation et un suivi. La personne en charge des vérifications qualité côté client aura donc plutôt une connaissance théorique et peu d'expérience pratique.
- Savoir réaliser les travaux concrètement et correctement : programmer en PHP, concevoir et mettre en place une base de données et les tables associées, utiliser les éléments graphiques pour piloter l'affichage via des gabarits et conteneurs XHTML, etc. Bref, un codeur capable de suivre les exigences du référencement.
- Savoir concevoir une stratégie pour obtenir des backlinks de différentes manières complémentaires.

Résumons-nous ! L'équipe idéale sera composée de :

- Un chef de projet, une personne en interne côté client assisté d'un éventuel prestataire.
- Une personne côté client en charge des tests qualitatifs et de la qualité du travail mis en place. Ce travail peut être confié au chef de projet. Il va falloir vérifier que l'approche technique, sur le site lui-même, est correcte. En effet, il sera inutile de mesurer la qualité via des tests en réel ! Le site sera en ligne et il y a trop d'autres éléments qui peuvent perturber le résultat. Mesurer la qualité du codage du site en fonction du résultat atteint est illusoire et à éviter. On peut avoir un bon codage et des résultats épouvantables dans les SERP. Et on peut avoir aussi l'inverse quelques fois (c'est plus rare et ce sera de plus en plus difficile).
- Un "rédacteur" : cette personne modifie ou valide les modifications textuelles et de mise en page. Ce rédacteur défend l'image de l'entreprise face aux modifications apportées lors des optimisations pour l'accessibilité sémantique.
- Un ou des codeurs : ils vont modifier techniquement le site. L'impact visuel est généralement faible. Ces codeurs vont produire les optimisations techniques automatisées ou manuelles. Très souvent, ce travail est confié à l'extérieur.

- Un gestionnaire des backlinks : Il va être nécessaire d'obtenir des backlinks de qualité. À chaque entreprise correspond un cas unique auquel il faut adapter une stratégie sur mesure. Certains backlinks seront obtenus par du travail en interne à l'entreprise. Le gestionnaire, un genre de traffic manager, va coordonner ces différents efforts.
- Un référenceur : il maîtrise les aspects du référencement sans obligatoirement les produire (quoique, bien sûr, il le puisse aussi). Il sera apte à contrôler le travail de codage, à le cadrer.

Sur les petits projets, le chef de projet cumule toutes les fonctions côté client décrites ici. Plus le projet est important en taille et en budget engagé, plus on tend vers une fonction dédiée à une personne spécialisée.

Référencement en interne ou en externe ?

Une entreprise type possède un seul site web. Un prestataire web travaille sur une multitude de sites et possède normalement l'expérience associée.

Mais la vie des projets nous apprend que les entreprises spécialisées dans le Web peuvent subir trop de pression sur les prix ou avoir des tentations de trop optimiser leurs revenus (liste non exhaustive) :

- Confier le projet à un jeune arrivé dans l'entreprise et débutant dans le métier.
- Profiter de l'inexpérience du client pour l'orienter vers des actions de référencement autres que naturelles : du lien sponsorisé par exemple. Des liens troubles existent chez certaines agences. Elles pratiquent du référencement naturel, métier bien plus difficile que la gestion de campagnes de liens sponsorisés pour lesquelles Google peut les rémunérer. La tentation est grande alors d'orienter le client vers du lien sponsorisé, métier facile et bien rémunéré, plutôt que de faire du référencement naturel.
- Orienter le client vers des mots clés moins difficiles à gagner mais moins porteur de trafic ciblé et qualifié.
- Prendre des risques pour décrocher vite de bons résultats en positionnement – le risque est la mise en liste noire (*blacklist*) du site par le moteur ou une désindexation d'une partie du site.
- Limiter le temps de travail de l'équipe pour rentabiliser le projet et passer rapidement au client suivant. Le référencement naturel exige du temps et des délais. Ne pas y consacrer le temps nécessaire aura un impact très défavorable. Passer une page d'un site client du rang 300 au rang 80, c'est bien mais le trafic généré sera identique : néant dans les deux cas. L'augmentation de trafic se fait sentir à partir de Top 20.
- Vendre n'importe quoi au client. Le commercial promet, et le service technique rame et ne peut honorer les promesses.

Pour pouvoir cumuler les avantages des deux options et limiter au maximum les inconvénients, nous serions plutôt partisans d'une approche graduée qui mixerait les deux.

Les points qui importent :

- Comprendre ce qui se passe et pourquoi – la maîtrise du cahier des charges et de son évolution constitue une des réponses à ce point. Il n'est pas nécessaire que vous maîtrisiez le codage de votre site. Il est important que vous puissiez juger de la qualité du travail livré face à votre bon de commande.
- Contrôler la réalisation du projet au fur et à mesure. Ne pas attendre la livraison finale ! Votre cahier des charges doit prévoir impérativement des étapes intermédiaires et des points de contrôle associés à des objectifs. En cas de problème, vous avez un minimum de connaissances désormais pour dialoguer et vous faire une première opinion sur la qualité de la prestation. Plus vos contrôles seront professionnels, meilleure sera la qualité de la prestation.
- Conserver le contrôle de tous les mots de passe et droits d'accès : nom de domaine, hébergement, base de données… (la liste est non exhaustive).
- Faire appel à des technologies où il est aisé de remplacer le prestataire. Il vaut mieux éviter de faire appel à des programmes propriétaires propres au prestataire, qui sera donc impossible à remplacer.

Pour évaluer la qualité de livraison au moins partiellement, voici quelques idées :

- Vous former y compris en lisant ce livre. Vous en saurez assez pour évaluer approximativement si un prestataire est compétent ou non, puis si ses livraisons sont de qualité ou "trop vite produites".
- Si les enjeux de votre site et de sa visibilité sont importants, il peut être prudent de faire appel à un consultant tiers qui contrôlera le travail ou qui affinera le cahier des charges en y mentionnant, par exemple, des règles de réalisation et les méthodes de vérification ou un audit des mots clés. Cette démarche d'assistance à la maîtrise d'ouvrage est très classique dans de nombreux secteurs et dans de nombreuses PME : finances, changement d'ERP, etc.

ASTUCE

Contrôler pour obtenir une prestation de qualité

Le fait de connaître les principes du référencement et du positionnement, quand on impose des contrôles qualitatifs sérieux, suffit en principe à réussir le casting des prestataires retenus et à en obtenir le travail de qualité voulu.

1.15 Top 10 sur Google – Garantie de résultat ou non ?

Ce n'est pas la meilleure approche. Il n'y a pas de garantie de résultat possible. En effet, Google gère ses algorithmes selon sa volonté et ses besoins. Nombre de ceux qui avaient un engagement de résultats se retrouvèrent fort dépourvu quand Penguin survint : les prestataires mais surtout les clients qui se sont retrouvés avec des sites pénalisés pour des mois.

Problématique : un prestataire vous "garantit" un résultat. Vous aurez une des pages de votre site en Top 10 sur tel mot clé. Plusieurs choses peuvent lui donner cette assurance. En voici une liste non exhaustive :

- Il a une technique de triche peu traquée par Google ou qu'il croit indétectable. Effectivement, le résultat est là, mais il pourrait se terminer plus ou moins vite par une mise en liste noire.
- Il possède un stock de backlinks de plus ou moins bonne qualité et il sait, peut-être, les poser. Si trop de backlinks sont posés hors contexte cohérent, Google finira par les annuler et votre site plongera en fin de classement. Si Penguin découvre un réseau de liens illicites, votre référencement sera détruit et peut être aurez-vous des sanctions dans la durée par Google.
- Vous n'avez pas de compétition sur votre mot clé, donc c'est très facile à réaliser.

De nombreux sites l'ont appris à leurs dépens.

La meilleure approche consiste plutôt à mettre en place un contrôle de la qualité des travaux : audit des mots clés incluant la difficulté estimée de les décrocher en Top 20, vérification des techniques de codage, qualité du codage, automatisation des optimisations internes aux pages, vérification de la compréhension par le prestataire des mécanismes de Google, etc. Ce ne sont pas les sujets qui manquent pour pérenniser ses investissements en webmarketing et en référencement.

Ce livre aborde au fil des chapitres de multiples points qui vous permettront de mieux comprendre le référencement et le positionnement. Comprendre ces points est une clé d'accès à une maîtrise du référencement de son site, par vous-même ou par un prestataire externe.

Illustration

Une agence de référencement a livré cela à un de ses clients, une PME sans aucune compétence sur le web.

```
<div id="Layer3" style="position:absolute; width:700;
     height:392; z-index:1; left: 1; top: 1;
     visibility: hidden" dir="ltr">
    <h1> expression-clé n°1</h1>
     <h1> expression-clé n°2</h1>
     <h1> expression-clé n°3</h1></div>
```

Traduisons cette séquence pour les non-techniciens :

- Création d'un calque HTML en haut et à droite de la page, là où le poids des mots clés est le plus fort.
- Ce calque reçoit entre balises `h1`, les plus fortes, des expressions-clés.
- Ce calque sera invisible aux yeux des humains (le `visibility: hidden`), mais lisible aux bots des moteurs de recherche.

C'est une technique de triche particulièrement honnie par Google : seul le moteur lit ces textes, les humains ne voient rien. La sanction de Google quand il identifie ce type de triche est la mise en blacklist de la page incriminée, voire du site complet.

Cette agence de référencement s'engage sur des résultats. Certes, elle ne s'est pas fait attraper par Google à ce jour ; mais quand Google mettra en blacklist le site en question, c'est le client qui en paiera seul les conséquences. L'agence aura encaissé sa facture et elle pourra passer à un autre pigeon.

Une affaire de ce type s'est déjà produite entre Google et une agence de référencement parisienne qui a vu tous les sites de ses clients basculer en liste noire chez Google. BMW Allemagne a également eu droit à une mise en liste noire pour cause de cloaking il y a quelques années.

Il y a donc une nuance entre optimiser et tricher. Pour conclure, nous dirons que toute garantie de résultat est suspecte : il vaut mieux investir dans la pérennité de son référencement.

1.16 Résumé

Nous avons abordé les principes fondamentaux du référencement et du positionnement à l'usage des décideurs et des néophytes en technologies du Web.

Nous avons abordé le sujet des techniques de triche améliorant, réellement ou non, le référencement et le positionnement avec leurs avantages, inconvénients et principales caractéristiques cachées.

Nous avons abordé plusieurs méthodologies utiles à des décideurs ou à comprendre pour mieux piloter son projet de site et de son référencement.

Vous venez d'acquérir les bases. C'est certes insuffisant pour vous lancer immédiatement dans le référencement d'un site Internet. Mais c'est suffisant pour passer à la vitesse supérieure en lisant les chapitres suivants.

chapitre

2

WordPress, Joomla ou framework PHP ?

A priori on pourrait penser que le choix de la technologie de développement d'un site web n'a pas sa place dans un livre sur le référencement.

Le choix de la technologie de développement de votre site va impacter plusieurs points clés :

- **Les possibilités SEO** : certains besoins SEO sont plus complexes à mettre en œuvre avec un Joomla/WordPress qu'avec un framework PHP. Donc soit le travail SEO sera moins bien réalisé soit il coûtera bien plus cher.
- **Le coût de possession** : si un choix technique augmente le coût de possession par rapport à un autre, cela diminue d'autant le budget alloué à la promotion et au SEO.

Un rappel : il existe une multitude de profils de sites. Lemonde.fr n'a pas les mêmes contraintes que 750g.com. Le site d'une entreprise de plomberie travaillant sur la moitié d'un département n'a pas les mêmes contraintes que le site de l'artisan plombier travaillant uniquement sur Évry en Essonne.

Cette notion de profil de site inclut donc deux points distincts :

- les besoins en termes de search marketing et donc de création de trafic ;
- la capacité de l'entreprise à utiliser un outil destiné à la mise à jour des contenus du site.

En d'autres termes, si l'outil de mise à jour du site est trop complexe ou trop limité pour les compétences techniques web de l'entreprise, celle-ci va délaisser le site ou augmenter ses coûts en utilisant les services payants d'un webmestre professionnel.

Par « contraintes », on exprime entre autres :

- Le besoin en mises à jour journalières, hebdomadaires, mensuelles.
- Le besoin en SEO de Lemonde.fr ne cible pas vraiment la conquête massive de nouveaux lecteurs en les recrutant via du référencement naturel sur des mots clés chaque mois, chaque semaine, chaque jour. Les lecteurs sont fidèles et le taux de recrutement via le SEO est proportionnellement faible.
- 750g.com cible toute recherche de recette de cuisine. En effet, la fidélité d'un portail de recettes de cuisine est faible, beaucoup plus que chez Lemonde.fr. De nombreux amateurs de bonne cuisine saisissent leurs mots clés sur Google et choisissent à chaque fois le résultat qui leur plaît parmi les grands sites de recettes de cuisine affichés dans une SERP Google. Une exception notable : les utilisateurs de l'application *750g* sur iBidule d'Apple sont toujours fidèles par définition. Nous reviendrons sur cette notion et la perte de recherche ainsi occasionnée à Google.
- On perçoit tout de suite que les cahiers des charges SEO et outils de mise à jour des contenus de ces deux sites seront totalement différents.

Le présent chapitre doit faire quelques choix. Il cible des sites de PME ou TPE en termes de besoins. De plus, c'est cette cible qui a le plus besoin d'explications pour comprendre les arguments exposant les forces et faiblesses de chaque offre technologique. Ce choix a un impact rédactionnel et pédagogique. Certaines des affirmations qui vont suivre sont vraies dans le monde des PME/TPE. Elles le sont moins dans le Web des grandes organisations équipées de DSI.

Exemple : quand ci-après nous affirmons que Joomla est incapable de réaliser telle fonctionnalité, cela signifie concrètement qu'il faut modifier en profondeur le code de Joomla. Ce type de travail exige un codeur professionnel maîtrisant PHP en mode MVC et comprenant la structure technique interne de Joomla, ce qui n'est pas à la portée du webmestre moyen ou du codeur autodidacte. Ce type d'approche n'est guère appréciée des PME/TPE, qui se rajoutent ainsi des surcoûts (ou une absence de fonctionnalité SEO) et des coûts cachés. En effet, que se passe-t-il quand on passe à la version suivante de Joomla ? Généralement, il faut refaire le travail.

2.1 Quelle technologie de site pour un SEO ?

Il existe de nombreux logiciels pour publier un site Internet. Or, quand un individu ou une organisation décide de créer son site, il se préoccupe de multiples points concernant la compatibilité entre sa conception, sa vision de son site et le fait que la technologie retenue soit capable de supporter la réalisation de sa vision pour un coût le plus faible possible. Il manque très souvent une dimension importante : la capacité de l'outil retenu à supporter les besoins et exigences du référencement, et une automatisation poussée seule capable de diminuer les coûts de mise à jour du site.

Les besoins du référencement dans le site vont porter sur deux points clés :

- Les possibilités techniques. Théoriquement on peut tout faire avec un Joomla. En pratique, cela devient vite compliqué en face de certaines demandes SEO surtout si le site a été fait et que le référenceur doit travailler une fois le site terminé.
- Les possibilités d'automatisation. Plus on automatise le référencement, meilleure est sa réalisation et moins il coûte cher.

Une fois le site livré, il sera limité en création de trafic par la capacité technologique de l'outil retenu ou par le portefeuille et le budget du propriétaire du site. Or la qualité et le volume du trafic conditionnent le ROI (retour sur investissement). Si votre site rapporte 2 fois moins de prospects que prévu, il risque une sérieuse crise, tout comme le service commercial.

En d'autres termes, choisir une technologie inadéquate vous coûtera très cher sous la forme cumulée et simultanée de perte de temps, de perte de trafic et d'augmentations plus ou moins élevées des coûts de fonctionnement via des coûts cachés imprévus. Vous pouvez aussi être contraint de mettre tout le projet à la poubelle et de tout recommencer.

REMARQUE

Les vrais coûts d'un site

L'objectif d'un site et de son référencement pour une organisation ne porte pas uniquement sur sa réussite technique. Les bénéfices retirés du site doivent être supérieurs à son coût de revient. Il convient donc de lister les différents coûts, les différents retours sur investissement, les possibilités des différentes technologies et de constituer un tableau de bord comparatif pour faire le bon choix.

La conception et la production d'un site représentent un coût fixe plus ou moins élevé en fonction de la complexité dudit site, du design et de la capacité du propriétaire à piloter le projet.

Si le site est complexe, il peut être nécessaire de disposer d'un budget de maintenance technique. C'est un coût mensuel ou annuel.

Un projet simple est un site vitrine. On présente la société et son savoir-faire.

Un site complexe associe un site vitrine avec au minimum un catalogue en ligne de produits ou services, des témoignages, une zone d'échanges entre internautes et le site. On ne parle pas de vente en ligne, juste de présenter les produits ou des références ou des témoignages.

Le coût de l'hébergement est négligeable sauf si le site est complexe et exigeant en termes de disponibilité 24h/24 et 7j/7 ou de volume de données. Par exemple chez OVH, les sites érotiques ont des suppléments de coûts à cause de la bande passante consommée qui atteint des niveaux élevés.

Nous aborderons l'hébergement sous l'angle des économies de bout de chandelle qui coûtent très cher. En effet, un budget de 1 à 10 euros par mois est négligeable face aux autres dépenses. Or prendre un hébergement gratuit ou à bas prix plutôt que de payer quelques euros par mois peut s'avérer un choix désastreux pour votre trafic ou votre budget de production ou vos délais. Nous détaillerons ce point plus loin dans ce chapitre.

Le coût de la création des contenus est fixe puis exige un coût de mise à jour en fonction du volume d'informations à mettre à jour ou à ajouter.

Il reste un dernier coût : la création de trafic ciblé et qualifié. Dans ce budget on regroupe la publicité en ligne comme AdWords ou les bannières louées, le référencement et éventuellement d'autres techniques de promotion comme l'e-mailing. Quand le référencement fonctionne bien, on a moins besoin des autres outils de création de trafic ciblé, ou tout au moins de ceux qui coûtent cher. Le budget du référencement est composé d'un coût fixe de démarrage puis de coûts mensuels de suivi.

Les coûts de création de trafic ont une différence majeure par rapport aux autres coûts évoqués précédemment : on les maîtrise mal, surtout au démarrage du site. En effet, si votre trafic ne démarre pas ou diminue dans le cas d'un site déjà exploité, vous n'aurez pas d'autre choix que d'augmenter vos dépenses en création de trafic sous peine de voir votre site devenir un boulet inutile et peu productif en contacts commerciaux.

Le site Internet de la PME « moyenne » peut coûter au total le même budget que le coût de sa promotion durant l'année 1. Il en ressort immédiatement un axe fort à retenir : il vous faut choisir une technologie de production de site capable de diminuer vos dépenses de promotion du site. Surtout que ces dépenses de promotion de site vont se répéter d'année en année. Cela amplifie encore plus l'impact du choix technique.

ASTUCE

Optimiser ses coûts par un bon choix technique

Il est recommandé d'ajouter des critères de faisabilité SEO dans le comparatif des outils. De mauvaises surprises pourront ainsi être évitées. Nous allons détailler dans ce chapitre les points et critères à prendre en compte selon le profil de votre site web.

Un site « moyen » d'e-commerce type Prestashop coûte 5 000 euros HT pour un e-commerce d'une centaine d'articles. Le budget référencement et AdWords va se situer en moyenne à 1 200 euros HT pour démarrer puis des coûts de maintenance des contenus et des locations de liens sponsorisés AdWords vont ajouter un budget moyen sur l'année de 600 euros HT par mois. On perçoit tout de suite que dans le cas de cette PME, la promotion du site l'année 1 a coûté plus cher que le développement technique de celui-ci.

Le coût du référencement, comme tout investissement marketing, doit être maîtrisé et le plus bas possible. Il convient donc d'identifier les options techniques et organisationnelles à retenir pour optimiser les coûts du référencement.

Les coûts cachés coûtent très cher

Il ne faut pas oublier les coûts cachés. Illustrons le propos. Le cas est réel et le nom de la société sera anonyme. Soit un site réalisé en Joomla. Ce site fait la promotion des maisons d'un constructeur régional opérant sur plusieurs départements. La lourdeur et la complexité de mises à jour ou d'ajouts des contenus du site, ainsi que les contraintes pour disposer d'un SEO performant ont contraint le propriétaire du site à embaucher à mi-temps un webmestre dédié à ce travail. Le site a coûté moins de 10 000 euros et l'agence a justifié le choix de Joomla pour la « facilité » de mises à jour des contenus du site.

Sauf que la mise à jour via Joomla du site d'un constructeur de maisons n'est pas si évidente. Le site a été retravaillé pour le référencement et les ennuis ont commencé. Il a fallu de coûteux réaménagements dont des modifications dans le code source de Joomla. Les mises à jour nécessitent de nombreux clics dans différents endroits de l'administration selon le type d'ajout ou de mise à jour. La promesse de la mise à jour des contenus à la portée d'une secrétaire n'a pas été tenue : elle n'y arrive pas ou plutôt cela lui prend beaucoup trop de temps.

Trop longue, trop compliquée surtout en tenant compte des contraintes SEO, la tâche de mise à jour des données du site a dû être confiée à un webmestre à mi-temps. Le coût annuel d'un webmestre à temps partiel a engagé une dépense non prévue initialement. Son montant est de 12 000 euros par an. Le site sera exploité durant plusieurs années. Il est aisé de mesurer ce coût caché. Il est de 12 000 euros/an à multiplier par le nombre d'années de vie du site.

Figure 2-1 : *Joomla Back Office : un outil lourd et chronophage pour les néophytes : beaucoup trop de boutons et d'informations à gérer*

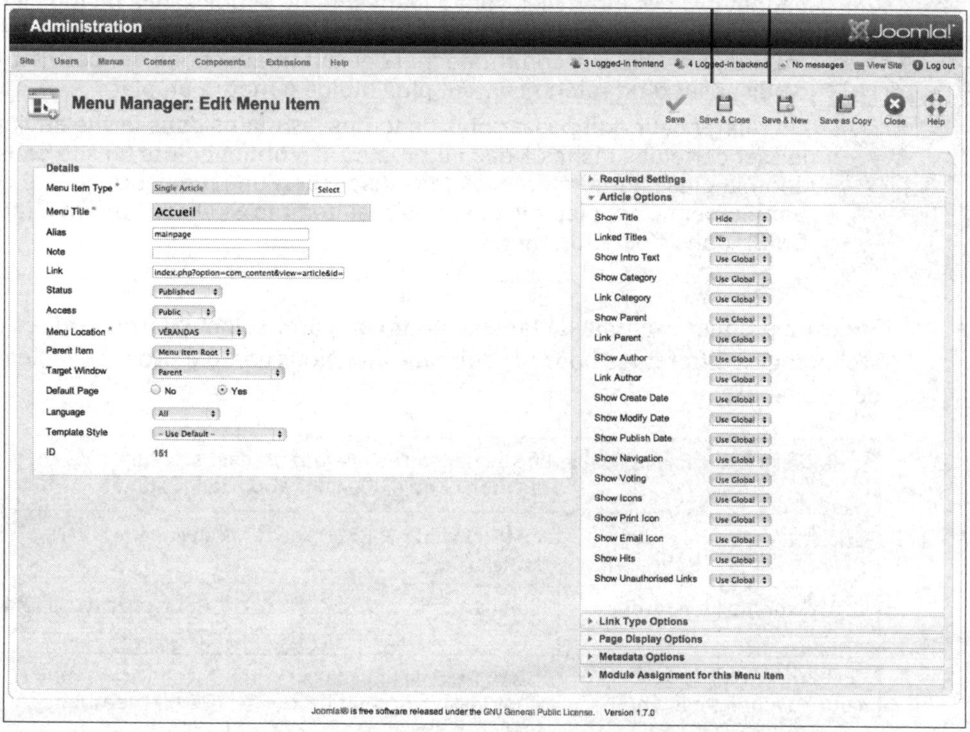

Réaliser le référencement d'un tel site consomme beaucoup de temps. En effet, de nombreuses fonctionnalités d'automatisation du SEO ne sont pas disponibles ou nécessitent un plugin pas toujours bien adapté au besoin. Il faut donc intervenir manuellement via le back office sur chaque page. Là aussi, la dépense augmente sous forme de temps passé. On peut aussi modifier le code source de Joomla, mais là aussi cela représente des coûts en développement, d'éventuelles adaptations dans la durée. Et quid de cet investissement à l'arrivée d'une nouvelle version de Joomla ?

Passons à la sécurité informatique des CMS. Souvent, cette sécurité informatique contre les intrusions doit passer par la mise à jour du CMS. Or si vous l'avez modifié pour vos besoins, la migration « simple » ne sera pas possible. Il vous faudra une migration technique et dégager un budget pour cela.

REMARQUE

Impact d'un CMS sur les coûts en SEO

Un CMS comme Joomla est conçu pour pouvoir créer si possible un maximum de sites web différents. Pour cela, les créateurs du logiciel doivent penser à un maximum de demandes et de possibilités. On obtient alors un logiciel certes puissant mais assez lourd à mettre en œuvre et dont la logique très informaticienne n'est pas toujours comprise par les néophytes. Les interfaces sont à la mesure de la puissance du logiciel : complexes et lourdes. Totalement orienté vers la publication de contenu sur mesure, un CMS s'accommode mal des automatisations qui permettraient de disposer d'un référencement plus rapide à mettre en place.

Un référenceur doit passer plus de temps les mains dans le site au lieu de laisser certaines tâches à des automates. On obtient alors un site sous Joomla plus cher à référencer sans disposer d'une meilleure qualité en SEO. Simplement c'est bien plus long de maintenir le SEO sous Joomla (et autres CMS), donc c'est plus cher.

Voici un premier exemple de tableau pour comparer selon d'autres critères deux technologies différentes pour produire un site. Nous compléterons ce tableau au fil de ce chapitre.

Tableau 2-1 : Exemple simplifié de tableau comparatif prenant en compte les coûts réels de promotion et d'exploitation dans la durée

Critère	CMS (Joomla pour ce tableau)	Framework PHP/MySQL
Coût de production du site	Standard.	- Plus cher de 20 % à 30 % que Joomla.
Temps nécessaire pour mettre à jour les contenus	Élevé : 12 000 euros/an et + pour un site de complexité moyenne et avec de nombreuses mises à jour mensuelles devant respecter des nomenclatures SEO.	- Faible car rapide. - 6 000 euros/an.

Tableau 2-1 : Exemple simplifié de tableau comparatif prenant en compte les coûts réels de promotion et d'exploitation dans la durée

Critère	CMS (Joomla pour ce tableau)	Framework PHP/MySQL
Prix de la licence logicielle	Néant, logiciel open source gratuit.	- Néant, logiciel open source gratuit (Cake PHP ou Symfony).
Efficacité en SEO	Médiocre. Nécessite beaucoup de temps/homme et une solide expertise de Joomla pour arriver à quelque chose.	- Élevée. Technologie adaptée au SEO, possibilité d'automatiser une grande partie des actions de SEO.

2.2 Les différentes technologies pour produire un site

WordPress

Le plus connu est probablement WordPress, un logiciel permettant à un quasi-néophyte de créer et d'administrer un site très simple ou un blog. WordPress est un logiciel à peu près gratuit (en général on achète un thème de bonne qualité pour moins de 30 euros et il faut acquérir quelques photos sur un site à bas coût comme Fotolia pour quelques dizaines d'euros). WordPress permet de réaliser un blog ou un site web simple sans aide ou presque, en y passant du temps et avec l'aide de quelques sites d'aide ou de livres spécialisés. Ce sera un blog ou un site parmi des millions d'autres. On peut ajouter à WordPress des composants logiciels (des plugins dans le jargon WordPress) qui permettent au blogueur de réaliser ou de l'aider à réaliser une partie de son référencement.

CMS type Joomla

Il existe d'autres technologies de production et fonctionnement de sites web : les CMS (*Content Management System*). En effet, nombre de personnes ne veulent pas d'un blog mais d'un site web plus complexe, qui ne se contente pas de présenter cinq pages HTML, ce qui va sensiblement au-delà des capacités de WordPress.

Citons deux CMS gratuits car open source parmi quelques dizaines de CMS gratuits ou payants :

- Joomla ;
- Automne.

Nous allons prendre Joomla comme représentant des CMS. Pour être précis, les versions 1.5 et 1.7 ont été utilisées sur plusieurs sites pour étalonner notre évaluation CMS versus framework PHP. Un site réalisé en Joomla va nécessiter un référencement tout comme un site réalisé sous framework PHP.

E-Commerce : Prestashop

Pour les amateurs d'e-commerce, on trouve des produits gratuits ou presque. Nous en citerons un seul : Prestashop.

Ce logiciel vous permet de créer gratuitement ou presque, avec du temps ou plus rapidement avec de l'aide, une boutique en ligne. Il faudra la référencer elle aussi.

Cela représente des gains de temps et de finances énormes pour une PME. En peu de temps et pour un budget très raisonnable, elle peut disposer d'un accès à la vente en ligne.

Framework PHP/MySQL : Cake PHP

Et pour finir, la dernière technologie utilisée : un framework. Comme nous sommes concentrés sur PHP/MySQL, nous n'aborderons pas les frameworks utilisant d'autres technologies comme Java.

Nous citerons deux frameworks PHP/MySQL parmi quelques-uns : Symfony et Cake PHP. Notre évaluation du potentiel technique a été faite en utilisant Cake PHP du MIT. Cela ne signifie en aucun cas que Symfony n'est pas à la hauteur.

REMARQUE

Comment choisir une technologie ?

Ces différentes technologies correspondent à différents besoins de sites, du plus simple, un blog avec un blogueur comme webmestre, à un site composé de milliers de pages et avec des dizaines de webmestres en charge de le maintenir.

Tous ces sites ont besoin de trafic ciblé et qualifié, sinon quelle serait leur utilité ? Outre les multiples contraintes liées au Web et à la conception/production d'un site, ces sites vont devoir se frotter au SEO et à ses besoins. Les spécifications pour choisir la technologie la plus adaptée à un site se complexifient en prenant en compte les coûts cachés et oubliés. Tous ces logiciels ne répondent pas aux mêmes exigences. D'où l'intérêt de ce chapitre : vous aider à vous y retrouver et à choisir en fonction de vos besoins propres.

2.3 WordPress et le SEO

WordPress un logiciel conçu pour produire un blog en ligne. Le but de cette section n'est pas de vous apprendre à utiliser WordPress. L'objectif est de vous exposer les limites de WordPress en SEO vis-à-vis du référencement d'un blog ou d'un site Internet réalisé en WordPress.

WordPress en standard, sans aucun plugin orienté SEO, offre un niveau de compatibilité avec les « attentes » de Google de niveau correct. Il est possible de l'améliorer afin de tenter de ressortir parmi les millions de blogs.

D'abord quelques conseils de base. WordPress est gratuit. Mais le logiciel de base suffit tout juste à créer un blog élémentaire. Il va donc falloir investir en temps ou en argent pour compléter la fourniture de base. Il va vous falloir modifier le thème de départ, éventuellement y ajouter des images (c'est recommandé mais pas obligatoire) et des plugins pour rendre le blog plus facile à référencer.

Le thème

Tous les thèmes de WordPress ne se valent pas en référencement. Un thème est la manière dont WordPress va afficher votre blog. Où seront positionnées les colonnes ? Avec quel aspect ? Quelle sera la longueur des extraits de post en page d'accueil ? Etc. Il existe des thèmes gratuits et d'autres payants pour quelques dizaines d'euros.

Nous avons vu – et nous y reviendrons – que la page d'accueil d'un petit site était la plus importante. Si votre blog est fait « maison » avec peu de moyens et que vous soyez néophyte en technologies Internet, votre blog sera noyé parmi des millions d'autres. Pour vous donner un maximum de visibilité, il vous faudra choisir un thème qui expose un maximum de vos posts en page d'accueil et un minimum de liens en menus. Plus vous aurez de liens sur votre page d'accueil, plus vous diluerez votre maigre Google Juice vers des pages sans importance. Seules les rubriques et pages réellement clés doivent être connectées à votre page d'accueil. Le reste doit être éliminé ou repoussé dans les profondeurs de votre navigation.

Les plugins SEO

Ensuite, nous trouvons des plugins. Les plugins mal codés constituent des failles de sécurité dans votre blog. Donc le plus grand soin doit être apporté dans le choix de tel ou tel plugin. Vérifiez dans les forums, la qualité des plugins que vous envisagez de prendre. Une autre piste, les plugins recensés sur WordPress.org sont en général contrôlés au niveau de la qualité. Mieux vaut se contenter de ceux-ci si vos connaissances en technologies sont faibles. De plus, directement dans l'annuaire des plugins, vous trouvez les avis de leurs utilisateurs.

http://wordpress.org/extend/plugins/search.php?q=seo liste les plugins WordPress SEO.

Figure 2-2 : *La liste des plugins SEO pour WordPress*

Dans le moteur de recherche interne à WordPress.org, saisissez SEO et vous aurez la liste de tous les plugins apportant des fonctionnalités de référencement à votre blog WordPress.

http://wordpress.org/extend/plugins/wordpress-seo/ est le plugin WordPress en SEO le mieux noté.

Concentrons-nous sur les plugins liés au SEO. Comme WordPress est le leader incontesté du blog, de nombreux développeurs ont investi dans la commercialisation de plugins SEO.

Figure 2-3 : *Le plugin SEO pour WordPress le mieux noté*

Les plugins peuvent être gratuits mais comme les codeurs développant ces plugins ont besoin d'argent pour vivre, la gratuité est en général apparente :

- Le plugin est limité en fonctionnalités et la version premium, payante, offrira toutes les fonctions nécessaires.
- Le plugin gratuit n'offrant aucun revenu à son auteur, il le considère comme une version démo sans engagement, et la sécurité contre le hacking est négligée. Le codeur se concentre sur la qualité de la version payante, son gagne-pain. L'auteur du plugin assure son support et surveille la réputation de la version payante de son plugin.

Le plugin WordPress SEO de Yoast

WordPress SEO de Yoast est le plugin le mieux noté dans WordPress.org. Un examen de ses caractéristiques montre que des fonctionnalités importantes en SEO sont présentes.

Nous allons en examiner quelques-unes même si vous n'avez pas encore lu les chapitres suivants qui vous éclaireront mieux sur l'utilité de telles fonctions. Pensez à revenir sur ce chapitre une fois le livre lu pour mieux saisir les finesses offertes par Yoast.

Une des fonctions offertes consiste à vous aider à vérifier que nous n'avez pas fait un oubli de débutant. Par exemple une analyse de page par cette fonction vous indique si vous avez pensé à compléter les balises alt et title de toutes vos images. Mieux encore : cette analyse vérifie que vous avez bien pensé à remplir un meta description et que les mots clés de votre texte sont bien présents dans votre meta description. D'autres vérifications testent de nombreuses autres erreurs de débutant en SEO. Il est à noter que ces fonctionnalités n'existent pas dans les CMS que vous verrez plus loin. Il faut soit trouver un plugin soit le coder soi-même. Nous y reviendrons.

Une autre fonction permet de choisir les pages à indexer par Google. En effet, il peut être intéressant dans divers cas de ne montrer que certaines pages dans l'index de Google.

Un sitemap XML est automatiquement généré. Une telle fonction permet d'accélérer la prise en compte par Google de nouveaux contenus, ce qui offre un intérêt clé pour lutter contre le vol de contenu, entre autres avantages. Celui de Yoast permet d'y inclure les images. C'est-à-dire que Google identifie vos images via le sitemap ce qui permet de les référencer dans Google Image plus vite et mieux.

Yoast permet de gérer votre navigation pour la rendre plus compréhensible par Google. En d'autres termes, vous pourrez plus facilement gérer votre navigation pour implémenter dedans des optimisations que nous verrons plus loin comme le Page Rank Sculpting, technique très efficace en référencement.

Yoast supporte le format Open Graph et des tags Google Plus, ce qui vous facilite la tâche pour intégrer votre blog à vos profils Facebook ou Google Plus. Nous verrons les optimisations SEO liées aux réseaux sociaux dans un chapitre dédié. Mais dès à présent, on peut noter que les plugins existants vous permettent de mettre les trois fonctionnalités clés essentielles des réseaux sociaux sur votre blog ou site :

- Share sur Facebook ;
- Google+1 ;
- Tweeter cette page.

Conclusion sur WordPress et Yoast

Ce tandem vous permet de réaliser un blog ou un site avec de solides outils pour le référencer. Les limitations viennent de WordPress lui-même.

Si vous souhaitez juste un blog, c'est idéal. Si vous souhaitez un site Internet, ce qui n'est pas du tout la même chose, WordPress est très léger.

Vous pourrez faire un site à trois niveaux hiérarchiques :

- accueil ;
- tête de rubrique ;
- pages filles d'une tête de rubrique.

Vos pages ne contiendront que des contenus que vous mettrez manuellement. En d'autres termes, pour faire un site web vitrine de quelques dizaines de pages, c'est très bien.

Certaines optimisations ne seront pas possibles ou chronophages à mettre en place (donc plus chères, soit en temps/homme, soit en argent pour payer un prestataire).

Réaliser une galerie de photos optimisée SEO sera peu évident. Automatiser le remplissage d'un meta description avec certaines parties d'une page ne sera guère aisé et carrément impossible à des non-professionnels du Web. WordPress possède de nombreuses faiblesses face à deux sujets clés :

- Le coût homme en ajout et mise à jour d'informations. Si c'est votre temps et si vous en avez, ce n'est pas grave. Si vous êtes une société et que vous payiez un webmestre, le temps consommé inutilement par lui sera payé par vous.
- L'automatisation du référencement. WordPress fonctionne comme il est ou comme le reconfigure un plugin. Si vous avez besoin d'autre chose, vous payez un codeur pour le faire ou vous le codez vous-même. Cela peut vite coûter cher soit en développement à financer, soit en perte de temps dans la gestion du site et en perte d'efficacité SEO coûteuse en perte de trafic et de revenus potentiels.

Yoast offre des points très intéressants. En vous évitant plusieurs erreurs de webmestre débutant ou de référenceur débutant, il vous sera d'une grande aide. Nombre de logiciels de blogs autres que WordPress ou de CMS n'offrent pas les possibilités de Yoast sur un logiciel aussi basique que WordPress. Or le marché WordPress étant énorme par rapport à un marché comme le CMS, atomisé entre de nombreux acteurs, on trouvera moins de plugins aussi intéressants que ceux proposés sous WordPress.

2.4 Les CMS

Il existe de nombreux CMS : Joomla, Automne, MadeCMSSimple, Drupal, etc.

Pourquoi un CMS ? De nombreux clients ont été traumatisés par le coût de développement et de maintenance de sites web.

Comme tout marché émergent, le Web était le Far West ou la jungle. Durant des années, n'importe qui proposait n'importe quoi développé n'importe comment et le tout à n'importe quel prix, très cher de préférence. Rappelons une célèbre anecdote sur la campagne présidentielle de 2007 où la candidate Ségolène Royal s'est retrouvée avec un site web truffé de bogues, mal conçu, mal analysé, totalement dysfonctionnel mais facturé à un sponsor… plus de 40 000 euros TTC.

Un CMS est censé :

- réduire les coûts de développement d'un site web ;
- rendre le propriétaire du site indépendant du développeur pour faire les mises à jour des contenus et pour gérer l'évolution en contenu du site via l'ajout de pages, de rubriques, de sous-rubriques, etc.

Ces deux objectifs sont issus des traumatismes de nombreux clients suite à des coûts très élevés de sites qui se révélèrent de médiocre qualité. Ces deux objectifs ne sont atteignables que dans le cas de certains sites et de certaines entreprises. Dans d'autres cas, ces objectifs sont intenables et au contraire ils vont aggraver les coûts et les mauvaises performances.

Pire, la dimension SEO aggrave les difficultés de nombreux sites sous CMS. C'est-à-dire que la dimension SEO aggrave leurs coûts de développement et de mise à jour pour un trafic gagné relativement faible.

Dernier point : les clients des CMS oublient une chose. Le temps a passé et de nouvelles technologies et approches sont apparues : les frameworks de développement.

Penchons-nous sur ce que fait un CMS et pourquoi.

Un CMS doit être capable de produire à peu près n'importe quoi comme site vitrine, rapidement, de manière fiable. Il doit pouvoir afficher rapidement les pages et, s'il n'y arrive pas, le mode debug explique pourquoi et où. Il doit être capable de permettre facilement une mise à jour de contenu ou une évolution quelconque du site : ajout de rubriques, sous-rubriques, pages, modification d'un affichage d'une page ou d'un gabarit de page, etc. Le site livré doit être théoriquement à la portée d'un néophyte pour la mise à jour.

Quand on connaît la complexité du Web, ses multiples normes plus ou moins suivies, l'imagination des webdesigners et des clients, on perçoit très vite l'immensité du problème. La réponse s'est imposée au fil du temps et du retour à la réalité. Les CMS à la portée de tous se tiennent en un seul logiciel et à la condition que le site à produire soit petit (peu de gabarits de page différents) et peu exigeant en termes de navigation et de fonctionnalités : WordPress.

Tous les autres CMS, sans exception, imposent souvent à leurs sites un webmestre professionnel ou semi-professionnel avec les coûts associés.

Faisons un tableau de coûts.

Tableau 2-2 : Les coûts réels d'un CMS

Critère	CMS type Joomla	Coût
Production d'un site Internet	Nécessite un professionnel.	Si l'arborescence est standard, et la navigation aussi, le coût est raisonnable.
Ajout de fonctions inconnues (exemple : gérer une CV-thèque, un catalogue de titres…)	Nécessite un codeur professionnel qui va coder sur mesure et greffer cet ajout à VOTRE version de CMS.	Cher. Cela exige un professionnel capable de coder correctement et d'insérer proprement ce code informatique dans le CMS sans perturber celui-ci et les futures mises à jour. Ce sera du sur mesure avec le prix qui va avec.
Prix de la licence logicielle	Néant, logiciel open source gratuit.	Néant, logiciel open source gratuit.
Facilité de mise à jour des contenus existants	Si un néophyte est formé et qu'il pratique assez souvent, on peut éviter l'intervention d'un webmestre professionnel dans 80 % des cas. Sinon, très vite le site devient une vraie galère à mettre à jour. Pages qui vrillent à l'affichage, trop de temps passé pour réussir à modifier une information.	Potentiellement, le client devra envisager de payer un professionnel pour tout ou partie de ses mises à jour. Il faut ajouter ce coût caché au budget du site.

Tableau 2-2 : Les coûts réels d'un CMS		
Critère	**CMS type Joomla**	**Coût**
Facilité de créer ou modifier des contenus y compris SEO, ajouts de pages, de rubriques, changement de mises en page	Sous une apparente facilité, les interfaces en charge, dans un CMS, de l'ajout de contenu cachent des petits pièges techniques déstabilisant un néophyte.	En général, seul un webmestre professionnel arrivera à finaliser rapidement un travail propre. Là aussi, le budget annuel du site devra prévoir ce type de dépense.
Mise à jour du CMS	Les CMS évoluent et quelquefois doivent imposer une évolution pour pallier des bogues ou, surtout, des failles de sécurité.	Sauf WordPress, tous les CMS posent des problèmes. Cela va de l'incompatibilité des plugins installés avec la version suivante à des soucis de compatibilités avec des passerelles impliquant d'autres programmes.
Efficacité en SEO	Médiocre. Nécessite beaucoup de temps/homme, l'acquisition de plugins gratuits ou payants et de portée limitée.	Élevé. Nombre d'opérations ne sont que partiellement automatisables même avec l'aide de plugins spécialisés. Il faut donc y passer plus de temps/homme, ce qui impacte le prix et impose des performances inférieures en SEO. Ou alors il faut modifier le code source du CMS, ce qui là aussi augmente le coût de développement et de possession dans la durée.

Prenons un exemple. Un « bon » menu SEO, c'est-à-dire ayant une influence maximale et contrôlée sur Google, est un menu avec des onglets, où chaque onglet est composé d'une image et d'un éventuel texte. Nous verrons plus loin pourquoi. Essayez de faire un tel menu avec Joomla V1.5 par exemple ou avec d'autres CMS, cela consomme du temps, et nécessite un bon doigté dans le CMS et cela se révèle difficile à maintenir par un non-technicien.

La boucle est bouclée : le CMS a été fait pour rendre un client indépendant au moins à 80 % des informaticiens. C'est un échec dans de nombreux cas. Le client, pensant faire travailler du personnel en interne peu qualifié en informatique pour les mises à jour, doit payer un prestataire ou embaucher un webmestre.

Pire, le volume de CMS étant faible par rapport à WordPress, les CMS ont moins de plugins puissants que le monde WordPress. On ne trouve pas la qualité d'un plugin Yoast pour WordPress dans le monde des CMS.

Prenons maintenant un exemple plus complexe : soit une agence immobilière travaillant sur plusieurs communes. Le title de la page d'accueil devra contenir des mots clés « stables » comme vente appartement, agence immobilière, etc. Il devra aussi contenir le nom des deux ou trois « communes » où l'agence a le plus de biens à vendre. Ce calcul est réalisé sur des données en bases. On précalcule chaque jour le portefeuille de biens par commune et le title de la page d'accueil ainsi que des titres, des ancres de liens, un meta description sont mis à jour. De nombreuses optimisations SEO calculées d'après des données externes ne sont pas immédiatement compatibles avec un CMS. Il y a des coûts d'intégration plus ou moins élevés et de nombreux soucis cachés qui apparaissent au fil de la vie du site.

Listons les adéquations sites/CMS.

Tableau 2-3 : Exemple simplifié de tableau comparatif prenant en compte les coûts réels de promotion et d'exploitation dans la durée

Critère	CMS idéal	Budget type
Petit site simple, site vitrine de moins de cinquante pages, peu de gabarits de page, faible exigence en webdesign, bref un site simple.	WordPress + thème + photos + plugins.	- Quelques centaines d'euros pour la production, coût d'exploitation infime. - L'adaptation au SEO est correcte sans plus.
Site de moins de cent pages mais présentation plus complexe en webdesign, plusieurs niveaux de menus. Aucune fonction spécifique du type catalogue en ligne même simple.	Pas de WordPress, il faudra choisir parmi les autres CMS.	- Budget type de développement : quelques milliers d'euros. - Nécessitera peut-être un webmestre pour les mises à jour et les évolutions. - Adaptation au SEO : de mauvaise à moyenne.
Site de moins de cent pages mais présentation complexe, plusieurs niveaux de menus avec un petit catalogue en ligne.	Un CMS n'est peut-être pas adapté. Si on force l'usage d'un CMS, cela va impliquer le codage spécifique et une liaison spécifique avec le CMS. C'est une construction potentiellement fragile.	- Budget type de développement : quelques milliers et plus d'euros. - Nécessitera un webmestre pour les mises à jour et les évolutions techniques simples. - Nécessitera un informaticien professionnel pour les évolutions ou les mises à jour complexes. - Adaptation au SEO : de mauvaise à moyenne.

Tableau 2-3 : Exemple simplifié de tableau comparatif prenant en compte les coûts réels de promotion et d'exploitation dans la durée

Critère	CMS idéal	Budget type
Site de plus de cent pages, multiples contributeurs en contenu, nombreuses fonctionnalités gérant des contenus très dynamiques.	CMS inadapté. Si on force l'usage d'un CMS, on se retrouve avec une usine à gaz.	- Une usine à gaz est toujours coûteuse en coût de possession. De nombreux coûts cachés grèvent le budget et ajoutent des délais de mise en œuvre et des pertes de qualité et de temps.

REMARQUE

Comment peut-on arriver à avoir un CMS inadapté sur un site web ?

La réponse est simple : une mauvaise estimation de la situation par l'agence ou le conseil, une démonstration époustouflante du CMS à la direction générale du client, un article de presse mal interprété par un responsable, et des choix techniques inadéquats sont entérinés.

Quelles sont les organisations qui pourront supporter un site web sous CMS ?

- Une organisation disposant en interne d'un webmestre professionnel qui pourra choisir la bonne adéquation type de site web/CMS.
- Une organisation avec des moyens très limités et un objectif en adéquation avec WordPress sous forme d'un site web ou d'un blog, ou des deux à la fois comme nous le verrons plus loin.

Pour toutes les autres organisations, le CMS se révélera un choix moins performant.

2.5 Les frameworks PHP/MySQL

Le principe de développement d'un site web via un framework est très différent de la philosophie d'un site sous CMS. Ci-après en deux exemples simples, nous montrons l'inefficacité SEO d'un CMS face à un framework.

Base de données ou non ?

Un site sous CMS n'est pas conçu pour manipuler des informations dynamiques comme un catalogue de produits, une CV-thèque, c'est-à-dire une base de données très mouvante. Un CMS gère mal ou pas du tout ce type de fonctionnalité. Or la bonne gestion d'une base de données de produits ou de services associée à des calculs manipulant des textes est un atout clé dans le référencement.

Une agence de voyages se contentant d'un site vitrine avec quelques voyages phares dans son site sera très désavantagée face à un concurrent disposant en ligne de tout son catalogue de circuits et séjours. Les centaines de pages bien structurées permettront au site disposant de son catalogue en ligne de chasser la longue traîne (nous verrons cela plus loin) et de renforcer sa crédibilité sur ses expressions-clés stratégiques. Ce qui va doper son trafic via Google ainsi que ses revenus.

Utiliser d'un côté un CMS pour le site vitrine et de l'autre côté un développement spécifique pour le catalogue en ligne revient à marier une carpe et un lapin. En clair, vous allez cumuler les inconvénients des deux systèmes. Autant partir sur le framework et utiliser les fonctionnalités CMS de celui-ci pour la partie vitrine de votre site.

En effet, les frameworks modernes sont tous dotés d'un générateur de back office type CMS. Donc inutile de faire appel à Joomla pour une partie du site et à un développement externe pour le reste. Il est bien plus intégré et simple de tout réaliser depuis le framework.

Automatisation du SEO impossible en CMS

Très orienté « texte saisi », un CMS ne dispose pas de nombreuses fonctions d'automatisation de gestion de contenu orienté SEO.

Par exemple, dans un CMS il n'est pas possible d'avoir une balise H2 reprenant une partie du TITLE de la page. Il est possible de disposer d'une copie du TITLE vers une balise, ou inversement, mais vous n'avez rien pour automatiser des tests ou conditions pour afficher tout ou partie d'un champ d'information vers une balise. Il n'est pas possible d'automatiser la pose d'un lien d'une page de contenu vers une référence. Il faut alors coder un plugin (ou un code spécifique) qui grève lourdement le budget et le coût de possession du site dans la durée.

Nous avons également illustré cette rigidité d'un CMS par l'exemple dans le présent chapitre d'un site d'agence immobilière qui nécessite une forte personnalisation cohérente de nombreuses balises en fonction du contenu de la base de données.

Ces illustrations ne sont que deux exemples parmi de nombreuses optimisations SEO destinées à réussir son référencement et à capter du trafic ciblé.

En deux exemples simples utilisant deux techniques très courantes de balises calculées, nous venons de percevoir deux grandes différences entre un site sous CMS et un site sous framework PHP.

Mise à jour facile, SEO plus productif

Il y a d'autres différences majeures entre ces deux approches CMS versus framework PHP. La simplicité de mise à jour des contenus est une autre différence clé. Et en référencement, cela permet de diminuer les coûts. Plus on travaille vite, moins cela coûte cher.

Un CMS dispose d'une usine à gaz en back office pour permettre la réalisation de tout souhait du concepteur du site puis les mises à jour de contenu. Sous Joomla 1.7, les informations sur une page sont dispersées dans de multiples sous-fenêtres et pages. Une mise à jour d'une même page peut nécessiter de nombreux clics dans différents menus selon les balises ou champs à modifier.

Le back office généré par un framework est taillé sur mesure pour le site codé sur mesure pour un client. Seules les informations utiles sont accessibles au webmestre.

En effet, un CMS doit couvrir de nombreux cas de figure possibles. Il en résulte une multitude de champs d'informations dont une grande partie est inutile et parasite le travail du webmestre responsable du contenu. Dans un framework, le back office est généré sur mesure depuis la structure du site. Il n'y a aucun champ inutile ni d'interface complexe à gérer.

Il en résulte une grande facilité de compréhension de la part des personnes en charge de la mise à jour des contenus dans un framework. Elles travaillent plus vite. L'automatisation de la génération d'un back office est un des points forts d'un framework face à un CMS complètement figé et rigide. On peut notamment prévoir une partie dédiée au SEO sur mesure d'un site. Tous les sites sont différents et imaginer un back office universel SEO est totalement illusoire. Et de toute façon, cela ne préoccupe guère les concepteurs de CMS (voir fig. 2-4).

Illustrons le propos via la capture d'écran d'un back office généré par une version « francisée » de Cake PHP, un framework PHP gratuit sous licence open source issu du MIT. Cake PHP a généré un back office taillé sur mesure pour un site.

Cette page de back office montre des perspectives très intéressantes pour l'attachée de presse en charge de la mise à jour du contenu de ce site et aussi des perspectives SEO fondamentales impossibles à réaliser avec un CMS. « Attachée de presse » signifie des compétences techniques très limitées, donc le CMS doit être simple sous peine de la noyer sous une avalanche de menus et d'onglets à la Joomla.

La personne néophyte en Web en charge de la mise à jour de ce site a accès à un back office qui colle exactement au fonctionnement du site web. Seuls les champs strictement essentiels à la mise à jour des contenus sont présents. En une page, on a accès à la totalité de la mise à jour. Sous un CMS, la même chose réclamerait de multiples clics et la partie SEO pointue est tout simplement impossible à mettre en place sans de lourds travaux sur le code source du CMS.

En quelques champs, cette page permet de mettre à jour le titre de la page, son title, un résumé et le contenu sous forme de « mini-Word » autorisant des personnalisations locales de mise en page. La personne en charge du webmastering de ce site a été formée en 10 minutes.

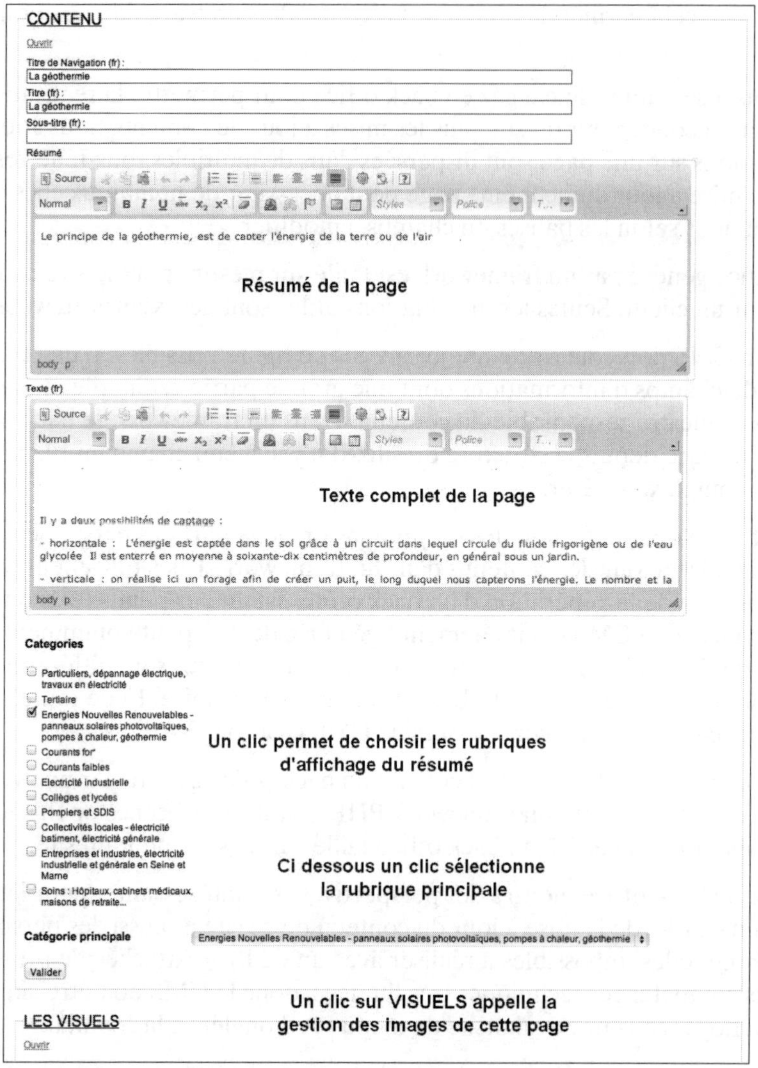

Figure 2-4 : *Un back office sur mesure généré par une version francisée de Cake PHP*

Du point de vue SEO, on trouve de fortes innovations par rapport à un CMS. Même si vous n'avez pas encore le niveau pour les percevoir (cela va venir grâce à la lecture des chapitres suivants), survolons-les. L'objectif pédagogique est de vous faire percevoir les différences fondamentales entre la puissance et la souplesse d'un site sous framework par rapport à un site sous CMS.

- **Le résumé de la page** : ce champ sous « mini-Word » (un éditeur FCK dans le jargon des codeurs de site) permet la saisie d'un résumé du contenu. C'est très important en SEO car grâce à cela, nous allons limiter les effets nocifs des duplicates contents entre page de résultats et page détaillant une information.

- **Les cases à cocher des catégories** : une information peut appartenir à plusieurs rubriques. Par exemple, une pompe à chaleur appartient à la rubrique *Énergies renouvelables* mais aussi à la catégorie *Particuliers* qui en sont les principaux clients. Le résumé de cette pompe à chaleur apparaîtra automatiquement dans les pages de résultats de ces deux rubriques.
- **La catégorie principale** : parmi la liste des catégories sélectionnées, il faut choisir la catégorie principale. Là aussi en SEO, c'est fondamental. Pour éviter des duplicates contents très nocifs pour le SEO du site, nous allons gérer une balise spécialement dédiée à cet effet : la balise canonical que nous étudierons plus loin. La gestion efficace de cette balise exige que nous connaissions la rubrique principale d'une donnée.
- **Les visuels** : un clic sur cet onglet permet de gérer les visuels de cette page. C'est juste pratique, rapide et cela offre la possibilité de gérer manuellement ou automatiquement les contenus des balises alt/title de chaque image. Cela impacte positivement le référencement de la page et, avec une automatisation, cela réduit la quantité de travail à produire.

Résumons-nous : nous venons de voir quelques différences fondamentales entre un site produit via un CMS et un site réalisé sous framework.

- La mise à jour du site et le travail de SEO sont fortement simplifiés et améliorés avec un framework PHP. La qualité SEO est au rendez-vous.
- L'utilisation d'un framework PHP se traduit par des gains de productivité durant la vie du site. Les économies réalisées peuvent dépasser le coût de réalisation du site.

Connaissances préalables

C'est un outil logiciel exigeant un informaticien professionnel. En effet, apprendre PHP/MySQL tout seul avec quelques livres est une chose. Coder en orienté objet (POO dans le jargon) dans une structure MVC s'apprend assez difficilement seul avec un bouquin acheté en librairie. Il est recommandé d'avoir une formation type DUT ou plus dans le domaine.

Il existe quelques frameworks PHP/MySQL open source et donc gratuits. Nous en citerons deux :

- Cake PHP du MIT entièrement en anglais ;
- Symfony, de conception française mais entièrement en anglais comme Cake PHP.

Ces deux logiciels se ressemblent. Ils génèrent des sites Internet et le back office associé au site. Ils permettent une industrialisation du code informatique, ce qui dans le jargon de l'industrie du logiciel signifie qu'on peut produire des sites fiables, puissants en termes de fonctionnalités (on peut coder l'automatisation du référencement par exemple) pour un coût relativement faible.

Les professionnels distinguent de grandes différences entre ces deux frameworks et, selon les besoins, on choisit l'un ou l'autre ou encore un des autres frameworks du marché.

CMS vs framework

Les frameworks PHP ont été développés pour la même raison que les CMS : limiter les coûts de développement et de maintenance d'un site web. La philosophie est très différente :

- Un CMS est théoriquement utilisable par un non-technicien. On a vu qu'en fait, il faut un webmestre professionnel pour développer puis maintenir le site sous CMS. Les interfaces de mises à jour sont complexes sous CMS. Elles sont très simples dans le back office d'un framework.
- Un framework exige un informaticien professionnel puis ensuite 100 % des mises à jour ou des ajouts peuvent être réalisés par du personnel non professionnel du Web.
- Le SEO pointu et professionnel est difficile à mettre en place pour un coût raisonnable sur un site sous CMS, ce qui n'est pas le cas avec un framework.
- Si on désire une évolution pour le CMS et que le plugin n'existe pas, la situation est bloquée. Si on désire une optimisation précise, on doit financer un développement spécifique potentiellement coûteux et impossible à transmettre « tel que », à la prochaine version du CMS. En la solution framework vous faites ce que vous voulez, soit en cherchant l'équivalent d'un plugin, ou une *Class*, soit en la faisant développer sur mesure. Elle sera utilisable avec vos évolutions de site sans problème de compatibilité technique.

Comment réaliser un site sous framework ?

L'organisation d'un site référençable de PME réalisé sous framework inclut les étapes liées à la préparation du SEO du futur site :

- Audit/analyse des mots et expressions-clés utilisés par les internautes. Nous détaillerons ce travail plus loin. Il faut juste retenir dans ce chapitre que c'est la première étape de tout projet. Il s'agit de répondre à la question : comment les futurs prospects et clients potentiels rechercheront vos services ou produits ?
- Expression des besoins : que veut-on faire dans le site, que veut-on montrer ?
- La prise en compte de l'audit des mots clés et de l'expression des besoins conduit à un cahier des charges fonctionnel avec une ébauche d'arborescence et un principe de navigation.
- Avec ces informations plus un briefing, un graphiste est en mesure de concevoir une charte graphique et un webdesign pour les pages principales.

L'informaticien en charge du codage réalise un cahier des charges techniques. Ce document décrit entre autres les automatismes et les fonctionnalités SEO que doit mettre en œuvre le framework pour ce site. Si le framework a déjà servi pour réaliser des sites référençables, alors de nombreuses classes SEO sont déjà prêtes à l'emploi pour votre site avec les économies d'échelle qui vont avec la réutilisation de ces composants logiciels.

À partir de ce cahier des charges, il code le site. Le back office n'a pas besoin d'être codé à 100 %. Une grande partie est générée par le back office.

Il reste à remplir le site avec des données. Le back office généré peut prendre en compte de nombreux besoins du site :

- ajout/modification/suppression de rubrique ;
- ajout/modification/suppression de page dans une rubrique existante ;
- personnalisation des menus ;
- une ou des bases de données produits, services, etc. connectées au site ;
- administrer le SEO du site afin d'éviter du contre-référencement (élimination automatique du duplicate content par exemple) et afin de référencer le site avec un maximum d'automatisations poussées.

2.6 Comparer les coûts

Dans ce tableau, nous comparons des approches et les coûts moyens estimés. Ce sont des estimations dérivées de cas réels traités ou vus ou discutés en 2011 et en 2012.

Tableau 2-4 : Tableau comparatif prenant en compte les coûts réels de promotion et d'exploitation dans la durée

Descriptif	CMS type WordPress ou Joomla	Framework type Cake PHP
Blog ou petit site simple, site vitrine de moins de vingt pages puis augmentation du volume avec les ajouts.	WordPress + thème + photos + plugin : à partir de 500 euros HT sans le SEO, par un professionnel. Le SEO d'un niveau correct est faisable grâce à des plugins SEO comme Yoast. Un webmestre professionnel est rarement nécessaire pour suivre le site.	- À partir de 1 000 euros HT. - Le framework est surdimensionné pour le SEO d'un site si petit. On percevra peu les gains en SEO dus au framework par rapport à WordPress. - Quand le site prendra du volume au fil des ajouts de données, s'il y en a, le framework pourra alors être un peu plus efficace que WordPress.

Tableau 2-4 : Tableau comparatif prenant en compte les coûts réels de promotion et d'exploitation dans la durée

Descriptif	CMS type WordPress ou Joomla	Framework type Cake PHP
Site de moins de cent pages mais présentation plus complexe, plusieurs niveaux de menus. Aucune fonction spécifique du type catalogue en ligne même simple.	Pas de WordPress, il faudra choisir parmi les autres CMS comme Joomla. Budget type : 1 000 à 3 000 euros HT, graphisme inclus. Le SEO n'est pas inclus et il sera de qualité limitée. Nécessitera un webmestre pour les mises à jour et les évolutions, ce qui augmentera le coût d'usage.	- À partir de 2 500 euros HT, référencement inclus. Le graphisme est à ajouter en plus. - On commence à avoir un site avec de la profondeur qui permet aux outils SEO du framework de prendre de l'ampleur et de montrer leur efficacité.
Site de moins de cent pages mais présentation complexe, plusieurs niveaux de menus avec un catalogue en ligne et la présence de nombreux liens liés au catalogue dans les pages vitrines.	Un CMS n'est pas adapté. Si on force l'usage d'un CMS, cela va impliquer le codage spécifique et une liaison spécifique avec le CMS. C'est une construction potentiellement fragile. Le référencement sera de qualité limitée. Peut nécessiter un webmestre pour les mises à jour et les évolutions. Nécessitera un informaticien professionnel pour les évolutions ou les mises à jour complexes.	- À partir de 2 500 euros HT, référencement inclus. Le graphisme est à ajouter en plus. - Nécessitera une maintenance informatique (environ 240 euros HT/an). - Adaptation au SEO excellente. - 100 % des mises à jour et des petites évolutions se font avec du personnel non qualifié comme une secrétaire.
Site de plus de cent pages, multiples contributeurs en contenu, nombreuses fonctionnalités gérant des contenus très dynamiques issus d'une à plusieurs bases de données.	CMS inadapté. Si on force l'usage d'un CMS, on se retrouve avec une usine à gaz.	- À partir de 5 000 à 10 000 euros HT, référencement inclus. - Nécessitera une maintenance informatique (à partir de 240 euros HT/an). - Adaptation au SEO excellente. - 80 % à 95 % des mises à jour se font avec du personnel non qualifié.

La conclusion saute aux yeux. Les sites sous CMS ont une tendance à être moins performants en SEO, à coûter plus cher en coût de développement et d'usage par rapport à des sites sous framework PHP. Seules les entreprises ayant déjà un webmestre in situ peuvent pallier certains défauts d'une solution CMS.

REMARQUE

Conjuguer référencement et maîtrise budgétaire

Il ne faut pas oublier que l'objectif d'un référencement pour une organisation ne porte pas uniquement sur sa réussite technique. Le coût du référencement, comme tout investissement marketing, doit être maîtrisé et le plus bas possible. Les CMS de sites web sont très mal placés sur ce plan strictement financier entre le service apporté et l'ensemble des coûts affichés et cachés. En plus, divers défauts hypothèquent la réussite technique du référencement sur des expressions-clés en forte concurrence.

2.7 Résumé

Des technologies supposées simples peuvent se révéler bien plus coûteuses que prévues, inadaptées et avec des conséquences négatives sur vos ventes ou vos objectifs commerciaux.

Nous venons de répondre à une question importante : quelle technologie retenir en fonction du site dont vous avez besoin et du référencement dont vous aurez besoin ?

- Un site trop complexe à mettre à jour ne le sera pas ou avec du retard préjudiciable ou encore avec des surcoûts.
- Une technologie inadaptée peut coûter cher en coûts cachés ou en perte de trafic ciblé.
- L'argent gaspillé en réalisation de site ne pourra être utilisé sur les postes importants de webmarketing.

Ce chapitre vous permet de mieux gérer le budget de réalisation (ou de refonte technique), de mise à jour des contenus et de création de trafic incluant le référencement.

chapitre

3

Principes et méthodologies du référencement naturel

REMARQUE

Comprendre des méthodologies passe par comprendre les fondamentaux du SEO

Toute méthodologie nécessite d'être calquée sur les principes clés du SEO. Nous devons donc commencer par aborder les grands principes guidant le référencement depuis des années et probablement pour de nombreuses années à venir.

Comprendre les grands axes fondamentaux du SEO est assez facile. Réussir le référencement naturel d'un site est nettement plus complexe et exige rigueur, méthodologie et travail.

3.1 Les trois clés fondamentales du référencement réussi

L'objectif stratégique de Google est d'afficher les résultats de la meilleure qualité possible aux internautes. Ceux-ci sont fidélisés grâce au confort octroyé par le moteur *via* des pages de résultats pertinentes, bien conçues, bien affichées.

En échange du service rendu, Google affiche de 0 à 11 publicités AdWords, c'est-à-dire des liens sponsorisés répartis en haut et en colonne à droite de la page. Environ les deux tiers des internautes cliquent plus ou moins régulièrement dans ces encarts publicitaires. Cela représente des milliards de dollars de revenu chaque trimestre pour Google.

Sous les 0 à 3 publicités en haut de page apparaissent 10 résultats « naturels ». Pour afficher les 10 résultats les plus pertinents, Google va analyser différentes choses que nous surnommerons les 3 C :

- **Les Contenus**. Quels sont les mots et termes utilisés dans une page, la qualité de rédaction, la mise en page ? Quelle est la valeur ajoutée du texte ? Ce sont quelques-uns des points abordés par Google.
- **La Cohérence**. Ces pages et leurs contenus associés sont-ils bien organisés, sont-ils cohérents dans leur environnement de liens ? Par exemple, une page de recette de cuisine est-elle bien reliée *via* des liens à des pages sur des sujets proches des recettes de cuisine. Un lien vers un site de poker serait incohérent.
- **La Crédibilité**. Ce site est-il crédible sur ses contenus ? Les liens externes, y compris ceux des réseaux sociaux, pointant vers ce site, le trafic du site depuis Google, la durée de visite sur le site en fonction des expressions clés ayant amené l'internaute sur le site sont quelques-uns des critères parmi d'autres pour évaluer la crédibilité d'un site et de ses contenus.

REMARQUE

Les trois axes fondamentaux du référencement

Les contenus, la cohérence et la crédibilité sont ces trois axes. La qualité et le volume de contenus est le premier critère de Google. Pour une bonne prise en compte de ces contenus, une structure cohérente et optimisée est nécessaire. Pour finaliser l'arrivée du site en page 1 dans Google, le site devra être crédible.

3.2 Les contenus

Vos contenus doivent être de qualité. Cela implique plusieurs critères que nous allons étudier ci-après.

Des contenus uniques

Vos contenus, textes, images, vidéos doivent être « uniques », c'est-à-dire créés par vous ou pour vous. Nous n'aborderons pas en profondeur dans ce chapitre le problème des sites qui commercialisent les mêmes objets ou services que leurs concurrents et voisins.

Un plombier réalise les mêmes prestations à Lyon qu'à Paris. Certes, mais justement ils ne sont pas au même endroit ! Ce qui les différencie en priorité, ce sont leurs noms, adresses et la zone géographique où chacun exerce. Il y a aussi la manière d'exprimer ses compétences, ses références. On le voit tout de suite, de nombreux points permettent à deux plombiers de se différencier. Charge à chaque plombier de faire cet effort sur son site web même si c'est un simple blog.

Copier/coller du texte d'un site à un autre ou d'une de vos propres pages vers une autre est illusoire. Sauf à être un professionnel du vol de contenu sur Internet (une profession très rentable dont nous devrons discuter dans un autre chapitre), Google identifiera le plagiat et prendra des mesures en conséquence.

Il est déconseillé de repiquer des images sur le Net. Google images sait parfaitement qui a mis en ligne pour la première fois telle image. Cela fait plus de trente ans qu'existent les algorithmes capables de « signer » une image. Dès la détection d'une image nouvelle par un Google bot, si elle est unique et que c'est la première fois que Google la télécharge, elle sera signée par une empreinte unique par un algorithme mathématique et sera attribuée au site l'ayant mis en ligne pour la première fois. À moins de la massacrer sous Photoshop, un tel algorithme reconnaîtra la photo et donc son « auteur » original où que vous la mettiez sur le Net. Vos propres photos seront uniques et participeront de la réussite de votre référencement.

Le même mécanisme existe pour les vidéos. Donc, prendre une vidéo d'un fournisseur, lui ajouter des sous-titres et un texte alternatif et la republier sur votre site est de préférence à éviter ; mieux vaut utiliser votre propre vidéo. Ce sera plus efficace et plus pérenne .

Des contenus à valeur ajoutée pour l'internaute

Des millions de sites et de blogs publient des milliards de page. Par contenu à valeur ajoutée, nous entendons que tout est bon du moment que cela satisfait les internautes arrivant sur cette page *via* Google. Prenons un exemple pour illustrer le propos et le faire comprendre.

Vous devez publier les horaires de la messe en l'église de « Trifouilly-les-Oies », un village de la France profonde. À première vue, ce n'est pas un contenu ayant une bien grande valeur ajoutée. Eh bien, si ! Tout est relatif et un moteur de recherche universel se doit d'être à la portée de toute requête. Pour quelques dizaines de paroissiens internautes intéressés par le sujet, c'est une forte valeur ajoutée. Certains internautes vont saisir horaire église Trifouilly les Oies dans Google. Ils cliqueront probablement sur le snippet de la page et seront satisfaits. Cette page a bien une valeur ajoutée, certes seulement pour une poignée d'internautes arrivant *via* Google sur cette page.

Toute page dédiée à un sujet pouvant intéresser un ou des internautes et le traitant de manière unique et approfondie est une page ayant potentiellement un contenu à valeur ajoutée. Il restera à cette page et à des contenus associés à réussir les épreuves de cohérence et de crédibilité mais ce sont d'autres sujets.

Prenons un exemple de site ayant de très nombreuses pages, chacune à valeur ajoutée pour un petit groupe d'internautes : le site **www.commentcamarche.net**. Il contient un volume impressionnant de pages, chacune traitant d'un sujet précis, et chaque page est ouverte à un dialogue entre les internautes, qui la lisent *via* un miniforum ouvert à chaque bas de page. On trouve des réponses à des questions très ciblées comme : « J'ai saisi trois fois mon code PIN de manière erronée et mon téléphone mobile est bloqué. Que faire ? » La population d'internautes intéressés par un tel sujet est relativement faible chaque mois et il y a déjà des dizaines de pages traitant de ce sujet notamment sur les sites des opérateurs de téléphonie mobile. Le texte de Comment ça marche a été écrit de manière unique, détaillée, avec deux images illustrant le texte et plusieurs liens cohérents quittant la page et des liens cohérents pointant cette page. Cela lui permet d'être dans les 3 premières parmi 50 à 100 000 pages traitant du sujet comptabilisées par Google.

Vous venez de voir comment un texte simple s'empare de positions clés dans l'index de Google. Cette page :

- est correctement rédigée (une seule faute de français) ;
- traite d'un sujet intéressant quelques milliers d'internautes chaque année ; la valeur ajoutée est donc bien présente potentiellement ;

- est en concurrence avec des centaines de pages traitant déjà du même sujet dont plusieurs issues de sites d'opérateurs téléphoniques théoriquement crédibles sur un tel sujet. Cette page devient moins intéressante. L'information existe déjà ;
- dispose de deux images qui certes ont une utilité très limitée, mais ces deux images existent. Les pages concurrentes n'ont pas investi dans des images pour enrichir le sujet. La page de commentcamarche.net marque des points ;
- est optimisée SEO ;
- est installée dans un site mettant en œuvre une architecture optimisée pour la cohérence et la crédibilité.

Cette page truffée de publicité rapporte de l'argent à son éditeur ainsi que les dizaines de milliers de pages du même type sur ce site.

Pour être compétitifs auprès de Google, vos textes doivent être uniques, ils doivent créer de la valeur pour vos lecteurs internautes. Et ils doivent être crédibles. Cette page de **commentcamarche.net** réunit ces trois critères. Elle prend le dessus sur ses concurrentes en figurant dans les 3 à 5 premières places malgré un environnement plutôt concurrentiel. La qualité à peu près unique de son texte associé à des qualités en cohérence et en crédibilité lui permet de se hisser en page #1 des résultats de recherche de Google et en haut de cette page, en prime.

Des contenus illustrés

Si vous renforcez vos textes par des illustrations sous forme de :

- photo(s) et donc par extension, dessins, images… ; sous forme de photo isolée ou de galerie ou de diaporama (slideshow) ;
- vidéo(s) en HTML5 ou en animation Flash ;
- liens vers sites faisant autorité (Wikipédia, le syndicat de votre métier, etc.).

Si vous saisissez des contenus textuels incluant des mots clés dans les sous-titres ou textes alternatifs, vous augmentez le volume de texte et donc la combinatoire pour la longue traîne et vous améliorez vos contenus en crédibilité avec le score associé, comme nous allons le voir un peu plus loin.

3.3 La cohérence organisée

Avoir des contenus, c'est bien. Avoir des contenus organisés, c'est bien mieux ! Mais organisé ne signifie pas simplement correctement classé dans votre site. Il faut que la cohérence des données publiées atteigne plusieurs niveaux :

- **Au niveau de la page**. Les expressions clés ciblées par vous doivent être présentes et correctement présentées.

- **Au niveau de la rubrique**. Les pages appartenant à une même rubrique vont partager au moins un menu (et donc des liens). Elles doivent traiter de sujets connexes. Mélanger dans une même rubrique cuisine et automobile aura un effet contreproductif en référencement.

  Par exemple, sur un site de vente de vins, disposer dans une rubrique dédiée tous les bordeaux rouges est une bonne idée. Une mauvaise idée serait de mixer dans la rubrique Champagne, des pages sur les vins de Champagne avec les techniques de vendanges. Il vaut mieux déplacer la ou les pages sur les techniques de vendanges dans une rubrique dédiée.
- **Au niveau des liens**. On rejoint ici partiellement le niveau rubrique. Les pages sont interconnectées entre elles *via* des liens. Ces liens peuvent être en menus ou isolés d'un menu. Des liens sont là pour faire passer l'internaute du sujet de la page à un sujet connexe, pas vers un sujet inopportun et incohérent. Disposer d'un site bien structuré et prenant en compte les besoins du référencement est une des étapes clés menant à la réussite de votre référencement.

  Certes, les algorithmes de Google ont un seuil à géométrie variable acceptant quelques liens incohérents sans trop pénaliser le référencement d'une page, mais il est dangereux de jouer avec ce genre de liens sans prendre de sérieuses précautions SEO.

  À savoir : certains thèmes de liens sont bien plus surveillés par Google que d'autres comme tout ce qui touche aux jeux d'argent (poker, casino, Bourse, forex…) et au sexe (porno, escort girls…). Mettre un lien vers un site de jeux d'argent ou de sexe depuis la page « nos recettes à base de chocolat » est une très mauvaise idée.
- **Au niveau de Google**. Un internaute envoyé par Google sur votre site *via* une expression clé reste-t-il assez longtemps sur vos pages sans retourner sur le moteur ? En effet, si un internaute revient dans Google pour cliquer sur un autre site quelques secondes après avoir visité votre site, c'est la marque d'une incohérence entre les mots clés de la requête de cet internaute et votre positionnement.
- **Dénonciation**. Google affiche dans certaines conditions un message dans ses pages de résultats : *bloquer toutes les pages de cedomaine.com*. Google a détecté que votre comportement n'apprécie pas le contenu du site qu'il vous a proposé suite à votre requête. Un clic de votre part sur « bloquer toutes les pages de ce site » est une marque de profond désintérêt et de forte incohérence entre votre requête et le site que Google vous a proposé. Accumuler les mauvais points de type blocage par les internautes est bien sûr négatif pour le référencement de votre site. Google essaie ainsi de détecter les descriptions particulièrement trompeuses.

3.4 La crédibilité

C'est l'offensive des années 2010 de Google. Pour afficher des résultats de qualité, il faut que les pages proposées comme correspondant à la requête d'un internaute soient de qualité, ce qui recouvre la crédibilité. Tout possesseur de site doit se poser la question : suis-je crédible à publier cela ?

La crédibilité prend différentes formes complémentaires :

- **Avez-vous fait de réels efforts sur votre contenu ?** Si vos textes sont truffés de fautes, si les images sont repiquées d'autres sites sur le Net, si vous ne disposez d'aucune vidéo ou animation flash et que votre mise en page est farfelue, vous n'êtes pas crédible.
- **Êtes-vous populaire (version #1) ?** Exprimé autrement, existe-t-il des liens pointant vers votre site depuis d'autres sites ? Si des gens parlent de votre site et posent des liens de leurs blogs, site personnel et posts dans des forums, alors, vous marquez des points en crédibilité, sauf si bien sûr ce sont des *paid links*. Mais cela, Google ne peut le détecter que si ces liens sont posés de manière incohérente ou depuis des pages/sites dont la crédibilité est à 0 chez Google, du genre « ferme de liens » clairement identifiée.
- **Êtes-vous populaire (version #2) ?** Exprimé autrement, existe-t-il des liens pointant vers votre site depuis des **réseaux sociaux** ? Si des pages dans des réseaux sociaux parlent de vous et disposent des liens vers vos pages, alors, vous marquez des points en crédibilité. Plus le poseur de lien sera crédible, plus le lien posé sera bien vu par Google. Par exemple, chez Twitter, si un tweet est émis par un leader d'opinion sur le thème de votre page et que ce tweet contient une URL vers votre site, ce sera un plus indiscutable pour votre SEO.
- **Que pense-t-on de votre site ou de votre organisation ?** Des outils Google et Facebook permettent de noter des pages, des sites, d'aimer ou de voter, de partager des URL ou des extraits de contenus (Open Graph pour partager un contenu précis *via* Facebook). Ces notations et avis ont un impact sur votre crédibilité, surtout si le compte Facebook est considéré comme crédible.
- **Que vaut votre site ?** Google Panda évalue votre site selon de multiples critères et seuils. Panda est un algorithme qui apprend en fonction des expériences. Exprimé autrement, ce logiciel se reconfigure et change son comportement vis-à-vis des sites qu'il examine en fonction de ce qu'il apprend dans le monde entier et *via* son équipe d'administrateurs. Si différents critères passent certains seuils, alors, vous pouvez plonger ou remonter. Vu sa complexité, Panda dispose d'un chapitre dédié dans ce livre.
- **Qui êtes-vous (personnellement) ?** Si vous disposez d'un profil Google Plus, vous pouvez le relier aux pages que vous publiez ; il est écrit page, pas site.

Vous pouvez signer une page dans un site par une balise prévue à cet effet, seule la ou les pages signées par votre compte seront prises en compte (selon Google).

- **Quel trafic sur votre site ?** Google Chrome, la barre d'outils Google, les régies publicitaires de Google, les cookies implantés dans votre navigateur à l'insu de votre consentement involontaire fournissent des millions d'informations à Google, qui peut calculer assez précisément le trafic de votre site. Il n'a même pas besoin de Google Analytics pour disposer d'un minimum d'informations sur votre site. Il a toutes les informations clés *via* les comportements anonymes des internautes utilisant ses outils (Chrome) ou ses services (Gmail, etc.).
- **Qui êtes-vous (vos liens, votre whois, vos adresses IP…) ?** Un site possède un nom de domaine (au minimum), des contacts, un propriétaire. Ces informations qui sont plus ou moins accessibles renseignent Google. Si vous possédez différents sites sous différents noms de domaine tous à votre nom, Google saura cartographier de telles informations. Si ces sites échangent des liens, il sera évident qu'ils ne seront pas spontanément naturels.

Un site possède des liens sortants vers d'autres sites. Cette cartographie renseigne Google sur les accointances de votre site avec d'autres qu'il a peut-être dans son collimateur. Par transmission, vous devenez suspect vous aussi.

Comme possesseur d'un site, vous avez probablement un service comme Google Analytics et peut-être même Gmail et d'autres services. À cette occasion, chaque fois que vous utilisez un service Google, votre navigateur reçoit un cookie et votre adresse IP est enregistrée.

Si avec le même navigateur vous accédez aux statistiques Google Analytics d'un site qui ne vous est pas relié, eh bien, à partir de ce moment-là ce site sera relié à vous. Dans le jargon de la théorie des graphes, on dit que votre « sommet » (vous) possède un arc (ou une arête) vers le sommet qui est ce site qui ne vous appartient pas mais dont vous êtes pourtant administrateur Google Analytics. À partir de là, grâce à la théorie des graphes, une branche des mathématiques très puissante que nous évoquerons plus loin, Google peut modéliser vous-même et le reste de vos « points d'intérêt » et en déduire de nombreuses conclusions. Si vous êtes un tricheur maladroit sur un site, la suspicion va se propager le long des arêtes du graphe vous concernant. Si vous avez plusieurs identités sur le réseau social Google Plus pour par exemple poster des avis positifs vers vos sites, le graphe va griller votre anonymat et trahir votre comportement.

Vous l'aurez compris : si vous voulez être réellement anonyme et intraçable, il vous faut une adresse IP dédiée ou qui change très souvent, un navigateur dédié autre que Chrome ou alors vous passer des outils Google comme Analytics, Webmaster Tools et Adresses !

Une solution consiste à dédier un portable équipé d'une clé 3G aux connexions utilitaires sur les sites auxquels vous ne voulez absolument pas être relié aux yeux de Google.

Ce que vous êtes et comment vous êtes relié à un site ont un impact potentiel sur le référencement de ce site.

3.5 Le meilleur score gagne une place en page 1

Ce n'est pas le fait d'ajouter une photo ou une vidéo qui vous fera décrocher la meilleure place dans l'index de Google. Pourtant, ce travail œuvre positivement au référencement de votre site. En effet, tous ces travaux sont nécessaires car chaque optimisation vous fait marquer un ou des points en fonction de son poids dans l'algorithme de Google. C'est l'ensemble de ces points, votre score, qui vous placera plus ou moins bien dans les pages de résultats de Google.

N'oubliez pas que ce score est relatif à vos concurrents. Si, comme dans l'exemple abordé en début de chapitre du site *Comment ça marche* et de la page sur le code PIN bloqué avec trois saisies erronées, vous affrontez des concurrents qui n'ont en rien investi pour être bien positionné dans Google, il vous suffit de réaliser une page optimisée et insérée dans un site cohérent et crédible. La page 1 est alors aisée à atteindre.

Mais, face à des sites bien ancrés sur leurs mots clés, la problématique change. Sur une expression clé en forte compétition, il ne suffit pas d'optimiser et d'être cohérent. Il va vous falloir beaucoup de crédibilité *via* la qualité et le volume de vos backlinks et liens sociaux.

3.6 Méthodologies de référencement

Nous venons de voir les trois axes du référencement naturel : contenus, cohérence et crédibilité. Nous avons très rapidement abordé par quelques exemples le lien entre chacun de ces axes et la réalité. Nous allons maintenant organiser tout ceci dans un schéma permettant de passer de la théorie à la pratique et ainsi voir comment organiser concrètement le référencement d'un site.

Les sections suivantes vont vous présenter des méthodologies pour vous permettre de comprendre le lien entre la théorie et la pratique. Ces méthodologies assistent et guident un référenceur débutant, un webmestre ou un responsable de site dans la création de trafic.

Méthodologie SEO : préparation

Le fil conducteur de cette section : préparer le référencement. Le référenceur doit chercher les compromis stratégiques acceptables ou non par le site demandant un référencement. En effet, il va falloir identifier les bornes d'acceptation ou de rejet des compromis nécessaires entre un site dévolu aux humains et un site compréhensible par Google. Une prise d'informations est nécessaire, et voici une liste des points potentiels à aborder :

- Quels sont les objectifs stratégiques recherchés par le propriétaire du site ? Monétiser le site directement, obtenir des prospects qualifiés pour sa force de vente, développer une image de marque ?
- La visibilité du site sur Google a-t-elle une importance fondamentale ? Si oui, quelles sont les cibles visées ? À quel public s'adresse-t-on ?
- Le site acceptera-t-il des fonctionnalités Web 2.0 permettant à des internautes de noter ou de commenter des pages ?
- Pourra-t-on poser des liens sortants vers des sites tiers depuis les pages du site ?
- Sera-t-il possible de mettre en place une navigation alternative en plus de l'arborescence prévue ?
- Quelles seront les langues utilisées dans le site ?
- Quels seront les pays ciblés pour chaque langue utilisée sur le site ?
- Y a-t-il un choix arrêté des technologies pour développer le site ?
- Qui hébergera le site ?
- Le référenceur peut-il intervenir dans la structure des données, du site et le codage informatique ?

Ces réponses permettront de cadrer le projet et de disposer d'une précieuse aide à la décision dans les multiples étapes du référencement.

Un exemple : on ne mène pas un audit mots clés de la même manière pour un site ayant vocation à vendre en ligne et pour un site vitrine destiné à soutenir l'image de l'entreprise et à servir d'outil d'aide à la vente de la force commerciale.

Ces arbitrages, les réponses à nos questions, autoriseront le chef de projet site et/ou référencement à choisir certaines options parmi de nombreuses possibilités ou combinaisons. Une telle approche méthodologique vous évitera bien des erreurs ou choix inadéquats.

Évaluer la faisabilité d'un positionnement

Pour évaluer la faisabilité d'un référencement il nous faut la sélection des expressions clés retenues pour le site. Nous verrons les détails de la réalisation d'un audit mots clés dans un autre chapitre. Admettons que nous disposions de cette liste.

Évaluer la faisabilité de réussir un positionnement en page 1 sur une expression clé donnée équivaut à calculer le budget financier et temps-homme pour acquérir cette place.

Cette faisabilité s'exprimera en probabilité. En effet, personne ne connaît les détails des algorithmes de Google, donc seule une estimation peut être réalisée et être exprimée en probabilité. Prenons un exemple.

Sur une expression clé donnée, disons maison en bois, nous allons lancer une requête sur Google pour identifier le snippet du site situé dans une SERP Google en page 1, rang 4 à 6. Dans cette SERP sur la requête maison en bois, nous identifions le site **www.maisons-et-bois.com/**. Il faut auditer ce site afin d'évaluer sa résistance face à l'arrivée d'un nouveau site le concurrençant sur cette expression clé.

Tous les critères passés en revue dans ce livre, soit la liste générale ci-après pour chaque expression clé envisagée, doivent être examinés, manuellement ou avec l'aide de logiciels spécialisés :

- qualité du codage et de l'accessibilité sémantique ;
- densité et autres critères liés aux contenus textuels (répartition par critère, densité par critère, synonymes, mots connexes, etc.) ;
- qualité du texte, de la mise en page vis-à-vis de cette expression clé ;
- liens internes ;
- Page Rank ;
- backlinks directs pointant sur la page d'accueil et backlinks pointant sur les pages internes ; on étudiera de près les backlinks pointant sur la *landing page* du site sur l'expression clé ;
- âge du nom de domaine.

Ensuite, on compare au savoir-faire, au budget et aux caractéristiques du site à référencer. On en déduira rapidement une estimation de réussite à sélectionner parmi celles-ci : faisable, difficile, impose du netlinking, impossible sans netlinking musclé.

- *Faisable*. L'expression clé est mal défendue. Vous pouvez mieux coder, disposer plus habilement vos liens internes, etc. Vous pourrez donc doubler la page d'accueil de ce site assez rapidement.
- *Difficile*. Le site est bien codé, dispose de certains atouts mais vous êtes sûr de disposer d'une meilleure qualité de code, de plus de backlinks et de meilleure qualité. Cela demandera du temps pour déployer des campagnes de netlinking et mettre au point de façon itérative un contenu capable de surperformer vis-à-vis de Google le texte concurrent.
- *Impose du netlinking*. La présence de backlinks est impérative, même en faible volume. Ces backlinks doivent bien sûr véhiculer l'expression clé ciblée dans leurs ancres de départ.

- *Impossible sans netlinking musclé*. Beaucoup de temps et un budget important devront être investis pour arriver en page 1 à égalité avec ce site concurrent.

3.7 Identifier et sélectionner les expressions clés

REMARQUE

Structure et mots clés porteurs de trafic

Si l'arborescence et la navigation de votre site sont compatibles avec les expressions clés que vous avez sélectionnées pour créer du trafic sur votre site, une partie du travail de cohérence sera alors accomplie.

Identifier les expressions clés les plus porteuses de trafic ciblé et qualifié passe par une double démarche :

- Du côté du site, il faut comprendre le business model du site, ses objectifs pour ainsi déterminer les thèmes centraux du site et quelques racines clés. Quelques exemples : le site cible la vente de vin en ligne ; ou c'est celui d'une épicerie fine (en ligne) ; ou encore le site d'une entreprise de plomberie qui cible les installations de chaudières ou des contrats d'entretien, etc. Le thème nous permet d'identifier rapidement une ou quelques racines clés : vente de vins, épicerie fine en ligne, entretien chaudière Paris, etc.
- Du côté du référenceur, une fois quelques racines clés identifiées à l'étape ci-dessus, il va falloir se mettre en quête de statistiques fiables sur les expressions clés saisies par les internautes et connexes au thème des racines clés identifiées.

Question n° 1 : qui possède des statistiques **fiables** sur les expressions clés saisies par les internautes dans Google ?

Réponse : Google.

Question n° 2 : existe-t-il un accès à ces statistiques ?

Réponse : oui, il existe plusieurs accès différents à ces statistiques. Ils sont tous complémentaires et permettent de se faire une idée approximative des statistiques précises. Ci-après, nous allons les survoler avant de revenir en détail dessus dans les chapitres adéquats.

Question n° 3 : trouverons-nous toutes les réponses à nos questions dans AdWords ?

Réponse : oui et non. De nombreuses informations statistiques précises soit resteront cachées soit auront un coût d'accès lié à des dépenses dans Google AdWords pour avoir une estimation de ces statistiques occultées par Google.

Par exemple, pour un site d'électricien commercialisant des services dans un département d'Île-de-France, il serait intéressant de connaître le volume de requêtes saisies du genre électricité Évry (donc un mot clé métier associé à une ville). Ce serait un bon indicateur qui aurait un impact sur la structure du site et sur l'organisation des données affichées. Mais cette information n'est pas directement accessible : c'est une expression clé locale et nous verrons que le référencement local est une approche à part. Google réagit d'une manière très différente sur les expressions clés localisables géographiquement comme plombier, électricien…

Un seul moyen permet d'estimer ce trafic : faire de l'AdWords sur les expressions clés fortement localisées.

REMARQUE

Des statistiques bien cachées par Google

Les statistiques sur les usages des internautes vis-à-vis des mots clés sont indispensables pour réussir la sélection et le classement des expressions clés sur lesquelles investir en référencement naturel et en… AdWords. Or ces statistiques constituent un des cœurs de fonctionnement de Google. Pour différentes raisons, Google limite l'accès à ces informations. Mais, contraint par ses clients AdWords, il doit bien laisser filtrer un minimum d'informations fort utiles et stratégiques pour les utilisateurs d'AdWords et pour les référenceurs naturels.

Pour reconstituer une partie de ces informations, nous allons devoir utiliser plusieurs sources statistiques Google. Ces informations, remises en forme et en corrélation entre elles, vont nous aider à choisir les bonnes stratégies de mots clés.

AdWords et le SEO

Pour analyser des mots et expressions clés destinés à un nouveau site ou à un site sans référencement, il va nous falloir un outil capable de nous lister les expressions clés dont nous allons avoir besoin. Il n'existe qu'une seule source globalement fiable : Google AdWords.

L'utilisation de campagnes AdWords est fiable dans la qualité des statistiques mais souffre de certaines limitations. L'outil *générateur de mots clés,* dans une version bridée, est accessible depuis une campagne AdWords. Une version gratuite, c'est-à-dire sans la nécessité d'une campagne payante AdWords, est accessible directement, mais elle est encore plus bridée et faiblement utile.

Au chapitre suivant, nous allons étudier en détail comment rechercher des expressions clés. Dans le présent chapitre, nous sommes intéressés par la méthodologie, pas encore par les détails de comment procéder.

Commençons par AdWords. Ce paragraphe n'est en aucun cas une formation sur AdWords. Nous exposons ici les principes d'AdWords comme outil de SEO, ce qui aura pour conséquence la mise en place de synergies entre vos campagnes AdWords et votre référencement naturel. Exprimé autrement, vous allez maximiser votre trafic pour un budget équivalent ou inférieur. AdWords doit avoir une place dans une méthodologie de référencement, sous peine de travailler en aveugle.

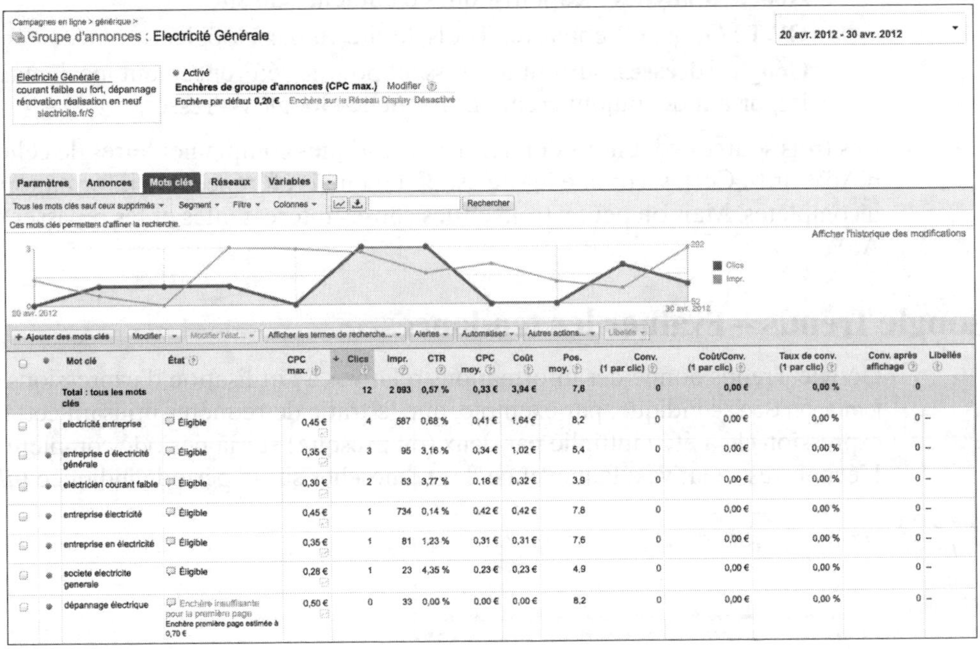

Figure 3-1 : *Un groupe d'annonces AdWords*

Nous voyons que de nombreuses informations nous renseignent sur les expressions clés et leurs potentiels respectifs.

Quelques clics sur des fonctions importantes comme Outil générateur de mots clés ou Opportunités nous montrent que nous allons disposer de nombreuses informations utiles au référencement. Nous détaillons au chapitre suivant AdWords dans un objectif de création de trafic et de référencement naturel.

AdWords est indispensable pour identifier et évaluer les expressions clés.

3.8 Statistiques d'audience et le SEO

De multiples outils de Google nous donnent différentes visions de l'audience du site ou de l'intérêt de mots clés. Nous avons deux groupes d'outils. Les outils intégrés à la recherche comme Google Suggest et Google Instant vont nous donner les expressions clés à surveiller et à prendre en compte. Les statistiques d'audience sur le site lui-même vont nous donner d'autres informations sur les mots clés porteurs de trafic du site.

Le site existe déjà et possède une présence minimale sur Internet, en durée et en visibilité. Nous avons à notre disposition différentes statistiques d'audience du site :

- **Google Analytics** : les statistiques d'audience du site.
- **GWT** : Google Webmaster Tools, le site vu par Google.
- **Google Adresses**, surtout intéressant pour le référencement local, mais il est important de toujours remplir une fiche Google Adresses.

Ces trois sources vont nous donner des statistiques complémentaires de celles issues d'AdWords. Certes, comme le site est peu ou mal référencé, ces informations seront incomplètes. Mais on peut y trouver des choses intéressantes et les repasser dans AdWords.

Google Trends – Évaluer les tendances

Google Trends donne des informations relatives à l'utilisation d'expressions clés. formation Google indique, par exemple, que le trafic de requêtes utilisant cette expression clé a été multiplié par deux (ou presque) sur la période complète. L'échelle est relative à la moyenne des recherches sur la période indiquée (*all years*).

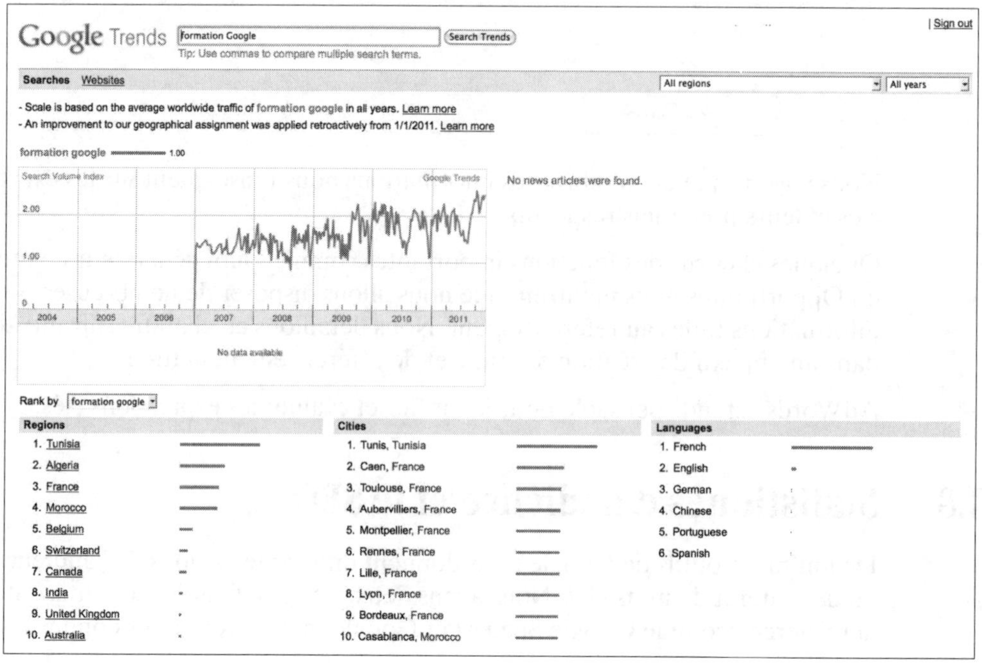

Figure 3-2 : *Google Trends sur « Formation Google »*

Le graphe nous indique les pays et villes où cette requête a été le plus saisie.

Nous ne disposons pas, *via* cet outil, du trafic mesuré en valeur absolue. Pour cela, il faudra utiliser d'autres astuces, par exemple interroger Google AdWords. Une fois notre graphe Google Trends étalonné, nous pouvons évaluer les tendances de trafic en valeur absolue et décider ainsi si cette expression clé est intéressante ou non.

ASTUCE

Combiner AdWords et Trends

Une campagne de mesures AdWords de 1 mois permet de disposer du trafic en valeur absolue. Trends donnera le trafic relatif à cette période en utilisant correctement l'outil *via* des exportations au format *CSV*. Ces exports prennent comme échelle de départ la valeur absolue à une date précise et tracent la courbe en relatif par rapport à la mesure de cette date.

Exemple d'un cas concret : un site de chauffagiste.

Symptôme : le trafic diminue fortement d'une semaine sur l'autre, d'un mois sur l'autre. Le webmestre suspecte des pénalités Google variant dans le temps. Pour lever une telle suspicion il suffit de corréler le trafic du site sur ses expressions clés en difficulté aléatoire au trafic global dans Google. Pour évaluer le trafic global, nous avons deux outils : AdWords et Google Trends. Ce webmestre ne disposant pas d'AdWords, nous allons nous rabattre sur Google Trends.

Le graphe sur chauffagiste montre que les périodes à température clémente voient le trafic sur chauffagiste fortement diminuer, et inversement. Il n'y a aucune pénalité de Google. Le trafic diminue faute d'internautes. Ceux-ci rencontrent moins de problèmes de chaudière les mois « chauds ». Inversement, les températures froides mettent en difficulté les chaudières, d'où un regain de trafic sur le Net sur ce thème.

Google Suggest – Évaluer des expressions clés

Google Suggest est le terme décrivant la fonctionnalité Google qui vous propose des expressions clés au fur et à mesure de votre saisie dans Google.

Quand vous ouvrez une fenêtre Google, Google Suggest se met donc en service et tente de vous aider à finaliser une requête. Cela influe beaucoup sur les expressions clés saisies par les internautes. Donc, nous devons nous en préoccuper en tant que référenceur.

Par exemple, vous saisissez location et Google vous suggère location appartement, location voiture, etc. Ces informations sont précieuses pour un référenceur car elles apparaissent triées par ordre d'utilisation ; donc, Google Suggest vous liste les priorités entre expressions clés. Certes, le volume n'apparaît pas, mais on obtient une tendance et c'est bien mieux que rien du tout. Plus une expression est proposée vite par Suggest, plus elle a de trafic potentiel d'internautes.

Google Suggest change les habitudes des internautes dans leurs saisies de mots et expressions clés. La liste déroulée change le trafic. Par exemple, quand on saisit domiciliation, au lieu de voir apparaître domiciliation commerciale, on voit domiciliation entreprise, ce qui a changé les expressions clés prioritaires sur les sites spécialisés dans ce secteur d'activité. L'expression clé stratégique pilotant une bonne partie du business est devenue domiciliation entreprise. Le jour où Google changera la liste des expressions clés, les référenceurs devront rapidement en tenir compte sous peine de perte de trafic.

Cela peut vous aider à trancher entre les mots et expressions clés à prendre en compte.

Google Instant

Google Instant affiche les résultats de votre requête en temps réel, à chaquc caractère saisi. Cela change les habitudes des internautes. *A priori*, ceux-ci ont une tendance à rallonger leurs requêtes en constatant dans les résultats en temps réel affichés qu'il n'y a pas ce qui les intéresse. Cela favorise donc la longue traîne. Il devient encore plus important de travailler la structure de son site pour favoriser la combinatoire de mots clés et donc les phénomènes de longue traîne.

Google Analytics

Un chapitre est consacré à Google Analytics. Ici, nous allons juste voir son rôle dans notre méthodologie. Analytics nous donnera des informations sur les mots et expressions clés ayant amené du trafic sur le site. Grâce à l'audience, nous pourrons peut-être découvrir des combinaisons de mots clés oubliées ou des pistes à soumettre dans Google AdWords (voir fig. 3-3).

Nous voyons dans cette capture d'écran quelques expressions clés surprenantes. Le site vend des champignons et quelques produits d'épicerie fine. On découvre dans ces statistiques que prix trompette de la mort fraîche et prix des trompettes de la mort fraîches occupent 2 des 25 meilleures places des expressions clés cliquées. Alors qu'aucun effort particulier n'a été effectué sur cette expression clé. Cette statistique nous indique qu'on devrait mieux analyser le trafic et la landing page de cette expression clé. Il y a peut-être quelques ventes supplémentaires à récupérer.

Analytics nous liste toutes les expressions clés cliquées pour accéder au site. Un examen peut nous apprendre des choses restées invisibles avec d'autres statistiques.

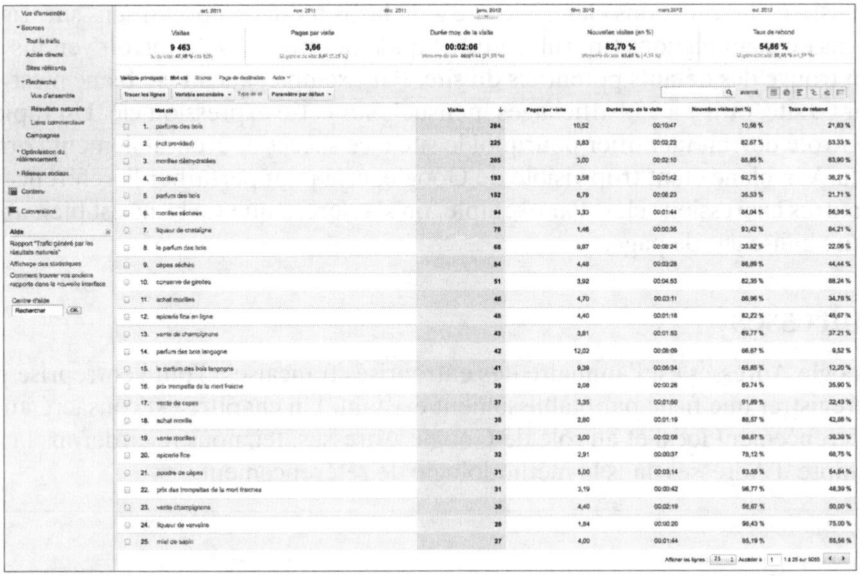

Figure 3-3 : *Google Analytics, exemple de mots clés en recherche > résultats naturels*

Google Webmaster Tools

GWT, acronyme de Google Webmaster Tools, donne de nombreuses statistiques et informations. Du point de vue SEO et dans ce chapitre, une seule va nous intéresser : les requêtes dans Google, où le site suivi apparaît le plus avec le taux de clics. Cet outil nous donne ces informations sur approximativement les 30 derniers jours.

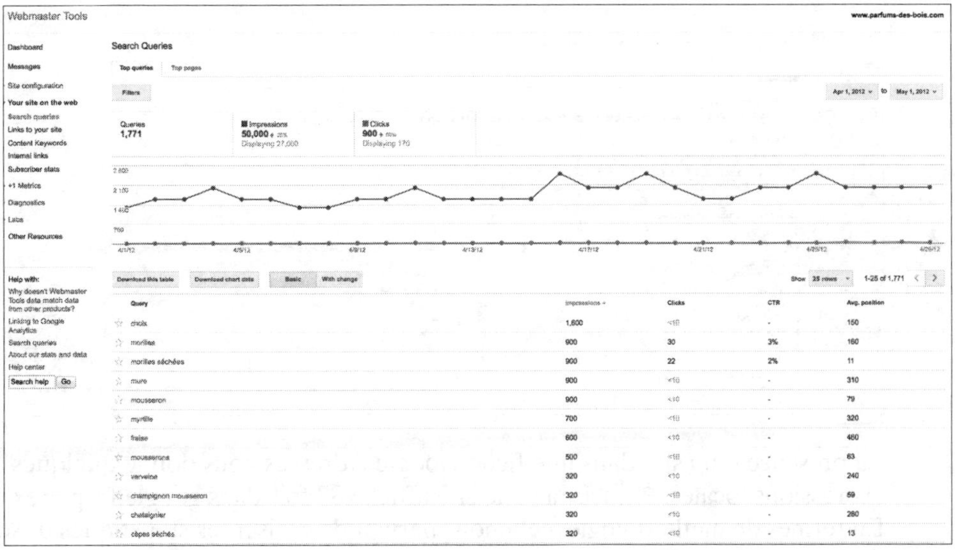

Figure 3-4 : *GWT : 30 jours d'épicerie fine en ligne*

La liste des expressions clés où le site a de la visibilité comprend sans surprise des noms de champignons (morille, etc.) et quelques produits du terroir vendus en ligne. On trouve des défauts potentiels du site. Par exemple, aucun vin blanc n'est vendu par ce site, or il y a 250 affichages mensuels sur cette expression clé. Un rapide contrôle devrait identifier pourquoi le site a ce succès et éventuellement corriger cela. Vin blanc étant trop visible de Google, cela peut perturber le référencement d'autres expressions clés. Par exemple, on s'assurera que vin blanc est bien absent de toute balise title de page.

Google Adresses

Google Adresses est l'annuaire des entreprises françaises. Toute entreprise peut enregistrer une fiche par établissement existant. Un chapitre est consacré au référencement local et au rôle de Google Adresses. Ici, nous regarderons la prise en compte d'Adresses dans la méthodologie de référencement.

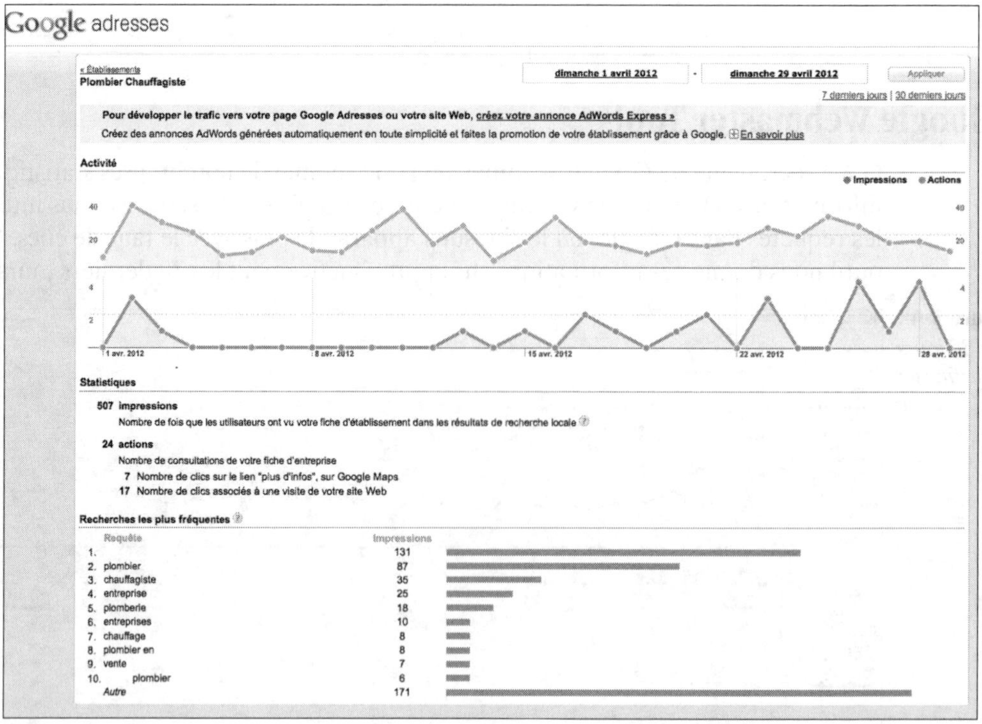

Figure 3-5 : *Google Adresses d'un site de plombier chauffagiste*

La présence d'un site dans une fiche Google Adresses nous donne quelques expressions locales. Plombier a vu le site affiché 87 fois dans google.fr, par exemple. En termes de méthodologie, cela nous permet de croiser les statistiques d'AdWords limitées à l'Île-de-France et ce chiffre obtenu sur une partie d'un département en

Île-de-France. On ne capte que des tendances, mais c'est déjà mieux que l'absence totale d'indicateur. Analytics et AdWords nous communiquent des clics sur l'expression clé plombier et on peut mesurer l'intérêt de ce mot clé et une tendance d'efficacité du référencement.

Conclusion SEO sur les statistiques d'audience

Croiser les informations de ces trois outils indique les points forts et points faibles des mots clés. Cela nous indique aussi des pistes d'expressions clés à explorer ou de longue traîne à prendre en compte. L'imagination des internautes n'ayant pas de limite, ceux-ci saisissent une multitude de mots différents ou agencés différemment dans leurs recherches. Le travail sur les statistiques de ces outils est un complément à ce que nous apprenons *via* AdWords. Cela constitue un précieux outil pour :

- construire la liste des expressions clés à prendre en compte ;
- la trier par ordre d'importance ;
- évaluer la longue traîne de racines clés créatrice de trafic ciblé. Cela nous aidera à évaluer la combinatoire à mettre en service pour couvrir un maximum d'expressions en longue traîne et ainsi augmenter le trafic.

Cohérence et contenu

Les contenus doivent être cohérents. Nous verrons plus loin les principes et les techniques permettant à une machine d'évaluer avec précision le sujet d'une page de texte ou d'un paragraphe ou même d'une phrase. Un site à référencer doit donc être structuré autour de thème racine et chaque rubrique doit traiter de sujets connexes.

En clair, on ne mélange pas dans une même rubrique recettes de cuisine et voiture à louer ou conseils pour mieux jouer au poker. Ce n'est pas interdit ni sanctionné ; simplement, le fait de mélanger des thématiques incohérentes dans une même rubrique va impacter négativement le référencement de chacun de ces thèmes.

L'objectif de la cohérence est de pousser les expressions clés que nous avons retenues vers Google, page par page, rubrique par rubrique. Nous verrons dans le détail les techniques à mettre en œuvre plus loin dans le livre. Ce qui est à retenir ici :

- La liste des expressions clés identifiées comme créatrices de trafic ciblé doit être triée et factorisée.
- La factorisation des expressions clés en une hiérarchie du type racine clé / déclinaisons en expressions clés, va nous aider à sélectionner les racines clés qui seront affectées à des pages têtes de rubrique.
- On aura par déduction la liste des expressions clés triées et attachées à une racine clé.

Nous venons de hiérarchiser nos expressions clés et de les affecter à des pages cibles dans l'arborescence. Une telle page cible s'appelle une landing page. Elle sera dédiée à une seule ou à peu d'expressions clés. Outre le fait de devoir pousser cette expression clé vers Google en étant le plus cohérent possible, cette page sera aussi en charge de réceptionner les internautes qui cliquent depuis Google vers le site.

Par exemple, un site d'épicerie fine va vendre :

- des pots de confiture, de miel, de crème de marrons ;
- des bocaux de champignons, en conserve, en poudre, etc. ;
- de la charcuterie du terroir.

Logiquement, on va créer d'après l'audit des mots clés une structure qui propose depuis le menu principal du site trois rubriques avec les onglets ci-après :

- **Champignons** ;
- **Confitures, miel et crème de marrons** ;
- **Charcuterie.**

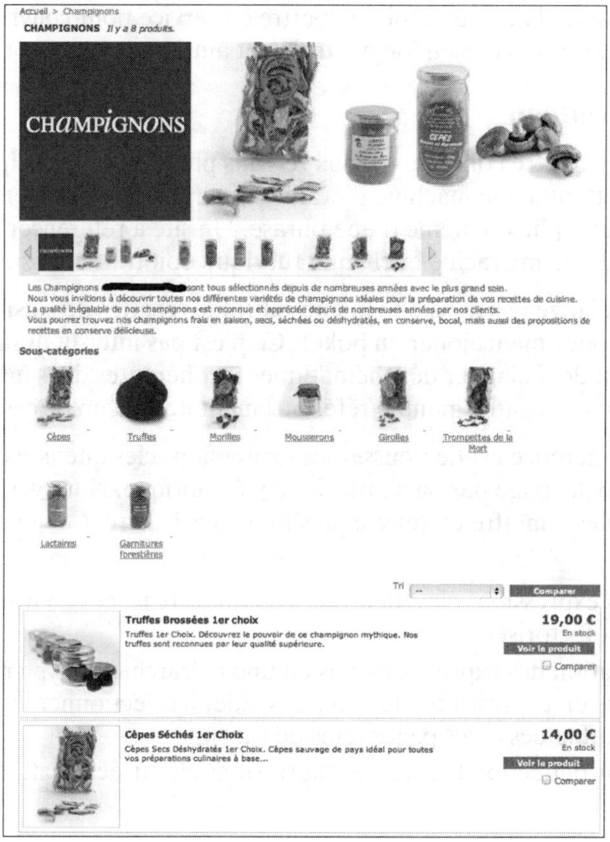

Figure 3-6 : *Page tête de rubrique, exemple sur la vente de champignons*

La page tête de rubrique *Champignons*, comme nous pouvons le voir sur la capture d'écran, sera organisée ainsi :

- On présente le contenu de la page : ici, on parle de champignons, lesquels, pourquoi, comment… Le site expose sa vision/mission sur les champignons. Le lecteur s'instruit et le référenceur en profite pour mettre en place un texte cohérent et truffé de mots clés.
- On liste des résumés de différents types de champignons : cèpes, truffes, etc. Un clic liste tous les packagings existants pour tel champignon.
- On liste des résumés de conserves de champignons. Un clic affiche le détail de cette conserve.

Cette mise en page a de nombreux avantages en termes de cohérence. Tous les textes ciblent des champignons. Ces contenus listent de manière exhaustive les types de champignons et les types de conserves. Tous ces contenus ont des liens avec ancres incluant des mots clés et visant des pages filles dont les contenus sont totalement cohérents avec les contenus de la tête de rubrique.

Ensuite, toutes ces pages filles ont un lien retour avec une ancre incluant des mots clés cohérents vers la page tête de rubrique.

Cet exemple, réel, voit la page tête de rubrique couvrir et combiner pour la longue traîne :

- une racine clé, champignons ;
- une liste de champignons, cèpes, truffes, etc., associés à conserve et autres mots clés liés aux multiples formes de conservation des champignons ;
- les diverses formes de conservation des champignons ;
- une arborescence de pages filles de rubrique couvrant ces mêmes thèmes.

La gestion de la connaissance de Google – on appelle cela une ontologie – sait parfaitement que cèpes et autres truffes sont des champignons. Cette ontologie a déjà identifié que ces champignons se conservent dans la durée sous les diverses formes précises abordées dans cette page. La cohérence est excellente.

Cette architecture page tête de rubrique, pages filles, thématique bien ciblée et cohérente constitue un silo dans le jargon. On remarquera un autre effet SEO intéressant dans ce silo : la distribution des expressions clés dans les pages. Une page est spécialisée dans les truffes brossées, une autre, dans les cèpes séchés, etc. On a affecté à chaque page une expression clé. Plusieurs conséquences apparaissent : on chasse la longue traîne de manière calculée et peu importe que Google choisisse la page tête de rubrique au lieu de la landing page, on a du contenu ciblé pour l'internaute à son arrivée sur le site.

Crédibilité

Un silo cohérent autour d'une racine clé, tel que nous l'avons vu dans le paragraphe précédent, crée de la crédibilité, car montrer massivement sur le site de multiples pages hiérarchisées entre elles crédibilise le site et ses pages sur cette racine clé et sur les expressions clés déclinées.

La mise en page autour d'une expression clé et l'utilisation de *rich media* pour la présenter (animation flash, vidéo sous-titrée…) sur une page cohérente crédibilisent la page sur cette expression clé.

Les backlinks cohérents avec une ancre contenant le mot clé crédibilisent la page cible sur ce mot clé.

Les liens cohérents depuis les réseaux sociaux crédibilisent la page cible sur ce mot clé, surtout si ces liens partent d'une multitude de comptes Google Plus ou Facebook et que Google a pu vérifier que ce ne sont pas des comptes bidons créés juste pour le référencement et pour flouer ses algorithmes de référencement.

Un ensemble de liens cohérents distribués vers une partie des pages d'un site crédibilisent la thématique du site et donc toutes les expressions clés sur les pages du site.

Quand Google la gérera en Europe, la balise Author correctement administrée crédibilisera les pages signées par un auteur identifié.

Les liens sortants cohérents ciblant un site reconnu crédibilisent le site sur ses expressions clés.

3.9 Résumé

Dans ce chapitre, vous venez de voir deux points importants sur le chemin du référencement compris et réussi :

- les grands principes du référencement naturel, les 3 C, pour *Contenu*, *Cohérence*, *Crédibilité* ;
- une méthodologie globale pour articuler et coordonner les grandes étapes du référencement.

chapitre

4

Identifier les expressions clés créatrices de trafic

Nous avons vu dans le chapitre précédent la méthodologie générale pour référencer un site. L'étape numéro 1 : identifier et sélectionner les expressions clés. L'objectif de ce chapitre est de vous montrer comment procéder de manière concrète.

REMARQUE

Les sources sont multiples

Les informations statistiques permettant de référencer efficacement un site sont dispersées dans de nombreux endroits.

Selon le profil de votre site, tout ou partie de ces informations vous sera indispensable pour réussir votre référencement.

4.1 Préparer la recherche des mots clés

Le nombre de mots clés qu'une page peut pousser très fort vers Google est « mécaniquement » limité à 5 mots clés au maximum par page à cause de différentes contraintes que nous détaillerons plus loin. Il faudra veiller à bien « pousser » ces mots clés sur une page *via* les optimisations réalisées au niveau d'une page.

Une organisation basée sur la répartition des mots clés dans les pages aidera à s'y retrouver et à mettre en place un référencement cohérent et efficace.

Le nombre de mots clés sur lesquels un site web complet peut effectuer des optimisations basées sur l'exploitation des backlinks et du Page Rank est, lui aussi, « mécaniquement » limité par plusieurs facteurs. Là encore, cela implique de faire des choix de priorité et donc de hiérarchiser les mots clés par niveau d'importance. Le nombre de racines d'expressions clés stratégiques d'un site de PME/TPE à budget limité est au maximum égal au nombre de têtes de rubrique de son site.

4.2 Identifier les expressions clés

Il faut identifier les expressions et mots clés. Selon le profil de votre site, vous n'aurez pas besoin des mêmes sources statistiques et ne les analyserez pas de la même manière.

Nous allons distinguer plusieurs grands profils de sources de données pour identifier puis sélectionner les expressions clés. En premier lieu, deux cas se présentent :

- Le site est en création ou, s'il est en ligne, il n'a jamais disposé d'un effort de référencement.
- Le site est en exploitation et il faut améliorer le référencement naturel déjà présent.

Nous aurons des différences dans l'usage et les interprétations des informations issues des outils de statistiques. Selon les cas, nous analyserons différemment ces informations.

Ensuite, nous allons avoir besoin de la zone géographique que le site aura à couvrir. Nous allons découper les besoins d'un site en zones de chalandise en deux groupes :

- Un site orienté local : un artisan plombier intervient dans une commune et ses proches environs.
- Un site *non local* : sa zone de chalandise couvre *au minimum* une zone de plusieurs communes, la moitié d'un département, par exemple.

On ne référence pas un site local comme un site ayant une zone de couverture plus étendue. Google nous en empêche, comme nous allons le détailler un peu plus loin.

4.3 Le bon usage d'AdWords

Cette section ne se veut pas une formation exhaustive à AdWords. L'objectif est de montrer les principes clés, les principaux pièges et comment mettre en place des synergies AdWords/SEO. Commençons par aborder AdWords.

Ne pas se faire plumer par AdWords

ASTUCE

Comprendre pour ne pas payer pour rien

Si vous vous plantez dans votre campagne, c'est-à-dire que vous devez payer des clics inutiles pour votre site, c'est pour votre poche. Google ne rembourse rien. D'où l'intérêt de comprendre les principes de fonctionnement et d'identifier où se cachent les pièges.

Google AdWords affiche vos publicités sur ses pages de résultats. Si vous payez cher, vous serez dans la zone du haut, si vous payez moins, vous serez dans la colonne de droite ou en page 2 (voir fig. 4-1).

Ces onze emplacements, trois en haut, huit en colonne de droite, sont loués aux enchères. Plus vous payez, plus vous êtes en hauteur, c'est-à-dire dans les zones les plus vues et donc avec un bon potentiel de clics. Le principe d'AdWords est donc très simple. Voyons comment on administre tout ceci depuis un compte AdWords.

Un compte AdWords vous permet de définir une ou des campagnes. À une campagne on associe un budget global, une zone géographique. Toutes les composantes de cette campagne auront ces paramètres. On perçoit tout de suite des règles pour créer des campagnes. Si vous avez différents objectifs géographiques ou des budgets différents selon vos produits/services, vous organiserez autant de campagnes que vous avez de cibles/budgets différents.

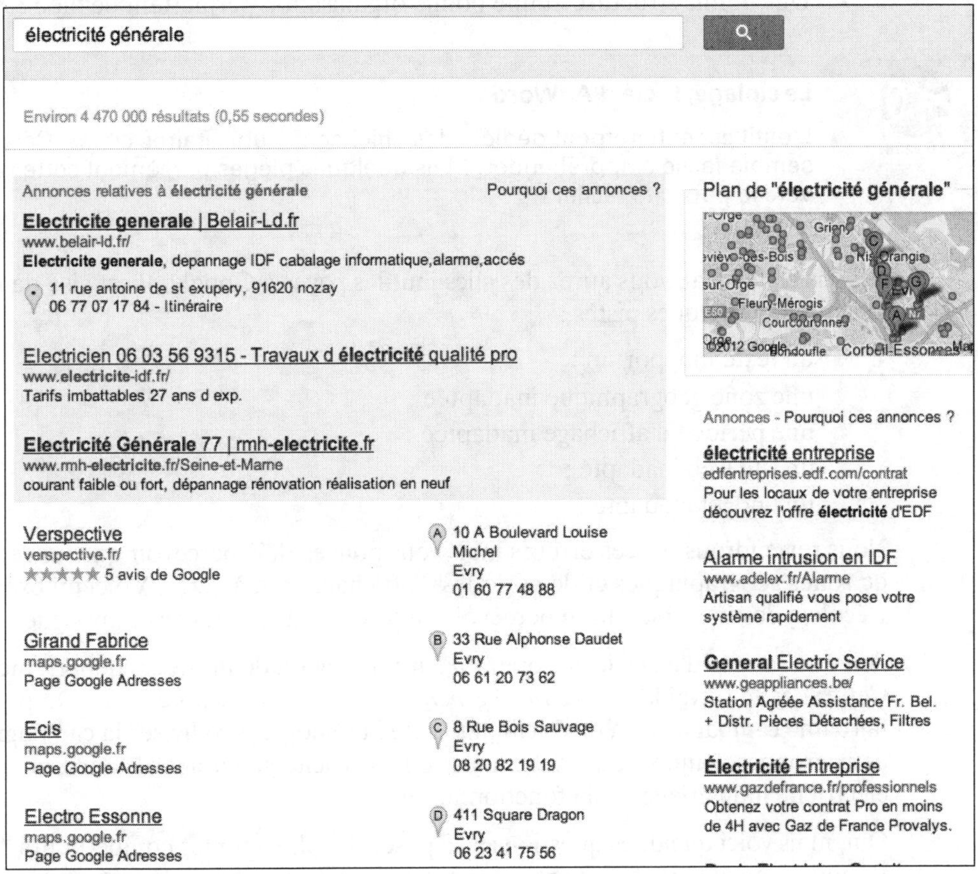

Figure 4-1 : *AdWords en haut et en colonne de droite dans une page de résultats de Google*

Dans une campagne, on peut loger un ou des groupes d'annonces. À un groupe d'annonces on associe au minimum une annonce et un mot clé. Quand un des mots clés du groupe d'annonces est saisi par un internaute dans Google, une de vos annonces est affichée dans la page de résultat.

Derrière cette apparente simplicité se cachent quelques subtilités et quelques pièges. Les débutants ont du mal à saisir la notion de campagne, chacune contenant un ou des groupes d'annonces. Pourquoi une telle structure ?

- Cela vous permet de hiérarchiser et de bien structurer vos annonces en fonction de votre organisation et de vos contraintes de ciblage géographique ou budgétaire.
- Quand on traque des expressions clés dans un environnement mouvant comme des mots clés dépendant de saisons ou de lieux, une organisation

structurée permet de gagner en précision de ciblage, en souplesse, en gain de temps et en efficacité dans le suivi.

- Une bonne structure et une bonne organisation permettent de bien *cibler*.

REMARQUE

Le ciblage, la clé d'AdWords

L'outil est entièrement dédié à des affichages publicitaires ciblés. Cela semble facile à appréhender. Mais quelques pièges parsèment cette route vers la publicité facile.

Si vous ciblez mal, vous aurez des clics inutiles payés à Google. Il est aisé de mal cibler, voici quelques pistes :

- un texte inopportun ;
- une zone géographique inadaptée ;
- une période d'affichage inadaptée ;
- un site web inadapté ;
- un budget inadapté.

Nous reviendrons sur ces erreurs mais vous pouvez déjà percevoir que les réglages de zones géographiques et de périodes d'affichage sont à gérer. Voici un exemple « école » destiné à bien faire percevoir l'intérêt de structurer ses campagnes.

Soit une société d'électriciens opérant sur une région de plusieurs départements. Cette société travaille en *électricité générale* et en *électricité industrielle*. On pourrait faire une campagne AdWords ciblant toute la région et subdiviser la campagne en deux groupes d'annonces, un spécialisé en électricité générale et l'autre, en électricité industrielle. Cela fonctionnerait.

Oui, mais voici quelques questions à se poser. Quels sont mes compétiteurs ? Réponse : en électricité générale ce sont essentiellement des artisans et des petites sociétés qui personnalisent leurs discours avec la *proximité*. C'est un argument face à une société plus lointaine car installée à des kilomètres de là. Soit, organisons une campagne AdWords par département subdivisée en deux groupes d'annonces, « électricité générale » et « électricité industrielle ».

Mais que mettre comme landing page ? La page d'accueil du site ? Mais on ne perçoit pas la proximité. Donc, réalisons une landing page personnalisée à chaque département.

On vient de voir à travers cet exemple simple l'intérêt de réfléchir à la structuration de vos campagnes. Vous pouvez mieux cibler et mieux personnaliser les landing pages correspondant à vos annonces.

Une autre approche porte sur la gestion des dates. Vous avez une saison hiver et une saison été. Vous pouvez organiser une campagne pour chaque saison et paramétrer l'affichage de cette campagne uniquement sur la période de la saison. Voici quelques exemples à méditer :

- Un cabinet de chasseur de tête spécialisé dans les cadres dirigeants formule son texte d'annonce : « *Cabinet de recrutement Dupont, recherchons tel profil, envoyez-nous votre CV* ». Des milliers de clics proposant des CV de magasiniers, de secrétaires lui sont très rapidement parvenus. Un texte comme « *Recherchons un directeur technique profil ingénieur 10 ans expérience* » en éliminant toute notion de recherche de CV pour les besoins de la CV-thèque de ce cabinet aurait été un texte plus ciblé et donc plus adapté.
- Un vendeur de matériel d'hydroponie proclame « *-60 %* » ; des milliers de clics arrivent mais les prix ne correspondent pas vraiment à un rabais de -60 %. La quasi-totalité des internautes zappe mais les clics, eux, sont à payer à Google. Passer le texte à « *Hydroponie discount, envoi offert dès 100 €* » est moins accrocheur mais plus ciblé.
- Un site immobilier affiche son annonce. Mais le prestataire change le nom de domaine du site et met une redirection en place. Google bloque aussitôt la campagne : les CGU de Google interdisent les redirections depuis des annonces AdWords. Il faut plusieurs jours pour découvrir l'absence de parution des annonces dans Google.

Le texte doit parfaitement cibler. Par exemple, vous voulez vendre uniquement dans un département, disons l'Essonne, ou même juste une ville, mais votre annonce sera affichée dans une zone géographique plus grande, par exemple toute l'Île-de-France. Si vous ne ciblez pas, vous allez avoir des clics inutiles issus d'internautes d'autres départements franciliens.

Le titre de l'annonce devra être tourné ainsi :

- Électricien 91 ;
- Couvreur 91 ;
- Plombier Évry.

Ainsi, les lecteurs issus d'autres zones géographiques ne se sentiront pas ciblés et ne devraient pas ou peu cliquer.

4.4 AdWords et les mots clés à sélectionner

Examinons la capture d'écran AdWords sur un groupe d'annonces « électricité générale ». Les objectifs de ce groupe d'annonces ne sont pas de capter des clics à tout prix, ils sont d'avoir une vision du trafic potentiel dans un premier temps pour un coût minimal et de tester l'intérêt des internautes face à un résumé du site, les deux lignes d'une annonce AdWords.

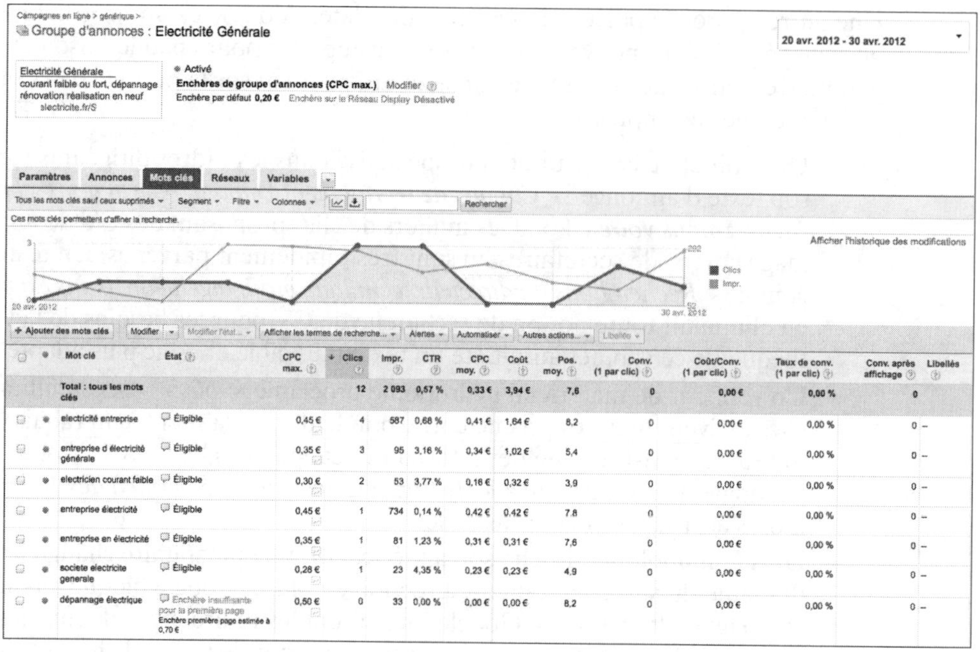

Mot clé	État	CPC max.	Clics	Impr.	CTR	CPC moy.	Coût	Pos. moy.	Conv. (1 par clic)	Coût/Conv. (1 par clic)	Taux de conv. (1 par clic)	Conv. après affichage	Libellés
Total : tous les mots clés			12	2 093	0,57 %	0,33 €	3,94 €	7,6	0	0,00 €	0,00 %	0	
electricité entreprise	Éligible	0,45 €	4	587	0,68 %	0,41 €	1,64 €	8,2	0	0,00 €	0,00 %	0	–
entreprise d électricité générale	Éligible	0,35 €	3	95	3,16 %	0,34 €	1,02 €	5,4	0	0,00 €	0,00 %	0	–
electricien courant faible	Éligible	0,30 €	2	53	3,77 %	0,16 €	0,32 €	3,9	0	0,00 €	0,00 %	0	–
entreprise électricité	Éligible	0,45 €	1	734	0,14 %	0,42 €	0,42 €	7.8	0	0,00 €	0,00 %	0	–
entreprise en électricité	Éligible	0,35 €	1	81	1,23 %	0,31 €	0,31 €	7,6	0	0,00 €	0,00 %	0	–
societe electricite generale	Éligible	0,28 €	1	23	4,35 %	0,23 €	0,23 €	4,9	0	0,00 €	0,00 %	0	–
dépannage électrique	Enchère insuffisante pour la première page Enchère première page estimée à 0,70 €	0,50 €	0	33	0,00 %	0,00 €	0,00 €	8,2	0	0,00 €	0,00 %	0	–

Figure 4-2 : *AdWords : groupe d'annonces électricité générale*

L'annonce est volontairement neutre. Le but n'est pas de capter tout clic possible. Juste, on présente sobrement ce que propose le site web : c'est une entreprise d'électricité générale. On n'affiche pas « promo », « -30 % », etc. Ce n'est surtout pas le moment de faire cela ! On veut avant tout évaluer le trafic puis, dans un deuxième temps, tester des expressions clés capables d'augmenter le taux de clics sur l'annonce.

Le référenceur de cette entreprise d'électricité a besoin de connaître le trafic sur une région donnée de plusieurs mots clés. La région ici est **Île-de-France**. Un ou deux départements précis auraient suffi mais il est impossible de sélectionner exactement une telle zone dans AdWords. C'est une limitation volontaire de Google. Il va falloir faire avec. Mais, déjà, nous avons une première grande amélioration par rapport au générateur de mots clés, qui, lui, nous limite à la France entière. Les expressions clés pistées sont entre autres entreprise électricité, entreprise d'électricité, électricien courant faible, etc.

La colonne *Impr.* indique le nombre d'affichages de l'annonce dans les pages de résultats de Google. Cela nous traduit le volume de saisies d'une requête plus ou moins précise par des internautes. Par exemple, entreprise électricité ou des expressions clés proches ont été saisies 743 fois en 10 jours dans google.fr sur la région Île-de-France. Pour obtenir la part sur un département précis, on peut tenter le calcul d'une estimation en règle de trois. On prend la population totale d'Île-de-France, celle du département ciblé, on effectue une règle de trois et on applique ce coefficient à ce total de 743. C'est certes un peu grossier mais au moins on a une tendance à peu près juste. Plus la période d'observation sera longue, moins l'estimation sera grossière.

Nous avons environ 1 600 et plus affichages de notre annonce sur plusieurs expressions clés en 10 jours sur la zone Île-de-France. La colonne *Pos. moy.* indique la position moyenne de notre annonce parmi ses concurrentes pour chaque expression clé, et elles sont majoritairement en page #1. En clair, nous venons de mesurer pour un budget de 4 euros le trafic réel sur l'Île-de-France de ces expressions clés : 160 requêtes par jour à la recherche d'un électricien, du moins sur ces requêtes.

On peut améliorer notre perception. Une première fonctionnalité dans AdWords nous permet d'affiner l'expression clé saisie. **Mots Clés** > **Segment** > **Type de correspondance** affiche une répartition entre :

- **une requête large** ; la requête saisie par l'internaute est à peu près pertinente par rapport à votre expression clé ;
- **une expression exacte** ; la requête saisie par l'internaute contient votre expression clé mais il peut y avoir d'autres mots ;
- **un mot clé exact** ; la requête saisie par l'internaute correspond exactement à votre expression clé.

Figure 4-3 : *Une fonction pas assez connue : Mots Clés > Segment > Type de correspondance*

Mot clé	État	CPC max.	Clics	Impr.	CTR	CPC moy.	Coût	Pos. moy.	Conv. (1 par clic)
Total : tous les mots clés			**13**	**2 108**	**0,62 %**	**0,34 €**	**4,37 €**	**7,6**	**0**
electricité entreprise	Éligible	0,45 €	4	590	0,68 %	0,41 €	1,64 €	8,2	0
Requête large			4	585	0,68 %	0,41 €	1,64 €	8,2	0
Expression exacte			0	3	0,00 %	0,00 €	0,00 €	9,3	0
Mot clé exact			0	2	0,00 %	0,00 €	0,00 €	5,5	0
entreprise d électricité générale	Éligible	0,35 €	3	95	3,16 %	0,34 €	1,02 €	5,4	0
Requête large			2	73	2,74 %	0,34 €	0,68 €	5,2	0
Expression exacte			1	10	10,00 %	0,34 €	0,34 €	5,6	0
Mot clé exact			0	12	0,00 %	0,00 €	0,00 €	6,2	0
entreprise électricité	Éligible	0,45 €	2	743	0,27 %	0,42 €	0,85 €	7,8	0
Requête large			2	686	0,29 %	0,42 €	0,85 €	7,9	0
Expression exacte			0	52	0,00 %	0,00 €	0,00 €	6,8	0
Mot clé exact			0	5	0,00 %	0,00 €	0,00 €	8,6	0
electricien courant faible	Éligible	0,30 €	2	53	3,77 %	0,16 €	0,32 €	3,9	0
Requête large			1	43	2,33 %	0,18 €	0,18 €	3,7	0
Expression exacte			0	6	0,00 %	0,00 €	0,00 €	5,2	0
Mot clé exact			1	4	25,00 %	0,14 €	0,14 €	3,5	0
entreprise en électricité	Éligible	0,35 €	1	81	1,23 %	0,31 €	0,31 €	7,6	0
Requête large			1	79	1,27 %	0,31 €	0,31 €	7,5	0
Expression exacte			0	2	0,00 %	0,00 €	0,00 €	9	0
Mot clé exact			0	0	0,00 %	0,00 €	0,00 €	0	0
societe electricite generale	Éligible	0,28 €	1	24	4,17 %	0,23 €	0,23 €	4,8	0
Requête large			1	24	4,17 %	0,23 €	0,23 €	4,8	0
Expression exacte			0	0	0,00 %	0,00 €	0,00 €	0	0
Mot clé exact			0	0	0,00 %	0,00 €	0,00 €	0	0

Nous avons obtenu ainsi une répartition importante entre les expressions issues de la longue traîne et les plus précises. On peut ainsi détecter si une expression clé est plus importante pour l'exactitude de ses mots ou non, ce qui a une considérable influence sur la tactique SEO à mettre en place si on veut cette expression clé.

Nous pouvons aller un peu plus loin. Google nous laisse l'accès à la liste des expressions clés ayant déclenché un clic vers le site. Il suffit de cliquer sur le bouton **Affiner les termes de recherche** et on obtient ce détail qui livre une portion de la longue traîne, les expressions clés exactes qui ont été saisies par l'internaute.

Figure 4-4 : *Les expressions clés exactes saisies ayant entraîné un clic*

Terme de recherche	Type de correspondance	Clics	Impr.	CTR	CPC moy.	Coût	Pos. moy.	Conv. (1 par clic)	Coût/Conv. (1 par clic)
entreprise d éléctricité générale	Requête large	2	1	200,00 %	0,34 €	0,68 €	2	0	0,00 €
societe electricite ile de france	Requête large	1	1	100,00 %	0,43 €	0,43 €	9	0	0,00 €
entreprise electricité pour un contrat en alternance a puteaux	Requête large	1	1	100,00 %	0,43 €	0,43 €	7	0	0,00 €
entreprise en electricite qui prend en alternance a paris	Requête large	1	1	100,00 %	0,42 €	0,42 €	6	0	0,00 €
entreprise d électricité dans le 77 pour déplacement en haute et basse tension	Requête large	1	1	100,00 %	0,31 €	0,31 €	4	0	0,00 €
societe d electricite generale ouverte au mois d aout 2012 dans le 94 paris	Requête large	1	1	100,00 %	0,23 €	0,23 €	1	0	0,00 €
electricité courant faible	Requête large	1	2	50,00 %	0,18 €	0,18 €	2,5	0	0,00 €
electricien courant faible Ajouté	Mot clé exact	1	2	50,00 %	0,14 €	0,14 €	4	0	0,00 €
Autres termes de recherche		4	2 101	0,19%	0,39 €	1,55 €	7,6	0	0,00 €
Total		**13**	**2 111**	**0,62 %**	**0,34 €**	**4,37 €**	**7,6**	**0**	**0,00 €**

Ces informations sont vitales pour le SEO. On peut y détecter des expressions à mots multiples. Or plus il y a de mots dans une expression clé, plus elle est facile à référencer naturellement. Si on détecte quelque chose du genre « électricité générale courant faible » avec un peu d'impressions et quelques clics, il sera intéressant de déterminer une page dans le site, bien placée, dédiée à cette expression clé. On appelle cela une *landing page.*

On économisera en budget AdWords, entre autre bénéfice. Mais il nous manque ci-dessus une information : quelles sont les expressions clés non affichées de la longue traîne ? Peut-être y figure-t-il des expressions clés utiles à mon SEO et auxquelles on n'aurait pas pensé. La réponse est juste après.

Le générateur de mots clés d'AdWords

Dans l'onglet **Outils**, Google met à disposition un outil générateur de mots clés. Cet outil aide les AdWorders (ceux qui conçoivent et gèrent des campagnes AdWords) à identifier et à sélectionner des expressions clés sous trois formes :

- **Large**. Votre expression clé et de nombreuses variantes ou déclinaisons incluant des synonymes sont prises en compte et comptées.
- **Expression clé**. L'expression clé peut avoir d'autres mots clés ajoutés devant ou derrière.
- **Exact**. Seule l'expression clé telle quelle est prise en compte et comptabilisée.

On peut utiliser le générateur de mots clés de deux manières différentes :

- directement ;
- *via* **Opportunités.**

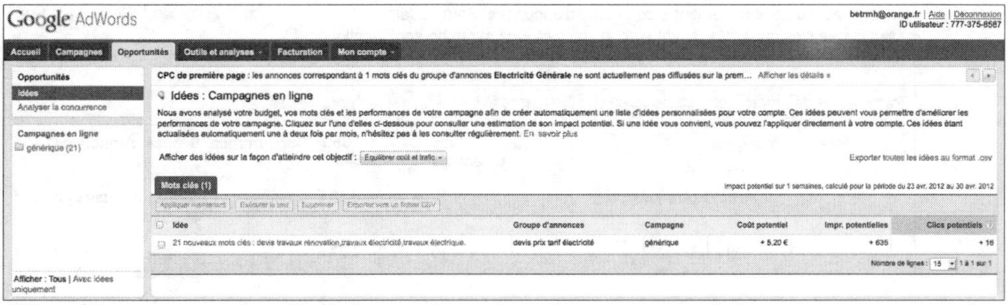

Figure 4-5 : *Opportunités dans AdWords ou l'accès à la longue traîne*

C'est la fonction *Opportunités* qui va nous intéresser. Cette fonction a pour objectif officiel de proposer des expressions clés oubliées par l'*AdWorder* (la personne administrant AdWords). Le site couvre mieux ses mots clés porteurs de trafic ciblé et de prospects ; Google augmente le nombre de mots clés loués et, donc, les enchères augmentent et les revenus aussi.

La question SEO est : comment et où Google trouve-t-il des opportunités de mots clés oubliés ? Réponse : partiellement, ces opportunités sont issues de la longue traîne ! Nous avons ici accès aux expressions clés où l'annonce AdWords est affichée ou potentiellement affichable, mais aucun clic ne se produit faute de volume d'affichage ou de niveau d'enchère suffisamment élevé.

Quand on étudie une expression clé en SEO *via* Générateur de mots clés, on voit dans les statistiques Google que des expressions clés ont un gros volume de recherches en mode requête Large et de faibles volumes en mode Exact. Cela signifie que de nombreuses variantes longue traîne de cette expression clé sont saisies par des internautes et, bien sûr, Google en affiche peu ou pas (voir fig. 4-6). *Opportunités* en affiche une partie. Les autres sont issues de calcul où Google évalue qu'il existe une probabilité que le site soit intéressé. Par exemple, dans la capture d'écran, nous remarquons qu'outre des expressions clés liées à l'électricité Google propose aussi des travaux de rénovation. En effet, il a probablement mesuré une forte connexité : les travaux électriques sont souvent liés à des travaux de rénovation.

Grâce à *Opportunités*, nous avons ainsi une bonne partie de nos informations SEO concernant les pistes les plus intéressantes en longue traîne. Nous allons pouvoir établir une liste d'expressions clés que nous pourrons factoriser pour en extraire les racines clés, les expressions les plus porteuses, etc.

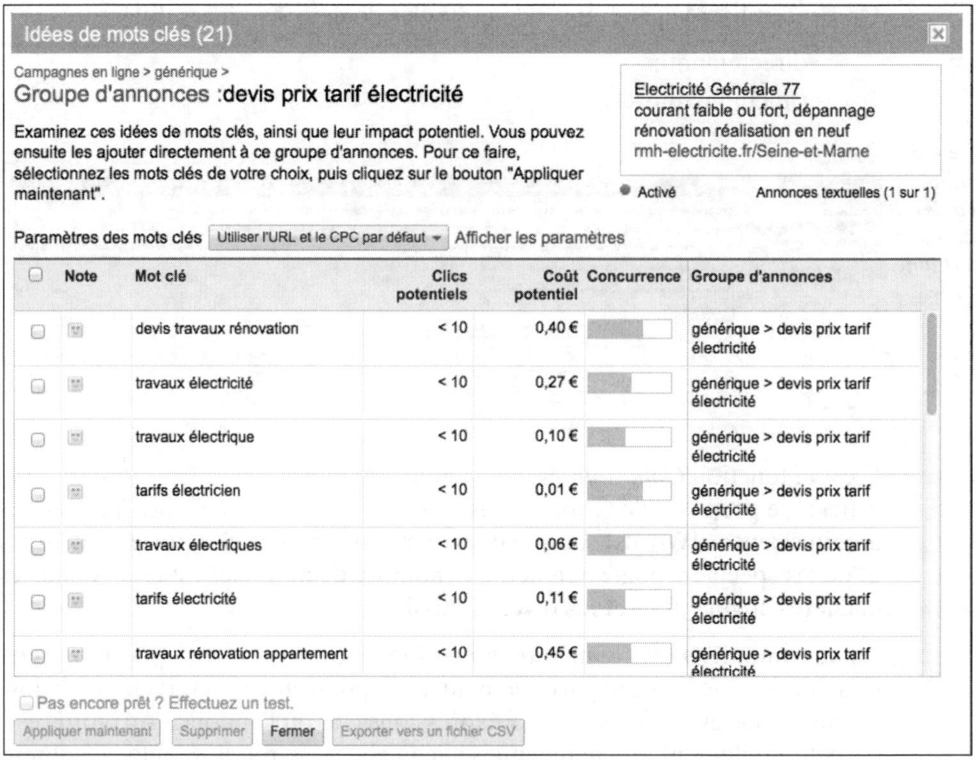

Figure 4-6 : *Exemple : 21 expressions clés dont certaines issues de la longue traîne*

Utilisation directe du générateur de mots clés

Voici une illustration de l'usage de l'outil générateur de mots clés… Lors d'une recherche de mots clés pour un fabricant de systèmes robotisés, le webmestre de celui-ci avait oublié deux expressions clés de son métier : électronique robotique et informatique robotique ! L'usage du générateur de mots clés de Google AdWords a rapidement rappelé cet oubli en indiquant que ces deux expressions clés étaient les plus prometteuses en trafic ciblé (voir fig. 4-7).

À l'expression clé chambre hôte, le générateur de mots clés suggère de nombreuses variantes, quelques centaines, qui vont jusqu'à maisons hôte, chambre week–end, qui sont effectivement des idées à étudier.

L'affichage des colonnes se règle *via* un clic sur la liste déroulante *Sélectionner les colonnes à afficher*. On sélectionne ainsi l'affichage des colonnes de résultats qui intéressent le référenceur. Pour chaque mot clé, nous trouvons ces colonnes :

- *Concurrence entre annonceurs*. C'est-à-dire la compétition entre loueurs de ce mot clé sur AdWords.

Figure 4-7 : *Mots clés suggérés par le générateur de mots clés AdWords sur « chambre hôte »*

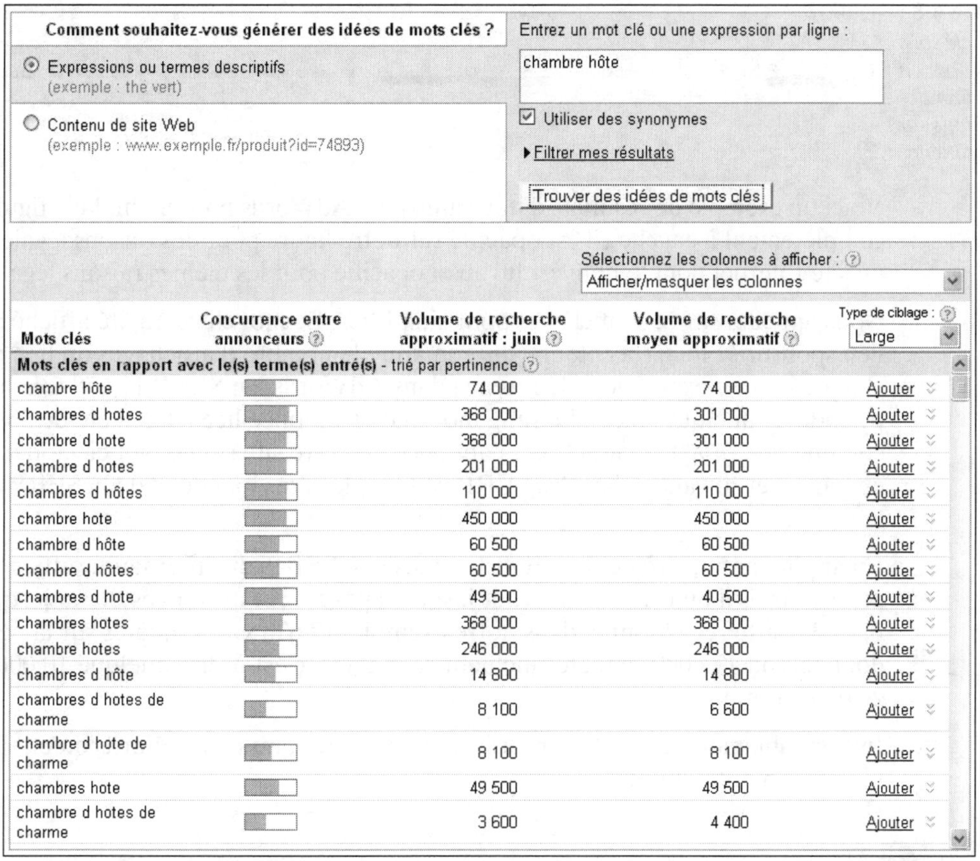

Mots clés	Concurrence entre annonceurs	Volume de recherche approximatif : juin	Volume de recherche moyen approximatif	
chambre hôte		74 000	74 000	Ajouter
chambres d hotes		368 000	301 000	Ajouter
chambre d hote		368 000	301 000	Ajouter
chambre d hotes		201 000	201 000	Ajouter
chambres d hôtes		110 000	110 000	Ajouter
chambre hote		450 000	450 000	Ajouter
chambre d hôte		60 500	60 500	Ajouter
chambre d hôtes		60 500	60 500	Ajouter
chambres d hote		49 500	40 500	Ajouter
chambres hotes		368 000	368 000	Ajouter
chambre hotes		246 000	246 000	Ajouter
chambres d hôte		14 800	14 800	Ajouter
chambres d hotes de charme		8 100	6 600	Ajouter
chambre d hote de charme		8 100	8 100	Ajouter
chambres hote		49 500	49 500	Ajouter
chambre d hotes de charme		3 600	4 400	Ajouter

- *Volume de recherche*. Il exprime le volume approximatif en internautes sur ce mot clé le mois dernier.
- *Volume de recherche moyen*. Il exprime le volume moyen approximatif en internautes sur ce mot clé sur les 12 derniers mois.
- *Tendances*. Elles indiquent les tendances mois par mois sur les 12 derniers mois ; on obtient ainsi la saisonnalité éventuelle du mot clé.
- *Volume le plus élevé*. Il indique le mois où il y a eu le plus de recherches.

Pour vérifier les valeurs indiquées par cet outil, pour affiner certaines recherches ou la pertinence de mots clés, il y a une méthode simple : lancer une campagne AdWords sur une page d'attente du site ou sur le site web lui-même. La colonne AdWords *impr* (pour *impression dans des SERP*) comptabilise, à l'unité près, les requêtes sur un mot clé précis et exact ou avec un ciblage précis sur une période précise que l'on peut sélectionner.

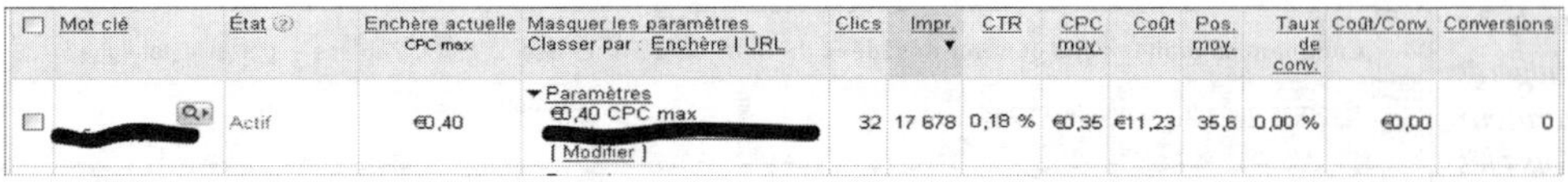

Mot clé	État	Enchère actuelle CPC max	Masquer les paramètres Classer par : Enchère | URL	Clics	Impr.	CTR	CPC moy.	Coût	Pos. moy.	Taux de conv.	Coût/Conv.	Conversions
[redacted]	Actif	€0,40	Paramètres €0,40 CPC max [redacted] [Modifier]	32	17 678	0,18 %	€0,35	€11,23	35,6	0,00 %	€0,00	0

Figure 4-8 : *Un mot clé sous AdWords pour en tirer des conclusions sur sa pertinence*

Voici un exemple de résultats d'une campagne AdWords pour un mot clé figurant complètement à gauche (il est opacifié sur notre figure pour des raisons légales) pour un site Internet dont le nom est lui aussi opacifié pour les mêmes raisons légales.

Nous appellerons ce mot clé test pour simplifier. Le mot clé test a été affiché avec le lien sponsorisé loué (la colonne *impr* indique le nombre d'affichages du lien pour chaque mot ou expression clé retenu) dans AdWords, en SERP 17 678 fois sur une période de quelques mois. Le rang moyen de l'annonce liée à test a été de 35,6 (la colonne *Pos. moy.*). Traduction : l'annonce de notre site sur ce mot clé apparaissait en page 3 et suivantes dans les SERP de Google. Très loin donc de la SERP en or : la page 1.

En appliquant une règle de « 10/8/1 » dans une SERP, dix internautes affichent la page 1 ; trois à huit sur ces dix vont jusqu'en page 2 ; et un sur ces dix va jusqu'à la page 3. Cette règle donne, dans notre exemple, 17 678 x 10 requêtes sur la période donnée, soit 177 000 requêtes incluant ce mot clé, c'est-à-dire quelque 10 000 à 20 000 par mois.

Indiscutablement, ce mot clé représente un intérêt tant en AdWords qu'en référencement naturel.

ASTUCE

Trier les mots clés par ordre d'importance

En passant les mots clés *évidents* à travers ces filtres, on peut séparer les mots clés inutiles de ceux ayant une utilité.

En détectant de nouveaux mots et expressions clés grâce à ces outils, on peut évaluer le potentiel de chacun et décider d'investir en référencement naturel ou Google AdWords.

Les mots clés accentués

AdWords ne nous aide pas dans la sélection des mots clés contenant des caractères accentués. Pourtant, on remarque bien dans les SERP que Google classe différemment les résultats selon la présence ou non d'un mot avec ou sans accent.

fenêtre équivaut plus ou moins à FENETRE. Mais fenêtre est un mot strictement français. Les écarts de positionnement entre les requêtes dans Google incluant fenêtre ou fenetre seront plutôt faibles. Les écarts de positionnement entre hôtel, mot français, et hotel, mot anglais (ou français avec une faute d'accent !), auront tendance à être plus importants. Attention, les mots utilisés dans le site et dans les liens pointant vers la page d'un site ont un impact sur son positionnement. Illustration : un site d'hotel à Paris (pas d'accent circonflexe sur le o de hotel) ayant des backlinks qui utilisent le mot hôtel (avec accent circonflexe sur le o de hôtel) pour pointer vers sa page d'accueil sera bien positionné sur hôtel. L'orthographe des mots clés dans le lien influe.

REMARQUE

Plusieurs critères à respecter pour réussir

Le volume de double écriture dans une page (hôtel et hotel), le volume de backlinks utilisant les mots hôtel ou hotel ont une influence sur le positionnement dans la SERP de Google sur les deux variantes.

Le positionnement d'une page sur une expression clé dépend de nombreux critères, la prise en compte efficace de chaque critère aide à la réussite globale, mais un critère seul correctement géré ne peut pas contribuer seul au bon référencement d'une page sur une expression clé. L'ensemble des critères observés par Google doit être correctement géré.

Selon les outils Google et la qualité de codage des sites indexés (en clair, des sites multiples faisant la même faute d'écriture sur un mot français accentué), les accents seront plus ou moins interprétés. Un site sera, par exemple, en rang 4 sur une requête avec les bons accents correctement positionnés et en rang 2 sans accents. Les écarts de rang sont variables, oscillant de nul à quelques centaines de places. Google interprète théoriquement les mots selon le codage des caractères de la page. Google, d'après ses blogs, est censé prendre en compte correctement une norme technique un peu complexe à expliquer à des non-techniciens : UTF-8. Des tests ont montré que ce système a des limites. Illustrations non exhaustives pour mieux comprendre :

hôtel est normalement égal à hotel. Mais la traduction d'hôtel en anglais est hotel. Donc, vous pouvez être en SERP page 1 sur la requête hôtel [+ votre département français] et en page 3 à 30 sur hotel [+ votre département français, avec ou sans accent]. Vous n'avez pas la même compétition et donc pas le même positionnement. Vous avez donc deux mots clés distincts : hôtel et hotel, même si ceux-ci sont considérés comme des synonymes par Google (*cf.* les commandes : ~hotel et ~hôtel). Mais le fort volume de pages françaises ou étrangères écrivant hotel sans accent influence le positionnement subtil entre les deux notations de ce même mot.

La solution la plus adéquate est de sélectionner la norme UTF-8 comme encodage des caractères de toutes les pages de votre site web et d'écrire vos mots clés accentués correctement sur la version française de votre site. Par exemple, vous écrirez hôtel Lozère dans la version française de votre site web, et hotel lozere pour la version anglaise. Pour Google, ces deux orthographes ne sont pas exactement synonymes à cause des versions anglaises (hotel versus hôtel).

4.5 Comprendre les statistiques d'audience du site

Il existe deux approches techniques pour mesurer les statistiques d'audience d'un site :

- la pose d'un marqueur JavaScript comme pour Google Analytics dans chaque page du site à mesurer ;
- l'usage des statistiques fournies par les logs d'Apache.

Technique du marqueur JavaScript

Un marqueur JavaScript est un petit programme à installer sur chaque page du site à un endroit très précis. Ce marqueur devient alors un contenu de la page et il est lu par le navigateur de tout internaute. Ce programme s'exécute comme tout JavaScript dans le navigateur de l'internaute. Il met en relation un serveur de Google et le navigateur. Des informations sont échangées. Le serveur de Google collecte toutes les informations publiques de l'internaute :

- Son adresse IP, et il en déduit le pays, la région, voire la ville et le quartier du lieu de connexion.
- La présence de cookie(s) posé(s) par un ou des services de Google. Ainsi, Google peut vous identifier. Par exemple, vous avez utilisé Gmail quelques heures ou jours auparavant et vous êtes authentifié auprès de Google à cette occasion. Le cookie le révélera lors de la collecte des informations *via* le marqueur JavaScript.
- Sa plateforme : desktop ou téléphone, type de navigateur, définition de l'écran, etc.
- Et de très nombreuses autres informations.

Le programme de Web Analytics va classer ces données collectées puis les organiser. Elles seront affichées par l'utilisateur du programme. La quasi-totalité des lecteurs utilise probablement Google Analytics comme logiciel de Web Analytics :

- Il est gratuit.
- Il suit le comportement des internautes sur le site, ce que demande la quasi-totalité des usagers.
- Il est mis à jour régulièrement et reçoit de nouvelles fonctionnalités.
- Il est étroitement couplé à AdWords, ce qui simplifie le travail des utilisateurs d'AdWords.

Pour un logiciel de milieu de gamme, cela fait beaucoup de qualités et explique son succès malgré ses quelques défauts. Les utilisateurs plus exigeants utilisent d'autres solutions logicielles en complément ou à la place de Google Analytics.

Technique des logs Apache

Apache est le logiciel sur le serveur qui envoie les pages HTML d'un site web vers les internautes. C'est lui qui « construit » concrètement les pages à partir des informations stockées dans une page et qu'un internaute demande *via* une requête.

Apache administre dans un fichier log journalier l'usage qui a été fait de ses services. En clair, toute l'audience du site demandant l'accès à des ressources physiques est stockée dans un fichier. Ces informations sont proches de celles collectées par Google Analytics. Mais :

- Elles sont stockées sur le serveur, donc elles sont chez « vous » et non pas sur un serveur de Google, sur lequel vous n'avez aucun contrôle. Vos données deviennent les leurs, lisez les conditions générales de Google.
- Apache est en théorie impossible à mettre en défaut. En effet, il est très facile d'empêcher Google Analytics de collecter des informations. Tapez dans Google sur *noscript* et vous trouverez un addon pour Firefox vous permettant de bloquer des JavaScripts de votre choix, donc ceux de Google. Vous deviendrez invisible à Google grâce à un tel addon Firefox. Mais Apache, lui, mesure la réalité des entrées/sorties entre le disque et les pages à afficher. Il est donc impossible d'être invisible à Apache sinon on ne reçoit tout simplement pas la page demandée.

On voit qu'il est intéressant d'utiliser les deux approches en complément, surtout lorsque l'on a des doutes sur la fiabilité des statistiques. Les corréler se révèle utile pour comprendre où se situe le problème.

Les outils statistiques Google

Les deux approches techniques, marqueurs JavaScript ou logs Apache, ont leurs avantages et leurs inconvénients. Dans l'immense majorité des cas des lecteurs de ce livre, l'utilisation de Google Analytics suffit. Nous utiliserons dans ce livre uniquement celui-ci, sauf mentions contraires. Vu l'importance de Google Analytics, un chapitre lui est dédié. Penchons-nous sur les autres outils.

Il existe d'autres statistiques d'audience de votre site : *Google Webmaster Tools* (acronyme très utilisé : *GWT*) et *Google Adresses*.

Google Adresses, que nous allons approfondir dans un chapitre dédié au référencement local, nous donne la vision Google Maps et personnalisation géographique de votre site. Cela fait sens si vous êtes présent localement.

Figure 4-9 : *Google Adresses d'une agence immobilière*

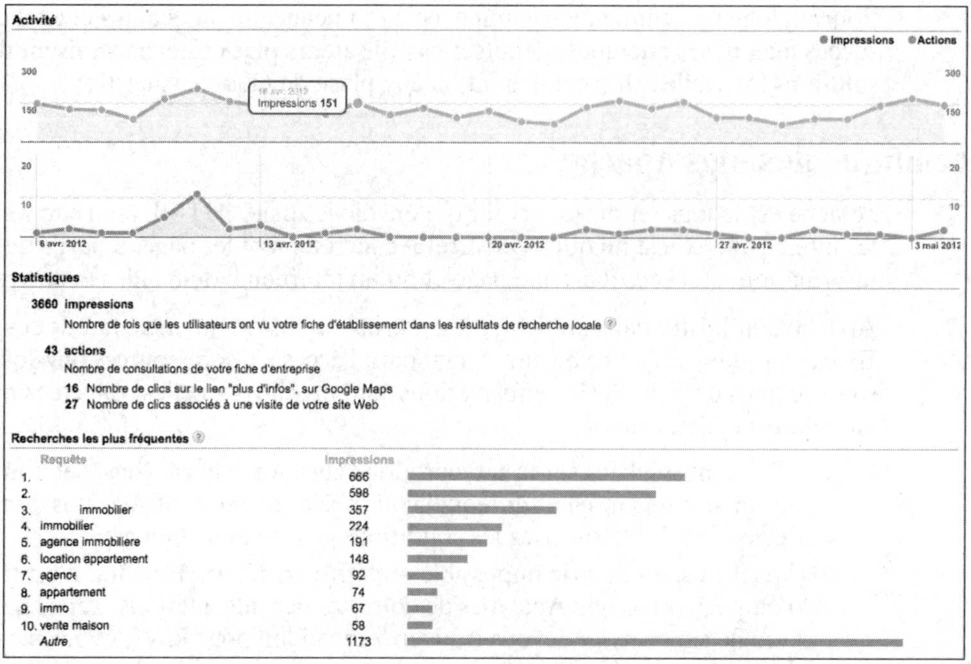

La capture d'écran d'une partie du détail de la partie performances d'une fiche Google Adresses nous livre quelques informations intéressantes. La marque de l'agence est souvent utilisée. Dans cet exemple, nous avons rendu anonyme cette fiche. Mais près de 1 000 requêtes locales liées à la franchise de cette agence ont été saisies. C'est pratique pour avoir une idée de la pénétration de la marque sur le marché local.

Nous voyons que vente maison est présent mais pas vente appartement. C'est anormal. Certes, nous n'avons pas trouvé de nouvelle expression clé mais nous avons détecté un incident à explorer.

GWT possède une rubrique **Votre site sur le Web** > **Requêtes** (voir fig. 4-9).

On perçoit le volume d'affichage dans Google du site et sur les expressions clés où il apparaît de manière naturelle. La disproportion entre le volume d'impressions, 140 000, et le taux de clic, 1 300, écrase les courbes et rend invisible le taux de clics journaliers.

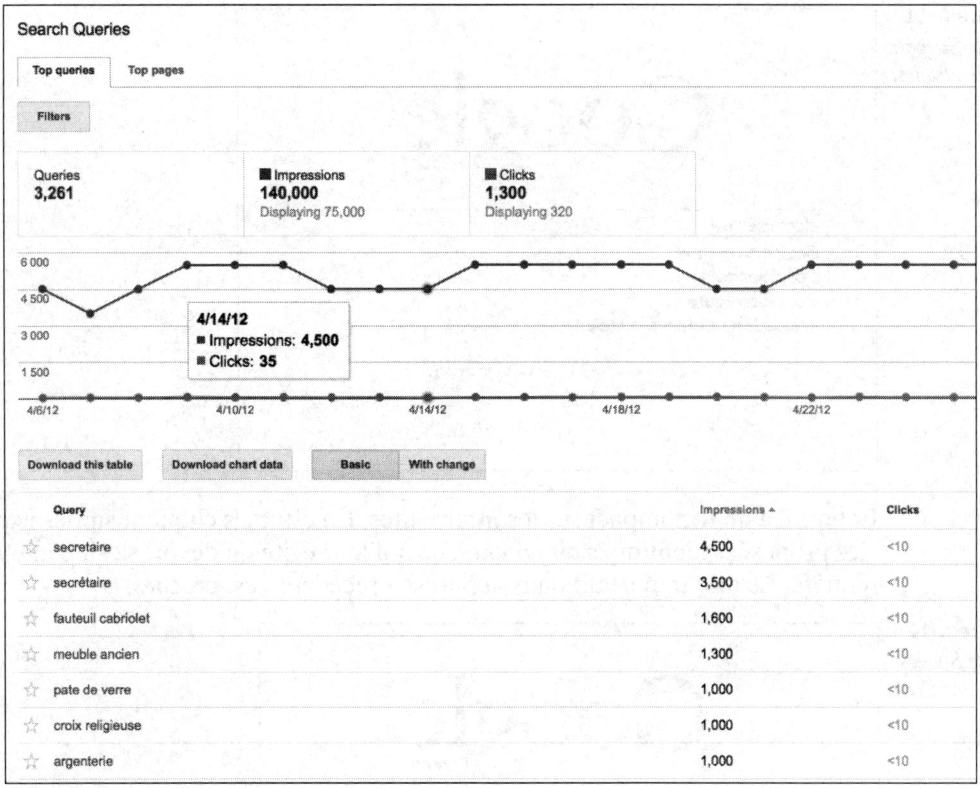

Figure 4-10 : *Search Queries d'un site à la recherche d'antiquités*

Google Trends, Instant, Suggest

Ces outils utilisent tous les statistiques de Google. Les tester peut nous donner de précieuses indications.

Nous avons vu l'usage de Google Trends (*Google tendances*, en français) au chapitre 1, avec l'exemple d'un site organisant des mariages à Las Vegas et à Marrakech. Au chapitre 3, nous avons vu un exemple sur la façon de combiner AdWords et Trends pour obtenir des tendances réellement chiffrées.

Google Suggest suggère des expressions clés à plusieurs mots au fur et à mesure de la saisie des caractères par l'internaute (voir fig. 14-11).

Un test sur électricien ev montre que l'expression clé électricien evry est présente et donc qu'il existe un trafic dessus, peut-être faible mais néanmoins existant et très ciblé.

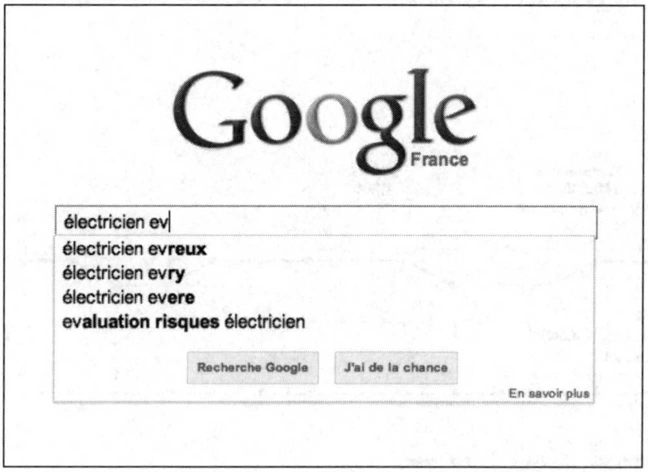

Figure 4-11 : *Google Suggest sur « électricien ev »*

Cet outil a un fort impact sur les internautes. En effet, ils cliquent sur les expressions clés proposées identiques ou *proches*, ce qui leur évite de devoir saisir toute la requête. Le mot important dans la phrase précédente est *proches*.

Figure 4-12 : *Google Suggest sur « domici »*

Si vous choisissez une expression comme « domiciliation société » car le site propose de les domicilier, ce sera une grossière erreur. En effet, Google propose sur « domici » une suggestion domiciliation entreprise. Suggest nous désigne le choix entre société et entreprise comme mot clé dans cette expression.

Google Instant affiche une vue miniature quand on passe sur les chevrons à droite de chaque snippet. Ainsi, l'internaute gagne du temps et évite de cliquer sur le snippet pour aller voir le site. Si la miniature lui déplaît, il ne clique pas.

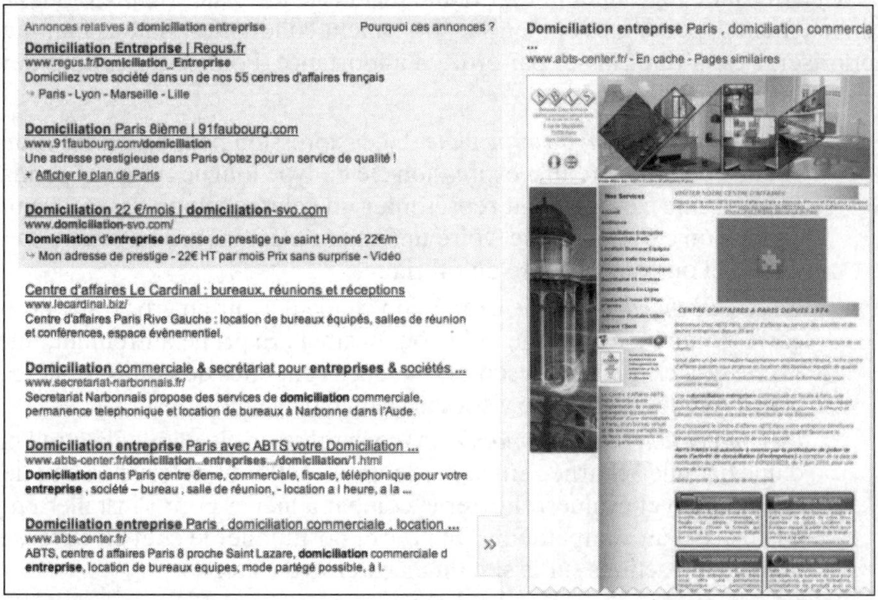

Figure 4-13 : *Google Instant affiche à droite une grande vignette du site*

Dans cet exemple, on voit un trou en plein milieu de la page. En effet, Instant n'affiche pas les vidéos en player Flash. On peut à peu près lire les titres de la page et voir les images les plus grandes. Si vous voulez que votre site soit bien perçu par un internaute le découvrant *via* Instant, il vous faut soigner sa présentation en utilisant des « messages » adéquats en titre dans vos landing pages et une mise en page qui résiste à une miniaturisation par Google Instant.

Comment utiliser ces statistiques ?

L'objectif est d'identifier les expressions clés potentiellement porteuses de trafic ciblé puis de les trier par ordre d'importance. Ensuite, nous factoriserons ces expressions clés en une hiérarchie du type racine clé / liste des expressions clés déclinées.

AdWords et son générateur de mots clés vont nous donner le socle de nos expressions clés. Il nous manquera des précisions et même des expressions clés. Le rôle des autres statistiques dont des campagnes AdWords réelles est de nous aider à identifier les oublis ou les mauvaises évaluations.

4.6 Classer et factoriser les expressions clés

Nous avons notre liste d'expressions clés. Nous allons les classer pour les factoriser. L'objectif est de regrouper autour d'une racine clé une liste d'expressions clés directement dépendantes et bien sûr totalement cohérentes. Il nous faut maintenant prioriser, c'est-à-dire classer par ordre d'importance. Pour ce faire, nous devons avoir les critères suivants :

- *Potentiel de création de trafic ciblé*. Une expression peut représenter un faible volume et donc être une expression clé de type longue traîne dépendante d'une racine clé. Elle peut représenter un volume important et être une expression clé stratégique, voire une racine clé à mettre en œuvre sur la page d'accueil ou dans une tête de rubrique.
- *La qualité du ciblage*. Une expression clé peut avoir un gros trafic potentiel et correspondre à un ciblage faible ou maximal. Exprimé autrement, une expression clé peut représenter quelques centaines de visites totalement ciblées ou des milliers de visites avec un ciblage de 10 %.
- *La compétition pour la conquérir*. Une expression clé peut déjà être l'enjeu d'une bataille acharnée entre plusieurs sites. Il faut noter le niveau de la compétition et évaluer, chiffrer le combat à mener pour s'installer en page #1 à la place d'un compétiteur. On pourra positionner le coût en euros, en temps homme, en actions sur le site ou en externe du site.
- *Évaluer la synergie AdWords/SEO*. Des expressions clés peuvent ne pas entrer facilement dans une rubrique ou représenter un investissement important alors que de nombreuses incertitudes plombent son intérêt potentiel. Il peut alors être plus intéressant et bien moins cher de la laisser en 100 % AdWords pour une période d'observation, voire définitivement.

L'application de ces critères va nous trier la liste des racines et expressions clés.

Le webmestre du site aura alors des choix à faire sur le site en fonction de ses moyens et des ressources disponibles. Ces arbitrages porteront sur l'implémentation de tout ou partie de cet audit « mots clés » dans le site, ce qui signifie des modifications dans l'arborescence, la navigation, la mise en page, la mise en exergue rich media (ajout de vidéo, d'animation Flash).

Premier exemple de structure de site et racines clés

Illustrons tout ceci avec un premier exemple à peu près réel et facile à comprendre. Ce cas réel est modifié pour mieux faire percevoir les différents points abordés ci-dessus. Nous allons utiliser le site de vente de champignons déjà aperçu dans le chapitre précédent.

AdWords nous liste des centaines d'expressions clés liées à la vente de champignons *via* un site web. Nous allons en publier un résumé :

- vente champignon(s) ;
- achats ou ventes *<nom du champignon comme morille*, *cèpe*, etc.> ;
- champignons séchés ;
- *<nom du champignon comme morille, cèpe, etc*.> + séché(s) ;
- prix *<nom du champignon comme morille, cèpe*, etc.> ;
- *<nom du champignon comme morille, cèpe,* etc.> *<technique de conservation : séché, bocal, conserve>.*

En factorisant, c'est-à-dire en essayant d'isoler un mot en commun à plusieurs expressions clés, on obtient la liste suivante de mots clés :

- champignon ;
- morille et autres noms de champignon ;
- séché, bocal, huile, conserve et autres techniques de conservation ;
- prix.

Ces mots sont-ils porteurs de trafic ciblé ? La réponse va de non à faiblement. Ils sont trop imprécis ou trop vagues. Cèpe peut être saisi par un amateur de recette de champignon comme par un internaute à la recherche de cèpes conservés pour sa cuisine. Il nous faut donc ajouter un mot à chacun d'eux. L'objectif est de déterminer une racine clé.

On voit que prix est associé uniquement à des noms de champignons. Difficile d'en faire une racine clé à positionner dans une rubrique sauf à créer une rubrique *Prix* dans le site. Ce n'est pas l'orientation du site, donc cette racine clé doit être abandonnée. De plus, les statistiques d'audience montrent que quasiment personne n'a acheté sur le site *via* le mot clé prix associé à quoi que ce soit d'autre.

Champignon prend plus de sens en ciblage en l'associant à vente ou achat. Nous tenons une racine clé : vente (ou achat) champignon(s), et de cette racine clé en tête de rubrique on peut faire partir des pages filles prenant en compte des expressions clés longue traîne comme vente (achat) morilles, vente (achat) cèpes, etc.

Avec Séché et autres mots clés de conservation de champignons, on n'arrive pas à dégager un mot clé plus que l'autre et à identifier une racine centrale clé à tous ces mots. Il nous reste à répartir les mots clés de conservation dans les pages dédiées à chaque champignon en plus des pages dédiées à un couple champignon + technique de conservation comme morilles séchées. En effet, huile ne va pas avec Morille mais va avec cèpes, etc. Les mots clés de conservation participeront donc à la longue traîne à partir des pages produits essentiellement.

Nom d'un champignon n'est pas assez ciblé pour en faire une racine clé. Il faut lui accoler d'autres mots clés. L'examen des expressions clés ne montre pas une factorisation possible. Soit le mot clé accolé est du genre achat, vente, soit il est du type conservation comme séché ou bocal. Les mots clés désignant un champignon précis seront répartis dans les pages pour renforcer la longue traîne associée à la racine clé identifiée vente champignon.

Au fil du temps, l'analyse va montrer des comportements d'internautes qui vont avoir un impact sur le site. Les statistiques montrent que le marché du champignon en ligne, du point de vue de ce site, est en premier lieu la morille. Tant qu'on n'a pas monté un site et testé en réel, c'est le genre d'information qu'il est difficile de percevoir. Le site devrait donc hisser morille vers les pages de tête de rubrique pour augmenter la visibilité de ce mot combiné à d'autres (achat, vente, séchées, etc.) et ainsi améliorer le trafic ciblé.

Google Analytics nous livre d'autres informations. Les mots clés collectés et issus de la recherche naturelle confirment ces pistes et nous donnent des compléments. Par exemple, le mot clé morille est souvent associé à fraîche. Effectivement, AdWords, même avec l'outil *Opportunités*, ne nous donne pas cette information.

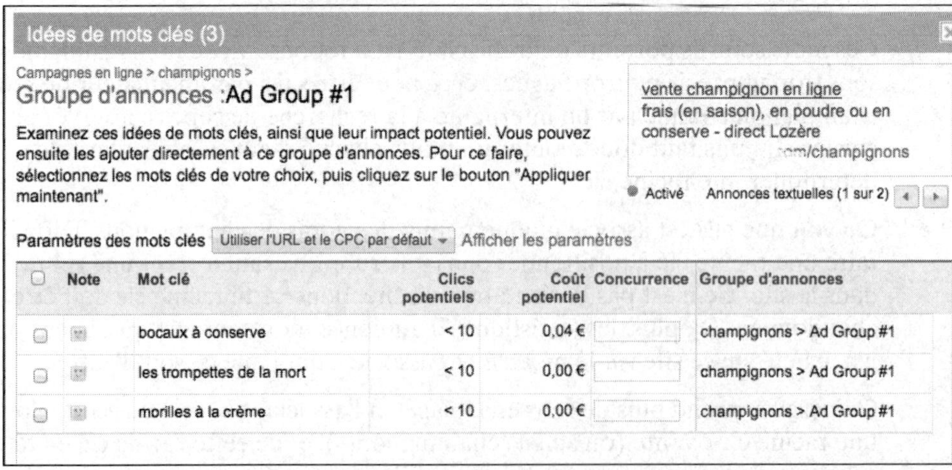

Note	Mot clé	Clics potentiels	Coût potentiel	Concurrence	Groupe d'annonces
	bocaux à conserve	< 10	0,04 €		champignons > Ad Group #1
	les trompettes de la mort	< 10	0,00 €		champignons > Ad Group #1
	morilles à la crème	< 10	0,00 €		champignons > Ad Group #1

Figure 4-14 : *Opportunités de Google AdWords ne nous propose pas l'expression clé « morille fraîche »*

Les statistiques de Google Analytics nous informent aussi que de nombreux internautes confondent *achat* et *vente*. Des internautes saisissent achat morilles dans l'objectif de trouver un site qui vend des morilles. Il faut donc passer achat en plus de vente en mots clés à prendre en compte. On peut se poser la question de prendre en compte le mot clé fraîche et l'associer à morille sur la page en charge de vendre des morilles. Idée intéressante, mais le site ne vend pas de morilles fraîches toute l'année pour cause de saisonnalité de la morille, bien sûr. Les raisons de parler de morilles fraîches tout au long de l'année sur le site sont :

- d'obtenir du trafic et d'espérer transformer l'amateur de morilles fraîches en acheteur de morilles séchées de premier choix ;

- de rester positionné sur cette expression clé pour être en bonne place au moment de la saison où le site peut en expédier des fraîches à ses clients.

Nous venons de mieux exploiter une expression longue traîne. La prise en compte de fraîche afin de pousser son optimisation va donner une meilleure visibilité au site sur cette expression clé longue traîne et contribuer à obtenir un peu plus de trafic ciblé.

Second exemple de structure de site et racines clés

Nous avons vu qu'une racine clé devait être cohérente dans la page tête de rubrique et dans ses liens avec ses pages filles. Par exemple, une tête de rubrique se voit affecter croisières catamaran en Méditerranée. La page d'accueil de la rubrique (la tête de rubrique) devra traiter de croisières en catamaran en Méditerranée. Le menu local de cette tête de rubrique devra traiter des destinations, trajets des *croisières en catamaran en Méditerranée*. Un autre item du menu local devra présenter les catamarans destinés à ces *croisières en catamaran en Méditerranée*, leurs intérieurs, leurs équipements. Un autre item devra traiter des équipiers, du personnel, etc. Vous l'aurez compris, une tête de rubrique traite hiérarchiquement d'un thème centré autour d'une racine clé comme croisières catamaran Méditerranée et les pages de cette rubrique déclinent ce thème en différentes présentations destinées à la renforcer : destinations en Méditerranée, itinéraires en Méditerranée, catamarans de croisière en Méditerranée, etc.

Figure 4-15 : *Exemple d'arborescence poussant une racine clé stratégique*

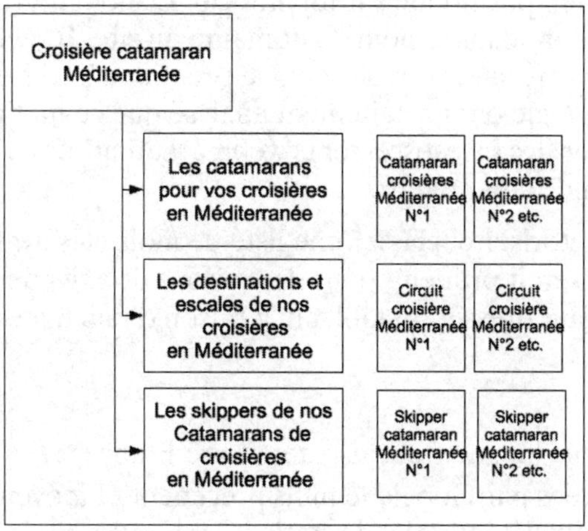

Dans la figure exposant une arborescence organisée autour de Croisière catamaran Méditerranée, nous voyons une tête de rubrique centrée sur cette expression clé et une arborescence locale la renforçant et déclinant une longue traîne. Dans une telle arborescence, on aura en longue traîne par exemple Croisière catamaran Corse dans les pages consacrées aux circuits.

Les *racines ou mots clés stratégiques* d'un site doivent être optimisés au maximum dans au moins deux pages du site et une de ces pages est une tête de rubrique ou la page d'accueil du site. L'autre page est une page située dans la tête de rubrique elle-même ciblant cette expression clé.

Les *mots clés importants* ont moins de potentiel de trafic que les stratégiques car ils vont apporter de la longue traîne. Ou alors c'est un mot clé stratégique déjà optimisé à fond sur deux pages, et on l'optimise moins sur d'autres pages et on le combine ainsi à d'autres mots clés.

Les *mots clés standard* sont faciles à référencer et n'exigent donc pas un travail pointu en optimisation. Un mot clé est considéré « facile » à référencer pour différentes raisons. En voici deux :

- Il n'y a pas de compétition. Par exemple, les noms de votre ville et des villes avoisinantes combinés à vos mots clés métier sont des expressions clés relativement peu recherchées. Ainsi, Entreprise de maçonnerie a de la compétition comme expression clé nationale, mais Entreprise de maçonnerie Nogent-sur-Marne est très facile à référencer. Attention, une trentaine de plombiers sur la ville d'Évry, en région parisienne, se disputent âprement l'expression clé Plombier Évry ; donc, la compétition est certes limitée à une trentaine d'annonceurs, mais elle est quand même acharnée et seuls les dix meilleurs parmi ces trente seront en page 1 sur la requête dans Google Plombier Évry.
- Vous êtes naturellement bien positionné sur un mot clé. Le nom de votre entreprise, par exemple, figure dans le nom de domaine du site. Il revient souvent dans les pages de votre site, vous avez été le premier à l'utiliser sur le Net. Les algorithmes de Google ont parfaitement analysé que ce mot clé est le vôtre. Il est inutile de lancer des investissements webmarketing sur ce mot clé, vous êtes déjà n° 1 dans l'index du moteur.

Nous venons de voir comment factoriser et classer une liste de mots clés ayant un potentiel de création de trafic. Il serait prudent, pour des raisons de suivi de projet, de les documenter. Pour cela, il faut dresser un tableau, à raison d'une ligne par expression clé :

- expression clé testée ;
- périmètre testé (par exemple langue française, territoire France) ;
- nombre de requêtes mesurées par Google le mois précédent et moyenne lissée sur 12 mois (cela donne le potentiel de trafic à capter vers le site) ;
- note résumant la compétition et la difficulté à acquérir une bonne position ;
- note sur la faisabilité de réussir un jour à être positionné correctement ;
- commentaires divers, par exemple des annotations sur les variantes, les risques de conflit (par exemple hôtel versus hotel sans accent circonflexe).

Un tel tableau aide à la réflexion sur l'arborescence du site, le choix de ligne rédactionnelle, certaines parties de la mise en page.

Tester ses contenus avec AdWords

Si votre site est déjà en ligne, vous pouvez saisir des URL de vos pages pour que l'outil vous soumette directement des suggestions page par page. Là aussi, régulièrement on trouve des idées de mots clés.

Si l'outil vous suggère des mots clés trop souvent hors de propos, un contrôle sur vos contenus s'impose. En effet, Google analyse le contenu de votre page et, s'il vous propose des expressions clés hors sujet, cela promet de nombreux problèmes au moment du référencement. Les mots clés proposés peuvent être inadaptés à vos besoins en référencement naturel. Il faudra donc soit les modifier, soit refondre cette page avec d'autres contenus, soit doubler cette page par une autre ayant un contenu plus adapté à votre besoin en référencement. Parfois, seule une campagne de liens sponsorisés pourra vous capter du trafic ciblé, mais là nous quittons le propos de cet ouvrage. Ces cas de « schizophrénie textuelle » apparaissent à chaque fois que le marketing utilise des mots « poétiques » pour décrire une voiture de luxe, un plat cuisiné par un chef, un objet de luxe, etc., et ces mots clés sont alors inadaptés à la réalité de la recherche sur Google par de vrais internautes.

4.7 Longue traîne de mots clés et création de trafic via Google

Régulièrement, nous utilisons cette expression, longue traîne. Elle est importante dans le monde du référencement. Elle concerne la recherche et la sélection de mots clés pour constituer des expressions clés capables de générer du trafic très ciblé.

Tout est parti d'un article paru aux États-Unis en 2004. Il indiquait qu'une part importante des revenus d'un site d'e-commerce provenait d'une multiplicité de produits vendus en petites quantités. Ce phénomène a été appelé en anglais *long tail*.

En mathématiques (en statistiques, pour être plus précis), la distribution est plutôt régie par la « courbe de Gauss ». Cette approche est critiquée car elle concentre la distribution dans 80 % d'une zone, laissant ainsi peu de place aux mesures des petits phénomènes. Ramené à un site web dont le trafic arrive *via* le référencement naturel, cela revient à dire qu'une analyse de l'audience de ce site en courbe de Gauss masquerait les nombreuses petites arrivées d'internautes alors que le total de ce trafic négligé pourrait représenter un gros pourcentage de l'audience totale. L'analyse étant faussée, le webmestre et le référenceur pourraient prendre des décisions inappropriées.

En d'autres termes, pour rendre compréhensible au mieux la notion de longue traîne versus analyse en courbe de Gauss, on dirait que 80 % du trafic d'un site provient toujours d'une concentration autour de 20 % des mots clés, ce qui est partiellement faux. Les sites utilisant ou pouvant utiliser de nombreux mots clés ont une distribution de la création de trafic totalement différente. Une distribution gaussienne est alors inadaptée pour analyser et exploiter ce phénomène.

Il est évident que, si un métier est concentré autour d'un mot clé, l'effet longue traîne n'existera pas ou peu.

Par exemple, dans le métier de la vente de crédit relais, le crédit pour financer l'achat d'un bien immobilier quand on n'a pas encore vendu celui qui servira d'apport principal. On a au total moins de 10 expressions clés porteuses de trafic : crédit relais, prêt relais, crédit achat revente, prêt achat revente, emprunt relais. Dans ce cas, on a une distribution très étroite de 90 % du trafic créé par quelques expressions clés.

Mais un métier distribué autour d'une multitude d'expressions clés verra une distribution non gaussienne. Par exemple un site commercialisant de multiples formes de défiscalisation. L'expression clé centrale est bien sûr défiscalisation. Mais il existe de multiples déclinaisons et d'autres expressions clés synonymes de défiscalisation :

- défiscalisation immobilière ;
- défiscalisation Girardin ;
- défiscalisation Scellier ;
- loi Scellier ;
- immobilier Scellier ;
- loi de Robien ;
- loi Borloo, etc.

REMARQUE

Création de trafic ciblé et monétisation

Il faut créer du trafic « brut » et ciblé *via* les mots clés et le positionnement. De cette masse d'internautes, si le site est bien conçu tant en positionnement marketing qu'en compétences pour capter l'attention des internautes, un pourcentage va rester un moment sur le site. C'est cette présence attentive qui doit être monétisée par l'entreprise :

- soit en incitant l'internaute anonyme à contacter le site par un formulaire. Un commercial le rappellera ;
- soit en créant une image de marque qui mettra l'internaute dans de bonnes dispositions envers la marque ;
- soit en incitant l'internaute à se rendre dans un point de vente de type magasin pour acheter ;

REMARQUE

- soit en achetant en ligne, ce qui est l'objectif d'une petite minorité de sites web ;
- soit en présentant des publicités théoriquement alléchantes ; très peu de sites vivent grâce à la pub.

Le plus gros du business par Internet ne passe pas par l'e-commerce ! Les autres monétisations constituent l'immense majorité des sites.

La création de trafic *via* la longue traîne permet d'améliorer fortement la rentabilité et la productivité du site web.

4.8 Référenceur et créateur de trafic en longue traîne

La création de trafic va être ainsi répartie sur de très nombreux mots clés combinés dans différentes déclinaisons. En effet, c'est là où le référenceur va intervenir : dans la logique du site, dans le codage du site, dans sa navigation et dans la répartition des mots clés du site. Un site tel que celui utilisé dans notre exemple devra être bien positionné/référencé sur loi Scellier, immobilier Scellier et défiscalisation Scellier.

Ainsi, le référenceur créera du trafic par un effet longue traîne. Comment s'y prendre ? Il va falloir d'abord trier les expressions clés par ordre de priorité : les plus porteuses de trafic ciblé seront en premier sur la liste. La liste ressemblera alors à ceci :

- défiscalisation immobilière ;
- défiscalisation Girardin ;
- défiscalisation Scellier ;
- loi Scellier ;
- immobilier Scellier ;
- Scellier social ;
- Scellier Paris ;
- Scellier ancien, immobilier Borloo, immobilier de Robien, etc.

Nous allons factoriser ces expressions clés ; cela va nous donner à peu près cela : **www.monsite-en-defiscalisation.fr/** suivi de :

- defiscalisation/. Ce mot clé racine est à combiner avec de très nombreux autres mots clés. Il ressort de l'analyse effectuée par le référenceur que ce mot est combiné à presque tous les autres mots identifiés ; il vient donc en premier. Il est même intégré au nom de domaine pour augmenter sa portée.
- immobilier/. Les internautes français combinent immobilier à de nombreux autres mots clés. Il vient donc en deuxième position.

- loi–scellier–girardin–borloo–de–robien/. Les noms de ces hommes politiques auteurs de diverses lois de défiscalisation voient souvent leurs noms combinés à de nombreux autres mots clés.

Et ainsi de suite.

Nous venons de poser une hiérarchie de combinaisons de mots clés. Nous allons ainsi obtenir un guide pour réaliser le placement hiérarchisé de ces mots clés, organisés en expressions clés, sur les pages du site, du haut de l'arborescence vers les pages finales en passant par les pages têtes de rubrique.

Ici, dans cet exemple, défiscalisation sera intégré dans le nom de domaine. Immobilier sera présent au côté de défiscalisation dans la page d'accueil puis les noms des hommes politiques. On totalise alors sept mots clés pour la page d'accueil. Deux options s'ouvrent à nous : on laisse loi–scellier–girardin–borloo–de–robien/ comme expression clé stratégique de la page d'accueil ou on la déclasse en expression clé importante sur la page d'accueil (donc avec un retrait de ces mots clés du title de page).

Nous déclassons loi–scellier–girardin–borloo–de–robien/ en expression clé importante sur la page d'accueil, ce qui donne un poids maximal sur défiscalisation immobilier. C'est notre arbitrage stratégique sur ce site exemple.

loi–scellier–girardin–borloo–de–robien/ devient soit une expression clé stratégique d'une tête de rubrique qui aura un title de sept mots clés, soit quatre pages têtes de rubrique ayant chacune une expression de trois mots clés stratégiques présente en title de page : défiscalisation, immobilier, loi, nom de l'homme politique. Le choix stratégique de l'arborescence et du référenceur est de minimiser le nombre de mots clés par page afin de maximiser l'impact du peu de mots clés présents dans le title.

Nous aurons donc en pages têtes de rubrique depuis la page d'accueil :

- *defiscalisation/immobilier/loi-scellier/*, avec en title de page défiscalisation immobilier loi Scellier ;
- *defiscalisation/immobilier/loi-girardin/*, avec en title de page défiscalisation immobilier loi Girardin ;
- *defiscalisation/immobilier/loi-borloo/*, avec en title de page défiscalisation immobilier loi Borloo ;
- *defiscalisation/immobilier/loi-de-robien/*, avec en title de page défiscalisation immobilier loi de–Robien.

REMARQUE

Le référencement influence la structure du site

À travers cet exemple, vous percevez la collaboration entre le référenceur, son audit mots clés sous le bras, et le concepteur du site. Les expressions clés à combiner et à répartir influencent l'arborescence du site, sa structure,

> **REMARQUE**
>
> sa navigation. On remarquera aussi que cela conduit à une structure en silos d'informations spécialisées par thème, que Google apprécie particulièrement.

Outre une aide à structurer le site en silos, cette factorisation des mots clés apporte aussi une aide pour la conception et l'organisation des URL réécrites à la volée. En répartissant les mots clés avec une approche factorisation, nous assurons une combinatoire de mots clés en expressions clés capable de déclencher un effet longue traîne efficace et créateur de trafic ciblé.

4.9 Identifier des mots clés sur un site existant

Nous avons vu comment identifier et sélectionner des mots et expressions clés sur un site à créer ou sans réel référencement. Il existe une autre source d'idée de mots clés pertinents : les internautes eux-mêmes. *Via* les statistiques de votre site, dans Google Analytics on peut trouver des idées ou détecter des oublis.

Figure 4-16 : *Google Analytics et la prise en compte d'entreprise + électricité*

	Mot clé	Visites ↓
1.	entreprise électricité	3
2.	entreprise électricité melun	3
3.	attestation de stage en entreprise	1
4.	defi inter entreprise 2012 en [redacted]	1
5.	entreprise d'électricien d'équipement a [redacted]	1
6.	entreprise d'électricité industrielle 06	1
7.	entreprise d'électricité industrielle dans le [redacted]	1
8.	entreprise d'electricité qui recrute en [redacted]	1
9.	entreprise d'electrotechnique dans le [redacted]	1
10.	entreprise electricité [redacted]	1
11.	entreprise electricité industrielle	1
12.	entreprise electricité industrielle [redacted]	1
13.	entreprise electricite [redacted]	1
14.	entreprise electrotechnique industriel [redacted]	1
15.	entreprise [redacted]	1
16.	entreprises electriciens [redacted] pour apprenti	1
17.	entreprises électricité courants forts et faibles alternances	1
18.	entreprises electricite industrielle [redacted]	1
19.	entreprises [redacted] electricite	1
20.	federation française entreprises electronique electrique	1
21.	forme entreprise electricité	1

Voici un exemple réel : que saisit un internaute à la recherche d'une entreprise en électricité générale ? Dans un premier temps le site a été référencé sur *électricité générale*. Grande surprise, Google Analytics montre l'arrivée d'internautes sur *entreprise d'électricité générale*. Après une rapide réévaluation *via* AdWords, cette expression clé au départ considérée comme secondaire est devenue une expression clé stratégique.

Il faut examiner en détail les statistiques **Sources de trafic** > **Sources** > **Recherche** > **Résultats naturels**. Quand une expression clé surprend, on peut affiner et vérifier le volume de venue dans différentes périodes, les mots clés accompagnant et ainsi obtenir des idées d'expressions clés à cibler en longue traîne.

4.10 Résumé

Nous venons de voir divers outils et méthodes pouvant nous aider à sélectionner des expressions clés :

- Le potentiel de trafic.
- Entre différentes expressions clés synonymes, identifier l'expression la plus utilisée par des internautes, voire quasiment imposée par Google via la fonction Suggest.
- L'identification d'expressions que les outils Google refusent de lister.

AdWords est un outil précieux, quoique bridé, pour identifier des expressions clés. L'usage de campagnes Google permet d'affiner des expressions clés et leurs usages par des internautes. On peut ainsi tester et évaluer le potentiel d'une expression clé avant de lancer un investissement en SEO sur le site.

De nombreux outils de statistiques sont à utiliser. Un bon référenceur doit posséder une solide compétence en analyse de statistiques comme nous allons le voir au fil des différents chapitres.

La recherche de trafic via l'identification des expressions clés en longue traine est bridée par les outils de Google. Plusieurs méthodes permettent de compenser ce frein et d'obtenir quand même les informations nécessaires.

chapitre

5

Le référencement local

REMARQUE

Google Adresses et SEO pour capter le trafic local

La gestion de votre fiche Google Adresses est à la portée de tout niveau technique. L'enjeu est de correctement la gérer pour une efficacité maximum en référencement local. Le propos de ce chapitre est de vous exposer comment procéder et pourquoi.

Aux débuts de Google, seul le référencement « national » existait. On saisissait une requête comme par exemple plombier et face à l'avalanche de résultats, l'internaute précisait la ville : plombier Evry ou plombier Lyon par exemple. Google affichait le peu qu'il avait indexé sur cette expression-clé.

Pour de nombreuses raisons, Google a décidé de personnaliser les résultats de recherche au lieu d'où navigue l'internaute. Il se base sur différents éléments pour calculer ce lieu selon les moments et différentes conditions :

- votre adresse IP : elle indique avec une assez grande précision le lieu où vous êtes connecté. Google utilise votre adresse IP s'il ne trouve pas un cookie dans votre navigateur.
- les cookies, dont ceux de Google, résident dans votre navigateur. Google stocke dans ses cookies entre autres informations votre lieu de connexion habituel. Cela explique pourquoi vos résultats de recherches ne sont pas personnalisés quand vous vous connectez via une clé 3G lors d'un déplacement entre autres exemples.

Une fois le lieu acquis, il reste à Google à déterminer si la requête saisie par l'internaute doit faire l'objet d'une réponse localisée ou non.

Selon ses réglages, c'est-à-dire est ce qu'un des mots clés de la requête doit être filtré et personnalisé, selon votre historique accessible, Google peut alors vous proposer un mix variable de :

- réponses localisées ;
- réponses issues de Google images, vidéos et autres services Google ;
- réponses nationales ;
- réponses issues d'autres services de Google.

On appelle cela la *recherche universelle*. La personnalisation des résultats de recherche a débuté chez Google avec un filtrage géographique des réponses.

L'objectif de Google est de satisfaire au mieux l'internaute chercheur. En personnalisant les résultats sur le lieu puis sur d'autres critères, Google tente de coller au maximum aux attentes de résultats de recherche des internautes.

Désormais, une requête plombier sera automatiquement personnalisée à votre localisation.

On perçoit tout de suite l'intérêt d'avoir un référencement local. Vous pouvez ainsi exploiter cette caractéristique de Google : priorité au local sur certains mots clés. Une société importante vous fait concurrence mais elle est située à bonne distance. Avec un référencement localisé, vous serez toujours devant elles dans les SERP des internautes des environs. Le plombier du coin apparaîtra dans les résultats de rechercher avant l'entreprise de plomberie située à des kilomètres de votre zone géographique.

On perçoit aussi deux autres inconvénients majeurs :

- Votre entreprise, disons que vous êtes dans le diagnostic immobilier, est basée dans un village à quelques kilomètres d'une grande ville, disons à 7 kms de Dunkerque. Les locaux sont moins chers à louer et en 5 mn vous êtes sur votre zone de chalandise, Dunkerque. Vous serez par défaut dans la personnalisation des résultats derrière tous vos concurrents basés eux dans Dunkerque même. Si vous ne travaillez pas votre référencement local, vous resterez derrière avec les conséquences négatives qui vont avec votre disparition des pages Google sur *diagnostic immobilier* saisi dans la zone de Dunkerque.
- Vous êtes un artisan à Melun, et il y a 50 autres artisans de même spécialité que vous. Pire, une dizaine a déjà entrepris de faire un référencement local de qualité, ce qui va les rendre assez difficiles à doubler. Il y a 8 places en affichage prioritaire dans Google. Si vous êtes au-delà du rang 8 pour cause de trop de concurrents dans votre métier sur votre ville, il va vous falloir agir intelligemment : optimiser le SEO de votre site, optimiser votre fiche Google Adresses, obtenir des avis positifs dans Google. Sinon vous serez invisible et donc sans trafic sur vos mots clés « locaux ».

Ce chapitre est consacré aux recherches sur Google localisées. En effet, pour être bien référencé localement, faut-il encore en faire la démarche : remplir correctement sa fiche Google Adresses (voir fig. 5-1).

Les fiches Google Adresses sont affichées dans une SERP de deux manières différentes :

- sous la forme d'une carte Google Maps en colonne de droite avec des points et des flèches notées de *A* à *G*. À chaque flèche notée par une lettre correspond la localisation d'un prestataire dont un résumé est affiché en haut de SERP, classé de *A* à *G*. La présence de votre fiche à cet endroit est une garantie de clic et de trafic vers votre site ou votre fiche Google Adresses détaillée ;

Figure 5-1 : *Google Adresses en action dans une SERP*

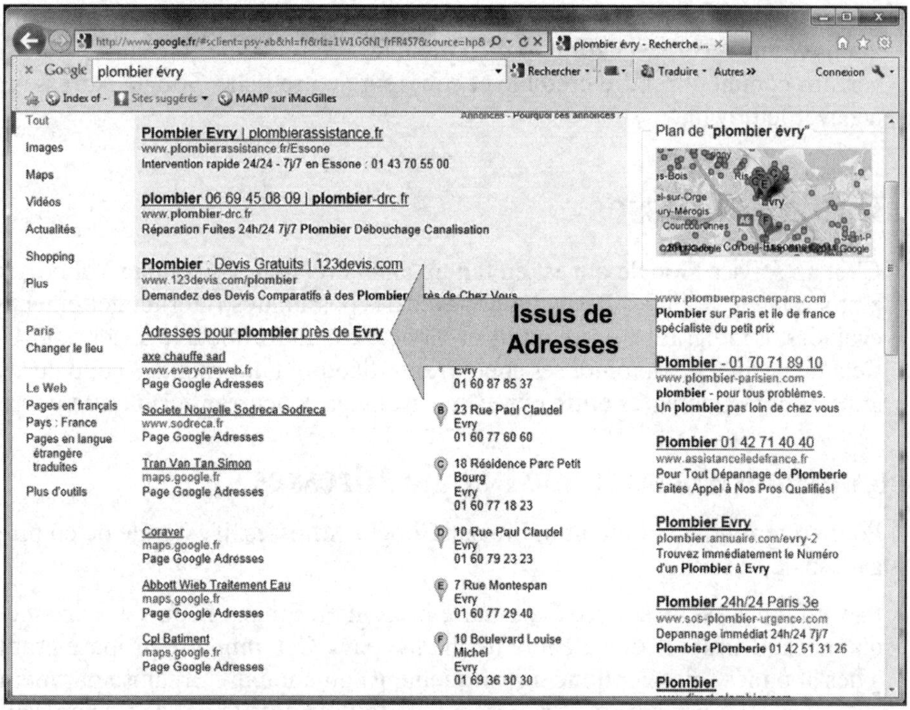

- dans Google Maps, la page Google Adresses est affichée sous cette même présentation utilisant des flèches nommées de *A* à *G* indiquées sous la forme de points orangés sur la carte. On peut tester "plombier Essonne" dans **maps.google.fr** et voir quelques fiches présentées de manière claire ainsi qu'une multitude de points orangés correspondant à tous les plombiers n'ayant pas droit à un affichage de fiche Google Adresses. Il y a beaucoup d'appelés et peu d'élus.

> ASTUCE
>
> **Des appels téléphoniques entrants**
>
> Ce qui pourra intéresser un bon nombre de professions artisanales est le fait que leur numéro de téléphone soit affiché avec leur fiche Google Adresses en haut de page de SERP, ce qui peut générer des appels téléphoniques entrants pour des demandes de devis, de rendez-vous, de renseignements.
>
> Google Adresses prospecte pour vous ! On comprend tout de suite les raisons pour lesquelles les référenceurs ont poussé cette approche auprès de leurs clients. Ceux qui n'ont pas de référenceurs ou de connaissances sur Google Adresses se sont tout simplement passés de ce type de clients au plus grand bénéfice de leurs concurrents. Les plus futés ont été les premiers servis.

Le référencement local se base sur un pivot : votre fiche Google Adresses. Nous allons commencer ce chapitre par ce pivot du référencement local. Ensuite nous verrons comment rendre crédible et cohérente votre fiche Google Adresses pour achever le travail.

5.1 Google Adresses

C'est un service Google qui est en fait un annuaire, non pas comme Yahoo!, mais plutôt comme celui des Pages Jaunes avec des possibilités Internet nettement plus évoluées. L'intégration entre outils et services est un formidable levier pour Google. Cela lui permet de dominer ses concurrents. Séduire l'internaute à coup de services gratuits et bien intégrés entre eux est un avantage concurrentiel énorme pour Google.

Pour comprendre la stratégie Google Adresses

Pour comprendre comment optimiser Google Adresses, il est utile de comprendre la genèse de ce service.

Pages Jaunes est un service d'annuaire présent en France depuis des dizaines d'années. Il existe l'équivalent dans chaque pays. Cet annuaire propose gratuitement à des abonnés (du téléphone historiquement) un annuaire organisé par métier par ville. Pages Jaunes propose gratuitement à tout professionnel de figurer dans cet annuaire sous la forme d'une ligne dans sa ville. Contre paiement, Pages Jaunes propose à tout professionnel de figurer sur d'autres villes ou avec des encarts publicitaires plus ou moins voyants. Pages Jaunes a ainsi dégagé des milliards de francs puis d'euros de revenus durant des décennies.

Cette forme de publicité sur annuaire ne pouvait laisser Google indifférent. Oui mais le retard était considérable. Pages Jaunes dispose d'une large diffusion papier, disposait d'une version minitel qui a mis l'entreprise sur le média Internet assez rapidement et lui a permis ainsi de prendre de l'avance. L'annuaire Pages Jaunes est disponible gratuitement sur Internet. Google se retrouve devant la même situation dans tous les pays.

Comment faire ? Steve Jobs aurait répondu : innover ! C'est ce qu'ils ont fait.

Voici comment Google est passé d'acteur totalement absent d'un marché à la position de n°1 ou en passe l'être.

Google a proposé aux entreprises de disposer gratuitement d'une fiche Google Adresses. Les entreprises n'ont pas suivi. Normal, pour quoi faire ? La réponse de Google a été percutante :

- Pour disposer de divers bonus en référencement naturel et donc de création gratuite de trafic ciblé.

- Pour disposer dans les résultats naturels de Google, en haut de SERP, d'un affichage riche et liant l'entreprise à un lieu géographique dans Google Maps. Le taux de clics est quasiment garanti !
- Pour disposer d'un affichage Google Street.
- pour disposer d'un AdWords localisé donc plus pointu et plus efficace.

Tout cela a été lancé sans faire de publicité, sans force commerciale. Les référenceurs, comprenant vite l'usage qu'on pouvait obtenir de Google Adresses, se sont mis :

- à les utiliser ;
- à en faire la promotion auprès de leurs clients qui eux même ont entrainé un mécanisme de bouche à oreille
- à les spammer, sans aucune réaction de Google, pour en tirer un avantage compétitif face aux sites sans référenceur compétent.

Cela a duré des mois, quelques années. Puis l'annuaire Google a eu deux défauts majeurs :

- pas assez de monde. Des millions d'entreprises n'y figuraient pas. Les recherches Pages Jaunes continuaient donc à être plus intéressantes en qualité.
- trop de spams qui polluaient Google Adresses, donc là aussi, les recherches Pages Jaunes continuaient à être plus intéressantes en qualité.

Mais la pompe était amorcée. Nombre d'internautes, pas encore la majorité, ont pris l'habitude d'utiliser Google pour chercher un service local. Il suffit de taper plombier Evry pour tenter d'avoir une réponse directement dans Google Chrome (il enverra la requête directement au moteur de recherche Google) ou directement dans la page par défaut du navigateur : Google. En cas d'échec de la recherche seulement, ces internautes se retournent vers Pages Jaunes.

Google est alors passé à la suite de son offensive : injecter toutes les entreprises dans son annuaire et faire le ménage. Pour injecter les entreprises dans son annuaire, ce fut très simple : il suffit d'acheter les coordonnées de toutes les entreprises aux Greffes de tribunaux ou à une société spécialisée comme un ou des opérateurs téléphoniques. 2 millions et quelques de fiches Google Adresses ont été ainsi créées avec un taux d'exactitude supérieur à 90 %.

Pour le ménage, cela fut encore plus simple. Google dispose d'une base de données à peu près fiable concernant chaque entreprise de France (ou d'ailleurs : Belgique, Suisse, Luxembourg, ...) :

- L'adresse du siège et de chaque établissement.
- Le numéro de téléphone fixe.

Il lui est alors possible de recouper les fiches existantes et de suspendre toutes les fiches suspectes en prévenant par e-mail, pour une fois, les possesseurs de fiches pour leur enjoindre de les mettre à jour en respectant les CGU, c'est-à-dire en leur enjoignant d'arrêter tout spam.

En 2011, Google se retrouve avec :

- Un annuaire presque aussi complet que les Pages Jaunes.
- De nombreuses informations sur chaque entreprise, permettant au moteur de trier aisément les entreprises correspondantes à un critère de recherche saisi dans le moteur ou implicite (la géolocalisation de la recherche).
- Un affichage des informations sur l'entreprise auprès de l'internaute avec une carte intelligente, un accès à Google Earth si nécessaire, un accès à Google Street. Cet affichage accessible en peu de clics séduit des millions d'internautes adeptes de la simplicité qui prennent l'habitude d'utiliser Google comme moteur de recherche pour poser toutes sortes de questions telles que « *où se trouve le plombier le plus proche de mon domicile d'où je surfe ?* ».
- Bénéfice secondaire : cet annuaire fiable à plus de 90 % lui permet de noter la crédibilité d'un site web par rapport au profil de la société. Même si vous êtes une entreprise « nationale », vous avez intérêt à avoir une fiche Google Adresses. C'est un point de crédibilité parmi de nombreux autres.

Les conséquences pour le référenceur

Toute fiche créée doit être associée à une entreprise. Une fiche Google ne permet la saisie que d'un seul site web par établissement physique (siège social, établissement secondaire). Les entreprises multi-activités disposant de plusieurs sites web distincts auront donc un problème. Nous verrons plus loin comment le pallier en partie.

L'établissement doit être réel, c'est-à-dire déclaré au greffe et aux impôts. Google dispose du Kbis de votre entreprise et il reprend ces informations dans sa base de données pour contrôler et pour afficher une fiche par défaut sur votre entreprise si vous n'avez pas déjà créé votre fiche Google Adresses.

Si votre extrait Kbis est faux ou inexact, faute de mise à jour par exemple, votre fiche Adresses sera fausse et pourra vous valoir des ennuis. Par exemple vous n'êtes plus franchisé de tel réseau alors que c'est encore mentionné sur votre Kbis. Votre fiche Google Adresses va donc vous orienter du trafic indu mais aussi un potentiel procès pour concurrence déloyale et des ennuis se chiffrant en milliers d'euros d'amendes et dommages et intérêts pour avoir laissé de fausses informations par négligence à propos de votre entreprise.

Autre ennui possible, votre adresse Kbis ne correspond plus à la réalité. Vous ne pourrez pas valider votre fiche Google Adresses ou alors elle restera au fin fond de l'annuaire sans jamais ressortir sur vos mots clés.

Cette fiche sera validée par Google via un contrôle par SMS sur un téléphone fixe dont Google est sûr de son authenticité ou via un appel téléphonique robotisé sur la ligne fixe ou via une carte postale.

Avant de créer la fiche de l'entreprise, il est impératif de chercher la fiche déjà créée par Google. Si et seulement si elle est introuvable, alors on pourra la créer et la faire valider via contrôle par Google.

Si elle existe, il suffit d'en revendiquer la paternité et de le prouver via un contrôle par SMS, appel téléphonique ou par carte postale.

5

S'inscrire dans Google Adresses

C'est très simple. Il suffit de googler Google Adresses et de suivre la procédure d'inscription. Il vous faut simplement avoir un compte Google et une adresse e-mail valide.

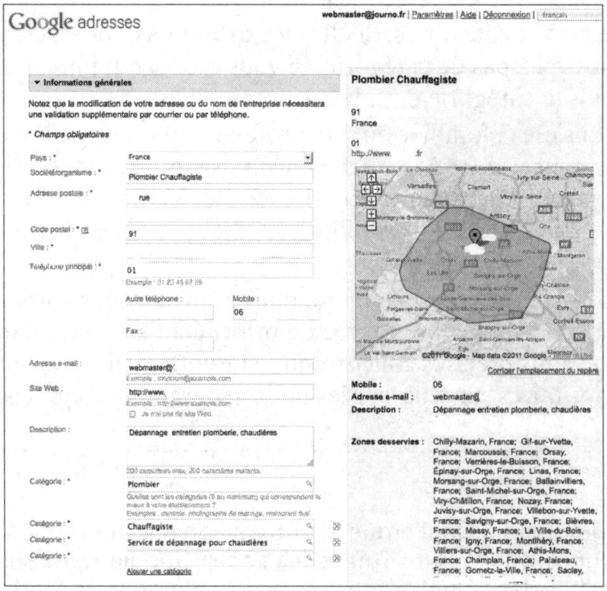

Figure 5-2 : *Inscrire son entreprise dans Google Adresses*

La fiche d'inscription détaille toutes les informations dont Google a besoin. Nous détaillons ci-après les items importants.

- Votre numéro de téléphone fixe doit être impérativement valide. Publiez-le sur la page d'accueil de votre site Internet. C'est une astuce pour renforcer la crédibilité de votre fiche.

- Indiquez votre site web. Indiquez le plus lié à du business local si vous avez plusieurs sites distincts pour votre entreprise. Si vous n'en avez pas, indiquez-le en cochant la case adéquate. Si vous disposez d'une page chez votre franchiseur, déposez votre URL dans son site. Exemple : **http://valenciennes-01.diagamter.com/** est utilisée dans une fiche Google Adresses d'un franchisé du réseau Diagamter. Il ne possède pas de site web et ce franchisé utilise sa fiche au sein du site diagamter.com
- Indiquez l'adresse e-mail de votre compte e-mail groupant les services Google de votre entreprise : Gmail, Adresses, Analytics, etc. Vous renforcez la crédibilité de votre fiche.
- La description de votre activité doit tenir dans 200 caractères. Soyez concis et précis. Elle sera lue par les internautes et potentiellement utilisée par Google pour le référencement. Utilisez des mots clés stratégiques. Ce résumé doit être lisible par un être humain. D'un autre côté, ne faites pas une longue prose communicante genre « *nous recevons bien nos clients avec le sourire* ». Il n'y a aucun mot clé et personne ne prête attention à ce genre d'écrit dans une fiche Google Adresses. Les mots clés présents dans ces 200 caractères doivent être présents dans l'URL saisie dans cette même fiche Adresses. Cela renforce la cohérence
- Sélectionnez votre ou vos catégories. Si elles n'existent pas, résumez là avec 2 ou 3 mots clés. N'usurpez pas de catégorie. Si vous êtes agent immobilier ne vous mettez pas dans la catégorie des experts immobiliers.
- Zone desservie : vous êtes plombier ou une profession mobile ? Cliquez sur **Oui, nous pouvons nous rendre à domicile**, puis saisissez les codes postaux des communes où vous intervenez dans **Zones desservies**. Si vous êtes un restaurant ou toute autre service fixe, cliquez sur **Non, tous les clients doivent venir à notre adresse**.
- Vous pouvez aussi saisir votre département, mais à savoir : plus votre zone géographique est grande moins vous aurez de priorité à l'affichage dans les SERP. Les fiches les plus précises concurrentes sur votre activité auront une tendance à être prioritaires sur vous sur les lieux géographiques précis.

> REMARQUE
>
> **L'adresse postale**
>
> Vous êtes artisan plombier à Dunkerque et votre siège social est dans un village à côté de Dunkerque à 5 km. Toutes les fiches Google Adresses de vos concurrents établis dans Dunkerque même auront une forte tendance à être prioritaires sur la vôtre.

- Ajoutez des photos ou des vidéos déposées sur You Tube dans votre fiche. C'est bon pour la crédibilité de votre fiche. Si vous distribuez des marques (de hi-fi, de chaudières, de voiture, de pizza, précisez-le dans les détails supplémentaires).

Respectez les consignes de rédaction Google. Maintenant que le service est établi, ils sont nettement plus rigoureux sur vos informations et vous avez tout à perdre en faisant suspendre votre fiche.

Google ne vous prévient plus lors de la suspension de votre fiche. A priori et fidèles à leurs méthodes envers les contrevenants à leurs consignes, vous n'avez qu'à vous en rendre compte par vous-même. Il est recommandé de consulter régulièrement son compte Adresses.

5.2 La notation de votre entreprise : les avis

Tout internaute, *titulaire d'un compte Google* comme Gmail, Google Plus etc. peut donner son avis sur votre entreprise : « *excellent hôtel* », « *horaires non respectés* », « W*i-Fi inopérant malgré la promesse de l'hôtelier* », « *trop de bruit* », « *vermine dans les chambres* » … On trouve de tout.

Quel est l'impact de ces avis sur votre référencement et votre trafic ?

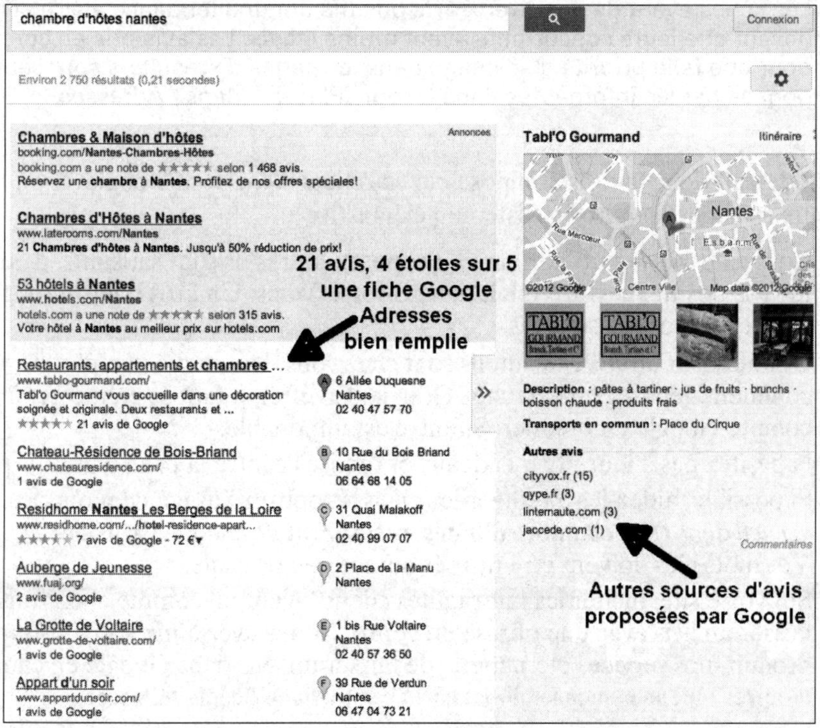

Figure 5-3 : *21 avis, 4 étoiles sur 5, une fiche Google adresses correctement remplie, un peu de SEO*

« Chambre d'hôtes Nantes » est une expression clé convoitée par tous les sites web de chambres d'hôtes de Nantes et ses environs, que ces sites web soit strictement locaux ou nationaux comme le site des Gites de France. 21 avis Google, quelques dizaines d'avis parus dans quelques sites, une fiche Google Adresses correctement remplie, un site web correct, un peu de SEO permettent à **tablo-gourmand.com** de prendre la place enviée de n°1 en résultats de recherches naturelles devant **residhome.com** qui possède 7 avis Google un peu moins positifs et plus de 240 avis d'autres sources (contre une vingtaine à **tablo-gourmand.com**)

On perçoit tout de suite à travers cet exemple que Google accorde plus d'importance aux avis postés chez lui que chez les autres outils. Vous en trouverez les raisons dans le chapitre dédié à la triche et au webspam.

ASTUCE

Priorité aux avis

Acquérir des avis positifs. Un avis dans Google Adresses ne peut être donné que par un titulaire de compte Google. Il est donc identifié. Cela limite fortement le spam d'avis positifs.

Plus vous aurez d'avis positifs, plus cela se verra et plus cela aura un effet sur vos clics. En effet, les étoiles jaunes attirent le regard et donc les clics. Les fiches ayant de nombreux avis positifs ont une tendance à être affichées devant que leurs concurrents ayant moins d'avis. Les avis pris en compte pour une telle priorité d'affichage dans les pages de résultats sont ceux donnés par les internautes dans Google Places / Maps / Adresses.

Un site devrait donc favoriser la pose par ses clients d'avis via Google. Il y a plusieurs méthodes pour cela (liste non exhaustive) :

- Contacter vos clients par email. Proposez-leur, s'ils sont satisfaits, de donner un avis positif via votre URL dans Google Maps. Un gros bouton rouge permet de donner son avis.
- Donnez-leur un flyer lorsqu'ils sont chez vous. Un mode d'emploi de comment déposer un avis chez Google. En effet, il faut se connecter à son compte Google en premier. Sinon, c'est impossible.
- N'hésitez pas à leur offrir cadeaux et remises contre la pose d'un avis positif !
- Si possible, aidez-les à rédiger leur avis. Proposez l'usage de mots clés. *Bon accueil dans cette* **chambre d'hôtes**, **restaurant** *de qualité*, **Croisière** *sympa* etc. Vos mots clés doivent être utilisés autant que possible.
- Sur votre site, inciter les internautes clients ayant un compte chez vous à laisser un avis avec une phrase du genre « Vous avez aimé votre séjour (votre produit, nos services etc.), merci de laisser un avis dans Google en cliquant ci-après : **url pour accéder directement à votre fiche Google Adresses**.

L'url pour accéder à votre fiche Google Adresses est « chargée » en informations et elle est donc assez longue.

Voici un exemple :

http://maps.google.fr/maps/place?q=novotel+evry&hl=fr&cid=12075954660236338823

Le plus simple est de la copier / coller. Pour trouver l'URL de votre fiche Google Adresses avec en rouge « *DONNEZ VOTRE AVIS* » :

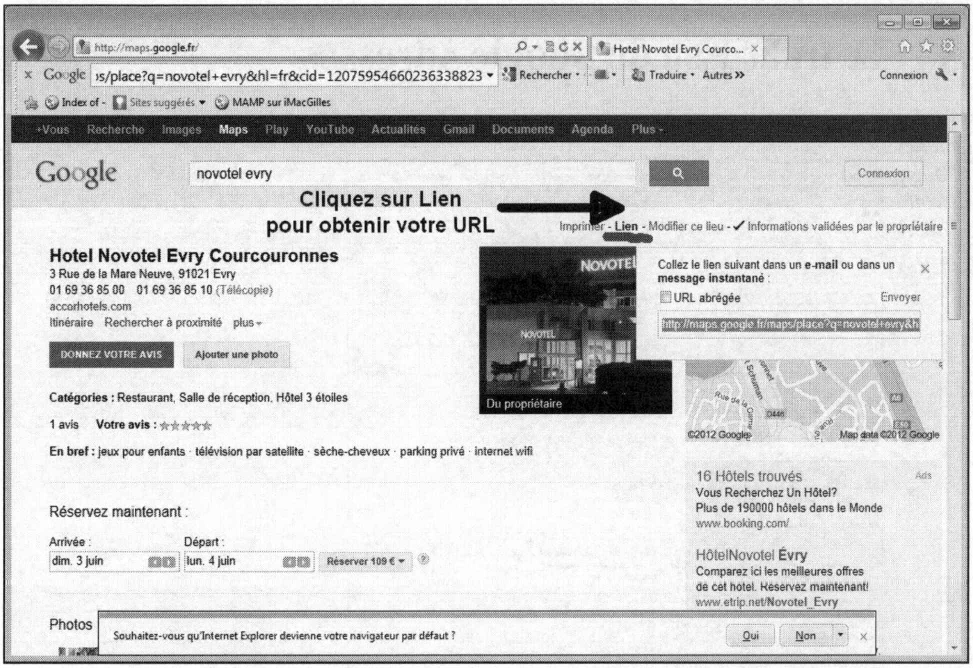

Figure 5-4 : *Votre URL dans Google Maps et Google Adresses « Donnez votre avis »*

1. Allez dans Google Maps (**maps.google.fr**).
2. Saisissez le nom de votre entreprise (ici dans l'exemple, Novotel Evry).
3. Cliquez sur le snippet de votre entreprise. Un « pop in » s'ouvre, détaillant votre entreprise.
4. Cliquez sur le titre de ce pop in, vous arrivez alors sur le détail de votre entreprise.
5. Pour obtenir votre URL, cliquez sur **Lien**, cela affiche une sous fenêtre avec le lien à copier / coller. Un clic sur **URL abrégée** vous donne accès à une URL abrégée chez Google (**g.co/maps/**) .

Cette URL affiche votre fiche avec en haut à gauche en rouge : « *DONNEZ VOTRE AVIS* ».

Si vous estimez que vos clients ne comprendront pas ce qu'il faut faire, faîtes leur un mode d'emploi avec capture d'écran. Rappelez-leur qu'il faut d'abord se connecter sur son compte Google Gmail ou autre.

On en vient tout de suite à l'idée qui peut vous traverser l'esprit en lisant ces lignes : obtenir des avis positifs bidonnés. Ce n'est pas aussi simple. Ce type d'approche, obtenir de faux avis positifs, est détaillé dans le chapitre dédié aux techniques de triche et de spam. Il est difficile à mettre en place.

5.3 Le trafic issu de Google Adresses

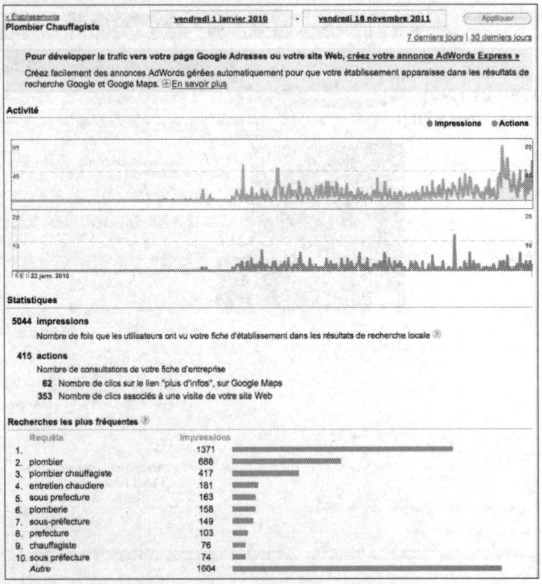

Figure 5-5 : *Statistiques Google Adresses de votre fiche*

On voit tout de suite dans la capture d'écran, la mise en service de la fiche a un impact sur le trafic de votre site.

La courbe bleue *les impressions* indique que Google affiche votre résumé Google Adresses dans les SERP locales. Ces affichages publicitaires ont les effets possibles suivants :

- intéressé, un internaute clique pour accéder au détail de votre fiche Google. Mieux elle est faite, plus elle séduira le quidam en quête d'un prestataire de service. Soignez vos fiches Google adresses. Elles sont lues par de potentiels clients.
- pressé, un internaute note votre numéro de téléphone et vous appelle.
- depuis votre fiche, l'internaute accède à votre site Internet pour en savoir plus.

- l'internaute ne prête pas attention à votre résumé Google Adresses. On peut se poser la question de pourquoi. Peut-être que le titre de votre fiche n'est pas assez clair ou engageant ?

Mais le titre dans une fiche Google Adresses correspond normalement à la raison sociale et celle-ci ne doit pas être modifiée. Google acquiert des informations depuis des sites spécialisés comme les annuaires téléphoniques, les greffes de tribunaux de commerce. En cas de ré import, votre fiche modifiée risque de basculer en invisible à cause de son « remplacement » par Google d'une nouvelle fiche vierge. Il faut donc surveiller en permanence votre fiche Google Adresses et son trafic. Dès qu'il tombe à 0, il faut rechercher la nouvelle fiche mis en ligne par Google, en reprendre la possession et la remodifier à votre convenance. L'ancienne fiche est devenue inutilisable. Le trafic est passé à 0 ou guère mieux.

La courbe verte affiche les actions des internautes. Si les appels téléphoniques se succèdent à votre standard, pas de problème, votre numéro dans votre résumé suffit à vous apporter des prospects malgré une courbe verte plate. Si le téléphone ne sonne pas et que votre courbe verte est plate, il faut vérifier la perception des internautes de votre résumé ou vérifier votre fiche en détail : les mots clés ne sont pas peut être pas les bons.

La courbe bleue reste désespérément plate : votre fiche est suspendue ou invisible. Les raisons possibles sont multiples et mal documentées :

- Elle est en conflit avec une autre fiche ayant la même adresse. En général c'est la fiche émise par défaut par Google à votre place. Revendiquez-en la paternité en passant par le clic sur le lien. En effet, elle sans propriétaire, revendiquez là (voir capture écran).
- Elle contrevient à des consignes Google et elle a été suspendue, vérifiez votre compte Google Adresses. Vous aurez un message dans le compte. Google ne les envoie plus par e-mail.

Figure 5-6 : *Une fiche Google Adresses sans propriétaire.*

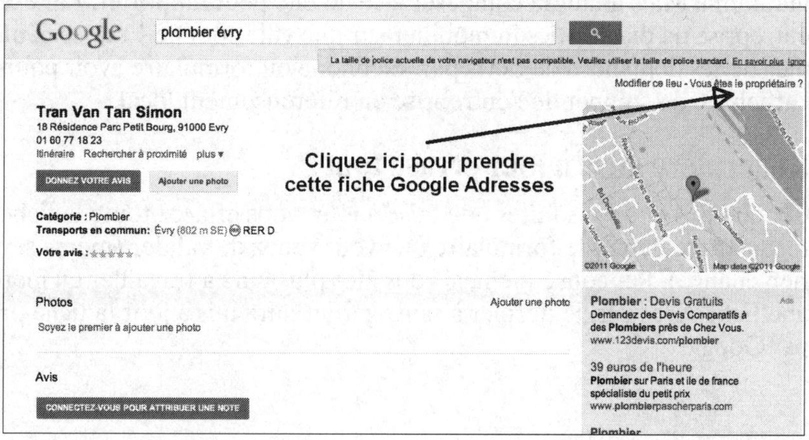

- Elle contrevient à des consignes Google d'une manière qui ressemble à du spam. Google suspend la fiche mais n'indique rien. Il attend que vous corrigiez votre erreur.
- Votre fiche est mal administrée et elle est invisible sur vos mots clés porteurs de trafic.

Les problèmes et astuces

Une fiche Adresse par établissement physique

Les entreprises multi-activités disposant de plusieurs sites web distincts avec une activité locale ont un problème. Google Adresses ne permet qu'un seul nom de domaine.

Plusieurs possibilités se présentent :

- Vous migrez vos différentes activités sous un seul nom de domaine. De nombreux avantages apparaissent dont celui de disposer d'une fiche Google Adresses. Mais vous perdrez les backlinks pointant vos anciennes URL, enfin, si ces backlinks ont un réel impact sur votre référencement.
- Vous ouvrez un établissement secondaire avec aucun employé et une domiciliation. Cela vous coûtera un impôt (le remplaçant de la taxe professionnelle) et une domiciliation. Mais si vous avez une adresse en plein centre d'une grande ville au lieu d'être à 20 kms de celui-ci, cela peut se traduire par un trafic qualifié plus important grâce à Google Adresses et donc des clients en plus.
- Vous tentez du black hat SEO mais les contrôles étant nombreux et quelque fois même humains, cela risque d'être dangereux.

A priori, la dépense peut sembler élevée : un budget de 2000 euros HT annuel est un minimum. Mais il faut la comparer à ce qu'elle peut rapporter. Par exemple, une entreprise de diagnostics immobilier sur une ville comme Cannes peut avoir 50 % et plus de ses demandes de devis par téléphone ou formulaire avoir pour origine l'affichage du snippet de l'entreprise en référencement local.

La dernière mise à jour écrase tout

Chaque fois que vous faîtes une mise à jour, vous effacez toute la fiche puis elle est reconstruite depuis le formulaire que vous venez de valider (même si vous n'avez rien changé). Par conséquent, si vous êtes plusieurs à travailler en même temps sur une fiche Adresses, le dernier à sauvegarder aura mis à jour la fiche prise en compte par Google.

Mise à jour Adresses

Consulter et mettre à jour régulièrement sa fiche Adresses, plusieurs fois par an, est recommandé. En effet, de nombreux incidents peuvent émailler la vie de votre fiche Adresses :

- Elle est suspendue, provisoirement ou définitivement. Il peut alors être intéressant de modifier votre fiche pour éliminer ce qui aurait pu occasionner la suspicion de Google.
- Un bogue Google nécessite d'intervenir sur la fiche (voir capture d'écran) au cas par cas : la modifier, tout recommencer, en créer une nouvelle selon l'incident rencontré.
- La simple mise à jour de votre fiche change sa date d'enregistrement car le fait de cliquer « valider » ré écrit tout l'enregistrement. Vous signalez au moteur que votre fiche est suivie, signal de crédibilité.
- Google bogue souvent sur Adresses. Si vous avez un souci de textes non pris en compte, re valider votre fiche Adresses. Il y a une forte probabilité que cela se corrige.

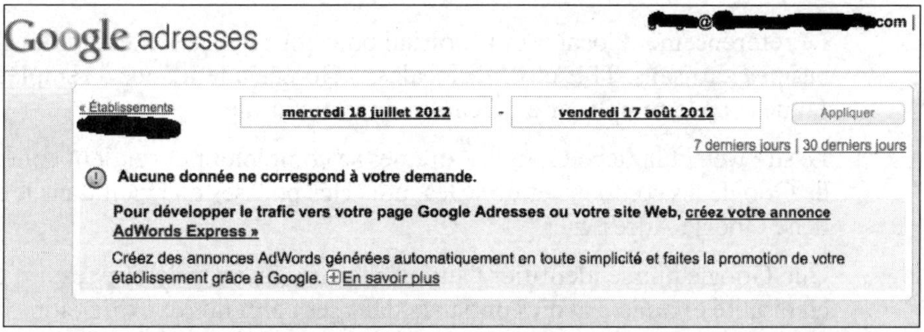

Figure 5-7 : *Une fiche Google Adresses qui bogue.*

Si vous avez une pénalité ou un refus de Google ferme sur votre fiche, revalider votre fiche ne sera d'aucune utilité.

Les erreurs à éviter

Cette liste n'est en aucun cas limitative :

- Vous mettez l'URL de la page d'accueil d'un site web qui n'est pas le vôtre, celui d'un fournisseur par exemple ou du réseau de franchise. C'est du spam selon Google. Mais vous pouvez mettre l'URL de votre franchise dans le site de votre franchiseur.
- Vous publiez des marques que vous ne commercialisez pas ou plus, et ainsi vous captez le trafic local associé à cette marque. Il est très facile de vous trouver. Et ensuite il est facile de vous demander des comptes, captures d'écran à l'appui.

- Vous déménagez et vous ne mettez pas à jour votre fiche Adresses. Ainsi vous gardez le référencement local de votre ancienne adresse. Cela ne fonctionnera pas longtemps. Votre nouveau numéro de téléphone, la mise à jour de votre Kbis et autre action légale ou pratique de votre déménagement sera capté par Google. Votre fiche sera neutralisée et une nouvelle fiche sera créée vide d'informations. Cela vous créera une perte de trafic le temps de mettre à jour votre fiche.
- Vous prenez la gestion des Google Adresses de vos franchisés. C'est interdit par les CGU de Google. Donc soyez discret en le faisant, c'est-à-dire soyez prudent avec la fiche Google Adresses. Par exemple l'e-mail indiqué devrait être accroché au nom de domaine (dupont@multinationale.fr) et pas à des adresses e-mail genre dupont@gmail.com ou orange.fr. Les fiches doivent afficher la cohérence d'une chaîne maîtrisant les murs des boutiques. Si on perçoit tout et n'importe quoi dans vos fiches, elles ont une probabilité d'être suspendues lors d'un contrôle humain ou automatique.

5.4 Résumé

Le référencement local est primordial pour tous les sites exerçant localement du busines : artisans. TPE et PME locales… Google a tendance à remplacer les Pages Jaunes et à le remplacer en création de trafic locale.

Le site web et la fiche Google Adresses se complètent et rendent cohérents auprès de Google les contenus et donc les mots clés poussés en avant dans le site et dans la fiche Google Adresses.

Que Google puisse identifier l'auteur du site, son propriétaire, est un gage de crédibilité et donc d'avoir confiance dans ses contenus et expressions-clés.

Obtenir des vis positifs contribue à la crédibilité de la fiche Google Adresses et donc à son bon placement dans les SERP.

Pour tout site quel que soit la taille de l'entreprise et ses ambitions sur le web, la fiche Google Adresses est à remplir puis à entretenir régulièrement. Elle contribue à la crédibilité du site et elle oriente des internautes vers votre fiche Adresses ou vers votre site.

chapitre

6

Le référencement, optimisation au niveau page

Ce chapitre traite des optimisations que l'on pourrait surnommer « classiques ». Elles sont à la base du référencement.

> REMARQUE
>
> **Le fil conducteur de ce chapitre**
>
> Il consiste à pousser les expressions clés affectées à une page donnée vers Google au moyen de l'optimisation des pages. Cela couvre un vaste panorama.

Dans ce chapitre, certaines sections vont nécessiter des notions techniques. Le niveau technique ciblé par ce chapitre s'adresse aux webmestres débutants. Les néophytes en HTML pourront malgré tout découvrir et comprendre des mécanismes fondamentaux dans l'optimisation des pages. Les parties impliquant le langage HTML et des notions de feuilles de style sont simples à appréhender, même par quelqu'un n'ayant jamais pratiqué.

> REMARQUE
>
> **Optimisations « classiques »**
>
> Nous allons aborder dans ce chapitre les nombreuses optimisations à réaliser sur chaque page d'un site web pour pousser les mots clés. Nous expliquerons la raison d'être de ces optimisations et leurs réalisations techniques.
>
> Ces optimisations recouvrent de nombreux points, du rédactionnel compatible Google jusqu'au codage informatique en passant par la mise en page.

6.1 Des concepts et des optimisations à maîtriser

Disposons des mêmes termes et connaissances avant de débuter ce chapitre.

Google est composé d'*algorithmes*, mis en œuvre par des robots logiciels (bot, filtres…). Ces programmes n'ont pas la finesse de l'esprit humain. Hors Google Panda, que nous traiterons à part, ils sont pour la plupart relativement basiques pour des raisons de consommation de ressources, même s'ils sont capables de traiter un volume énorme d'informations. Si on veut améliorer son référencement, il est important de se mettre au niveau de ce type de programme. Le *Google writing* désigne une technique rédactionnelle adaptée à l'optimisation du texte pour le moteur Google (et pour les autres moteurs aussi) tout en restant adapté à la lecture par des humains. Le rédacteur des contenus d'une page utilisera au maximum les mots clés qu'on lui a désignés pour ladite page, adaptera la mise en page aux besoins de ces mots clés, recherchera *via* Google les mots clés synonymes pour les utiliser également dans la rédaction des contenus. De nombreuses autres astuces de Google writing seront à utiliser pour réussir un contenu cohérent et facilitant le référencement de la page sur les mots clés qu'on lui aura affectés. Nous les verrons plus loin et au fil des chapitres suivants.

Critères on page : ce sont les critères de chaque page qui ont un impact sur l'aspect visuel, au sens large. L'internaute perçoit une modification d'un tel critère. Exemple : gérer les balises hN pour la mise en page ou strong, l'URL de la page, son title, etc.

Pixel : un point à l'écran ou sur une feuille de papier. Le diamètre du point dépend de la qualité de l'écran ou du système d'impression. Un écran restitue environ 72 points par pouce, donc la qualité est très médiocre : une imprimante peut faire 300 points et plus par pouce. L'imprimerie de « luxe » pour les magazines haut de gamme ne dépasse pas les 300 points par pouce. Les polices de caractères sont en général exprimées en pixels. Il est déconseillé de coder un texte en h1 avec une police de taille très petite (font-size-"4px", par excmple). C'est du spamdexing.

JavaScript : c'est un langage informatique théoriquement simple à mettre en œuvre. Ce langage sert de « glue » entre les différents composants d'une page. Exemple simple : le numéro de téléphone d'un formulaire est un champ obligatoire. Un code JavaScript peut veiller à ce qu'une saisie numérique soit valide avec le format 00/00/00/00/00.

Un autre exemple d'usage d'un JavaScript comme *glue* : on impose une taille de fenêtre lors du lancement du site. Le JavaScript évalue la taille de l'écran (sa définition en pixels) et ouvre une fenêtre avec une taille donnée ou en prenant toute la largeur de l'écran. Cela supprime au maximum le risque d'un ascenseur horizontal.

Il est fondamental de comprendre qu'un JavaScript est exécuté dans le navigateur de l'internaute : IE, Firefox, Opera sur PC ou Mac, etc. Les conséquences à comprendre sont les suivantes :

- Lors de l'exécution d'un JavaScript, ce sont les ressources du poste client, celui où est situé le navigateur de l'internaute, qui travaillent. Le serveur du site ne fait rien ! Donc, aucune dégradation des temps de réponse côté serveur n'est possible à cause d'un JavaScript mal codé ou trop gourmand. Attention, les internautes n'apprécient guère les scripts perturbant leur navigateur.
- JavaScript est un langage informatique mal normé. IE ne réagit pas de la même manière que Firefox à certaines instructions. Cela devient vite compliqué de développer des JavaScripts compatibles pour tout navigateur et encore plus compliqué quand il faut veiller à la compatibilité ascendante avec les nouvelles versions desdits navigateurs.

- Les liens calculés dans des scripts JavaScript ne sont pas accessibles en théorie à un bot Google. Dans la pratique c'est faux, Google décode sans problème tout code JavaScript, mais il fait semblant de ne pas voir ce qui est caché dans les codes JavaScript.

ASTUCE

Pas de JavaScript pour gérer des liens

Un bot Google fait semblant de ne pas accéder au contenu calculé d'un code JavaScript. Donc, il ne prendra pas en compte un lien éventuellement présent et calculé dans un code JavaScript. Attention aux menus déroulants codés en JavaScript que l'on trouve prêts à l'emploi dans de nombreux sites web : les liens sont calculés, donc non pris en compte par un Google bot. Cela peut aboutir à un site dont toutes les pages seraient ignorées de Google. Soit on change de script gérant le menu, soit on double le menu déroulant par un menu en liens en dur.

Attention, un lien en dur dans un code JavaScript, donc un lien qui n'est pas calculé, est lisible et interprété par Google ! Sauf à savoir exactement ce que vous faites et ce que vous voulez, abstenez-vous par prudence d'utiliser des scripts JavaScripts pour vos liens.

PHP : langage informatique manipulant données et envois vers le navigateur. Un programme PHP s'exécute uniquement côté serveur, jamais côté navigateur. Un test sur un formulaire pour vérifier un numéro de téléphone exigera donc l'envoi du formulaire par l'internaute, puis le serveur renverra vers cet internaute une nouvelle page avec un message acceptant le formulaire ou le refusant pour telle raison.

C'est lourd mais compatible avec tout type de navigateur ! Et, avec les débits ADSL modernes, la durée de l'échange n'est plus un critère de sélection d'une technologie ou d'une autre.

MySQL : base de données très populaire pour développer des applications web avec des transactions simples ou peu complexes. Ce logiciel est assez performant, simple et gratuit. Le rachat par Oracle de MySQL a conduit à la création par les anciens de *MySQL* de *MariaDB*, base de données compatible MySQL et disposant de codes sources indépendants d'une multinationale.

Simplicité : rime avec référencement de qualité. Les pages complexes à monter et qui exigent de nombreux codes JavaScript sont difficiles à faire référencer par un débutant. Plus la page contient d'éléments graphiques à assembler, de menus complexes et imbriqués, plus le développeur va utiliser du JavaScript, du PHP avec gestion de session ou de cookies, du Flash. Cela augmente d'autant les chances d'avoir des problèmes d'accessibilité technique avec Google bot et donc des problèmes de référencement mal gérés, sauf si un codeur expert en référencement prend en compte cette dimension lors de la phase de codage informatique.

Si de telles pages complexes sont nécessaires et exigées par le client possesseur du site, alors, il est très rentable d'investir du temps pour élaborer l'architecture technique la plus simple possible à implémenter pour arriver au résultat demandé et de surveiller de près la qualité de réalisation. Cela coûtera plus cher en développement, mais les performances en référencement/positionnement compenseront très largement ce surcoût.

6.2 Les optimisations de base

Les optimisations de base portent sur le contenu visible (rédactionnel, images…), invisible ou peu visible (les balises) et la mise en page. Le contenu est clé : les mots utilisés, les phrases, la mise en page, les visuels associés participent à la mise en exergue des mots clés et à la crédibilité que Google peut donner à ces mots clés sur vos pages.

Voici la liste des optimisations de base à porter à une page et à son URL :

- URL compréhensible avec quelques mots clés : plaisance.fr/nice/location–bateaux/marinello–7places.html.
- Title de page : de 60 à 100 caractères. Les mots clés importants pour la page doivent être en premier.
- Meta Description : 200 caractères. Ce texte utilise les mots clés présents dans le title de page.
- Une seule balise h1 reprenant les mots clés importants du title de page.
- Des balises h2, h3 contiennent des textes courts présentant des informations importantes. On y retrouve des mots et expressions clés du title.
- Des liens avec ancre quittent la page et contiennent des mots clés contenus dans le texte du title de page. Ces liens pointent des pages faisant autorité sur le sujet lié aux mots clés du title.
- Les mots clés du title doivent être utilisés dans le texte de la page (balise <p>).
- Les mots clés du title doivent être utilisés dans les textes des balises alt et title des images (balise img).
- Chaque mot clé ne doit pas dépasser 4 % du total des mots utilisés dans la page.
- On doit limiter à 4 ou 5 au maximum le nombre de mots clés importants dans une page.
- On ne sur-optimise pas une page en multipliant les ancres avec les mots clés, les titres h suivis de pratiquement aucun texte et autres approches abusives dans l'usage des mots clés sur la page.
- On utilise les balises strong et em pour mettre en exergue les mots clés dans la page.

6.3 La gestion de session et le passage d'arguments

La prise en compte des URL concerne les sites web plus complexes qu'une simple vitrine. Le site apporte des fonctions plus ou moins complexes qui exigent un codage informatique plus poussé pouvant potentiellement nuire au référencement.

Cette gestion des URL joue un rôle important. Il faut éviter de créer des duplicate contents qui perturberaient le référencement. Nombre de codeurs de site gèrent mal ces URL et créent ainsi de nombreux problèmes de référencement. Analyser les URL accessibles à Google bot peut révéler l'usage de pratiques techniques néfastes à votre référencement.

REMARQUE

Vos URL et le référencement

Le contenu de vos URL a un impact potentiel sur votre référencement. La gestion de sessions ou la nécessité de transmettre des informations entre des pages modifient vos URL.

Le fonctionnement de votre site peut imposer une gestion de sessions. Il peut imposer des transmissions d'information entre pages : une page passe des arguments à une autre page. Ces passages d'informations passent par une modification de l'URL.

Il est donc nécessaire de comprendre ce qui se passe pour arbitrer les choix et piloter techniquement ces URL modifiées afin d'empêcher tout contre-référencement.

Pour différentes raisons techniques, il peut être nécessaire de pister et de tracer un internaute sur un site : sécurisation d'une vente, analyse du comportement des internautes sur le site, personnalisation de l'affichage, etc. Les techniques mises en jeu peuvent perturber le référencement du site. Il va nous falloir rentrer dans la compréhension des gestions de sessions, ce qui peut être assez complexe pour un non-technicien.

Les URL sont modifiées dans un autre objectif : passer des informations entre scripts. Là aussi, une gestion trop approximative des URL peut gravement perturber le référencement.

La gestion de session avec jeton

La gestion d'une session passe souvent par la transmission entre pages d'un jeton placé en URL. La présence de ce jeton change l'URL. Donc, nous avons autant d'URL qu'il y a d'internautes ou de passages d'un Google bot sur le site. Nous avons de massifs duplicate contents. Cela pose un problème au référencement si on laisse en l'état.

6

Le principe du *jeton de session* est simple.

Le serveur vous attache à votre arrivée un code, un jeton ayant une valeur unique. Il accroche ce jeton à la page envoyée *via* son URL. Cela a la forme PHPSESSID=, par exemple, si le site a été développé en PHP avec la fonction session_start(). Quand vous allez cliquer sur un lien dans cette page, vous allez renvoyer ce jeton. Le serveur sait ainsi à quel internaute il a affaire. Il peut vous suivre au fil de votre navigation. Vous êtes dans une session où vous êtes encore anonyme, mais où vous êtes tracé dans vos actions. Le site peut mettre en place une stratégie de personnalisation en fonction de votre comportement. Cette technique est 100 % fiable comparée à une gestion par cookies. En effet, on ne perd pas d'internaute en cours de route, on passe aisément des informations concernant l'internaute et son comportement *via* des arguments en URL. D'où son succès ! Mais cette approche pose de gros problème en référencement et en création de trafic.

« Googler » inurl:PHPSESSID donne des centaines de millions de pages. Impressionnant, n'est-ce pas ? En effet, cela signifie que Google a enregistré des millions de pages en session et donc désindexé autant de millions de pages sans session, pénalisant le référencement de toutes ces pages.

Vous cliquez depuis une page de résultats Google sur un tel lien incluant un PHPSESSID en URL. La gestion de session du site peut estimer que votre requête est inopportune. Vous recevrez, selon le codage du site, une erreur 404, une redirection 301 vers une autre page du site comme la page d'accueil ou la page plan du site. L'internaute ainsi malmené zappe en général le site assez vite. Ainsi, vos bogues en gestion d'URL conduisent non seulement à un antiréférencement mais aussi à la perte du trafic issu des moteurs de recherche.

Google détecte le manque d'intérêt répétitif des internautes sur ces pages, et le référencement du site finit par plonger.

Un autre inconvénient existe. Si Google accepte de multiples fois la même page avec des URL différentes, le Page Rank issu de la page « mère » aura une multitude de liens sortants différents selon Google. Au lieu d'une dizaine de liens, la page aura des centaines de liens et cela va écraser son référencement. Trop de liens tuent le référencement par liens.

Il nous faut donc maîtriser une gestion de session compatible avec Google pour éviter tous ces bogues antiréférencement. Mais il faut l'utiliser uniquement quand c'est indispensable. Normalement, on réserve la gestion de session pour deux usages :

- Personnaliser un affichage. Il vaut mieux utiliser la technique des cookies décrite un peu plus loin.

- Sécuriser un accès réservé. Dans ce cas, laisser un accès à Google est un non-sens. On travaillera de manière à interdire à Google l'accès à ces pages. On pourra ainsi utiliser la gestion de session.

En cas de réelle nécessité de disposer sur des pages publiques accessibles à tout internaute d'une gestion de session, des paramétrages tronquent les URL des PHPSESSID. Il y a plusieurs méthodes dont celle-ci, qui a l'avantage d'être fort simple : un script PHP ne présente pas la gestion de session à tout HTTP_USER_AGENT indiquant Google ou d'autres moteurs. Ce type de script s'écrit en PHP par un codeur ou un webmestre sachant coder en PHP.

Voici un exemple : un site veut un suivi d'internautes plus performant ou plus adapté à ses besoins que Google Analytics. Par exemple, ce site désire avoir un suivi internaute par internaute de leurs comportements. On veut afficher le parcours détaillé sur le site de tel internaute. Par exemple celui qui a acheté à 14 h 34 une machine à laver : on veut connaître tout de lui sur le site. Google Analytics ne pourra pas vous renseigner facilement. Un outil de statistiques sur mesure pour le site pourra le faire. Cela implique une gestion de session. En refusant la gestion de session aux bots des moteurs, le référencement se passera bien. Comme le contenu des pages est identique, il n'y a pas de détection de *cloaking*. L'URL ne change que par la suppression des PHPSESSID, il n'y a pas de redirection de l'internaute. Ce n'est pas du cloaking et c'est très difficile à détecter par Google. Mieux, la gestion de la balise « canonicale » permet de sécuriser cette technique.

6

La transmission d'informations entre pages via l'URL

Cette technique pollue l'URL de la page. Ci-après, un exemple issu du site **amazon.fr** :

```
http://www.amazon.fr/jeux-video-pc-gestion-fps-sports/b/ref=sa_menu
✂ _pcvg3/171-0218547-6865022?_encoding=UTF8&node=548026&pf_rd_m=
✂ A1X6FK5RDHNB96&pf_rd_s=left-nav-1&pf_rd_r=0RX3ZA5ECKM9S37JVMCF&pf
✂ _rd_t=101&pf_rd_p=187770891&pf_rd_i=405320
```

Pour obtenir cette URL, allez sur le site **amazon.com**, qui vous propose de vous rendre sur le site **amazon.fr**. Acceptez en cliquant. Dans le menu proposé sur la version française du site, cliquez par exemple sur la rubrique *Jeux pour PC*.

Le site d'Amazon présente donc des URL « épouvantables ». Surfez dessus et regardez les URL générées. Pourtant, quand on examine ce que Google a en « cache » comme URL, tout est propre. Dans Google, la commande site:http://www.amazon.fr/dvd liste des URL à peu près propres.

Plusieurs approches (complémentaires) sont possibles pour maîtriser ces URL trop bavardes. En voici une : passer en URL rewriting. Les URL avec des passages de valeur comme ?lieu=458zaf36, donc le passage entre deux pages de la codification d'un lieu, deviennent /futuroscope/ ou /abbaye-saint-savin/. On transforme un code informatique en mots clés, par exemple, ou en données noyées comme /article–1258/4.html, qui signifie article n° 1258, page 4. Une telle approche implique de tenir compte des contraintes de référencement dans la conception du site. Sinon on risque d'avoir un site qui possède des exceptions trop complexes à coder en URL rewriting.

URL rewriting, en français *réécriture d'URL à la volée* : les serveurs de sites Internet utilisent le système d'exploitation Linux équipé du logiciel serveur HTTP Apache. Ce sont tous des logiciels libres, gratuits et très performants. Il n'est pas utile de comprendre comment cela fonctionne à ce stade du livre, mais une URL de page trop compliquée peut être refusée par Google, et le contenu sera non indexé. L'URL est un critère pris en compte pour l'optimisation des mots clés d'une page. Négliger l'optimisation des URL est un frein important au référencement réussi.

De nombreux logiciels, comme OS-Commerce ou Joomla, et de nombreux développements en PHP génèrent des URL trop complexes et dépourvues de tout mot clé. Les dernières versions possèdent en option payante ou gratuite la capacité de passer en mode URL réécrite à partir des informations en base de données. Pensez à utiliser cette option.

Exemple :

```
ww.monsite.com/editorial_affiliates.html?PHPSESSID=83a98e31a3eeabb6
✂ ce62cdea76fed833&page=2&liste=257&p=trafic&rub=ebusiness.
```

Une telle URL permet à la logique codée en PHP de traiter correctement le clic de l'internaute. En revanche, le bot de Google risque de refuser de suivre une telle URL. Le contenu ne sera donc pas présent dans l'index de Google si le Google bot juge cette URL trop complexe ; cette page est difficile à référencer. De plus, la présence du PHPSESSID risque de voir le lien passer en 404 à tout clic depuis Google.

Réécriture d'URL à la volée

L'URL rewriting permet de conserver les arguments passés *via* l'URL (PHPSESSID, page, liste, etc.), valeurs nécessaires pour guider la logique du programme en cours d'exécution sur le serveur web. Mais ces valeurs sont masquées au bot, à l'internaute, et la fonction URL rewriting affiche une « URL propre », aisée à comprendre et acceptable par un bot.

Exemple de l'URL précédente réécrite à la volée par un serveur en technologie Apache :

```
www.monsite.com/developpez-ventes-affilies/France/ebusiness-e-business
✂ /2/editorial_affiliates.html.
```

Dans cet exemple, les arguments « complexes » sont affichés sous la forme compréhensible d'un chemin d'accès au fichier HTML.

Les cookies et le référencement

Un *cookie* est un code de marquage envoyé par un site Internet sur votre disque dur. Ce code est unique. Si vous revenez sur le site Internet auteur dudit cookie, seul ce site, l'auteur de la pose du cookie, donc, peut y accéder et le lire, vous identifier et ainsi appliquer vos attentes en termes d'affichage, de données préférées. Le cookie permet ainsi de personnaliser une page auprès d'un internaute abonné.

REMARQUE

Un cookie d'origine « inconnue » pour tracer votre activité sur le Net

Une page que vous chargez dans votre navigateur peut contenir un code demandant à un autre site web d'afficher un contenu spécifique, et celui-ci peut transporter un cookie associé à ce site « invisible » à l'internaute moyen dans le navigateur dudit internaute moyen. Regardez la liste de vos cookies stockés dans votre navigateur : la plupart proviennent de sites où vous n'avez jamais navigué comme des régies publicitaires (double clic, par exemple). Cette technique permet entre autres à Google, éditeur de très nombreux services comme Gmail et bien d'autres, de vous suivre dans vos pérégrinations sur le Net.

6

Prenons un exemple, le site **www.boursorama.com** : il est inutile de vous authentifier à chaque venue sur ce site. Pour bien utiliser ce site, il est nécessaire de s'inscrire. Vous disposez ainsi d'un identifiant et d'un mot de passe. Votre compte vous permet de choisir vos actions préférées et ainsi d'avoir dès la page d'accueil toutes leurs cotations et quelques autres détails en un seul coup d'œil. Le site Boursorama lit le cookie qu'il vous a posé, vous identifie comme *Dupont Marcel*, lit en base de données vos listes d'actions préférées et affiche ces actions et les informations les concernant dans la partie de la page réservée à cet effet. Chaque page du site est ainsi personnalisée selon vos besoins et attentes : cours de vos actions, liste noire de correspondants et tchateurs sur les forums, accès à la messagerie privée, etc.

De nombreux sites commerciaux utilisent cette technique pour donner du confort à leurs usagers, contrôler les accès et comprendre leurs habitudes d'achat ou leurs comportements.

Cette technique de cookies possède les caractéristiques suivantes :

- Elle évite d'avoir des URL complexifiées par un jeton ou la présence d'arguments et d'informations en URL.
- Si le cookie est obligatoire pour accéder à la page, c'est incompatible avec le référencement. Un bot refusera systématiquement les cookies. Il sera donc

bloqué lors de l'accès à la page si le cookie est obligatoire. Il vous faudra donc avoir une gestion qui n'impose jamais de cookies à un internaute sur une page destinée à tout public. Il faudra surveiller le codage du site de ce point de vue pour éviter les mauvaises surprises.

- Des internautes refusent les cookies : ils ne peuvent accéder à une quelconque personnalisation, ce qui peut les inciter à fuir le site et à passer à la concurrence. Les cookies peuvent être ainsi jugés moins fiables par les responsables marketing d'un site, ce qui les conduit à encadrer et à limiter l'utilisation des cookies sur leurs sites. Une précaution simple consiste a clairement informer les internautes de la nécessité d'accepter les cookies sur votre site.

Il est recommandé de passer en cookie un maximum d'informations de personnalisation afin d'éviter d'avoir à charger les URL en arguments et autres informations à passer entre pages.

Faire passer Google bot à travers un formulaire

Google bot ne sait pas remplir un formulaire ni appuyer sur un bouton. Un formulaire bloque l'accès à toutes les pages accessibles uniquement *via* ce formulaire.

Par exemple, un site d'annonces immobilières propose l'accès aux annonces *via* un formulaire de recherche : prix, ville, type de bien, etc. Aucune des annonces accessibles uniquement par cette interface de recherche ne sera indexée.

Jusqu'à début 2012, nombre de codeurs référenceurs mettaient en œuvre un minicloaking sur les pages formulaires. Quand Google bot arrive, hop ! on le déroute vers une page de liens en dur donnant accès aux annonces. Google tolérait ce type de comportement. On en trouve trace dans des échanges par e-mail avec le support technique Google aux États-Unis. Depuis Panda, la tolérance annoncée de Google sur le cloaking même anodin est de 0.

La solution est simple. Les liens en dur présents sur la page alternative doivent être intégrés directement dans la page du formulaire de recherche. Certes, c'est moins esthétique, mais cela évite des ennuis avec Panda.

6.4 Résumé sur la gestion des URL

C'est un sujet difficile pour les débutants, aussi, résumons ce que nous venons de voir. Deux impératifs peuvent nécessiter de modifier les URL et donc de risquer des problèmes divers et variés avec Google :

- une gestion de session qui ajoute un code variable, un PHPSESSID, dans l'URL affichée ;

- le passage d'informations entre scripts PHP *via* des variables écrites dans l'URL.

Les URL avec une gestion session

Ces URL intègrent un PHPSESSID. On a donc des URL différentes pointant le même contenu. Pour éviter les problèmes :

- On interdit l'accès de ces pages aux bots de Google. La plupart des formulaires ne sont pas utiles au référencement du site. Donc, autant bloquer Google sur les formulaires de saisies d'information.
- On remplace la technique du jeton de session en URL par la technique de gestion de cookie. On peut se contenter d'une gestion de session par cookie pour personnaliser un contenu à un abonné. Il est inutile d'utiliser une technique aussi brutale qu'une session par jeton PHPSESSID pour suivre un abonné. On utilise PHPSESSID pour des paiements en ligne, le suivi d'un panier d'achat, etc. Donc, la personnalisation d'une page n'ayant aucun enjeu financier, une gestion par cookie ne nécessitant aucune modification d'URL est appropriée.
- Une autre approche consiste à détecter un bot de moteur et à empêcher le code PHP de gestion de session (la fonction `session_start()`) sur un « internaute » de type bot de moteur. (Cela se code très facilement.)

Ces différentes techniques permettent de disposer d'un site ne créant pas de problème de référencement pour cause d'URL mal gérées lors de gestion de session.

Le passage d'informations entre scripts PHP peut être géré *via* une URL rewritting, ce qui donne plusieurs avantages.

6.5 Des pièges en SEO

Nombre de petits pièges empoisonnent le référencement. En voici quelques-uns :

- Évitez les URL longues et surchargées visibles par Google. Choisissez des URL plutôt courtes et correctement réécrites.
- Pas d'espace dans vos noms de fichier. Prenons l'exemple de pages à PR (Page Rank) grisé (donc ignorées de Google) comprenant des noms de fichier et des URL en gruyère : des espaces, des majuscules, des caractères accentués. Le ménage dans les noms de fichier a permis à ces pages de se charger en PR. Utilisez le caractère moins (-) pour relier les mots composant un nom de fichier photo ou autre : *bateau-dans-calanques-de-sormiou.jpg*, par exemple, à la place de *bateau dans calanques de sormiou.jpg*.

- Décrivez le contenu de vos visuels avec la balise alt et la balise title en utilisant des mots clés, ne faites pas de spam dans ces balises. Le contenu de ces balises d'image doit être cohérent avec la page et un même visuel ne doit pas avoir de multiples versions disséminées avec des balises différentes dans les pages du site.
- Si un visuel affiche une girafe, ne posez pas des balises alt et title de cette image proclamant « ceci est un éléphant ». Les algorithmes de reconnaissance de forme sont maîtrisés depuis plus de 25 ans et Google affiche clairement sa maîtrise de tels algorithmes dans Google Images. De plus, si des personnes copient votre photo de girafe et l'associent à une balise alt / title « la jolie girafe », cela va créer une anomalie et Google peut vérifier la forme de la photo et identifier le webspam.
- Les pictogrammes et visuels de la charte graphique ne doivent pas avoir leurs balises alt et title remplies avec des mots clés variant selon la page et ses contenus. C'est une forme de spam très facile à détecter ! Par exemple, le logo de votre entreprise peut avoir des balises alt et title remplies, mais ce sont les même balises sur toutes les pages du site.

6.6 Avec ou sans www, target France

Vous devez choisir d'imposer l'affichage de votre site avec ou sans les trois w : **http://www.monsite.fr** ou **http://monsite.fr**. Sinon divers problèmes vont se poser dont le fait de disposer de deux URL distinctes pour un même contenu. Certes, Google gère très bien ce problème sans vous sanctionner. D'autres soucis apparaissent pour différentes raisons techniques dans quelques pourcents des sites. Le site est affiché avec des URL sans les trois w dans les pages de résultats de recherches. Google a décidé cela pour différentes raisons alors que vos campagnes de backlinks incluent les trois w.

Pour éviter cette confusion et le fait de donner prise à des bogues de Google, le plus simple est d'imposer votre choix. Une seule chose compte : vous devez choisir une de ces deux approches une bonne fois pour toutes, et si possible dès le démarrage du site en ligne pour vous simplifier votre vie de webmestre/référenceur. En effet, vous pourrez avoir des backlinks en trois w ou sans et le plus simple pour gérer vos statistiques de backlinks et ne pas avoir à jongler avec de multiples tableaux est clairement d'opter pour un choix dès le démarrage du site.

Une première précaution s'impose : il faut ouvrir deux comptes dans votre Google Webmaster Tools : un pour **http://www.monsite.fr** et l'autre pour **http://monsite.fr**. Quel que soit votre choix, c'est imposé par Google si vous voulez administrer vous-même la présence ou non des trois w et c'est très facile à faire.

Les possesseurs de site mobile comme **http://location-bateau.mobi** préfèrent avoir une URL plus courte sans les trois w. Les sites orientés desktop préfèrent avec les trois w. L'impact sur le référencement d'un choix ou d'un autre est nul. Donc, choisissez ce qui vous convient le mieux.

> REMARQUE
>
> **Les deux possibilités doivent exister**
>
> Google est très clair là-dessus. On doit pouvoir accéder à votre site avec ou sans les trois w. Vous pouvez bien sûr rediriger sur une erreur de type 301 l'approche dont vous ne voulez pas, mais toute requête avec ou sans les trois w doit aboutir sans erreur de type 404.

Pour verrouiller votre choix, deux actions sont nécessaires. La première consiste à ancrer votre choix dans le fichier *.htaccess* de votre site. Toute arrivée d'un internaute sans les trois w sera redirigé 301 vers la même page avec une URL incluant les trois w. Ces codes sources vous sont proposés quelques lignes plus loin.

La deuxième consiste à imposer votre choix au moteur *via* Google Webmaster Tools. Il vous faudra deux comptes, un par URL avec ou sans trois w pour y arriver. Ce choix s'effectue dans le menu **Setting**.

Figure 6-1 : *Google Webmaster Tools, Settings*

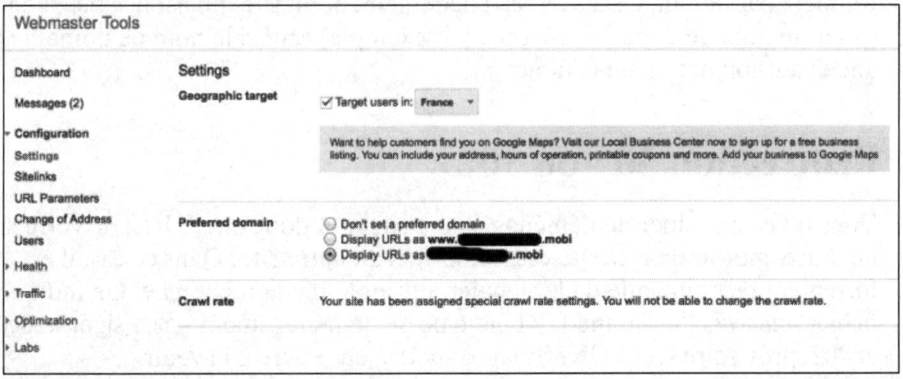

Programmer un fichier *.htaccess* est assez complexe pour un néophyte. Divers sites dans l'univers spécialisé des codeurs proposent divers scripts. Ci-après, vous trouverez deux exemples issus de divers sites spécialisés. Ces deux scripts *htaccess* sont utilisés par de nombreux codeurs dans le monde.

Attention, ce sont les versions simples de ces scripts. Ils sont à adapter avec précaution à votre site. Par exemple, le `L` dans la ligne 3 est lourd de conséquence. Ce `L`, comme *Last*, signifie *quitter le programme si cette instruction est exécutée*. D'éventuelles instructions suivantes, potentiellement importantes pour votre site, seront ignorées. C'est comme cela qu'on sème des bogues. Donc, soyez prudents dans les copier/coller de programmes. Évaluez bien les conséquences ou faites-vous assister d'un professionnel.

Pour rediriger automatiquement du domaine http://www.monsite.com vers le domaine http://site.com :

```
RewriteEngine on
RewriteCond %{HTTP_HOST} ^www\.monsite\.com$ [NC]
RewriteRule ^(.*)http://monsite.com/$1[QSA,L,R=301]
```

Pour rediriger automatiquement du domaine http://monsite.com/ vers le domaine http://www.monsite.com/ :

```
RewriteEngine on
RewriteCond %{HTTP_HOST} ^ monsite.com$
RewriteRule ^(.*) http://www.monsite.com/$1 [QSA,L,R=301]
```

Cibler le pays

Dans la capture d'écran **Google Webmaster Tools > Settings**, nous voyons une option intéressante : Geographic Target. Cette option vous permet de désigner le pays cible principale de votre site.

Rappel : par défaut, c'est le pays d'hébergement du site qui est la cible géographique (pour un nom de domaine en .com, par exemple) sauf si le nom de domaine possède une extension nationale comme .fr.

6.7 Redirection 301 ou 302

Vous pouvez décider de déménager une page (et donc une URL) de votre site vers un autre endroit dans le site ou même vers un autre site. Dans ce cas, il est fortement recommandé de le signaler aux moteurs de recherche. On indique dans le fichier *.htaccess* l'ancienne URL, le type de déménagement – 301 signifie permanent et 302, provisoire – et l'URL finale à mettre en œuvre à l'avenir.

Une redirection 302 indique un déménagement provisoire. Les bots ne la prendront donc pas en compte. Sauf à savoir ce que vous faites exactement, toute redirection à utiliser dans le cadre du SEO doit être une 301. Toute URL déménagée doit être signalée aux bots des moteurs de recherche. Sinon Google va perdurer à tester l'URL inexistante. L'éventuel capital référencement de cette page sera perdu par Google sans le 301. Il sera à reconstruire par la page à sa nouvelle URL ; cela occasionne donc perte de temps et de référencement. Et la nouvelle URL peut prendre des mois ou des années à rejoindre son ancien niveau.

Vous avez un exemple de redirection 301 dans la section précédente traitant des trois w, avec ou sans.

```
RewriteEngine on
RewriteCond %{HTTP_HOST} ^ monsite.com$
RewriteRule ^(.*) http://www.monsite.com/$1 [QSA,L,R=301]
```

Ce programme signifie :

Ligne 1 : moteur de réécriture sur ON.

Ligne 2 : test sur une condition, c'est-à-dire si ceci se produit, alors, le mémoriser. Ici on teste si l'URL demandée par l'internaute contient monsite.com (sans les trois w).

Ligne 3 : si la condition de la ligne 2 est positive, alors, quel que soit l'URL demandée sans les trois w par l'internaute on la « redirige 301 » vers la même URL incluant les trois w.

6.8 Balises TITLE et META DESCRIPTION

La balise TITLE est un important critère en référencement. Elle sert pour le positionnement mais aussi pour être visible dans les pages de résultats de Google.

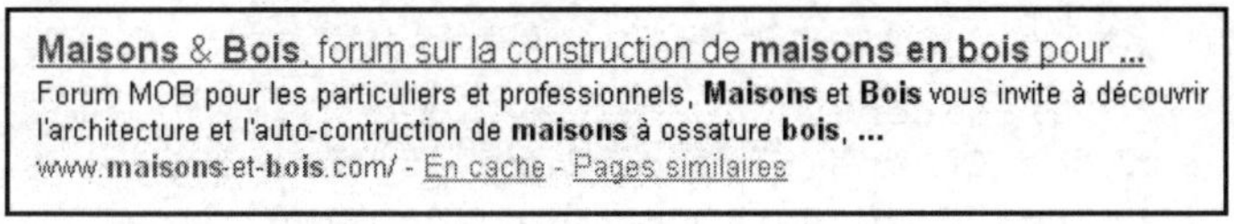

Figure 6-2 : *Snippet type dans Google*

Une page de résultats de recherche de Google, une SERP, affiche une liste de snippets.

Un snippet est un petit morceau de texte (à l'origine, en anglais technique, le texte en question était du code informatique). Il est constitué de plusieurs zones distinctes.

La première ligne est généralement basée sur le title de page. On remarquera le nombre limité de mots affichés : sept à huit au maximum. Mise en évidence, même écrite en style télégraphique, elle doit être lisible et compréhensible.

Le petit paragraphe en noir est en général issu de la balise meta description. Le contenu de celle-ci peut donc atteindre au grand maximum vingt mots. La ligne en vert est l'URL où Google a trouvé cette page : le nom de domaine et l'URL. Si des mots clés de la requête ne sont pas dans le meta description de la page, alors, Google prend le contenu de la page.

Google met en gras les mots communs à la requête et au contenu du snippet. On a ainsi une mise en évidence des mots clés saisis par l'internaute, ce qui a tendance à attirer le regard et provoquer donc une lecture rapide par l'internaute du snippet. Et si le contenu affiché lui convient on obtient un clic vers le site.

Augmenter son taux de clics sur le snippet

Les familiers de Google AdWords reconnaîtront l'exercice : comment faire passer un maximum de messages et de promesses marketing dans une si petite zone de texte ? En référencement naturel, c'est une meta description de vingt mots environ au maximum. Ce qui est à peu près équivalent à la taille maximale d'une annonce AdWords.

En fait, se limiter à vingt mots au maximum est une approche simple pour le référenceur et pour Google. Commençons par cette approche.

Deux techniques de rédactions sont possibles et documentées ci-après.

title et meta description complémentaires

On affiche des informations complémentaires au title de la page. En clair, il ne faut pas ou peu reprendre les mots du title de page. Vous devez présenter des informations utiles à l'internaute qui complètent celles du title affichées en haut du snippet.

Exemple :

```
Hôtel BelHotel 4* Paris centre
Hôtel Paris à 3mn des Champs Élysées luxe 45 chambres et
suites, payez 3 restez 4 en automne. Jardin privé,
terrasse privée, spa
www.hotel-belhotel-paris.fr
```

On a ici un title court et percutant. Sur la requête "hôtel Paris", les premiers snippets ont simplement hotel Paris en title de page afin de concentrer le poids du title de page sur ces deux mots clés.

En complément, on trouve un descriptif séduisant de l'hôtel : sa situation, ses équipements, etc.

Le nom de domaine est travaillé : il utilise hotel (sans accent dans le nom de domaine), Paris et le nom de l'hôtel. On joint l'utile, les deux mots clés hotel et paris à la marque Belhotel (le nom de l'hôtel). Cette technique était efficace jusqu'en 2012. Depuis, Google a annoncé qu'il ne prendrait plus en compte les mots clés contenus dans un nom de domaine.

Le meta description contient Hôtel et Paris pour être sûr qu'il soit affiché en snippet si la requête contient ces deux mots clés.

On remarquera aussi la présence de *payez 3, restez 4 en automne* dans le meta description. C'est intéressant d'afficher ce type de message promotionnel uniquement à partir de la fin de l'été. On perçoit que l'automatisation du référencement peut aussi améliorer le taux de clic en poussant des promotions au bon moment de manière automatique.

title et meta description se recouvrant en mots clés

On reprend dans la meta description tous les mots clés du title afin de profiter de la mise en gras des mots clés de la requête figurant dans le snippet pour attirer l'attention de l'internaute et suggérer son clic sur le snippet.

Inutile de faire des phrases correctement formées. Il faut aller à l'essentiel. L'internaute doit comprendre la promesse marketing, c'est tout ce qui compte à ce stade.

La technique du meta description long

Cela consiste à dépasser la limite des vingt mots. Quand le meta description est trop long pour être affiché, Google sélectionne des extraits contenant les mots clés de la requête. Il faut donc rédiger une description où les mots clés importants du title de la page soient présents dans un groupe de mots aptes à séduire un internaute.

Exemple (parmi de multiples possibilités) :

```
<title>Achat Frigo Americain
- Refrigerateur Américain Pas Cher
- Frigos Américain US</title>
```

```
<meta name="description" content=
"Découvrez notre gamme Réfrigérateur américain
à prix DISCOUNT - Comparez nos frigo US SAMSUNG,
LG, SHARP, HOTPOINT ARISTON, HAIER, SIEMENS, BOSCH,
LIEBHERR, WHIRLPOOL, pas cher Livraison Gratuite !" />
```

Cette meta description est un peu trop longue car elle ne peut pas loger dans un snippet Google, mais elle couvre bien les mots clés stratégiques plus la longue liste des marques de réfrigérateurs de type américain.

Dans un snippet sur la requête dans Google Réfrigérateur américain WHIRLPOOL, l'affichage sera tronçonné pour faire apparaître les mots clés de la requête. Par exemple, on obtiendra sur la requête Refrigerateur Américain WHIRLPOOL le début soit … Réfrigérateur américain à prix discount … WHIRLPOOL, pas cher Livraison Gratuite. Avec cette approche d'une meta description un peu allongée et optimisée autour de l'expression clé centrale de la page, on obtient un snippet plus attractif.

Plus loin dans ce chapitre nous aborderons les *rich snippets*.

Caractère accentué et mot clé en URL

Depuis 2011, Google ne tient plus ou presque plus compte des mots clés en URL.

Les optimisations poussées de mots clés en URL réécrites sont un gaspillage de temps. Il suffit d'aller au plus simple et au plus clair pour aider l'internaute qui examinerait l'URL du site. Il est inutile de charger les URL en mots clés.

Un pivot central : le title de page

Étant donné que c'est un des critères les plus petits (au maximum huit mots), que c'est le critère le plus important, il pourra constituer un pivot pour suivre et piloter les différentes phases du référencement.

Illustrations

Les mots clés affectés à une page doivent être dans le title de page, sinon ils ne seront jamais correctement pris en compte par Google. Une logique SEO pivotant autour du title de page peut donc être déclinée comme suit :

- Tout mot clé dans le title doit apparaître au moins une fois en `h1` et au moins deux fois dans le texte.
- Tout mot du title doit être présent en balises alt/title d'au moins une image de la page.
- Etc.

On perçoit que faute de place dans le title de page on ne peut que cibler une expression clé sur une page. Sans présence dans le title, il sera impossible de tenter de se positionner sur une expression clé concurrentielle.

Accompagnement technique

De nombreuses décisions en webdesign, en structuration du site, en arborescence peuvent compromettre, perturber ou simplement gêner le référencement. En accompagnant chaque étape de la conception du site, le référenceur protège la future visibilité du site sur Google. Les domaines techniques où le référenceur fait office de gardien du temps (du référencement) sont :

- le design ;
- le webdesign détaillé (titres, sous-titres, conteneurs) ;
- les outils de mise à jour des contenus par les personnes non techniques (choix d'un CMS, valider la qualité du CMS vis-à-vis du référencement) ;
- les outils de mise à jour du site côté professionnel du Web ;
- la structure du site ;
- l'arborescence ;

- les contenus commerciaux et non commerciaux (il est plus facile d'obtenir des liens sur une rubrique de contenus non commerciaux) ;
- les contenus ;
- la répartition des mots/expressions clés.

Automatisation du référencement

Nous traiterons en détail de l'automatisation du référencement ultérieurement. Nous présentons ici juste l'intérêt stratégique.

Référencer un site est fastidieux, chronophage et délicat comme nous le verrons au fil de ces pages. Réussir un référencement, c'est aussi réussir son automatisation la plus complète possible. Le référenceur pourra-t-il intervenir sur les schémas de tables de la base de données, faire ajouter des scripts PHP afin de disposer d'un maximum d'automatismes ?

En fonction des rubriques, de l'audit mots clés, il faudra concevoir, adapter tables et scripts PHP pour automatiser le référencement et permettre une administration en back office de la stratégie de référencement. C'est ici que l'on prend en compte ou non les fonctionnalités Web 2.0 du site et des impacts liés sur le référencement.

Il faudra préparer de classiques documents de travail d'un projet informatique sur les tables et les insertions de codes. Voici des exemples simples :

- Le title d'une page est automatiquement le titre h1 d'une page, ou inversement. Ainsi, une seule saisie et on remplit deux objectifs à la fois.
- La meta description d'une page est remplie automatiquement du titre h1 suivi du premier paragraphe d'une page.

Ainsi, on allège le travail du référenceur et le coût du référencement par rapport à la mise en place d'une procédure stable et de surveillance de la manière d'écrire le haut d'une page (son titre affiché dans la page et son premier paragraphe).

On peut perfectionner le travail en insérant des promotions dans le meta description, comme –20% en août ou payer 3, restez 4 nuits en automne.

Des optimisations un peu plus poussées sont possibles. Voici un exemple. Le title d'une page présente un bien immobilier à vendre : <acte (vente location)> <type de bien (appartement, maison)> <ville du bien> <taille F> <reference>

Ce qui donne : Vente appartement Toulouse F5 145879B. La référence en title permet d'éviter des title en duplicate si le site possède plusieurs appartements F5 à vendre sur Toulouse.

6.9 Visualiser une page en cache dans Google

Sur Google, la commande site:www.votresite.com permet de vérifier l'accessibilité technique des pages à étudier. Cette commande liste toutes les pages de votre site accessibles techniquement à Google. Ne pas voir les pages de son site présentes dans la réponse à cette commande implique l'existence de problèmes sérieux sur le site.

Saisissez vos expressions clés visant une page jusqu'à l'obtenir en résultat chez Google. Au besoin, saisissez dans Google trois, cinq ou dix mots de votre page, incluant des mots que vous estimez clés ainsi que d'autres, jusqu'à avoir votre page en SERP.

ASTUCE

Chercher des défauts via le cache de Google

L'objectif est de visualiser une ou plusieurs pages clés de son site dans le cache de Google. Cela pourrait mettre en évidence des défauts d'accessibilité technique ou sémantique. Par exemple, il pourrait manquer des textes, inaccessibles car accessibles seulement *via* des clics sur des JavaScripts, ou tout simplement parce que le mot clé recherché n'est présent qu'en un malheureux exemplaire.

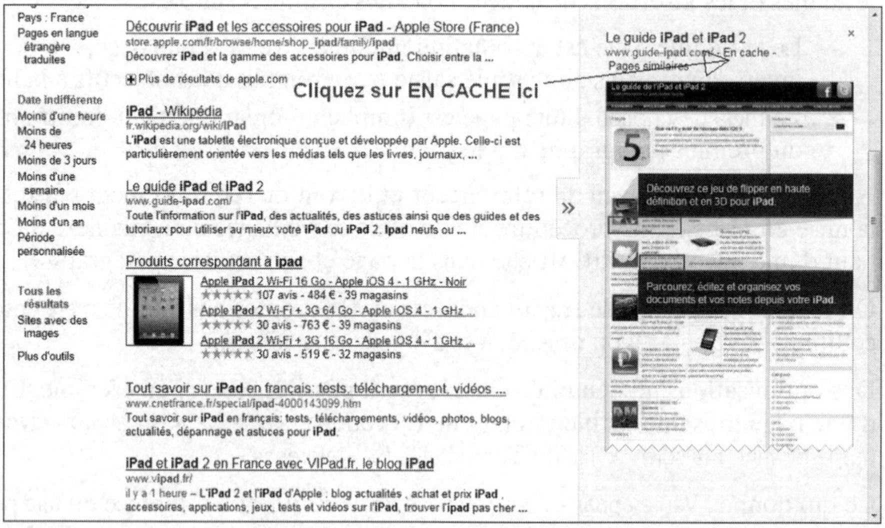

Figure 6-3 : *Cliquer sur En cache dans une SERP Google*

Par exemple, un clic sur *En cache* amène l'internaute sur une page de ce type. Attention, depuis septembre 2011 la fonction *En cache* est dans la visualisation *Instant preview* à droite de la SERP et tout en haut à droite (voir la capture d'écran). Elle montre la page lue lors du dernier passage du bot de Google. Les mots clés saisis dans la requête sont surlignés. Le mot clé fenêtre est bien présent dans la page à plusieurs exemplaires.

Figure 6-4 : *Page complète stockée dans le cache de Google*

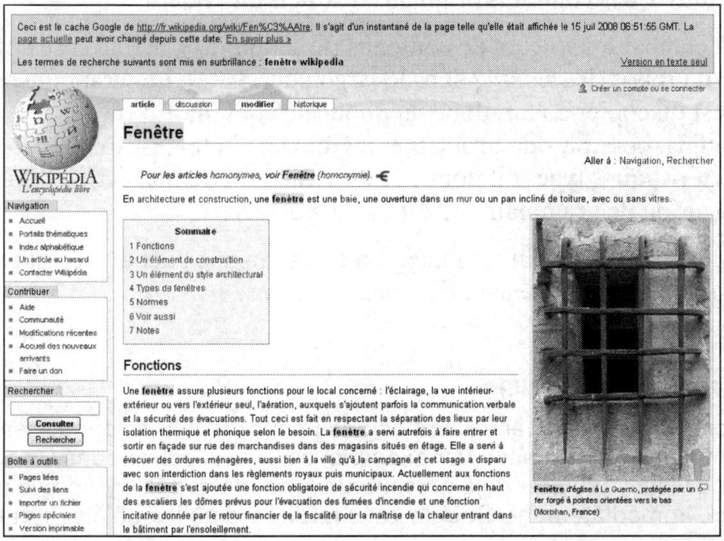

Une fonction *Que le texte mis en cache* permet de voir le site plus facilement avec ses éventuels défauts sur les mots clés. Le mot clé fenêtre est bien sûr surligné.

Figure 6-5 : *Uniquement le texte de la page en cache Google*

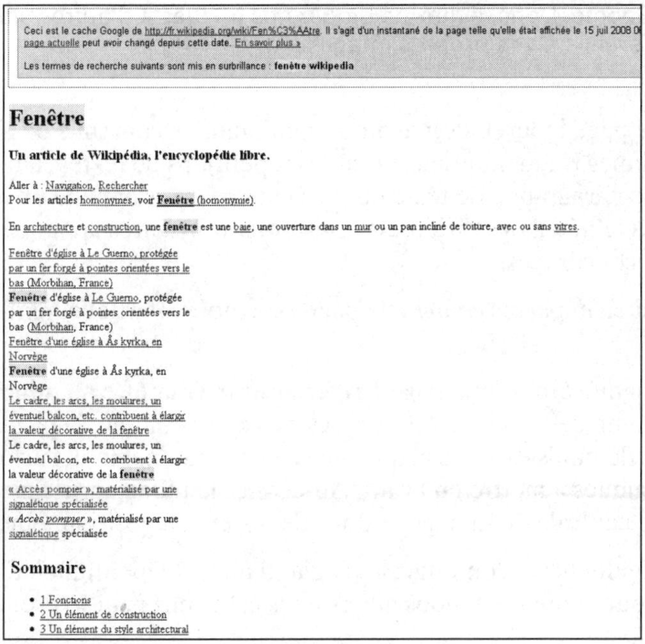

6.10 Le contenu : textes et visuels

Google veut indexer des contenus originaux, textuels ou visuels.

Google Panda combat les voleurs de contenus (le scrapping), même si ce contenu est réécrit par un robot (le *spinning* dans le jargon des SEO). Le scrapping est facile à détecter. C'est du copier/coller, donc du duplicate content. En revanche, le texte réécrit, le spinning, pose plus de problèmes à Google. Un texte « spinné » se traduit par deux caractéristiques types : il donne l'impression d'être mal écrit, contient des fautes de français ou de grammaire. C'est facile à détecter.

L'indexation des visuels, surtout les images, n'en est qu'à ses débuts techniques. De gros progrès vont être mis en œuvre d'ici peu de temps.

ASTUCE

Ne pas réutiliser des images

Attention, Google a mis en œuvre depuis un moment la reconnaissance d'une image sur son aspect. Par exemple, essayez d'entrer dans Google Image un visuel qui y est déjà présent, un fond d'écran de Windows par exemple. Immédiatement, Google vous informera qu'il a déjà ce visuel dans sa base.

Si vous utilisez une même image en divers endroits de votre site et changez le contenu des balises alt et title, cela constituera au mieux une anomalie statistique, au pire une optimisation trop agressive susceptible de pénalités de la part de Google. Donc, évitez de piquer des images à d'autres sites, donnez la préférence à vos propres images.

Pour Google, chaque page indexée doit avoir un minimum de contenus originaux et uniques. Des algorithmes traquent et mesurent les répétitions de textes. Une répétition d'un même paragraphe de texte ou plus entre pages s'appelle un *duplicate content*. Nous verrons le détail des différentes sanctions et mesures appliquées par Google sur les pages concernées.

Passé un certain seuil en *duplicate content*, la page est ignorée partiellement ou totalement.

Le volume en mots significatifs d'une page à référencer devrait être au minimum de 300 mots et au maximum de 1 000 à 1 200. En dessous de ce volume, la page risque de ne pas avoir assez de poids dans les algorithmes de positionnement, surtout avec cinq mots clés stratégiques à mettre en avant. Au-dessus, le rédacteur risque de quitter la thématique centrale de sa page et donc de noyer son positionnement.

Il existe deux types de duplicate contents : le plagiat d'un texte identique et le plagiat de sa signification. Pour le moment, nous allons nous concentrer sur le premier : les pages ayant le même contenu sont en duplicate content et elles vont faire l'objet d'un traitement par Google.

REMARQUE

Une page est dédiée à une thématique

Une page doit traiter d'une thématique et d'une seule. Exemple : les vins du Chili en général, le vin de tel château de telle région.

- *À ne pas faire* : mixer plusieurs sujets (traiter de multiples vins de différents domaines et régions de France sur une seule page). Cette page ne sera pas aussi bien positionnée sur le mot clé lié au vin d'un château précis qu'une page dédiée exclusivement aux vins de ce même château.
- *À éviter absolument* : mixer des sujets sans rapport, par exemple mélanger vins, moteurs de voitures et courses de bateau sur une même page. Face à ces trois thèmes complètement distincts et sans rapport apparent, le référencement et surtout le positionnement de cette page sur les mots clés seront pénalisés par ce mélange des genres.

Différents chapitres de ce livre exposent de manière détaillée pourquoi un thème unique par page est préférable. La mise en évidence de cette nécessité sémantique est expliquée *via* un exemple d'apprenti moteur de recherche que nous allons vous présenter un peu plus loin. Cela devrait vous aider à mieux appréhender ce concept.

Des inconvénients viennent se greffer à une page ayant trop peu de contenus textuels significatifs. Son volume de mots propres à la page sera relativement faible face au volume de ceux consacrés aux menus et autres indications répétitives présentes sur toutes les pages du site. Une page à faible volume de mots se met ainsi en position d'être sanctionnée pour cause de trop de contenus trop proches d'autres pages du site. Trois cents mots, voire plus, sont nécessaires pour éloigner ce risque.

ATTENTION

Désindexation d'une page trop légère en contenu

C'est un mécanisme qu'utilise Google pour lutter contre le duplicate content. Il envoie toute page avec trop peu de contenus originaux au fin fond du classement ou en désindexation. Pour parer cela, il suffit de disposer d'un volume de texte suffisant par rapport à ce qui est répété à chaque page du site (menu, annonces en colonne de droite, fil de navigation, charte graphique...).

6.11 Structure du contenu et silo : fondamental

L'architecture d'un site web nécessite de structurer ses contenus en rubriques, sous-rubriques, pages reliées par des liens groupés en menus. Cette structure est exprimée par l'ergonomie des liens, des menus, de la navigation. Cette structure a un énorme impact fondamental dans la compréhension des contenus d'un site par les algorithmes de Google. Elle a une grande influence sur le positionnement de chaque page d'un site dans les SERP sur les expressions visées pour chaque page.

DEFINITION

Des silos d'informations

Tout comme un silo à grains ne contient qu'une seule variété de graine, un silo d'informations est dédié à une seule thématique.

Une tête de rubrique est consacrée à un sujet précis et unique. Par exemple le vin en France. Dans cette rubrique nous trouverons des sous-rubriques : les vins de Bordeaux, les vins de Champagne, etc. Chaque sous-rubrique aura un menu "local" dédié aux vins de la région : Médoc, Sauternes, Saint-Émilion, etc. par exemple pour Vins de Bordeaux. Et ainsi de suite.

Nous avons un silo d'informations consacré aux vins de France. Examinons cette structure arborescente et strictement hiérarchisée du point de vue d'un moteur de recherche.

Nous avons une arborescence de pages, toutes hiérarchisées entre elles par une logique géographique du plus grand territoire vers le plus petit (de France à Château/Domaine). Chaque niveau possède le menu principal du site et son menu local ainsi que les menus des étages supérieurs. Par exemple nous aurons la page **Vin du Château Cheval Blanc** qui aura les menus suivants et uniquement ceux-ci :

> **Vins de France** : *Bordeaux, Bourgogne*, etc.

> **Vins de Bordeaux** : *Saint-Émilion, Graves*, etc.

> **Vins de Saint-Émilion** : *Château Cheval Blanc, Château Ausone, Château Angélus*, etc.

Cette page **Vin du Château Cheval Blanc** n'aura aucun menu détaillé sur une région de la Bourgogne par exemple.

Un silo d'informations permet à Google de typer une partie du site à une thématique centrale. Structurer son site en silos permet d'obtenir un avantage certain en référencement naturel.

Il existe un inconvénient : la navigation structurée peut être partiellement incompatible voire impossible à mettre en œuvre sur différents domaines de connaissances. Par exemple, un article de journal sur le tourisme et les vignes en bordelais peut être relié à deux thématiques principales : le tourisme et le vin. Des conflits apparaissent alors, il existe alors des risques d'avoir du duplicate content et donc des risques de diminuer la portée dans l'interprétation en silos par Google.

On peut dire qu'il y a l'irruption d'une thématique de tourisme (texte, liens sortant vers d'autres pages parlant peu de vins et beaucoup de tourisme) dans un silo dédié au vin. Cette irruption de mots, de liens du monde du tourisme va légèrement affaiblir le positionnement Google de ce silo sur les mots clés stratégiques centrés sur le vin de Bordeaux.

Pour éliminer cet inconvénient et le transformer en avantage :

- Google doit percevoir une structure fortement hiérarchisée. Des possibilités de navigation ou de classement de l'information pourront être occultées à Google et elles bénéficieront uniquement aux internautes humains.
- Une structure en silos pose les bases pour une optimisation en Page Rank Sculpting dont nous aborderons les principes plus loin dans ce livre.

Imposer à Google une vision en silos du site

Les rubriques des menus sont fondamentales pour disposer d'une structure très hiérarchisée. Or, pour diverses raisons, nous pouvons nous heurter à une impossibilité pour mettre en œuvre une telle structure.

La nature des données, comme nous venons de le voir ci-dessus, peut s'y opposer, ou bien le marketing de l'entreprise peut décider, à juste titre d'ailleurs, qu'une telle navigation handicape la capacité de communication du site de l'entreprise.

Comment faire pour concilier les deux besoins contradictoires du marketing d'un côté et du Search marketing de l'autre ?

Il faut donner, imposer même à Google une vision structurée de la navigation dans le site. En théorie, nous disposons de *sitemap.xml*. Google est très clair dans ses explications : un *sitemap.xml* est informatif. Il fait ce qu'il veut de ces informations.

Un menu déroulant écrase la hiérarchie des pages entre elles. On perd la notion de tête de rubrique vis-à-vis de Google et on perd donc une partie du contrôle de son référencement. Un menu déroulant devrait toujours être caché à Google et il devrait être doublé par un menu "fixe" et hiérarchisé. Le plus simple est de ne pas avoir de menus déroulants sur un site de PME, mais ce n'est pas toujours faisable.

Pour imposer à Google notre hiérarchie de pages et de contenus, sans ambiguïté possible, deux pistes sont possibles :

Lien caché dans un JavaScript

Un menu peut être totalement ou partiellement caché s'il est codé et calculé en JavaScript. Pour imposer une structure hiérarchisée à la vision de Google, il n'est pas bon de lui exposer tous les menus. Le principe est donc de mettre à disposition des humains, et des humains uniquement, un système de menus déroulants. Google bot, lui, fait pour le moment semblant de ne pas voir de tels liens sauf sur des sites comme Facebook où Google affiche clairement sa compréhension des liens calculés et cachés par Facebook.

Néanmoins, cette approche doit impérativement être doublée de précautions :

- Un *sitemap.xml* est publié sur le site et il hiérarchise les pages en conformité avec la réalité du site.
- Le menu en liens en dur doublant le menu déroulant et le menu déroulant doivent être identiques.
- Le mieux est quand même de se passer de menu déroulant et d'éviter de jouer à cache-cache avec Google, surtout sur les liens.

Pages et liens inaccessibles à Google

Si l'on veut éviter de gérer des menus déroulants cachés à Google, il faut proposer d'autres approches de navigation via des pages dédiées. Voici quelques exemples :

- Une navigation accompagnée : elle sera structurée en silos car basée sur des liens générés et calculée pour cela. Google doit la lire. Il perçoit ainsi un site strictement hiérarchisé et aisé à parcourir et à analyser.
- Une navigation via formulaire de recherche. À ce jour, Google ne sait pas remplir un champ puis cliquer dessus. Une telle navigation sera invisible pour Google. On peut appuyer une telle page de formulaire de recherche en la plaçant en noindex , nofollow afin de bloquer Google sur la lecture du formulaire. On dispose ainsi d'un mode de recherche/parcours dans les pages de contenu du site n'ayant à respecter aucune contrainte due à une attente du moteur de recherche.
- D'autres navigations sont possibles mais toutes les pages les mettant en œuvre sont protégées des accès des bots de Google via l'affichage systématique en meta de protection noindex, nofollow ou une variante. Ces pages sont gérées depuis un répertoire interdit à Google par le paramétrage d'un fichier *robots.txt*. Via Webmaster Tools, on peut aussi interdire à Google d'indexer des répertoires. Cette approche est d'ailleurs recommandée par Matt Cutts de Google via son blog personnel.

Les pages ainsi consacrées à d'autres approches de navigation auront toutes un point commun : elles seront interdites à Google et auront des URL distinctes des pages accessibles à Google.

On ne risque pas une pénalité pour cloaking car Google interdit d'avoir deux contenus distincts accessibles à un internaute sur une même URL et l'un de ces contenus n'est pas accessible au bot de Google. Or nous avons deux URL distinctes pour un affichage de contenus quasi identiques au menu de navigation près et une de ces deux URL est interdite d'utilisation.

Nous imposons ainsi une vision très hiérarchique du site à Google sans risquer des pénalités pour triche en cloaking ou en duplicate content.

Le code source d'un tel site est exposé et commenté dans l'ouvrage *Techniques de référencement Google* de la collection Guide Complet de MA Éditions.

ASTUCE

Gérer les sessions dans ces pages inaccessibles à Google

Ces pages étant inaccessibles à Google, on peut les gérer sans crainte de problème de référencement dans le cadre d'une gestion de session. On peut ainsi mieux suivre ce que fait l'internaute.

Pièges classiques : les documents PDF et Word

Dans une page, on peut avoir des liens menant à des documents de type texte tels que PDF ou Word par exemple (liste non exhaustive).

Ces documents sont vus et lus par Google comme des grandes pages HTML avec mise en page basée sur des titres, des liens internes, des textes, etc.

Cela induit un piège classique dans lequel nombre de webmestres tombent : le duplicate content entre des documents distincts en format PDF, Word, HTML, etc. et des pages HTML.

Si vous avez des documents doublant le contenu de vos pages HTML, rangez ces fichiers dans un répertoire strictement interdit à Google. Webmaster Tools permet de définir de tels répertoires.

Duplicate content Word, PDF, HTML

On peut avoir un duplicate content entre un PDF et une page HTML. Voici un exemple issu d'une expérience réelle : un prestataire a mis en téléchargement sur chaque page HTML d'un site la version PDF de la page depuis un lien directement ancré dans la dite page. Il y a eu un duplicate content et la quasi-totalité des pages ont été désindexées, effondrant ainsi tout le référencement naturel.

Pour permettre à un internaute d'imprimer une page HTML proprement, on passe plutôt par une feuille de style dédiée et un lien. Cela dépouille la page de tout ce qui pourrait perturber l'impression.

Néanmoins, si vous tenez à proposer une copie en PDF des pages de votre site web, vous pouvez simplement stocker ces fichiers PDF dans un répertoire dédié interdit à Google via le paramétrage du fichier *robots.txt*. Pour plus de sûreté, Google aurait apparemment une tendance aléatoire à indexer les répertoires qui lui sont interdits en *robots.txt*, Webmaster Tools permet de définir définitivement des répertoires interdits à Google bot.

REMARQUE

Les contenus PDF, Word

Ces documents participent au référencement, tout comme les liens pointant depuis les pages HTML vers ces documents. C'est un point fort d'en proposer. C'est un problème si ces contenus doublonnent les pages HTML.

6.12 Multilinguisme, pages et site web

Google référence les pages d'un site dans une langue. La tendance des réalisateurs de sites web est de spécialiser chaque page d'un site dans une langue unique et de les regrouper par langue. Un jeu de drapeaux ou de liens permet à l'internaute (et au bot de Google) de passer d'une langue à une autre.

Même si vous n'indiquez pas le langage de la page (il existe des balises HTML et XHML pour cela), Google devrait détecter la langue utilisée assez facilement via différents mécanismes. Néanmoins, plusieurs cas particuliers, relativement courants, peuvent le perturber. Il est donc nécessaire et plus prudent d'indiquer sur chaque page d'un site la langue utilisée.

Pour optimiser simplement le référencement/positionnement d'un site, il est conseillé de s'en tenir à une telle architecture : une langue unique par page, un regroupement des pages d'une même langue en site, sous-site ou sous-domaine spécialisé.

```
www.monsite.com/fr/ : répertoire spécialisé
fr.monsite.com/ sous-domaine dédié
```

Néanmoins, vous pouvez avoir la nécessité de publier des textes en plusieurs langues sur une seule et même page et le désir de faire référencer chaque texte dans sa langue. Certaines techniques documentaires recommandent même l'approche de différentes versions linguistiques d'un même texte sur une seule page.

REMARQUE

Google ne respecte pas les normes du W3C en multilinguisme

Google ne respecte pas les recommandations W3C quant à l'utilisation des balises qui permettent le multilinguisme sur une même page. De l'anglais inséré dans une page écrite en français et déclarée en français (fr, fr) par la meta adéquate sera considéré comme du français, même si vous encadrez le texte en anglais de balises HTML et XHTML signalant l'emploi de la langue anglaise sur cette portion de texte.

6.13 Le (Google) Page Rank

Google veut satisfaire ses usagers (et les fidéliser par leur satisfaction).

Comment noter une page ayant un contenu et une pertinence de bonne qualité par rapport à une autre moins pertinente ?

Google a développé plusieurs algorithmes complémentaires tentant de mesurer au mieux la pertinence d'une page. Se baser sur l'avis des internautes est au cœur de plusieurs de ces algorithmes.

Un de ces algorithmes consiste pour Google à noter chaque page HTML avec une note, grossière en apparence, basée sur une technique estimant l'avis des possesseurs de sites web via l'usage des liens dans leurs sites : le Page Rank.

Le principe est le suivant : plus les internautes vont sur un site A, plus est important le nombre de sites web, de forums, de blogs qui mentionnent ce site et l'indiquent via un lien pointant vers une de ses pages. La conséquence de ce nombre croissant de liens posés vers le site A est que ce site aura de plus en plus de visiteurs qui, à leur tour, vont signaler ce site via d'autres blogs, forums et sites web.

Cet algorithme mesure la popularité des pages et sites. Si on parle d'un site sur le Net, il y aura pose de backlinks vers une ou plusieurs de ses pages. Ainsi, selon le raisonnement de Google en 1998, tout site qui dispose potentiellement de contenus de qualité et susceptibles de répondre convenablement à la requête d'un internaute est un site qui aura automatiquement des backlinks en volume.

Google a créé le Page Rank, une unité de mesure indiquant grossièrement la popularité brute d'une page. Cet indice est calculé à partir :

- du nombre de liens issus de différentes pages (un lien au maximum par page est relevé dans Google Webmaster tools) pointant vers la page dont on veut calculer le Page Rank
- de la qualité en Page Rank de chacune de ces pages.

À chaque lien interconnectant deux pages, un peu de Page Rank est transféré de la page de départ vers la page d'arrivée du lien. On peut exprimer ça en disant qu'un lien est un vote. Ainsi, en posant des backlinks dans des posts de blog, de forum ou dans des sites web, les internautes "votent" pour ce site.

Figure 6-6 : *PR : deux pages votent pour une autre page*

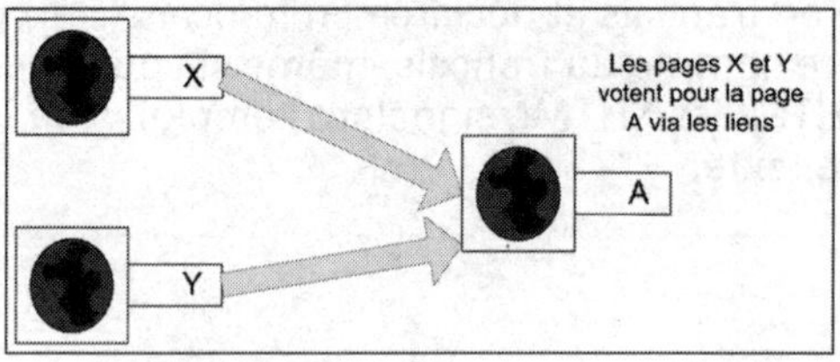

Figure 6-7 : *PR : des pages votent pour une page*

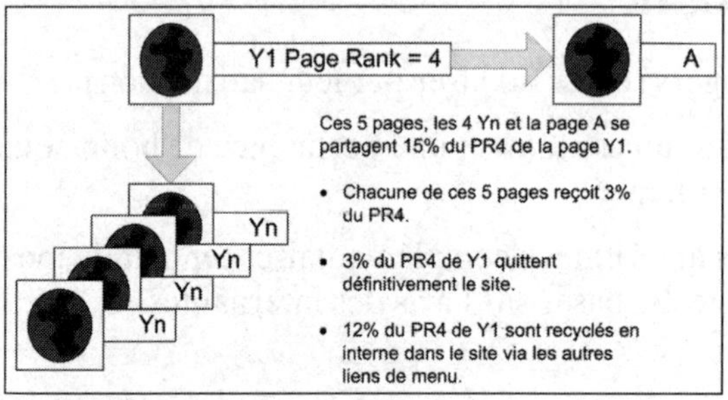

Tous les liens sortant d'une page se partagent à parts égales 15 % du Page Rank de la page. Tous les liens participent à ce partage, y compris ceux du menu permettant de naviguer sur le site. Donc du Page Rank passe de page en page dans le site via les menus de navigation. Ce Page Rank ne quitte pas le site, il se déplace simplement. C'est le principe des vases communicants appliqué à des pages reliées par des liens.

Pourquoi *à parts égales 15 %* dans le paragraphe précédent ? Tout simplement parce que le seul écrit qui expose le principe et le calcul du Google Page Rank date de 1998, et qu'on y trouve cette règle des 15 % à partager à parts égales entre les liens sortants.

Le Page Rank circule au sein du site entre ses pages via les liens en dur des menus et des autres liens internes.

Figure 6-8 : *Circulation du Page Rank via le menu de navigation*

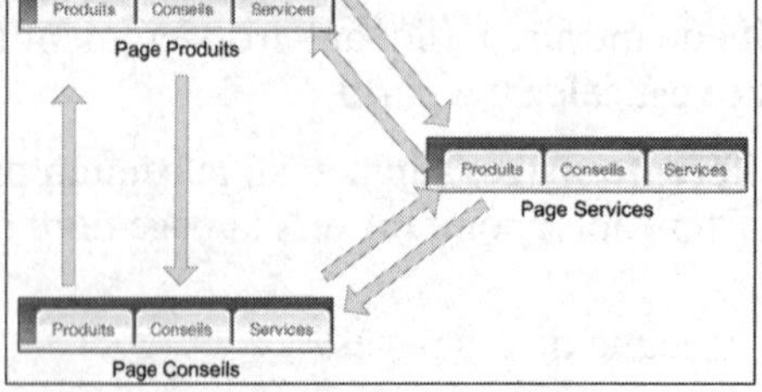

Dans cette figure, nous avons toutes les pages dotées du même menu de navigation. Ces 3 pages ont les mêmes liens. Le Page Rank va de l'une à l'autre et revient. Il n'y a aucune perte. La formule du PR que nous allons voir un peu plus loin, en convergeant, va répartir équitablement ce PR entre les 3 pages de notre exemple.

Premières conclusions pour le référenceur

Le Page Rank circulant via les menus et se répartissant "équitablement" entre les pages, on pourrait être tenté de faire un menu à "géométrie variable" afin de répartir le Page Rank à notre convenance sur les pages de notre site. Cela ressemble à une bonne idée. Mais il y a beaucoup plus simple, plus efficace et plus facile à maintenir.

On pourrait conclure aussi que les liens sortants externes nous font perdre du Page Rank. C'est exact en apparence, mais plusieurs points complémentaires doivent être pris en compte…

- Si aucune personne ne posait de liens sortants, les internautes comme les moteurs auraient du souci à se faire ! Google en a tenu compte. Les sites qui ont des liens sortants semblent avoir une possibilité de bonus (nous reviendrons sur ce point plus loin). D'autre part, si une telle pratique se généralisait, les moteurs et Google en premier prendraient des mesures coercitives contre les sites sans liens sortants. En effet, le business model étant en péril, ils ne resteraient pas inactifs face à une telle menace.
- Si vous ne posez aucun lien sortant, personne n'en posera vers vous ou beaucoup moins que ce que vous pourriez escompter, ce qui, à terme, se révélera fort pénalisant…
- Nous verrons pourquoi les liens sortants favorisent, quand ils sont bien utilisés, le positionnement de la page ciblée et de la page de départ du lien. Voici un exemple de site réussissant son référencement grâce à des liens internes et à des liens sortants : **recettes.de/cuisine** ; ce site liste et résume des milliers de recettes de cuisine. Mais il ne possède aucune fiche de cuisine. À chaque recette précise est associé un lien menant directement vers la page d'un site ou d'un blog. Ce site possède des dizaines de milliers de liens sortants. Et, pourtant, il possède du Page Rank et dispose d'un bon référencement. C'est une illustration flagrante que les liens sortants ne coulent pas le PR ou le référencement d'un site.

Pourquoi faut-il du PR pour son site ?

Concrètement, à quoi sert le Page Rank (PR) ? Pourquoi est-il préférable d'en avoir ? Un PR élevé aide le site sur les points suivants :

- Le volume de pages prises en compte dans les niveaux hiérarchiques de votre site. Vous avez plusieurs niveaux de profondeur dans votre arborescence ?

Plus le PR est élevé, plus Google ira en profondeur lors de l'indexation et le fera rapidement. Cela concerne notamment les pages dynamiques, généralement nombreuses et hiérarchisées. Associées à un sitemap en XML aux normes Google, vos pages seront plus vite prises en compte.

- Le Page Rank circulant dans le site est plus élevé. En effet, 15 % d'un PR de 5 pèse plus lourd que 15 % d'un PR de 3. Nous verrons que cela influe fortement sur le positionnement d'une page.

La base du Page Rank (acronyme : PR, fréquemment utilisé), est une formule mathématique, d'aspect un peu complexe mais finalement simple à appréhender quand on en comprend les principes fondamentaux.

Comprendre le PR est important pour pouvoir améliorer son positionnement quand nous conjuguerons Page Rank et backlinks.

La formule "officielle" du Page Rank

Cette formule a été publiée en 1998 et elle n'a jamais fait l'objet d'une mise à jour par Google depuis. Dans le blog de Matt Cutts ou dans des publications universitaires par du personnel Google, il est indiqué que le calcul du Page Rank est toujours d'actualité. De même, lors d'interviews, des responsables techniques Google ont confirmé que le Page Rank était toujours utilisé et qu'il était hors de question de l'abandonner.

Sans aucun doute, la formule du Page Rank a été fortement modifiée et adaptée au Web du xxie siècle. Mais peu importe, le concept reste d'actualité. Ce qui compte pour le référenceur est d'en comprendre les principes afin de pouvoir appréhender comment l'utiliser le plus efficacement possible. Le détail des calculs de transfert de Page Rank selon les liens importe peu. Sans documentation à jour, il ne sert à rien de polémiquer autour de la précision des calculs et formules.

Nous assumons qu'une page A reçoit des liens (que l'on pourra assimiler à des "votes" positifs) émis par les pages `T1` à `Tn`.

Le paramètre `d` est un facteur d'amortissement pouvant être ajusté entre 0 et 1. Historiquement, `d` a la valeur 0.85. Ce paramètre `d` a plusieurs utilités, que nous verrons au fil des chapitres.

`C(A)` est défini comme le nombre de liens émis par la page A ; ce sont donc les liens sortants. Le Page Rank de la page A est défini comme suit :

```
PR(A) = (1−d) + d (PR(T1)/C(T1) + ... + PR(Tn)/C(Tn))
```

Tableau 6-1 : Formule du Page Rank	
Composant de la formule	**Description**
PR(A)	Le Page Rank de la page A, celui que nous voulons calculer.
PR(Tn)	Le Page Rank de la page Tn. Les pages T de 1 à n ont chacune un lien pointant vers notre page A.
C(Tn)	Le nombre de liens sortant de la page Tn. Chaque page T a plusieurs liens, enfin au moins un, celui qui pointe vers la page A. C(Tn) comptabilise le nombre de liens sortants qui vont devoir se partager à parts égales une partie du PR alloué aux liens sortants.
d	Coefficient d'amortissement – d est considéré égal à 0,85.
(1–d)	Une astuce pour influencer la convergence.

Le Page Rank est affiché dans la barre d'outils Google pour Firefox ou pour Microsoft IE.

L'échelle du Page Rank est logarithmique. Probablement cette formule évolue-t-elle au fil du temps et des mises à jour par Google de ses algorithmes.

Voici une échelle qui est approximativement correcte. Il n'est pas important à ce niveau qu'on soit dans l'approximatif. L'important est de comprendre la tendance et d'en maîtriser les conséquences.

Prenons une échelle logarithmique de base 10 pour simplifier nos calculs et pour bien illustrer notre propos.

Tableau 6-2 : Page Rank affiché et calculé	
PR affiché (log base 10)	**Page Rank "réel", calculé à quelques décimales près, exprimé sans log**
PR 0	0 PR < 1
PR 1	1 PR < 10
PR 2	10 PR < 100
PR 3	100 PR < 1000
PR 4	1000 PR < 10000
etc.	

Chaque niveau de Page Rank est 10 fois plus élevé que le niveau précédent. Exprimé simplement, il faut 10 fois plus de travail et de backlinks vers une page pour passer de PR4 à PR5 que pour passer de PR3 à PR4. Pour être plus précis, et c'est ce qui doit être réellement pris en compte : il faut 10 fois plus de PR transféré via les backlinks pour passer du niveau PR4 à PR5 que pour passer de PR3 à PR4.

Première conséquence de cette formule : si un site n'évolue pas, son PR se dégrade au fil du temps. En effet, le nombre de pages, de sites augmentant continuellement, le nombre de liens C(Tn) aura tendance à augmenter et le PR transféré depuis chaque page Tn diminuera. Le webmestre d'un site doit gérer des campagnes de backlinks en permanence.

Deuxième conséquence : le volume de backlinks depuis des pages à faible PR ou depuis des pages surchargées de backlinks ne mène qu'à beaucoup de travail pour un faible résultat. Tant qu'à investir du temps, autant en investir une partie dans des backlinks de qualité : bon PR, réel contenu, peu de backlinks externes.

Troisième conséquence : Google n'a nul besoin de disposer de tous les PR de toutes les pages. En itérant plusieurs fois le calcul, chaque itération fait converger le PR vers la valeur finale "juste". En attendant, il peut prendre une valeur intermédiaire n'ayant pas fini de converger ou une valeur de 0.

Détaillons le fonctionnement : les pages Tn ont chacune un lien pointant vers notre page A. Peu importe si nous n'avons pas encore toutes les pages Tn et si le Page Rank de certaines de ces pages n'est pas encore finalisé.

En effet, imaginons un cas simple et fort courant : une boucle dans les liens.

Figure 6-9 : *Le Page Rank boucle entre 4 pages via leurs backlinks*

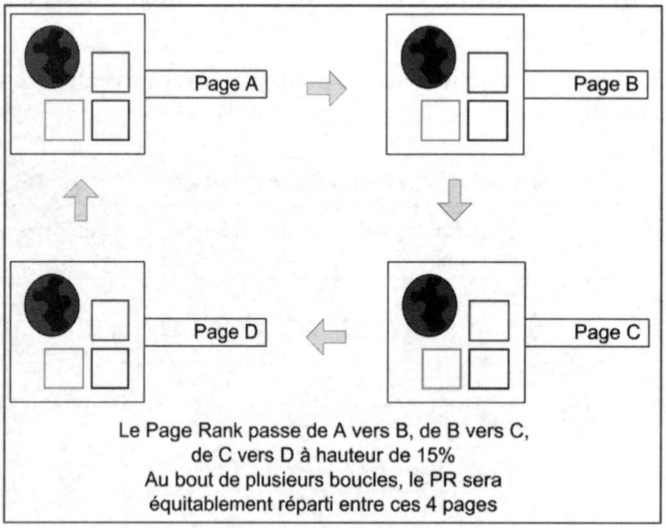

La formule est itérée une première fois, le lien de A vers B vient juste d'être cartographié. Une fraction du Page Rank passe de la page A à la page B. La formule est itérée une nouvelle fois. Les calculs prennent en compte le nouveau PR de B.

En quelques itérations, le PR de chaque page va converger vers sa valeur finale.

Ce qu'il faut retenir :

- Le Page Rank visualisé dans la Toolbar est une unité relativement "grossière" pour mesurer la popularité d'une page en termes de backlinks et de qualité de ceux-ci.
- Disposer de Page Rank sur les pages de son site permettra des optimisations via les backlinks, qui seront abordées plus loin. En avoir est donc important !
- Le Page Rank d'un site conduit à avoir une prise en compte plus ou moins rapide des niveaux de navigation de son site.

Nous explorerons les conséquences de cette formule pour le référenceur…

- Google l'utilise pour lutter contre le spam de backlinks.
- Comment exploiter le Page Rank de manière optimale pour obtenir un bon positionnement sur les mots clés stratégiques des pages d'un site web ?

6.14 Optimiser cinq mots clés stratégiques par page

Volontairement, pour le moment, nous n'aborderons pas la liste des balises importantes pour optimiser une page en référencement. Nous verrons plus loin la liste détaillée de ces balises afin de pouvoir pousser le référencement naturel au mieux de ses possibilités. Il nous manque à cette étape du livre quelques notions-clés pour réaliser dès maintenant cet exposé détaillé.

Néanmoins, nous avons besoin dans cette section dédiée à la gestion des mots clés stratégiques dans une page d'évoquer l'optimisation des mots clés grâce aux balises d'une page. Nous proposerons donc un survol de ces notions manipulant balises, meta et optimisation.

Le title de page

Le title de la page est limité *à moins* d'une dizaine de mots. Il doit être compréhensible par un humain car le title de la page est affiché en première ligne de chaque snippet dans les SERP des moteurs. Avoir un title inintelligible pourrait faire fuir des internautes. Moins il a de mots clés, plus ce critère est efficace car il est concentré sur peu de mots.

Nous reviendrons sur cette notion, mais la clé d'une bonne optimisation est la *cohérence* des mots clés stratégiques. Ils doivent être présents dans tous les critères de la page : title de page, titres, texte, image, etc.

ASTUCE

cinq mots clés stratégiques par page

Il est recommandé de se limiter à 5 mots clés stratégiques au maximum par page. Les autres mots clés devront être moins "optimisés" que ces cinq-là. Pour le webmestre référenceur, il est difficile de faire un texte compréhensible de 8 mots dans un title de page dont 5 mots clés sont imposés par la stratégie de référencement.

Ces cinq mots clés doivent apparaître plusieurs fois dans les textes de la page dans différents critères. L'exemple précédent sur le mot clé fenêtre sur la page de **wikipedia.org** illustre ce propos : ce mot clé est présent de multiples fois tout au long des textes de cette page.

Plusieurs optimisations au niveau d'une page concourent pour aider au référencement.

Le nombre de fois où un mot clé est présent dans un texte par rapport à tous les autres mots s'appelle la densité. Si le mot fenêtre apparaît 10 fois parmi 1000 mots significatifs, sa densité sera de 1 %. S'il apparaît 20 fois parmi 1 000 mots, sa densité sera de 2 %, et ainsi de suite.

Le nombre de fois où un mot apparaît dans un texte en valeur absolue s'appelle le nombre d'occurrences. Si le mot fenêtre apparaît 10 fois dans les textes en paragraphe p, on a 10 occurrences de fenêtre en paragraphe.

Pour chaque type de critère de page, c'est-à-dire chaque type de balise, on calcule la densité et les occurrences d'un mot clé :

- 3 % et 7 occurrences du mot fenêtre en paragraphe p ;
- 12,5 % et une unique occurrence en title de page, etc.

Le référenceur veillera à ce qu'un mot clé stratégique soit présent en title de page et dans *tous* les critères d'une page.

Il est fortement déconseillé de faire du spam de mot clé, appelé *word stuffing* dans le jargon du référencement, en poussant par exemple la densité d'un mot clé à 10 % dans les textes de paragraphe. Quelques pourcents dans ce critère sont largement suffisants. Aller au-delà polluerait les textes lus par les internautes en les rendant moins compréhensibles, ce qui irait à contre-sens de votre intérêt et de l'intérêt de Google d'indexer des pages de bonne qualité.

Un mot clé stratégique doit absolument apparaître dans tous les critères d'une même page. Prenons comme exemple une page dans laquelle on désire positionner fenêtre comme mot clé stratégique :

- Dans le title de la page : sa longueur est d'une dizaine de mots au maximum. La présence en title de page renforce fortement la pertinence d'un mot clé stratégique.

```
<title>
 fenêtre double/triple vitrage PVC,
 bois - isolation rénovation - pose
</title>
```

- Dans le meta description : sa longueur est d'une vingtaine de mots au maximum en théorie. Nous avons vu qu'un meta allongé pouvait apporter un avantage au niveau de l'efficacité du snippet dans une SERP. Ce meta n'influe en rien sur le référencement, mais cela renforce la pertinence d'un mot clé vis-à-vis de la lecture d'un internaute de la SERP. Une discussion détaillée sur le bon usage de cette balise est exposée plus loin dans ce livre.

```
<meta name= 'description'
 content='fenêtre double/triple vitrage, PVC, bois
 - isolation rénovation - pose garantie 10 ans '
/>
```


- Dans des textes entre balises hN, et de préférence au moins une fois entre balises h1, la plus forte des balises de titres. Il est inutile de faire du spam de mots clés entre balises hN, c'est très facile à détecter. Les deux spams à éviter sont la répétition abusive d'un même mot et la mise entre balises hN de trop de texte par rapport au reste de la page. Ces techniques sont très faciles à éventer pour Google. Pire, noyer vos cinq mots clés stratégiques dans une foule d'autres mots autres aura pour conséquence de noyer le poids de vos mots clés (parmi une foule d'autres mots placés entre balises hN).
- Recommandation : utilisez quelques titres entre balises hN et limitez le volume de mots mis entre balises. Bien sûr, les mots clés stratégiques et éventuellement quelques autres doivent être parmi les mots utilisés.

```
<h1>fenêtre double ou triple vitrage en PVC ou en bois</h1>
. . . texte . . .
<h2>avantages pour une fenêtre en double vitrage 8/5/8<h2>
. . . texte . . .
<h2>avantages pour une fenêtre
 en triple vitrage 8/5/8/5/8
<h2>
```

- Attention à la feuille de style ! Il est clair que Google analyse aléatoirement les feuilles de style, probablement via des contrôles qualité humains au centre Qualité de Google en Irlande. Par conséquent, il est donc probable qu'il n'en tient pas compte à ce jour dans les calculs de positionnement. Si vous redéfinissez la balise h1 par un mon_titre1 suivi d'une définition de mise en page type h1, il est fort probable que votre texte de titre ne sera pas pris en compte par Google comme mots clés entre balises h1. Votre page HTML devrait donc contenir directement des appels aux balises hN, strong, em. Les définitions de celles-ci pourraient bien sûr être modifiées dans la feuille de style pour correspondre aux besoins de la charte graphique. Si vos besoins changent selon les pages, utilisez le mécanisme des feuilles de style en cascade pour changer de style à chaque page. Ces mécanismes peuvent être automatisés via du PHP/MySQL, comme nous le verrons plus loin.

- Dans les balises alt et title de visuels présents sur la page. Les mots clés stratégiques doivent être présents dans quelques balises alt d'images de la page.

```
<img src='./images/fenetre-double-triple-vitrage.gif'
 alt='fenêtre double - triple vitrage en PVC ou en bois'
 title='fenêtre double - triple vitrage en PVC ou en bois'
 />
```

- Dans les noms de fichier des visuels, *fenetre-double-triple-vitrage.jpg* est mieux que *img102365.jpg* dans un objectif de référencement sur les mots clés fenêtre, double triple vitrage.
- Entre balises de mise en évidence comme strong ou em. Un texte mettant en évidence certains mots particuliers via les balises de mise en exergue du W3C. Les balises normalisées sont <strong> </strong> qui affichent tous les mots contenus entre ces deux balises en gras et <em> </em> qui affichent le libellé entre ces balises en italique. Les mots ainsi mis en évidence attirent l'attention des algorithmes de positionnement. Certes, l'impact de cette optimisation est faible, mais en cas de forte compétition sur un mot clé entre quelques pages équivalentes de différents sites, ce sont ces petits détails qui vont aider à faire la légère différence pour prendre l'avantage.
- Dans un libellé de lien. Cette optimisation est assez pointue et peut rapporter gros en positionnement. Tout mot contenu dans un libellé de lien est considéré comme un mot clé potentiel par Google pour la page de destination, mais aussi pour la page contenant ce lien. Un test sur une page en cache Google montre clairement qu'un mot clé présent dans un libellé de lien est mis en évidence. Le lien dans l'exemple ci-après positionne les mots clés caution, douane, transitaire et entreprise sur la page de départ et vers la page visée par le lien.

```
<a href="caution-des-douanes-pour-transitaires.html"
 title="Caution pour transitaire auprès des douanes">
 caution Douane française
 pour votre entreprise de transitaire
</a>
```

Il existe de nombreux outils pour analyser la densité d'une page en mots clés. Parmi ceux-ci, celui de Yooda donne des informations synthétiques et claires.

Figure 6-10 : *Analyse de la densité du mot clé "caution" sur une page HTML avec Yooda Match Density*

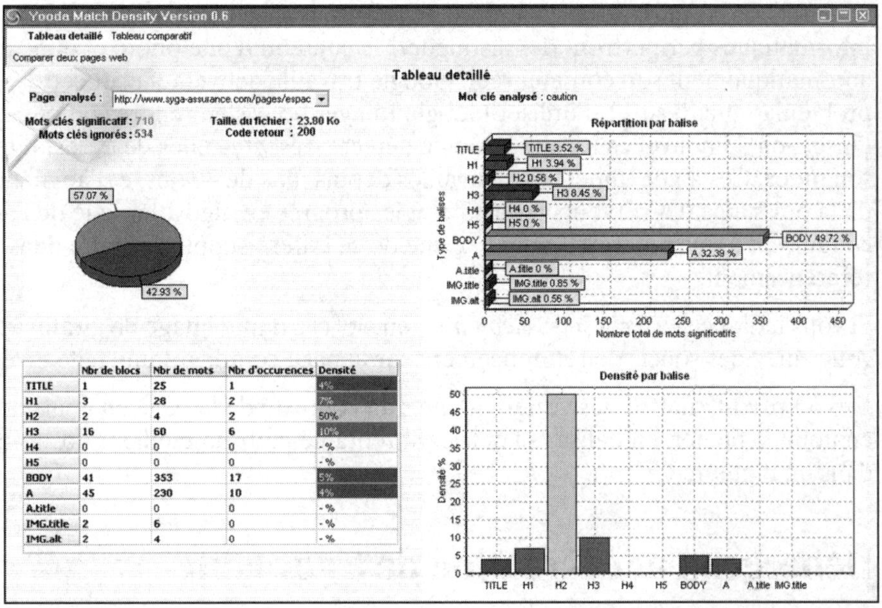

	Nbr de blocs	Nbr de mots	Nbr d'occurences	Densité
TITLE	1	25	1	4%
H1	3	26	2	7%
H2	2	4	2	50%
H3	16	60	6	10%
H4	0	0	0	- %
H5	0	0	0	- %
BODY	41	353	17	5%
A	45	230	10	4%
A.title	0	0	0	- %
IMG.title	2	6	0	- %
IMG.alt	2	4	0	- %

On perçoit immédiatement les quelques défauts en optimisation de cette page sur le mot clé caution.

- Deux visuels seulement, et aucun ne contient le mot clé dans les alt et title de ces images.
- Les balises title des liens n'ont pas été remplies.

Le dernier point qui appuie le référencement d'une page est la cohérence…

- Si les mots clés stratégiques sont cohérents en présence et en mise en page, c'est-à-dire s'ils sont présents dans les différents points vus ci-dessus de manière raisonnable.
- Si les textes de la page sont cohérents vis-à-vis des mots clés stratégiques (même sujet, même thématique).
- Si l'URL de la page (nous le verrons plus loin) contient les mots clés stratégiques de ladite page.

Alors le référencement de cette page est optimisé à son (quasi-)maximum. Pour un webmestre, il sera très difficile de faire mieux. Il faudra passer aux sections suivantes pour finaliser l'optimisation de cette page, puis enchaîner vers les chapitres suivants.

Images, photos, et contenu de photo :

Si le mot clé est un produit, une fenêtre donc dans notre exemple sur une page de **wikipedia.org**, avoir des visuels qui contiennent chacun une fenêtre sera un plus pour le proche futur.

6

En effet, tôt ou tard, des algorithmes peu consommateurs de ressources informatiques permettront de "distinguer" le contenu d'une photo et donc d'indexer automatiquement son contenu réel. Google travaille activement sur cette problématique. Il suffit d'utiliser Google Images pour s'en rendre compte. Lors de l'insertion de nouvelles images, Google détecte très vite celles déjà existantes dans son index. Ces algorithmes sont travaillés depuis plus de 30 ans, et l'augmentation de la puissance des serveurs d'un côté et les progrès en algorithmique de l'autre conduisent à une mise en œuvre à terme de ce critère supplémentaire dans le référencement.

Si vous indiquez « *Ceci est un éléphant* » en alt / title d'une image de girafe, à terme vous aurez des soucis de référencement sur la page contenant une telle erreur.

Dès à présent, mettre des visuels adaptés au contexte de la page en image affichée, en nom de fichier, en balises alt et title est rentable pour un meilleur positionnement dans un moteur.

6.15 Hébergement et création de trafic ciblé

Google détecte la géolocalisation de l'internaute en train d'utiliser ses services via l'adresse IP et différentes informations accompagnant tout internaute sur le Net. Dans la majorité des cas, Google peut déterminer le village, la ville, le quartier d'où vous surfez.

Google utilise ces informations pour localiser et personnaliser ses réponses. Par exemple, vous requêtez sur parking, Google listera en priorité des parkings proches du lieu d'où vous surfez et un comédien (Gustave Parking comme nom de scène) en page 1 des SERP. C'est une personnalisation locale. Google utilise les sites web ayant déclaré leur métier de "parking" et le lieu physique auprès de Google via le Business Local Center. Il les propose alors en priorité dans un snippet dédié.

Figure 6-11 : *Snippet spécialisé dans une SERP sur les résultats locaux*

Barrés en noir figurent le code postal et le nom de la commune d'où la requête parking a été saisie.

Il y a aussi les personnalisations nationales. Google identifie sans problème le pays d'où vous surfez et dans 98 % des cas votre environnement linguistique : (fr, fr) pour un navigateur paramétré par vos soins ou votre fournisseur de PC/Mac en langue française de France, (fr, be) pour une langue française de Belgique, etc.

Google localise nationalement les SERP en donnant priorité aux sites locaux en .fr ou hébergés physiquement en France.

Un nom de domaine est composé de deux parties :

- Le nom lui-même : lemonde dans **lemonde.fr** par exemple.
- L'extension dite TLD : .fr, .com, etc.

Google France propose trois accès via des boutons à cliquer (boutons radio) : Web, francophone, France.

Figure 6-12 : *Recherche dans le Web mondial, francophone ou strictement français*

- **Rechercher dans le Web** correspond à tous les sites web du monde. Seule la correspondance avec les mots de la requête compte ainsi que le respect des préférences de recherche de l'internaute, celles part défaut, ou celles que l'internaute fixe par lui-même.
- **Pages francophones** limite la recherche à tout texte rédigé en français sur un site dans le monde.
- **Pages France** limite la recherche aux sites français en .fr ou avec une autre TLD mais hébergé physiquement sur le territoire français.

Le choix de l'hébergeur, du pays où sera installé le serveur et de la TLD a donc des conséquences sur le trafic. En effet, prendre un hébergeur qui dispose de serveurs hors de France fera perdre du trafic à un site publié en français avec une TLD en .com (ou en .net ou en .org, etc.).

La perte est estimée théoriquement en moyenne à 5 %, suite à une étude analysant le comportement des internautes français sur leur sélection de zone dans Google. 5 Français sur 100 sélectionnent **Pages France**. Les autres laissent la recherche web par défaut sans se préoccuper de la pollution des résultats dus à l'insertion de pages hors de propos car étrangères. En fait, nous le verrons un peu plus loin, la chute de trafic est plutôt de 40 % minimum en moyenne.

Un changement de comportement de Google (prépositionné par défaut sur **Pages France** ou **Pages Francophones**) ou des internautes (lassés de voir des sites étrangers insérés dans les SERP) expose un site français hébergé hors de France en .com ou .net ou autres différent de .fr, à une chute de trafic. Ce changement de comportement pourrait passer par des filtres plus accentués de géolocalisation des SERP (voir plus loin pour les détails).

Depuis plusieurs années, Google analyse la géolocalisation de l'internaute et sa langue préférée. Même si on clique sur l'option **Pages web**, le moteur appliquera un filtre favorisant les sites de même langue et pays que l'internaute.

Exemple : la requête biography Georges W Bush à comparer à "biography" Georges W Bush guillemets inclus. L'une renvoie des sites francophones malgré la présence d'un mot clairement anglo-saxon. La 2e requête force le mot anglo-saxon grâce aux guillemets qui interdisent au moteur de faire des analogies sur le mot et de filtrer en conséquence les résultats de la SERP. Là, nous avons accès à la biographie sur des sites US.

Tant que vos mots clés sont strictement franco-français, vous n'aurez que peu de perte de trafic. Si un de vos mots clés est mixte, la porte est grande ouverte à des pertes de positions face à vos concurrents hébergés en France.

ASTUCE

Ne pas perdre de trafic à cause du pays d'hébergement

Soit la TLD de votre nom de domaine est en .fr, soit vous faites héberger votre .com ou .net ou autres, en France si votre public cible est français. Cette approche est certes un peu brutale, mais elle est fiable vis-à-vis du comportement de Google. En effet, celui-ci peut tenir ou non ou partiellement compte des informations de géolocalisation déclarées dans Google Webmaster Tools.

Identifier le pays d'hébergement d'un site

La commande ping www.le-site.com dans l'émulation DOS de Windows donne le numéro IP du site. Ce numéro va nous permettre de connaître le pays d'hébergement.

Avec le numéro IP ainsi obtenu, ce site **http://ip-to-country.webhosting.info/node/view/36** met à disposition un outil gratuit qui indique le pays d'hébergement de toute adresse IP de serveur ou de site. Il existe d'autres sites proposant un tel outil. Il suffit de googler. Par exemple, il y a ce site (non testé) : **www.netim.fr/tools/geo_localisation.php**.

Pour les sites désirant personnaliser l'affichage en fonction du pays de l'internaute, **http://ip-to-country.webhosting.info/** propose un service web vous délivrant en temps réel le pays de provenance de l'adresse IP d'un internaute ; cela vous permet d'afficher la page adéquate, en langue, monnaie, format de date, etc.

Piège à éviter : il faut afficher une URL distincte et unique par langue. Évitez d'utiliser la même URL avec un contenu variant selon la langue du pays de provenance. Cela pourrait être considéré par Google comme du cloaking.

6.16 Nom de domaine, URL, mots clés et hébergement

Google prend en compte l'âge du nom de domaine. Pour être précis, il prend en compte la durée d'exploitation du nom de domaine avec un contenu.

Les noms de domaine ayant fait la preuve de la publication de contenus de qualité ont un "bonus" par rapport aux noms de domaine venant d'être mis en ligne, par exemple la possibilité d'obtenir un Sitelinks.

ASTUCE

Du temps utilement employé

Dès l'achat de votre nom de domaine, mettez une ou quelques pages d'attente avec de vrais contenus en ligne.

Mots clés et URL

Les mots présents dans une URL, nom de domaine inclus, sont considérés comme des mots clés potentiels par Google. Si un mot présent dans l'URL est optimisé dans la page correspondante, alors le positionnement de ladite page est amélioré sur ce mot clé.

Optimiser l'URL des pages a un impact important sur le référencement. Il est important de mettre des mots clés stratégiques de la page dans son URL.

Il est inutile d'avoir plusieurs noms de domaine pointant sur un même site directement. Ces URL différentes pointent sur le même contenu. Une seule survivra à une mise en liste noire par Google. Les autres seront invisibles dans les SERP sur vos mots clés.

Si vous désirez avoir plusieurs noms de domaine pointant sur un même site sans les voir relégués en liste noire, il faut les rediriger (redirection 301 de préférence ou à la rigueur 302) vers le nom de domaine principal et unique et déclaré comme tel à Google. Cette opération se gère depuis l'interface du registrar qui gère vos noms de domaine. Vous n'avez pas besoin de payer un hébergement pour une telle fonction.

Gandi.net est un registrar parmi d'autres. Depuis l'interface d'administration de votre nom de domaine, vous pouvez activer la redirection d'un domaine et de tout sous-domaine vers un autre domaine/sous-domaine. Vous n'avez pas besoin de prendre et payer un hébergement pour un seul fichier en *.htaccess* en charge de déclarer la redirection. Chez **Gandi.net**, la redirection s'administre par un clic sur le lien **Redirections : modifier**, en bas de page au milieu.

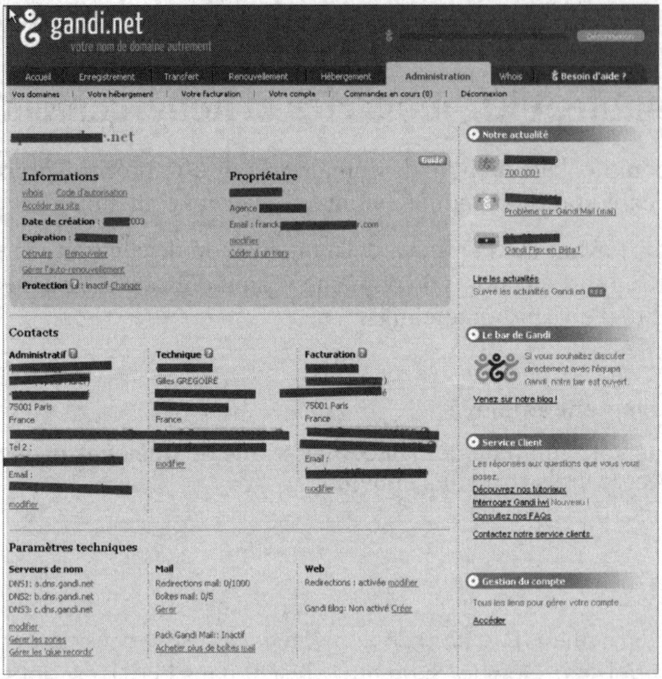

Figure 6-13 : *Gérer les redirections 301 et 302 depuis l'administration de votre nom de domaine, ici chez Gandi.net*

Immense avantage : quand le bot de Google va accéder au nom de domaine redirigé, le protocole HTTP va lui indiquer un code de redirection et la nouvelle URL. Ainsi informé, Google ne prendra aucune sanction contre ce nom de domaine. Si au lieu d'une redirection "propre", vous gérez directement les pointeurs DNS pour mettre les mêmes sur différents noms de domaine, vous aurez la mise en liste noire de tous les noms sauf un. Bien sûr, c'est Google qui sélectionne le survivant, pas vous. Et il risque de ne pas choisir celui que vous voulez utiliser en nom de domaine principal sur votre site.

Deux approches distinctes peuvent être mises en œuvre.

Une expression clé comme nom de domaine

Si votre entreprise peine à obtenir de la visibilité sur son métier, il est efficace de sélectionner l'expression clé stratégique dudit métier et de l'utiliser comme nom de domaine. En effet, Google donne une forte "prime" aux mots clés constituant un nom de domaine. **www.loi-scellier.fr** pour un courtier en défiscalisation constitue un avantage indéniable face à ses concurrents.

La marque dans le nom de domaine

Si votre entreprise s'appelle Durand conseil SARL et que vous exerciez dans le conseil en finances, il n'est pas utile d'appeler votre site **conseil-finances.com**. Vous pouvez garder votre nom propre, **durand-conseil.com** par exemple, et disposer des répertoires physiques ou de l'URL rewriting mettant en évidence les mots clés stratégiques : **durand-conseil.com/conseiller-finances-tresorerie/**. L'avantage de cette approche : vous mettez votre marque en évidence dans le nom de domaine. Inconvénient : conseiller finances en URL après le nom de domaine porte moins fort dans le référencement du site sur cette expression clé.

Une URL est structurée ainsi : **nom de domaine/répertoire physique 1/…/répertoire physique N/nom-de-fichier.html**.

Ou cette URL existe réellement, ou elle est écrite à la volée et, dans ce cas, elle est virtuelle avec une correspondance sur un répertoire physique.

À ce stade du livre, nous nous contenterons d'une existence réelle sachant que cela ne change rien à la logique de prise en compte des mots clés dans une URL. Physique ou virtuelle, la prise en compte est identique par Google, qui ne cherche pas à faire la différence entre les deux.

REMARQUE

Dans une URL, Google est capable de distinguer masculin/féminin, singulier/pluriel.

Par exemple, dans **Ventes-de-vins.com** Google identifie vente, ventes, vin, vins, tout comme il le fait dans le title d'une page et dans la meta description.

Google isole, dans les noms de domaine, les mots compréhensibles accolés les uns aux autres. Par exemple, Google identifie durand dans **immodurand.com** ou dans **jgdurand.com**.

L'utilisation des tirets est préférable quand on veut séparer deux mots dans un nom de domaine : **ventes-de-vins.com**. Cela correspond à l'habitude de très nombreux internautes. Le souligné fonctionne aussi depuis quelques années. Mais son utilisation n'étant pas encore rentrée dans les usages, il est préférable de s'en abstenir dans le nom de domaine et de le réserver pour la réécriture des adresses URL (*URL rewriting*) dans la séparation des mots clés.

Pièges à éviter

Les noms de domaine trop longs et les URL réécrites trop longues recèlent des pièges à connaître pour soit les éviter, soit les contourner.

Google AdWords et nom de domaine

Un nom de domaine trop long pose un premier problème technique : impossible de l'utiliser pour des campagnes AdWords. En effet, la longueur maximale d'un nom de domaine sans http:// et sans le www est d'une trentaine de caractères environ.

Il n'est pas possible de créer un nom de domaine court redirigé vers le site utilisant la version longue du nom de domaine. AdWords refusera la campagne. Les conditions d'utilisation de Google AdWords interdisent une campagne via un nom de domaine redirigé.

Deux pistes sont possibles pour contourner ce problème :

- Créer un nom de domaine court et ne pas le faire connaître par le moteur (aucun lien ne pointe dessus, aucune déclaration à Google, aucun sitemap). On fait pointer ce nom de domaine sur le site en gardant l'autre nom de domaine, le plus long, actif. On s'expose néanmoins à ce que Google passe le nom de domaine court en URL à référencer ; vous vous retrouvez avec 2 URL distinctes pour chaque page de votre site, soit un superbe duplicate content. Au vu de multiples bogues ou dysfonctionnements divers rencontrés dans les outils Google, il est déconseillé de mettre cette piste en pratique.
- Créer un nom de domaine et l'associer à un site d'une page dédié à AdWords et dont les liens renvoient tous vers le site réel et officiel. Cette approche offre d'autres avantages : elle vous permet de distinguer le trafic issu d'AdWords et du référencement naturel avec une grande simplicité et une certitude de 100 %. Cette approche vous permet de gérer hors de votre site une landing page dédiée à des promos qui seront donc invisibles aux internautes venant directement sur le site. Cela constitue un avantage webmarketing important. Vous pouvez différencier vos promos selon le canal utilisé pour vous trouver.

REMARQUE

Tracer un internaute

Tout codeur web peut tracer un internaute qui arrive sur un site d'une page (celui dédié à Google AdWords) et clique ensuite vers le site principal. L'affichage du site pourra être personnalisé à ce profil d'internaute. Cela permet ainsi de tenir la promesse faite via une campagne AdWords et développée uniquement sur le site d'une page dédié aux campagnes AdWords.

URL réécrite et annuaires

Les URL réécrites à la volée incluent souvent plusieurs mots clés, ce qui est normal. Lors de campagnes de netlinking, il est souhaitable d'avoir des inscriptions en annuaires pour différentes raisons.

Mais nombre d'annuaires ont été codés par des personnes peu compétentes sur le Web. De nombreuses limitations existent et l'une d'elles concerne directement l'URL réécrite. Le nombre de caractères laissés pour saisir l'URL est trop petit. Impossible de saisir l'URL, elle est tronquée et vous vous retrouvez avec une URL tronquée n'aboutissant nulle part en erreur 404. Ce type d'erreur est signalé via votre compte Google Webmaster Tools.

Voici un contournement : créez une page dédiée à l'expression clé que vous désirez inscrire en annuaire et raccrochez-la à l'arborescence de votre site. Son URL sera courte. Cette page sera dédiée en contenu à cette expression clé. Elle ne contiendra qu'un lien, hors le menu de navigation de base. Ce lien pointera vers la page en URL réécrite.

Avantages :

- Vous récupérez le trafic depuis les annuaires bogués où l'inscription aura ainsi fonctionné.
- Vous avez des backlinks d'annuaires autrement inaccessibles pointant vers votre site avec des libellés dédiés, variés et porteurs de cohérence.
- Le lien quittant votre page dédiée à ces annuaires et pointant vers la page réelle transporte un peu de Page Rank associé à une expression clé.

6.17 Google writing

REMARQUE

Cette étape est fondamentale dans un référencement réussi

En effet, le contenu de qualité prime. Pour mettre en valeur ce contenu, Google ne communique rien. Or un contenu de valeur mal mis en valeur sera peu visible. Si vous avez un contenu de qualité, le fait de le mettre en valeur vous permettra de réaliser une grande part de la réussite de votre référencement juste en utilisant des techniques de Google writing.

L'optimisation d'une page pour faciliter son indexation par un moteur va porter sur des travaux à effectuer sur :

- Les critères *on page*, ils regroupent tous les éléments techniques d'une page : title, URL, balises meta, balises hN, etc.
- Le Google writing vis-à-vis des mots clés. Cela consiste à écrire et à mettre en page non seulement pour les humains mais aussi pour faciliter le travail des bots et des algorithmes des moteurs.

Nous avons vu un peu plus haut comment optimiser les critères d'une page pour cinq mots clés stratégiques. La technique d'écriture a une grande influence sur les algorithmes de positionnement.

Densité, occurrences de mots clés

ASTUCE

Quelques concepts simples pour mieux optimiser une page

Densité, occurrence, racine, thème, thésaurus, fréquence, répartition, cohérence sont des concepts faciles à comprendre et très efficaces quand on les met en œuvre.

Les textes d'une page peuvent être analysés par Google sous différents angles :

- La *densité* des mots, des mots clés. Combien de fois, sur un nombre de mots donnés, tel mot clé revient-il ? Par exemple, sur les 47 mots de tous les titres en H1 de cette page, combien de fois tel mot revient-il ?
- La présence de *synonymes* : voiture, automobile, auto, cars sont des synonymes (cf. commande ~ dans Google).
- Le nombre brut d'*occurrences* d'un mot donné dans la page.
- Les mots *connexes* : casque, protection, tête sont des mots connexes.
- La *répartition* des occurrences d'un mot clé au sein de la page dans différentes sections ou critères on page (entre balises hN, en alt et title d'images, en texte, entre balises <strong>, en meta description et en title de page, et dans l'URL de la page) sont les principaux critères.

Exemple : écriture d'un texte de 100 mots environ. Objectif : un texte mettant en évidence casque et combat pour un site commercialisant des équipements individuels pour les arts martiaux.

```
Protection > casque :
Notre gamme de casques protège les sportifs pour tous leurs
entraînements en arts martiaux et en sports
de combat et autres fighting.
Le casque ADIDAS est adapté pour les sports de combat
type Boxe Thaï, dont les combats voient des coups portés
particulièrement violents entre combattants.
Le casque NIKE est adapté aux combats en arts martiaux
où les coups portés entre combattants sont plutôt simulés.
La tête, le crâne et le visage sont bien protégés.
Casque ADIDAS à 57 €/Casque NIKE à 47 €
Tours de tête : de enfants à adulte.
```

REMARQUE

Optimiser grâce aux synonymes

Le mot fighting n'est pas là par hasard. Pour Google, c'est un synonyme en français de combat.

> **REMARQUE**
> La commande ~combat dans Google nous renvoie les synonymes de combat. Il n'y a que fighting. Le référenceur avisé en tiendra compte en l'utilisant dans son Google writing.

Remarque : le mot casque n'a aucun synonyme.

C'est un peu lourd comme rédactionnel, mais, sur ce paragraphe seul, on répète plusieurs fois les mots clés sous différentes déclinaisons. Plus que tout autre mot – Google est clairement guidé vers ces deux mots clés. Les mots environnants couvrent aussi la même thématique : tête, crâne, protection, visage, etc. Ils sont connexes à nos deux mots clés.

Différentes déclinaisons de chacun de ces deux mots clés et des mots connexes :

- casque, casques : une tête (un casque va sur une tête)/un visage et un crâne sont protégés par un casque.
- combat, combats : combattants/casque et combattant/coups violents (donc protections, protège).

Connexité de mots clés

Nous venons de voir une connexité de mots clés via un exemple : "un casque est une protection de la tête".

Mais comment fait un moteur de recherche pour calculer une connexité entre deux mots, et donc comment évaluer nous-mêmes, référenceurs, si 2 mots sont connexes ? En effet, plutôt que de noyer un paragraphe de texte de 300 mots significatifs avec 30 fois le mot clé casque, mieux vaut se contenter de le faire figurer maximum 7 ou 8 fois, soit 3 à 4 % maximum en densité, et d'utiliser des mots connexes à casque.

Pour faire simple, disons que Google tente de calculer la thématique principale d'une page via le contenu de cette page bien sûr et surtout par la connexité entre les mots significatifs de la page puis entre certaines liaisons entre ces mots : sujet, verbe, complément d'objet, etc. On peut résumer cela en disant que Google évalue la thématique d'une page ou des parties d'une page de plusieurs manières complémentaires :

- Via la qualité grammaticale, orthographique, lexicographique des textes d'une page.
- Via la position des mots entre eux (la distance entre deux mots clés par exemple).
- Via la nature des mots : un nom propre a plus de poids qu'un adjectif par exemple.

La réalité est bien plus complexe, mais nous avons là les grandes lignes des actions permettant à Google de calculer le thème d'un contenu.

Ensuite, ce sont les internautes qui vont faire le travail. Google analyse et calcule des statistiques pour thématiser des expressions clés. Pour mettre à la portée de tous la puissance d'une telle approche et sa redoutable efficacité, voici deux exemples :

- Durant des mois, sur **google.fr**, un des synonymes d'automobile était cars, le titre du dessin animé des studios Pixar. L'intérêt pour le film ayant disparu, les requêtes des internautes aussi, cars n'était plus un synonyme d'automobile jusqu'à l'arrivée du film *Cars 2*.
- Durant des années, deux autres synonymes d'automobile ont été Toyota et Honda, sur **google.fr**. Là aussi la situation a fini par évoluer et revenir à la normale.

Google dispose ainsi d'un genre de dictionnaire, mis à jour par les actions des internautes dans leur usage de Google, qui à chaque mot relie les mots plus ou moins proches.

En résumé, Google dispose de deux outils nécessaires pour évaluer la connexité de deux mots : d'un côté, une analyse du contexte et de l'autre un dictionnaire reliant tout mot à un contexte et à d'autres mots connexes.

Via l'exécution de plusieurs algorithmes, Google peut déduire la thématique principale d'une phrase, d'un paragraphe, d'un titre, d'une page. Il sera donc à même de détecter des anomalies et de plus ou moins réagir à ces anomalies en déclassant une page par rapport à une autre vis-à-vis d'une expression clé précise par exemple.

Recette de cuisine et connexité de mots clés

Pour un référenceur amateur, il suffira de comprendre et d'appliquer une recette de cuisine qui fonctionne toujours à peu près de la même façon :

- Une page cible très peu d'expressions clés concurrentielles. Une expression clé concurrentielle signifie que de multiples pages de bonne qualité essaient de se positionner sur cette expression clé en page 1 de Google. Une expression clé concurrentielle composée de 3 à 4 mots clés est pratiquement un maximum lorsque l'on veut référencer une page. Toute l'optimisation de la page et des environs sera alors orientée sur cette expression clé. La moindre dispersion vers une autre expression clé pourrait être pénalisante.
- Il faut avoir un peu de densité sur cette expression clé dans chaque type de mise en page : titre, paragraphe, alt et title des images, ancre de lien sortant, backlinks internes et externes menant à cette page, etc. et bien sûr le title de page.

- L'utilisation de mots connexes aux mots clés de cette expression dans un texte sera un atout pour le référencement de sa page sur cette expression clé. Il faut utiliser des synonymes, des mots employés habituellement dans le même contexte. La famille royale d'Orange, la révolution Orange en Ukraine, l'opérateur téléphonique Orange n'ont pas les mêmes mots employés habituellement en fonction du Orange exactement utilisé dans toute page de tout site Internet.
- Plus il y a de pages sur le Net avec la même expression clé, plus la page à référencer sera noyée dans la masse et donc difficile à sortir du lot. Il faudra frapper fort en dédiant une page bien placée à cette expression clé et en dédiant le title de cette page à cette expression et uniquement à elle. Ce sera une bonne base de travail pour passer à d'autres étapes du référencement sur une expression clé en forte compétition.
- La présence de liens internes ou externes poussant les mots clés ciblés crée une popularité de cette page sur cette expression clé, ce qui termine le travail visant à la placer en bonne position dans l'index.

Calculs de connexités de mots clés

REMARQUE

Une contrainte pour Google : les ressources informatiques

Même avec des millions de serveurs, il y a une masse de travail immense pour indexer et ordonner des milliards de pages perpétuellement mises à jour. Google doit donc travailler ses algorithmes pour avoir de l'efficacité sans trop consommer de ressources informatiques. C'est une mission quasiment impossible. Évaluer en finesse le contenu de deux pages l'une par rapport à l'autre, juste deux pages, prend plusieurs heures de calcul sur un Macintosh 4 cœurs. Inutile de dire que Google ne peut pas consacrer autant de ressources.

En d'autres termes, les algorithmes de Google sont des gruyères pour un référenceur professionnel ou amateur averti industrialisant tests et suivis des résultats pour évaluer le niveau de performance de Google. Ledit référenceur pourra mieux référencer un site qu'une démarche plus ou moins empirique.

Un webmestre intéressé par du référencement plus poussé et donc sujet à rencontrer de nombreux cas particuliers doit comprendre l'approche de calcul de base d'une connexité finale d'un texte. Nous allons effectuer une approche algorithmique pour bien faire percevoir le fonctionnement. Cela permettra à un webmestre de mieux comprendre et donc de gérer plus finement la mise en page et le rédactionnel d'une page dans un objectif de référencement. Maîtriser le Google writing sera une des conséquences de la bonne compréhension de la connexité et des calculs associés.

Un moteur de recherche de base, un "moteur école", utilisera un dictionnaire, un thésaurus. Il en fera deux usages :

À chaque page indexée, il analysera les termes présents. À force d'accumuler des pages, il constituera une base statistique lui permettant de calculer une relation entre un terme précis et de nombreux autres termes : proche, éloigné, sans rapport, etc. Il définit ainsi dynamiquement une connexité entre un mot précis et tous les autres mots de son dictionnaire. Notre moteur école se constitue grâce aux pages indexées à un dictionnaire. Celui-ci fait l'objet de calculs complémentaires via les requêtes saisies dans Google et le comportement des internautes suite à ces requêtes. Notre moteur de recherche obtient ainsi un thésaurus assez précis sans intervention humaine longue et coûteuse.

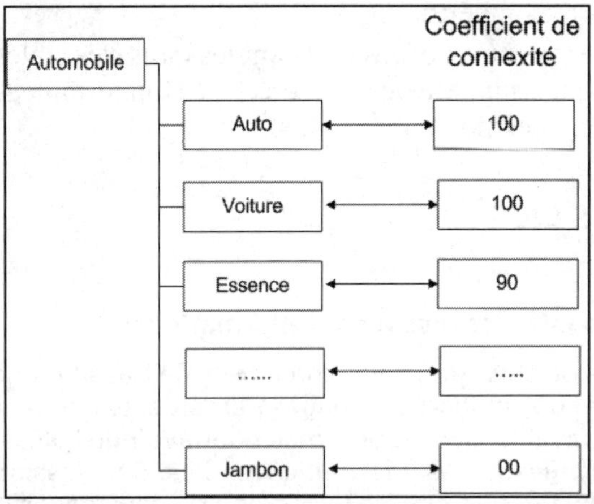

Figure 6-14 : *Connexité de tout mot vis-à-vis d'"automobile"*

Face à une page à positionner en face d'une requête de plusieurs mots clés, disons deux pour illustrer plus facilement nos propos, le moteur, notre "moteur école" créera une matrice à raison d'un axe par mot. Il évaluera ensuite le vecteur final de la requête composée de ces 2 mots clés. Puis il affichera dans la SERP les pages dont le contenu offre un vecteur ayant un angle le plus faible possible par rapport au vecteur de la requête.

Cela offre à Google une perspective intéressante que le webmestre/référenceur averti doit comprendre pour pouvoir mieux agir. Pour un temps de calcul assez faible, Google peut trier des pages face à une expression clé précise. On en déduira des règles de Google writing (exposées dans ce livre) pour mieux réussir son positionnement par rapport à un rédactionnel plus classique (voir fig. 6-15).

À chaque phrase d'un paragraphe d'une page, on peut ainsi calculer et exprimer une thématique de cette phrase puis de ce paragraphe (constitué d'un groupe de phrases) et enfin de la page constituée elle-même de N paragraphes.

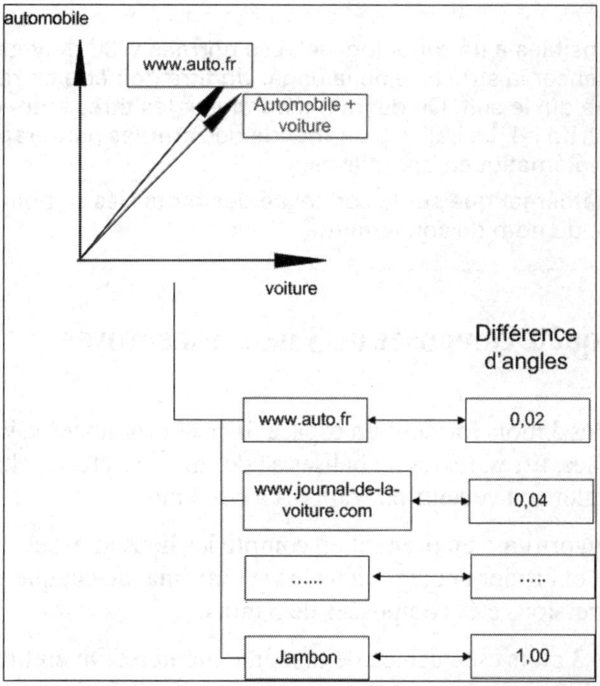

Figure 6-15 : *Face à la requête "automobile voiture", la liste des URL ayant chacune le moins de différence d'angle*

- Les vecteurs de chaque mot sont pris en compte.
- La position et les liens au sein de la phrase sont analysés et un calcul de pondération est appliqué à la longueur de chaque vecteur de chaque mot.

Ce calcul livre un vecteur dans cet espace 3D qui exprime la thématique de cette phrase. Chaque phrase d'un paragraphe est ainsi traitée.

Ensuite, notre "moteur de recherche école" pourra appliquer des algorithmes pour évaluer les phrases d'un même paragraphe entre elles. Il en tirera un vecteur exprimant le poids de ce paragraphe et une direction exprimant la thématique. Notre moteur de recherche école pourra alors calculer de la même manière le vecteur de la page depuis des calculs sur les vecteurs de chaque paragraphe composant cette page, etc. À chaque étape, il y a une pondération : le texte d'une balise h1 possèdera un coefficient supérieur au texte d'un simple paragraphe.

En fait, une telle architecture permet de nuancer avec une finesse extraordinaire l'évaluation du contenu d'une page.

ASTUCE

Structurer une page en paragraphes, titres

Un paragraphe doit correspondre à une thématique unique, être formé de phrases correctes en grammaire et en orthographe, dépourvu de jeux de

ASTUCE

mots incompréhensibles à un robot logiciel. Les normes W3C doivent être utilisées pour cadencer la structure de la page. Un titre doit être en rapport avec le paragraphe qui le suit. On devrait hiérarchiser les titres entre eux via les balises hN, de h1 à h8. La balise p permet de déclarer les paragraphes. Elle devrait être systématiquement utilisée.

Cette approche mathématique sur la connexité des mots clés se nomme cosinus de Salton, du nom de son auteur.

Illustration : une requête composée de 3 mots est envoyée à un moteur

Dans la figure ci-après, les 3 mots forment un espace 3D à coordonnées x, y et z. Les mots, phrases, paragraphes, titres, textes de balises alt des images, etc. de chaque page permettent de calculer son vecteur par rapport à ces 3 mots.

On peut compléter cet algorithme en prenant en compte les liens internes et externes de chaque page et affiner encore mieux le vecteur final de chaque page candidate face à ces expressions clés composées de 3 mots.

La requête composée de 3 mots est calculée de la même manière. On en tire donc un vecteur exprimant sa thématique.

Les 10 pages ayant l'angle le plus faible possible avec le vecteur de la requête seront les 10 premiers résultats dans la SERP renvoyée à l'internaute auteur de la requête.

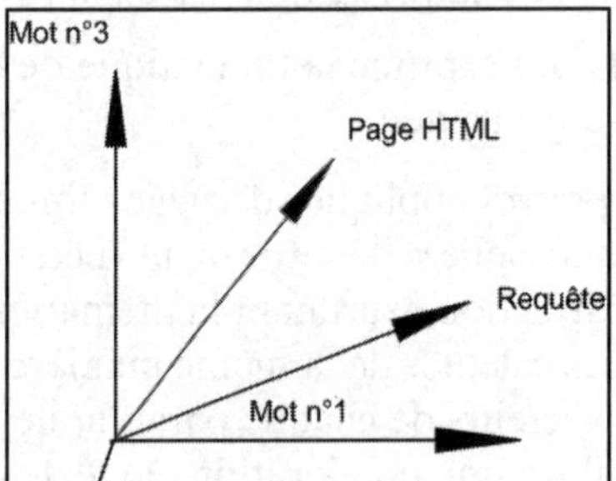

Figure 6-16 : *3 mots en espace 3D, le vecteur de la page indexée, le vecteur de la requête*

La mission du référenceur en rédactionnel consiste à orienter au maximum le vecteur de la page optimisée dans le même sens que le vecteur de la requête de mots clés ciblés.

Il est évident que ce travail peut être seulement itératif :

- On conçoit et rédige un premier texte.
- On le soumet à Google.
- On vérifie que le contenu a été pris en compte en examinant le cache de Google sur la page.
- On mesure le positionnement.
- On améliore le texte dans l'optique du cosinus de Salton sur les mots de l'expression clé ciblée. Et on recommence la boucle.

N'oubliez pas que les backlinks interviennent de l'extérieur de la page. Acquérir des liens cohérents appuie ce travail de rédactionnel optimisé.

REMARQUE

Pourquoi le cosinus de Dalton ?

La réponse est fort simple. Un ordinateur ne sait pas manipuler de concept humain comme la connexité entre une voiture et un carburant comme l'essence. Tout transformer en géométrie vectorielle permet de translater un concept humain en mathématiques. Un modèle mathématique, lui, est aisé à coder en programmes informatiques exécutés dans des fermes de serveurs comme en possède Google.

Les nuages de mots ou de liens

Les mots contenus dans un lien sont notés plus forts par Google sous certaines conditions. Le casque Nike est un exemple éligible à une meilleure prise en compte par Google. Dans notre exemple précédent, **casque Nike** est le libellé textuel d'un lien (une ancre dans le jargon HTML) pointant vers la page présentant le casque Nike en question. Non seulement ces deux mots clés sont poussés avec du Page Rank vers la page visée, mais ces mots clés sont aussi mis en valeur dans la page contenant le lien, on dit l'ancre dans le jargon des codeurs HTML.

Si ces mots clés présents dans le libellé du backlink, casque Nike dans notre exemple, sont cohérents vis-à-vis des pages de départ et d'arrivée, ils seront davantage mis en valeur auprès de Google que les autres mots de la page. Le ranking de ces deux pages sur cette expression clé va progresser.

Les nuages de mots (qui sont en fait des *nuages de liens* ou *tags cloud*) que vous voyez quelques fois sur certains sites sont là pour cela. Ce sont des liens avec des mots clés à mettre en valeur sur la page et vers les pages pointées.

Figure 6-17 : *Exemple de nuage de mots clés en backlinks*

La technique des nuages de liens recèle de nombreux pièges. En effet, elle utilise en fait une technique baptisée *Page Rank Sculpting* et elle est mal vue par Google. Le moteur de recherche a déployé des outils qui détectent et pénalisent les pages abusant des nuages de liens. Installer un nuage de liens sans comprendre le modèle mathématique lié est une voie toute tracée pour obtenir un frein sur son référencement.

Mettre un site à jour

Google analyse la différence de contenus entre la page en ligne parcourue par le bot et la dernière version stockée dans son cache.

Il prend en compte les différences en nouveaux liens entrants ou sortants, en nouveaux textes, en nouveaux visuels pour chaque page. Un site régulièrement maintenu est mieux "noté" par Google. Depuis la mise à jour de novembre 2011 de Google Panda (lui-même datant de l'été 2011 en France), le poids des mises à jour s'est encore plus accentué dans les algorithmes de Google. C'est de cette manière, entre autres, que Google peut automatiser la détection de pages Web 2.0. La longueur d'une page ayant un mécanisme de notation et d'échanges de vues entre internautes augmentera régulièrement au fil du temps, entre autres effets visibles.

Les mises à jour d'une page peuvent être automatisées.

RENVOI

Nous y reviendrons au chapitre *Le référencement automatisé*.

ASTUCE

La mise à jour régulière de votre page d'accueil

Améliorez votre référencement grâce aux mises à jour de votre page d'accueil. Disposez dans votre page d'accueil de modules dont le contenu change fréquemment : promotions, derniers posts sur le forum, derniers messages, votre actualité, etc.

Ces informations doivent être cohérentes vis-à-vis du contenu de votre page d'accueil. Faites très attention aux textes utilisés, au Google writing de ces

ASTUCE

phrases vis-à-vis des expressions clés affectées à votre page d'accueil. Un choix maladroit pourrait nuire à votre référencement.

Ces informations doivent être uniques. Évitez de copier/coller un communiqué de presse par exemple. Réécrivez-le autrement.

Transformer en images les textes inutiles et redondants

Dans de nombreux sites, un texte en colonne de droite revient à chaque page : événement, actualité, promotion, coup de cœur ou autre. La répétition de ce texte peut ne rien apporter en mots clés contenus. Dans ce cas, ce texte va noyer les mots clés et les textes cohérents associés, au détriment du positionnement. Pire, il pourrait pousser la page en duplicate content et participer ainsi à sa désindexation :

- Ce texte étant répétitif et d'une longueur supérieure à 30/35 caractères sera vu comme un duplicate content partiel. Si une page contient trop de tels contenus dupliqués, plus de x % de son contenu total, x variant en fonction des mises à jour chez Google, elle sera désindexée.
- Le texte peut être hors thème central de la page et ainsi perturber son positionnement sur les expressions clés qui sont confiées à cette page.

Une solution parmi d'autres : transformer ce texte en image. Cette image améliorera la densité des mots clés, éliminera une source de "distraction" pour Google et permettra en outre de placer des balises alt et title contenant des mots clés plus pertinents, voire personnalisés page à page si on respecte des conditions d'optimisations.

RENVOI

Ces conditions sont exposées au chapitre *Le référencement automatisé*.

Une autre piste pour régler ce type de problème : faire afficher les contenus répétitifs via des JavaScript les calculant pour les rendre ainsi invisibles aux bots de Google.

REMARQUE

Attention, danger avec les JavaScript destinés à leurrer Google

Actuellement Google ne décode pas volontairement les textes affichés par des calculs de JavaScript. Cette situation peut changer à tout moment.

Il semblerait que les équipes de Google aient compris que des codeurs tentent d'éviter le duplicate content en cachant des textes. Donc Google se contente d'identifier les liens dans certains sites (Facebook) et il ignore le texte publié par calcul ou tout du moins, il fait semblant. En tout cas,

REMARQUE

impossible de retrouver une page dans Google en googlant un texte calculé. Officiellement, il ne les connaît pas. Pour le moment.

Des pages possèdent aussi un tableau de prix, des colonnes de disponibilités, de promotions, d'actualités ou autres informations contenant des mots inutiles au référencement et à la cohérence des pages où ils sont affichés.

Figure 6-18 : *Un tableau de mots inutiles, à remplacer par une image si possible*

Groupe "Économique" - Tous les prix en euros et pour une semaine

Groupe	Modèle	Basse	Moyenne	Haute	Franchise	Assurance
A1	Chevrolet Matiz	114.00 €	119.00 €	129.00 €	300.00 €	4.00 €
A2	Peugeot 107	114.00 €	119.00 €	129.00 €	300.00 €	4.00 €
A3	VW Polo	129.00 €	144.00 €	154.00 €	420.00 €	5.00 €
A4	Ford Fiesta	129.00 €	144.00 €	154.00 €	420.00 €	5.00 €
A5	Renault Clio	129.00 €	144.00 €	154.00 €	420.00 €	5.00 €

Dans la figure, ce même tableau mis en image allégera la page en mots inutiles et améliorera la densité des vrais mots clés affectés à cette page. De même, balises alt et title associées à cette image avec des textes adaptés appuieront le référencement de cette page.

Inconvénient : si votre tableau de prix est construit depuis une requête sur une base de données, cela devient nettement plus complexe à réaliser. Cela nécessite impérativement l'intervention d'un codeur PHP capable de manipuler les bibliothèques gratuites ayant en charge la transformation de texte en images.

Sans compétences en développement informatique, le plus simple est alors de laisser ce tableau tel quel. Tant pis ! Le coût de l'optimisation ne justifie peut-être pas l'avantage donné.

La librairie *GD* permet à un codeur PHP de générer des images mots clés *.gif* depuis du texte. Googlez "php gd library" pour trouver de nombreux sites sur le sujet. Attention, la maîtrise de cette bibliothèque en PHP exige de solides connaissances techniques.

Écrire pour les humains et pour Google

Bien qu'ayant déjà effleuré le sujet dans le présent chapitre, nous reviendrons plus en détail, dans un prochain chapitre, sur les raisons d'une limitation à un seul thème par page pour réussir un référencement/positionnement.

Le webmestre doit absolument ancrer cela dans ses habitudes : une page doit traiter d'un seul thème. Il faut arriver à éclater en arborescence de pages un sujet impliquant plusieurs thèmes distincts.

En prévision du futur, les phrases doivent être rédigée de la manière la plus correcte en syntaxe, grammaire et orthographe. Google investit sur la compréhension du contenu d'une page. Rédiger correctement vous donnera tôt ou tard un avantage concurrentiel face à des pages mal écrites.

Le spam de mot (*word stuffing* dans le jargon du référencement) est aisément découvert par Google. Inutile de tenter ce genre d'opération, ce serait particulièrement contre-productif. Avoir une densité de 50 % sur un mot clé est statistiquement anormal. Il faut privilégier l'usage de synonymes et de mots connexes au thème de la page, comme déjà indiqué dans ce chapitre.

Au grand désespoir de nombreux journalistes, comme ceux de la BBC, Google ne comprend pas les jeux de mots.

Un titre accrocheur pour les humains, basé sur un jeu de mots, en balise h1 en haut de page, aura un effet désastreux sur le positionnement de cette page dans l'index d'un moteur.

Exemple : un jeu de mot sur aïephone (en référence à l'iPhone d'Apple) en titre h1 d'un article enverra celui-ci au fin fond de l'index et sera introuvable en bonne position sur une requête du genre "iPhone – liste des magasins".

Pour contourner ce type de problème, il faut passer à un double titre :

- Un titre pour les humains : il sera en gras, police de taille plutôt élevée et en balise hN néanmoins, h3 par exemple.
- Un titre pour Google : il sera écrit dans une police plus discrète et en balise h1, en tous les cas une balise hN différente et supérieure en importance à celle utilisée pour le titre "humain".
- Ces 2 titres sont en haut de page, l'un en évidence pour les humains donc dans le triangle d'or à gauche en haut. L'autre, destiné à Google, sera discrètement collé vers la droite, zone moins parcourue par l'œil humain.

Le titre pour Google aura une balise hN réservée à ce strict usage, typiquement h1. Il sera redéfini en feuille de style, en conservant le nom h1, avec les attributs pour limiter sa taille de police mais sans exagérer, avec une couleur plutôt pastel et terne peu susceptible d'attirer l'œil mais clairement différente de la couleur de fond. Elle sera redéfinie avec des caractéristiques inverses donc de la balise hN, h4 par exemple, destinée aux titres pour les humains.

6.18 Optimiser une page : balises et cosinus de Salton

Listons et évaluons les critères à travailler sur une page pour réussir son optimisation en accessibilité sémantique pour les mots clés stratégiques qu'elle véhicule. Cette étape est un des maillons fondamentaux pour réussir son référencement naturel.

Nous avons vu dans ce chapitre le cosinus de Salton. On peut alors formuler l'optimisation réussie d'une page plus efficacement mais cela se révèle plus complexe à appréhender : c'est via une bonne optimisation et utilisation des balises de la page que l'on va disposer de l'angle idéal du vecteur "thématique" de cette page face à des mots clés parfaitement identifiés, mots clés qui seront donc plus ou moins présents dans une requête d'internaute, pour être comparé au vecteur "thématique" de la requête.

Nous détaillons cette formulation en apparence complexe mais en réalité assez facile à comprendre :

- Nous affectons 5 mots clés stratégiques à une page. Les contenus de cette page seront donc en rapport avec ces 5 mots clés.
- Ces 5 mots clés définissent une matrice à 5 dimensions, un espace à 5 dimensions donc, à raison de 1 dimension par mot clé.
- Une requête utilisant ces 5 mots clés verra donc Google calculer un vecteur représentant le "thème" de cette requête.
- L'optimisation des critères d'une page vise à tenter d'influencer Google afin de disposer d'un vecteur ayant un angle d'écart le plus faible possible avec le vecteur de la requête de l'internaute et ainsi de tenter d'apparaître dans la SERP de Google. Sur les requêtes concurrentielles, ce travail d'optimisation interne au site sera insuffisant pour être en page 1. Il faudra le compléter par des actions de netlinking.

Cette approche est valable pour toute requête d'internaute composée d'au moins 2 mots clés. C'est-à-dire une part croissante des requêtes des internautes. Pour mieux cibler leurs recherches, les internautes ont tendance à saisir de plus en plus de mots clés afin d'affiner leurs recherches. Google Suggest facilite la vie des internautes en leur proposant de cliquer sur une expression clé composée de plusieurs mots plutôt que de tout écrire. Le volume de requêtes multimots est ainsi en forte hausse.

La balise title

Elle doit contenir de 8 mots maximum voire moins si on doit concentrer le référencement sur peu de mots clés.

Les mots clés les plus importants doivent être le plus à gauche possible. Donc ne mettez pas le nom de votre marque à gauche, mais à droite. Exemple :

```
<title> Location de bateaux à Nantes par Ouest Plaisance</title>
```

La balise title est affichée dans les snippets en pages de résultats de Google. Le title doit donc être un minimum compréhensible en évitant une suite de mots clés. Autrement, les humains risquent de ne pas cliquer dessus.

Pièges à éviter :

- Ne pas remplir systématiquement avec 8 mots tout title de page. En effet, plus il y a de mots clés dans le title, moins celui-ci porte. On doit absolument limiter le volume de mots clés au strict nécessaire des besoins de la page. Tout ajout de mot clé non stratégique dans un title de page pénalisera les vrais mots clés stratégiques présents dans le title.
- Placer des mots dans le title sans cohérence vis-à-vis du contenu de la page. Un mot dans le title est fondamental. Il est logique que ce mot soit présent dans le reste de la page en hN, en p et en balise alt d'image.
- Avoir des title identiques sur un même site. Toute page doit avoir un title unique.

Les mots clés ont une priorité : du plus important situé à gauche vers le moins important situé à droite. Des tests ont montré des variations sérieuses de positionnement selon le nombre de mots dans le title et la position de ceux-ci dans le title.

Google considère que le contenu d'une balise title de page type fortement la thématique d'une page.

Le contenu de la balise aura une forte influence sur le vecteur de la page face à une matrice utilisant une dimension par mots clés présents dans le title de la page.

Pour un exemple de mise en œuvre, reprenons notre site commercialisant des articles pour les arts martiaux. La balise title de la page dédiée aux casques pourrait avoir : Casques arts martiaux sports de combat, protection soit 6 mots clés, tous ciblés bien sûr et stratégiques pour cette page. protection est néanmoins un mot présent pour permettre des optimisations basées sur les vecteurs de Salton.

On peut noter l'absence de Karaté, Tae Kwon Do, boxe française, etc. En effet, il y a trop de sports de combat nécessitant un casque pour tous les lister ici. Notre choix pour cet exemple est de favoriser casque et arts martiaux quitte à inverser la priorité des mots clés dans une autre page de la rubrique **Casques** (ex : Casque Karaté Adidas, arts martiaux pour la page dédiée à la gamme des casques Adidas). Un site possédant de nombreuses pages structurées hiérarchiquement en rubriques, sous-rubriques sera plus apte à recevoir une telle stratégie qu'un site vitrine de 10 pages.

ASTUCE

Le volume de pages dans un site

Pour différentes raisons, un site composé de nombreuses pages aura plus de facilité à être bien référencé.

Regardons une de ces raisons : *la combinatoire de mots clés*. Dans notre exemple, nous avons casque d'un côté et de nombreuses marques de casque pour sports de combat de l'autre. Un internaute saisira casque *une marque* (exemple : casque Adidas).

ASTUCE

Donc inutile et d'ailleurs difficile de mettre toutes les marques de casque dans un seul title de page. Autant avoir une tête de rubrique *Casques* et d'y (mal) faire figurer toutes les marques, et depuis cette page, avoir un râteau de pages où chacune est dédiée à casque + *une marque*.

La balise meta description

Le contenu de cette balise est inutile en référencement/positionnement. Google n'en tient pas compte, excepté dans deux cas :

- La balise n'est pas remplie ou Google la trouve trop courte (et le signale via Google Webmaster Tools).
- Plusieurs pages HTML ont la même balise meta description (toute page doit avoir une meta description unique).

Google appliquera des pénalités ou plutôt des filtres à de telles pages : désindexation partielle ou totale, aucun Page Rank ou un Page Rank diminué, etc. selon les réglages Google du moment sur la gestion de ce critère.

Les autres balises meta

La balise keywords est obsolète. Google ne l'utilise pas. Il y a eu trop d'abus dans le passé sur cette balise. Il est recommandé de ne pas l'employer afin de limiter les informations que vous donnez.

ASTUCE

Ne pas utiliser la balise meta keywords

Via cette balise, vous informez vos concurrents sur vos mots clés. Sans cette balise renseignée, ils devront passer du temps sur votre site avec des outils de statistiques afin de déterminer votre stratégie précise en mots clés.

Il faut distinguer les balises informant sur le contenu du site (keywords par exemple) des balises techniques (définissant la langue et le pays de la page, par exemple).

Google n'utilise aucune des balises meta classiques pour calculer un positionnement (copyright, keywords, etc.). Les balises techniques sont quant à elles lues et utilisées par Google, donc ces balises ont un impact sur votre référencement, impact positif quand elles sont bien utilisées, négatif sinon. La liste ci-après est non exhaustive et en constante évolution : les balises décrivant les pages à suivre ou non via les liens d'une page (follow, nofollow), l'indexation possible ou non d'une page (index, noindex), canonical qui permet de gérer de possibles duplications de contenus, next/prev pour indiquer une relation précédent/suivant entre différentes URL de pages dans une pagination.

Régulièrement, de nouvelles balises sont mises en service et utilisées par les moteurs de recherche.

Les balises hN

De h1 à h8, ces balises titres servent à hiérarchiser les titres accompagnant des textes entre eux. Les mots situés dans des balises hN sont considérés par Google comme des contenus typant fortement le thème du contenu de la page.

Les mots clés contenus dans une balise h1 auront plus d'impact que ceux en balise h2 et ainsi de suite.

Il faut être "avare" en mots dans un titre hN. En effet, plus il y a de mots inutiles peu porteurs de signification thématique, plus vous noyez vos mots clés réels et exprimant une thématique.

Si vous avez besoin de faire une phrase bien formée dans un style titre, écrivez le dans un titre h8 avec une class le faisant ressembler à un titre h de haut niveau. (exemple : <h8 class="comme_un_titre_h2_visuellement">Notre équipe à votre service pour vous aider dans vos choix</h8>).

Pièges à éviter :

- Utiliser massivement des balises h1 : Google effectue des calculs de densité de type de texte. Une page composée de manière éhontée de nombreux textes en h1 face à un texte en comportant peu constitue une anomalie statistique ; elle est donc éligible à des pénalités. Le seuil précis où on passe en anomalie statistique est bien sûr inconnu et de toute façon, Google doit le faire varier régulièrement au fil de ses mises à jour. Il commence à être imprudent de dépasser 10 % de contenu texte en balises hN face à du texte de base.
- Utiliser uniquement des balises h1 : il est plus habile de répartir les mots clés sur différents types de titres, disons de h1 à h3, et de veiller à ce que les titres en h1 contiennent quasi exclusivement des mots clés stratégiques ou très proches des mots clés stratégiques, et que les balises titres de rang inférieur puissent être mixées avec des mots clés moins importants mais influençant favorablement la thématique de la page, afin d'optimiser au mieux les vecteurs de Salton et donc le référencement dans Google.

Par exemple, en h1 nous trouverons : Casques et arts Martiaux, casque Karaté, Casque Boxe Française, etc. En h3 nous pourrions trouver : Notre boutique stocke 12 références de casques pour les sports de combat, 10 conseils pour choisir un casque, etc.

Les ancres de liens

Les libellés de liens (les ancres) contenant le mot clé casque poussent ces mots clés vers les pages de destination et vers la page de départ. Un menu de navigation dédié à la rubrique **Casques** permet de disposer d'une structuration hiérarchisée en silos dédiée de manière évidente aux casques pour les arts martiaux et sports de combat.

Les liens de chaque onglet de ce menu seront formulés ainsi : *Casques arts martiaux pour enfants*, *Choisir son casque*, *Casques arts martiaux Adidas*, *Casques arts martiaux Nike*, etc. En effet, les mots clés cohérents présents dans les libellés de liens appuient fortement le référencement desdits mots clés.

Poser un lien vers un site faisant autorité sur les casques, protections dans les arts martiaux, typiquement le site de la fédération de Karaté ou d'un autre sport, serait un plus pour cette page et ses mots clés.

Exemple : *Casques, protections et pratique du Karaté* pointant vers une page adéquate d'une fédération sportive.

Les pièges à éviter :

- Des libellés trop longs : on noie les mots clés.
- Toujours les mêmes libellés vers une même page.
- Des libellés trop longs et répétés sur diverses pages : duplicate content.

Les balises alt

Les balises alt des visuels permettent à un malvoyant d'afficher sur un navigateur spécialisé (en braille, etc.) le contenu de cette balise au lieu de l'image elle-même impossible à représenter telle quelle.

Google utilise les balises alt comme texte à évaluer et participant au référencement.

Il faut donc saisir du contenu dans ces balises. On profite ainsi d'une occasion de répéter du texte contenant des mots clés et d'influencer ainsi à peu de frais la densité des mots clés et la thématique de la page exprimée en vecteur de Salton.

La taille d'une balise alt est de 12 à 20 mots. On ne peut avoir de certitude mais différents tests semblent indiquer que Google considère une balise alt d'une image qui n'est pas un lien comme un texte de paragraphe ou un peu plus.

Les pièges à éviter :

- Poser un texte long dans le alt d'un pictogramme utilisé dans tout le site. Par exemple, une flèche peut avoir à la rigueur Précédent ou Suivant voire mieux du style dans une galerie photo, Photo suivante ou Photo précédente. En revanche, écrire dans ce même alt d'un pictogramme représentant une flèche Casque pour les arts martiaux et les sports de combat constituerait une erreur. En effet, un petit pictogramme ne peut représenter quelque chose d'aussi complexe thématiquement. Donc il y a spam et risque de détection par Google. De plus, nombre de codeurs automatisent la gestion des pictogrammes ; vous vous retrouverez avec cette définition en alt sur tout le site donc avec de multiples cas de duplicate content !

- Poser dynamiquement et en personnalisation automatique un long texte dans un alt de pictogramme ou d'une image : ce type de manipulation est aisé à déceler. Une même image, quelle que soit sa taille, voit son descriptif alt varier selon les pages où elle apparaît. Alors qu'une balise alt est censée décrire le contenu d'une image, donc certainement pas soumis à des variations de textes au fil des pages. Là aussi, Google est en droit de considérer, à juste titre, que c'est du spam ou tout au moins, une optimisation trop agressive de page.

Le texte en paragraphe

Marquer un début et une fin de texte par un jeu de balises <p> </p> marque un bloc de texte dédié à un sujet, un thème. Marquer ainsi la frontière entre des sujets grâce à une mise en page W3C offre des avantages en référencement.

On peut personnaliser un texte cohérent avec un lien situé dans le paragraphe. Disposer d'un titre cohérent vis-à-vis du texte du paragraphe constitue un plus pour ce lien et pour le référencement de la page sur les mots clés du lien et du titre associé au paragraphe contenant ledit lien.

Exemple :

```
<h1>Casques et arts martiaux</h1>.
<p>Passé 13 ans, il est conseillé de protéger sa tête
avec un casque adapté lors des entraînements à votre art
martial favori. En effet, à partir de 13 ans, dans
nombre de disciplines de sport de combat, les coups
portés à la tête sont autorisés. Les instances sportives
rendent le port du casque obligatoire dans toutes les
activités des clubs lorsque le combat et les coups réels
sont autorisés. Notre boutique dispose de nombreuses
références de
<a href="casque-arts-martiaux-sports-combat.html">casques
pour pratiquer les arts martiaux</a> en taille enfant
et adulte.</p>
```

Les robots logiciels en charge de calculer le contenu et le thème d'une page sont plus à l'aise avec ce type de structuration de texte.

On marque ainsi des points dans l'influence sur Google. On gagne quelques points pour obtenir un angle le plus adapté possible en cosinus de Salton.

La description d'animations Flash

Nous l'évoquons dans ce livre, les animations en Flash ne sont pas réellement lisibles avec une grande efficacité par Google. Nous décrivons comment implémenter une animation Flash avec un JavaScript spécialisé, Open Source, validé par Google et qui permet de décrire le contenu d'une animation avec une mise en page W3C complète.

Google prend en compte ce contenu alternatif qui peut contenir des balises, de la mise en page. Cela contribue aux attentes de Google en contenu structuré et hiérarchisé. Cela lui permet de percevoir au mieux le thème de la page incluant l'animation et de l'indexer en conséquence.

6.19 Les calques DHTML

Cette technique de codage permet de mettre dans une page des textes qui apparaissent uniquement sur un événement (clic sur un bouton, par exemple).

Mais ces textes sont toujours lisibles par le bot de Google et uniquement par les humains qui cliquent sur un bouton donné, ce qui présente un grand intérêt en optimisation de page tout en limitant fortement la pollution visuelle pouvant troubler un internaute humain.

Les textes en calques sont pris en compte par un navigateur texte comme Lynx. Une vérification via des requêtes dans Google montre la bonne prise en compte des textes par le moteur. Nous pouvons associer un texte (et d'autres éléments) à un ou des boutons. Selon les actions et le comportement de l'internaute, ces textes seront visibles ou cachés à ses yeux.

Attention, il est aisé de coder une vérification par un algorithme qui ne testerait que depuis la page, il y a des boutons visibles et cliquables ouvrant ou fermant chaque calque, de hidden (caché en anglais) à visible. Donc ne songez pas à utiliser cette technique pour faire du spam et leurrer Google. Elle est très facile à éventer.

```
<SCRIPT language="JavaScript">
 function CacherNews() {
 document.getElementById("news-text").style.visibility="hidden";
 }
 function MontrerNews() {
 document.getElementById("news-text").style.visibility="visible";
 }
 function CacherThemen() {
 document.getElementById("themen-text").style.visibility="hidden";
 }
 function MontrerThemen() {
 document.getElementById("themen-text").style.visibility="visible";
```

```
 }
 function CacherPhoto() {
 document.getElementById("photo-text").style.visibility="hidden";
 }
 function MontrerPhoto() {
 document.getElementById("photo-text").style.visibility="visible";
 }
</SCRIPT>
```

Ce source JavaScript met en œuvre deux fonctions : cacher ou montrer du texte, des photos dans la page. Ces fonctions sont appelables sur un clic sur un lien comme *Photos* par exemple.

Un clic sur ce lien *Photos* affiche le calque photo via la fonction MontrerPhoto() et il cache les 2 autres calques News et Themen. Avec trois boutons, associés chacun à un lien, dans une page, on peut ainsi afficher un seul contenu à la fois à l'internaute. Mais ces trois contenus seront pris en compte en même temps pour cette page par Google.

6

```
<div class="menu-photo photo">
 <a href="JavaScript:CacherNews() ;
    JavaScript:CacherThemen() ;
    JavaScript:CacherPhoto() ;
    JavaScript:MontrerPhoto();">
 </a>
</div>
```

6.20 Répartir des centaines de mots clés sur les pages d'un site web

Les humains peuvent saisir de nombreuses associations de mots clés pour chercher quelque chose.

Certes, certains métiers ont très peu de mots clés. Défiscalisation, par exemple, est le mot clé central, la racine de tout ce qui touche aux économies fiscales, même s'il existe d'autres mots clés moins porteurs de trafic.

Mais de multiples métiers ont de très nombreux mots clés : la vente de vins, par exemple. Outre les cépages, pays, régions, appellations, il y a aussi les mots propres à ce métier comme vente(s), achat(s), vin, vins, vignoble, œnologie, etc.

En optimisant un site pour le référencement, il importe de distribuer les mots clés habilement pour obtenir efficacité et efficience de ces investissements en les gérant au mieux en répartition et combinatoire. En effet, la barrière des cinq mots clés stratégiques maximum par page va conduire le référenceur à répartir ses mots clés sur l'ensemble du site.

Le fonctionnement en Page Rank de Google impose quelques contraintes :

- Les expressions clés les plus importantes devront être mises en place sur la page d'accueil et les têtes de rubrique.
- Les combinaisons de mots clés peu demandées seront placées plutôt en page profonde.

En effet, la perte de Page Rank à mesure que l'on s'enfonce dans les profondeurs du site dicte de placer les expressions clés stratégiques et disputées en haut d'arborescence. Les expressions clés en *longue traîne* avec peu de compétition seront exploitées dans les pages situées davantage dans les profondeurs de l'arborescence.

Exemple – cas d'école – sur un site proposant des devis de travaux

Les objectifs de notre cas d'école sont bien sûr :

- de créer un maximum de trafic ciblé et qualifié issu du référencement naturel ;
- qu'un maximum d'internautes remplisse un formulaire de demande que nous appellerons *appel d'offres* pour lui permettre d'obtenir 3 devis gratuits par 3 artisans ou sociétés ainsi mises en compétition.

Le business model est simple : des prestataires de services payent pour avoir accès à ces prospects, envoyer des devis et ainsi amorcer une prise de contact commerciale.

L'analyse des mots clés via l'outil Google générateur de mots clés montre une longue liste de mots clés saisis lors des requêtes. En voici quelques extraits :

Figure 6-19 : *Suggestion de mots clés par Google AdWords – outils générateurs de mots clés*

Mots clés	Volume de recherche moyen approximatif	Tendances des volumes de recherche (mai 2007 - avr. 2008)	Volume le plus élevé observé en	Type de ciblage : Large
Mots clés en rapport avec le(s) terme(s) entré(s) - trié par pertinence				
devis travaux	22 200		avr.	Ajouter
devis de travaux	1 900		avr.	Ajouter
devis travaux maison	720		avr.	Ajouter
devis pour travaux	880		mars	Ajouter
devis travaux renovation	320		févr.	Ajouter
devis travaux en ligne	590		avr.	Ajouter
devis travaux peinture	1 000		sept.	Ajouter
devis gratuit travaux	390	Aucune donnée	Aucune donnée	Ajouter
devis travaux batiment	210		mars	Ajouter
devis travaux electricite	140		nov.	Ajouter
travaux sans devis	210	Aucune donnée	Aucune donnée	Ajouter
devis travaux plomberie	390	Aucune donnée	Aucune donnée	Ajouter
devis travaux com	91	Aucune donnée	Aucune donnée	Ajouter
exemple devis travaux	170	Aucune donnée	Aucune donnée	Ajouter

Des centaines de mots ou plutôt expressions clés ont la capacité d'amener chacun quelques dizaines de visiteurs mensuels. Dans notre exemple, il n'existe pas un mot clé qui capterait la moitié du trafic potentiel. Donc il va falloir optimiser le site web pour déployer ces centaines de mots clés de manière adéquate.

Comment procéder ? La *factorisation* est une première approche.

Nous avons besoin de hiérarchiser ces mots clés dans nos trois groupes : stratégiques/importants/standard. Nous avons besoin de les combiner en expressions clés utilisées par les internautes en mixant les mots clés de chacun de nos trois groupes.

Il ressort les points suivants de l'analyse de ces mots clés issus des nombreuses lignes des tableaux de suggestions du générateur de mots clés :

- Devis, travaux reviennent très souvent, ensemble, un ou les deux ou combinés à d'autres mots clés.
- Demande, rénovation, artisan, gratuit reviennent souvent combinés aux deux mots clés précédents et à d'autres mots clés.
- Appartement, maison, Bâtiment, cuisine, salle de bains sont utilisés un par un, pas de combinaison entre eux mais on les trouve combinés aux mots clés précédents et à un des mots clés suivants.
- Maçonnerie, électricité, plomberie, peinture (la liste de nombreux corps de métier, en fait !) reviennent combinés à une partie des mots clés des lignes précédentes mais ils ne sont pas combinés entre eux. On ne trouve pas de devis travaux électricité plomberie par exemple.

Reformulons...

- Nous aurons besoin des deux mots clés devis et travaux pour toute page du site car ils reviennent, seuls ou ensemble, très souvent. Il faut les combiner aux autres mots clés. Ils seront tous les deux stratégiques sur toutes les pages.
- Demande, rénovation, artisan, gratuit sont associés à un des deux mots clés précédent et quelquefois ensemble. Il faut les associer plusieurs fois en mots clés stratégiques avec les deux mots clés précédents, devis et travaux, sinon ils seront en mots clés importants en combinaisons avec les autres mots clés suivants.
- Appartement, maison, Bâtiment, cuisine, salle de bains : un seul de ces mots clés par page au maximum, il sera mis en mot clé stratégique sur une ou deux pages en combinaison avec les autres mots clés précédents, sinon il sera en catégorie standard sauf s'il y a de la place en catégorie "important".
- Les corps de métier : un seul par page, stratégique ou important.
- Total des mots clés par page :
  devis–travaux/demande–rénovation–artisan–gratuit/un parmi appartement–maison–batiment–cuisine–salle de bains, un parmi plomberie–électricité–peinture etc. : 8 mots clés par page. A priori, nous pourrons avoir 5 mots clés stratégiques et 3 importants par page.
- La différence entre *important* et *stratégique* : être présent ou non dans le title de la page. Il y a la place de les caser tous dans toutes les autres zones-clés pour l'optimisation d'une page.

Nous avons notre factorisation des mots clés ci-dessus. Il va falloir l'adapter aux rubriques prévues dans le site web.

Une URL ne doit pas dépasser 255 caractères. En fait, à cause de possibles incidents avec différents outils, il est même recommandé de faire moins.

La page index du site doit être sous la racine. On ne fait pas de redirection du répertoire racine vers un autre répertoire afin de ne pas perturber des outils comme Google Analytics, par exemple, qui ne sait pas gérer (au début de 2008) une page index redirigée par Apache.

La structure prévue est :

- */index.php* : la page d'accueil.
- */devis-travaux-renovation/* : répertoire où seront stockées toutes les pages sauf *index.php*, la page d'accueil.
- Une rubrique : demande de devis gratuit par type de lieu : cuisine, salle de bain appartement, etc.
- Une rubrique : demande de devis gratuit par corps de métier (plomberie, peinture, électricité, etc.).
- À chaque clic sur une demande de devis, un lien affiche une page avec des informations et un formulaire de demande de devis partiellement prérempli.

Il existe d'autres rubriques et pages, mais cet extrait de l'arborescence du site va nous permettre de gérer notre stratégie d'optimisation des mots clés sur le site web.

La navigation dans cette arborescence se fait par des clics via des liens en dur, des backlinks internes donc.

La page d'accueil de notre exemple présente la vocation du site cas d'école et un menu de navigation en colonne à gauche.

Figure 6-20 : *Page accueil de notre cas d'école /index.php*

La page *index* est optimisée pour les mots clés suivants : demande, devis, travaux essentiellement plus un peu de combinaison avec quelques mots clés.

On retrouve ces mots clés dans la page plusieurs fois, dans les balises alt des images, en titre hN, dans le texte.

Extrait du code source de la page *index.php* :

```
......
<title>
 Demande devis gratuit de travaux, rénovation
 par des artisans pour votre appartement, maison
</title>
<meta name='description'
 content='Obtenez devis gratuit de travaux,
 rénovation par des artisans
 pour votre appartement, maison, cuisine,
 salle de bain, batiment'
/>
......
<h1>Demande de devis gratuit - Travaux, rénovation </h1>
<h2>
 Mise en relation entre artisans et votre appel d'offres
</h2>
......
<h1>
 <img src="images/billets.jpg"
 alt="demande devis gratuit travaux,
 construction rénovation par artisan"
 title="demande devis gratuit travaux,
 construction rénovation par artisan"
 height="90"width="90"
 /> 3 devis gratuits par des artisans
</h1>
......
```

Le lien **devis travaux cuisine** dans le menu en colonne de gauche mène à une page ayant une optimisation complémentaire (voir fig. 6-21).

Seule cette page parle de cuisine de manière intensive. On y trouve les autres mots clés stratégiques combinés à cuisine. L'objectif est de faire ressortir cette page et pas une autre de ce site web dans les SERP de Google sur une requête du style "devis travaux cuisine".

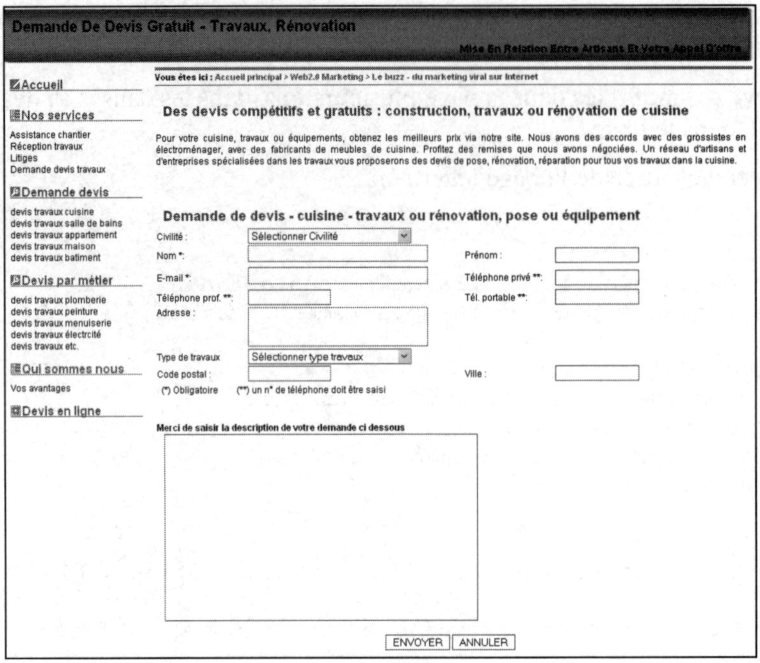

Figure 6-21 : *Page sur les devis travaux cuisine, complémentaire en référencement de la page index et des autres pages*

Extrait du code source de la page */devis-travaux-renovation/demande-pour-cuisine.php* :

```
......
<title> Demande devis gratuit pour travaux
        r&eacute;novation pour cuisine</title>
<meta
 name='description'
 content='Demande 3 devis cuisine :
 devis gratuit pour des travaux, r&eacute;novation,
 construction, meuble, &eacute;lectrom&eacute;nager,
 &eacute;quipement'
/>
......
<h1>Demande de devis gratuit - Travaux, rénovation </h1>
<h2>Mise en relation entre artisans et votre appel
    d'offres</h2>
......
<h1>Des devis comp&eacute;titifs et gratuits :
    construction, travaux ou r&eacute;novation de
    cuisine</h1>
......
<h1>Demande de devis - cuisine - travaux ou
    r&eacute;novation, pose ou &eacute;quipement </h1>
...
```

Les différentes pages du site vont se voir répartir les combinaisons de mots clés selon ce principe : une racine fixe représentée par un répertoire physique et des noms de fichier qui contiennent les mots clés adaptés à chaque contenu de chaque page.

C'est très lourd à gérer, long et fastidieux. Les erreurs sont fréquentes, les oublis aussi.

À ce stade du livre, nous ne pouvons pas encore aborder l'automatisation de ce type d'opération par de la programmation PHP sur une base de données MySQL

Il faudra gérer manuellement la répartition et la maintenance de cette répartition entre les pages du site.

Page "Plan du site"

La mise en place d'un plan du site est potentiellement importante.

- Cela permet au référenceur de contourner des blocages techniques aux bots des moteurs.
- Cela permet de poser des backlinks internes avec des libellés explicites et truffés de mots clés

Il est recommandé d'avoir la présence du lien **Plan du site** sur toutes les pages du site afin de maximiser le Page Rank transféré vers cette page.

6.21 Web 2.0 et Google

Nous avons vu dans le chapitre précédent les raisons qui justifient la prise en compte de Web 2.0 dans un site par Google pour affiner le calcul du positionnement d'un site sur un mot clé.

Deux approches Web 2.0 sont à prendre en compte :

- les fonctions Web 2.0 qui poussent un internaute à laisser un backlink quelque part ;
- celles qui permettent à l'internaute d'interagir avec le site et donc d'y laisser des commentaires rédigés.

Obtenir un lien réseau social

Obtenir des liens spontanés sur une page de son site est bon pour le référencement.

Ici, nous verrons comment et pourquoi faciliter la pose de liens sociaux vers le site à référencer.

Le contenu d'une page doit être assez intéressant pour "vendre" à un internaute sa mise en bookmark sur le Net (ex : Google Bookmarks) ou sa signalisation dans un réseau social.

Pour faciliter la tâche de l'internaute dans la pose d'un lien social vers une page du site, il est idéal de regrouper et de mettre en évidence des pictogrammes, chacun associé à un JavaScript permettant de gérer l'affichage du pictogramme et de lancer le lien et les arguments facilitant le signalement de cette URL sur le compte Facebook (ou autres) de cet utilisateur.

Pour mieux attirer l'attention, ces pictogrammes peuvent être regroupés avec ceux permettant de signaler cette page (article) par e-mail à des amis, d'imprimer proprement le contenu de la page et d'autres fonctions Web 2.0 que nous abordons un peu plus loin.

Figure 6-22 : *Version AddThis de barres de menus prêtes à l'emploi pour faciliter la pose de liens sociaux dans un site*

Il existe de multiples outils permettant à un internaute de laisser un lien vers une page. AddThis par exemple est une bibliothèque gratuite de JavaScript permettant à un webmestre de disposer d'une barre de menus composée de pictogrammes et de JavaScript associés facilitant la pose par un internaute d'un lien social. Mais en plus le webmestre disposera de statistiques sur l'usage de ces barres dans ses sites via un back office installé sur le serveur d'AddThis. Pour un webmestre débutant ou pressé, c'est une approche intéressante.

L'inconvénient d'AddThis est qu'il lie ses JavaScript à son site. Normal, si le webmestre veut un back office avec des statistiques, il faut bien remonter des informations depuis les clics dans la barre de menus installée dans le site vers le serveur d'AddThis. Si le serveur d'AddThis a un problème, ou si les liaisons Internet vers les États-Unis sont lentes, ce menu AddThis peut ralentir voire bloquer l'affichage de votre site. Le même problème existe avec les marqueurs Google Analytics ou AdWords par exemple, mais en général, ces marqueurs étant positionnés juste avant la balise </body>, l'internaute ne perçoit pas que la page ne s'est pas totalement affichée.

ASTUCE

Ne pas bloquer son site

Tout marqueur JavaScript faisant appel à un site extérieur et lointain, comme AddThis ou Google Analytics par exemple, devrait être posé en fin de page.

Pour les marqueurs à afficher en haut de page, votre codeur HTML pourra passer via une CSS et un conteneur div en positionnement absolu pour lancer l'affichage en haut de page depuis le bas de la page HTML.

Pour ne pas dépendre d'AddThis, société privée donc susceptible de changer sa politique commerciale de gratuité, pour ne pas dépendre de liaisons entre votre site et celui d'AddThis susceptible de perturber votre site, vous pouvez utiliser des JavaScript développés en interne. Il en existe aussi des téléchargeables, gratuits ou payants. Vous diminuerez votre exposition à des sites tiers comme AddThis.

Google Plus, Google+1, pourquoi y être ?

Vous êtes déjà sur Facebook. Pourquoi ajouter un compte Google Plus à votre gestion de réseau social ?

Nous voyons dans les chapitres de ce livre que Google utilise des critères de crédibilité pour plus ou moins bien positionner un site. Un post de Google, publié suite à la mise à jour de Panda, insiste lourdement sur ce point. Etes-vous légitime ou crédible sur la publication d'un contenu ?

Facebook n'est pas un outil Google et les deux sociétés sont concurrentes. Pour mieux travailler, Google a besoin de disposer des informations gérées par Facebook. En effet, connaître un profil et y relier des pages HTML avec leurs contenus constitue une étape importante dans la qualité des SERP.

En lançant Google Plus, en appâtant les possesseurs de sites et leurs SEO en leur promettant des bonus en référencement, Google amorce le démarrage de son réseau social.

Certes, en plus des informations lui permettant de mieux gérer ses SERP, Google gagne un nouvel outil source de visites. Google accentue son côté Big Brother. Facebook est pire de toute façon, Google efface les données au bout de 18 mois ou sur demande actuellement. Facebook n'efface rien.

REMARQUE

Google Plus ou pas ?

Google Plus est un service Google, donc c'est Google, il suffit de lire les CGU pour le comprendre. Utiliser un compte Google Plus pour votre

REMARQUE

entreprise, pour vos collaborateurs, c'est permettre à vos contenus de gagner en crédibilité donc en référencement.

À terme, les SERP vont reprendre les informations de Google Plus dans certaines recherches. Le Google+1, le vote par un titulaire de compte Google sur une page d'un site sera pris en compte par le référencement et par des affichages de votes dans les SERP, influençant donc le comportement des internautes. Les sites ayant des votes +1 seront favorisés.

Aucun concurrent de Google ne possède un tel arsenal. Plus vous utilisez de services Google, plus vous êtes crédible dans vos publications, mieux vous êtes référencés au détriment… de vos concurrents moins agiles ou n'utilisant pas les services Google.

Interactions avec les internautes

Google prend en compte la fréquence de la mise à jour d'une page et ses possibilités d'interactions avec les internautes. Mécaniquement, chaque ajout d'un internaute augmente le volume de données de la page et modifie sa date de dernière mise à jour (la date gérée par Google, pas celle publiée par une balise dans le site).

Deux subtilités peuvent s'affronter dans la conception de ces mécanismes :

- Les informations saisies sont hors de la page. La page dispose d'un lien permettant de voir tous les avis et commentaires.
- Elles sont dans la page elle-même. Donc chaque ajout d'avis ou de commentaire augmente le texte de la page.

Les deux approches ont leurs avantages et inconvénients.

Les informations ajoutées dans la page ajoutent du poids à celle-ci, trop quand il y a des centaines d'avis. Il devient indigeste de naviguer dans la page.

Quand les informations sont stockées dans une page dédiée (ou plusieurs), cette page peut servir pour des backlinks internes (gestion des tags) et autres optimisations classiques. Elle peut aussi servir à stocker les échanges peu enrichissants pour les internautes. Les avis les moins intéressants sont relégués dans des pages filles de la page de l'article publié.

L'utilisation des deux approches est l'idéal, mais cela consomme du budget en développement et en modération.

Le système permettant de noter une page sans pouvoir mettre de commentaire permet de se passer de modération. Il est plus prudent de modérer toutes les mises en ligne de textes saisis par des internautes anonymes. Un back office adapté permet de faire cela très rapidement. De tels outils sont mis en œuvre sur les forums à grande fréquentation. Le post est publié, puis un modérateur le retire, le reclasse ou l'amende.

6.22 Votre site est-il visible par Google ?

Plusieurs outils simples vous permettent de faire quelques vérifications de base. C'est fort pratique pour détecter des blocages techniques aux bots des moteurs de recherche. Sans accessibilité technique, il sera impossible de faire indexer les pages bloquées.

La commande site: sur Google

Dans Google, saisissez site:www.mon–site.com. La commande site:URL de Google affiche toutes les pages indexées de l'URL précisée dans la ligne de commande.

- Si vous n'avez aucun résultat : il y a un problème !
- Si vous n'avez que la page d'accueil : des choses sont à revoir dans la gestion de vos liens internes ou alors votre site a été mis en ligne très récemment.
- S'il manque des pages, c'est problématique ou alors la mise en ligne est récente.

RENVOI

Pour passer à la résolution des problèmes, rendez-vous dans le chapitre *Les pages absentes ou mal positionnées*.

Figure 6-23 : *La commande Google site: sur une URL en .fr*

Cette commande site:http://www.vie–publique.fr va afficher 10 par 10 les pages dépendant de cette URL. Il y en a 165 000 d'après Google France.

Le PR et la barre d'outils Google

Le Page Rank d'une page est affiché via la barre d'outils Google (Google Toolbar). Il peut prendre les valeurs suivantes :

- *0* (couleur blanche) : le Page Rank était entre 0 et 1 au moment du calcul. Il pourra être supérieur lors du prochain calcul destiné à la Google Bar. Le calcul du PR est récursif. Pour que la valeur soit proche du réel, il faut plusieurs passes de calcul et Google ne met à jour le PR de la barre d'outils que plusieurs fois par an. Patience donc ! Vous pouvez aussi avoir un PR de 0 si la page a été mise en ligne très récemment et que vous n'ayez pas assez de liens vers celle-ci.

- *PR valeur ignorée* (couleur grisée) : cela peut être un problème de référencement indiquant que cette page est inaccessible à Google, ou qu'il la refuse. C'est aussi le symptôme d'une page ayant été mise en ligne après le dernier calcul de Page Rank pour la barre d'outils.
- *Un indice de couleur verte est présent* : c'est la valeur du PR au moment de son calcul pour la barre d'outils.

validator.w3.org

Cet outil du W3C, que vous pouvez trouver à l'adresse **http://validator.w3.org**, vous notifie les défauts techniques vis-à-vis de la norme dont certains peuvent déranger le bot de Google :

Google n'exige pas des pages parfaites. Néanmoins, avoir une page codée à peu près proprement lui facilite la tâche et évitera des ennuis potentiels. Une page mal codée impliquant, par exemple, des calques XHTML pourrait donner l'apparence de calques texte toujours invisibles, lors d'un contrôle de Google, et donc l'apparence de spamdexing.

Naviguer en mode texte sur le site web à tester

Un bot de moteur se comporte comme un navigateur limité au texte.

Pour vérifier l'accessibilité technique de vos pages, il suffit de surfer en mode texte sur votre site et de comparer ce que vous voyez au contenu et aux liens de la version "normale" de votre site.

Plusieurs approches mènent au même résultat.

Un navigateur dépouillé

Télécharger un navigateur que vous dépouillerez via son paramétrage de toutes les fonctionnalités autres que le texte. Il faut désactiver JavaScript, le chargement des images, etc. Surfez sur votre site via ce navigateur dépouillé et comparez avec l'affichage d'un navigateur avec toutes les options. Si des menus, des liens, des textes disparaissent, c'est qu'il y a des problèmes d'accessibilité technique à résoudre.

Une émulation texte uniquement

http://www.yellowpipe.com a développé un add-on gratuit pour le navigateur Firefox : Lynx Yellow pipe. Il est disponible via **https://addons.mozilla.org/fr/firefox** qui vous donne accès à tous les add-on pour Firefox.

Lynx est en fait le nom d'un ancien navigateur texte uniquement, qui n'est plus supporté. Lynx était très utilisé par les malvoyants au début d'Internet. Ce navigateur disposait d'interfaces vers des équipements gérant le braille, etc.

Cet addon permet de regarder un site web en mode Lynx, texte uniquement, depuis Firefox, comme un bot. Tout ce qui n'est pas visible via cet addon est invisible d'un bot de moteur.

Avec Google

Vous pouvez regarder votre page depuis une recherche Google et en cliquant sur **En cache**. Depuis cette option, vous pouvez sélectionner **Texte uniquement**.

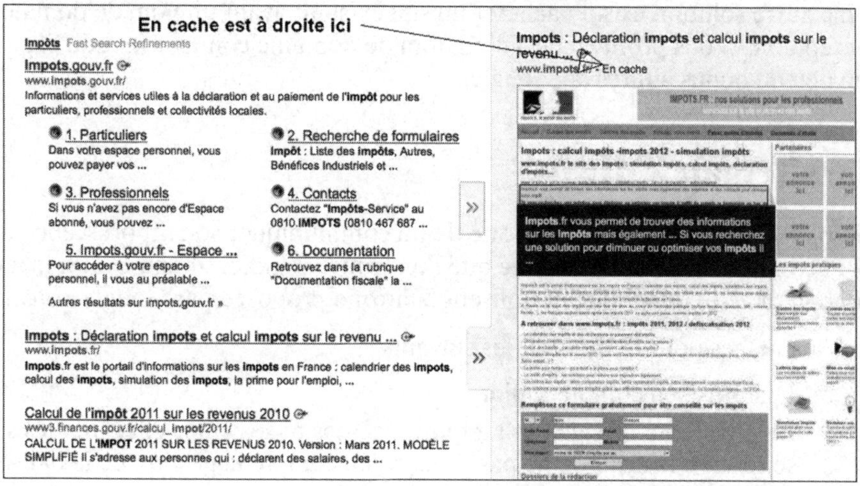

Figure 6-24 : *En cache dans Google pour voir votre page telle que vue par Google*

6.23 Votre site et Google "sandbox"

Chaque moteur de recherche possède une interface pour permettre la suggestion de site ou URL à ajouter.

Exemple : **http://www.google.com/addurl/?hl=fr** pour ajouter un site à faire indexer par Google. (En annexe, vous trouverez les URL de soumission de Yahoo! et Microsoft)

Vous pouvez aussi utiliser Google Webmaster Tools et la fonction *Fetch as Google* pour soumettre votre site ou un nouvelle URL.

Une autre technique consiste à poser un lien vers le nouveau site, depuis une page connue de Google, sur lequel son bot passe régulièrement.

Un site récemment mis en ligne sera confronté à la méfiance de Google envers tout jeune site. Une période d'observation sera mise en œuvre. Elle est surnommée *sandbox* (mise en bac à sable). Durant une première période de 5 jours, il n'est pas pris en compte. Ensuite, en fonction de l'arrivée de backlinks, de la qualité du site et de ses contenus, Google commencera à indexer les pages. Le Page Rank des backlinks pointant vers lui conditionnera la vitesse de prise en compte des pages si le site a du volume et une répartition de ces pages en plusieurs niveaux hiérarchiques.

Conclusion : anticipez ! Inutile d'attendre la fin du développement pour mettre en ligne. Il vaut mieux déployer quelques pages d'attente avec des contenus un minimum pertinents : usage de mots clés, des textes, quelques liens pour naviguer entre quelques pages. Faire un Addurl auprès de Google, faire poser quelques backlinks vers la page d'accueil fera prendre plus vite de l'ancienneté au site et amorcera un début de popularité.

Une autre solution existe : acheter un site existant ayant un nom de domaine acceptable. Vous profitez ainsi d'un nom de domaine connu, ayant de l'âge et donc un peu de bonus auprès de Google.

6.24 Le sitemap XML

Google offre la possibilité à un site de lui communiquer son arborescence de pages, tout comme la page **Plan du site** que l'on trouve régulièrement. D'autres moteurs acceptent cette possibilité et utilisent la norme proposée par Google : *sitemap.xml*.

Les avantages pour le site sont les suivants :

- Une prise en compte rapide.
- La possibilité de signaler l'importance des pages entre elles-mêmes si Google se réserve le droit de ne pas prendre en compte la gestion de la balise priority dans votre sitemap (ce qui ouvre la porte à n'importe quoi chez Google, donc la plus extrême méfiance vis-à-vis de cette balise et surtout de son utilisation chez Google s'impose).
- Si un blocage technique apparaît sur les pages pas encore indexées et signalées par le fichier *sitemap.xml*, l'interface de Google Webmaster Tools en informera le webmestre.
- En réalisant le sitemap, le webmestre peut découvrir des bogues perturbant les algorithmes de Google dans le codage informatique de son site. Ces bogues seraient restés cachés jusqu'à leur découverte via un positionnement de médiocre qualité.

RENVOI

Des explications détaillées sont fournies au chapitre *Les pages absentes ou mal positionnées*.

- Grâce au sitemap, Google comprend mieux votre site. En effet, le sitemap permet de décrire une page qui change très fréquemment de contenu par rapport à d'autres moins évolutives. Il peut y avoir un passage plus fréquent du bot de Google sur certaines pages signalées comme fréquemment remises à jour.

Google et les moteurs respectant cette norme ont une amélioration de la qualité des SERP :

- Le moteur n'oublie pas d'indexer des pages de qualité ou il les indexe très vite.
- La fréquence de passage du bot peut être adaptée plus vite aux besoins de mise à jour.

Un *sitemap.xml* n'aide en rien à améliorer un positionnement, il sert à accélérer le positionnement d'un nouveau site.

Pour dialoguer avec les robots logiciels, il existe un langage précis, un protocole : *sitemap.xml*.

REMARQUE

Agir versus décrire

Ce langage sur-mesure est écrit sur la base de la norme XML. Il faut distinguer un langage informatique comme PHP qui agit, d'un langage de description comme XML qui ne fait que décrire quelque chose.

Un webmestre connaît XML. XHTML et même HTML sont des projets issus de XML ou de l'ancêtre de XML, SGML.

Le principe est le suivant :

- XML est une norme de description de langage, un protocole.
- Un protocole ainsi conçu depuis XML sert toujours à décrire une structure. Peu importe quelle structure : page HTML, arborescence de pages composant un site, une molécule, une hiérarchie de documents, la liste des pièces composant un avion, un document de traitement de texte issu de Word ou de OpenOffice Writer, une formule de math, etc. Il faut comprendre qu'un descriptif normé en XML ne fait rien. Au sens propre, c'est une description, et non une action. Pour manipuler ce protocole, il va falloir coder un programme en PHP par exemple.
- `<title> titre de page HTML n°999 </title>` est du langage HTML codé selon les spécifications XML (la balise `<title>` désigne le début du texte du titre de la page HTML. La balise `</title>` en indique la fin).
- Le navigateur lit la page HTML. Il lit la ligne `<title> titre de page HTML n°999 </title>`.
- La page et son codage HTML ne font rien. Une page n'est pas un programme. C'est une description de structure. Ici, cela décrit la structure de

la page HTML n°999, et la ligne en question décrit le titre de la page à afficher en haut du navigateur.

- Le navigateur est un programme informatique. En lisant la ligne <title> titre de page HTML n°999 </title>, il retire titre de page HTML n°999 et il affiche ce texte dans le titre du navigateur.

sitemap.xml possède une grammaire et une syntaxe dédiées au dialogue entre Google et un webmestre pour que celui-ci décrive le plan de son site. Ce langage ne sert qu'à cela.

Le webmestre écrit en *sitemap.xml* pour décrire l'arborescence de son site. Ce langage est très simple, mais il est très fastidieux de décrire tout un site. Par exemple…

```
<?xml version="1.0" encoding="UTF-8"?>
<urlset xmlns="http://www.google.com/schemas/sitemap/0.84">
<url>
<loc>http://www.monsite.com</loc>
</url>
<url>
<loc>http://www.monsite.com/actualites/</loc>
</url>
<url>
<loc>http://www.monsite.com/actualites/index.php</loc>
</url>
<url>
<loc>http://www.monsite.com/commander_guide/index.php</loc>
</url>
<url>
<loc>http://www.monsite.com/contact/index.php</loc>
</url>
</urlset>
```

La ligne 1 décrit la version de XML qui est utilisée : xml version 1.0 et le codage des caractères sera réalisé selon la norme UTF-8.

- <urlset> indique le début de la structure et la version du *sitemap.xml* utilisé : la release 0.84.
- <url> </url> indique le début et la fin de la description d'une URL, donc d'une page.
- <loc> </loc> indique l'URL

Les autres balises sont facultatives :

- <lastmod> indique la date de la dernière modification du fichier contenant la page.

- <changefreq> indique la fréquence de modification du contenu de la page. La liste des valeurs possible est à choisir parmi : always, hourly, daily, weekly, monthly, yearly, never.
- <priority> indique l'importance pour le webmestre de la page. La valeur oscille de 0,0 à 1,0 avec un pas de 0,1.

Vos pages les plus importantes à indexer seront prises en compte avant les autres. Exemple complet :

```
<urlset
 xmlns="http://www.sitemaps.org/schemas/sitemap/0.84">
 <url>
 <loc>http://www.monsite.com/</loc>
 <lastmod>2008-05-22</lastmod>
 <changefreq>monthly</changefreq>
 <priority>0.8</priority>
 </url>
 <url>
 <loc>
 http://www.monsite.com/locations-vacances-hebergement
 /camping_a_la_ferme/1/1.html
 </loc>
 <changefreq>weekly</changefreq>
 </url>
</urlset>
```

http://www.sitemaps.org/fr/protocol.php : le site **sitemaps.org** est commun à Google, Yahoo!, Microsoft et quelques autres sur ce protocole ouvert et accessible à tous.

sitemap XML facile

Il existe de nombreux outils prétendant produire un sitemap XML facilement et de qualité.

Après plusieurs tests, on pourra constater :

- Des sitemaps XML générés par un même outil oscillent de faux à juste selon la complexité du site testé.
- On ne comprend rien à la documentation fournie quand on est un néophyte. L'outil fourni gratuitement par Google appartient à cette catégorie.

Plusieurs raisons expliquent cela :

- Il est facile de faire un outil destiné à des sites statiques, c'est-à-dire ne mettant pas en œuvre de pages générées à la volée depuis une base MySQL par des scripts PHP.
- De nombreux informaticiens ne sont pas capables d'écrire un document utilisateur destiné au plus grand nombre.

Le générateur de sitemap XML doit vaincre plusieurs obstacles :

- Être capable de suivre n'importe quel lien correctement, y compris ceux mettant en œuvre l'URL rewriting et les appels à des codes PHP.
- Ne rien oublier, sinon le sitemap sera faux.
- Être facile à mettre en œuvre, tout en étant fiable, même sur les requêtes et liens complexes.

Après une campagne de test sur une dizaine d'outils gratuits, un seul a survécu aux contraintes énoncées ci-dessus : Yooda Map Bêta (version 0.4).

Il en existe peut-être d'autres, c'est tout à fait possible. Celui-là se télécharge depuis le site de Yooda (**http://www.yooda.com/**), le mode d'emploi est en français (ce qui est rare) et compréhensible (sans commentaires).

Nous l'avons testé sur les catégories de site suivantes :

- statique ;
- mixte statique/dynamique (un annuaire) totalisant 400 pages.

Bien que ce soit une version bêta de test, ce logiciel fonctionne fort bien sûr des sites simples ou moyennement complexes.

Figure 6-25 : *Le générateur de sitemap de Yooda*

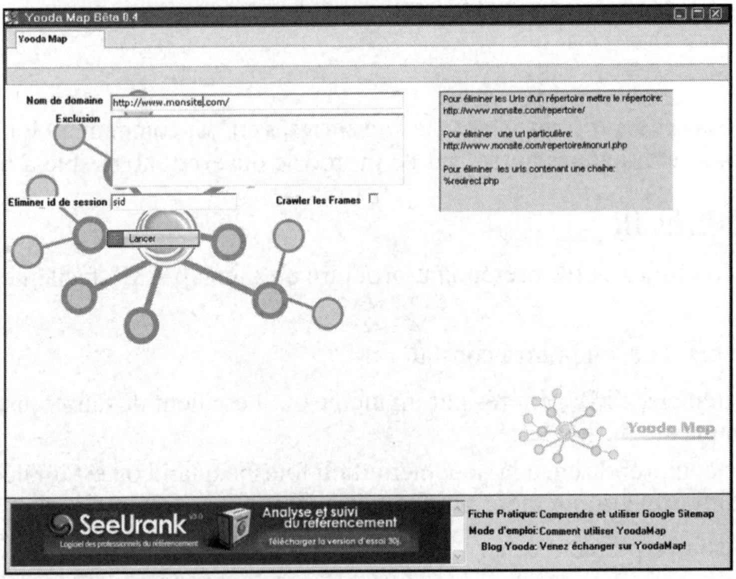

1. On saisit l'URL de son site.
2. On exclut les répertoires sensibles : back office, etc.
3. On lance en cliquant.
4. Plusieurs minutes après, on obtient le sitemap XML.

Il convient de l'examiner. En effet, si vous avez des bogues, votre sitemap pourrait être faux. Voici quelques exemples :

- Vous avez une gestion de session qui génère sur de nombreuses pages un SESSIONID ou un PHPSESSIONID ou autre. Vous pourrez constater qu'une même page PHP sera alors présente plusieurs fois avec, chaque fois, un ID différent. Ce qui est faux. Vous devez corriger ce bogue.
- Un menu est illisible à cause d'un code JavaScript. Il va vous manquer des pages dans le sitemap, et bien sûr si le générateur de sitemap ne les trouve pas, le bot de Google ne les trouvera pas non plus.

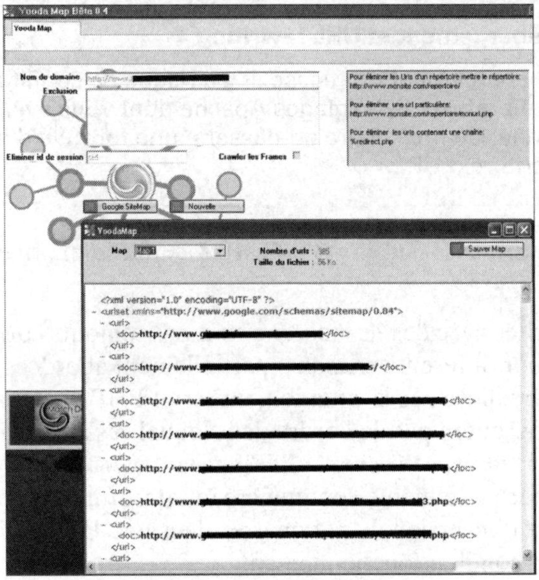

Figure 6-26 : *Le sitemap a été généré*

Un clic sur **Google sitemap** : une fenêtre affiche le résultat. Un clic sur **Sauver** : on obtient un fichier à installer dans son site web.

On signale ce fichier via l'outil Google Webmaster Tools (il faut s'être inscrit auparavant). Vous pouvez vous ouvrir un compte depuis cette URL : **https://www.google.com/accounts/ManageAccount**.

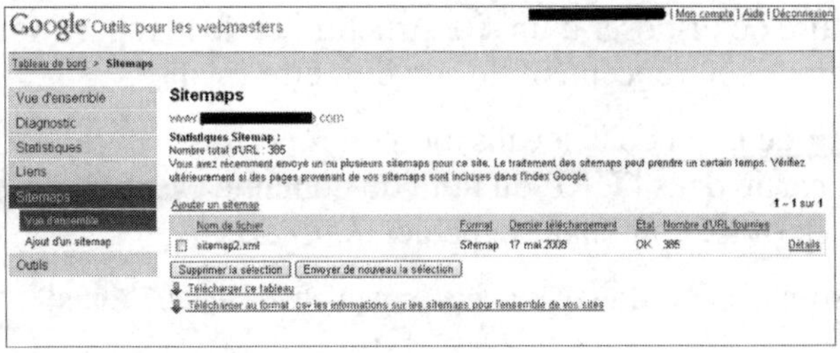

Figure 6-27 : *Ajout du fichier de sitemap via Google Outils pour les webmestres*

Il est recommandé de signaler ce *sitemap.xml* dans le fichier *robots.txt* afin que les autres moteurs puissent aussi l'utiliser et vous créer du trafic.

6.25 Réécriture d'URL – Référencer les pages dynamiques

Les URL gérées par des applications PHP sur MySQL contiennent de multiples codes et caractères rendant la lecture difficile. Ces codes ne sont d'aucune utilité pour le référencement et ils prennent la place de mots clés stratégiques.

> ATTENTION
>
> **Compatibilité hébergement et URL rewriting**
>
> Si vous êtes en hébergement mutualisé, il y a risque de conflit avec votre hébergeur qui peut refuser les réglages Apache dont vous avez besoin. Il vous faudra changer de prestataire ou passer à une formule d'hébergement acceptant la réécriture d'URL.

http://usa.autodesk.com/adsk/servlet/index?siteID=123112&id=7639525 n'offre guère de mot clé intéressant.

Les URL des pages écrites avec des ?id= et & ne sont pas toujours correctement indexées par Google pour différentes raisons (partiellement abordées dans ce chapitre). Et, ce qui n'améliore pas la situation, un script PHP récupérant ces informations ne se préoccupera pas de l'ordre dans lequel ces informations sont écrites dans l'URL. Hors **monsite.fr/index.php?id=3&page=4** et **monsite.fr/index.php?page=4 &id=3** afficheront le même contenu créant alors un duplicate content. Nous avons là un bogue d'inversion de paramètres dans une URL qui va perturber le SEO du site mais pas son bon fonctionnement.

Il va falloir conserver ces informations passées en URL, car elles sont indispensables au bon fonctionnement de l'application PHP et des accès à la base MySQL. Mais nous allons réaménager leur affichage en URL et afficher des mots clés plus intéressants pour le référencement. De plus, ce réaménagement va imposer un ordre précis et plus ou moins empêcher ainsi les bogues d'inversions de paramètres dans une URL.

Au départ, il est nécessaire de disposer d'un site structuré et de la répartition des mots clés. En fait, le plan de référencement du site doit être finalisé.

On réécrit l'URL à partir de la fin de la localisation du répertoire contenant le *.htaccess*, c'est-à-dire la partie dans l'URL du nom de domaine éventuellement suivi du chemin d'accès du répertoire contenant le fichier *.htaccess*.

Un site de vins aura besoin d'URL du style : **vins-france/champagne/1/1.html**.

Un site proposant différentes formes d'hébergement touristique (gîtes, chambres d'hôtes, camping…) aura besoin d'une URL du style : **locations-hebergements-vacances-france/camping_a_la_ferme/1/1.html**.

URL rewriting par l'exemple

Le plus difficile en URL rewriting est de comprendre le début. Ensuite on apprend très vite. Le but de cette section est de vous mettre le pied à l'étrier, ensuite de nombreux sites publient tutoriaux et exemples capables de vous transformer en codeur performant.

RENVOI

Reportez-vous à la webographie en *Annexes*.

La réécriture d'URL désoriente de nombreux débutants. La compréhension du principe favorise l'apprentissage de cette technique :

- Le programme de réécriture d'URL est mis dans le fichier *.htaccess* qui doit être situé dans le même répertoire que les programmes PHP qui vont publier les informations.
- Ce programme interprète les URL idéales dont vous avez besoin pour les transformer en URL utilisables par les programmes. C'est cela qu'il faut comprendre en premier et qui désoriente les débutants.
- Donc votre *.htaccess* va détecter l'URL qui circule (ex : **locations-hebergements-vacances-france/camping_a_la_ferme/1/1.html**).
- Une fois détectée, cette URL va être transformée localement en URL utilisable par les programmes PHP. Exemple : **articles.php/ Id_hbgt=6&rub=1&page=1** correspondront à notre exemple de la ligne ci-dessus.

Sous apache (serveur Linux typiquement), la réécriture d'URL se code en expression régulière dans un fichier *.htaccess* disposé dans le répertoire où il doit s'appliquer

Ici, nous allons réécrire des URL utilisant deux programmes PHP :

- *article.php* : ce programme liste dans une page HTML tous les articles correspondant à un critère de recherche donné.
- *zoom.php* : ce programme affiche le contenu d'un article précis identifié par un numéro unique.

Notre fichier *.htaccess* est dans le même répertoire que ces deux fichiers PHP :

```
Options +FollowSymlinks
RewriteEngine on

# Rewritting :
# la liste des d'articles correspondant
```

```
# au critere de recherche
RewriteRule ^([-_a-zA-Z0-9]+)/([-_a-zA-Z0-9]+)
 /([-_a-zA-Z0-9]+)/([0-9]+).html$
 article.php?referencement=$1&$2=$3&page=$4

# Rewritting : voir un unique article
#
RewriteRule ^([-_a-zA-Z0-9]+)/([-_a-zA-Z0-9]+).html&src$
✂ zoom.php?referencement=$1&id_proprietaire=$2
```

Examinons ce code source…

```
Options +FollowSymlinks
RewriteEngine on
```

Ces 2 lignes servent à mettre en service la réécriture d'URL pour le répertoire où le fichier *.htaccess* est présent (en réalité, on fait un peu plus que cela, mais c'est suffisant pour le sujet qui nous intéresse)

Voyons le début de l'expression RewriteRule.

```
RewriteRule ^([-_a-zA-Z0-9]+)/([-_a-zA-Z0-9]+)/([-_a-zA-Z0-9]+)
✂ /([0-9]+).html$
```

Cette expression donne l'ordre de réécriture d'une URL selon une règle précise. Tout ce qui correspond au format suivant :

- ^ le caractère chapeau marque le début des critères définissant les URL visées par notre script.
- Tout ce qui va du ^ (caractère chapeau) au premier/constitue $1, le premier bloc de l'URL.
- $1 correspond à ([-_a-zA-Z0-9]+) : cela signifie que tout caractère alphabétique, minuscule ou majuscule, tout chiffre de 0 à 9, tout - ou _ peuvent faire partie de la chaîne $1, qu'il n'y a pas de limite à la longueur de cette chaîne de caractères partant de la fin du nom de répertoire, nom de domaine inclus, jusqu'au premier caractère.
- www.monsite.com/locations-hebergements-vacances-france/camping_a_la_ferme/1/1.html a pour $1 /locations-hebergements-vacances-france. On peut appliquer le reste de la règle de notre RewriteRule sur la suite.
- Tout ce qui va du 1er caractère / au 2e / et qui correspond aux conditions ([-_a-zA-Z0-9]+) constitue $2, le 2e bloc de l'URL.
- Dans notre exemple d'URL, camping_a_la_ferme respecte cette règle. C'est notre $2. Nous pouvons continuer à examiner l'URL pour voir si tous nos critères seront respectés.
- Le 3e bloc va du 2e / au 3e / avec les mêmes conditions ([-_a-zA-Z0-9]+) qui ont été explicitées plus haut.

- Passons au 4e bloc : il va du 3e / jusqu'au point non inclus. ([0-9]+) signifie tout caractère numérique, quel qu'en soit le nombre d'occurrences. Nous avons le caractère 1. La règle est respectée.
- Le dernier bloc est fixe. Il est composé de .html. Il part du caractère . jusqu'au caractère $.

Toute la règle RewriteRule est respectée, cette URL www.monsite.com/locations-hebergements-vacances-france/camping_a_la_ferme/1/1.html va être réécrite comme suit : article.php?referencement=$1&$2=$3&page=$4.

- article.php appelle le programme PHP qui va lire les arguments en $1 à $4 et les exploiter.
- referencement=$1 : le programme PHP va récupérer un argument referencement contenant la chaîne de caractères $1. Dans notre exemple, ce sera : locations-hebergements-vacances-France.
- $2=$3 : plusieurs usages peuvent être faits en PHP d'un tel passage d'arguments. Ici, nous expliquons une réécriture d'URL simple. Le programme PHP va récupérer l'argument $2, $3 directement, à savoir dans notre exemple : camping_a_la_ferme et 1.
- $4 vaut 1.

Notre programme PHP *article.php* va :

- ignorer $1 : c'est une séquence de mots clés dont il n'a pas besoin pour fonctionner mais qui est fort pratique pour le référenceur.
- prendre en compte $2 : camping_a_la_ferme.
- ignorer $3 car il est inutile dans ce cas précis.
- prendre en compte $4. La page à afficher est la n°1. Le programme *article.php* affiche les résultats 10 par 10, et ce 1 lui indique de commencer par la page 1.

REMARQUE

Optimiser des mots clés dans l'URL est possible… et efficace

Nous avons atteint notre objectif de réécriture d'URL. Vu de l'extérieur, notre site affiche et gère uniquement des URL propres contenant des mots clés que nous avons choisis. Ces URL correspondent à des programmes PHP qui exploitent les mots clés et quelques digits pour fonctionner. Les codes "ésotériques" sont cachés aux internautes et aux bots des moteurs.

Nous pouvons placer tout mot clé dont nous aurions besoin dans une URL dynamique pour optimiser au mieux toute page du site construite à la volée depuis une base de données.

Une source, des sources, domaines et sous-domaines

Une source correspond à :

- des sites : www.wineandco.com, www.wineandco.org sont 2 sources différentes ;
- des sous-domaines : http://chili.75cl.com, http://champagne.75cl.com, http://www.75cl.com sont 3 sources différentes

Pour être techniquement précis, un www, les 3 w précédant le nom de domaine, désignent en fait un sous-domaine particulier.

Tout sous-domaine est une source. Chez Google, jusqu'à début 2008, cela signifiait que chaque sous-domaine était traité comme un domaine. Depuis Google a changé sa stratégie d'indexation des sous-domaines et son attitude vis-à-vis de certains d'entre eux. Pour être efficaces, les sous-domaines d'un site doivent être spécialisés dans un thème et avoir le moins de chevauchements possibles entre eux. On pourra en spécialiser un dans le Champagne et un autre dans le Bordeaux par exemple. Les liens cohérents échangés entre ces sous-domaines seront considérés comme des liens externes par Google.

Dans un des exemples utilisés ci-dessus, le mot clé Chili est inclus dans le nom du sous-domaine, favorisant ainsi ce mot clé dans toutes les pages qui seront placées sous cette racine.

Attention, il ne faut pas abuser du système et éviter les erreurs suivantes :

- Deux noms de source différents pointent vers le même site physique. Comme déjà vu précédemment, Google le détectera inévitablement et un de ces 2 noms sera blacklisté.
- Trop de sous-domaines avec très peu d'informations par sous-domaine. La source n'a pas assez de volume en pages et en contenu pour appuyer une stratégie d'optimisation efficace. Inévitablement, une telle source, trop légère, sera plus difficile à positionner sur les mots clés.

La bonne méthode : gérer honnêtement les sous-domaines en leur affectant des contenus réels et correspondants à leurs noms. Exemple : toutes les informations sur les vins du Chili sont regroupées dans le sous-domaine http://chili.75cl.com.

Avantages & inconvénients des sous-domaines

Un site peut être divisé en plusieurs sous-domaines. Exemple : une source par pays, une source par langue, une source par gamme de produits, etc. Ainsi chaque source pourrait avoir sa stratégie de référencement propre à ses besoins particuliers.

Chaque source peut avoir sa stratégie de netlinking.

Les différences entre sous-domaines spécialisés et noms de domaine spécialisés portent sur plusieurs points :

- Un sous-domaine dépend d'un domaine ancien et connu de Google. Il sera plus facilement pris en compte. Les mécanismes d'application de sandbox et autres algorithmes traduisant la méfiance de Google envers les noms de domaine récents ne s'appliqueront guère.
- Les liens croisés entre les sous-domaines d'un même domaine affichent clairement leur appartenance à un même propriétaire. Aucun moteur ne considérera ces liens comme du spam de liens, même si des algorithmes divers décident d'en annuler certains.
- Le référenceur a une source naturelle et propre de backlinks à utiliser sans beaucoup de modération mais avec raison comme nous le verrons plus loin.

Les inconvénients du multisource :

- Chaque source doit être référencée : cela coûte du temps et du budget. Les efforts ont tendance à être dispersés. Cela peut déclencher un mauvais positionnement tant que les backlinks ne montent pas en puissance.
- Chaque source doit réellement être autonome : *index.html*, *.htaccess*, "canoniser" la page d'accueil, un réel contenu en qualité et en quantité, etc. : encore du temps à consacrer pour chaque source, au lieu d'une unique fois dans le cas d'un seul site.
- Google peut un jour décider qu'un sous-domaine n'est plus une source ou changer les règles du jeu à sa convenance : il y a un risque dans cette architecture.

6.26 Canonical URL

Google doit avoir un seul point d'entrée sur le site :

- **http://www.lesite.com** : c'est l'idéal. Choisir autre chose, c'est possible, mais cela demande un niveau expert pour bien comprendre ce qui se passe et pourquoi et comment faire !
- Évitez **http://www.lesite.com/index.html**. Google risque de voir un duplicate content entre le nom de domaine et cette URL. En effet, nous avons deux URL distinctes pointant vers le même contenu.

Avoir un point d'entrée unique permet de concentrer sur une seule URL les backlinks. Sinon, le Page Rank va être étalé et perdu dans plusieurs cas.

Une programmation dans le fichier *.htaccess* permet cette optimisation.

Quelques explications :

Canonical URL signifie une URL simple, standard, autrement dit respectant une règle, ici une règle d'une seule entrée, quitte à en "fusionner" plusieurs autres possibles vers celle-ci.

À chaque page doit correspondre une URL unique. C'est facile à faire, sauf pour la page d'accueil à laquelle on peut accéder via :

- **www.monsite.com** ;
- **monsite.com** ;
- **www.monsite.com/index.html** ;
- **monsite.com/accueil.html**.

Chacune de ces expressions est précédée de http://.

Une seule doit être utilisée pour bien orienter Google vers la bonne URL, celle qui sera la canonical URL. En général, les webmestres préfèrent pour des raisons d'habitude et de simplicité envers leurs internautes la forme **www.monsite.com**. Pour cela, il faut :

- utiliser cette forme dans les menus plutôt que *index.html* ;
- coder une redirection 301 de *index.html* vers le nom de domaine dans le fichier *.htaccess* :

```
# redirige l'URL du sous-domaine vers le nom de domaine
RedirectMatch 301
 http://monsite.com http://www.monsite.com
# attention la ligne suivante
# peut poser des problèmes chez des hébergeurs
RedirectMatch 301
 http://www.monsite.com/index
 html http://www.monsite.com
```

Ce code fait clairement comprendre à tout bot de moteur que seul le nom de domaine précédé de www est à utiliser.

Un autre code, plus sophistiqué mais davantage portable sur les différents hébergeurs donnent le même résultat :

```
RewriteCond %{HTTP_HOST} ^monsite\.com$
RewriteRule ^(.*) http://www.monsite.com/$1 [QSA,L,R=301]
```

Si le nom de domaine utilisé dans la requête à votre serveur Apache pour afficher une page est **http://monsite.com**, alors il est transformé (réécrit en URL) en **http://www.monsite.com**. La seule URL canonique sera donc celle utilisant www.

ASTUCE

Éviter de changer le nom du fichier de la page d'accueil index.html

Cela vous évitera deux types de déboires : les dysfonctionnements de certains outils (quelques-uns sont pratiques pour le suivi des sites) et la perte potentielle de Page Rank.

Évitez de remplacer *index.html* par quelque chose du genre : http://www.lesite.com/accueil.html. Il est déconseillé de changer le nom normalisé *index.html*, *index.php* et autres déclinaisons valides. Le mot index est réservé à la page d'accueil d'un site. Ne remplacez pas *index* par *accueil*, *home* ou tout autre mot, même si c'est un mot clé…

- Des outils ne comprennent pas et réagissent mal. En 2006 et 2007, c'était le cas de Google Analytics par exemple.
- En 2010 PrestaShop (un logiciel gratuit pour faire des sites de vente en ligne) avec l'option /fr/ (la gestion des sites multilingues dans PrestaShop) remplaçait la page d'accueil par une redirection dans un répertoire */fr*. Google Analytics fonctionnait alors mal et une partie des informations était perdue. Rester dans les standards vous évitera des déconvenues techniques.
- Avec un fichier *.htaccess* mal codé, ce qui est très facile à faire, vous risquez une double URL pointant sur une page unique : le nom de domaine, et le nom de domaine plus le nom de fichier. Conséquence immédiate : vous risquez une perte de Page Rank à cause de la mise en désindexation d'une de ces deux URL avec, au final, la perte de tous les backlinks qui pointent vers elles explicitement.

6.27 Google Personalized Results Search

Google a annoncé en 2009 la mise en service aux États-Unis des résultats de recherche personnalisés et a présenté cette évolution, *via* Matt Cutts et son célèbre blog, comme une révolution accompagnée de la mort (sic !) des référenceurs.

La personnalisation des résultats de recherche a pour objectif, louable, de mieux adapter les SERP aux demandes affichées et cachées de l'internaute. En voici une illustration : vous saisissez Orange comme requête. Les thèmes possibles sont multiples. S'agit-il de la couleur, de l'opérateur télécom, de la famille royale, de politique en Ukraine ?

Google se propose de rechercher des informations dans votre historique de l'utilisation de Google sur les derniers mois. Si vous avez souvent requêté sur l'Ukraine, il favorisera, un peu, les sites concernant la révolution orange. Si vous avez cherché des informations en téléphonie mobile, il favorisera les pages d'Orange, de France Télécom, et ainsi de suite. Cette personnalisation touche aussi la géographie. Le terme plombier ciblera les plombiers proches de votre lieu habituel de connexion à Internet.

Quelles sont les conséquences pour le référenceur ? Il y aura probablement des évolutions pour s'adapter. Une des cassures les plus marquantes entre « avant » et « après » la personnalisation concerne la mesure des performances en positionnement. En effet, il ne sera pas possible de disposer de l'historique de chaque internaute. Ce sera une inconnue totale. Donc, des personnes ne verront pas les mêmes SERP en fonction de leur propre historique Google.

Cela aura-t-il un effet important sur le travail du référenceur ? Non, celui-ci doit toujours cibler les expressions clés avec un contenu et des backlinks cohérents, du rédactionnel soigneusement choisi, une mise en page optimale pour doubler les sites concurrents. Peu importe que Google ajoute des critères supplémentaires issus de l'historique pour affiner les calculs de ses SERP. Dans le détail, cela oblige le référenceur à réfléchir à d'autres combinaisons de mots clés pouvant avoir été saisies lors de requêtes précédentes avant la requête ciblée par la page. La tendance sera donc à augmenter le volume de texte d'une page afin de couvrir davantage de combinaisons liées à la longue traîne des mots clés potentiellement saisis par les internautes dans des requêtes précédentes. Mais le fond du travail reste identique. Le référenceur après analyse sélectionne quelques mots clés pour une page et celle-ci est optimisée en conséquence. Le fait même de concentrer une page sur un thème, donc d'utiliser des mots connexes, va obligatoirement bien positionner cette page face à l'ajout de mots clés contextuels et donc connexes choisis par Google dans l'historique de l'internaute.

Un exemple : un internaute désire acquérir une maison en bois. Il saisit une première requête : maison bois. Devant le flot de réponses, il décide de lancer une requête sur constructeur de maisons à basse consommation.

Le résultat de recherche personnalisé pourrait avoir une tendance à favoriser constructeur de maisons en bois à basse consommation sur un ou deux des snippets de la page de résultats. Au référenceur de prévoir les différentes requêtes ayant potentiellement précédé la requête visée.

Dans le cas de notre exemple ci-dessus, les mots clés de l'historique ayant une influence sur les SERP vont être la région du constructeur (Aquitaine, Vosges, etc.), les principaux termes utilisés pour ce type de recherche : isolation BBC, maison BBC, constructeur de maison, construction de maison, kit, ossature bois, madrier massif. Trouver ces mots clés n'est pas difficile : ils sont présents dans l'audit des mots clés du site, c'est-à-dire comment sélectionner les mots clés d'un site (voir le chapitre afférent).

6.28 Inciter au clic depuis Google

Le référencement permet d'être visible dans les pages de résultats. Mais c'est encore mieux si cette visibilité incite l'internaute à cliquer.

Rich snippets de Google

Dans ce chapitre, nous mentionnons juste l'existence des rich snippets. Par programmation assez simple, on peut mettre à disposition de Google des informations complémentaires lui permettant de renseigner mieux un snippet. Nous reviendrons plus loin sur les rich snippets.

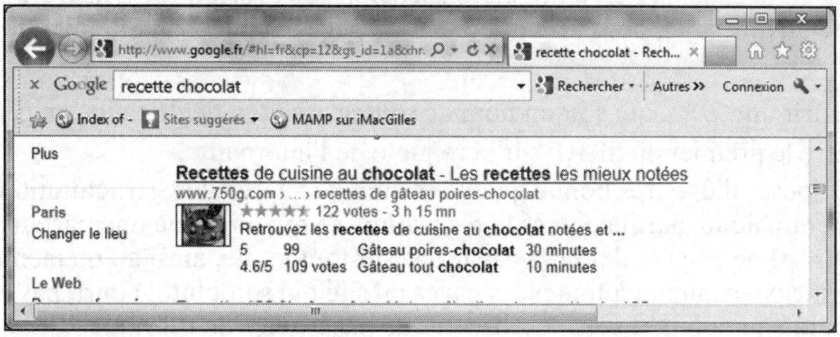

Figure 6-28 : *Rich snippet type dans Google*

Google Sitelinks

Google permet à un webmestre de gérer les liens d'un Sitelinks concernant son site *via* Google WT (Webmaster Tools).

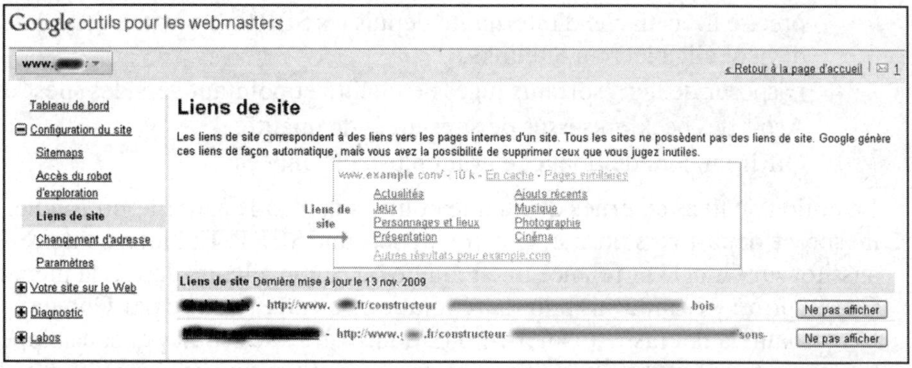

Figure 6-29 : *Sitelinks, exemple et interface Google WT*

La seule action possible à ce jour consiste à refuser l'affichage d'un lien précis du Sitelinks calculé par Google.

Le Sitelinks est un atout dans la création de trafic. Il incite fortement l'internaute à regarder en détail le snippet affiché et les 8 liens ou moins affichés incite à accéder directement à l'information recherchée.

L'objectif de Sitelinks est de permettre à un internaute d'accéder plus facilement et plus rapidement à la bonne information dans le site que Google calcule comme étant le plus adapté à la recherche de l'internaute, c'est-à-dire celui qui a le rang 1 page 1, quand le Sitelinks est possible. Sur certaines requêtes, Google n'affiche aucun Sitelinks.

Aucune information n'est donnée par Google sur la façon dont est évaluée la pertinence d'un Sitelinks pour le site n°1 page 1 sur une requête.

Des référenceurs américains ont étudié en détail des Sitelinks de multiples sites et via les statistiques, ils ont établi des possibilités sur les critères rendant une page éligible à l'affichage ou non d'un Sitelinks. Selon eux et selon certains travaux personnels sur le sujet, pour être une URL de page éligible à un Sitelinks, le site web devrait :

- Offrir une URL qui soit un nom de source, un nom de domaine en général.
- Être le premier en SERP sur la requête de l'internaute.
- Disposer d'une très bonne qualité technique : accessible, structuration hiérarchique marquée dans la navigation, ce qui implique une parfaite gestion des title de page et des meta description sur tout le site, ainsi qu'un menu principal commun à toutes les pages du site qui soit plutôt court, pas un menu en râteau pointant vers des dizaines de pages têtes de rubrique.
- Avoir un trafic naturel élevé. Google est aux premières loges pour obtenir cette donnée. Il lui suffit d'enregistrer tous les clics partant vers ce site depuis les SERP proposant une URL de ce site, quelle que soit la requête saisie.
- Avoir un fort taux de clics depuis les SERP sur l'expression clé saisie par l'internaute dans la requête. Plus il y a de requêtes sur une expression clé précise avec un clic d'internaute depuis les SERP vers votre site, plus celui-ci devient éligible à un Sitelinks.
- Disposer de liens sortants jugés de qualité et pointant vers des sites "utiles".
- Avoir des backlinks issus de sites jugés de qualité.
- Offrir un nom de domaine ayant plusieurs années.

La notion de liens externes de qualité et utiles demande à être approfondie. Google mesure le départ vers un site, le vôtre, depuis une SERP. Et l'internaute revient aussitôt sur Google et relance une requête ou clique ailleurs depuis la même SERP. C'est a priori très mauvais pour la réputation de votre site vue par Google. L'internaute a fait juste un aller-retour, donc votre site séduit par son snippet mais le vrai contenu fait fuir. En proposant des liens utiles, un site camoufle cet aller-retour ou tout au moins allonge la durée où Google va mesurer le retour de cet internaute dans des SERP de même nature. Cela renforce votre popularité sur l'expression clé à l'origine de la venue de l'internaute sur votre site.

6.29 Silo puis Page Rank Sculpting

Nous avons vu le Page Rank Sculpting et la présentation de silos d'informations cohérents et fortement structurés.

Ces deux approches se déploient séquentiellement et sont complémentaires. Regardons cela à travers un exemple simple.

On met d'abord en place la structure en silos d'informations. Dans un site de location d'appartements et de maisons sur la Côte d'Azur, cela donnerait dans l'idéal une structure où on débute avec le thème location d'appartement, puis le département, puis la ville et, au niveau de la ville, on aurait la liste des appartements disponibles à la location :

- *Locations d'appartement > Alpes Maritimes > Juan les Pins > appartement 1 à N* ;
- *Locations d'appartement > Alpes Maritimes > Cannes > appartement 1 à N*, etc.

Puis

- *Locations de maison > Alpes Maritimes > Juan les Pins > maison 1 à N* ;
- *Locations de maison > Alpes Maritimes > Cannes > maison 1 à N*, etc.

Notre structure est bien hiérarchisée. Passons au PR Sculpting. Nous disposons de dizaines d'appartements en location. Sur votre site, la landing page Location appartement Cannes est mal positionnée et vous désirez revenir en bonne position.

Vous disposez de nombreuses pages sur *locations cannes* et *locations appartements*.

Sur la plupart des pages *Locations d'appartement > Alpes Maritimes > Cannes > appartement 1 à N*, vous insérez un lien dans un petit paragraphe : locations d'appartement à Cannes. locations d'appartement à Cannes est le libellé du lien pointant vers la landing page dédiée à cette expression clé. On pousse ces trois mots clés. La landing page pourrait simplement être la page *Locations d'appartement > Alpes Maritimes > Cannes*. L'avantage : la simplicité. L'inconvénient potentiel : *via* le menu de navigation, ces pages ont déjà un lien vers cette landing page puisque c'est leur tête de rubrique. On ne connaît pas précisément le comportement de Google face à un double lien. Il ignore un des deux liens comme le laisse supposer Webmaster Tools, ou il en tient compte ? Dans le doute, on peut cibler une page dédiée hors menu qui argumenterait sur l'efficacité de l'agence immobilière dans la location d'appartement sur ce secteur.

Figure 6-30 : *Liens favorisant de manière cohérente la landing page « location appartement Cannes »*

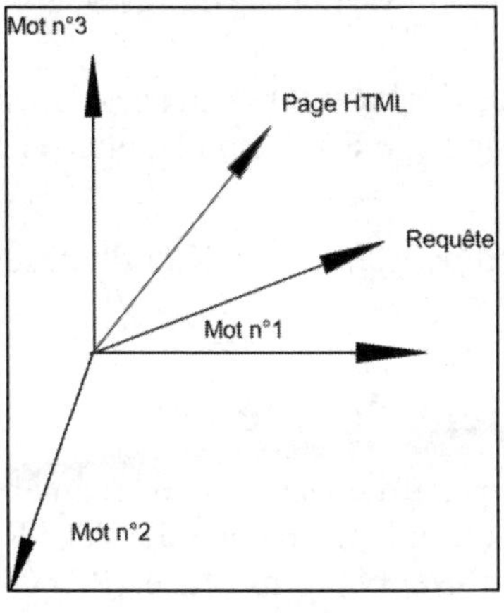

Sur la plupart des pages *Locations d'appartement > Alpes Maritimes > Juan les Pins > appartement 1 à N*, vous insérez un lien dans un petit paragraphe : locations d'appartements cannois. locations d'appartements est le libellé du lien pointant vers la landing page dédiée à l'expression clé locations d'appartement à Cannes. On pousse ces deux mots clés.

Sur la plupart des pages *Locations de maison > Alpes Maritimes > Cannes > maison 1 à N*, vous insérez un lien dans un petit paragraphe : locations à Cannes d'appartements. locations à Cannes est le libellé du lien pointant vers la landing page dédiée à l'expression clé locations d'appartement à Cannes. On pousse ces deux mots clés.

On a ainsi poussé plusieurs dizaines de liens sur l'ensemble des trois mots clés avec un peu de Page Rank.

6.30 Les principes du Page Rank Sculpting/Modeling

Manipuler les liens internes à un site de manière adéquate permet de favoriser des pages en PR sur des mots clés au léger détriment d'autres pages de ce même site. On pourrait utiliser une analogie : des pages du site servent d'engrais à quelques pages élues, les landing pages, sur des expressions clés.

Un important volume de pages associé à de nombreux échanges de liens influe positivement sur le PR en valeur absolue d'une page précise et favorisée en douceur durant ces multiples échanges internes. En d'autres termes, on prend du PR (un peu) à des pages pour le donner à une page précise, en associant ce transfert de PR à une ou des expressions clés. Deux approches complémentaires existent pour réussir cela :

- Les liens dans les menus du site : le Page Rank Modeling.
- L'utilisation de nuages de liens dans les pages : le Page Rank Sculpting, aussi appelé dans le jargon *gestion des tags* (littéralement la gestion des étiquettes, des ancres de liens).

Le Page Rank Sculpting peut se conjuguer avec des backlinks externes. Un site n'a pas intérêt à s'interdire les liens sortants. Plus le Page Rank circule, plus on peut le sculpter facilement.

L'acronyme de Page Rank Sculpting est *PR Sculpting*, bien sûr. Nous l'utiliserons régulièrement dans ce livre.

La base du PR Modeling : optimiser les liens des menus

Un menu de navigation présent sur toutes les pages d'un site lisse de manière égale le Page Rank de toutes les pages d'un même niveau hiérarchique. Le Page Rank circule et finit par s'équilibrer. On peut donc utiliser ces transferts de PR pour gérer des mots clés en interne sans aucune perte de PR. Le Page Rank circulant *via* les menus de navigation, les libellés de ces liens ont un impact sur le positionnement du site.

Par exemple, dans un menu de navigation d'un site d'une PME spécialisée dans l'optimisation des forages pétroliers figure un premier lien libellé *Notre technologie* qui est à comparer avec le libellé *Technologie : forage pétrolier*. La seconde version pousse trois mots clés dont deux très pointus et pertinents contre un mot clé bien trop généraliste, technologie, dans la première version du libellé. Les mots composant les libellés de texte des menus sont donc à optimiser. Ils sont à la base d'un Page Rank Modeling ainsi que d'une structure en silos d'informations hiérarchisées. Les liens des menus prélèvent du Page Rank des pages de rang supérieur dans l'arborescence et les envoient vers les pages de rang inférieur. Ces pages *via* les mêmes menus leur renvoient du Page Rank. Un équilibre se crée. Il est toujours en faveur des pages de rang supérieur. Le PR a été sculpté en faveur du haut de l'arborescence.

ASTUCE

Optimiser un menu peut rapporter gros

Passer d'un libellé comme **Accueil** dans le menu de navigation à un bouton affichant graphiquement **Accueil** et ayant, en balise alt, Location de bureaux à Paris : accueil va appuyer le positionnement de votre page d'accueil sur cette expression clé.

Via les menus, comme nous venons de le voir, nous afficherons vis-à-vis de Google une structure un minimum hiérarchisée et une stratégie de Page Rank Modeling optimisée mais « naturelle ».

Mieux : comme les menus sont visibles et présents sur toutes les pages du site, cela crédibilise le site sur les expressions clés véhiculées par les onglets des menus. Ce qui améliore le positionnement du site sur ces expressions clés.

Plusieurs conséquences sont à prendre en compte par le référenceur codeur du site :

- Il faut éviter les menus déroulants qui écrasent la hiérarchie des menus. Google a du mal à discerner les têtes de rubrique des pages inférieures. C'est très mauvais pour le référencement des petits et moyens sites. Amazon France peut se permettre des menus déroulants sur son site, contrairement au site d'une PME.
- Un site doit avoir des têtes de rubrique. De chaque tête de rubrique part un menu local pour adresser les pages filles. On présente ainsi une hiérarchie dans le niveau des pages. On l'impose à Google.
- Les expressions clés stratégiques sont concentrées sur la page d'accueil et les têtes de rubrique.

Le piège des liens invisibles… visibles

Un référenceur pressé pourrait être tenté de faire du PR Sculpting plus fin *via* les menus en laissant une navigation accessible aux internautes mais invisible à Google, afin de concentrer plus de Page Rank dans les liens visibles. Il est fortement déconseillé de rendre invisible un lien à Google dans un menu ; les techniques efficaces sont complexes et difficiles à mettre en œuvre. Il est aisé de faire des erreurs. Les liens invisibles devenus visibles nuiront à la réussite du référencement.

Prenons le cas d'un menu déroulant. Le site pourrait être tenté de le masquer à Google et de doubler par un menu en liens en dur en bas de page. Il y a un seul problème : Google, *via* Google Analytics, détecte et mesure le taux de clics sur les liens. Comme la plupart des liens du menu en double, visibles essentiellement par Google, seront faiblement cliqués, les statistiques de Google Analytics seront biaisées. Or le webmestre les utilise et personne ne sait réellement ce que Google en fait dans ses calculs liés au référencement. Actuellement, en 2012, des tests montrent qu'un site constitué d'un menu « invisible » à Google et pourtant parcouru par des internautes qui ne semblent cliquer sur aucun lien ne semble pas gêner le référencement. Certes, les statistiques Analytics des clics sur liens sont incohérentes par rapport au trafic et à la navigation, mais cela ne trouble pas les algorithmes de Google. Soit ils ne prennent pas en compte les informations d'Analytics, soit ils acceptent une navigation invisible.

La conséquence directe en conception de site : évitez les menus déroulants !

Gestion des tags – Optimisation avec backlinks et Page Rank

Il va falloir identifier des pages moins importantes, leur prélever du PR *via* des liens possédant des libellés contenant des mots clés cohérents et faire pointer ces liens vers d'autres pages. La plupart de ces pages retourneront le lien, donnant ainsi la signature d'un menu d'un point de vue mathématique. Mais certains liens ne sont pas rendus. Le groupe de pages interconnectées en nuage de liens vient de perdre un peu de Page Rank appuyant des mots clés vers une ou peu de pages.

Le Page Rank Sculpting vient de démarrer.

Poser des liens « sur mesure » sert ainsi à orienter du Page Rank et des mots clés vers des pages précises, ce qui améliorera le positionnement de ces pages sur les mots clés de ces libellés des liens dans le moteur de recherche. Il reste à définir comment s'y prendre. Google, *a priori*, ne considère pas les liens internes comme du spam de liens ou du paid link.

Dans le jargon et la littérature, on parle de *tags* (un mot ou une expression clé courte reliée à une page cohérente vis-à-vis de cette expression clé).

Attention, placer trop de tags sur une même page peut avoir des conséquences négatives ! Pour différentes raisons, une page trop chargée en tags peut être ignorée par Google :

- Duplicate content : trop de tags identiques sont présents sur différentes pages. Une fois passé un certain seuil, la page est désindexée et tous ses liens sont ignorés.
- Le poids des mots de la page ne pèse pas assez lourd face aux contenus répétitifs : menus, tags.
- Plus il y a de tags sur une page, moins ils sont efficaces. C'est dû à la formule.

Figure 6-31 : *Gestion des tags sur un blog*

Un blog spécialisé dans le webmarketing (il y en a des milliers) a structuré ses articles en catégories. L'une d'elles est Google. Chaque post sur un sujet concernant Google reçoit automatiquement un backlink nommé Google et pointant vers une page listant tous les posts et articles publiés sur Google dans ce blog.

Chaque article donne un peu de son Page Rank *via* un lien, et ce Page Rank sert de levier au mot clé composant le libellé : Google.

Sur cette page listant tous les articles, chacun est pointé par un backlink contenant en libellé le résumé en quelques mots clés. Le Page Rank prélevé sur l'ensemble des pages leur est rendu. Au passage, les mots clés de chaque libellé sont mis en valeur pour chaque page.

Par exemple : Google, PageRank, Algorithm et leaked. Ces quatre mots clés sont mis en exergue vers la page visée par le lien. Dans cet exemple, c'est neutre à terme pour le Page Rank de chaque page. Cela s'équilibrera. Mais le Page Rank a circulé en mettant en valeur des mots clés cohérents de page en page.

Une autre stratégie aurait pu être de lister dans cette page **Google** les 50 articles les plus lus. La redistribution de PR aurait été volontairement déséquilibrée au détriment de toutes les pages sauf les 50 plus lues qui auraient eu un supplément de Page Rank et un meilleur positionnement dans l'index de Google sur leurs mots clés respectifs.

Il appartient au référenceur de calculer une stratégie, puis de la mettre en œuvre techniquement, d'en suivre *via* des statistiques l'efficacité et de mener les actions correctrices nécessaires.

Nous remarquerons la barre de fonctions réseau social Web 2.0 permettant aux internautes de marquer cette page en *digg* et autres sites du même type.

Comme déjà exposé un peu plus haut dans ce chapitre, il faut permettre aux internautes de voter pour votre site *via* Facebook ou Google (**+1** et **Déposez un avis**).

Optimisation des liens internes

Pour optimiser ces backlinks internes, il faut les rendre cohérents au maximum. Le principe consiste donc à n'interconnecter que des pages de même thématique par des liens pertinents utilisant en libellé les bons mots clés.

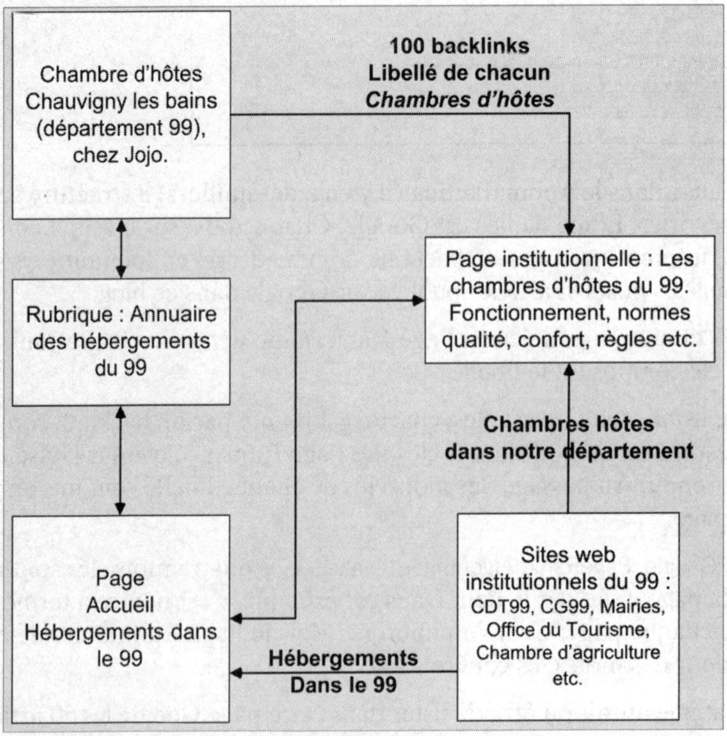

Figure 6-32 : *Gestion des tags sur un site et backlinks ciblés*

Voici un exemple. Soit un site proposant des formules d'hébergement diverses : chambres d'hôtes, camping, maisons, appartement, bungalow. Admettons qu'il y ait une centaine d'hébergements par formule. À chaque bas de page de chaque page décrivant en détail un hébergement, on ajoutera un lien pointant vers la description de la formule.

La page décrivant le détail d'une chambre d'hôte à Chauvigny, dans la Vienne, verra un lien *Les chambres d'hôtes* pointant vers la page *Formule chambre d'hôtes* décrivant le détail d'une chambre d'hôtes pour tout le département. Ainsi, une centaine de pages auront un backlink cohérent, pertinent, pointant vers une seule page. À terme, cette page sera la première de ce site à sortir sur une requête chambre d'hôtes. Nous avons légèrement désavantagé les pages de l'annuaire de chaque membre pour favoriser une page centrale à mettre en valeur sur chambre hôtes.

Dans le schéma, nous remarquerons les backlinks ciblés et les mots clés cohérents vis-à-vis des pages élues comme pages clés à faire apparaître en priorité dans les SERP Google.

6.31 Résumé

Dans ce chapitre destiné aux webmestres débutants, nous avons découvert ou défini des notions et concepts importants dans la compréhension du référencement et de l'optimisation de pages pour les moteurs de recherche.

Les actions d'optimisation adaptent chaque page du site à la compréhension maximale de ses contenus par les algorithmes de Google et cherchent ainsi à l'influencer au maximum sur les expressions clés liées à ces contenus pour obtenir le meilleur positionnement possible.

Les optimisations de base portent sur le contenu visible (rédactionnel, images…), invisible ou peu visible (les balises) et la mise en page. Le contenu est clé : les mots utilisés, les phrases, la mise en page, le contenu des balises, les visuels associés participent à la mise en exergue des mots clés et à la crédibilité que Google peut donner à ces mots clés sur vos pages.

La gestion des URL joue un rôle important. Il faut éviter de créer des duplicate contents qui perturberaient le référencement. Nombre de codeurs de site gèrent mal ces URL et créent ainsi de nombreux problèmes de référencement. Analyser les URL accessibles à Google bot peut vous révéler l'usage de pratiques techniques néfastes à votre référencement. Plusieurs techniques permettent de coder un site complexe tout en évitant ces nombreux pièges antiréférencement.

De nombreux pièges peuvent perturber le référencement. De nombreux pièges classiques et maintes fois répétés sur de nombreux sites vous sont expliqués avec leurs solutions.

Comprendre et savoir un minimum programmer un htaccess est un atout pour un webmestre désirant maîtriser le SEO. C'est utile pour la mise en place de plusieurs techniques SEO comme la gestion des redirections 301 d'anciennes URL vers les nouvelles.

Améliorer le taux de clics vers les pages de son site depuis les SERP Google est aussi une préoccupation du référenceur. Rien ne sert d'être en page 1 si le snippet de votre site publié par Google ne convainc pas les internautes de cliquer. Une initiation Rich snippets va vous montrer la simplicité de cette technique.

L'arborescence est traduite techniquement par la mise en place d'une navigation dans votre site. Or les menus gérant la navigation sont analysés par Google vis-à-vis de vos mots clés. Savoir concevoir un menu et le coder possède un impact important sur votre référencement.

La structuration du site en silos d'informations spécialisés nécessite une navigation hiérarchisée présentée à Google. Une telle structure pose les bases d'un futur Page Rank Sculpting et améliore la compréhension des contenus du site par Google, ce qui est toujours positif pour le positionnement dans l'index de Google.

Une navigation contient aussi les liens hors des menus pour permettre à l'internaute de se déplacer de manière cohérente sur le site. Le nuage de tags est le principe le plus connu mais certainement pas le plus efficace.

De nombreux algorithmes de Google utilisent ce que tout le monde appelle le Page Rank. Cette unité de mesure de Google a fortement évolué depuis 1998. Comprendre comment les flux de Page Rank circulent dans un site ou sur le Net est nécessaire pour rendre cohérentes des optimisations de pages.

La qualité rédactionnelle d'une page influe sur son référencement. Il ne s'agit pas d'écrire comme un écrivain professionnel. Il faut écrire des phrases correctes en grammaire et en orthographe. Une telle écriture peut ensuite être optimisée en Google writing pour améliorer le référencement.

Un site Web 2.0 aura plus de facilité à être bien référencé qu'un site classique Web 1.0.

Le *sitemap.xml* est un outil simple permettant de mieux guider Google dans les pages d'un site. Il participe à l'accélération de la prise en compte du site par le moteur. Il permet de tenter d'indiquer la hiérarchie entre les pages. Une tête de rubrique est plus importante qu'une page fille. Or une navigation mal conçue écrase la hiérarchie des pages. *sitemap.xml* est alors le seul moyen de tenter de corriger l'erreur.

chapitre

7

Les réseaux sociaux, le netlinking, le Page Rank, le Web 2.0

REMARQUE

Ce chapitre s'adresse à tout type de public

Les responsables de site ou de ligne de produits comprendront mieux les contraintes imposées par un bon positionnement et les budgets d'optimisation, de Web 2.0, de réseaux sociaux et de netlinking ainsi que les autres actions de promotion à consacrer pour mieux référencer son site et obtenir de la création de trafic.

Les webmestres en charge du netlinking et de la création de trafic pourront optimiser leurs actions et être plus efficients dans leurs tâches liées à la création de trafic.

De légères connaissances techniques peuvent être nécessaires pour bien appréhender certaines parties de ce chapitre.

7.1 Actions internes au site vs actions externes

Les actions d'optimisation vues au chapitre précédent ont pour objectif d'adapter les pages du site à la compréhension maximale de ses contenus par les algorithmes de Google et ainsi à l'influencer au maximum sur les expressions-clés liées à ces contenus. Le but est bien sûr d'obtenir la meilleure position possible dans l'index de Google sur un nombre de requêtes racines-clés et sur leurs déclinaisons en longue traîne. Ce sont des *actions internes* au site.

Nous avons vu dans le chapitre précédent comment manipuler les flux de Page Rank internes en faveur d'expressions-clés et de pages dédiées (les *landing pages*). Ce sont des actions internes mettant en œuvre du netlinking interne.

Des actions réalisées depuis l'extérieur du site (des *actions externes*), ont une influence prépondérante sur le référencement et la réussite du bon positionnement en page 1 dans les SERP ciblant vos expressions-clés.

Les actions externes, au début de Google, étaient strictement limitées à un domaine : la pose de backlinks. Le *spam linking* (appelé *webspam* par Google depuis 2011) est alors apparu : la pose de liens en apparence naturels. Mais ce sont en réalité des liens issus de *farm links* ou des *paid links*. Le spam linking gêne Google, qui a pris de nombreuses mesures pour tenter de le contrer. Nous en reparlerons plus loin.

Internet a continué à évoluer avec l'apparition de nouveaux usages, résumés généralement sous l'étiquette Web 2.0 : réseaux sociaux, interactivité entre l'internaute et le site dans le site lui-même ou via un outil externe comme Google Adresses/Maps/Places.

Google veut également améliorer la qualité de ses résultats de recherche pour des raisons évidentes de business model et pour faire face aux moteurs concurrents.

Le Web 2.0 constitue une opportunité stratégique pour Google. Cela lui donne de nouvelles approches pour lutter contre le spam de liens et pour établir de nouveaux calculs en charge de détecter les meilleurs contenus par rapport à une expression-clé.

Google est une entreprise ayant une vision planétaire de sa stratégie : presque deux cents services sont offerts aux internautes. Google est le seul et unique géant en termes de sources de visites. Facebook est un nain à côté, certes un nain actif et performant sur le secteur des réseaux sociaux, mais un nain vis-à-vis de Google et de son emprise globale du marché. Google se doit donc d'améliorer la qualité de ses résultats de recherche, en utilisant d'autres sources externes au site lui-même que les backlinks posés vers ce site, pour évaluer la qualité des pages dudit site, et ainsi mieux calculer les positionnements de ces pages face à une expression-clé.

De plus, les réseaux sociaux et la multiplicité des services Google vont aider le moteur à traquer certaines formes de spam linking et autres techniques de triche, ou au minimum à en atténuer les effets.

7.2 Fondamental : la crédibilité

REMARQUE

Le poids stratégique de la crédibilité dans le référencement

Une des clés pour comprendre les mécanismes de Google liés au référencement et à ses réactions vis-à-vis de votre site sur vos choix d'expressions-clés est la crédibilité de vos informations publiées.

Devenez crédible et vous améliorez votre référencement. Comment ? C'est l'objectif de ce chapitre de vous expliquer les pistes de travail.

Les contenus de votre page sont-ils uniques ? Sont-ils écrits par quelqu'un de compétent ? Offrent-ils une valeur ajoutée plus ou moins importante (de combien ?) aux lecteurs ? Sont-ils un plagiat complet ou approximatif ? Sont-ils déjà publiés sur une autre de vos pages ou sur votre blog ou sur un site lié à votre site ? Les auteurs du site sont-ils connus de Google ? Si oui, que sait Google de ces personnes ? On voit qu'obtenir des réponses à ces questions va obliger Google à chercher hors du site des informations, à calculer des statistiques, à les croiser et à mesurer le niveau d'anomalies statistiques. Cela lui donnera une approximation des réponses dont il a besoin.

ASTUCE

Être connu de Google pour un meilleur référencement

Mieux Google vous connaît, plus il peut avoir confiance en vos publications et donc positionner vos pages sur vos expressions-clés devant celles de vos concurrents. Pour cela, il y a GMail, le réseau social Google, la gestion des balises Open Graph ainsi que d'autres outils.

Plus une information est crédible et potentiellement exacte et donc de qualité, plus Google veut la mettre en avant dans ses SERP. Le problème du référenceur est donc de comprendre comment Google procède pour évaluer la crédibilité des contenus d'une page. Ensuite on pourra tenter de coller aux critères et attentes de signaux de Google.

Il y a des critères internes au site : rich media, qualité technique, efforts en mise en page, etc. Plus il y a d'informations et d'investissements en qualité de ces informations, plus le site obtient de crédibilité. En d'autres termes, plus vous investissez en qualité de présentation, plus vous mettez en évidence (sans spam) vos expressions-clés mélangées à vos contenus, plus c'est crédible pour Google. C'est un premier lot de signaux à administrer.

Ensuite il y a les critères externes. Ce sont eux qui montent en puissance. Les comprendre et les maîtriser va vous permettre de parfaire votre crédibilité.

Le premier critère historiquement utilisé par Google est donc le volume de liens pointant vers une page.

Nous distinguerons les liens internes des liens provenant de l'extérieur du site. Nous avons vu que le Page Rank Modeling consiste à structurer une arborescence. En effet, publier à la vue de tous une arborescence affichant les expressions-clés dans des têtes de rubrique engage le site et rend donc crédibles les expressions-clés ciblées par ces différentes pages. Cela revient à disposer un maximum de liens internes vers quelques pages (accueil et têtes de rubrique) en véhiculant un volume limité d'expression-clés.

ASTUCE

Liens internes vs liens et actions externes

Les liens internes sont traités différemment des liens externes. C'est normal : vous maîtrisez vos liens internes. Donc pour pousser votre référencement, faites du Page Rank Modeling.

Vous ne maîtrisez pas, en théorie, les liens posés depuis l'extérieur vers vos pages. Du netlinking vous donnera donc un minimum de contrôle sur la pose de backlinks pointant vers les pages de votre site. Actuellement, c'est un complément indispensable à tout référencement en actions internes. Faites attention en posant des limites : Google Penguin est là pour traquer les maladroits et les abus évidents.

ASTUCE

Mais vous pouvez faire mieux : faites voter en faveur de votre site à coup de clics sur **J'aime** de Facebook et sur le **+1** de Google. Obtenez des avis positifs dans Google Adresses. Faites tweeter vos pages. Google vérifiera ces liens sociaux via des calculs statistiques et des algorithmes de cohérence / crédibilité ; et s'ils sont valides, il en tiendra compte en améliorant votre positionnement sur vos expressions-clés.

Les liens externes véhiculent eux aussi des flux de Page Rank quelquefois associés à des ancres (libellé du lien) et à une certaine cohérence entre la page de départ et la page d'arrivée en termes de contenu, donc de crédibilité du lien posé et de la page ciblée par le backlink.

Dans les années 2000, Google s'est mis en quête d'abord d'affiner la qualité des backlinks : distinguer les faux des vrais liens naturellement posés, prendre en compte la qualité individuelle de chaque lien, le tout avec une automatisation logicielle maximum pour le coût le plus faible possible. Puis il a pris en compte d'autres sources : le Web 2.0, c'est-à-dire essentiellement les liens issus des réseaux sociaux et le comportement du site vis-à-vis des internautes (forum intégré au niveau de la page, notation de la page…). En effet, plus il y a d'échanges et de mises à jour sur un site ou à propos d'un site, plus cela le rend crédible. On peut installer des mini-forums, faire voter des avis dans le site à référencer et ainsi le faire vivre. Ce sont des actions sociales internes au site. Nous en parlons dans ce livre.

Il y a aussi des actions, backlinks ou réseaux sociaux, externes au site. Détaillons-les ci-après.

7.3 Site et blog se référencent l'un l'autre

Le webmestre peut ouvrir un blog et le lier au site. Certes, Google calculera très vite de différentes manières que le blog et le site dépendent du même propriétaire. Mais si le webmestre gère bien la différence de ligne éditoriale entre ces deux outils Internet qui ont des finalités différentes, il y aura des poses naturelles de backlinks différents vers l'un ou l'autre. Si les liens entre le blog et le site sont posés de manière cohérente, Google les prendra en compte.

Par exemple : votre site vend des machines à coudre avec accessoires. Sur le site vous proposez les machines, les formations, les accessoires, etc. Vous mettez en scène vos produits et vos services pour les vendre en ligne ou faire venir le prospect dans votre magasin. Sur le blog, vous proposez des idées créatives, vous expliquez comment utiliser telle fonctionnalité de telle machine pour créer ou coudre mieux ceci ou cela, etc. Les internautes réagissent, répondent, etc. Le blog fait référence au site et vice versa *via* des liens dont les libellés sont soignés et en cohérence de mots clés. Ces échanges de liens blog / site ciblent les pages internes.

C'est une des formes du netlinking. Certes, Google, via différentes approches, saura que le blog et le site appartiennent à la même entité. Mais si les liens échangés sont de qualité, si les contenus des deux sources (le site et le blog) sont nettement différents, alors la plupart de ces liens seront pris en compte dans Google pour le référencement des deux sources sur les mots clés propres à chacune.

Le blog aura tendance à avoir de nombreux backlinks par des fans de la couture, de la broderie et du surfilage. Ils vont renforcer le référencement du blog sur des expressions-clés comme `créer en couture`, `idées de patron` et autres expressions-clés utilisées par les fans de la couture à domicile dans Google.

Le site lui va plutôt se positionner sur des expressions-clés comme `Machine à coudre Brother [pas cher]` ou `Accessoires Machine à coudre Brother` ou `magasin Machine à coudre Brother`.

On perçoit que les expressions-clés sur lesquelles ces deux sources, le site et le blog, vont se positionner sont complètement différentes. Elles auront des publics différents.

Les multiples liens ont deux conséquences fondamentales pour le propriétaire du site et du blog :

- Les internautes vont arriver sur une source et naturellement passer à l'autre, du blog au site et inversement.
- Les échanges de liens entre blog et site vont les renforcer l'un l'autre dans leur référencement.

La clé est de bien gérer le blog, le site (ces deux outils sont complémentaires, l'un ne remplace pas l'autre) et les échanges de liens entre les deux. Les échanges de liens peuvent être multiples, le volume n'est pas un problème. Les liens doivent être cohérents, c'est primordial, et être donc échangés en pages profondes, pas entre pages d'accueil.

REMARQUE

Avantage supplémentaire d'une telle architecture

Un site (ou un blog bien sûr) a une capacité limitée en nombre d'expressions-clés. Si on utilise deux stratégies distinctes de contenus, d'expressions-clés, le site (plus le blog) double la capacité d'expressions-clés que le webmestre gère. Il augmente fortement ainsi sa visibilité via Google.

7.4 Les sites de départ des liens

ASTUCE

Un lien qui peut en valoir 1 000

Un lien et son environnement textuel avec les mots clés d'un site dans lequel Google place une grande confiance vaut 1 000 liens normaux issus de sites standards.

Google différencie la qualité des sites en plusieurs catégories, trois au minimum. Le PR (*Page Rank*) n'exprime pas toujours cette nuance. Voici les trois catégories identifiées :

- « *Spammy* », cette catégorie regroupe les sites dont on ne peut pas croire en la véracité des liens sortants ou au minimum, ces liens sont hautement suspects. Des échanges de liens avec ce type de site peuvent attirer des ennuis au votre.
- « *Normal* », c'est l'ensemble des sites de M. Toutlemonde, soit l'immense majorité des sites. Un lien sortant vers votre site (un backlink donc) sera pris en compte de manière normale par les algorithmes de Google.
- « *Autorité* », regroupe l'ensemble des sites qui font autorité selon les algorithmes ou les équipes humaines de Google. Un lien quittant un site de ce type pèse aussi lourd que des centaines ou milliers de liens normaux. À tel point qu'un site peut être mis en page 1 sur un mot clé compétitif sans même avoir ledit mot clé dans une de ses pages !

Si plusieurs sites faisant « autorité » et des sites « normaux » recoupent la même information, dans leurs textes, alors peu importe le contenu du site ciblé, il sera indexé en bonne place, même si le mot clé est absent du site.

Les sites faisant « autorité » sont très peu nombreux. Il se peut qu'il existe une hiérarchie dans le poids de l'autorité. Voici les quelques-uns que nous avons identifié de manière certaine ou quasi certaine, certains ne sont pas des sites web :

- Les sites des ambassades (françaises, probablement toutes celles qui ont leurs site en .gov).
- Les sites de l'administration d'état (française, européenne…).
- Les sites que Google juge de confiance : annuaire téléphonie fixe, site de publications officielles (greffe, tribunal de commerce…), il y en a peu.
- Les documents officiels : K BIS d'entreprise par exemple. Si vous le modifiez, tôt ou tard un site de publication officielle le reprendra et Google y aura accès.

Si un de ces sites publie une information avec un mot clé concurrentiel et que des sites normaux publient une information identique, alors le référencement sur ce mot sera très facile même avec une forte concurrence. Les backlinks et la crédibilité seront déjà au rendez-vous !

Google analyse les textes à la recherche de « clé » comme par exemple un numéro de téléphone fixe, une raison sociale, un numéro de SIRET. À partir de ce moment, les informations associées dans le même texte sont prises en compte et la clé fait office de lien / backlink vers la page d'accueil du site.

7.5 Le netlinking

ASTUCE

Lien et clé informatisable

Il n'y a pas que les liens web qui sont considérés comme étant des liens. Les clés informatisables peuvent aussi jouer le rôle de lien. Par exemple un numéro de SIRET est unique, et s'il est utilisé dans une page, Google peut tout simplement créer un lien virtuel unissant cette page à la page d'accueil du site de l'entreprise ayant ce numéro de SIRET.

Les liens externes, réels ou sous forme de clés informatisables, c'est-à-dire des liens posés depuis d'autres sites vers les pages de votre site, sont indispensables pour obtenir de la popularité Google grossièrement exprimée par le Page Rank de la Google Bar. Les liens externes sont indispensables à la stratégie technique de Google.

Les clés informatisables que Google utilisent dans le référencement liée aux entreprises sont (liste non exhaustive) :

- Le numéro de SIRET.
- La raison sociale.
- L'adresse complète.
- Le numéro de téléphone fixe.
- Une combinaison des clés ci-dessus.

Le volume de liens externes et leur qualité participent à la crédibilité de votre page. Plus elle possède de liens de qualité, plus elle est populaire et donc digne d'être vue par d'autres internautes potentiellement intéressés par son contenu. Le netlinking est donc un des outils utilisés pour bâtir la crédibilité de vos contenus publiés dans vos pages.

Obtenir des liens de qualité de manière naturelle est plutôt difficile. La tentation est grande de forcer l'obtention de liens, de plus ou moins bonne qualité en les acquérant auprès d'annuaires ou autres.

Google fait la chasse aux backlinks non naturels, les paid links, car ils détournent du Page Rank. Ils faussent le positionnement dans les SERP et diminuent les revenus d'AdWords et d'AdSense, les deux offres de liens sponsorisés de Google.

Nous avons vu dans le chapitre dédié aux différentes techniques, triches et de webspam que la quasi-totalité des actions de netlinking sont en réalité du paid link selon la stricte définition de Google.

Mais sans backlink, il est impossible d'avoir un bon positionnement / référencement. Il va donc être nécessaire de faire du netlinking, mais avec Panda et Penguin les techniques d'obtention de liens sont à changer.

Les vrais annuaires professionnels ne sont pas discrédités. Ils sont au pire considérés comme « standard », c'est-à-dire comme un site web comme les autres. Quelques rares annuaires peuvent être vus comme étant des sites d'autorité ce qui a pour conséquence que leur backlink (ou clés informatisables) seront d'une importance cruciale ainsi que les textes (et les mots clés) environnant le backlink.

ASTUCE

Maîtriser les backlinks pour savoir éviter les pénalités de Google

La description du comportement d'un apprenti moteur de recherche face à des pages optimisées et à des backlinks vous montrera comment mieux gérer vos campagnes de netlinking pour une efficacité maximale. Cela vous aidera à poser correctement un backlink pour en tirer une efficacité maximum.

7.6 Netlinking depuis Twitter, Google Plus, Facebook?

De nombreux webmestres ne savent pas quoi publier sur ces réseaux sociaux pour pousser le référencement de leur site ou blog. Voici quelques astuces pour vous permettre de démarrer et de comprendre le référencement depuis des posts et articles sociaux.

Vous mettez à jour votre site web ou votre blog. Cet ajout de pages ou cette mise à jour d'une page existante vous procure une URL. Vous estimez que cette information pourrait intéresser vos abonnés : promotion, coup de cœur, nouvelle fonctionnalité, analyse d'une situation, etc.

Vous publiez un tweet qui la résume en peu de mots (mais avec des mots clés). Ce tweet inclut un lien raccourci vers l'URL de la page modifiée ou mise en ligne.

Vous postez sur Facebook ou Google Plus, ou un autre réseau social comme LinkedIn, un billet comprenant l'URL et un résumé de votre nouvelle page. Évitez de copier-coller un extrait de la page, sinon vous aurez un duplicate content.

Le piège est de publier tout et n'importe quoi. Vous devez cibler des informations intéressantes sous peine de faire fuir vos abonnés et de passer pour un spammeur.

L'enjeu va être de recruter des abonnés sur votre compte Twitter et sur votre compte réseau social Facebook ou Google Plus. Sur LinkedIn, c'est plus facile, les communautés proposées permettent de s'inscrire rapidement dans vos groupes d'intérêt.

Pour cela, il va vous falloir communiquer « physiquement » au début. Il faut en effet construire une première base d'abonnés. En général, on fait appel aux amis et relations.

En phase 2, après quelques publications, vous pouvez offrir sur votre site de s'abonner à votre compte Twitter ou de suivre votre compte Facebook. Bien sûr, il va vous falloir argumenter un peu plus qu'un simple « *suivez nous sur Facebook* ». Il vous faut une ligne de publication « sociale ». Par exemple, vous pouvez indiquer que les promos en avant-première sont réservées à vos abonnés sur Twitter. Bref, vous devez choisir une ligne de publication qui va inciter vos clients ou prospects à vous suivre pour être au courant plus vite de vos nouveautés, baisses de prix, promos, affaires exceptionnelles, etc.

7.7 Des liens faciles

Il y a une source de liens que de nombreux webmestres oublient. Ce sont les liens cassés pointant vers les pages de vos sites.

Exemple : un webmestre pose un lien vers une de vos pages et il rate son copier-coller de l'URL ou quelque chose, un bogue quelconque, tronque l'URL. Le lien au départ de son site sera cassé et rien ne pointera vers votre page. Ce type d'incident est bien plus fréquent qu'on ne le croit.

Pour réparer, c'est très simple, il suffit de mettre sur le fichier *.htaccess* une redirection 301 redirigeant le lien incomplet vers la bonne URL.

Comment trouver ces liens en erreur : Google vous les fournit dans GWT (Google Webmaster Tools).

Allez sur votre compte GWT, cliquez **sur État de santé** puis **Erreurs d'exploration** (voir fig. 7.1).

La plupart des liens de cet exemple sont des faux positifs (des pages qui ne sont pas en erreur 404 réelles). Mais quelques-uns sont des liens posés depuis des sites extérieurs qui ont été tronqués lors d'une campagne de netlinking.

Pour identifier le ou les sites ayant ce backlink cassé, et donc évaluer la pertinence réparer ou pas, il vous suffit de cliquer sur le lien, une sous fenêtre s'ouvre alors, puis de cliquer sur l'onglet de menu **Référencée sur** qui va vous présente la liste des URL des sites qui possèdent ce lien cassé sortant, ce qui correspond donc pour vous à des pertes de backlinks. Il vous suffit de corriger (voir fig. 7-2).

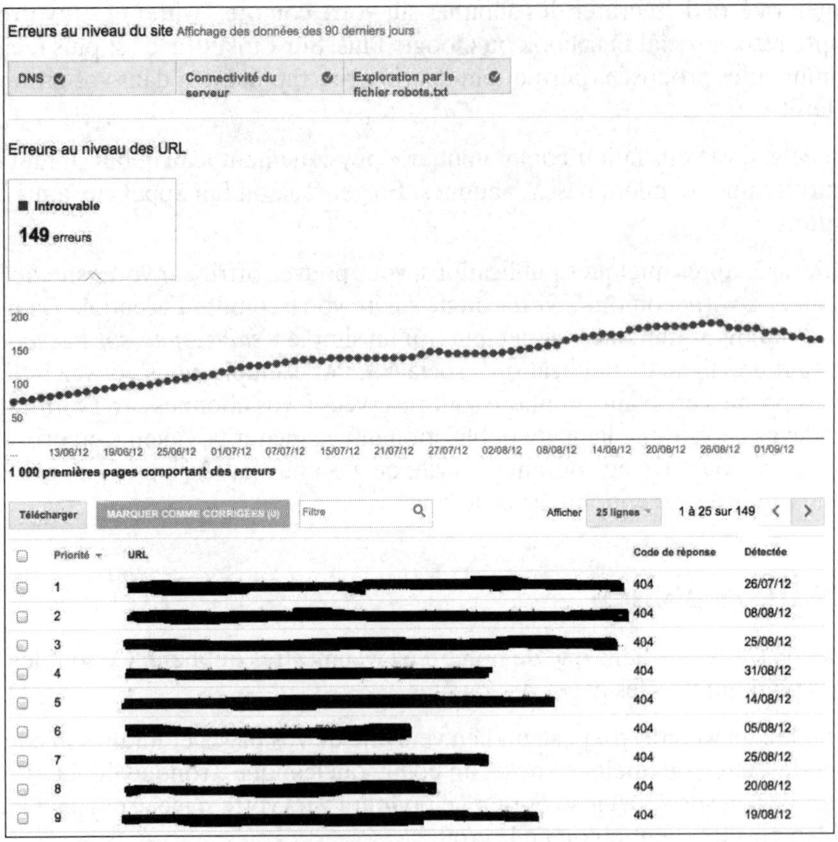

Figure 7-1 : *GWT > État de santé > Erreurs d'exploration*

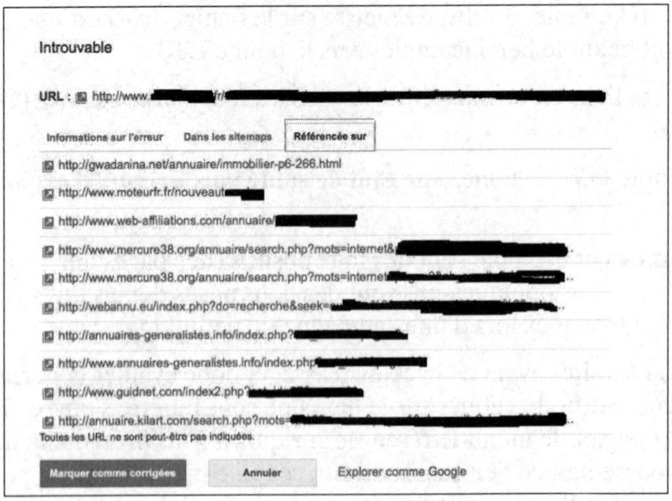

Figure 7-2 : *La liste des sites ayant un lien cassé vers une page 404 de votre site*

7.8 Les domaines et sous-domaines

La plupart des sites Internet ont un nom de domaine précédés de www.

Nous n'entrerons pas dans le détail du fonctionnement d'Internet, ce n'est pas notre objectif. Mais sachez que vous pouvez dans votre hébergement définir des sous-domaines qui auront une syntaxe du genre :

- **http://chili.75cl.com** : c'est un sous-domaine et il est considéré comme une source par Google, c'est-à-dire un site web autonome.
- **http://www.75cl.com/chili/** : c'est l'autre approche pour l'URL et la mise en place d'un sous-domaine.

L'intérêt d'un sous-domaine est de permettre des échanges de liens, du netlinking donc, entre sources différentes par rapport à un site web disposant de rubriques. Cette approche est valable et valide en référencement uniquement si vous disposez d'un réel volume de contenus pour chacun des sous-domaines et que ceux-ci peuvent être référencés comme une entité autonome. Sinon, cette approche est inutile. **Chili.75cl.com** peut disposer de ses propres backlinks grâce à ses spécificités et à son contenu uniquement et spécifique aux vins du Chili.

Exemple sur un site de vins. Le sous-domaine Bordeaux a sa propre stratégie de mots clés. Le sous-domaine vins de Bourgogne aussi. Mais ces deux sous-domaines ont des expressions en commun. Néanmoins, des actions de référencement et de netlinking dédiées au sous-domaine Bordeaux sont lancées ; de même pour les vins de Bourgogne. Ces deux sous-domaines vont donc toucher des publics sensiblement différents. Le trafic sur ces deux sous-domaines sera différent. Grâce à l'intégration de ces deux sous-domaines dans un domaine central fédérant Bourgogne, Champagne, Bordeaux, etc. les internautes pourront passer de l'un à l'autre au gré de leurs envies et besoins.

Il y a une forme de netlinking entre les sous-domaines :

- Via les menus : c'est donc du Page Rank Modeling.
- Via des liens posés selon les opportunités offertes par les contenus des pages. Par exemple : *ce vin chilien (contenu du sous-domaine Chili) se rapproche en tanins du* <pose d'un lien vers une page profonde du sous–domaine Bordeaux>vin de Bordeaux</fin de lien> *et son goût…* Sans abuser de cette pratique, on peut ainsi multiplier les liens entre pages profondes et appuyer le référencement entre les sous domaines.

7.9 Vidéo et YouTube aident le référencement

REMARQUE

Composantes d'une vidéo

Une vidéo est composée d'un film, d'une bande-son, de sous-titres. Une vidéo peut être mise en ligne sur le site lui-même ou/et déposée dans un compte YouTube. Nous allons aider au référencement et à la création de trafic de deux manières distinctes, à savoir par la présence de la vidéo sur le site lui-même, et par la présence de la vidéo sur YouTube avec le lien afférent.

Principe de fonctionnement

Lors de la création du compte YouTube puis du dépôt dans ce compte de vidéos, vous pouvez renseigner le contenu de la vidéo. Libre à vous, mais c'est recommandé, d'utiliser des mots et expressions-clés de votre métier et par ailleurs utilisés sur votre site Internet. Vous pouvez aussi déposer l'URL de votre site web dans la fiche YouTube de votre vidéo.

Google indexe la vidéo et la relie à sa bande. Il relit aussi à cette vidéo les contenus textuels du ou des sous-titres.

Ces informations textuelles sont utilisées pour le référencement de la vidéo dans YouTube et la recherche de vidéos depuis Google. Il y a un lien depuis votre fiche vidéo dans YouTube vers votre site. Nous avons une forme de netlinking là aussi entre votre site et un site appartenant à Google. Il est possible que ce lien participe au positionnement. Une chose est sûre : il participe à la crédibilité des mots clés de votre page et de votre vidéo Plus vous les affichez de manière visible, plus Google jugera crédible et cohérente votre démarche, et meilleur sera votre référencement.

Le lien peut être retourné de la page de votre site vers votre vidéo dans YouTube via un *iframe*. Nous avons ainsi un lien retour cohérent qui lui aussi participe à votre stratégie de netlinking.

Le prétexte pour mettre du code et du texte en zone alternative est tout trouvé : si un iPhone ou iPad charge la page contenant une vidéo Flash, il affichera la zone alternative. Dans celle-ci nous savons ce qu'il faut indiquer sans paraître suspect à Google : la même vidéo que pour la version Flash mais en HTML5 et avec du texte d'accompagnement.

Dans notre cas, YouTube gère ses vidéos en HTML5 et sur votre site vous la gérez en Flash, format illisible pour les i Bidules d'Apple. Le prétexte est donc là :

- Vous mettez votre vidéo avec bande-son et sous-titres en Flash sur votre site. Ce Flash est lancé via SwfObject2 ce qui vous permet d'utiliser la zone alternate text de SwfObject pour y déposer un texte contenant des mots clés et un lien iframe vers votre vidéo sur YouTube.
- Le lien dans l'iframe affichera sur un i Bidule Apple votre vidéo et le texte d'accompagnement. Google va interpréter le texte et le lien vers YouTube, ce qui appuiera le référencement de votre vidéo et de votre page associées aux mots clés contenus dans la zone alternate text.

```
<!DOCTYPE html PUBLIC "-//W3C//DTD XHTML 1.0 Strict//EN"
✂ "http://www.w3.org/TR/xhtml1/DTD/xhtml1-strict.dtd">
<html xmlns="http://www.w3.org/1999/xhtml">
<head>
  <title>Intégration vidéo flash</title>
  <meta http-equiv="Content-Type"
content="text/html; charset=UTF-8" />
  <script type="text/javascript" src="js/swfobject.js">
</script>
  <script type="text/javascript">
  var flashvars = {
    flv: "../videos/film.flv",
    showstop: 1,
    showvolume: 1,
    showtime: 1,
    showplayer: "always",
    showfullscreen: 1,
    startimage: "images/video.jpg",
    srt: 1,
    srturl: "sous-titre-FR-film.srt"
  };
  var params = {
    allowfullscreen: true
  };
  var attributes = {};
  swfobject.embedSWF("flash/player_flv_maxi.swf",
 ✂ "lecteur_video", "320", "240", "9.0.0","flash/
 ✂ expressInstall.swf", flashvars, params, attributes);
  </script>
</head>
<body>
<p>texte affiché AVANT la vidéo flash
</p>
<div id="lecteur_video" align="center">
  <p>
ALTERNATE TEXT affiché si pas de flash
Vous devez installer le plugin Abobe Flash Player pour lire
✂ cette vidéo. Ci-dessous notre vidéo au format HTML5 qui
```

```
✂ sera lisible sur votre i Bidule. Notre vidéo traite de
✂ <mot clés, etc. ></p>
<iframe width="560" height="345" src="http://www.youtube.com/
✂ embed/2YgB_yyQ-RE" frameborder="0" </div>
<p>texte affiché APRÈS la vidéo flash
</p>
</body>
</html>
```

Ce code source exemple lance une vidéo Flash dans une page HTML. La vidéo est précédée d'un texte (AVANT) et suivie d'un texte (APRÈS). Si le navigateur qui affiche cette page de test est dépourvu de JavaScript ou d'un plugin Flash, l'"alternate text" s'affichera, et pour ce qui nous concerne, il sera lu par le bot de Google.

On remarquera :

- La présence d'un *iframe* contenant un lien accessible à Google bot vers la vidéo en HTML5.
- Si le plugin est absent, ce code propose de l'installer via expressInstall (pour plus de détails, reportez-vous à la documentation en ligne d'Adobe).
- Il est nécessaire d'installer SwfObject dans votre répertoire de travail (reportez-vous à la documentation en ligne de Google sur ce sujet, googlez swfobject).
- Il vous faut un player Flash de vidéo. Il y en a des gratuits et en Open Source.
- "lecteur_video" : permet de relier le script de lancement déclaré en head au <div id="lecteur_video">.
- Le sous-titre. Il est contenu dans le fichier déclaré dans srturl: "sous-titre-FR-film.srt".

ATTENTION : le format d'un fichier est simple mais il doit être respecté.

Ci-après un exemple double pour le *.srt* d'une vidéo encapsulée dans Flash d'un côté, et de l'autre pour du HTML5 YouTube. Les syntaxes ne sont pas identiques.

Ce qui fonctionne en *.srt* pour une vidéo encapsulée en Flash :

```
1
0:00:01,001 --> 0:00:05,000
Ligne 1 affichée de seconde 1,001 à sec 5,000

2
0:00:05,001 --> 0:00:10,000
Ligne 2 affichée de seconde 5,001 à sec 10,000
```

Ce qui fonctionne en *.srt* pour une vidéo HTML5 sur YouTube :

```
0:00:01.001,0:00:05.000
Ligne 1 affichée de seconde 1.001 à sec 5.000

0:00:05.001,0:00:10.000
Ligne 2 affichée de seconde 5.001 à sec 10.000
```

Spécificités des mots clés

Outre les mots clés identifiés lors de votre audit de mots clés (voir le chapitre dédié à la recherche des mots clés), le référencement de vos vidéos peut nécessiter quelques mots clés supplémentaires propres aux recherches vidéo selon votre secteur d'activité.

Voici quelques exemples :

- Comment faire ;
- Comment construire ;
- Visite ;
- Vidéo sur.

Sont des mots clés pouvant accompagner une recherche vidéo.

7.10 Le rôle du Page Rank et des backlinks

Les backlinks permettent de manipuler le Page Rank et donc d'intervenir sur les algorithmes de Google. Cela explique pourquoi Google devient nerveux face aux manipulations de backlinks. Bien construits, mis en place depuis des sites adéquats, les backlinks sont impossibles à identifier et redoutablement efficaces pour améliorer votre référencement.

Commençons par l'aspect technique du lien. Un lien correctement codé comprend deux parties :

- L'URL de la page visée par le lien : obligatoire.
- Le libellé texte ou une image accompagnée d'une balise alt. Le libellé texte ou le contenu de la balise alt seront considérés comme des mots clés.

```
<a href="http://www.site.com/formation-webmestre-webmaster.html">
 Formation pour webmestres
</a>
```

Quel que soit le libellé, Google prélève du Page Rank de la page de départ contenant le lien pour le transmettre à la page d'arrivée visée par l'URL du lien.

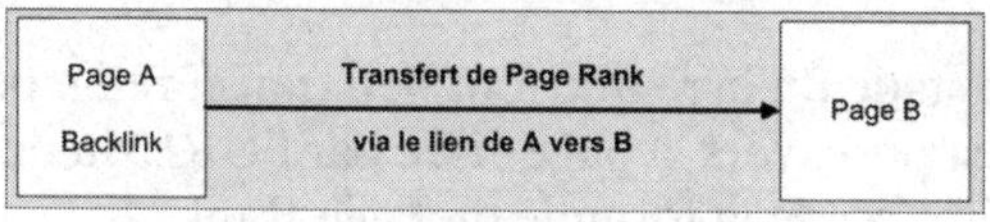

Figure 7-3 : *Un % du Page Rank est transféré via tout lien*

Selon la formule communiquée par Google en 1998, un pourcentage fixe du Page Rank de la page, de l'ordre de 15 %, est partagé entre tous les liens sortants, y compris les liens internes au site lui-même.

- Le montant de Page Rank quittant le site via ce lien est donc très faible par rapport à ce qui reste. C'est pratiquement indolore.
- Plus le Page Rank de la page de départ est élevé, plus le montant en valeur absolue de PR transféré *via* le lien est important.

Les mots clés contenus dans un libellé se partagent le Page Rank sortant. Et plus le Page Rank accroché à un mot clé est élevé, plus la page visée par l'URL du lien se positionne bien sûr ce même mot clé.

Mettre trop de mots clés dans un libellé de lien dilue le Page Rank sortant entre tous ces mots clés. Il faut donc soigneusement choisir son texte de lien. Tout mot inutile diminue l'efficacité globale du backlink. Tout libellé incompréhensible n'incite pas au clic par un internaute et pourrait former une anomalie considérée comme du spam de lien par Google.

ATTENTION

Passer en page 1 grâce aux backlinks

Bien gérées, vos campagnes de netlinking peuvent propulser une ou deux pages de votre site en tête de SERP sur des mots clés soigneusement sélectionnés.

Mais attention aux pièges liés à la gestion des backlinks ! Les anomalies statistiques attirent vite l'attention de Google. Les liens doivent être cohérents sous peine, à terme, d'attirer des vérifications et des pénalités. Les liens doivent être issus de sites de « confiance », notion que nous développerons plus loin.

7.11 Le transfert de Page Rank via les backlinks

Nous n'aborderons pas les détails des calculs et des démonstrations mathématiques autour de la formule du Page Rank. Détailler longuement des calculs sur la base d'une parution Google datant de 1998 n'est guère pertinent. Le Page Rank est certes toujours au cœur de la stratégie de Google comme en attestent diverses publications récentes de Google, mais cet algorithme a dû fortement évoluer depuis 1998.

Nous retiendrons simplement à ce stade du livre que tout lien transfère un peu de PR de sa page de départ, là où il est posé, vers la page visée par l'URL du lien. Ce transfert est recalculé à chaque itération de la formule du Page Rank.

Dernièrement, Penguin a eu un impact brutal sur les transferts de Page Rank utilisant des liens. Il n'y a pas de transfert, ou il dans une moindre mesure, depuis un site pénalisé par Google.

Comprendre, même très approximativement, les transferts de Page Rank suffira à vous aider à la mise en œuvre de multiples formes de netlinking.

ASTUCE

Netlinking... interne au site

Pourquoi dépenser des efforts dans des campagnes de netlinking ? Commençons par optimiser les backlinks internes au site. C'est facile à faire : ils sont gratuits, ils ne seront jamais considérés comme des paid links par Google et cela constitue un bon cas d'école pour vous former par la pratique à la gestion des backlinks capables de vous hisser en haut de la SERP Google.

Deux formes existent : on appelle cela la gestion des tags et, dans la forme la plus évoluée, ces derniers servent à faire du *Page Rank Sculpting*. L'autre déclinaison s'appelle le *Page Rank Modeling*. C'est le même principe appliqué aux menus du site. Ce ne sont ni plus ni moins que des backlinks organisés en menus. La structuration des thèmes abordés dans le site en silos d'informations cohérents s'appelle le *siloing*.

Le premier niveau d'enjeu porte sur l'exploitation au mieux des liens internes à notre site. Google affiche au plus deux pages d'un même site dans une SERP.

- Il est donc inutile de pousser à fond le référencement d'un mot clé sur toutes les pages d'un site. Deux pages soigneusement choisies suffiront pour pousser à fond ce mot clé. On appelle ces pages les *landing pages*. Ces pages doivent être particulièrement soignées car ce sont elles que l'internaute en cliquant sur votre URL dans Google voit en premier.
- Logiquement on peut sacrifier des pages pour favoriser le positionnement de deux pages précises. En d'autres termes, on prélève de la capacité à être référencé dans des pages pour pousser cette capacité vers une page soigneusement sélectionnée pour une expression-clé stratégique : la landing page.

Il va falloir mettre au point une méthodologie qui nous permette :

- de pousser une page précise sur un mot clé précis au détriment des autres pages du site ;
- d'éviter les pièges poussant Google à ignorer des backlinks ;
- de généraliser cette approche à tous les mots clés stratégiques du site et uniquement à eux.

Pour comprendre cette méthodologie, il va falloir :

- comprendre les transferts de Page Rank ;
- appréhender les anomalies statistiques pour éviter les pièges.

Un premier piège est à éviter. Vous avez certainement vu des pages de sites contenant un nuage de dizaines, voire de centaines de liens. Mathématiquement, une grande partie de ces liens seront peu ou pas cohérents. Or chaque lien incohérent monopolise du Page Rank qui sera annulé pour cause d'incohérence. Plus vous aurez un nuage contenant des liens incohérents, moins votre référencement fonctionnera.

7.12 Itération et récursivité en Page Rank

Ces concepts sur les backlinks sont fondamentaux à comprendre.

La formule du PR de Google est récursive. La fin du calcul de PR en cours a un impact sur le résultat final, donc il faut le refaire, ce qui modifie à nouveau le résultat et ainsi de suite. Pour obtenir un résultat juste, il faudrait attendre que le résultat converge vers une valeur à peu près stable.

Une image illustre ce phénomène : mettez-vous entre deux miroirs et regardez-en un. Vous vous verrez dans le premier. Le miroir de derrière, le 2e, affiche le 1er miroir avec vous en train de vous regarder. Le premier réaffiche en plus petit cette même image et ainsi de suite. Au final les images ainsi répétées convergent vers l'affichage d'un point, puis de plus rien.

La formule du Page Rank obéit à cette même loi. Tout Page Rank d'une page a tendance à converger vers la valeur un, sauf si on l'en empêche en faisant vivre les backlinks internes ou externes.

À chaque itération de la formule, Google affecte un Page Rank, par définition provisoire, à une page. Quand il a fini le parcours complet des pages interconnectées via backlinks, il recommence en prenant en compte les évolutions précédentes et les nouveautés survenues depuis. Au fil des passages, la valeur du PR évolue et elle a tendance à converger vers sa valeur finale.

Le Page Rank transféré par un lien est relativement faible. Pour avoir de l'impact sur le positionnement, il faut soit :

- un backlink partant d'une page à fort PR et ayant peu de concurrence en liens sortants ;
- de nombreux backlinks partant de pages ayant du PR et avec peu de liens sortants ;
- une présence durable du backlink, tout en maintenant la cohérence sur les mots clés.

En effet, la formule étouffe tout lien (en lui mettant un PR transféré proche de 0) quittant une page ayant :

- beaucoup de liens sortants internes ou externes ;

- peu de Page Rank ;
- les deux à la fois.

Le Page Rank transféré par mot clé peut faire l'objet de retenue. Si la cohérence est bonne, il n'y aura pas de retenue. Tout le Page Rank prévu est transféré. Si la cohérence est mauvaise, moins de Page Rank est transféré. Si la cohérence est nulle, très peu, voire aucun Page Rank n'est transféré. C'est sur la base d'un algorithme de ce type que les bombings ont été désamorcés : impossible pour un plaisantin amateur de bombing d'avoir les mots clés adéquats dans la page visée.

Des millions de sites regroupant des milliards de pages ont vu des millions de backlinks naturels être posés. Cela donne une base statistique incroyablement riche à Google. Selon tout type de critère, Google possède une base statistique lui indiquant, entre autres, la vitesse de pose des backlinks naturels sur une page d'un thème donné dans un pays donné sur un site ayant telle ou telle caractéristique. De nombreux autres critères peuvent être calculés par Google : fréquence de mises à jour, de disparitions de backlinks, moyenne des densités de mots clés, aide à la séparation des mots dans l'URL, etc. Une richesse informationnelle gigantesque est à la disposition de Google. Tout ce qui s'écarte de ce modèle est une anomalie statistique. Une maxime japonaise dit "*Le clou qui dépasse attire le marteau*". Je ne pense pas utile de commenter l'usage que peut faire Google de cette maxime japonaise et des données statistiques. Vous l'aurez compris.

ASTUCE

Tout ce qui sort de la moyenne est suspect

Plus votre site présente d'anomalies statistiques, plus vous aurez de chances que des automates logiciels de Google fouillent en profondeur votre site à la recherche d'autres anomalies ou que des pénalités (des filtres dans le jargon) soient appliquées aux pages suspectes. Cohérence est le maître mot : cohérence des pages reliées par des liens, cohérence des mots clés, etc.

Le PR transféré est actualisé à chaque itération de la formule. Disons, pour faire simple, que le PR d'une page est stabilisé au bout de 6 mois. Auparavant il converge vers sa valeur finale. Comme nous l'ont montré les exemples simples, le PR monte ou diminue en convergeant. Chaque changement de PR des pages ayant des backlinks vers une page donnée modifie le PR final de cette page et surtout le poids des mots clés dans l'index et donc le positionnement du site. Le PR affiché dans la Toolbar ne variant pas, vous comprenez désormais pourquoi votre rang change lentement alors que vous n'avez rien fait sur votre site. Les PR convergent et si une majorité de BL part de pages ascendantes, votre site va voir son positionnement s'améliorer au fil des semaines.

Chaque page en charge de mots clés stratégiques doit avoir ses propres backlinks cohérents vis-à-vis du contenu de la page et des mots clés visés.

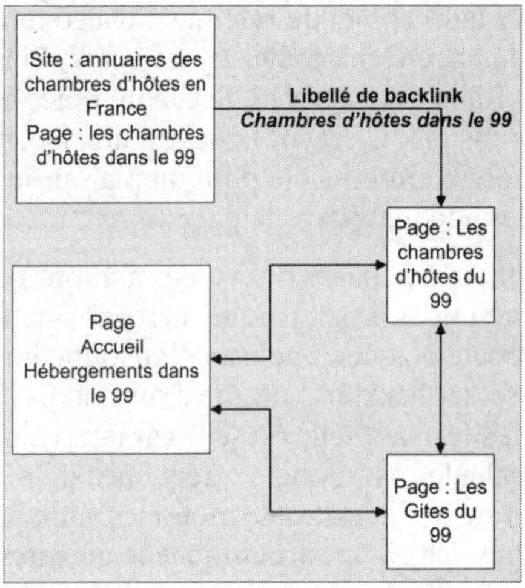

Figure 7-4 : *Le mot clé mis en valeur directement sur la bonne page*

Plutôt que de poser le backlink depuis la page **Chambre d'hôte du 99** du site **Annuaire des chambres d'hôtes en France** vers la page d'accueil du site **hébergements dans le 99**, il est beaucoup plus efficace de poser ce backlink vers la page **chambres d'hôtes du 99** de ce même site. La cohérence est plus forte, et le PR transféré avec ces mots clés, plus efficace et probablement plus important. Il sera plus important car le Page Rank transféré ne sera pas minoré par un filtre de Google mesurant la cohérence ou parce que Google donnera un bonus à ce lien pour cause d'excellente cohérence.

Cette page, **hébergements dans le 99 > chambres d'hôtes du 99** est celle qui doit sortir sur l'expression-clé chambre hôtes. Il est essentiel de lui faire correspondre directement des backlinks externes véhiculant ce mot clé sans passer par la page d'accueil.

ASTUCE

À chaque page importante, ses propres backlinks cohérents

Plutôt que de faire converger tous les backlinks vers la page d'accueil, il est nettement plus judicieux de faire pointer des backlinks cohérents et porteurs des bons mots clés vers les pages adéquates à l'intérieur du site. C'est beaucoup plus efficace.

Conséquences pour le référenceur

Étouffé par la récursivité de la formule, un backlink de qualité quelconque, seul, n'aura guère d'impact sur le positionnement d'une page sur un mot clé.

Pour avoir prise sur le positionnement des pages sur leurs mots clés, il va falloir multiplier les backlinks. Inconvénients : plus il y a de backlinks à mettre en place, plus on risque de faire une (des) erreur(s) entraînant une (des) anomalie(s) statistique(s). Plus il y a d'erreurs statistiques, Google (Penguin) risque de venir semer des pénalités sur les sites hébergeant les backlinks.

Les backlinks issus de pages hors contexte et non cohérentes n'offrent guère d'intérêts. La qualité prime. Mieux vaut avoir peu de backlinks de qualité qu'une flotte de backlinks incohérents.

Les backlinks posés dans des annuaires surchargés de liens sortants et avec de faibles Page Rank par page ne changeront pas grand-chose dans le positionnement face à des pages concurrentes mieux dotées en backlinks de qualité. De plus, Penguin a fait un certain ménage dans ces annuaires et les backlinks depuis des annuaires généralistes mal gérés en SEO n'offrant aucun intérêt.

La difficulté à avoir des backlinks de qualité va contraindre le référenceur à classer ses mots clés par ordre d'importance afin de donner priorité aux mots clés stratégiques.

Le référenceur ou le traffic manager aura alors en charge de trouver des sources de backlinks en utilisant de multiples stratégies ou par différentes formes d'achats : en euros, en service, en contrat commercial, etc. Pour faire simple, disons que vos backlinks appartiendront à une de ces trois catégories :

- Les backlinks naturels posés par des webmestres ou blogueurs qui apprécient une page de votre site. En effet, pour poser un backlink, il faut avoir un site ou un blog.
- Les backlinks que vous payez en euros. Vous réalisez un accord commercial avec un blog, un site ou bien plusieurs, et vous louez à l'année un lien avec son ancre et un texte entourant le lien pour assurer un minimum de cohérence. Google appelle ces liens des paid links, c'est ce qu'il n'aime pas du tout ! Mais bien posés, ils sont tout simplement indétectables.
- Les backlinks que vous payez avec une forme de troc. Vos clients posent des backlinks vers votre site contre une remise, un cadeau. Vos distributeurs posent un lien vers votre site et vous avez une page **Nos distributeurs** qui les liste et qui leur envoie des clients. Et il y a un lien vers chacun de leurs sites (l'échange de liens n'est pas équitable mais c'est un autre sujet). Google, vu sa définition d'un paid link, n'aime pas trop quand c'est fait en volume. En quantité raisonnable, cela passe.

Transferts de Page Rank simples.

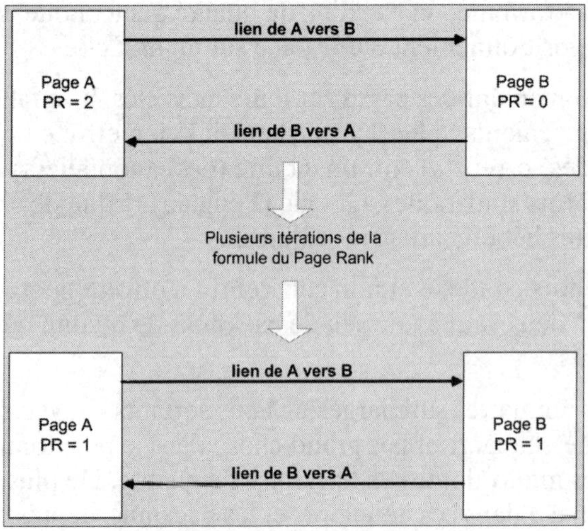

Figure 7-5 : *Le Page Rank s'équilibre entre les 2 pages*

Une page à PR de 2 possède un lien vers une page nouvellement créée. Au fil des itérations de la formule du Page Rank, le Page Rank fait des allers-retours entre les deux pages et finit par s'équilibrer. La formule est conçue pour amortir le Page Rank dans une boucle. Le PR de chacune de nos deux pages va donc converger vers 1.

Le PR sera identique sur ces deux pages : il vaudra 1.

L'objectif est de comprendre approximativement comment le Page Rank se transfère :

- lors d'une exécution de la formule du PR ;
- puis lors de la répétition de cette formule jusqu'à l'atteinte d'un résultat stabilisé par la convergence.

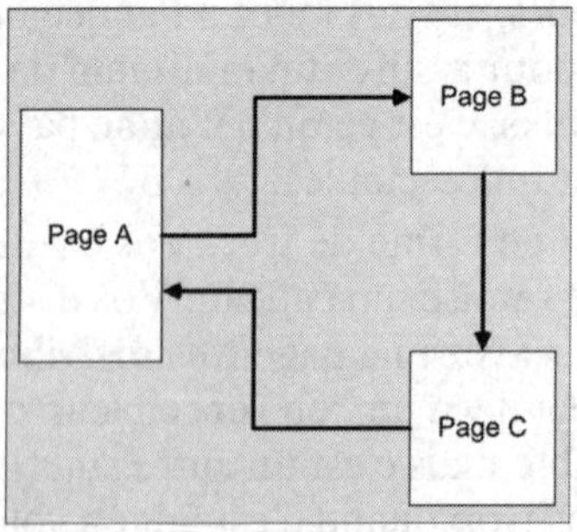

Figure 7-6 : *Schéma de base : 3 pages en boucle*

Nous avons une page A, qui pointe vers une page B, qui pointe vers une page C.

Tout comme dans le premier exemple, nous avons une boucle : les PR de ces pages convergent vers 1.

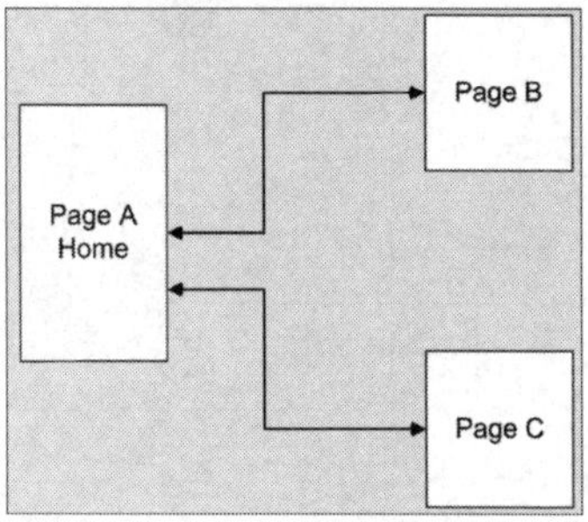

Figure 7-7 : *3 pages : Une page d'accueil et deux filles*

Une page d'accueil possède deux liens vers deux pages. Chacune de ces deux pages filles renvoie le lien pour permettre une navigation entre pages du site.

Après plusieurs itérations, les Page Rank des pages vont converger vers les valeurs suivantes :

- PR (A) = 1,46
- PR (B) = PR (C) = 0,77

On remarquera que la page d'accueil est favorisée par cette architecture peu pratique pour naviguer dans un site.

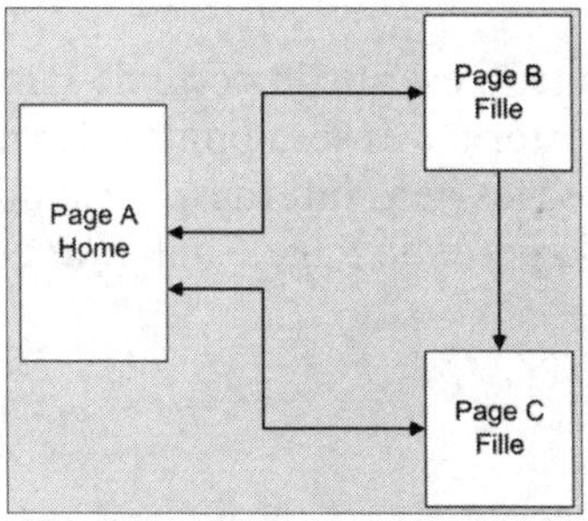

Figure 7-8 : *3 pages : Une page d'accueil et deux filles interconnectées de B vers C*

- PR (A) descend à 1,30. Normal, le PR renvoyé par B est diminué par l'existence d'un lien de B vers C.
- PR (B) descend à 0,70. Normal, B transfère du PR vers C qui ne lui renvoie rien directement.
- PR (C) monte à 1. Normal, le PR issu du lien provenant de B le fait monter.

Cet exemple montre un principe que nous utiliserons dans la gestion des tags, c'est-à-dire l'optimisation des ressources en Page Rank d'un site pour renforcer le poids de ses backlinks internes.

7

On peut orienter le PR d'une page vers une autre. On peut donc favoriser certaines pages au détriment d'autres selon les besoins du site.

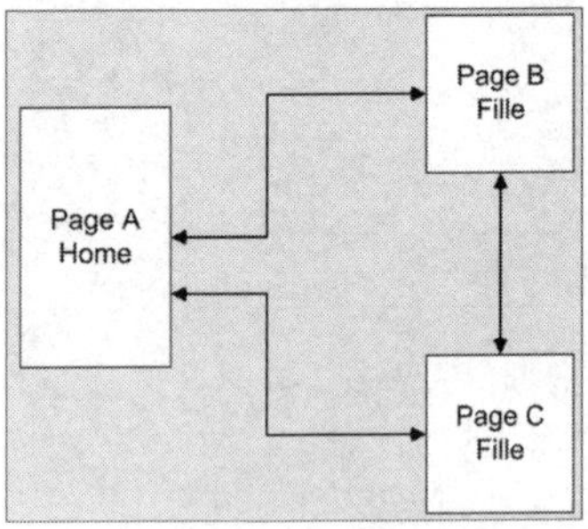

Figure 7-9 : *Un vrai site de 3 pages*

Nous avons un ensemble de boucles : la navigation se fait grâce à un menu qui reste le même dans chaque page.

Les 3 PR de nos pages sont bien sûr égaux.

Cet exemple montre que, dans un site équipé d'un menu de navigation classique où toute page est interconnectée aux autres, le Page Rank sera lissé entre toutes ces pages.

On pourra donc partir d'une telle base et influencer le transfert de PR via une optimisation des liens internes : la gestion des tags qui nous permettra d'optimiser les mots clés grâce au PR supérieur véhiculé.

Une autre conséquence de la présence d'un tel menu est que la perte de Page Rank par des liens quittant le site vers d'autres pages extérieures sera limitée. En effet, ces liens externes devront partager le Page Rank avec les liens internes. Un solide menu interne est la meilleure protection pour limiter la perte de Page Rank tout en jouant le jeu de poser de vrais liens, lors de netlinking.

REMARQUE

La valeur globale du Page Rank du site

Nous avons utilisé trois pages dans notre exemple de site. Nous remarquerons que le Page Rank global de notre site a toujours été de 3. Au sein d'un site, le Page Rank ne se fabrique pas.

La formule limite la valeur globale du Page Rank au nombre de pages multiplié par 1. Plus il y a de pages, plus on disposera d'un Page Rank global pour le faire circuler à notre convenance dans le site.

Pour augmenter le Page Rank global du site, il faut obtenir des liens venant de l'extérieur.

Bien positionner un lien

Si votre site est sous Google Analytics, vous avez accès aux statistiques de clics sur des liens de chacune de vos pages. Dans ce cas, un lien est soit un onglet de menu, soit un lien en pleine page dans un de vos contenus, dans une phrase par exemple. On accède à cette fonction dans **Google Analytics > contenu > vue d'ensemble > Analyse des pages web**.

Google Analytics est gratuit. En fait vous le payez. En installant Google Analytics sur votre site, vous acceptez que Google utilise vos données de multiples manières. Les statistiques de votre site lui permettent de mesurer la crédibilité de votre site sur plusieurs points. D'un autre côté, un site qui n'est pas sous Google Analytics peut éveiller ses soupçons. Le point qui nous intéresse ici : quel est le taux de clics sur tel ou tel onglet ou lien dans telle page ?

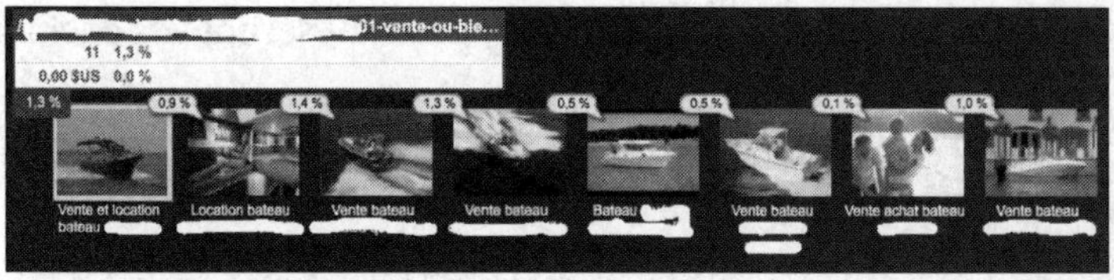

Figure 7-10 : *Statistiques de clics sur les liens dans une page*

Nous percevons ainsi que tel lien ou tel onglet de menu a un faible taux de clics, comme nous le voyons dans la capture d'écran. Ces différents liens totalisent 6 % des clics de cette page. Cette barre de vignettes photos où chaque vignette/libellé est un lien a un poids assez faible par rapport aux onglets du menu principal où chaque lien a un taux de clics de 10 %.

Conclusions stratégiques pour le référenceur :

- Les liens qui portent le plus sont les liens les plus visibles, les plus séducteurs, les mieux construits techniquement.
- Le Page Rank transféré peut être pondéré au niveau du taux de clics. La disparition du PR de nombreuses pages faiblement cliquées serait ainsi expliquée. Google utiliserait le taux de clics pour gérer les flux de PR. Cela réduit d'autant l'efficacité des menus et nuages de liens mal présentés, mal conçus par rapport à ceux qui sont plus contextualisés et mieux présentés, donc avec un taux de clics amélioré.
- L'importance des menus et du Page Rank Modeling s'est accrue depuis 2011.

7.13 Les backlinks et la cohérence des mots clés

Avant début 2007, dans Google, saisir miserable failure (traduction : *échec lamentable*) pointait en rang n°1 la biographie de Georges W. Bush sur le site de la Maison-Blanche.

S'il n'y a pas de cohérence complète ou partielle entre le lien et les mots clés de la page visée par le lien, les mots clés du backlink sont ignorés depuis 2007. Cela illustre la nécessité de respecter la cohérence entre pages de départ et d'arrivée pour que le lien soit efficace.

Principe d'utilisation des liens et des backlinks

Quand votre site est bien référencé, c'est-à-dire que les accessibilités, technique et sémantique, sont finalisées, on peut passer à l'étape d'utiliser les backlinks pour hisser les pages du site dans l'index de Google et des autres moteurs.

Vos campagnes de backlinks, appelées pudiquement *netlinking* pour ne pas faire trop "paid link", vous feront doubler vos concurrents trop lents ou trop maladroits dans les SERP de Google sur vos mots clés.

Plus la cohérence est travaillée efficacement, plus puissant seront vos backlinks et meilleurs seront vos résultats.

Bien construire un backlink

Le lien doit être précédé et suivi de texte, contextuellement correct.

Si le backlink pointe vers une page gastronomie avec le libellé **recette cuisine daube provençale**, il est plus contextuel et cohérent que si du texte connexe au thème de la gastronomie encadre le lien : vins, repas, restaurant, etc.

Si possible, toute la page de départ doit avoir du contenu contextuel et cohérent, et pas seulement le paragraphe p contenant le backlink.

La page visée par l'URL du backlink doit publier autant que possible les mots clés du libellé dans un maximum de critères : les title de page, meta description, balises hN, texte, balises alt et balises title d'éléments.

Exemple :

```
<p>
Vous désirez partir en vacances au soleil ?
Nous vous recommandons l'Espagne sur la
<a href="http://www.locations-costa-del-sol.fr">
Costa Del Sol, en location près de la mer et des plages.
</a>. Vous disposerez d'appartements et maisons disponibles
à la location en Andalousie, pour des séjours agréables
grâce à 300 jours d'ensoleillement annuel et à des
températures clémentes pour le farniente et les jeux sur
la plage ou en mer.
</p>
```

Ce texte utilise de multiples mots connexes aux mots clés du libellé du lien **Costa Del Sol, en location près de la mer et des plages**. Encadré par les balises de paragraphe <p> </p>, il participe à rendre cohérent le backlink.

Les liens externes ne doivent pas être en pied de page. Ils passeraient pour du spam. Les liens sortants externes doivent être dans des blocs de texte.

7.14 Les sites de confiance

Dans ce chapitre, nous voyons les principes du netlinking de base. Nous abordons un point clé : les sites de confiance.

Un lien posé vers votre site depuis un site considéré comme web-spammeur par Google ne vous apportera rien. Pire, si vous renvoyez un lien retour, vous montrez que vous êtes dans un échange de liens avec un site de spam, ce qui peut vous attirer des pénalités, et même de gros ennuis avec Penguin.

Les conclusions pour le référenceur sont immédiates : on ne traite qu'avec des sites de confiance si des échanges de liens sont nécessaires. On ne pointe pas un site suspecté d'avoir des problèmes avec Google.

7

En règle générale, les sites de vos clients, de vous fournisseurs, de vos distributeurs sont des sites de confiance vis-à-vis de Google. Sauf grossière erreur de leur part, ces sites sont classiques et ils ne souffrent pas d'une grosse pénalité Penguin ou Panda. Un site contenant de vrais contenus est généralement un site avec qui on peut échanger des liens.

Un site contenant beaucoup de publicité, beaucoup de liens externes présente un profil suspect. Si les contenus de ses pages sont pauvres, c'est-à-dire :

- comportant peu de texte ;
- comportant des textes qui ne sont pas toujours compréhensibles au sens où ces textes sont mal écrits (fautes de français ou de grammaire) ;
- comportant des textes « bizarre » comme par exemple, faisant l'apologie d'un plombier dans un lieu précis ou décrivant le métier de plombier ;
- cumulant un nom de domaine ayant par exemple le style **plombier-92.com** en plus de contenus pauvres comme expliqué ci-dessus.

Alors il est préférable de ne poser aucun lien vers un tel site.

7.15 Le netlinking réussi

> REMARQUE
>
> **Approche lisible par tout public**
> Cette section ne sera pas un cours de maths, ne paniquez pas ! Sans connaissances en maths, elle vous permettra de mieux percevoir les fondamentaux des backlinks et du positionnement. Vous optimiserez d'autant mieux votre site web et le netlinking.

Google compte, parmi ses équipes, des centaines de mathématiciens, de linguistes, de sémanticiens et d'informaticiens.

Pourquoi ? Plusieurs dizaines de millions de sites totalisant une vingtaine de milliards de pages (début 2009) sont à indexer régulièrement. Google doit fournir des résultats de recherche pertinents à des millions d'usagers, chaque jour, sur cette base d'informations très mouvante.

Sans optimisation de ses algorithmes et programmes, les besoins de Google en ressources informatiques, pour répondre correctement à cette mission, seraient quasiment infinis. Pour réussir, les équipes de Google doivent optimiser tous leurs algorithmes, et les maths sont prédominantes dans cette démarche.

Pour référencer efficacement un site web vis-à-vis de Google, il faut comprendre les principes d'optimisation appliqués par Google, même approximativement. Vos investissements en optimisation et netlinking auront un bien meilleur retour sur investissement.

Pour bien faire percevoir ces optimisations par le lecteur, nous allons utiliser la mise au point d'un apprenti moteur de recherche. En comprenant comment un moteur de recherche approche les problématiques complexes de l'indexation de milliards de pages, vous comprendrez mieux comment adapter au mieux votre site pour un meilleur référencement.

Page = point, lien = arête : théorie des graphes

Modéliser tout le Web facilement

Le besoin n°1 de notre apprenti moteur est de modéliser le Web dans un logiciel. Il existe une manière très simple :

- Une page HTML est un point.

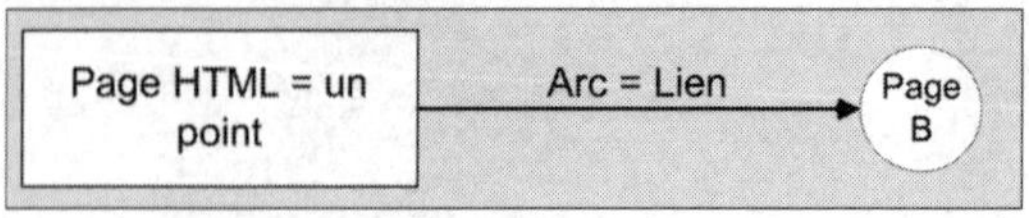

Figure 7-11 : *Page HTML = un point*

- Un lien entre 2 pages est une arête entre ces 2 points.

Figure 7-12 : *Lien = une arête unidirectionnelle*

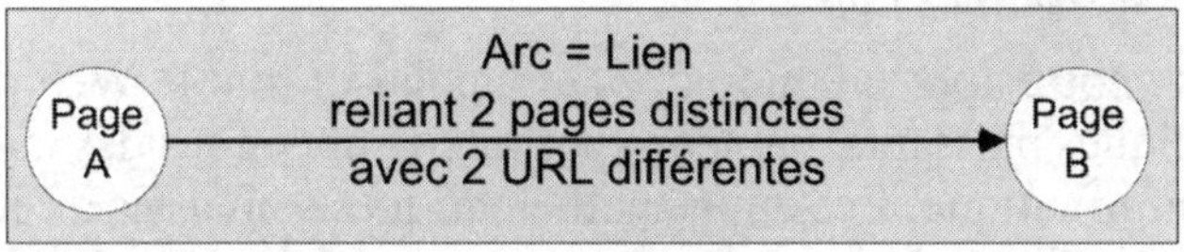

Figure 7-13 : *Lien pointant sur sa page de départ*

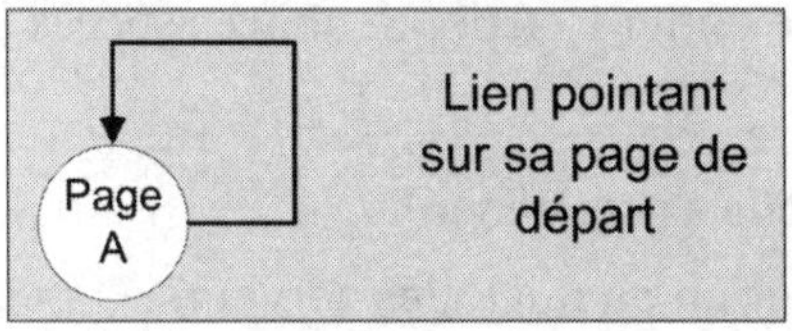

- Un site Internet est un *ensemble* de points. Un lien entre deux pages de deux sites Internet sera donc une arête reliant un point d'un ensemble au point d'un autre ensemble. De nombreux outils mathématiques permettent de manipuler des ensembles (de points, d'arêtes).

Chaque point est unique : il a une seule et unique URL. Pour les arêtes (les liens), c'est un peu plus compliqué. En effet, une arête peut partir d'un point (page) P1 unique, aller vers un autre point P2 unique.

Figure 7-14 : *Lien entre deux pages de deux sites*

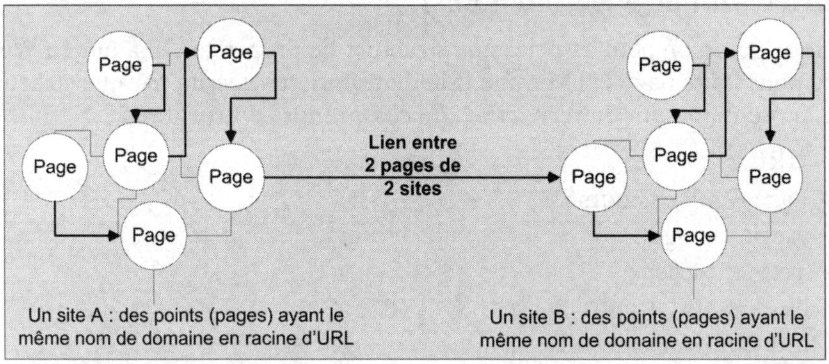

Nous venons de faire deux pas en avant :

- N° 1 - *La théorie des ensembles* : le début de son apprentissage est au programme dans les collèges et lycées français selon les années et les modes de l'enseignement. Les outils mathématiques peuvent être mis en œuvre sur les propriétés des pages et des liens sous forme d'algorithmes codés en langage informatique.
- N° 2 - *La théorie des graphes* : inconnue de la plupart des gens, elle est plus connue sous une forme simple des chefs de projets : PERT et diagrammes de GANTT dans Microsoft Project. Elle est concrétisée dans la vie courante par le bon fonctionnement de l'ADSL, du métro, du téléphone, du réseau

électrique EDF, des trains de la SNCF et par des milliers d'autres applications dans la vie de tous les jours.

Résumons-nous : notre apprenti moteur peut modéliser tout le Web via ces deux outils mathématiques puissants, fiables et parfaitement connus des mondes scientifique et informatique. Ces outils mathématiques sont aisés à coder en informatique. Des milliers de programmes œuvrant pour les armées, les compagnies de téléphone ou d'énergie du monde entier fonctionnent avec succès chaque jour.

REMARQUE

Le Web est (relativement) facile à modéliser

On peut rentrer tout le Web sur un ou quelques serveurs. On dispose via les mathématiques d'une multitude d'outils pour analyser des liens, des pages, des sites et en déduire le classement dans un index, par mot clé, des pages ayant au moins un mot clé dans son contenu.

Ces outils mathématiques vont nous intéresser pour en déduire les actions intéressantes pour bien positionner des pages de son site dans l'index du moteur de recherche !

Propriétés d'une page (un point)

À chaque point, on peut associer une structure de propriétés. Traduit en Web, cela donne pour toute page HTML une liste de propriétés décrite par une structure dans notre apprenti moteur de recherche, qui comprendra entre autres :

- URL ;
- Page Rank en cours ;
- title de la page ;
- meta description ;
- liste des textes entre balises hN, de h1 à h8 ;
- liste des textes en balise alt ;
- liste des textes entre balise p ou équivalent ;
- liste des textes en ancre (libellés de backlinks).

Toute page de tout site peut donc être décrite selon un standard unique. Notre apprenti moteur de recherche dispose désormais d'une structure capable de stocker les propriétés de toute page.

ASTUCE

Analogie entre cette structure et la vie courante

Votre répertoire d'adresses personnelles est une structure recevant les propriétés de vos correspondants. À chacun d'entre eux correspond une liste précise de structure identique : nom, prénom, adresse e-mail, numéro

> **ASTUCE**
>
> de téléphone privé, adresse. Les données changeront pour chaque correspondant, mais la structure est toujours la même.
>
> De même, la structure permettant de recevoir la description d'une page HTML est identique, quelle que soit la page cartographiée.

Application immédiate :

- Notre moteur peut comparer deux versions de deux dates différentes d'une même page et calculer immédiatement ce qu'elles ont en commun et de différent.
- Notre moteur peut chercher les mots clés communs (en intersection) de tout ou partie des propriétés d'une page. Tiens ! Vous venez de voir un nouvel algorithme capable d'identifier des mots clés fondamentaux dans une page. Rappelez-vous : c'est Google qui sélectionne les mots clés importants de votre page. La recherche des mots identiques répartis dans différentes propriétés d'une page est complémentaire de l'examen des occurrences d'un mot clé dans une page et de sa densité. Nous tenons une méthode potentiellement efficace, capable d'aider notre apprenti moteur à trier en positionnement des milliers de pages en concurrence pour un mot clé précis.
- Notre moteur peut être plus évolué : il peut effectuer des calculs type cosinus de Salton, c'est-à-dire calculer la thématique d'une page de départ d'un lien puis calculer la thématique de la page ciblée et comparer l'angle entre les 2 vecteurs par rapport aux mots clés du libellé du lien. Il en déduit ainsi la cohérence du lien et le Page Rank à appliquer ou à détruire en cas d'incohérence.

> **REMARQUE**
>
> **La date d'une page**
>
> Pour obtenir la date d'une page d'un site, on utilise ses propriétés (par exemple sous Firefox, cliquez sur **Outils** puis sur **Informations sur la page**) : on obtient une date ou, dans la plupart des cas, la date et l'heure de votre clic sur cette page. En effet, la date d'une page construite à la volée est celle du clic la demandant.
>
> Google enrichit sa base d'informations en gérant les dates des versions de pages, par URL, d'un site.

Voyons un exemple pour illustrer les propriétés d'une page… (voir fig. 7-15).

Nous allons cartographier, via notre apprenti moteur de recherche, la page d'accueil d'un site test.

Figure 7-15 : *Page d'accueil d'un site test*

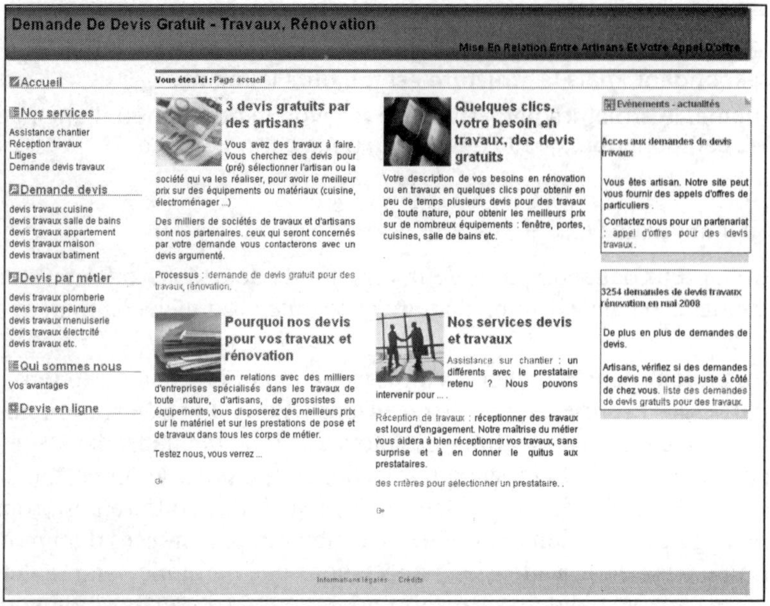

Tableau 7-1 : Propriétés scannées par notre apprenti moteur de recherche sur une page test	
Propriété de la page	**Valeur**
URL	Nom de Domaine (NDD) : www monsite–devis–travaux.com *Répertoire + nom fichier : index.php*
Page Rank	0
title de la page	Demande devis gratuit de travaux, rénovation par des artisans pour votre appartement, maison
meta description	Obtenez devis gratuit de travaux, rénovation par des artisans pour votre appartement, maison, cuisine, salle de bain, bâtiment
Liste des textes entre balises hN	<**h5**>Accès aux demandes de devis travaux<**/h5**> <**h5**>3254 demandes de devis travaux rénovation en mai 2008 <**/h5**>
Liste des textes en ancre + URL associée	Accueil : index.php Nos services : services–devis–travaux.php Assistance chantier : Assistance–chantiers–travaux.php etc.
Thèmes principaux de cette page	*Travaux, bâtiment, maison, devis.*
Mot hors thèmes de la page	Critère, clics, accès, mai, 2008.
Historique des mises à jour de cette page	Date : thèmes rencontrés sur la page // Date : thèmes rencontrés sur la page // Date : thèmes rencontrés sur la page // etc.

Les mots hors thèmes de la page pourraient faire l'objet de plus d'étude par notre apprenti moteur s'ils étaient trop nombreux. Ces mots pourraient être triés en usage exceptionnel dans la page ou ayant une densité anormale par rapport aux thèmes.

Le champ **Historique des mises à jour** stocke les dates où notre apprenti moteur a noté une mise à jour de la page et les modifications éventuelles, pour chaque date, des thèmes abordés par la page.

Cette gestion de l'historique permettrait de multiples usages par le moteur :

- Tracer l'évolution thématique de la page seule et par rapport aux pages avec lesquelles elle est liée par des backlinks, internes ou externes à son site.
- Un critère, la date la plus récente, pour tester si les informations sont obsolètes ou non.

Propriétés d'un site

Un site est identifiable dans une URL via la partie consacrée au nom de domaine. À tout nom de domaine, on pourra attacher une structure de propriétés. Parmi celles-ci, quelques-unes vont nous intéresser.

Un nom de domaine va être associé à un thème central (ou quelques-uns) à choisir dans la liste des thèmes de l'annuaire Google. Éventuellement, on pourra lui associer des thèmes secondaires.

Dans notre exemple, les thèmes centraux de notre site *test de devis et travaux* seraient : travaux, construction bâtiment et maison.

Les thèmes secondaires (liste non exhaustive) : décoration, bricolage.

Ces thèmes sont calculés en fonction des bases de données du moteur sur des sujets et mots connexes. Notre moteur ayant déjà indexé des sites de travaux, bricolage possède déjà les mots, termes associés à ces thèmes.

Des mots non cohérents vis-à-vis de ces thèmes, travaux automobiles par exemple, pourraient déclencher des anomalies statistiques si cela revenait trop souvent au fil des pages de ce site.

Propriétés d'un lien (backlink)

Un lien (un arc) peut être équipé d'une structure de propriétés selon le même principe vu précédemment pour la page :

- URL de la page de départ.
- URL de la page d'arrivée.
- Texte du lien décomposé mot par mot.
- Date où ce lien a été cartographié par le moteur la première fois.

Positionner une page sur un mot clé grâce aux propriétés

L'URL de la page de départ de tout backlink donne accès aux propriétés de ladite page. Notre apprenti moteur pourra donc pouvoir comparer les propriétés de la page de départ, du libellé et de la page d'arrivée de tout lien vers une page d'arrivée précise.

Le nom de domaine des URL va donner accès aux propriétés des noms de domaine.

Figure 7-16 : *Page de départ, backlink, page visée*

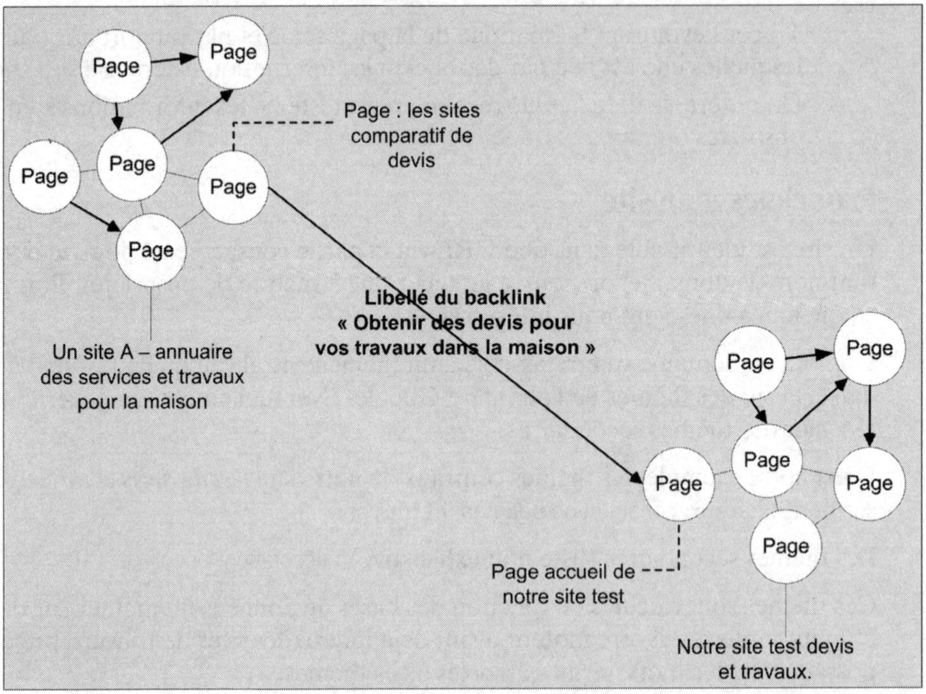

Le Page Rank de chaque page de départ pourra être accédé puis une portion de celui-ci répartie entre les liens sortants. Pour chaque lien on aura donc un coefficient PR à appliquer sur les mots clés du libellé.

Un coefficient "*Pertinence et cohérence*" pourra être calculé en fonction des thèmes du site de départ, de la page de départ, du lien et de la page visée. Appliqué au PR transféré via chaque mot clé de tout libellé, nous aurons une note unique à appliquer pour chaque mot clé de toute page.

Un autre coefficient pourra être calculé en fonction des critères de la page.

Notre apprenti moteur est capable de calculer précisément le positionnement des pages indexées grâce à ces informations.

Illustrons cette logique sur un exemple.

7.16 Les principes du positionnement

Nous venons de voir que nous avons des éléments pour calculer un premier tri pour positionner des pages ayant un mot clé en commun en évaluant les propriétés de la page et du site de départ, du backlink, et de la page et du site qui sont visés.

Illustrons notre propos…

REMARQUE

Connexité de mots, thèmes et calculs

Les calculs de connexités de thèmes entre une expression-clé composée de quelques mots clés et une page candidate à être présente en SERP passent par l'utilisation du cosinus de Salton.

Un ordinateur ne manipule que des chiffres. La translation efficace de mots dans une matrice et l'usage de la géométrie vectorielle permettent à un informaticien de représenter un concept humain, la connexité de mots, de thèmes, en chiffres aisés à manipuler par des programmes informatiques.

Un annuaire en ligne, spécialisé dans tout ce qui touche au bricolage et aux travaux dans des maisons ou appartements, a posé un backlink depuis sa page **les sites web comparatif de devis**. Ce backlink pointe sur la page d'accueil de notre site test, **demande de devis gratuits pour vos travaux**.

Les propriétés de la page de départ font apparaître un faible Page Rank disponible pour le backlink. Les pages d'un annuaire sont souvent surchargées de liens sortants, il est normal que peu de Page Rank soit disponible pour le backlink posé.

Voici la structure *Propriété Page* avec les données de la page de départ du backlink pointant vers la page d'accueil de notre site de test.

Tableau 7-2 : Propriétés scannées par notre apprenti moteur de recherche sur la page de l'annuaire

Propriété Page (celle de départ où le backlink est posé)	**Valeur**
URL	NDD : www annuaire–services–travaux–maison.com/ Répertoire – nom fichier : *sites-web-comparatifs-devis-travaux.php*
Page Rank	1
Nombre de liens sortants	95
title de la page	Sites de comparatifs de devis pour vos travaux
meta description	Sites de comparatifs de devis pour vos travaux de rénovation pour votre appartement, maison, intérieur ou extérieur

Tableau 7-2 : Propriétés scannées par notre apprenti moteur de recherche sur la page de l'annuaire	
Propriété Page (celle de départ où le backlink est posé)	**Valeur**
Liste des textes entre balises hN	<**h1**>Accès aux demandes de devis travaux</**h1**>
Liste des textes en ancre + URL associée	Accueil : index.php Nos services : services–devis–travaux.php Assistance chantier : Assistance–chantiers–travaux.php etc.
Thèmes principaux de cette page	*Travaux, maison, devis, site web, prix*
Mot hors thème de la page	Annuaire
Historique des mises à jour de cette page	Date : thèmes rencontrés sur la page // Date : thèmes rencontrés sur la page // Date : thèmes rencontrés sur la page // etc.

Voyons maintenant la structure *Propriétés Backlink* avec les données du backlink.

Tableau 7-3 : Propriétés scannées par notre apprenti moteur de recherche sur le backlink reliant une page annuaire à la page d'accueil de notre site test	
Propriété Backlink	**Valeur**
URL départ	NDD : www annuaire–services–travaux–maison.com/ Répertoire – nom fichier : *sites-web-comparatifs-devis-travaux.php*
URL du backlink (URL page visée)	Nom de Domaine (NDD) : www monsite–devis–travaux.com Répertoire + nom fichier : index.php
Texte du libellé si lien texte, ou texte de la balise alt de l'image si c'est un lien accroché à une image.	Obtenir des devis pour vos travaux dans la maison
Date	2 juillet 2008

Déjà nous pouvons noter quelques points intéressants.

Les champs URL nous permettent de relier un backlink au site où il est posé et à la page visée par l'URL du backlink.

Le champ *Date* du backlink va nous permettre de tracer les évolutions des pages que le lien relie. Si une des pages change de thématique par exemple et que le lien reste en place, alors notre apprenti moteur pourrait décider que ce lien est obsolète et ne plus en tenir compte.

Si les champs *Date* des deux pages reliées ne bougent jamais, cela indique une absence de mise à jour. Ces pages sont-elles d'actualité ? Si d'autres éléments indiquent que ces pages ne sont pas fréquentées par exemple, alors, au bout de plusieurs mois, le moteur considérera que la ou les deux pages sont obsolètes et, dans tous les cas, le backlink sera rendu obsolète.

Cet exemple illustre une des multiples manières dont un moteur peut automatiser une vérification d'un backlink et le rendre nul.

Un backlink doit appartenir à un ensemble vivant : les pages doivent être actualisées, même si ce n'est que de temps en temps. Le lien doit être actualisé en fonction des évolutions des pages sous peine d'être considéré comme obsolète.

Voyons maintenant la structure *Propriété Page* avec les données de la page visée par l'URL du backlink :

Tableau 7-4 : Propriétés scannées par notre apprenti moteur de recherche sur la page index de notre site test

Propriété Page (celle visée par l'URL du backlink)	Valeur
URL	Nom de Domaine (NDD) : www monsite-devis-travaux.com Répertoire + nom fichier : index.php
Page Rank	0
title de la page	Demande devis gratuit de travaux, rénovation par des artisans pour votre appartement, maison
meta description	Obtenez devis gratuit de travaux, rénovation par des artisans pour votre appartement, maison, cuisine, salle de bain, bâtiment
Liste des textes entre balises hN	<**h5**>Accès aux demandes de devis travaux</**h5**> <**h5**>3254 demandes de devis travaux rénovation en mai 2008 </**h5**>
Liste des textes en ancre + URL associée	Accueil : index.php Nos services : services-devis-travaux.php Assistance chantier : Assistance-chantiers-travaux.php etc.
Thèmes principaux de cette page	*Travaux, maison, devis, rénovation, artisanat, bâtiment*
Mot hors thème de la page	Critère, clics, accès, mai, 2008.
Nombre de liens sortants	24
Historique des mises à jour de cette page	Date : thèmes rencontrés sur la page // Date : thèmes rencontrés sur la page // Date : thèmes rencontrés sur la page // etc.

Les title et meta description des deux pages ont des mots en commun : devis, travaux, appartement, maison, rénovation.

Certains de ces mots sont présents dans l'URL de la page visée par le backlink : devis, travaux.

Ces mots sont présents dans les contenus des deux pages : en hN, en texte, etc.

Les mots devis, travaux, maison sont présents dans le libellé du backlink.

La cohérence globale de ces deux pages est bonne. Les mots clés plus ou moins présents dans les propriétés des deux pages et du backlink se verront mieux pris en compte comme mots clés de la page visée. Cette prise en compte va être pondérée par le Page Rank à partager entre tous les mots clés de tous les liens sortants de la page de départ.

Là, cela se gâte, car il n'y a pas grand-chose à partager. La page d'accueil de notre site test va donc peu progresser dans son positionnement en SERP sur ces mots clés. Il lui faudra de nombreux autres backlinks pour y arriver avec des liens issus d'annuaires avec des pages encombrées de liens sortants et à faible Page Rank unitaire.

REMARQUE

Calculer la cohérence est facile

Pour évaluer la pertinence et la cohérence d'un mot clé sur une page et donc positionner cette page parmi des milliers d'autres candidates à ce même mot clé, notre apprenti moteur a juste besoin de chercher l'importance de ce mot clé. Est-il commun aux propriétés de la page de départ, du lien et de la page d'arrivée ?

Le mot clé étudié obtiendra une note, disons que travaux obtient 14,35/20, en fonction de ses occurrences, densité, calculs thématiques dans les deux pages et dans le lien. Multiplions cette note par le PR transféré depuis la page de départ. On obtient une nouvelle note qui permettra à notre apprenti moteur de trier ces pages par note, de la meilleure affichée en rang 1 dans les SERP à la plus mauvaise.

Notre apprenti moteur pourrait calculer une note de pertinence de ce mot clé sur cette page en fonction des occurrences et de leurs qualités, entre autres de connexité thématiques, dans les deux pages et dans le lien. Cette note de pertinence serait pondérée par le Page Rank transféré par le lien de la page de départ vers la page d'arrivée. Nous verrons plus loin que c'est un cocktail redoutable en référencement, mais chaque chose en son temps !

ASTUCE

Optimiser son site

Nous venons de voir une méthode simple et peu coûteuse (un algorithme) en ressources informatiques pour classer finement des pages dans un index de moteur de recherche.

> **ASTUCE** En la comprenant, le lecteur aura les bases pour mieux comprendre et maîtriser le positionnement de ses pages sur ses mots clés dans un moteur de recherche.

Exemple : à chaque URL présente sous un mot clé donné, on affecte une note de pertinence basée sur la densité, le nombre d'occurrences, la répartition dans les différentes propriétés de la page correspondant à cette URL.

C'est insuffisant pour trier les centaines de milliers de pages présentes sous l'expression-clé devis travaux.

À tout lien pointant vers une de ces milliers de pages, le moteur affine sa note de pertinence et de cohérence globale :

- Si les mots clés devis et travaux sont présents dans le texte du lien ou dans la balise alt de l'image supportant le lien, le moteur majore de 10 points la note de pertinence de la page.

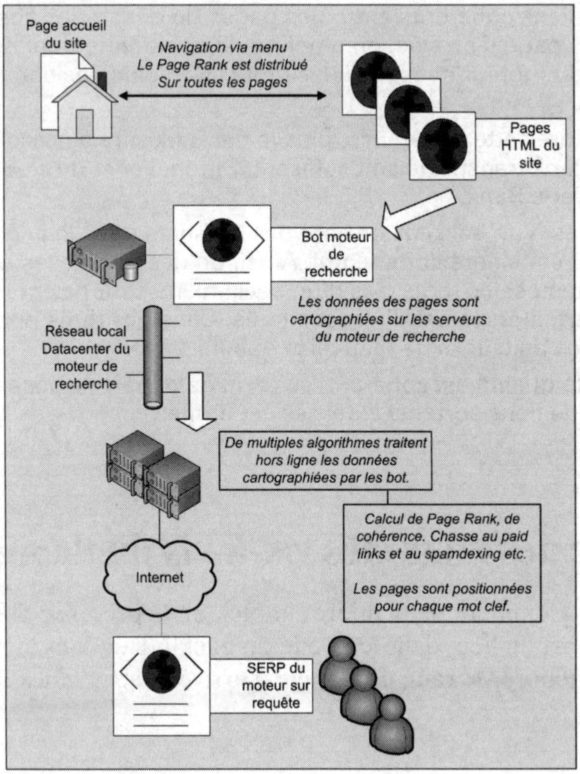

Figure 7-17 : *Positionnement des pages dans l'index sur un mot clé*

- À chaque présence de devis ou travaux dans une des propriétés de la page de départ (title, meta description, etc.) la note de pertinence BL est majorée : de 5 points pour une occurrence entre balises h1, de 1 point pour chaque occurrence dans une balise alt d'image, de 10 points pour une occurrence dans le title de la page, etc.
- Le nombre de points ainsi obtenus est alors multiplié par le Page Rank transmis par ce backlink.

Avec l'aide de ce calcul, notre apprenti moteur de recherche va affiner l'ordonnancement des URL dans son index sur les mots clés devis, travaux. Ce nouveau classement correspond aux besoins de recherche de qualité des utilisateurs et ainsi améliore la satisfaction et le taux d'utilisation du moteur.

Les structures Page et Lien permettent des calculs aisés et rapides. Les résultats permettent de trier rapidement les pages pour les SERP.

ASTUCE

Utilisation de la cohérence pour positionner un site

En ayant des liens cohérents entre des pages de départ, les libellés des backlinks et la page d'arrivée, on améliore le positionnement de la page dans l'index du moteur sous le ou les mots clés véhiculés dans les libellés des backlinks.

Plus on améliore cette cohérence, plus le backlink sera efficace à condition… que le Page Rank transporté soit suffisant. Sinon, l'effet de ce BL sera amorti par le faible Page Rank.

Si les mots clés d'un backlink ne sont pas présents dans la page visée, alors le backlink est considéré comme nul. Ainsi, on désamorce les bombings. Réciproquement, si les mots clés d'un backlink ne sont pas présents dans la page de départ, alors le backlink est annulé. Cet algorithme permet ainsi de désamorcer les paid links de mauvaise qualité.

Un backlink de qualité est cohérent, sa page de départ dispose de Page Rank et le nombre de liens sortants externes est limité.

7.17 La cohérence des mots clés vis-à-vis du thème

Nous avons vu précédemment de manière simple que la présence des mots clés dans la page de départ du lien, dans le libellé du backlink et dans la page d'arrivée du lien permet d'améliorer le rang de la page d'arrivée dans l'index du moteur sur ces mots clés.

REMARQUE

Avons-nous toutes les conditions de cohérence ?

Nous avons vu comment faire une cohérence sur ces mots clés. Mais pourrait-il exister une cohérence entre ces mots clés, le contenu global de la page de départ et le contenu global de la page d'arrivée ?

Oui : la notion de thésaurus et les calculs de connexité thématique permettent à un apprenti moteur de recherche de gérer aisément et à faible coût informatique ce type de problématique.

Si vous glissez des backlinks vers des sites de voitures dans une page de recette de cuisine, vous allez avoir une pollution visuelle pour les humains surfant sur cette page. Admettons que vous arriviez à dissimuler une grande partie de ces insertions de backlinks liés à l'automobile dans cette page sur la cuisine. Ce n'est pas difficile à faire, mais là n'est pas notre propos. A-t-on la meilleure note de cohérence avec ce système simple entre la page de départ, le backlink et la page visée ?

Nous avons vu que l'absence des mots clés d'un backlink dans la page de départ nuisait fortement à la pertinence et donc à l'efficacité dudit backlink.

Dispersons ces mots clés liés à l'automobile en quelques endroits dans la page afin de rendre plus crédible notre lien. Améliore-t-on l'efficacité de notre backlink grâce à cette astuce un peu simplette ?

Oui et non. Dans l'immédiat, le backlink va agir. Le problème se pose plutôt sur sa pérennité : va-t-il durer ou être annulé dans le futur ?

Depuis de nombreuses années, la recherche informatique s'est penchée sur la gestion et le classement. La notion de thématique et même de thésaurus est impliquée dans le fonctionnement du moteur de recherche.

Notre apprenti moteur classe toute page par rapport à une thématique : gastronomie, emploi, automobile, etc.

Toute thématique possède :

- un thème central ;
- des thèmes connexes à divers degrés : de fortement à faiblement ;
- des thèmes étrangers : tout ce qui n'appartient pas explicitement à la catégorie des thèmes connexes.

Cette implémentation permet à notre apprenti moteur de calculer une matrice à N dimensions face à une requête de N mots clés. Dans cette matrice, il peut évaluer les pertinences thématiques de la page de départ d'un lien, de la page d'arrivée et des mots clés éventuellement présents dans le libellé du lien reliant ces 2 pages.

Dans notre apprenti moteur de recherche, chaque lien (backlink) d'une page A1 (d'un site A) vers une page B1 (d'un site B) se verrait affecter d'un *coefficient de pertinence* qui pourrait prendre la forme suivante :

- *Maximum* (cohérence "*thématique centrale*" de A vers B, cohérence "*thématique connexe*" de A vers B).
- Si les deux pages traitent d'un même thème. Par exemple, la recette d'un gâteau a un lien vers la recette d'un coulis aux fruits rouges. *Maximum* renvoie le meilleur coefficient parmi (20/20, 0/20) donc 1, le coefficient maximum.
- Si les deux pages traitent d'un thème plus ou moins connexe, alors le moteur de recherche affecte 0/20 à la correspondance en thème central et il calcule une note pour la cohérence entre les deux thèmes des deux pages. Par exemple, une recette de cuisine à base de poisson ayant un lien vers une page traitant du vin blanc aurait une note fluctuante entre 8 et 16/20 en fonction de la manière de traiter le sujet. *Maximum* renvoie le meilleur coefficient parmi (0/20, 14/20) donc 0.7.
- Les deux pages traitent de sujets totalement différents. *Maximum* renvoie 0. En fonction du nombre d'anomalies statistiques déjà prises en compte pour ce site, cette note de 0 sera réévaluée ou maintenue. S'il existe des anomalies statistiques sur les pages A ou B. Notre apprenti moteur colle un 0 au backlink ce qui revient à l'ignorer. Sinon, une note par défaut de 0,25 est affectée au backlink, et une anomalie statistique est notée sur chacune de ces 2 pages. Passé un certain seuil en nombre d'anomalies, le lien pourra être ignoré dans le futur.

Illustration : une page de recette de cuisine héberge des mots clés automobiles dispersés sur la page. Un backlink vers un site d'automobile est posé dans cette page. Cette page se verra, malgré cela, cataloguée en gastronomie-cuisine. La présence de mots clés "hors thème" dispersés sur la page n'aura que peu d'effet pour faire ajouter un nouveau thème dans les propriétés de cette page. Ce lien partant de cette page recette de cuisine vers une page liée à l'automobile aura toujours une cohérence à peu près nulle. Il pourra être pris en compte par Google un certain temps, mais dès qu'un algorithme un peu sérieux va creuser la cohérence réelle, le lien apparaîtra clairement comme incohérent et potentiellement anormal. Pire, la présence de mots clés isolés hors thème est assez facile à détecter. Cela ne fera qu'accentuer les anomalies statistiques et le risque d'attirer un contrôle plus sérieux par un algorithme plus consommateur de ressources mais plus efficace.

Pour arriver à rendre le lien plausible, il faut consacrer un vrai texte sur l'automobile dans cette page de recette de cuisine et avoir le backlink vers un site automobile posé dans ce bloc de texte. Certes, cela peut faire bizarre d'avoir un tel bloc automobile en plein milieu d'une recette ! Cela s'appelle de la pollution visuelle. Cela peut gêner les internautes humains. Cela peut attirer l'attention d'un concurrent à qui il suffira de remplir une dénonciation auprès de Google pour déclencher un contrôle plus approfondi.

Nous pouvons compléter les propriétés d'une page dans notre apprenti moteur de recherche. La structure des propriétés d'une page se voit complétée par un critère "thématique principale". L'examen de cette propriété mettra en évidence des incohérences flagrantes et permettra de calculer la cohérence entre deux pages liées par un backlink. Notre apprenti moteur affinera ainsi son classement de pages dans son index pour améliorer la pertinence de ses SERP.

REMARQUE

Ce qu'il faut retenir

Un backlink pas ou peu cohérent n'est pas fiable pour un positionnement réussi. Seule une cohérence complète de toute la chaîne (page de départ – lien – page visée) assurera qualité, fiabilité et pérennité.

La non-cohérence est un des axes principaux pour la mise au point d'algorithmes capables de détecter des paid links, réels ou supposés. Investir dans du rédactionnel pour renforcer la cohérence d'une page vis-à-vis d'un backlink est efficace jusqu'à certaines limites : pollution visuelle de la page, incompatibilité entre les thèmes.
Le mieux, le plus fiable consiste à rester dans des limites raisonnables. Il est plus pérenne de respecter la cohérence globale. Ne demandez pas à un ami tenant un restaurant de vous poser un backlink depuis son site vers la page d'accueil de votre site sur la collection de voitures anciennes !

7.18 Piège : les échanges de liens à deux, à trois

Nous avons vu comment dans ce chapitre grâce aux mathématiques (la théorie des graphes) on peut tracer les échanges de liens entre 2 pages de 2 sites avec une consommation en ressources informatiques proche de 0. Identifier des échanges de liens entre 2 sites est un jeu d'enfant pour Google.

Via le blog de Matt Cutts, Google indique qu'il tolère quelques échanges de liens et considère cela comme du webspam en cas de mise en place d'une stratégie basée sur de tels échanges. En effet, ce type de stratégie se nomme un link scheme et Google Penguin n'aime pas cela.

Des référenceurs conseillent alors de faire des liens entre 3 parties. A pointe vers B qui pointe vers C qui pointe vers A.

D'un point de vue mathématique, ce n'est guère brillant comme idée. Certes, on éloigne le spectre d'une détection de l'échange 2 à 2. Mais détecter un triangle entre ces sites A, B et C, est aussi facile que de chercher les échanges 2 à 2.

Il reste une approche si l'on veut industrialiser l'échange de liens en restant hors de portée de détection de Google : un lien de A vers B et un lien de C vers D et aucune liaison directe entre [A,B] d'un côté et [C,D] d'un autre côté.

Cela implique d'avoir de fortes ressources en sites, blogs, etc. une demi-douzaine minimum, et de ne pas les interconnecter entre eux deux à deux. Ne pas les interconnecter est à prendre au sens "large". Les whois de chaque nom de domaine ne devront pas avoir de point commun sinon, on a un joli lien reliant deux sites et donc éventant toute la mise en place. Les sites devront avoir des architectures différentes ou alors avoir été réalisés avec des outils tellement utilisés, genre Joomla / WordPress, qu'il ne sera pas possible d'en tirer des conclusions. La technique de codage HTML et de nomenclature de noms de fichier devra être neutre. En effet, il est aisé de détecter la "patte" d'un codeur via la manière dont il code. Si le codeur semble être le même, on laisse un lien visible entre deux sites qui n'ont a priori rien à voir.

DEFINITION

Whois

Quand vous louer un nom de domaine à un registrar comme OVH ou Orange, vous devez définir des informations-clés : raison sociale ou nom, adresse postale, adresse e-mail, etc. du propriétaire du nom de domaine, de celui qui paie les factures de location dudit nom et de la gestion technique. Google est registrar ce qui lui donne plus de droits pour consulter des informations que l'internaute de base. Il peut lancer un whois associé à un nom de domaine et obtenir ces informations. On peut ainsi relier un possesseur de différents sites web et avoir une topographie de ses sites et liens vus sous le jour de liens échangés entre sites frères et non pas indépendants. Le poids des liens échangés en termes de backlinks efficaces en référencement pourra être réévalué par Google.

Pour faire simple, tracer les liens entre ces sites revient à suivre le brin d'une corde. A pointe vers B qui pointe vers C, vers D, etc. Au bout, E pointe vers A. Votre brin est tissé. Dans une telle architecture, vous pouvez insérer des échanges de liens avec suffisamment d'intermédiaires pour rendre difficile voire impossible toute détection de boucles à plusieurs par Google.

En effet, plus il y a de pages de sites distincts entre les 2 extrémités du brin, moins il est facile de mettre la rotation de ces liens en évidence. La masse d'informations devient si importante que le tri est difficile et surtout, les probabilités que ces liens soient naturels augmentent massivement et noient alors les liens non naturels ainsi posés. Pour faire une analogie afin de rendre ce concept plus compréhensible, prenons un réseau social. Dupont est ami avec Durand qui est ami avec une personne inconnue de Dupont, Martin et ainsi de suite sur 2 niveaux. La probabilité que Dupont, notre maillon de départ, connaisse quelqu'un du réseau de maillons inconnus de lui dans cette chaîne est très élevée. Il en va de même pour les interconnexions par liens des sites web. Passé un certain seuil peu élevé en nombre de maillons, il devient impossible de séparer les liens naturels des liens organisés.

Quelques précautions comme le masquage du whois et la diversification des hébergeurs ou des adresses IP sont nécessaires. En effet, si vos sites A, B, C, etc. possèdent le même propriétaire et sont tous hébergés sur le même serveur (lire : la même adresse IP), cela ne présente guère d'intérêt. Google détectera aussitôt le lien de "parenté", ce qui l'aidera beaucoup via un filtre très simple à mettre en évidence le montage. Google doit se tourner vers d'autres indices afin de traquer les liens non naturels posés de manière organisée.

Les possesseurs de tels sites ont tendance à les lier entre eux car c'est facile et gratuit. Mais ensuite, réussir des stratégies indétectables de netlinking devient difficile.

Résumons-nous

Il faut prévoir très en amont les stratégies de netlinking. Faire un « link sheme », un ensemble de sites permettant des échanges de liens indétectables à Google est réalisable à condition de s'y prendre correctement et de comprendre sa construction. Sans une réelle maîtrise de ces concepts, il est déconseillé d'échanger des liens avec des sites suspects (voir le paragraphe *site de confiance* dans le présent chapitre).

Du moment que vous n'abusez pas sur le volume, que vous ne posez aucun lien retour et que vous faites cela avec des sites de confiance, vous pouvez pratiquer du « paid link » payé en euros, en échanges de services ou autre. Le chapitre dédié aux techniques de webspam vous apportera plus de détails.

Construire un link sheme coûte du temps et de l'argent. Peu de sites de PME pourront amortir un tel investissement.

7.19 Optimiser ses liens et son Page Rank

ASTUCE

Optimiser la cohérence des liens pour un meilleur positionnement

Une utilisation adroite des liens et des flux de Page Rank transportés par ces mêmes liens permet de mieux positionner des pages dans l'index du moteur de recherche.

Prenons plusieurs cas pour illustrer notre propos…

Optimiser le Page Rank en interne

Les backlinks peuvent être internes. Nous avons appelé cela la *gestion des tags*. Le principe que nous avons exposé consiste à réorienter du Page Rank de certaines pages du site vers d'autres pages en poussant au passage des mots clés.

Au final, on favorise un peu certaines pages au détriment d'autres pages. Les déséquilibres sont limités par la multitude des échanges quand c'est bien conçu. Au passage, les flux de Page Rank cartographient des mots clés cohérents vis-à-vis des pages de départ, des libellés de backlinks et des pages visées.

Un site qui investit dans une telle approche obtiendra un bien meilleur positionnement sur ses mots clés que des sites concurrents amorphes et peu dynamiques.

Voici un premier exemple décliné du monde réel : faisons simple, nous allons simplement optimiser le menu de navigation…

Une PME est spécialisée dans certaines technologies liées au forage pétrolier. Son site est peu optimisé. Il contient une page dédiée à ce savoir-faire, très pointu et assez rare. Cette page est pointée par le menu du site vitrine assez classique pour une PME. Notre technologie est le texte du lien. Il y a bien les habituelles pages **Contact**, **Présentation**, **Références**, etc.

Bien sûr, quand on cherche sur la requête évidente "technologie forage pétrolier", le site est très mal positionné.

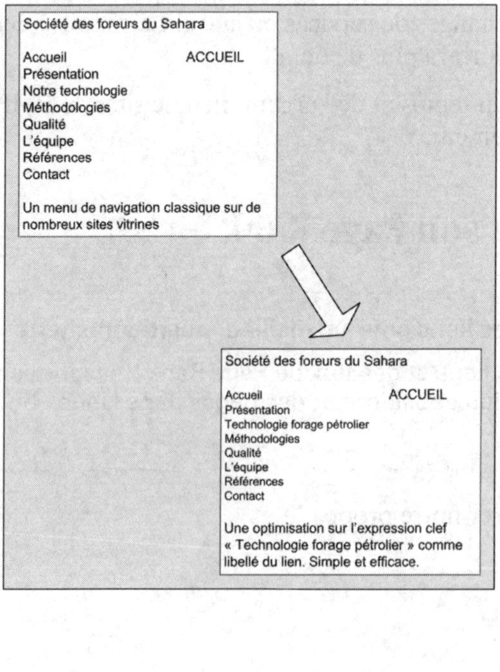

Figure 7-18 : *Quelques mots bien placés dans un libellé de lien*

Modifions le menu de gauche. Le texte du lien sera désormais Technologie : forage pétrolier. Le menu est présent dans toute page du site. Ce lien véhicule trois mots clés. Ces mots clés seront présents dans la page de destination en plus de sa présence dans le libellé du lien. Il y a cohérence entre le libellé du lien et la page d'arrivée. La plupart des pages du site seront plus ou moins en cohérence avec cette page. Elles décrivent la PME, donc les textes portent sur des forages pétroliers, sur les technologies afférentes, etc. Un peu de Google writing pour adapter ces textes ou même rajouter paragraphes et mise en page avec balises hN aideront notre lien interne à jouer son rôle.

Du Page Rank est transféré entre ces pages, et au passage le moteur de recherche cartographie autrement les mots clés.

Sur la requête "technologie forage pétrolier", la page du site sera désormais bien mieux positionnée pour être vue par des prospects potentiels.

Nous avons simplement changé un libellé de lien dans le menu, puis nous avons arrangé quelques textes sur quelques pages pour améliorer la cohérence pages/backlink vis-à-vis des mots clés à prendre en compte. La complémentarité entre l'optimisation des pages et un lien interne a joué efficacement.

On peut aussi dédier une gestion des tags pour influencer automatiquement et favorablement sur le positionnement.

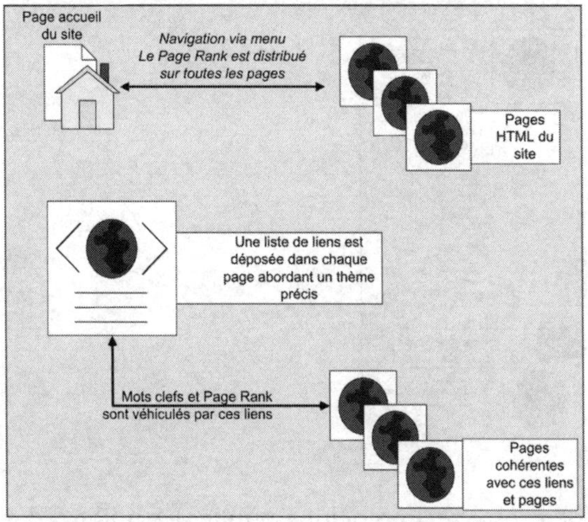

Figure 7-19 : *Construire des flux de Page Rank mettant en valeur des mots clés stratégiques*

Un système de menu classique répartit équitablement le Page Rank par niveau hiérarchique dans l'arborescence du site. Comme nous l'avons vu dans la présentation du Page Rank et des backlinks, la home page aura le Page Rank maximum, les têtes de rubrique un peu moins, les pages internes à une rubrique encore un peu moins. À chaque avancée dans la profondeur de l'arborescence, il y a moins de Page Rank.

À chaque page publiant sur un thème identifié, un ensemble de liens cohérents est ajouté dans la page. Chaque lien est construit pour respecter la cohérence de la page où il est posé et celle de la page visée.

Plusieurs logiques peuvent être mises en œuvre. Les liens sont sélectionnés selon des critères :

- les autres pages sur le même sujet ;
- des pages dédiées à lister toutes les pages sur le même sujet et sur des sujets connexes ;
- les sous-rubriques connexes au sujet ;
- ceux qui ont lu cette page ont aussi lu ces pages.

De nouveaux flux de Page Rank et de mots clés vont s'établir en complément de ceux mis en place par la classique navigation par menu. Celle-ci va néanmoins amortir les écarts de Page Rank. Au final, le Page Rank va tourner sur les pages du site en mettant en valeur des mots clés cohérents sur de nombreuses pages.

Ce système permet de mettre en place des liens et des mots clés plus ciblés que ceux nécessairement génériques des classiques menus de navigation

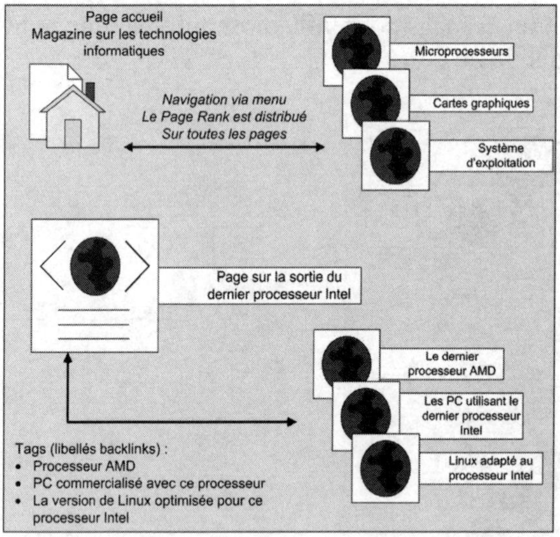

Figure 7-20 : *Presse technologique : flux de Page Rank mettant en valeur des mots clés stratégiques*

Prenons un exemple. Un site de presse technologique publie des milliers d'articles chaque année appartenant à de multiples thèmes : processeurs, lecteurs MP3 et MP4, cartes graphiques, logiciels ERP, logiciels de CAO, etc. Disons pour faire simple qu'il y a une centaine de thèmes. On a ainsi de quelques dizaines à quelques centaines d'articles par thème/rubrique. Un article peut, de plus, appartenir à plusieurs thèmes.

Un article traitant des nouveautés AMD du mois d'avril 2008 va ainsi appartenir à plusieurs rubriques ou thèmes, comme *processeurs*, *mémoire*, ou *cartes graphiques*.

Notre objectif est de faire circuler le Page Rank entre un maximum de pages avec des libellés comportant des mots clés stratégiques pour la page de départ ou/et la page d'arrivée.

En insérant dans chaque page HTML publiant un article sur un thème précis (processeur, lecteur MP3, etc.) des backlinks cohérents vers des pages sur des thèmes connexes à celui de la page de départ, on transfère du PR vers ces pages, en poussant des mots clés pertinents de la page de départ à la page d'arrivée. Un bon coefficient de cohérence est ainsi toujours atteint. Une partie de PR est retransférée vers les autres pages du site via les menus, ce qui évite ainsi des déséquilibres flagrants en PR. Nous avons optimisé le Page Rank de notre site pour son propre usage.

Netlinking réussi : réseau de distribution

Une entreprise a plusieurs sites ou un réseau de partenaires avec chacun son propre site Internet. Prenons le cas d'un site d'une entreprise ayant un réseau de revendeurs, chacun ou presque ayant son propre site.

Figure 7-21 : *Netlinking réussi avec le réseau de distribution*

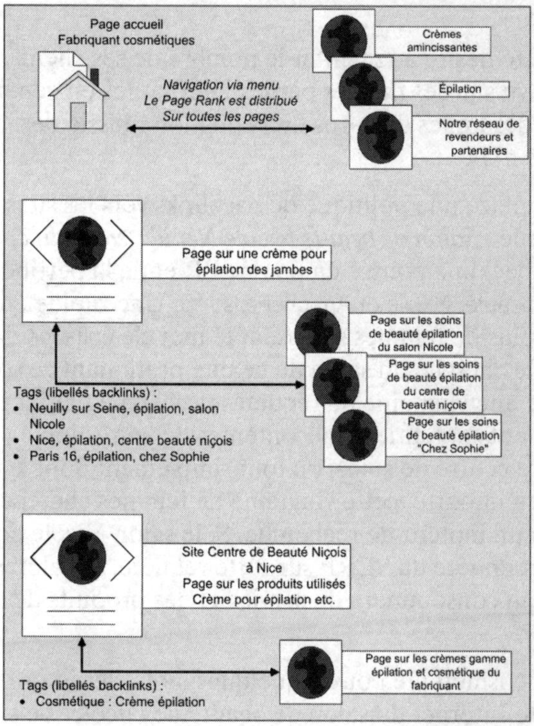

Par exemple, une société de cosmétiques publie dans la page **Partenaires** les URL de tous les sites de ses distributeurs. Ces mêmes revendeurs ont chacun leur site et peut-être un lien qui pointe vers le site de la société de cosmétiques.

Nous avons donc une page où tous les liens sont groupés. Chaque lien n'a quasiment aucun Page Rank. Les libellés ne sont pas optimisés en mots clés. On obtient des "choses" dans le style : www.salon-sophie.fr. Peut-être que ce site a un lien retour vers le site de son fournisseur…

Voyons comment optimiser cette architecture de backlinks qui n'est guère utile, par un outil performant pour tous.

Nous avons ainsi un site "central" et de nombreux sites autour. Améliorons tout ceci dans l'objectif de doper le positionnement de tous ses sites via la mise en place d'un "programme d'entraide". On appelle cela une campagne de netlinking. Nous reviendrons plus loin sur les différentes approches de netlinking.

Posons le contexte. Bien qu'inspiré de plusieurs cas réels, l'exemple ci-après est totalement fictif.

Le fabricant commercialise des gammes de produits cosmétiques. Ces produits sont vendus par des salons, centres de beauté qui font du service : épilation, programme amincissant, soins du corps, etc.

Chaque magasin/salon de beauté désire augmenter le nombre de ses clients. Le fabricant lui désire être mieux vu sur des thèmes par les internautes en général. Par exemple : l'amincissement via des huiles de corps ou l'épilation réussie des jambes grâce au fameux "ArrachePoils n°5".

Le site de cosmétiques met en place une politique de backlinks vers les sites de ses revendeurs avec ce type de libellé : *Salon de beauté Nicole Neuilly, soins du corps - épilation, ArrachePoils n°5.* Ce backlink pousse un peu de PR et de la pertinence sur les mots clés épilation, Salon de beauté, Nicole et ArrachePoils n°5. Une rapide étude nous a montré que de plus en plus de femmes saisissent le mot clé épilation dans un moteur de recherche quand elle cherche un salon de beauté pratiquant ce soin. La ville de Neuilly, par exemple, a une vingtaine de requêtes de ce type par mois : "épilation neuilly". Ce sont des clients potentiels, mécontentes de leur salon, intéressées par essayer un autre centre de soins, ou tout simplement dont le centre habituel de soins est saturé. Peu importe, cette vingtaine de femmes cherchent un salon pratiquant l'épilation via un moteur de recherche. Si le salon Nicole équipé en produits de notre fabricant sort en tête de SERP sur cette requête, ce salon pourrait recruter une nouvelle cliente qui consommera du service et des produits de notre fabricant de cosmétiques.

Résumons-nous : la société de cosmétique pousse quelques mots clés importants, épilation entre autres, vers le site Internet du salon de beauté de Nicole. Le site du salon de beauté présente les cosmétiques de notre fabricant : épilation, crèmes amincissantes, etc. La cohérence sera excellente. La page du site de Nicole sera poussée à la hausse dans l'index du moteur sur le mot clé stratégique épilation, la page sera vue, de nouvelles clientes vont arriver, le CA de Nicole va augmenter.

Le retour sur investissement pour le fabricant

Ses ventes de produits vont augmenter avec le CA de Nicole. Mais on va demander au site de Nicole de mettre un lien en retour. Pas juste un lien quelconque qui serait incohérent, non un backlink bien construit qui va servir à quelque chose. Ce lien va être livré directement par le webmestre du fabricant. Il ressemblera à ceci : *Cosmétique – Crème amincissante Maigrir Vite n°5*. La cohérence sera bonne bien sûr, le PR de la page de départ va pousser via le libellé de ce lien les mots clés stratégiques cosmétique, maigrir et crème amincissante.

Les mots clés n'ont pas été sélectionnés au hasard. Un audit montre que de nombreuses dames saisissent ces mots clés pour s'informer des dernières techniques cosmétiques pour perdre du poids. La multitude de backlinks issus de tous les salons de beauté revendant les produits de notre fabricant va doper à la hausse la page traitant de ce thème sur son site. De nombreux visiteurs vont arriver via cette page d'atterrissage. Si cette page est bien soignée, de nombreuses visiteuses Internet vont parcourir le site, trouver des salons de beauté spécial "maigrir et amincissement", "épilation" et doper les ventes des produits. La boucle est bouclée.

Optimiser les URL des backlinks

Le lien de retour de chaque site de magasin/salon de beauté ne pointe pas vers la page d'accueil. Ces liens pointent vers des pages différentes sur différentes gammes de produits : épilation, crème amincissante, etc. Si des centaines de liens identiques pointent vers la même page, le moteur s'en aperçoit tôt ou tard et comprend que ces liens ne sont guère naturels.

ASTUCE

Pour avoir des échanges de liens cohérents et discrets

Ne pas échanger de liens deux à deux sur des pages jumelles, comme de la page **Liens utiles** vers la page d'accueil et réciproquement. La signature de tels échanges entre "amis" sans que ces échanges soient réellement motivés est flagrante en modélisation en points et arcs. La signature en arc et point est caractéristique. Une anomalie de plus qui pourrait faire annuler le lien par le moteur en cas d'abus.

Les coûts ?

Le site du fabricant va devoir investir dans un peu de création graphique, de pages HTML et de backlinks prêts à être posés. La force commerciale et d'autres canaux vont pousser le plan d'action : on vous aide à capter de nouveaux clients, vous nous aidez dans l'autre sens – gagnant-gagnant.

Au vu des résultats potentiels, l'investissement est ridicule.

Dans d'autres secteurs d'activité que la cosmétique prise en exemple, des PME dynamiques sur le Web ont pris des parts de marché à des entreprises plus grandes disposant de plus de ressources, en améliorant fortement leur référencement naturel.

Les fuites de PR, mythe ou réalité ?

Le Page Rank fuit, dans une mesure limitée de 15 % selon une publication Google de 1998, dès le 1er backlink posé sur une page. Peu importe le nombre de liens ensuite, la quantité de Page Rank partant sera identique pour la page de départ, car elle est partagée à parts égales entre les liens sortants. Bien sûr, nous parlons de backlink en général, qu'il soit interne au site ou externe. Donc la fuite est plutôt faible dans l'absolu, c'est un premier constat.

Le forum web master hub (http://www.webmaster-hub.com) a dû pour diverses raisons mettre en ligne près de 40 000 liens sortants vers l'extérieur en une seule fois. Dan (le pseudo du fondateur de ce site) s'attendait à une forte chute du Page Rank de son site. 40 000 backlinks, cela représente un solide paquet de Page Rank prélevé ! En fait, l'effet inverse s'est produit. Le Page Rank de nombreuses pages a progressé à l'époque. Cela porte un coup à la partie "fuite de Page Rank" de la formule. Il est clair que Google a profondément changé des éléments de la formule ou mis des filtres en place. En effet, si tous les webmestres de sites ferment les liens sortants, Google va avoir du mal à faire fonctionner sa formule magique.

Un autre exemple : le site recettes.de/cuisine. Il contient depuis son origine des dizaines de milliers de liens sortants et son référencement est plutôt bon !

Conclusion : vous pouvez poser des liens sortants vers d'autres sites. Cela ne va pas effondrer votre Page Rank ou votre référencement ; au contraire.

Le Page Rank stocké dans un site sans utilisation externe revient à jouer au "Harpagon" de Molière : on stocke de l'or et on n'en fait surtout rien. C'est anti productif. Mieux vaut gérer cette valorisation en gain de trafic et même de retour de Page Rank. Plus il voyage en poussant des mots clés pertinents et cohérents, mieux c'est.

L'exemple du fabricant de cosmétiques en est une illustration. Le site du fabricant perd peut être un peu de PR avec chaque lien. Mais le site de chaque distributeur le lui rend en partie ou en totalité à chaque lien de retour. Et au passage son référencement s'améliore et le business lié monte.

Netlinking : réseau de sites Internet

Plusieurs entreprises ont chacune un site. Elles exercent des métiers plus ou moins complémentaires et non concurrents.

Prenons le cas d'un éditeur de livres, d'un écrivain et d'une librairie en ligne.

- L'éditeur fabrique en volume de multiples ouvrages. Il a un site pour les présenter et en faire la promotion.
- L'écrivain lui produit le "master" qui sert à l'éditeur pour imprimer en volume N livres identiques. L'écrivain a un site pour faire sa promotion.
- Le libraire en ligne vend et expédie des ouvrages aux internautes. Il s'approvisionne chez l'éditeur.

Pour la promotion de son dernier livre, l'écrivain rédige un texte promotionnel pour l'éditeur. Ce texte contient un backlink vers son site : **livre : le dernier roman d'espionnage : 008 sous les tropiques**. Ce backlink envoie un peu de Page Rank à une page du site de l'écrivain ainsi que les mots clés livre, roman, espionnage et le titre.

Dans un moteur, la visibilité de cette page du site de notre écrivain augmente. Le trafic sur son site aussi.

Depuis son site, l'écrivain expose le pourquoi de son roman d'aventures. Il fait ainsi la promotion de son livre mais de manière différente de l'éditeur. Il a un accord avec la librairie en ligne. Chaque fois qu'il lui envoie un acheteur, le libraire lui reverse 8 % de commission. On appelle cela de l'affiliation.

```
# Page du site Ecrivain
# Si vous achetez mon livre sur ce site,
# celui-ci vous offre la moitié des frais de port.
<a href="http://www.libraire-enligne.fr"> promo
libraire en ligne : -50% sur les frais de port de
livre pour le roman 008 sous les tropiques </a>
```

À chaque vente réussie grâce à ce lien par le libraire, celui-ci gagne sa vie, l'écrivain aussi, l'éditeur aussi.

Il ne reste plus qu'à boucler le retour de lien vers l'éditeur, histoire de compenser sa légère perte de Page Rank. Plusieurs options sont possibles…

L'écrivain a un blog. Le site de l'écrivain a des backlinks vers le blog et réciproquement, en fonction des articles publiés. Sur le blog, l'écrivain pose un lien avec un libellé, un backlink, vers le site de l'éditeur. Celui-ci choisira les mots clés à véhiculer dans le libellé.

```
# Blog de l'écrivain
# N'oublions pas mon éditeur MA Editions,
# sans lequel je n'aurais pas pu percer dans le roman.
<a href="http://www.ma-editions.com/"> romans, aventures,
```

```
découvertes, amour, etc. Découvrez ces collections de
livres chez MA Editions</a>
```

Une autre option aurait été de faire poser le backlink par le libraire en ligne.

Figure 7-22 : *Netlinking réussi avec un réseau de sites Internet*

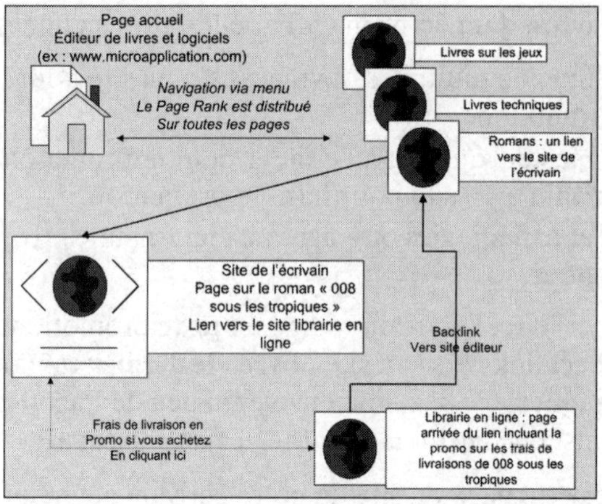

Points-clés : chaque acteur de notre exemple améliore ses revenus grâce à un meilleur positionnement dans l'index des moteurs de recherche.

Le Page Rank passe d'une page à une autre, et à chaque lien il y a renforcement de la pertinence des mots clés. Au final, le site à l'origine du lien récupère une partie de son Page Rank – celui-ci ne se perd pas, et à chaque saut il pousse des mots clés en pertinence.

Il y a ici une boucle à cinq sites : éditeur, site écrivain, blog écrivain, site librairie en ligne, site éditeur.

Netlinking : Facebook

Google indexe tout lien d'une page accessible. Si votre compte Facebook est public, Google y a accès et malgré le code JavaScript des pages Facebook, il arrive à décrypter le code d'un lien.

Figure 7-23 : *Un backlink depuis un compte Facebook*

Backlink Page	Title	...	Anchor Text	Anchor URL	Page PR	External links	Total links	Link Value
http://www.facebook.com/pages/Cl	... C. .com | Facebook	...	Not applicable	Not applicable	PR: 4	1	17	0,200

Dans la capture d'écran, nous voyons une analyse d'un lien dans un compte Facebook public :

- L'URL de la page Facebook, partiellement effacée pour rendre anonyme cet exemple.

- Le title de la page Facebook, lui aussi partiellement effacé.
- Le Page Rank de cette page Facebook : PR de 4, donc bon niveau.
- Le nombre de liens externes, de liens sortants donc, de cette page : 1, soit une grande partie voire tout le *Google Juice* du PR sortira par ce lien unique, il ne sera pas partagé entre N liens sortants.
- Le nombre de liens internes : 17, c'est un nombre raisonnable.
- Selon le logiciel d'analyse, la valeur de ce backlink est de 0,2, plutôt une bonne note qui n'engage que le concepteur de ce logiciel.

Le référenceur en déduit immédiatement qu'obtenir la pose de liens depuis des comptes Facebook publics est un enjeu intéressant !

Ce que nous ne savons pas en tant que référenceur : quel poids exact donne Google à un tel lien ? Le traite-t-il comme un backlink d'un site web ? Ou, comme ce lien est dans un compte Facebook, Google lui affecte-t-il une politique de calcul différente ? Existe-t-il différents niveaux et qualités de backlinks issus de compte publics Facebook ? Dans le doute, le référenceur en sèmera partout où il peut.

Netlinking : Digg like

Un Digg like, expression issue du jargon du Net et du référencement, est un réseau social Web 2.0 :

- Le possesseur du site met à disposition son infrastructure : un serveur et un site disposant d'outils logiciels utilisables en ligne par tout internaute.
- Ces outils présentent un intérêt.
- Les internautes les utilisent et créent des contenus de toute nature en ligne.
- Le site prend donc du volume en pages et en trafic. Plus il y a de contenus, plus il y a de trafic.
- Le site vit alors de la publicité ce qui va créer un conflit d'intérêt potentiel avec les auteurs des contenus et ainsi créer une limite à leur utilisation dans le cadre du référencement.

Exemple : les sites de partages de photos, de vidéos.

Nous avons traité dans ce chapitre de YouTube et de la manière de l'utiliser pour faire du netlinking associé à des textes en sous-titre dans les vidéos. Dans cette section, nous allons nous intéresser aux sites en Digg like uniquement du point de vue du référenceur cherchant une source de backlinks. Un Digg like propose aux internautes de partager leurs sites favoris. Le site référence de cette approche est **Digg.com**, d'où le surnom de cette approche : Digg like. Il y en a plusieurs formes, dans toutes les langues. Le principe est le même. On partage une information, le Digg like la classe dans une thématique et les internautes votent pour les articles, ce qui permet au Digg like de les classer et de les afficher par ordre de popularité.

Ici, nous allons analyser un cas de figure du point du vue du référencement : **paperblog.fr**. Mais il y en a plusieurs autres, ceci n'est pas une publicité pour ce site, juste un cas d'étude que vous pourrez étendre à d'autres sites de type Digg like.

Paperblog proposent deux méthode de publication d'articles :

- Le rédacteur les publie article par article.
- Le rédacteur possède un blog, il l'inscrit, et tout article de son blog sera copié/collé dans Paperblog suivant sa thématique.

Du point de vue du SEO cherchant des backlinks de qualité, nous percevons immédiatement que l'approche blog est inutilisable telle que. Le duplicate content ainsi généré va annihiler les backlinks. Effectivement, de nombreux articles de Paperblog ne possèdent aucun Page Rank, parce qu'il s'agit de pages pénalisées par Google pour cause de *duplicate content*.

Il y a des exceptions et parmi celles-ci des blogueurs référenceurs expérimentés qui retirent leurs propres posts de leur blog : ainsi ils éliminent le duplicate content et profitent des autres backlinks inclus dans le billet publié. Un exemple encore en ligne en novembre 2011 : **www.paperblog.fr/2783638/**. Ce billet explique comment avoir assez facilement 12 % de réduction sur Apple (citation du billet). Cet article a un PR de 3. Il contient des backlinks. Le lien vers **article original** ne correspond pas au contenu du billet affiché dans Paperblog, donc pas de duplicate content. Cela ouvre des perspectives intéressantes pour un référenceur. Cet article récupère du Page Rank Paperblog et l'envoie avec des mots clés vers le site d'Apple.

Il reste l'approche article par article, qui donne le contrôle de ce que l'on publie. Sur Paperblog les billets postés peuvent contenir des backlinks qui ne feront l'objet d'aucun nofollow.

ATTENTION

Multiplier les sources

Les sites comme **Paperblog** peuvent changer leurs règles d'acceptation des articles contenants des liens. Il est prudent de multiplier les sources. Tel site accepte les articles sur telle base puis change ses règles d'acceptation.

REMARQUE

Le nofollow invalide un lien

Nombre de sites, de forums laissant les internautes poster des billets invalident tout lien par l'ajout d'une balise rel=nofollow indiquant à Google de ne pas prendre en compte ce lien et de ne pas le suivre, sous-entendu pour lui passer une part de Page Rank de la page du lien.

Il va de soi que les articles doivent avoir une valeur ajoutée. Inutile de publier une publicité ou un texte mal ficelé ou sans intérêt.

ASTUCE

Symbiose

Le référenceur testera soigneusement chaque Digg like pour évaluer sa stratégie et déterminer si une symbiose peut être établie entre lui et le Digg like. La symbiose typique : je poste des articles à valeur ajoutée, tu me laisses mes backlinks pointant vers mon propre blog voire vers d'autres sites sans y ajouter de nofollow sur des pages truffées de publicités (la source de revenus du Digg like) et disposant d'un Page Rank (sinon il n'y a aucun intérêt à publier).

Les dangers du netlinking depuis un Digg like

Un Digg like a un PR élevé, il est fréquemment scanné par Google. Vous pouvez vous retrouver à être en duplicate content de vos propres contenus. Google peut avoir vu votre contenu sur le Digg like avant de le détecter sur votre propre site. Vous serez donc le copieur. Le risque de problèmes liés au duplicate content est élevé si vous publiez sans précautions.

Si vous publiez dans un Digg like, vous devez être prudent : il s'agit de surveiller vos contenus et d'éviter les effets de bord négatifs sur votre site. Le Digg like peut être devant vous : sur vos propres mots clés, sur votre texte. Publier un article ciblant une expression-clé fortement concurrentielle et contenant des backlinks vers votre site ou blog offre un intérêt. Votre billet sur le Digg like aura peu de chances d'être bien positionné dans Google tout en aidant votre site à être bien positionné.

En revanche, si une expression-clé est moyennement défendue face à un site Internet de PME pas assez accroché à ses expressions-clés, la page Digg like risque de passer devant le site web de la PME. Deux conséquences sont alors possibles :

- Les internautes cliquent sur **Article Original** et ils vous découvrent. L'objectif de création de trafic est atteint.
- Les internautes ne viennent pas. Vous avez contre-référencé votre site.

7.20 Les limites et contraintes du système des backlinks

De nombreux pièges se cachent dans le déploiement de backlinks "non naturels". En voici une liste non exhaustive.

Les pièges dans l'espace

Google n'étudie pas chaque fois en détail tous les backlinks entre des sites. Cela lui consommerait trop de ressources, il pourrait faire des erreurs et pénaliser la qualité de ses SERP. Il préfère les statistiques et investir de la ressource de ses serveurs sur la gestion des anomalies statistiques.

Voici un exemple :

Un site est spécialisé dans l'automobile. 3 000 liens quittent ce site. 95 % sont échangés avec des sites plus ou moins liés au monde de l'automobile. 5 % sont échangés avec des sites hors automobile. Cela fait-il, des 5 % de liens "anormaux", des liens non naturels à analyser en détail et éventuellement à sanctionner ?

Réponse : non. Si le taux de liens hors contexte passait un seuil que seul Google connaît, disons 6 %, alors là il y aurait une reconsidération de la situation par les algorithmes de Google, voire une vérification humaine.

Google peut évaluer de très nombreux critères caractérisant une page et son site. Il dispose d'une base statistique importante, planétaire, et des équipes de mathématiciens capables d'utiliser algorithmes et données pour détecter les anomalies statistiques de tout site. Passé un certain seuil, le moteur réagit.

Un exemple : le *duplicate content* . Quand un texte en duplicate content dépasse un certain seuil, variable selon le contexte, la probabilité de pénalité est élevée ainsi que la vitesse de détection de l'erreur.

Certaines méthodes de détection sont clairement identifiées. Concernant d'autres méthodes de traque de liens non naturels, les référenceurs sont plutôt dans l'expectative et dans les hypothèses. Google évolue vite. Voici quelques critères que Google utilise pour évaluer les liens entre deux sites :

- Classe C ou B (cela donne l'hébergeur, le pays…).
- N°IP : identification du serveur.
- Le whois : il donne le propriétaire, son e-mail, l'administrateur, le contact technique. Google est registrar et a donc accès à de très nombreuses informations sur les propriétaires des noms de domaine.
- Les statistiques issues des Google bar disséminées dans le monde entier.
- Le duplicate content des structures. Deux sites ayant de multiples backlinks entre eux et ayant une même structure technique avec des contenus différents ont un genre de duplicate content. Soit c'est la même agence web qui a produit les deux sites, soit ces deux sites appartiennent à une même personne et les backlinks entre ces deux sites ne sont pas naturels.
- Les informations laissées dans de multiples sites "sociaux" via du Web 2.0 : les URL laissées par des milliers d'internautes sur Facebook, YouTube, Google Bookmarks peuvent être analysées par Google, même si ces liens ont une balise nofollow indiquant aux bots de moteurs de ne pas suivre ce lien.

Il est pratiquement certain que Google n'utilise pas les statistiques Analytics pour évaluer les performances des pages d'un site. En revanche, des exemples et des tests montrent que les équipes Google utilisent des informations issues d'AdSense pour corréler qui possède ou administre tel ou tel nom de domaine ou site. Et les statistiques de Google Analytics et autres outils gratuits de Google ainsi que les informations des comptes peuvent être utilisées par des robots de calcul pour évaluer les backlinks entre sites. Par exemple, un webmestre indépendant gère les sites de différentes PME n'ayant aucun rapport entre elles, et innocemment il pose des liens entre leurs sites. Le webmestre imprudent a probablement mis ces comptes clients sous un même compte unique Google et ainsi indiqué à Google le "lien de parenté" entre ces sites, à savoir lui-même, et jeté un doute potentiel sur la qualité des liens échangés.

Certaines approches peuvent juste nécessiter des calculs pour détecter des comportements anormaux et inciter à des contrôles plus approfondis. Via la théorie des graphes dont nous avons déjà parlé, on peut par exemple identifier les interactions entre sites et y détecter des anomalies. Exemple : pourquoi ce site A aurait-il 100 backlinks vers ce site B ? Il y a de multiples raisons possibles à cela :

- La signature avec lien d'un webdesigner est présente dans tous les pieds de page au lieu d'avoir été placée dans la page des crédits graphiques, par exemple.
- Un petit malin aurait mis des liens non naturels.

Autres exemples classiques :

- Un lien relie la page d'accueil du site A à la page d'accueil du site B et inversement.
- La page de chaque site contenant le lien a une signature typique d'une page **Liens utiles**.
- L'échange de liens est potentiellement non naturel, car il appartient plutôt à la catégorie troc de liens . Si quelques liens seulement de ce type existent, ils seront tolérés par Google. S'il y a une stratégie systématique de troc de liens, elle sera assimilée selon le blog de Google à des paid links .
- Un piège classique : la détection des ancres identiques. Vous automatisez les échanges de liens (via e-mailing ou autre méthode, peu importe). Vous proposez à des milliers de personnes : merci de poser ce lien **il est beau mon site** et en échange je poserai un lien vers votre site. Google va détecter des dizaines ou centaines d'ancres identiques : **il est beau mon site** pointant toutes vers la même page du site. Cela déclenche une énorme anomalie statistique. Varier vos textes de liens en faisant de multiples petites campagnes d'e-mailing plutôt qu'une grande avec la même ancre de backlink. Google peut ainsi identifier un site se faisant cibler par une campagne de liens non naturels et tenter d'évaluer si le site triche de manière flagrante ou non. Il peut également pénaliser d'office toutes les pages possédant ces liens non naturels

via un mécanisme type *Bad Rank* . Un tel automatisme pénaliserait de manière automatique et graduelle, sans intervention humaine, les liens, pages et sites pris en flagrant délit d'utilisation de petits paid links.

Les pièges dans le temps

Une page peut évoluer tandis que le lien qui pointe vers elle n'évolue pas. Peu importe que ce soit la page de départ ou la page visée qui évolue et non les autres membres du triplet (page départ, lien, page visée). Cela peut rendre le triplet obsolète et inciter Google à annuler le lien.

Si le triplet n'évolue pas, l'ensemble devient obsolète au bout d'un certain temps, et le lien est annulé.

Le triplet prend une dimension de plus quand on y ajoute la thématique de la rubrique de la page (rappel : la théorie des graphes permet de détecter le groupe de pages d'une même rubrique, rien qu'en parcourant les liens de navigation).

Et on peut au final y ajouter la thématique du site, puis des rubriques connexes, et aussi la thématique du paragraphe contenant le lien, la thématique du bloc de page contenant le paragraphe, etc.

De nombreux critères associés à une base statistique fournie permettent à Google la mise en œuvre d'algorithmes et programmes automatisés en charge d'évaluer la pertinence d'un lien et sa fraîcheur.

Voici un autre aspect de la dimension du temps pour les liens, la vitesse d'établissement des backlinks vers une page précise et les qualités de ces liens. Prenons un exemple…

Un site A voit après des mois d'inactivité et aucune mise à jour sérieuse du site et de ses contenus, quelques-unes de ses pages soudain pointées par de multiples backlinks de bonne qualité.

- Il y a une anomalie statistique. Les backlinks, sauf exception ou dans certains cas bien précis, ne se multiplient pas soudainement. Les backlinks augmentent à une vitesse moyenne de tant par mois selon les statistiques internes au moteur.
- Le moteur réagit ou non à cette irruption de liens. Il peut analyser la cohérence de manière plus fine, par exemple.
- La théorie des graphes plus un différentiel temporel pourraient mettre en lumière l'arrivée d'un référenceur et l'irruption de liens non naturels.

Lors d'une campagne de netlinking, il faut aller « doucement » dans la pose des liens. 250 liens qui apparaissent en moins d'une semaine avec aucune pose les mois précédents et le mois suivant paraîtront comme hautement suspectés de paid links. Au contraire, il est recommandé d'y aller progressivement. L'époque où on faisait poser des milliers de liens en tablant que dans le lot certains serviraient le référencement est révolue. Mieux vaut privilégier la qualité.

La cohérence globale spatiale est notée : mots clés de la page de départ, paragraphe, bloc, page (voir l'utilitaire Google AdWords qui nous les indique gratuitement, Google Webmaster Tools le propose aussi), mots clés du lien, mots clés de la page d'arrivée, mots clés de la page tête de rubrique, mots clés de la page d'accueil.

Mais la cohérence globale dans le temps est aussi évaluée : vitesse d'arrivée des backlinks, qualité de ceux-ci et quelques autres critères.

Un autre exemple issu d'une interview de Matt Cutts : si vous n'avez que des liens issus de pages à PR de 6 et plus, cela sera anormal et attendez-vous à un contrôle de Google. Traduction pour le référenceur débutant : il ne faut pas faire une campagne de paid links uniquement basée sur des sites avec des pages à haut PR. Il faut aussi des liens issus de pages standards avec un PR faible.

ASTUCE

Logique et cohérence pour accélérer son positionnement

Pour ne pas créer d'anomalies statistiques, il faut mixer les qualités de liens dans votre campagne de netlinking : annuaires, un peu de troc, un peu de netlinking ciblé sur fournisseurs, réseau de distribution ou autre, permettre du lien spontané vers un contenu unique, etc. Il vous faudra bien sûr veiller à la cohérence globale de ces liens.

7

Les contraintes imposées à Google

Ce sont donc aussi les contraintes imposées à notre apprenti moteur…

Les algorithmes de contrôle et vérification consomment trop de ressources si tout devait être testé et vérifié.

Il est bien plus rentable de gérer des choix de critères : anomalies statistiques, seuils, niveaux de PR mis en jeu, analyse des signatures en "graphe". Il en ressortira une petite liste de sites ayant trop d'anomalies statistiques. Ces sites pourront être contrôlés en y consacrant plus de ressources. Leur faible volume par rapport à la masse de tous les sites n'exigera pas une forte dépense.

Le coût du netlinking

Il faut contacter les sites intéressants, leur proposer un échange de liens avec libellé incluant des mots clés, argumenter, etc. Cela prend du temps :

- Le temps consommé dans ces opérations basiques n'est pas consacré à d'autres travaux.

- Il faut beaucoup de temps pour obtenir un lien d'une qualité pas toujours intéressante.
- Un lien qu'il faut rendre (encore du temps) et suivre : réciprocité, pas de 404, suivi de l'évolution des contenus.

Cela explique un des rôles des agences de référencement. Elles sont en charge du netlinking , mais il est conseillé de suivre la qualité de leurs travaux. En effet, en cas d'erreur, c'est Penguin qui va gérer votre référencement. Le netlinking doit être abordé progressivement. Les échanges de liens ou de services contre des liens (du paid link selon la définition de Google) doivent être évalués lien par lien pour éviter toute précipitation et des erreurs.

7.21 Détecter, sanctionner paid links et duplicate content

On a vu qu'un échange de liens basiques entre deux pages d'accueil ou entre deux sites est très facile à détecter. La signature d'un tel échange est typique. Une page possède de nombreux liens sortants. Et de nombreux sites concernés renvoient un lien depuis une page du même genre vers la page d'accueil de notre site.

Or, un échange de liens peut être considéré par Google comme un paid link réciproque. Il vaut mieux limiter ce type de pratique à quelques dizaines maximum, et toujours entre pages très cohérentes. Il est inutile de toujours cibler un échange de liens entre pages d'accueil. Les échanges peuvent être réalisés avec des pages profondes.

De nombreux autres algorithmes peuvent détecter la signature typique de paid links. Un site dédié à faire une ferme de liens a une signature statistique très différente d'un site de contenu. La manière dont les liens sont posés dans une ferme de liens (de paid links) ou dans une page dédiée à cet effet possède aussi une signature typique assez facile à détecter (voir le chapitre dédié à Panda / Penguin). Avant de poser un lien vers un site, il faut vérifier sa qualité :

- Il faut un usage raisonnable des liens sortants (typiquement, une ferme de liens aura tendance à avoir des liens sortant un peu partout).
- Il faut des contenus de qualité (rédactionnel, thèmes, …). Une ferme de contenus aura une forte tendance à agréger des contenus à thèmes multiples et à disposer des publicités. Il est normal qu'un site comme **750g.com** affiche des publicités un peu partout (ils n'ont que cela pour vivre). Mais ce site est totalement centré sur un seul thème : les recettes de cuisine. Il est donc de qualité. Il dispose aussi de Page Rank sur de nombreuses pages et manifestement de nombreux internautes participent aussi au site. Une ferme de contenus aura tendance à avoir beaucoup de pages avec plutôt peu de contenus, ou mal écrits, ou sans valeur informative réelle, le tout étant parsemé de publicités. Si le site ciblé possède un tel profil, inutile de poser un lien vers lui.

Contexte et cohérence

Basé sur la théorie des graphes et sur la prise en compte de propriétés affectées à chaque point dans la matrice, on peut aisément imaginer plusieurs solutions complémentaires pour détecter les liens non naturels et lutter contre eux. On éviterait ainsi à notre apprenti moteur de recherche de se faire leurrer par des paid links. En voici une…

Un Page Rank inversé serait affecté aux pages en anomalie statistique de liens et se déclencherait sur seuil. Un lien malheureux est ainsi toléré et permet à Google d'économiser la ressource qui traquerait un maladroit plutôt qu'un link spam. Passé un seuil donné, plus on a de liens anormaux sur une page, moins les liens sortants de la page ou du site pourraient être pris en compte.

Sur cette base d'arêtes et de liens, de nombreuses variantes d'algorithmes pour traquer les link spam sont alors possibles.

Outre le Page Rank inversé ou autre méthode basée sur la détection via la théorie des graphes, on pourrait aisément mettre au point des algorithmes utilisant les erreurs des pages. Une page A est en duplicate content avec une page B plus ancienne. On met une note négative à cette page A dans la propriété *Contenu-Unique*. Si d'autres cas de duplicate content apparaissent sur cette page A *via* des conflits avec d'autres pages, la page A, une fois qu'un certain seuil est atteint, peut se voir appliquer des sanctions aisées à affiner et à contrôler :

- désindexation uniquement sur certains mots clés d'un bloc de texte en duplicate content ;
- désindexation de toute la page (et donc des liens la quittant).

Outre l'exemple du duplicate content, des propriétés touchant aux liens anormaux pour des causes diverses de contexte inadéquat sont aisées à mettre en œuvre.

Une conclusion en ressort : la base des calculs pour évaluer les pénalités est fondée sur la détection des anomalies statistiques. Elles peuvent alerter le moteur sur :

- les anomalies contextuelles plus ou moins prononcées des liens reliant 2 pages ;
- les boucles de liens trop nombreuses entre domaines ;
- les boucles légèrement étendues (exemple : domaine A vers B, B vers C, C vers A) et nombreuses ;
- les anomalies en volume brut : le nombre de liens sortants dépasse un seuil donné. Le nombre de liens quittant un domaine vers les pages d'un autre dépasse un certain seuil. Il y a là des signaux négatifs envoyés à Penguin.

Les tags entre pages d'un même site

Par définition, les tags sont des liens nombreux entre pages d'un même domaine afin de favoriser la navigation pour les internautes. Google ne les sanctionne pas. Par définition, un site est fondé à poser tout lien entre ses propres pages. En revanche, la formule du Page Rank étouffe tout nuage de liens maladroitement codé.

De même, la multiplication de liens incohérents entre pages d'un même site diminue la qualité du référencement global. Il n'y a pas de sanction directe de Google vers le site, celui-ci s'étouffe seul en gérant mal ses liens internes.

Les mises en page à éviter

Les meutes de liens en bas de page ne sont pas recommandées. Ils sont aisément repérables par des algorithmes forts simples. Les équipes de Google n'ignorent pas que, pour éviter la pollution visuelle, les poseurs de paid links tentent de les dissimuler visuellement autant que possible.

Notre apprenti moteur pourrait, par exemple, ne pas distribuer le même pourcentage de Page Rank aux liens mis en évidence qu'aux liens situés en bas de page.

Notre apprenti moteur pourrait aussi décider d'annuler le Page Rank distribué par tout lien incohérent et ayant un seul mot dans son libellé.

Par exemple : un lien est posé depuis une page sur la révolution Orange en Ukraine vers une page sur les oranges maltaises (un fruit donc). Le libellé du lien ne contient qu'un mot : orange. A priori, cela semble cohérent, orange est commun aux 2 pages. C'est exact. Mais les vecteurs thématiques de 2 pages diffèrent totalement. L'un pointe vers une direction politique et l'autre vers la nutrition. Le lien est potentiellement incohérent. S'il est posé en bas de page, la suspicion augmente encore d'un cran.

Pour résumer, de multiples algorithmes basés sur différentes branches des mathématiques sont à disposition de Google afin d'identifier les liens incohérents ou statistiquement mis en page de manière anormale.

7.22 Twitter

Google a un accord avec Twitter : le moteur accède directement aux serveurs de Twitter pour indexer et prendre en compte tous les tweet publiés.

Les conséquences pour le référenceur sont importantes :

- Un lien, même en URL raccourcie, dans un tweet est un backlink.

- Le lien dans un tweet ne pèse quasiment rien. Il faut du volume. Donc il faut que le tweet soit re-tweeté de nombreuses fois par les abonnés. Le volume fera effet.
- Le lien dans un tweet est comme un backlink. S'il n'est pas cohérent, il sera ignoré par Google. Les règles de cohérence sont identiques sur le fond mais bien sur différentes sur la forme.
- En effet, un lien dans un tweet n'a pas d'ancre. C'est donc le texte du tweet lui-même qui servira d'ancre avec des mots clés.
- Le tweet émis doit être cohérent avec le profil de son auteur. Si vous tweetez un message sur les voitures et que votre profil est dans la gastronomie, il y a peu de chance que Google se laisse abuser. De toute façon, vos abonnés ne le re tweeteront pas, car ils sont là pour vos tweet sur la cuisine et non pas pour votre opinion sur les voitures. Votre action ne pèsera donc rien en termes de SEO social.

7.23 Résumé

Nous avons détaillé le fonctionnement d'un lien, le mécanisme du Page Rank, le transfert de Page Rank via un lien.

Les interactions entre les optimisations de deux pages distinctes reliées par un backlink avec un libellé sont expliquées. On comprend alors l'impact de chaque optimisation respectant la cohérence du contexte sur le référencement et le positionnement global de ces deux pages.

Cette compréhension favorise la qualité des actions du webmestre lors de l'optimisation des pages du site.

Cela vous permet de mieux comprendre, appréhender l'intérêt des structures hiérarchisées de site et les gains que l'on peut en retirer en référencement réussi.

Nous avons évalué comment améliorer le référencement d'un site en jonglant adroitement avec les liens internes à un site pour transférer du Page Rank et des mots clés mis en exergue. C'est le Page Rank Sculpting.

Des exemples de campagnes de netlinking réussies sont exposés et expliqués.

On dispose d'une base pour comprendre comment Google identifie les liens non naturels ou mal mis en page donc, là aussi, potentiellement non naturels.

Une campagne de netlinking, classique ou sociale, exige imagination, connaissance du Web, temps. On comprend alors l'utilité d'une agence de référencement capable de concevoir du linkbuilding de qualité. La compréhension de ces mécanismes vous permettra de mieux dialoguer et négocier avec un prestataire de qualité.

chapitre

8

Tricher ou non pour réussir son référencement

DEFINITION

Top 10, Top 20, Top 30

Cela signifie qu'une page du site est présente sur un mot ou une expression clé dans respectivement les 10, 20, 30 premières positions d'une SERP.

Il y a peu de bonnes positions dans les SERP de Google, Top 5, Top 10, Top 20, face à des centaines de milliers ou des millions de pages candidates aux mêmes expressions clés que votre site.

Peut-être vos concurrents sur vos mots clés trichent-ils pour décrocher une bonne position et les prospects qui vont avec ? Cela leur assure ainsi un avantage compétitif. Peut-être ont-ils davantage de moyens financiers leur permettant d'avoir un référencement supérieur au vôtre ?

DEFINITION

Webspam

Toutes les actions qui peuvent polluer l'index de Google constituent des attaques contre la qualité des SERP du moteur. Google a introduit le mot *webspam*. Pour rendre ces définitions plus « parlantes » et plus compréhensives au lecteur, nous les avons réparties en différents groupes, chacun étant spécialisé dans une approche technique pour tenter de fausser les algorithmes de Google.

Google doit s'assurer d'un index propre pour conserver son public d'internautes. C'est pour lui une question de survie et de revenus. Google a donc édicté contre la triche de multiples lois rassemblées, dans le jargon du SEO, sous le nom de webspam.

Google est une société qui doit générer beaucoup de profits pour assurer son succès, financer son développement et se battre à armes égales avec des concurrents aussi dangereux que Microsoft. Il sera sans pitié devant tout obstacle qui se dressera sur son chemin. Tricher selon les règles édictées par Google (le webspam) constitue un obstacle sérieux à sa stratégie.

Mais avoir absolument un bon positionnement peut être une question de survie ou de rentabilité pour l'entreprise *via* son site web. Et nous allons voir que Google n'est pas très clair sur certains aspects du webspam. En fait, Google, bien que se posant en donneur de leçons et de morale, n'est en aucun cas très propre sur lui dans ce domaine.

8.1 Google et l'honnêteté

Faisons un petit intermède philosophique. Certains pourraient se sentir mal à l'aise : « Tricher, ce n'est pas bien. » Certes. Mais est-ce vraiment tricher quand c'est une entreprise privée, Google, qui édicte des règles ? Qui est-elle pour se donner des airs moralisateurs ? Elle est une multinationale qui veut gagner de l'argent :

- Comme toutes les multinationales en général et les acteurs du numérique en particulier, Google est un as de l'optimisation fiscale. En se basant en Irlande et *via* des montages à la limite de la légalité en France, Google en Europe remonte, vers les États-Unis et son siège ou vers des paradis fiscaux, des milliards de dollars chaque année sans acquitter d'impôt dessus. Différents articles parus dans *Le Monde* et *Les Échos* parlent de 3 milliards d'euros d'impôts non acquittés dans l'Union européenne grâce à ces montages. Le fisc français a engagé des procédures contre Google France en mars 2012.
- Google édicte des règles floues. Il faut lire en anglais la définition d'un *paid link* pour comprendre que Google s'est fait une spécialité d'écrire des textes qui ne veulent tout dire et rien dire. Un paid link est un lien non posé spontanément par un internaute. Ce qui classe en paid link quasiment toutes les pratiques de link building actuelles.
- Quant aux droits d'auteurs, on peut penser du mal d'une législation du xixe siècle totalement inadaptée au xxie siècle sur les droits financiers des ayants droit. Mais, actuellement, c'est la loi. C'est le problème de chaque individu face à la loi quand il décide de la violer en téléchargeant illégalement des œuvres. Quand l'individu se fait attraper, il doit assumer son infraction. De quel droit Google s'arroge-t-il le droit de piller les unes de la presse pour approvisionner des fils de news et en tirer des revenus publicitaires sans reverser un euro aux titres de presse ? Les justices de différents pays ont tranché en sanctionnant Google. De quel droit Google peut-il numériser des œuvres sous droit d'auteur, pour les revendre sans reverser un euro ? La justice américaine a tranché en condamnant Google en 2009.

Google se comporte comme toute multinationale, en essayant de gagner le plus d'argent possible. Ce n'est pas à ce type d'acteur de donner des leçons de morale aux autres.

Un autre facteur intervient : la restructuration du paysage économique. L'accès à un bon référencement conditionne la vie ou la survie de plus en plus d'entreprises. Dans le passé, maintes fois les entreprises ont dû se moderniser en achetant de nouveaux équipements. Toutes ces entreprises avaient accès, à peu près sur un pied d'égalité, aux mêmes équipements pour rester compétitives. Le prix d'une machine-outil était sensiblement le même pour telle ou telle PMI, par exemple. Le prix d'un PC est le même chez Dell pour telle ou telle entreprise. Là où la donne change avec Google, c'est qu'il y a un nombre de places fixes inamovible. Actuellement, sur une page standard de résultats de Google, il y a 21 places : environ 10 en naturel (un peu plus s'il y a des ajouts par localisation), 11 en AdWords. Si vous êtes des dizaines ou des centaines sur le même créneau, seuls les premiers auront du trafic. Il y a donc un accès inégal à un mécanisme lié à la modernisation. À partir d'une telle situation, la question de tricher ou non ne se pose plus à ceux qui sont derrière et qui veulent vivre ou simplement avoir une part du marché.

Les vraies limites sont celles posées par la loi. On peut par exemple retenir que pirater un site pour y placer des backlinks est hors la loi. Bidouiller des backlinks entre copains viole une règle Google mais n'est en aucun cas puni par la loi en France. Cela nous conduit à quelques définitions clés ci-après.

8.2 Black hat, grey hat, white hat

Il existe trois couleurs de chapeau qui définissent les différentes pratiques des référenceurs. Pour l'anecdote, il semblerait, au conditionnel car l'information vient de Wikipédia, que ces couleurs de chapeau, noir ou blanc, fassent référence aux westerns, où le « gentil », généralement un shérif, portait un chapeau blanc (*white hat*) et les méchants, toujours des chapeaux noirs (*black hats*).

Dans le monde du SEO, nous ajouterons le gris (*grey hat*) pour couvrir tout le spectre du SEO de légal à illégal en passant par la case limite.

Un référenceur white hat référence un site web en respectant scrupuleusement les règles Google.

Un black hat référence un site avec toutes les techniques y compris celles sévèrement sanctionnées par la loi. Par exemple, un hacker piratant un site web pour déposer contre rémunération des liens vers des sites de poker est un pur black hat.

Un grey hat référence avec des techniques white hat plus ou moins agrémentées de techniques interdites par Google (l'échange de liens entre copains) mais pas par la loi.

8.3 Le webspam : les différentes techniques de triche

REMARQUE

Comprendre les enjeux du webspam

Nous allons exposer ici, en termes simples, les tenants et aboutissants du webspam, pour permettre à un responsable de se décider et d'arbitrer des choix techniques et marketing. Certaines approches lui paraîtront à éviter à tout prix, d'autres pourraient retenir son attention. En tout état de cause, il

> REMARQUE
>
> faut à ce responsable un tableau de bord simple et concis pour lui permettre d'arbitrer des décisions et des budgets.

L'arbitrage du manager, du responsable web, portera sur la position de son entreprise *via* son site web face aux exigences de Google. Il lui appartiendra d'ignorer ou non certaines d'entre elles. Pour chaque position vis-à-vis des différentes formes de webspam, il existe un risque, des avantages, des inconvénients. C'est au responsable d'arbitrer et d'assumer les décisions en toute connaissance de cause !

Nous avons regroupé les diverses techniques de triche (le webspam) en différentes catégories pour en favoriser la compréhension par les néophytes.

Groupe 1 – Le webspam sur la page

Il regroupe les techniques de triche et erreurs humaines portant sur le contenu d'une page accessible aussi bien par un internaute humain que par un bot de Google. Quelques exemples : écrire une partie des textes d'une page en police de couleur blanche sur un fond blanc, dissimuler des textes dans la page au moyen de faux calques DHTML, multiplier les titres de niveau 1 (texte entre des balises `h1`), bourrer une page de mots clés, abuser des balises title en la bourrant de mots clés répétés, etc.

Le principe consiste à faire prendre en compte par le moteur, dans une page, des textes ou une mise en page invisibles aux internautes humains. Le bot prend en compte ces textes cachés et les mots significatifs qui les composent et aussi la mise en page avec l'optimisation sous-jacente. Le référencement de la page en est donc amélioré et cela donne un impact positif sur le positionnement de cette page dans des SERP, jusqu'à la découverte plus ou moins rapide des textes cachés par les algorithmes antifraude de Google.

> ATTENTION
>
> **Webspam sur une page**
>
> Ce type de triche porte sur la manière de leurrer Google sur le contenu réel de la page. Cette technique de webspam est facile à détecter. Les gains obtenus sont médiocres par rapport à un site correctement optimisé sans triche. Il n'y a aucun intérêt à cette technique de triche. On peut faire aussi performant sans tricher.

Des maladresses en codage peuvent aboutir involontairement à du webspam et entraîner des sanctions de Google. Un codeur maladroit en CSS (feuille de style en charge de gérer l'affichage) peut générer des textes de la même couleur que le fond de page et entraîner des pénalités de Google au titre du spam.

Un exemple concret et réel : un site change son affichage et sa charte graphique en fonction des quatre saisons : été, hiver, automne, printemps. Un test oublié, un correctif CSS tardif peuvent entraîner la réalisation accidentelle d'un texte dans une couleur de police identique à celle du fond une saison sur quatre. En cas de détection par Google de cet erreur, cela entraîne des pénalités valables, elles, toute l'année.

Les techniques de spam sur la page sont très nombreuses et très variées. Toutes sont détectables assez facilement, et toutes pourraient être réalisées habilement en white hat :

- décaler un texte de référencement à des milliers de pixels à droite ou à gauche ;
- afficher des mots clés en balises `H1` cachés derrière une image ou en tout petits caractères ;
- disposer des liens en pied de page avec une taille de quelques pixels ;
- etc.

Groupe 2 – Le cloaking

DEFINITION

Le cloaking

Cette technique porte sur des astuces en programmation qui aboutissent à rendre invisible à des internautes humains une page visible uniquement par un bot de moteur, et à rendre invisible au bot une page destinée exclusivement à des humains, les deux pages ayant exactement la même URL.

Ce type de triche peut être facilement éventé par Google.

Les gains obtenus par cette technique de cloaking sont faibles par rapport à un site correctement optimisé sans triche. Son intérêt est quasi nul. On peut trouver d'autres approches, « légales », pour éviter le cloaking sur des sites à réels contenus.

Exemple : un site luxueux faisant appel au rêve ne peut pas utiliser dans ses pages visibles aux humains les mots clés nécessaires pour capter des internautes *via* des SERP. Par exemple, les sites de thalassothérapie, d'automobiles de luxe, de vêtements de haut de gamme, de bijoux, d'hôtels de prestige utilisent des descriptions de leurs produits avec des mots qui n'ont aucun rapport avec leur métier.

Certains de ces sites, une petite minorité, ont décidé de la nécessité de disposer de pages et contenus pour les internautes d'un côté, et de ces mêmes pages avec des contenus optimisés en mots clés destinés à Google.

Principe de fonctionnement : un JavaScript ou un script PHP sur chaque page « bricolée » détecte la provenance de l'internaute. Si le visiteur vient d'une adresse IP appartenant à Google, ou Yahoo!, ou Microsoft, on lui présente une page optimisée « moteur », sinon la même URL correspond à un contenu totalement différent orienté vers un internaute humain à séduire. Il existe de multiples variantes de ces scripts, toutes orientées dans la présentation de contenus optimisés visibles exclusivement par les bots des moteurs.

ASTUCE

Une autre formulation du cloaking

Une même URL présente au même moment deux contenus totalement différents selon que le visiteur soit un bot ou un humain.

Le moteur indexe la page optimisée, car il a été abusé dans un premier temps. Quand l'internaute clique sur un lien menant à cette page depuis une SERP, il arrive sur un tout autre contenu de cette même page (il a été détecté comme humain par le script).

ASTUCE

Doubler le site ou certaines pages

Plutôt qu'investir dans des pages bricolées susceptibles d'entraîner à terme une mise en liste noire, il vaut mieux créer un site réservé aux humains et inaccessible au moteur, puis le doubler avec un site simple en HTML. Chaque page de ce site HTML contient des liens envoyant l'internaute vers la page correspondante du vrai site ou vers l'accueil du site en Flash.

Une erreur humaine en codage du site peut aboutir au même résultat. Un test sur une identification, un cookie, par exemple, mène à une page ou à une autre (mais avec la même URL), et quelquefois le développeur affiche des textes différents sur une même page selon la situation rencontrée.

Pour Google, cela ressemble à une URL unique ayant au moins deux contenus plus ou moins différents au même moment selon le profil de l'internaute : un clic ici donne toujours cela, mais ce même clic avec une configuration de navigateur ou une provenance différente donne, sur la même URL, un contenu différent. Si les contenus sont totalement différents, cela peut occasionner une interprétation d'action polluante contre l'index du moteur et une réaction de celui-ci sous forme de sanction. Si les écarts de contenus sont faibles, Google ignorera le problème.

Groupe 3 – Le duplicate content

Il porte sur les textes des pages du site. Des contenus identiques existant sur différentes URL sont du *duplicate content*.

ATTENTION

Une URL, une page unique en contenu

Une URL désigne l'adresse sur Internet d'une page précise et unique. Exemple : www.marquedansletextile.fr/industries-textiles/qui-sommes-nous.html.

Il existe de nombreuses pages *qui-sommes-nous.html* sur Internet mais l'agrégation du nom de domaine, du chemin d'accès à la page et du nom de fichier contenant la page désigne une page unique sur tout Internet.

Selon les règles des moteurs, à une page unique doit correspondre un contenu unique afin de ne pas polluer l'index du moteur avec de multiples pages à contenus identiques avec des URL différentes.

En fait, cette règle de Google est plus souple, car il existe de nombreux cas où un contenu identique est publié par de nombreuses pages de sites différents : synopsis d'un film, communiqués de presse, descriptions de mêmes produits vendus par de nombreux sites concurrents, nouvelles d'actualité reprises par de nombreux sites, etc.

Néanmoins, passés certains seuils en nombre de caractères et quelques autres critères que nous n'aborderons pas encore, Google peut juger que deux pages (ou plus) ont des contenus trop proches. Il sanctionne une ou plusieurs des pages en les désindexant partiellement, c'est-à-dire sur quelques mots clés situés sur du duplicate content, ou totalement, c'est-à-dire sur la totalité des mots clés de ces pages.

Pour vous permettre de mesurer les conséquences du duplicate content, voici une analogie : un bateau a une voie d'eau et un compartiment se remplit. Le bateau ne coule pas mais ralentit. Il est moins performant ; l'eau dans le compartiment alourdit le navire et le ralentit. À chaque voie d'eau, tout le bateau ralentit un peu plus. À force de multiplier les pénalités, le trafic du site sombre peu à peu.

Chaque page en duplicate content se comporte comme un trou noir : elle prend le Page Rank et les mots associés et les détruit. La stratégie de référencement globale du site diminue légèrement en efficacité à chaque page désindexée.

Le *duplicate content* est une erreur très courante, qu'il est très facile de provoquer accidentellement :

- Un copier-coller maladroit entre la page du site français et la page correspondante dans le site belge francophone.

- Une page trop légère en contenu unique et parsemée de textes/menus/images répétés sur d'autres pages du même site (par exemple la page *Nos coordonnées*).
- De multiples sites qui publient la même information, vendant le même produit avec le même descriptif, etc.
- Une faute en hébergement : des substitutions aléatoires du nom de domaine par un nom générique de l'hébergeur qui font correspondre pour Google plusieurs URL/pages ayant exactement le même contenu.
- Un bogue en URL rewriting faisant correspondre plusieurs URL distinctes vers la même page physique.
- Un bogue dans la gestion informatique des contenus aboutissant à avoir des contenus identiques dispersés sur plusieurs pages différentes.
- Vos contenus ont été dupliqués par un autre site, volontairement ou non. À savoir : il existe de nombreux copieurs de contenus, robotisés ou humains, inconscients du contre-référencement ainsi occasionné contre leurs propres sites ou le vôtre.
- Des cumuls de plusieurs petites erreurs aboutissent à des contenus identiques partiels dans des pages trop légères en volume de contenus. La somme de ces petites erreurs totalise alors, en relatif, une erreur majeure de duplicate content sur une page qui se trouve alors désindexée.

ATTENTION

Duplicate content, des erreurs lourdes de conséquences

Dans la plupart des cas, le duplicate content est une maladresse et non de la triche. Y a-t-il un intérêt à cette technique de triche, si triche il y a ? Non.

Un exemple : votre site web propose de l'immobilier en défiscalisation loi Scellier. De nombreux sites utilisent les mêmes tournures de phrases, dont votre propre site. Toutes ces tournures de phrases identiques entre votre site et ceux de vos concurrents présents avant vous sur le Net sur la loi Scellier créent du duplicate content partiel. Les termes identiques utilisés par les sites de défiscalisation peuvent aboutir à du *near duplicate content*, abordé un peu plus loin.

Dans une certaine logique de publication, il est inévitable d'avoir des duplicate contents. L'objectif du référenceur sera de les limiter dans une proportion raisonnable et bornée à ce qui est impossible à gérer, ou d'arriver à les éliminer totalement *via* d'autres approches techniques en navigation et en classement et organisation de l'information.

La lutte contre le duplicate content amène régulièrement un codeur/référenceur à refondre la structure des tables d'une base de données ou à reconcevoir une partie de la navigation d'un site.

Un référenceur efficace et efficient peut être amené à réviser profondément votre site. Ce n'est pas juste un technicien qui passe, qui exécute sa tâche et qui s'en va. Comme vous allez le découvrir au fil des pages, le référenceur va accompagner votre projet tout au long de sa conception/production puis durant la maintenance et les mises à jour de votre site.

Le near duplicate content

Face aux fermes de contenus qui pillent des textes dans les sites et les réécrivent à l'aide de robots logiciels spécialisés, Google a introduit la notion de plagiat sur le sens et non plus seulement sur l'usage des mêmes phrases et mêmes textes.

Les fermes de contenus réécrivent les textes afin de tenter d'échapper à la détection du duplicate content. Pour diminuer les coûts, ces fermes de contenus automatisent la réécriture. Bien sûr, celle-ci n'est pas parfaite et elle laisse deux traces : des fautes de français et le maintien dans la phrase de mots impossibles à remplacer.

Google essaie d'isoler certains mots dans un bloc de texte. S'il trouve un bloc de texte utilisant les mêmes mots dans une autre page d'un autre site, il soupçonne un near duplicate content, c'est-à-dire un texte mal réécrit et qui est donc en fait un plagiat. Il applique alors le même traitement qu'à un duplicate content.

Groupe 4 – Le spam de liens, les paid links

Cette technique porte sur les liens non naturels versus les liens naturels. C'est la technique qui provoque le plus de polémiques pour de multiples raisons.

Nous venons de voir que les techniques de triche décrites précédemment possédaient une efficacité médiocre, voire nulle. Elles sont en règle générale aisées à détecter. Un concepteur de sites web habile ou un référenceur peut facilement les éviter, ainsi que les risques de sanctions associés, et néanmoins obtenir un excellent référencement en optimisant correctement son site et ses contenus.

ASTUCE

Prendre en compte le référencement dès la conception du site

On ne le répétera jamais assez. En prenant en compte les contraintes du référencement dès la conception du site, il sera plus facile et moins coûteux d'acquérir du trafic *via* une excellente visibilité lors de recherches dans Google.

Les backlinks, qu'ils soient dans un site, dans un blog, dans un réseau social, sont primordiaux et uniques pour obtenir un bon positionnement. Il est tentant d'agir sans respecter les règles de Google pour obtenir des backlinks.

Les règles distinguant les liens naturels des liens non naturels édictées par Google sont floues, potentiellement contraires à la législation dans certaines interprétations, et difficiles à contrôler par le moteur. C'est donc la porte ouverte à investir dans de nombreuses formes de backlinks. On appelle cela du *netlinking* ou du *Link building*, le fait de faire des campagnes d'acquisitions de backlinks pour un site web. Il existe différentes formes de Link building.

Les pages capables d'inciter un internaute à poser un lien vers elles appartiennent au monde du *linkbaiten*, technique non réprouvée par Google qui consiste à disposer d'une qualité de contenu incitant les internautes à en parler et à poser des liens depuis leurs blogs, posts de forum, etc.

Le *paid link*, comme l'indique son nom, consiste à payer pour avoir un lien en dur. Comme nous allons le voir en détail un peu plus loin, on peut payer en argent ou en échange de marchandises de toute nature : lien en retour, remise sur des articles, textes prêts à être posés, etc.

ATTENTION

Les paid links – la seule technique de prétendue triche à étudier par un responsable

Tout décideur doit étudier en détail les tenants et aboutissants du « marché » des backlinks : le *netlinking*. En y incluant le paid link. Toute décision de sa part sera lourde de conséquences pour son activité.

Groupe 5 : Le scrapping et le spinning

Ces techniques consistent à voler du contenu (*scrapping*) puis à le réécrire de manière à éviter le duplicate content. Ces deux techniques sont robotisées par du logiciel.

Il y a plusieurs enjeux dans ces techniques :

- Écrire coûte cher, voler le contenu d'un autre est bien moins coûteux. Nous voyons ailleurs dans le livre comment protéger au mieux vos contenus. Cet aspect ne nous intéresse pas dans la présente section.
- La réalisation de plusieurs sites traitant du même sujet. On multiplie les sites, les techniques de SEO, donc on maximise sa présence dans Google et le clic d'un internaute vers un des sites. Écrire un texte à trous et le déployer permet de disposer du même contenu sous différentes écritures dans différentes pages de différents sites. On diminue ainsi fortement le coût du rédactionnel dans la production du site.

Exemple de texte à trous trivial et pédagogique : La loutre {saute/plonge} dans l'eau du {lac/rivière/étang}.

On voit qu'on peut avoir plusieurs écritures de la même phrase. La loutre saute dans l'eau du lac. La loutre plonge dans l'eau *du étang*. On voit que certaines phrases supportent mal le spinning : *du étang* est certes compréhensif, mais c'est une faute. Ici, on aurait plutôt dû « spinner » {du lac/de la rivière/de l'étang} pour éviter la faute. Mais nous sommes dans un exemple pédagogique.

Google Panda traque les textes « scrappés » et « spinnés » *via* la détection de plusieurs signaux :

- Des textes mal écrits comprenant des fautes.
- La présence de textes à structure identique et dont certains ont des fautes de français sur différentes pages. Si on met en œuvre un détecteur de near duplicate content (voir la section consacrée au duplicate content) ou un analyseur de structure associé à un dictionnaire de synonymes, ce type de réécriture est aisé à détecter dans 90 % des cas (86 % très exactement selon un post de Google concernant l'efficacité de Panda V1.00 aux États-Unis).

Dans la pratique, un même texte spinné massivement voit peu de différence entre chaque phrase. Des algorithmes de near duplicate content permettent aisément de repérer automatiquement ces différentes phrases « uniques » dans différentes pages. Un algorithme complémentaire peut alors finaliser le travail de deux manières différentes et complémentaires.

Google indique que tout site ayant plus de 10 % de contenus supposés scrappés/spinnés selon Panda sera lourdement pénalisé. Pourquoi 10 % ? C'est simple : dans de nombreux métiers est employé un vocabulaire limité, donc le risque de textes accidentellement trop proches fera monter la détection de textes scrappés/spinnés à quelques pourcents. À partir de 10 %, Google écarte la possibilité de rédactionnels accidentellement trop proches.

Si en plus le site suspect affiche des publicités et des liens trop nombreux, il a le profil d'une ferme de contenu.

Conclusion : si vous avez besoin de différents textes présentant la même chose, faites-les réaliser par un humain et veillez à avoir des tournures de phrases distinctes. Spinner un texte de manière indétectable n'est pas à la portée d'un logiciel.

Pourquoi Google lutte contre les backlinks non naturels ?

Faisons abstraction pour le moment de la définition d'un lien non naturel. Notre propos est simplifié pour être à la portée de tout lecteur.

Selon Google, un site ayant des pages de qualité médiocre investissant dans des backlinks loués (des paid links dans le jargon du référencement) aura un meilleur positionnement qu'un site de qualité n'ayant pas de budget pour des paid links. Cette pollution jouerait contre la qualité des SERP. C'est possible.

En revanche, à qualité de contenu identique ou proche, un site usant de paid links de qualité sera mieux positionné que son concurrent. Est-ce que cela pénalise Google ? Non. La qualité en SERP est au rendez-vous. Mais le site naïf qui respecte strictement la politique Google sera, lui, pénalisé.

Il est évident que des budgets en paid links ne seront pas consacrés à des dépenses en Google AdWords, ce qui pénalise les recettes de Google, car les enchères monteront moins vite.

L'appel par Google à faire preuve « d'honnêteté » dans les backlinks ne peut être cru que par des naïfs, comme nous le verrons un peu plus loin. Le propos principal de Google serait plutôt de limiter ses dépenses en chasse au *spamdexing*, basé sur des paid links, et de maximiser ses recettes en liens sponsorisés. Plus il y a d'enchérisseurs, plus Google dégage de bénéfices.

Les paid links

DEFINITION

Paid link – euros ou pas euros

Selon Google (avril, puis mai 2007), un paid link est un lien en dur, non naturel, payé (loué ?) par un annonceur auprès d'un site dans l'objectif de fausser les algorithmes de Google en positionnement dans ses SERP.

Très exactement, *paid links that flow PageRank and attempt to game Google's rankings* (sources : http://www.mattcutts.com/blog/how-to-report-paid-links/ et de nombreux autres posts dans des blogs de Google). Matt Cutts est, *via* son blog, la « voix » officielle de Google pour tout ce qui touche à la lutte contre le spam et à ce qui est autorisé ou non en optimisation.

Google a aussi officialisé la définition du commerce de paid links *via* le site du support aux webmestres : *Buying or selling links that pass Page Rank is in violation of Google's webmaster guidelines and can negatively impact a site's ranking in search results* (traduction : tout achat/vente/location de backlinks qui transfère du Page Rank, et sous-entendu quel que soit le moyen de paiement : en euros, en dollars, par troc ou en avantages en nature va à l'encontre des recommandations de Google et peut avoir un impact négatif sur les PR d'un site).

La définition est très vague. Que signifie *lien payé* ? Payé en argent ? Payé *via* du troc de liens, backlink contre backlink ? Payé en nature ? Par exemple, « contre un article à publier tout prêt, tu me mets un backlink vers mon site ».

Certains experts du référencement recommandent, dans un ouvrage et dans des sites/forums, d'échanger des services entre sites d'entreprises : contenu, articles prêts à être publiés sur un journal en ligne très connu contre des backlinks.

Le troc sans factures échangées entre entreprises est interdit par la législation fiscale. Pire, si un des acteurs impliqués a un statut ne lui permettant pas la récupération de la TVA, c'est une fraude à la TVA passible de poursuites pénales. Certes, à ce jour les services fiscaux ne se préoccupent pas de ce genre de procédés.

Mais, outre cet aspect fiscal des backlinks, anecdotique pour le moment, de quel droit un contenu texte serait-il considéré comme dépourvu de valeur marchande et donc considéré comme un règlement sans valeur contre un lien, lui faisant ainsi échapper à la définition de paid link ?

Questions : quelle est la différence entre payer un backlink (qui devient donc un paid link) en euros ou le payer avec une marchandise prétendument sans valeur ? Quelle est la différence entre payer un paid link *via* une animation, un jeu, l'apport de clients à son réseau de distributeurs ou revendeurs pour inciter à la pose d'un backlink ou le payer en euros ?

Réponse : il n'y en a pas ! Toutes ces descriptions tombent dans la définition de Google d'un paid link. La quasi-totalité des campagnes de netlinking est donc du spamdexing selon la définition stricte de Google. Et celui-ci se réserve ainsi le droit à sanctionner tout site utilisant de telles pratiques. En avril 2012, une mise à jour de Google Panda a ainsi impacté de nombreux sites qui croyaient respecter les guidelines de Google. En fait, le jour où Google a pu les attraper grâce à ses nouveaux algorithmes, ces sites qui se croyaient en règle se sont pris des pénalités.

Question : quelle est la différence entre un paid link noyé dans un article écrit par l'annonceur lui-même (celui à qui profite le paid link) et un paid link posé n'importe comment ?

Réponse : le paid link noyé dans un article sera probablement cohérent vis-à-vis de l'URL visée, ce qui ne sera probablement pas le cas d'un paid link posé à la va-vite n'importe où dans un site.

ASTUCE

Détection de paid links flagrants

Le principe de détection des paid links repose sur des calculs mettant en évidence la non-cohérence des pages reliées par un lien. Par exemple, un lien entre un site de voiture et un site de recettes de cuisine est peu cohérent.

En attendant, sachez que Google détecte difficilement les paid links bien posés et cohérents. Avec la mise à jour de Panda en avril 2012 (nom de code Penguin), l'efficacité des liens va être encore plus élevée, les liens qui auront

ASTUCE

survécu à Google Penguin, bien sûr. Peu de liens de bonne qualité permettront d'arriver à d'excellents résultats. La qualité doit primer sur le volume.

Paid links ou pas ?

Pour le responsable d'un site se pose une question clé : paid links ou non ? Doit-il autoriser et mettre au budget des backlinks loués (peu importe le moyen de paiement – en euros, en marchandises ou en animations de réseau –, il faut payer pour les avoir) et donc être « hors guidelines » vis-à-vis de Google ? Voyons le pour, le contre et les positions intermédiaires possibles.

Quelles sanctions pour mon site si je loue des paid links ?

Elles vont de l'absence de sanction (cas général) à la désindexation (pour les gaffeurs abusant de paid links de mauvaise qualité, cas rarissimes sauf à poser depuis son site des liens retours vers des sites de paid links ou des fermes de liens).

Attention, un cas particulier et assez répandu existe : vous retournez un lien vers votre fournisseur de paid links. C'est dangereux. En effet, si votre fournisseur se fait attraper, le lien retour prouve que vous êtes lié à lui et des pénalités Google peuvent donc remonter vers votre site.

Depuis début 2009, Google pénalise théoriquement tout site pointé par un *bad link*. Cette politique s'est accentuée avec l'arrivée de Google Panda et surtout de Penguin. Néanmoins, cette politique présente une limite. Car, pour déstabiliser le positionnement du site web d'un concurrent, il suffirait alors de payer des bad links (des paid links évidents, par exemple) puis de dénoncer à Google le site ayant ces paid links pour qu'il soit sanctionné. En réalité, tout site ayant peu de bad links pointant vers lui ne reçoit aucune sanction. En revanche, un site pointé massivement par de nombreux bad links pourrait être pénalisé, surtout si lui-même retourne des liens vers des sites douteux. Nous verrons, dans la partie consacrée à Google Panda/Penguin, comment Google s'adapte en permanence aux évolutions des sites et change en permanence les niveaux de seuils ou de critères pouvant faire prendre des pénalités ou non.

Un site possédant des paid links identifiés et d'autres liens verra les paid links annulés ; il y aura d'éventuelles sanctions de Google contre le ou les sites ayant fourni les paid links. Certes, l'annulation des paid links va faire perdre des positions à vos pages dans les SERP sur leurs mots clés aux sites pointés par ces pages. Mais il n'y aura aucune mise en liste noire ou désindexation pour le site ainsi aidé par des paid links dont Google ignore le réel commanditaire.

ASTUCE

Google ne sanctionne pas un site possédant des paid links et d'autres liens

Pourquoi Google est-il si gentil avec un site louant des paid links ? Il ne lui inflige aucune sanction. Très simple, voici un exemple de scénario type qui expose pourquoi Google ne peut sanctionner le site soupçonné de location de paid links.

Le site A concurrence le site Z : les ventes de Z baissent. Z paye des paid links depuis les sites B, C, D, E pour faire la promotion du site A. Cela fonctionne... Z dénonce alors à Google ces paid links évidents. Si le site A bénéficiant des paid links était sanctionné par Google, cela signifierait que quiconque peut pourrir le référencement de ses concurrents avec juste un peu d'argent.

Difficile pour Google de s'engager dans une répression systématique contre les sites possédant des paid links. Cela créerait un nouveau marché : les tueurs de sites *via* des campagnes de paid links pourris. Pour conclure, ne fondez jamais une stratégie de référencement uniquement sur des paid links de mauvaise qualité.

Selon un post de Google, les sites vendant ou louant des paid links à d'autres sites risquent :

- une diminution du Page Rank de tout le site ;
- une annulation du Page Rank ;
- de se retrouver en liste noire.

Cela explique la discrétion des campagnes de netlinking et de paid link. Un bon paid link est entre autres un paid link discret.

Est-il facile de faire des paid links non détectables par Google ?

Oui et non. Si le backlink relie deux pages cohérentes en contenu et en thématique et appartenant à des sites totalement distincts et non suspects, Google ne peut pas automatiser de manière fiable la détection de ce paid link. Des chapitres expliquent techniquement plus loin le comment et le pourquoi ; et vous donnent ainsi les clés de la réussite d'une campagne de netlinking.

Un paid link sans cohérence entre page de départ et page pointée est facile à détecter, comme nous l'étudierons plus loin.

Google semble plutôt vouloir limiter les abus de paid link, ceux loués/achetés massivement pour impacter fortement sur le Page Rank et sur le positionnement. Mais, dans les déclarations de Google, toutes les formes de paid links sont incluses, ce qui explique la forme très large de la définition utilisée. Google peut ainsi agir à sa guise envers les sites web.

REMARQUE

La cohérence en backlinks prime, et elle est efficace !

Vous avez un site correctement référencé, mais vous avez un problème de positionnement : pourquoi freiner votre développement en ne faisant pas du netlinking de qualité ? Simplement, ne faites pas n'importe quoi n'importe comment. C'est ce qui fera la différence entre des liens évalués comme « naturels », même s'ils ne le sont pas, donc aptes à vous hisser dans les SERP, et des paid links flagrants qui gaspilleront vos ressources.

L'hypocrisie associée à la peur de Google concernant les paid links est la règle. Google incite à la délation. De nombreux acteurs jurent qu'ils n'en font pas. Ils ne sont pas payés en euros, enfin, officiellement. Ou alors non, ce que vous payez, c'est une inscription en annuaire, ou un droit à la diffusion, ou un droit à être bien placé sur le site, en haut de page avec un lien en dur, etc. Donc, vous trouverez peu de sites ou agences annonçant *ici on fait du paid link*. Mais il y en a.

Les paid links influent-ils seuls sur le succès de votre site ? Non. Si votre site n'est pas de qualité, s'il n'a pas un référencement bien fait, vous verrez que des paid links ne vous donneront pas un bon positionnement dans les SERP de Google.

8.4 Les faux avis positifs

Il y a trois sources principales d'avis :

- Google via Google Adresses ou Google Maps ;
- Facebook, *j'aime* ou *je partage* ;
- quelques sites d'avis comme Qype, Trip Advisor…

Les avis ont une influence sur le référencement. Il est bien tentant de tricher, voire de spammer les avis. Ce n'est pas si facile que cela.

Google Adresses

Le chapitre sur le référencement local détaille le poids des avis sur le référencement.

Au vu de l'influence des avis sur le positionnement et le référencement, obtenir des avis positifs bidonnés, du spam d'avis, donc, vient très vite à l'esprit. Ce n'est pas aussi simple que cela. L'avis doit être donné *via* un compte Google. La notion de crédibilité et les statistiques interviennent :

- Un simple compte Gmail ayant servi une fois pour donner un avis ou sans activité réelle sera une anomalie statistique parmi les millions de comptes actifs.

- Quant à utiliser un vrai compte actif pour donner de faux avis, le volume ainsi obtenu sera faible (quelques amis) face au volume potentiel d'avis réels arrivant *via* les internautes.
- Actuellement, peu d'internautes ont pris l'habitude de donner des avis. Mais leur volume augmente. De plus en plus d'internautes notent les prestations *via* Internet. Cela noiera les tentatives artisanales de flouer le système de notation de Google. Pour le flouer, il faudra réaliser des fraudes massives et donc plutôt visibles et détectables.
- Les traces numériques : *via* vos usages de Gmail et autres outils Google, vous laissez de nombreuses traces à Google de vos comportements. Et ceux-ci peuvent montrer des liens entre votre entreprise, vous-même et votre réseau. Par exemple, vous êtes le fournisseur de telle entreprise et vous mettez un avis positif. Bon, cela va passer. Mais, si tous vos contacts de vos cercles posent un avis positif, cela devient une anomalie statistique. Si vous disposez de plusieurs comptes Google, fatalement vous allez utiliser le même PC ou Mac pour vous connecter à vos comptes Google. L'adresse IP sera la même. Vous serez donc visible. Si tous les comptes connectés à une même adresse IP donnent des avis positifs sur la même entreprise, cela se voit tout de suite.
- La géolocalisation : Google connaît votre zone géographique. Ne serait-ce pas une anomalie statistique que de voir de nombreux avis positifs sur une entreprise à business local comme un plombier provenir d'internautes situés loin de cette zone ? D'Inde, par exemple ?

Il est possible de flouer Google. Mais ce n'est pas si simple et cela exige un bon niveau technique et une solide organisation. Certes, Google ne déploie pas encore une énergie importante à contrôler la qualité des avis. Cela viendra, tout comme le jour où il a décidé de faire le ménage dans Adresses une fois un certain seuil de l'utilisation de Google Adresses atteint.

La bonne approche pour une PME consiste plutôt à obtenir des avis réellement positifs de vos « vrais » clients. En les payant ou en les amadouant ou, encore plus simple, en travaillant bien, vous aurez des avis naturels et identifiables comme tels ! L'erreur à faire est de ne pas leur demander de poster une telle note et de leur faciliter la tâche en leur mettant à disposition un mode d'emploi ou un bouton à cliquer. Nous exposons ceci dans le chapitre consacré au référencement local.

Cette démarche n'exclut en rien d'initialiser les avis en demandant aux amis ou à la famille de les délivrer depuis leurs domiciles respectifs et leurs machines personnelles. Ce sera un début toujours utile. Si vos compétiteurs ont juste quelques avis, voire pas du tout, ce sera un premier pas de poids dans votre référencement local.

Google Plus et Google +1

Utiliser Google +1 nécessite de disposer d'un compte Google. On se heurte alors aux mêmes problèmes de contrôles que ceux évoqués à la section précédente consacrée à Google Adresses.

Google +1 a une influence sur le référencement. Un test qui consiste à poser des Google +1 sans aucune autre action montre une progression indiscutable du positionnement de la page sur son expression clé.

Facebook

Les profils *publics* des comptes Facebook sont accessibles à Google. Ce dernier n'a aucun accès direct aux statistiques de ces sites. C'est intéressant ! Exprimé autrement, cela signifie que Google devra évaluer la valeur des liens depuis l'extérieur. Il n'a aucun accès aux cookies de Facebook ni aux adresses IP de connexion à un compte Facebook.

Facebook encode ses pages en JavaScript afin de gêner au maximum les bots qui veulent copier les données affichées. C'est une technique efficace en général mais totalement inutile face à Google. Celui-ci décode tout JavaScript sur les sites stratégiques pour lui en sources d'informations comme Facebook.

Créer des comptes Facebook et les animer pour donner l'illusion d'une existence, voire faire poser un peu de backlinks pour leur donner de la consistance, vous donnera une source de backlinks de type paid link assez difficiles à détecter par Google.

En revanche, il vous faut chiffrer un tel travail. Animer des comptes Facebook en français coûte de l'argent. Il faut déposer du contenu régulièrement, obtenir des échanges avec d'autres comptes Facebook, réels ou faux, et ainsi donner l'illusion de la « vie » de ces comptes.

Ces techniques ne sont clairement pas à la portée d'une PME. Le coût est relativement élevé pour le bénéfice attendu et la pérennité de l'investissement. En effet, la montée en puissance de Google Plus pourrait affecter le poids alloué aux signaux issus de Facebook.

Qype, Trip Advisor et les autres…

Des sites permettent de donner son avis sur tel produit ou tel prestataire.

Trip Advisor est le numéro un mondial de la critique, positive ou négative, sur les hébergements de vacances en particulier (hôtel, camping, chambre d'hôte…) et les prestataires touristiques en général. Obtenir des avis positifs, pour un site web d'un prestataire de services dans le tourisme, permet d'obtenir deux sources de trafic :

- Le trafic d'internautes humains directement depuis le site lui-même.
- Les avis dans Trip Advisor sont repris par Google, et les avis positifs affichés par Google sur tel hôtel ou telle chambre d'hôte peuvent avoir une influence sur les clics depuis Google.

A priori, les avis autres que ceux déposés dans Google n'ont plus d'influence directe sur le référencement, ou alors elle est faible. Trop de spam et trop de faux avis sur ces sites ont tué leur crédibilité. Un humain peut différencier un avis bidonné d'un vrai avis. Coder et exploiter un tel robot logiciel représente un effort trop lourd pour Google, qui préfère probablement investir dans son propre système.

8.5 Résumé

Nous venons de voir différentes techniques de triche liées au webspam, permettant de flouer les algorithmes de Google pour obtenir le meilleur référencement possible. Seule la pose de backlinks « payés », c'est-à-dire en fait simplement « non naturels », de manière classique ou *via* réseaux sociaux, peut être indétectable, si c'est bien réalisé, aux algorithmes de Google.

Les backlinks considérés comme webspam portent rarement préjudice au site bénéficiant de ces « bienfaits » en SEO. Seuls les schémas évidents de réseaux de liens (les *link schemes*, dans le jargon Google) pointant un site précis ou les paidlinks ayant une évidence de connexion avec le site qui en bénéficie peuvent entraîner des pénalités de la part de Google. Utiliser avec habileté des paid links au sens Google du terme (des liens non naturels) n'entraîne pas de risque sérieux.

Publier en volume de faux avis positifs dans Google est très difficile car l'authentification obligatoire d'un compte Google permet à celui-ci de calculer les avis bidonnés et donc de les ignorer.

chapitre

9

Google Panda et Penguin

Sorti en 2011, Panda a pour objectif de traquer :

- Les fermes de contenus, c'est-à-dire les sites à contenu dits pauvres et destinés à flouer les algorithmes de Google d'une manière ou d'une autre. Ce sont en général des sites ayant des contenus issus des informations et pages volées à d'autres sites. Mais Panda traque aussi les autres formes de sites à contenus pauvres comme les sites satellites contenant des textes maintes fois réécrits, les blogs contenant ces mêmes textes maintes fois réécrits, etc. Pour résumer, Panda traque les tricheurs assez maladroits pour se faire attraper.
- Les pages de mauvaise qualité au sens Google du terme. Nous détaillons ci-après cette définition. Pour résumer, Google traque, dans les sites en général, les contenus n'apportant pas assez de valeur ajoutée.

Penguin, né en 2012, est spécialisé dans la traque aux multiples formes de paid link et autres liens non naturels destinés à flouer les algorithmes de Google. Donc, il traque non seulement les liens payés en euros mais aussi ceux obtenus par d'autres formes de paiement (échanges de bons procédés, texte contre lien, etc.) ou les liens prétendument externes et naturels issus de réseaux de sites et de blog artificiellement créés.

Un site de PME n'ayant pas ou peu investi en SEO semblerait à l'abri des deux « bestioles » de Google. Ce n'est pas exact. Même un site simple peut se avoir des ennuis. Nombre de sites de PME sont mal conçus et ont donné prise aux algorithmes Panda/Penguin de Google. Bien entendu, les sites de PME ayant touché maladroitement à des techniques de triche se retrouvent avec des ennuis divers et variés. En effet, de nombreux sites de PME ont investi dans des actions de netlinking ne respectant pas les règles Google, avec des échanges de liens maladroits, des poses de liens dans des annuaires, des liens retour vers des sites devenus suspects d'être des fermes de contenus ou/et des fermes de liens, etc. Quant aux sites ayant fortement investi en SEO depuis quelques années, eux sont carrément visés par Google sur la partie des pratiques potentiellement abusives. Des sites ont investi dans des réseaux de blogs maladroitement interconnectés entre eux et donnant prise à Penguin.

Nous allons commencer par expliquer la situation et les raisons pour lesquelles le marché en est arrivé là. Puis nous passerons aux tests et aux questions à se poser pour traiter au mieux avec les deux bestioles de Google.

Page de mauvaise qualité

Il est très déconseillé d'échanger un lien avec une page de mauvaise qualité et avec un site contenant trop de telles pages. Voici des critères permettant d'identifier une page de mauvaise qualité. Plus une page possède une de ces caractéristiques, plus elle rentre dans le territoire des pages de mauvaise qualité cherchant des ennuis auprès de Panda ou de Penguin :

- La page contient peu de contenu unique. Il y a un petit texte et tout le reste est composé de bandeaux ou de blocs répétés sur les autres pages du site. Dans le jargon SEO on appelle cela du *thin* content.
- Le français utilisé sur la page est de mauvaise qualité : fautes diverses en orthographe, en français…
- La page contient de la publicité, AdSense ou autre, peu importe.
- De nombreux liens externes quittent cette page.
- Un nuage de liens incohérents est présent.
- Sous IE doté de la barre d'outil Google, cette page est grisée (aucune allocation de PR).
- Le texte de la page semble avoir peu d'intérêt, il n'est guère compréhensible.
- Une recherche sur Google montre que le contenu de cette page est déjà présent dans d'autres pages d'autres sites.

9.1 Google des années 2010

Panda marque une forte évolution de Google. Face aux multiples critiques sur les qualités de ses résultats de recherche, critiques partiellement liées aux multiples spams pour flouer ses algorithmes, Google a mis en place un logiciel, Panda, censé régler plusieurs problèmes simultanément.

REMARQUE

Panda est un logiciel autonome et indépendant

Plutôt que de considérer Panda ou Penguin comme une évolution du moteur lui-même, nous le considérerons comme un ajout au fonctionnement de Google, un programme autonome. Ce qu'il est techniquement. Il fonctionne en autonomie, bien qu'il partage des données avec les autres programmes formant ce que l'on appelle Google. Il met en œuvre un algorithme spécifique que nous vulgarisons dans ce chapitre. Les anciens algorithmes sont toujours là. Panda ou Penguin sanctionnent un site dans sa globalité car ils traquent des sites en fautes lourdes. Les algorithmes classiques de Google indexent, trient, classent des pages contenant quelquefois des erreurs ou des maladresses, ce qui leur vaut des filtres et des pertes de positions sur leurs mots clés.

Le premier problème à régler par Google porte sur les différents webspams polluant les résultats de recherche. Pour comprendre, il faut approfondir le sujet du webspam et de ses multiples formes et objectifs. Le webspam prend deux formes : les contenus bidons et les liens bidons, tous destinés à flouer les algorithmes de Google.

Le deuxième problème porte sur la consommation de ressources pour traquer tout webspam. Cela coûte très cher. Le mode de fonctionnement de Panda et Penguin offre un gros intérêt pour Google. Ils consomment relativement peu de ressources pour une efficacité très élevée, bien plus élevée que l'ancienne approche de Google avant Panda/Penguin.

Le troisième problème porte sur le contrôle, la régulation et si possible l'élimination des *grey* et *black hats* SEO et autres référenceurs trop extrêmes selon le goût de Google. Ce sont majoritairement eux qui sont en pointe dans des techniques destinées à flouer Google. Google veut éliminer tout type de webspam, ou tout du moins ceux qui sont détectables car trop maladroits ou trop forts. Penguin et Panda ont donc impacté tout type de site dépassant certains seuils. Google ne veut pas faire de différence : petit tricheur ou gros tricheur, leurs sites seront sanctionnés.

Nous distinguerons deux types de SEO « extrêmes ». Il y a ceux qui utilisent ces techniques pour être éditeurs de sites rapportant des euros sous forme de publicités de type Adsense. *A priori*, ce livre ne s'adresse pas à leur métier ; il cible le métier de référenceur des sites d'entreprises ayant quelque chose à promouvoir ou à vendre, c'est-à-dire des sites ayant du vrai contenu à la base. Nombre de SEO même amateurs sont en fait des SEO « extrêmes » black ou grey hat sans même le savoir car ils enfreignent nombre de règles Google.

Vous vous apercevrez que les SEO sont en quasi-totalité des tricheurs selon Google y compris ceux… qui ne trichent pas. En effet, les règles de Google sont tellement floues et tellement « basses » et même contradictoires qu'il est impossible de référencer un site sans tricher (involontairement ou non). Cela explique de nombreuses mauvaises surprises sur des sites de PME n'ayant jamais utilisé de technique de webspam.

Penguin est un algorithme à côté de Panda, utilisant fort probablement la même architecture logicielle. Penguin est spécialisé dans la chasse aux liens non naturels sur les sites et réseaux de sites. Par exemple :

- Panda traque des techniques d'optimisation trop « poussées » telles que dissimuler du texte dans une page pour abuser le moteur.
- Penguin traque des techniques telles que poser des liens payants ou destinés à flouer comme un réseau de blogs interconnectés et qui mettent tous en valeur un même site.

Spam par scrapping et spinning

Le webspam de contenu prend de multiples formes et Google veut s'en débarrasser.

Le scrapping désigne le pillage de contenu. Du contenu volé peut se transformer en argent sonnant et trébuchant de différentes manières. La recette de base est simple :

- Le voleur copie les contenus de sites divers et variés, plus spécialement ceux de possesseurs de sites néophytes dans ces pratiques car ces sites sont encore plus faciles à piller et généralement d'excellente qualité, donc ayant une forte valeur. De plus, en allant vite, on peut le republier avant même que Google ne le découvre sur le site original et ainsi en prendre la paternité aux yeux du moteur : un comble !
- Le pilleur réorganise ces contenus. Par exemple, un *scrapper* vient de voler un contenu sur un site organisant des croisières en catamarans. Il va créer une page dans la rubrique bateau d'un site contenant tous les contenus pillés réorganisés. Ainsi, en quelques secondes, le site s'approprie un texte qui a demandé beaucoup plus de temps pour être rédigé.
- Ensuite, le site de contenus volés met en place un bon référencement et dispose des publicités dans toutes les pages. Le trafic monte et le site encaisse les recettes publicitaires. Les marges sont excellentes. Des robots travaillent et créent des recettes publicitaires grâce à du contenu pillé. C'est tout bénéfice.

Google a riposté en mettant au point des techniques simples capables de détecter les plagiats évidents nommés duplicate contents. Une évolution se crée pour améliorer le scrapping. Le contenu *scrappé* (pillé, donc) est réécrit pour éloigner les algorithmes de détection du duplicate content de Google. On dit dans le jargon que l'on fait du *spinning*. Un robot réécrit partiellement et plus ou moins bien le texte. Pour tenter de détecter de tels textes, Google utilise des algorithmes de détection de near duplicate content.

Voici un exemple réel et nettement plus évolué que la moyenne de scrapping et spinning, dont les noms ont été transformés :

- Une société américaine commande à une société française spécialisée le scrapping de tous les sites de bars, restaurants, lieux de sorties de New York.
- Le site « voleur de contenus » est organisé dans le sens de chercher le bar « qui vous va » à New York : bar à thème, restaurant romantique, musical, pas cher, près d'un endroit précis, etc.
- Au passage, les contenus sont partiellement *spinnés*, c'est-à-dire modifiés, réécrits par un robot logiciel, et les contenus pillés sont mis en page différemment. De plus, le scrapping a ramené différentes informations de différents sites pour un même lieu. Le logiciel mélange les informations concernant chaque lieu et casse ainsi encore plus les duplicate contents potentiels entre lui et les sites pillés. Il sème Google et ses pénalités de duplicate content.
- Le site est mis en ligne avec 40 000 lieux recensés. Une campagne de marketing et de SEO permet d'initialiser le trafic. La mise de fonds a été relativement faible par rapport au gigantesque travail manuel qui aurait consisté à écrire sur chaque lieu. Le trafic est là, les recettes publicitaires rentrent.

- Ce site n'est pas devenu une ferme de contenus et liens en charge de flouer Google. Ce n'était pas l'objectif de ses créateurs. En refondant adroitement les contenus copiés, il a réussi à éviter les ennuis avec Google et à se créer une situation « légale » et rentable sur le marché.

Le but de cette anecdote est de vous faire prendre conscience que toute une faune est à l'affût de vos contenus fraîchement publiés. Certains utilisent des bots qui scannent régulièrement vos sites pour surveiller vos nouvelles publications, d'autres passent un bot de temps en temps pour aspirer vos contenus, et les moins malins se contentent de copier/coller manuellement. Cela pose des problèmes SEO que nous devons résoudre :

- De référencement sur votre site si le pilleur se fait référencer avant vous sur vos propres contenus, ou si vous êtes en duplicate content sur vos propres contenus avec d'autres sites et que vos antécédents sur les textes ne sont pas clairement établis chez Google.
- De pollution de l'index de Google par des sites illégitimes offrant des sites publiant des contenus mal ficelés car pillés et réécrits automatiquement. Le but de ces pages est de bien se positionner sur de nombreuses expressions clés, de publier de nombreuses publicités mélangées aux textes réécrits pour capter 2 % de clics publicitaires. De nombreux internautes désappointés par leur arrivée sur ces sites de mauvaise qualité sont mécontents (perte de temps) et râlent pour la mauvaise qualité des résultats de recherche de Google.

Les possesseurs de tels sites composés de contenus scrappés peuvent aussi arrondir leurs fins de mois en déposant des virus ou chevaux de Troie en charge d'infecter vos PC ou Mac, et en louant des liens de type paid link pour flouer les calculs de Google. Quand le site est éventé, il ferme et un autre est créé.

La pollution grandissante des index Google par des pages issues des milliers de sites plus ou moins douteux a posé un premier gros problème à Google.

Un deuxième problème était déjà présent et lié au premier : gêner ou empêcher ou réguler les référenceurs « black hat ». Ce n'est pas le référenceur de sites de PME qui pose des problèmes sérieux à Google. Ce sont les référenceurs grey hat ou black hat qui flouent massivement les algorithmes de Google *via* des milliers de sites douteux orientés fermes de liens ou fermes de contenus. Les sites douteux plus maladroits se sont fait éjecter de l'index de Google. Mais nombre de référenceurs malins jouent efficacement au chat et à la souris avec Google.

Le cumul de ces deux problèmes a conduit Google à la conception puis à la mise en place de Panda puis de Penguin.

9.2 Panda ?

Vulgariser la base technique de Panda (ou de Penguin) est un exercice difficile. Nous allons essayer d'expliquer la base logicielle de Panda et ses différences par rapport aux anciens algorithmes de manière simple et à travers des exemples.

Un logiciel teste une condition. Par exemple, est-ce que le taux d'occurrence d'un mot clé dans un texte est supérieur à 20 % ? Exemple d'un title de page d'un site de robes de mariage : « Robes de mariées, robes de mariages, Robes de mariées, robes de mariages, Robes de mariées, robes de mariages ». Si le taux d'un mot est supérieur à 20 %, alors, cette page spamme sur ce mot et une pénalité doit lui être appliquée. Dans cet exemple, robe, marié, mariage squattent la quasi-totalité des douze mots de ce title. Cette page d'accueil envoie un signal négatif : peu de mots sont répétés dans une balise importante, donc elle spamme sur quelques mots clés. Réaction binaire de Google, la page est pénalisée (on alors qu'elle est *filtrée*) sur ces mots.

En mettant en œuvre des centaines de filtres binaires (je sanctionne, je ne sanctionne pas) se déclenchant au dépassement d'un seuil précis, Google a tenté de contenir durant des années les multiples formes de webspam. Les seuils sont ajustables au fil des décisions des équipes Google. Mais le comportement unitaire de ces filtres est toujours assez aisé à contourner pour un bon SEO informaticien. Ces multiples algorithmes ne communiquaient pas, ou mal, entre eux. Nombre de sites surnommés fermes de liens ou sites de scrap ou autres noms techniques ont lourdement participé à la pollution des index de Google, à petite ou à grande échelle. Les algorithmes classiques de Google détectaient et neutralisaient plus ou moins efficacement les moins bien codés. Mais il en restait beaucoup d'autres.

Panda est complètement différent dans son fonctionnement de détection et de gestion des suspects. Son principe de fonctionnement est le suivant :

- Les Google bots scannent les sites et les cartographies. Donc, sur ses serveurs Google dispose de toutes les informations sur un site précis : ses contenus, les liens entrants ou sortants, etc.
- Deux cents critères sont auscultés et mesurés en détail, dans la durée.
- Chaque critère se voit affecter un ensemble de « notes » en fonction de sa valeur par rapport à un ensemble de seuils. À chaque note correspond un point dans un graphe.
- Chaque critère a donc un nuage de points, chaque point correspondant à une note sur un aspect de ce critère. Par exemple, on peut noter sur différents aspects le texte d'une page : volume en mots, taux d'occurrence du mot le plus présent, etc.
- Quand un groupe de points passe une ligne rouge, les pénalités se mettent en place. Ce qui est à retenir est le fait que plusieurs valeurs ayant chacune passé un seuil donné déclenchent la réaction négative de Panda.

- Les niveaux de seuils de ces 200 et plus critères sont administrés par le logiciel lui-même *via* plusieurs sources. Quand des contrôleurs humains de Google notent négativement tel ou tel site, le logiciel Panda prend en compte les 200 critères dudit site. À force d'accumuler des informations sur les sites de webspam, le logiciel et ses règles construisent des groupes de valeurs caractérisant un site de webspam. Quand un site présente une signature identique à ce qu'il possède dans leur base de données, Panda ou Penguin le sanctionne.

  Par exemple, le logiciel va repérer qu'une proportion importante de ces sites classés en webspam ont une valeur de répétition de mot clé stratégique supérieure à x %. Si une page contient trop de répétitions d'un mot clé, le signal de ce site est négatif. Cela ne suffit pas à déclencher des pénalités. Mais, si ce site dépasse un taux d'y % de liens incohérents, alors, un autre signal devient négatif. Si les réseaux sociaux ayant des liens ou avis positifs vers ce site proviennent de comptes suspectés être des comptes factices à plus de z %, à nouveau un signal négatif est alors noté. Le cumul de ces trois signaux négatifs peut entraîner le déclassement du site entier sur une ou toutes ses expressions clés.

- En mathématique, un graphe de 200 nuages de points représente les 200 critères suivis et leurs valeurs respectives. Une ligne rouge passe au travers de ces points. Quand trop de points passent du mauvais côté de la ligne rouge, alors les pénalités se mettent en route sur tout le site et pas seulement sur les pages concernées.
- La ligne rouge évolue en fonction de l'apprentissage permanent des équipes Google. Chaque site classé en spam par Google voit Panda calculer les évolutions de la « ligne rouge ». Par exemple, tant de sites marqués en spam ont vu la courbe de leur *j'aime* de Facebook progresser par milliers sur une courte période de n jours. Les sites sur les mêmes thématiques non marqués en spam ont une courbe plus lente. Panda gère alors le niveau de progression des j'aime de Facebook. Si l'évolution est trop rapide, au-dessus de tel seuil journalier sur une période fixe, le signal est négatif. Suite à cette mise à jour d'un seuil de déclenchement, les sites qui étaient à la limite du nombre de seuils franchis basculent du mauvais côté de la ligne rouge, et ils se voient sanctionnés.

REMARQUE

Panda / Penguin : les algorithmes communiquent

Cet exposé explique que, une fois passés certains seuils sur un nombre donné de critères, le logiciel sanctionne tout le site. Cela revient à dire que les algorithmes cherchant chacun une technique de webspam précise communiquent entre eux. Le fait de réunir tous ces algorithmes à l'aide

REMARQUE

d'une structure commune améliore fortement les capacités de détection et de réaction de Google face au webspam.

Avant, ces problématiques étaient gérées par un ensemble de filtres. Désormais, c'est un logiciel unique qui gère ces problématiques. C'est bien plus efficace pour contrer les codeurs référenceurs capables de jouer avec les anciens algorithmes. En effet, s'il est aisé de leurrer un seul algorithme de Google, humainement il est difficile de le leurrer sur des dizaines d'algorithmes de Google, sachant que si on rate le coche sur quelques-uns, alors, Panda se déchaîne sur tout le site.

Prenons un exemple simple : une ferme de contenus est construite automatiquement. Fatalement, les programmes vont rater quelques pages. Auparavant, seules ces pages étaient pénalisées. Désormais, dès qu'un faible pourcentage de pages est mesuré par Panda, tout le site est sanctionné. Si ce taux dépasse 10 %, Google semble considérer que c'est une ferme de contenus et que ce site n'a rien à faire dans son index. Cela vous permet de comprendre pourquoi des sites de PME construits avec quelques maladresses peuvent d'un coup se retrouver avec une chute importante de trafic.

Un tel système, Panda, est impossible à gérer par un humain. C'est pour cela qu'il est automatisé. La ligne rouge évolue en permanence en fonction des marquages des équipes Google. Chaque site marqué en spam voit ses 200 critères et leurs évolutions dans la durée évalués et analysés, conduisant à de constantes mises à jour de la ligne rouge. Toute nouvelle pratique SEO black ou grey hat découverte voit sa description insérée dans Panda et donc automatiquement prise en compte.

Complétons les informations ci-dessus :

- Panda prend en compte des centaines de signaux, 200 d'après une des rares informations communiquées par Google. Il semblerait que c'est plus qu'auparavant. Le nombre de critères augmente au fil des versions de Panda. Ce qui complique de plus en plus la tâche des référenceurs travaillant manuellement ou avec une automatisation insuffisante ou avec trop d'objectifs. Poser 10 paid links indétectables peut être géré manuellement. En poser 10 000 implique de gros problèmes de qualité en textes spinnés, entre autres. Plus l'opération SEO est importante, plus elle laisse des traces détectables à Panda.
- Pénaliser un site plutôt qu'une page tient à la nature de Panda. Ce logiciel est là pour traquer les sites que Google appelle à faible valeur ajoutée, c'est-à-dire des sites de contenus siphonnés, mal réécrits, truffés de publicités ou de paid links, voire de virus ou chevaux de Troie. Panda traque aussi les sites utilisant partiellement des techniques de webspam, peu importe que ce soit accidentel ou volontaire.

- Il n'y a pas de réinclusion manuelle. Si Panda a sanctionné votre site, au possesseur du site de corriger les erreurs. Il sera réinclus plus ou moins progressivement et automatiquement d'après Google. Le même Google indiquait lors de la sortie de Panda 1.0 que tout site ayant 10 % de contenu en duplicate content serait rayé définitivement de l'index de Google. Bref, nous avons deux informations contradictoires de Google ! *A priori*, on peut en déduire qu'un site de PME pénalisé aura juste besoin de corriger pour être réinclus. Une ferme de contenus sera exclue à vie.
- Panda tire aussi profit des sites considérés comme des « modèles » de contenu. Par exemple, un site comme **lemonde.fr** publie des informations écrites essentiellement par ses journalistes. Ces textes ont globalement une forte valeur ajoutée. Les 200 critères suivis sur **lemonde.fr** sont pris en compte et participent aux calculs des seuils.

Une ferme de liens ou une ferme de contenus possèdent un ensemble de caractéristiques numériques typiques, une signature ou plutôt une empreinte digitale numérique typique de leurs missions. Bien codées, équipées d'un bon logiciel de spin, ces fermes de contenus laissent filtrer peu de signaux négatifs. Avec Panda, ces quelques signaux négatifs sont détectés et le cumul de ces signaux négatifs entraîne la détection du site comme une ferme de liens ou autres sites douteux. Une telle détection n'était pas possible avant Panda. Les fermes de liens ou de contenus voyaient quelques pages sanctionnées, les moins bien réalisées.

Un dernier point. En mesurant le comportement des internautes et leur usage de la fonction de blocage dans les résultats de recherche (bloquer ce site dans les pages de résultats), Google obtient pour Panda de nombreuses informations. Les internautes, peu satisfaits des fermes de contenus, ont souvent le réflexe de les « dénoncer » *via* un clic pour bloquer leur URL dans Google. Ces signaux négatifs sont pris en compte et peuvent aboutir à un contrôle manuel chez Google.

Un autre exemple : si, *via* Google Chrome, Google détecte que la majorité des internautes qui arrive sur un site le quitte aussitôt, c'est un signal négatif. En effet, les fermes de contenus voient les internautes quitter très vite le site. Bien entendu, une ferme de contenus capable de retenir les internautes n'enverra pas de signal négatif. Les internautes, satisfaits, n'enverront pas de signaux négatifs en bloquant l'URL du site.

Un article résume de manière relativement simple toutes les informations glanées sur Panda auprès de Google en 2011 : **http://www.seo-theory.com/2011/05/06/characteristics-of-the-google-panda-algorithm/**.

9.3 Penguin

Penguin est spécialisé dans les liens. Dans un premier temps, il examine les liens entrants à la recherche de dépassements de seuils traduisant une activité de liens en webspam. Penguin peut chercher dans le détail de vos liens entrants :

- **La nature de vos ancres** (les libellés des liens) : combien d'ancres différentes avez-vous ? Typiquement, vous aurez des ancres avec www.monsite.fr, monsite.fr, http://www.monsite.fr, monsite. Si votre nom de domaine diffère de votre marque, vous aurez aussi des ancres utilisant votre marque, etc. Bref, il y a une grande variation d'ancres dans vos liens entrants. Une faible variation traduit un possible netlinking utilisant la même ancre. Ce signal négatif seul ne peut pas déclencher l'ire de Penguin. Le problème se pose si vous avez trop de signaux négatifs.
- **La cohérence des sites de départ des liens** : localisation, thème, cohérence géographique… Le bon sens doit vous aider à trier entre les liens anormaux et les liens ayant un aspect « naturel ». Si le site d'un restaurant de Bordeaux vante les mérites des repas d'un site de croisière en Méditerranée, l'anomalie géographique est flagrante. De même, si le lien part d'un site web A vers un site B et que ceux-ci se partagent la même adresse IP, cela traduit une forte probabilité que les 2 sites se connaissent et que leurs liens échangés ne soient pas naturels.

Nous avons découvert dans un Google Webmaster Tools un message d'erreur signalant des balises title en double. Les deux URL signalées étaient strictement identiques excepté qu'une d'entre elles utilisait quelques lettres en majuscules ! Ce qui traduit un intérêt surprenant de Google pour l'utilisation des lettres majuscules ou non. Conclusion possible : la présence de lettres majuscules dans une ancre de liens permettrait de les différencier.

L'analyse des liens au sens large, c'est-à-dire en y adjoignant des liens « invisibles » mais bien présents, permet à Penguin de tracer des graphes très complets et de déterminer par exemple qu'un réseau de blogs est interconnectés et que chacun de ceux-ci fait la promotion d'un site précis. Cela caractérise un réseau de spam-blogs poussant des backlinks vers un site. Si le propriétaire des noms de domaine des blogs est le même que le site, il y a un lien entre les spam-blogs et le site, prouvant ainsi la relation entre les deux. Un même numéro d'adresse IP entre les spam-blogs et le site tisse un même lien d'appartenance entre le site et la fraude aux spam-blogs.

Les réseaux de spam-blogs, c'est-à-dire des ensembles de (faux) blogs faisant la promotion d'un seul site, présentent presque tous une même signature :

- Un ensemble de liens pointent vers les différents blogs.
- Les blog sont plus ou moins interconnectés entre eux.

- Dans les réseaux de spam-blogs très maladroits, le seul lien externe de ces blogs, sauf ceux qu'ils s'échangent entre eux, est un site précis qui récupère donc tout le flux de liens sortants avec le Page Rank associé. Parmi ceux qui sont un peu moins maladroits, le site en question représente 50% des backlinks sortants.

Il ne reste plus à Google qu'à annuler ces liens et à Penguin de mettre une éventuelle sanction sur le site bénéficiant de ce netlinking artificiel si le logiciel estime par exemple que le site et le réseau de spam blogs se « connaissent ».

D'autres éléments dépendant de Penguin peuvent valoir des ennuis à votre site :

- Trop de liens incohérents partent de votre site (par exemple : le site de votre restaurant à Bordeaux contient des backlinks vers des sites de poker, de Forex, d'escort girls, de casino, etc.).
- Trop de liens pointent vers des sites considérés comme des sites de webspam.
- Trop de liens sortants sont incohérents, car ils pointent des domaines d'activités trop éloignés du votre (un site de restaurant promeut un site de croisières …).

9.4 Êtes-vous une victime de Panda ou de Penguin ?

Votre site peut être impacté de différentes manières par des pénalités infligées par Panda ou/et Penguin. La première démarche à avoir en cas de *forte* chute de trafic est d'identifier l'algorithme en cause : Panda ou Penguin ?

Exemple face à Panda et à Penguin

Le site étudié étant un site en réelle production, il sera donc anonyme. Vous ne verrez ni le site ni son nom de domaine. Nous allons nous pencher sur ses statistiques.

ASTUCE

Identifier l'algorithme

Ces deux algorithmes de Google, Panda et Penguin, ne ciblent pas les mêmes causes de webspam (potentiel ou réel). Si vous vous trompez sur la cause de la chute de votre trafic, vous allez gaspiller du temps et des ressources à corriger un problème inexistant, ou qui en tout cas n'a rien à voir avec votre perte de trafic. Il est important d'identifier quel algorithme de Google vous pose problème. Pour rappel, Panda traque les contenus à problème, Penguin traque les liens (backlinks frauduleux).

Pour cela il faut connaître, *via* les déclarations de Google, les dates de mise en service d'une nouvelle version de Panda, de Penguin ou de n'importe quel autre algorithme d'une bestiole à venir. En avril 2012, Google a mis en ligne des mises à jour de Penguin et de Panda à des dates très rapprochées. Si votre trafic a chuté à ce moment-là, en avril, il vous faut trouver l'algorithme en cause, voire les deux.

À cette fin, on utilise Google Webmaster Tools. On doit connaître les dates des mises à jour des algorithmes de Google. Elles sont annoncées par Google, en tout cas pour celles qui sont annoncées :

- mise à jour Panda le 19 avril aux États-Unis, donc le 20 avril pour la France ;
- mise à jour Penguin le 24 avril aux États-Unis, donc le 25 avril en France ;
- mise à jour Panda le 27 avril aux États-Unis, donc le 28 avril en France.

Dans GWT, on prend **Requêtes de recherche**. Il vous faut maîtriser et comprendre certaines finesses de GWT. Donc, commençons par étudier le fonctionnement détaillé de GWT > Filtres.

GWT expose les requêtes d'internautes ayant déclenché la présence d'un des snippets de votre site web dans les pages de résultats de recherche. En corrélation se trouve la courbe des clics.

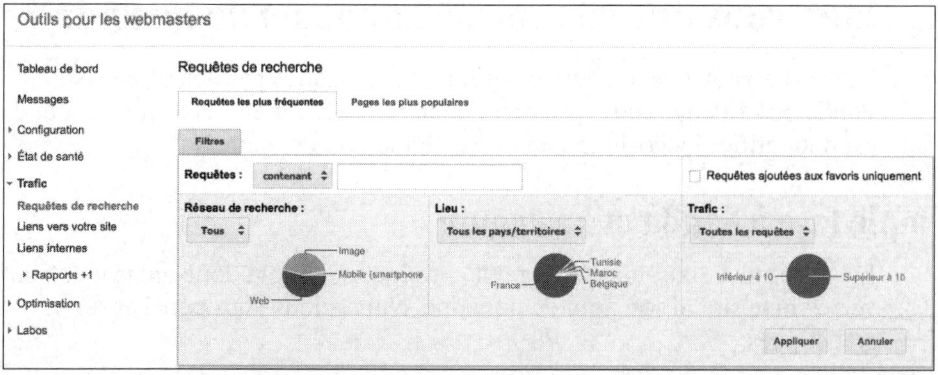

Figure 9-1 : *Filtres dans Google Webmaster Tools (GWT)*

Par défaut, Google expose ces informations avec les critères de filtrage **Réseau de recherche** : *Tous* (donc image, mobile, smartphone, Web, vidéo), **Lieu** : *Tous les pays* (sinon on peut choisir un pays en particulier), **Trafic** : *Toutes les requêtes* (sinon on peut filtrer en ne retenant que les requêtes ayant dépassé dix impressions par clic).

Le menu que nous obtenons en cliquant sur **Filtres** (voir capture d'écran) nous permet d'administrer ces critères, et nous allons en avoir besoin pour pouvoir disposer des bonnes informations.

GWT utilisé avec les valeurs par défaut cumule des informations potentiellement contradictoires. Exprimé autrement, ces courbes peuvent fausser notre analyse même si elles sont justes car elles ne sont que la somme d'autres courbes elles-mêmes fortement fluctuantes. Il nous faut donc affiner, et là, les priorités de votre site vont guider vos choix de critères.

Si vous avez un produit ou un service visuel, par exemple du design, les recherches *via* Google Image seront importantes. Sinon les recherches par le Web seront prépondérantes. Si votre business est destiné aux mobiles, les recherches *via* Google Mobile de votre site pourront être importantes. Il va donc falloir décomposer tout ceci.

Étape 1 : le trafic chute. D'accord, mais depuis quand et de quel réseau de recherche Google est-il issu parmi *Image*, *Mobile*, *Smartphone*, *Web*, *Vidéo* ?

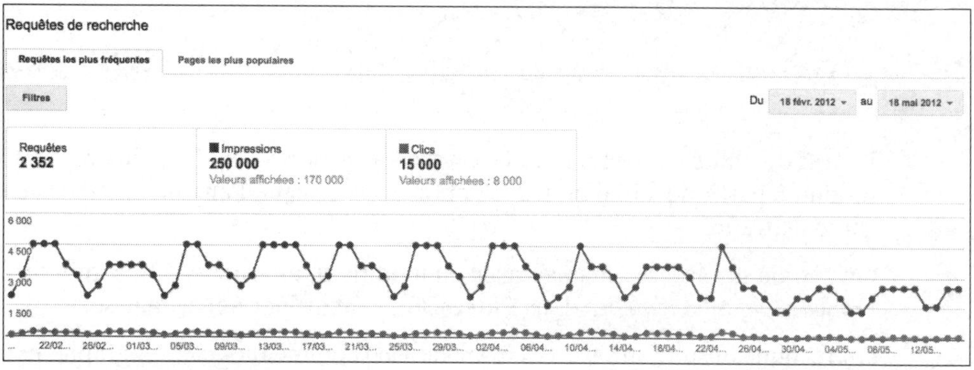

Figure 9-2 : *Trois mois de statistiques Google Webmaster Tools (GWT)*

La vision GWT sur trois mois de février à début mai 2012 dans GWT nous informe que l'on a une chute d'affichage dans les SERP de 4 500 à moins de 3 000 les jours ouvrés en avril 2012. Donc, oui, Panda ou Penguin ont frappé. Le volume d'affichage plonge, le volume de clics aussi. Ce site vient de perdre -33 % globalement.

Affinons. Quels sont les mots clés en cause ? Tous ? Certains dont les plus porteurs ? Cherchons les réponses dans GWT avec l'aide de la fonction **Filtres**. On reste en période mesurée sur trois mois (de mi-février à mi-mai) et on clique sur les mots clés les plus porteurs de trafic.

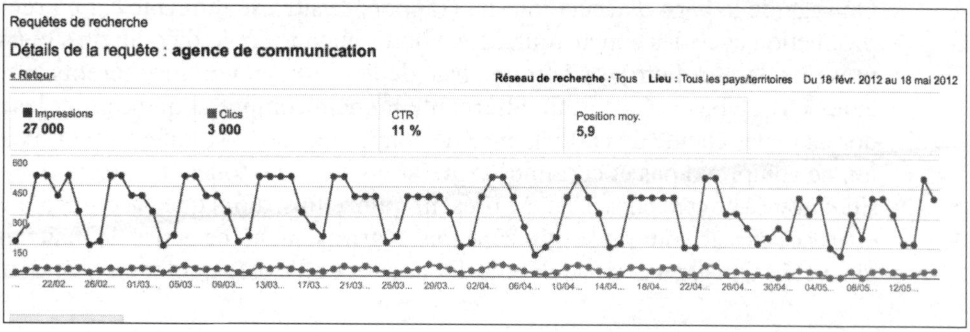

Figure 9-3 : *Trois mois de statistiques GWT sur Agence de communication*

Le trafic n'a pas franchement chuté sur l'expression clé Agence de communication. C'est néanmoins instructif. Si Panda avait tapé fort en considérant le site comme une ferme de contenus ou de liens, cette expression clé, la plus porteuse du site, aurait plongé.

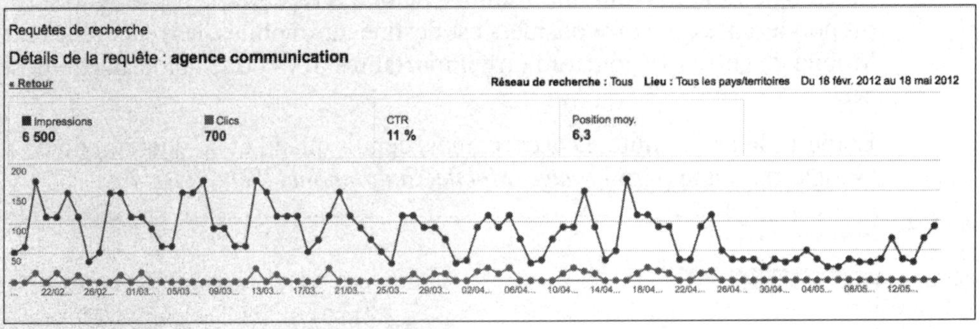

Figure 9-4 : *Trois mois de statistiques GWT sur Agence communication*

Le trafic a chuté sur l'expression clé Agence communication. C'est instructif. Cela s'est produit à partir du 25-26 avril 2012 et on nous désigne Penguin comme cause de la chute de trafic.

On zoome sur Agence communication en modifiant les critères. On clique sur *Web / France / toutes les requêtes* dans **Filtres**. On veut affiner notre analyse.

On reclique ensuite sur agence communication comme mot clé. Le graphe nous confirme que le réseau de recherche le plus important, **Web**, sur le territoire le plus important, **France**, voit le site déclassé sur cette requête très précise.

On peut voir que le trafic se met à remonter vers le 15 mai. Ce site semble être une victime collatérale car Penguin n'a aucun impact sur « Agence *de* communication ».

Google Penguin cible les pratiques de grey ou black hat genre paid links et autres liens non naturels. Il cible les sites d'où les paid links partent ET, indirectement, ceux dont les pages sont visées par les paid links ; en effet, un site perd les BL paid links annulés par Google à la source, donc il perd en SEO, c'est une conséquence logique.

On regarde la page d'accueil du site (rappel : ce site est anonyme car en réelle production avec des concurrents, etc. ; donc, aucune copie d'écran du site n'est présente dans ce livre), on voit une liste de liens totalement incohérents avec le site et les URL ciblées. Certes, un internaute humain comprend que ce sont les noms de domaine des clients de cette agence de communication. Manifestement, Penguin, lui, ne comprend pas et certaines expressions clés sont touchées. Autre défaut du site : Agence de communication est présent quinze fois, alors que agence communication et agence de com sont présentes zéro fois. Normalement, ce genre de mauvaise blague de Google a disparu depuis des années et n'existe quelquefois que sur les mots français communs avec d'autres langues. Le moteur sait ignorer un *stop word* comme de. Là, manifestement, cela lui pose un problème.

En continuant à chercher on trouve des courbes surprenantes et instructives.

Figure 9-5 : *Trois mois de statistiques GWT sur Agence de design*

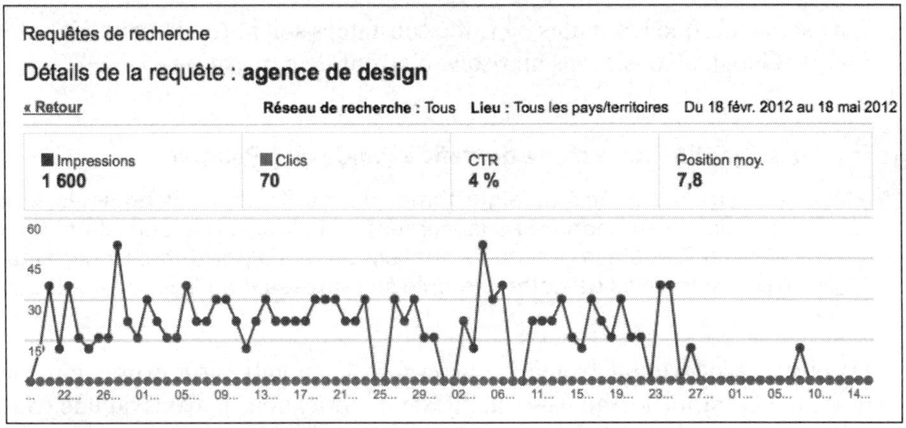

Le trafic s'effondre certains samedis et dimanches : c'est normal. Le 25 avril, il s'effondre et le 27 avril il passe à 0. Nous avons là un double ennui avec Penguin et Panda. Penguin a été mis à jour le 24 avril aux États-Unis (donc la chute du trafic du 25 avril peut lui être attribuée) et Panda a été mis à jour le 27 avril.

Une analyse des backlinks pointant vers ce site montre qu'aucun lien ne pointe le site avec agence de design. Les backlinks contiennent « agence », d'autres mots, puis « design ». La landing page de cette expression clé est une tête de rubrique, donc une page de niveau hiérarchique inférieur à celui de la page d'accueil. Il n'y a pas de backlinks pointant cette landing page avec agence de design en ancre et libellé de lien. Les erreurs et oublis constatés seront corrigés et un nouveau point sera effectué pour mesurer l'impact des corrections.

Figure 9-6 : *Trois mois de statistiques GWT sur « Design de produit »*

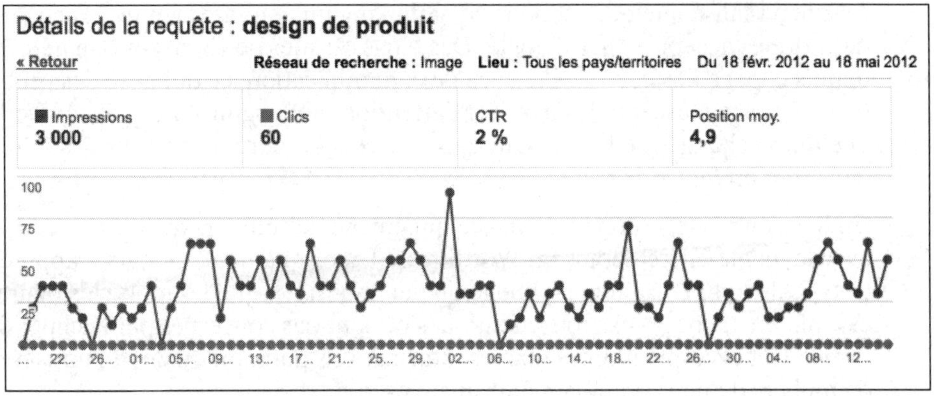

Sur Design de produit, la courbe s'effondre quelques jours sur la période du 6 au 9 avril mais il y a un samedi et un dimanche sur cette période. *A priori*, aucune mise à jour Google sur cette période ne serait en cause. Le 27 avril, Panda semble frapper et le trafic coule mais il se redresse très vite.

Il n'est pas sûr que les chutes de trafic constatées soient totalement liées aux mises à jour de Google. Nous avons un risque d'erreur de corrélation.

REMARQUE

Assignation de la chute de trafic à Panda ou à Penguin

Pour être assignée à un algorithme comme Panda ou Penguin, la chute de trafic doit correspondre au lancement de l'algorithme, et la chute devrait persister jusqu'à la prochaine application de l'algorithme. Or certaines expressions clés de notre exemple se redressent au bout de quelques jours.

De plus, ces algorithmes semblent taper fort. De nombreuses expressions clés passent à la trappe lorsqu'ils se manifestent. Or ici nous n'avons qu'une chute de 33 % ciblée sur des expressions clés très ciblées. Soit ces algorithmes sont désormais capables de cibler sélectivement, soit Google a eu l'idée de mettre en ligne des évolutions des algorithmes standard au même moment et nous courons après des chimères statistiques. Exprimé autrement, des liens suspects ont été éliminés par Panda ou Penguin de sites ayant des BL vers le site dont nous étudions les statistiques, et des positions se sont effritées suite aux pertes de backlinks neutralisés.

Il n'est pas certain encore que Penguin et Panda soient impliqués tous les deux directement à 100 %. Le suivi de l'impact des actions correctives sur les statistiques nous informera de la réalité de la mise en cause de Penguin ou de Panda comme sources des ennuis. Et nous allons avoir une surprise.

Nous avons dans le collimateur des causes d'ennuis avec Google Panda et Penguin. Le site a réalisé quelques actions de netlinking un peu sauvages et franchement hors des normes acceptées par Google. Des blogs ou sites de clients ont un lien en dur depuis la page d'accueil de l'agence de communication, ce qui pose des problèmes de cohérence (susceptibles d'attirer l'attention de Penguin). Le site a procédé à quelques échanges de liens « sauvages » et sans prendre de précautions. Pire, ces liens sont en *footer* de page !

En liens entrants, nous avons un site qui envoie des milliers de fois le même lien avec la même ancre depuis un WordPress. Théoriquement, Google n'apprécie pas ce type de lien. L'examen du libellé du lien montre… que les mots clés figurant dans ces milliers de backlinks tous identiques ne sont pas concernés par la chute de trafic ! Cet exemple montre que les informations pointant du doigt l'impact négatif de milliers de liens ayant la même ancre est à nuancer.

Une fois le ménage fait (retrait de tout ce qui est négatif), le référencement ne bouge pas. Il est toujours aussi mauvais. Un test simple montre que le site est en duplicate content avec tous les sites qui ont copié/collé ses contenus. La recherche de texte appartenant au site depuis des années voit apparaître dans Google des sites qui ont copié/collé ces contenus. Le site original, lui, est perdu au fin fond de l'index.

La réécriture de tous les textes améliore fortement le référencement. Il ne revient pas à son niveau antérieur mais remonte fortement.

Suite au passage de Penguin et de ses sanctions, le site original a perdu l'antériorité de tous les contenus où il a été copié. L'effondrement suivant Penguin était bien lié à Penguin et la seconde chute suivant celle de Penguin était issue des duplicate contents créés par les pénalités sur les contenus.

REMARQUE

Penguin déclenche des duplicate contents

Les sanctions posées par Penguin annulent votre antériorité sur tout ou partie de vos textes. Si vous avez été copiés, vous serez en duplicate content face à vos copieurs. Vous devrez réécrire vos contenus.

Victime directe

Il est assez facile de savoir si votre site est une victime directe de Panda. Voici quelques symptômes types.

Votre trafic est en chute libre en corrélation avec une date de lancement de mise à jour Panda ou Penguin. Google Analytics reporte un trafic d'internautes d'où a disparu du trafic *via* certaines de vos expressions clés, voire de toutes. Une mesure de positionnement confirme votre disparition des SERP de Google. Aucun doute, vous êtes une victime directe.

Votre Page Rank disparaît de toutes vos pages ou au minimum d'une bonne moitié de vos pages.

Vous étiez bien positionné grâce à Google Adresses sur une expression clé précise du genre location de bateau à <*Ville*>. Vous perdez votre place sur votre expression clé dans Google Adresses en même temps que la perte de position dans Google.

Si cela ne ressemble pas à cela, vous n'êtes pas concerné par Panda, mais par une évolution de Google hors Panda qui continue à évoluer. Vous pouvez avoir aussi les conséquences indirectes. Votre site n'a rien mais les sites qui vous pointaient avec des liens sont pénalisés et leurs backlinks ne poussent plus vos mots clés sur vos pages. Vous chutez en référencement et vous avez une baisse de trafic.

Victime indirecte

Un ou des sites pénalisés par Panda ont des liens pointant vers votre site. Ces liens vous passaient du Page Rank associé aux mots clés des ancres et du trafic direct d'internautes.

Le site pénalisé voit son Page Rank réduit à néant ou presque, et les liens que vous aviez sont annulés. Vous avez donc une poussée moindre sur vos mots clés et vous perdez des positions dans Google sur tous les mots clés impliqués.

Le trafic direct issu de ces liens passe à zéro ou presque car les internautes n'arrivent plus de Google vers le site pénalisé. Votre site perd du trafic là aussi.

Cela est ressenti si le ou les sites impactés par Google sont nombreux et qu'ils vous envoyaient des liens avec des ancres et des libellés incluant des mots clés. Par exemple, vous avez de nombreux backlinks issus de sites de type annuaire pratiquant *scrapping* et *spinning*, tous ces liens passent à néant et tout votre référencement s'en ressent négativement. Vous perdez des positions et donc du trafic.

9.5 Les cibles de Panda

Panda cible les sites manipulant les algorithmes de Google pour fausser les résultats de recherche *via* des contenus « pauvres ». Nous avons déjà vu que ces cibles possèdent des contenus à faible valeur ajoutée car pillés ou/et mal réécrits, ou maintes fois réécrits et donc très proches du texte original dans le cas de réseaux de sites/blogs en charge de booster le référencement d'un site.

Ces sites ont des tendances plus ou moins fortes à laisser des signatures numériques typiques.

- Il y a des duplicate contents ou des near duplicate contents en grand volume avec des centaines ou des milliers d'autres sites. Cela désigne un site de scrap/spin potentiel ou un site ferme de liens ou un site en réseau avec d'autres blogs et sites, tous en charge de pousser un ou quelques sites précis.
- Pour avoir du trafic, ces sites doivent faire du SEO. Les techniques de référencement de ces sites sont plutôt agressives et automatisées pour optimiser les coûts et ainsi doper la rentabilité. Les signatures de tels sites sont également assez typiques et, donc, Panda peut mesurer le comportement de nombreux sites de spam et calculer des comportements de webmestres. Disposant ses statistiques de « bons » sites, le cumul de différents signaux négatifs peut permettre la détection d'un site flouant Google pour obtenir du trafic.

- Trop de page ont un faible volume de contenus ou des contenus jugés « pauvres » c'est-à-dire en mauvais français.

Panda cible également les sites utilisant des techniques de webspam comme le cloaking, la dissimulation de texte à l'internaute, et d'autres techniques décrites dans le chapitre dédié au webspam et à la triche sur le SEO.

9.6 Votre site et Google Panda/Penguin

A priori, les sites de PME/PMI, c'est-à-dire la quasi-totalité des lecteurs de ce livre, ne sont pas concernés par la possession de fermes de liens ou de site de scrap et spin. C'est faux. Un pourcentage non négligeable de sites de PME/PMI est en réalité concerné. Ils le sont en cas de mise en œuvre de pratiques maladroites qui envoient trop de signaux négatifs à Panda ou à Penguin.

Votre site pouvant envoyer des signaux négatifs à Google Panda / Penguin, passons en revue les choses à vérifier et à corriger.

Trop de duplicate contents/near duplicate contents

Un duplicate content consiste en un texte identique sur deux pages différentes. Une seule page sera prise en compte par Google. Si les deux pages sont sur des sites différents, un des deux sites ne sera pas référencé sur l'expression clé de la zone en duplicate content.

Un near duplicate content est plus subtil. L'utilisation de mots importants et parmi ceux-ci des mots rarement utilisés dans deux paragraphes de deux pages différentes, en général de deux sites distincts, aboutit à un near duplicate content. Par exemple :

- La loutre grise saute dans l'eau de la rivière pour jouer avec une balle.
- La loutre grisée plonge dans l'eau de la rivière. Elle joue avec un ballon.

Ces deux phrases offrent un taux de ressemblance élevé. Si on élimine les verbes et les stop words, on trouve en commun : loutre, eau, rivière, balle et son quasi synonyme ballon.

Si dans la même page on trouve d'autres phrases aussi proches avec d'autres mêmes phrases dans la même page en concurrence, on obtient un near duplicate content. Deux phrases très, trop proches entre deux pages de deux sites distincts peut être acceptable, mais si de nombreuses pages de différents sites contiennent des variations proches de ces deux phrases, on obtient un ensemble en near duplicate content, donc un potentiel scrapping/spinning. Si tous ces textes suspects possèdent un lien vers un seul site, alors la probabilité d'un webspam est quasi certaine.

L'enjeu pour Google va être d'arriver à identifier de tels textes dupliqués n fois avec des variations faibles entre eux. Comme d'habitude, les tricheurs maladroits se feront attraper et les autres SEO Black hat continueront à courir.

Si vos contenus sont scrappés et spinnés (donc copiés, réécrits par un robot), il est alors possible et même probable que des near duplicate contents apparaissent entre le(s) site(s) copieur(s) et le vôtre.

Lors d'un contrôle, vous découvrez peut-être que votre site possède de nombreux contenus déjà présents sur d'autres sites alors que vous avez été le premier à les publier. Plusieurs choses peuvent aboutir à cette situation :

- Vous occupez une bonne place sur une expression clé recherchée comme agence de communication. Les webmestres de dizaines de sites d'agences de communication concurrentes copient/collent vos contenus en toute illégalité dans le vain espoir de disposer du même référencement. *A priori*, si vous avez fait indexer vos contenus avant qu'ils ne vous les volent, cela se passera bien. Ils seront pénalisés et pas vous.
- Un pilleur de contenu a copié/collé vos contenus dès leur publication. Là, c'est plus gênant. Il a peut-être réussi à se faire indexer par Google avant vous. Si c'est le cas, le plus simple est de réécrire votre contenu. Cela coûtera moins cher. Il faut juste se prémunir du vol de contenu. Nous traitons ce point dans une des sections suivantes.
- Vous avez accidentellement utilisé des tournures de phrases et des mots clés « uniques » d'un site déjà présent. Illustration réelle : dans le monde de la plaisance et des activités nautiques, de nombreuses entreprises ont adopté comme nom « Sud Plaisance » ou « Bleu quelque chose ». Ces entreprises ont toutes les mêmes activités : vente de bateau, location, réparation, sorties en mer, etc. Pour peu que ces entreprises soient dans la même zone géographique, elles vont utiliser des mots comme Méditerranée, Marseille, etc. Il est alors très facile d'avoir des near duplicate contents car des paragraphes entiers de chaque site utilisent les mêmes mots clés.

Se protéger contre le vol de contenu

On ne peut pas se protéger du scrapping. La bonne approche est plutôt de se faire reconnaître par Google comme premier éditeur de ce contenu. Voici l'approche :

- Il faut retarder au maximum le voleur de contenu.
- Il faut signaler à Google les nouvelles informations le plus vite possible.

Voici quelques algorithmes pour retarder le voleur de contenu.

Bloquer tout le monde sauf Googlebot

ATTENTION

Technique efficace mais dangereuse

Cette technique nécessite une compétence en programmation et elle exige un suivi parfait sous peine de gros problèmes avec Google.

On peut programmer en PHP l'acquisition du *user agent* de l'internaute demandant une page, c'est-à-dire quel est le navigateur de l'internaute.

- Googlebot répond « google bot ».
- Microsoft IE répond « IE », etc.
- Un scrapper habile va répondre par le nom d'un navigateur afin de se faire passer pour un humain et contourner ainsi des défenses antiscrapper.

On peut programmer un script PHP qui renvoie 404 à toute requête sauf si le user agent est Googlebot. Un tel programme est aisé à coder en quelques lignes, et nombre de copieurs de contenus seront bloqués par lui.

On peut améliorer en prenant en compte non pas le *user agent* qui pourrait être falsifié par quelqu'un voulant usurper une identité Googlebot, mais la plage d'adresses IP utilisées par Google.

Attention : pensez à retirer ce script au bout de quelques heures ou de quelques jours sinon vous serez considéré comme un tricheur avec des pages en *cloaking*. En parallèle il faut accélérer la venue du Google bot.

Une page invisible

Une autre astuce consiste à mettre la page en ligne sans qu'elle ne dispose de liens depuis votre site. Elle aura bien une URL en www.monsite.fr/nouvelle-page.html mais aucun lien ne sort de votre site pour la pointer. Donc, aucun bot d'un copieur de contenu ne pourra la trouver.

Vous signalez l'URL à Google. Deux techniques existent :

- **Signalisation manuelle** : seul vous et Google êtes au courant de cette nouvelle page (voir paragraphe suivant).
- **Mise à jour et soumission du** *sitemap.xml* **auprès de Google Webmaster tools**. Tout programme accédant à *sitemap.xml* identifiera votre nouvelle URL.

Le fichier *sitemap.xml* qui contient toutes les URL à soumettre à Google Webmaster Tools (GWT) doit être protégé, sauf de Google. La technique consiste à rendre provisoirement accessible ce fichier uniquement pour une liste d'adresses IP précises, celles des Google bot. Ainsi personne ne pourra vous pirater la nouvelle URL.

Google explorera votre nouvelle URL (page) et la prendra en compte avec ses contenus et la date d'exploration. Il n'y plus qu'à attendre un peu (de quelques heures à quelques jours) pour poser un lien de votre site vers cette nouvelle page, bref de l'intégrer dans votre navigation et ainsi de la rendre accessible à tous y compris aux voleurs de contenus qui auront un net retard sur vous et l'indexation du texte original dans Google depuis votre site web.

Faire explorer vos contenus par Googlebot

ASTUCE

Accélérer le passage de Googlebot

Pour protéger son contenu, on peut accélérer le passage de Googlebot sur la page mise en ligne et dont on veut protéger le contenu des pilleurs.

Dans Google Webmaster tools, *Etat de santé > Explorer comme Googlebot* donne accès à un menu d'où il est possible de signaler une URL et de demander le passage d'un Googlebot.

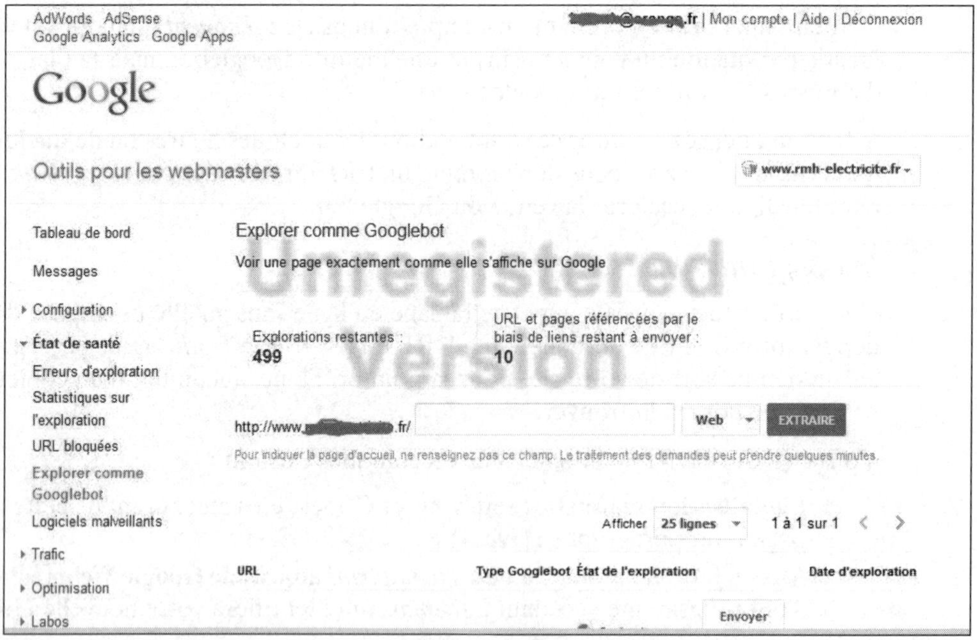

Figure 9-7 : *Webmaster Tools pour que Google explore vos contenus*

Résumons-nous : l'accès à vos données est bloqué sauf pour Google et, dans des limites raisonnables, vous pouvez soumettre à l'exploration de Google votre nouvelle page. Ensuite, vous débloquez l'accès à votre nouvelle page. Ces contenus seront identifiés comme les vôtres.

Trop de liens entrants avec la même ancre

Vous avez de nombreux liens avec la même ancre, c'est-à-dire le même texte de lien, provenant de nombreux sites différents. Ce comportement correspond à un site qui lance des campagnes de Link building à base de liens non naturels.

Il faut fortement nuancer ce critère. Google ne communique aucun chiffre sur ce qu'est « trop de liens à ancre identique » ni aucune autre information directement exploitable. Néanmoins, un exemple de ce qu'il ne faut pas faire est donné par Google dans un de ses posts. Il montre un site disposant de 3 500 backlinks avec la même ancre provenant de centaines de sites différents. Exprimé autrement, si votre site de PME possède quelques dizaines de backlinks avec la même ancre, inutile de vous inquiéter. Si, en revanche, vous cumulez des milliers de backlinks au fil des années sur votre site, vous devriez vérifier votre stratégie de netlinking.

Dans Webmaster Tools, *Trafic > Liens vers votre site* vous trouverez la liste selon Google des liens entrants vers votre site.

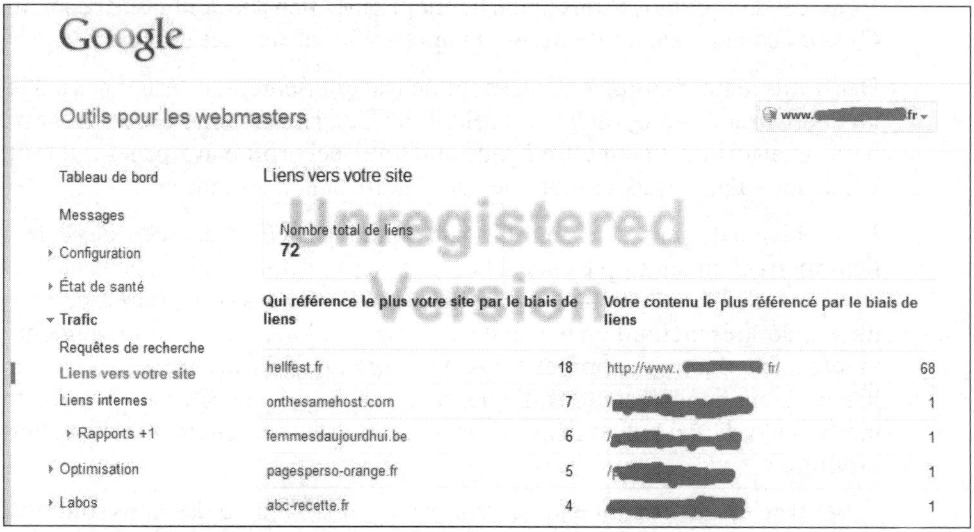

Figure 9-8 : *Liste des liens entrants vers vos pages*

Bien sûr, l'ancre **http://www.monsite.fr** peut être utilisée des milliers de fois, elle correspond à l'URL ; mais elle n'apporte rien en référencement. En revanche, il sera intéressant de varier l'ancre et la landing page de vos backlinks. Cela écartera toute suspicion des robots de Google.

Trop de liens sortants incohérents

Vous avez des clients et voulez faire un geste commercial, vous mettez un lien vers leur site depuis le vôtre. En accumulant, vous vous retrouvez avec des dizaines de liens quittant votre page « références » ou votre page d'accueil. Et ces liens sont incohérents avec le contenu de vos pages et la thématique de votre site.

Cela peut donner un air de page à paid link et vous attirer des ennuis. Détaillez pourquoi ce lien figure sur votre page en indiquant par exemple ce que vous avez fait pour lui et son avis sur votre travail. Cela personnalise chaque lien et assure un minimum de cohérence.

Limitez aussi le volume de liens sortants. Quelques liens, disons une dizaine, c'est bien. Plus peut commencer à émettre un signal négatif. La personnalisation de chaque lien permet d'éloigner Penguin. N'oubliez pas : trop de liens tuent le backlink, donc inutile de surcharger vos pages de liens sortants.

Échanges de liens, anneau, ring…

En anglais, Google appelle cela un *link scheme*. C'est-à-dire une stratégie de Link building violant les règles. Vous échangez massivement des liens avec d'autres sites. Voire ces sites et blogs vous appartiennent et les liens ne sont donc pas naturels. C'est un comportement de webspam apte à vous attirer des ennuis.

Des outils mathématiques permettent de tracer aisément les échanges à 3, à 4, etc. : un lien L1 relie A à B, un lien L2 relie B à C, un lien L3 relie C à A. Il est très facile pour un algorithme de mettre à jour que tout ceci profite aux pages qui font « tourner » Page Rank et mots clés pour leurs bénéfices mutuels.

Le problème devient ardu pour Google quand il s'agit de détecter des échanges de liens mettant en jeu trop de sites. Les liens sont noyés parmi les liens naturels et ils deviennent alors indétectables. C'est-à-dire que, si vous constituez à petite échelle un *ring* de sites mettant en jeu cinq sites et plus, alors, c'est potentiellement indétectable dans une approche directe. Faire une telle architecture pour un seul lien est compliqué et coûteux. Donc, cet anneau (*ring*) de sites va probablement mettre en œuvre d'autres liens échangés, et plusieurs événements risquent de se produire :

- Une erreur et l'anneau de liens est éventé. Si un ou des liens sont posés par erreur ou oubli de l'architecture, ils feront un court-circuit dans la logique des liens, le link scheme devient évident et Penguin va réagir.
- À multiplier les liens sortants des sites de l'anneau, les risques d'incohérences augmentent, la signature d'une ferme de contenus et/ou de liens commence à transparaître. Penguin ou Panda risque de réagir.

Les PME ayant mis en œuvre des architectures de sites/blogs interconnectées juste pour servir de fermes de liens à partir de leurs propres contenus spinnés vont être détectées et annulées si vous avez commis des erreurs. Et il est très facile de faire des erreurs en travaillant sans tenir compte des contraintes mathématiques liées à la théorie des graphes.

Pour éviter une détection évidente, chaque site (blog) satellite est autonome en tout point :

- **whois**. Les contacts de chaque site doivent être différents : nom, téléphone, e-mail etc.
- **Hébergement**. Ces différents sites ne doivent pas être sur le même serveur. Ils peuvent être chez un même hébergeur de grande taille comme OVH, mais ils ne doivent pas être présents sur le même serveur physique ou, au minimum, ne pas avoir la même adresse IP.
- **Outils Google** (Analytics, GWT ; et par définition, normalement, il n'y a pas de Google Adresses). Vous ne devez pas toucher à un de ces blogs ou sites avec une machine et depuis une box Internet servant pour votre vrai site ou d'autres blogs ou sites satellites du réseau. Un site fictif voit son Google Analytics utilisé depuis une machine ayant un n° IP et des cookies posés par Google dans son navigateur. Pour se connecter sur un autre compte Google, il faut changer le n° IP et purger tous les cookies. Changer le n° IP impose de changer de box à chaque connexion ou de passer *via* une clé 3G en s'assurant que l'opérateur ne vous réattribue pas la même adresse IP entre deux connexions.
- **Référencement**. AUCUN lien d'un blog ou site satellite de ce réseau ne doit avoir un lien vers un autre blog ou site satellite dans un premier temps. Ce site doit recevoir ses propres backlinks comme s'il était un site/blog en lui-même. Plus tard, on pourra calculer la pose de quelques liens, pas plus, entre ces blogs/sites satellites.

Les BL qui quittent chaque site ou blog du réseau :

- un peu (un sur dix au grand maximum) vers les pages profondes de votre site à référencer et entre pages cohérentes ;
- un peu vers des sites d'autorité comme Wikipédia et des sites majeurs faisant autorité dans votre métier ;
- un peu vers d'autres sites cohérents pris au hasard ;
- un peu vers des partenaires. Un partenaire pose un lien vers votre vrai site à référencer, un lien cohérent quitte votre blog ou votre site satellite pour aller vers le site du partenaire. Vous ne renvoyez jamais de liens vers ces sites partenaires depuis votre site à référencer. Vous ne renvoyez jamais de liens vers un site ou blog satellite, bien sûr.

Attention, un blog « caché », donc pas le blog officiel du site, qui distribue un tiers de ses liens vers le site à référencer et les deux autres tiers vers des sites d'autorité possède une signature typique de spam blog (*splog* dans le jargon). Ne vous laissez pas tenter par l'abus de backlinks vers votre site à référencer.

Chaque site/blog satellite doit vivre et avoir donc des mises à jour régulières qui vont lui permettre :

- de disposer de nouveaux contenus cohérents pour la pose de liens ;
- de montrer qu'il est actif.

Certes, un tel link scheme aura une efficacité limitée mais :

- Il sera indétectable par des algorithmes sauf erreur de votre part. Donc, ce qu'il produit comme appui au référencement est toujours bon à prendre.
- Sa faible efficacité ne sera qu'apparente. En effet, comme Penguin va empêcher des link schemes massifs bien plus efficaces d'exister, un link scheme de puissance faible comme celui-ci sera d'un poids nettement moins négligeable qu'auparavant. Tout est relatif.

Limiter fortement vos échanges de liens deux à deux (entre votre site et un site autre). Google a indiqué avoir une tolérance. Il suffit juste de ne pas la passer en restant raisonnable. De plus, donnez priorité à des échanges de liens vers vos landing pages.

Trop de liens et signaux sociaux arrivant trop vite

Google possède une solide base statistique. Si votre site se met à recevoir des centaines ou plus de backlinks et de signaux sociaux sur une courte période, trois possibilités s'ouvrent.

Un concurrent finance ces poses de backlinks et de réseaux sociaux pour tenter de corrompre votre référencement. Normalement, si aucun autre signal négatif n'est perçu, Google ignore ces phénomènes et se contente de neutraliser les liens incohérents.

Vous avez commandé ces campagnes intensives de pose de backlinks. Sauf habileté, une partie de ces backlinks proviendront de sites douteux ou seront incohérents. Vous venez soit de gaspiller vos ressources (comme indiqué ci-dessus, Google va annuler une grande partie du travail), soit de mettre Panda sur votre site car vous avez ainsi déclenché un dépassement de signaux négatifs.

Un événement exceptionnel est publié sur votre site, et tout le monde en parle. Tout le monde signifie une activité visible envers votre site par des milliers d'internautes naturels, donc un solide volume d'internautes considérés par Google comme fiables. Un pourcentage de ceux-ci va poser des liens sociaux vers votre site, tout en même temps. Il n'y a pas lieu de s'inquiéter. Ces nombreux liens et signaux sociaux seront positifs et propres. L'empreinte numérique d'un tel comportement est très différente de l'arrivée soudaine et non justifiée de milliers de liens sociaux commandés.

Le volume : là aussi, on parle en milliers de liens et de signaux sociaux. Si votre campagne de Link building porte sur quelques dizaines de liens et de signaux sociaux, c'est-à-dire ce que fait la quasi-totalité des PME, et si vous ne retournez aucun lien vers ces sources de backlinks, ne vous préoccupez pas de Google Panda ou Penguin. Ces volumes sont insignifiants, mais ils peuvent être suffisants pour un solide coup de pouce.

De même, si vous avez mis en place du Link building basé sur peu de liens mais de bonne qualité, là aussi Panda/Penguin sont incapables de vous remarquer. Les volumes sont trop faibles.

Français de mauvaise qualité

De nombreux textes générés par spin ont une caractéristique aisément identifiable : la mauvaise qualité du français. En effet, traduire automatiquement une page d'anglais en français montre très vite ses limites, ainsi que réécrire dans un autre français une page déjà écrite. Cela conduit à des phrases bancales en grammaire, voire en orthographe.

Google dispose des algorithmes pour détecter de tels contenus. La multiplication massive de textes rédigés avec de nombreuses fautes sur vos pages entraîne un signal négatif. Si vous avez un coin forum ou échanges dans vos pages, le volume de français approximatif sera limité par rapport au volume rédigé correctement. Cela ne devrait pas entraîner de signal négatif.

Trop de publicités par page

Si vos pages ont peu de contenu et beaucoup de publicités, alors, elles se désignent comme appartenant à un site à contenu scrap et spin.

Il est prudent d'équilibrer le ratio publicité AdSense et contenu publié. Une page doit disposer de vrais contenus (texte, images), si possible non repiqués sur d'autres sites. Si votre site sur la plupart de ses pages affiche 120 mots, 1 near duplicate content et 3 blocs de publicité AdSense par page, vous pourriez avoir des ennuis avec Panda.

De même, les emplacements de publicité ne doivent pas selon Google interférer avec la compréhension du contenu de la page. Google cible ainsi deux choses :

- les sites à faibles contenus et publicité perturbant les internautes ;
- les sites qui font cliquer par inadvertance les internautes dans des publicités rémunérées au clic comme Google AdSense.

Pour exprimer ce mécanisme autrement, si vous avez trop de signaux négatifs sur la qualité de votre page au-dessus de la ligne de flottaison (la partie toujours visible de votre site lors de son affichage dans un navigateur), alors, vous passez la ligne rouge sur ce critère. Si ce signal négatif se cumule avec d'autres signaux négatifs, vous pouvez avoir des soucis avec Panda.

9.7 Les signaux mesurés par Panda

La mesure et l'analyse de différents critères sont regroupées en un « signal ». Il résume la note de Google sur ces différents critères. Google communique un peu sur les signaux qu'il analyse dans Panda. Les référenceurs adaptent leur langage technique et adoptent cette notion un peu vague de signal.

La qualité du texte

Google indique clairement sa volonté de mieux comprendre les textes d'une page pour pouvoir mieux cerner et mieux mesurer sa qualité :

- rédactionnelle ;
- qualitative ; ce texte crée-t-il de la valeur ajoutée pour le lecteur ciblé par les mots clés de la page ?

Comme déjà exposé dans ce livre, une page affichant les horaires des cérémonies religieuses possède une forte valeur ajoutée pour les internautes ciblés par les expressions clés : « horaires de messes de l'église Sainte-Geneviève ». Ce contenu est unique et utile aux internautes concernés.

Les signaux correspondant à ces définitions ne sont pas détaillés par Google mais on peut en trouver au moins une partie. Les informations de cette page sont-elles présentes ailleurs sur ce même site ?

- La recherche de redondances et de duplicate contents permet de chercher les informations en doublon.
- La recherche de fautes de syntaxe et d'orthographe.
- La recherche de near duplicate content entre pages du site. L'usage de synonymes est également scruté.

Google pourrait par exemple constituer des abaques de volumes de contenus en fonction de la thématique de la page. Tel sujet consomme généralement X signes, Y photos. Une page sur le même thème plus courte en volume et avec peu ou pas de photo attire l'attention : anomalie statistique. La multiplication de ce type d'anomalies donne corps à un soupçon de contenu scrappé et spinné.

La mesure depuis Google de la fuite des internautes sur une page : un taux de rebond de 90 % indique une page inadaptée aux expressions clés auxquelles elle est référencée. La multiplication de ce comportement sur trop de pages du site conduit à un soupçon de spam. Ces comportements sont remontés vers Google par Chrome, la barre d'outils de Google, les entrées et sorties des internautes dans Google.

Concrètement pour éviter les ennuis avec Google ou Panda

Un contenu accessible *via* une page de recherche interne doit être composé d'un résumé unique et d'une description ne reprenant pas exactement le contenu du résumé. C'est d'ailleurs ce qu'on apprend : un résumé n'est pas une portion du texte, c'est un réel condensé de ce que contient le texte. Une page de contenu possède un texte solide, des photos, une mise en page.

La publicité

Elle ne doit pas être abusive comme déjà expliqué dans ce chapitre. Plus vous mettez de publicité dans vos pages, plus elle risque de trop perturber la perception de l'internaute. Google s'inspire d'Apple et de Steve Jobs : tout ce qui perturbe l'expérience utilisateur doit être banni. Vous risquez donc de voir votre site banni de Google.

La qualité de l'expérience utilisateur

Google se préoccupe de l'expérience utilisateur. Ce qui est une déclaration un peu vague. Cela signifie qu'un site ayant une mise en page particulièrement mal faite sera pénalisé par Panda. Quels sont les signaux traduisant une mise en page mal faite ?

- Peu de contenus et dispersés en divers endroits sur la page.
- Trop de menus. On peut exprimer cela en trop de liens sortants vers d'autres pages.
- Ces nombreux liens seraient dispersés en divers menus et nuages de liens contextuels.
- De la publicité Adsense ou autre, peu importe.

Vous obtenez une page ayant beaucoup de choses à afficher :

- Répétitives (menus divers et variés, promotions, multiples nuages de liens, bandeau graphique de haut de page, pied de page…).
- Ou sans intérêt pour l'usager (publicités de toute nature…).
- Un peu de contenu.

Une telle page envoie de nombreux signaux négatifs sur la qualité de l'expérience utilisateur. Si toutes les pages du site utilisent des gabarits aussi mauvais, le site aura des ennuis avec Panda.

La vitesse d'affichage

Un site affichant lentement ses pages envoie un signal négatif à Google concernant la qualité de l'expérience utilisateur.

DEFINITION

Une page trop lente à afficher

Il est souhaitable d'afficher une page en 1 à 3 secondes. A priori, Google tolère des vitesses d'affichage de 10 secondes (vous aurez des informations dans GWT). Au-delà de 10 secondes, commence une zone dangereuse pour le site.

Ce critère seul ne suffit pas à avoir des ennuis avec Panda. Mais combiné avec d'autres signaux négatifs, cela pourrait faire basculer Panda du mauvais côté vis-à-vis de votre site.

Les pages qui sont trop lourdes, car gavées d'images ; les serveurs surchargés, le codage HTML approximatif, sont à éviter autant que possible. Ne testez pas la vitesse de votre site en local, testez-le à distance et utilisez Google Webmaster Tools pour avoir des mesures.

9.8 Les signaux mesurés par Penguin

Penguin se concentre sur les liens non naturels. Voici une liste (non exhaustive) de liens non naturels ou au minimum suspects. Vérifiez votre net linking en conséquence :

- Un lien incohérent entre deux pages de deux sites distincts. Les deux pages traitent de sujets totalement différents. La répétition de ce type d'actions envoie un signal négatif.
- Le site d'une société basée à Lille vante une page d'une société basée à Marseille. Grâce entre autre à Google Adresses, il est très facile pour Google de détecter cet écart géographique ! C'est potentiellement suspect. Mais si ces deux sociétés sont dans des métiers strictement localisés comme artisans, un tel lien devient hautement suspect. Si un site en possède un ou deux, cela passe. En revanche, s'il en collectionne des dizaines, Penguin va se manifester. C'est un schéma de liens non naturels. Un site ayant une action nationale peut avoir des liens provenant de différentes régions de France. De nombreuses indications permettent à Google de différencier un site au business local, d'un site cherchant une audience nationale.
- Si de nombreux liens venant de sites extérieurs pointent une de vos landing pages avec exactement en ancre le title de votre landing page, c'est non plus suspect mais carrément la preuve qu'ils ne sont pas naturels.
- Une de vos landing pages reçoit des dizaines de liens d'un seul coup. Tous ces liens proviennent de sites déjà interconnectés entre eux. Là, Penguin peut tracer un réseau de sites et un lot de liens non naturels. Pire, si ces sites sont associés à des adresses géographiques différentes, on cumule alors l'anomalie

statistique de l'arrivée simultanée de nombreux liens à une incohérence géographique. En prime, les ancres sont toutes identiques. Ici le signal lien non naturel est vraiment élevé !

- Un lien sort d'une page qui contient des dizaines de liens sortants. Et vous avez un lien qui part de votre site ou d'un site proche (à un clic) vers la page d'accueil de ce site ; puis des dizaines de backlinks qui sont comme cela. Vous venez de signer numériquement un netlinking non naturel à Penguin.
- Un site vous envoie des milliers de backlinks. Google n'en retiendra qu'un seul.
- Vous avez des liens issus d'un réseau de blogs et de sites satellites. Nous avons abordé ce point précis plus haut dans ce chapitre.
- Des centaines de liens proviennent d'annuaires et autres sites à contenu pauvre. Si vous n'avez pas renvoyé vers eux de liens retour, ils seront simplement annulés. Si vous avez eu la mauvaise idée de placer des liens retour, vous serez impliqué dans un réseau de sites flouant Google.
- En interne dans votre site, vous avez des nuages de liens qui pointent vers tout et n'importe quoi. Étant donné le fait que trop de liens tuent les liens, c'est une pratique en contre-référencement dangereuse pour votre référencement. En plus, c'est un signal potentiellement négatif envoyé vers Penguin. Bien sûr, cela peut être la pratique d'un webmestre maladroit. Mais ajouté à d'autres signaux négatifs, cela peut vous faire passer un seuil auprès de Penguin. Les nuages de tags doivent avoir une taille limitée et les liens doivent être cohérents.

9.9 Les évolutions prévisibles de Panda

Manifestement, Google veut mieux comprendre le contenu des textes et ainsi pouvoir mieux évaluer le contenu d'une page et sa recherche de near duplicate content. À terme, Google va développer de plus en plus sa compréhension du contenu d'une page. Il pourra donc mieux détecter le spinning et les near duplicate contents.

À une requête d'internaute, Google ne veut surtout pas soumettre plusieurs fois le même texte spinné ou même identique. Il veut pouvoir afficher dix résultats uniques. Cela pose de nombreux problèmes tant à Google qu'aux sites web.

Pour Google, faire fonctionner des logiciels d'analyse de sémantique sur des milliards de pages dans des dizaines de langues pose actuellement un gros problème de ressources machine. Il va lui falloir améliorer les algorithmes pour qu'ils consomment moins et augmenter le parc de serveurs pour disposer de plus de ressources de calculs.

Pour les sites se pose la question des contenus trop proches tels les sites d'e-commerce commercialisant les mêmes produits, les sites d'agences immobilières proposant le même bien dans plusieurs réseaux, etc.

Ces sites sont déjà concernés par les duplicate contents. Il va leur falloir mettre en place de nouvelles gestions de contenu pour limiter le volume de duplicate content.

9.10 Double peine

ATTENTION

Double punition

Un site ayant subi les foudres de Panda ou de Penguin peut perdre son antériorité sur ses contenus. En clair, si quelqu'un a copié vos contenus, durant la phase de sanction, le ou les copieurs deviennent propriétaires des contenus en duplicate content. Lors de la remise en jeu dans Google de votre site, vous vous heurterez aux duplicate contents avec les ennuis qui vont avec.

Ces ennuis peuvent encore empirer si vous avez réalisé une campagne de netlinking avec des phrases très proches de vos contenus.

Exemple : Votre site fait de la location de voiture à Bordeaux. Vous avez fait poser depuis des annuaires et de nombreux sites des liens environnés de phrases comme « Dupont Auto, location de voitures à Bordeaux » ou bien « Dupont auto location à prix raisonnables de voitures récentes ». Or, votre site contient lui aussi ce type de phrases. Lors de la campagne de netlinking, Google a éliminé les liens trop maladroits. Donc votre site n'a pas souffert et une partie de vos liens et textes utilisés pour le netlinking se sont retrouvés en duplicate content et donc écartés de l'index de Google.

Mais là, votre site est suspendu. Vos textes et liens de netlinking deviennent les propriétaires de vos textes et des mots clés utilisés. Votre site se heurte à un mur de duplicate contents.

Mais il y a pire : il va être difficile de réussir à le repositionner sur Dupont Auto, location de voitures à Bordeaux. En effet, réussir à réécrire des textes nécessitant ces mots clés va être difficile sans recréer un duplicate content ou un near duplicate content donnant l'impression d'un spinning !

ATTENTION

Ne pas confondre

Une fois sorti des ennuis de Panda / Penguin, votre site peut enchaîner avec des ennuis issus des autres algorithmes de Google. Vous avez alors l'impression que vous êtes toujours dans les ennuis liés à Panda / Penguin alors que ce n'est plus le cas.

Si votre site revient sur certaines expressions clés et pas sur d'autres, alors il est fort probable que vous êtes sorti des ennuis avec Panda / Penguin pour vous heurter à d'autres problèmes liés aux conséquences. Le duplicate content avec des copies de vos contenus est probablement en cours et cela pénalise votre site.

9.11 Résumé

La base logicielle servant à Panda et à Penguin est bien plus performante et efficace que les anciennes approches anti spam de Google. Clairement, les sites maladroits en SEO ont rencontrés des problèmes. Les paidlinks grossiers ont été identifiés.

Le scrapping et le spinning sont des enjeux importants pour les référenceurs « black hat » et pour Google qui veut s'en protéger. Protégez vos contenus contre les voleurs vis-à-vis de Google.

Comprendre comment fonctionne ces algorithmes de Google vous permet de modifier votre site si celui-ci a des problèmes.

Une méthode vous permet d'identifier lequel des deux algorithmes, de Panda ou de Penguin (si ce sont eux qui sont en cause), perturbent, ou non, votre référencement. Vous pouvez ainsi consacrer vos efforts sur le bon problème.

Attention à la double peine. Être sanctionné par Penguin ou Panda peut vous attirer des ennuis avec les algorithmes de Google. Il ne faut pas confondre ces ennuis avec ceux directement issus de Penguin ou Panda.

chapitre

10

Les pages absentes ou mal positionnées

De nombreuses raisons, quelquefois complémentaires, peuvent empêcher vos pages d'être présentes dans l'index du moteur de recherche ou alors d'être très mal positionnées.

Nous pouvons diviser ces raisons en plusieurs familles :

- *C'est volontaire de votre part* ; vous ne voulez pas faire indexer certaines pages de votre site.
- *Blocage technique* : le bot de Google ne peut accéder à la page. Donc il ne peut la cartographier et les algorithmes du moteur ne pourront l'évaluer pour la positionner. Elle est absente de l'index.
- *Liste noire* : une maladresse quelconque ou une action délibérée de webspam a envoyé votre site en liste noire via Google Panda ou Penguin.
- *Duplicate content absolu* (acronyme : *DC absolu*) et les formes de désindexation associées : c'est l'erreur la plus courante. Votre page n'est pas assez originale en contenu pour être prise en compte par le moteur pour différentes raisons. Certains mots ou toute la page sont désindexés. Un DC absolu est un copier/coller d'une phrase, d'un paragraphe voire de toute une page vers une ou plusieurs autres. Exemple : un site de l'État publie les textes de loi sur la défiscalisation immobilière par exemple. Tous les sites qui vont reproduire ce texte tel quel dans leurs pages verront chacune de ces pages désindexées.
- *Duplicate content par similitude* : (*near duplicate content*) deux textes différents parlent du même sujet avec les mêmes mots dont certains sont des mots-clés significatifs de type entités nommées (noms propres, noms de lieu…). Passé un certain seuil, Google considère ces deux textes différents comme du DC et applique des filtres au copieur supposé, voire aux deux pages. Exemple issu d'un cas réel : deux sites concurrents de deux sociétés localisées dans la même grande ville et exerçant quasiment le même métier ont de fortes similitudes dans les textes et dans l'usage des mots-clés. Pire, une de ces deux sociétés a le mot bleu dans sa raison sociale et l'autre a le mot blue. Le nouveau site de la société bleu se retrouve avec de nombreuses pages filtrées sur de très nombreux mots-clés. Il est le plus jeune des deux sites. Il lui faut retirer tous les mots bleu de toutes les pages en le remplaçant par la simple lettre B et choisir avec soin les pages où le nom de la ville apparaît. Les filtres, ou tout au moins une bonne partie d'entre eux, ont quitté les pages du site en quelques semaines. Cet algorithme cible les fermes de contenus traquées par Google.
- *Erreur de codage informatique* déclenchant différentes formes de webspam et les réactions conséquentes de Google : désindexation, duplicate content ou liste noire.
- *Optimisation trop agressive* : des raisons diverses et variées sont à l'origine d'une telle optimisation, par exemple le webspam de petite échelle ou des maladresses, pouvant jeter le doute sur votre page. La réaction de Google face à ce type de page est de lui appliquer des filtres, autrement dit de la

déclasser par rapport à son positionnement réel si cette même page était exempte de ces problèmes. On interprète ces filtres comme des pénalités. Elles se retirent automatiquement dès que le problème est corrigé.

Nous examinerons ces différents cas, un par un, dans ce chapitre.

Une autre cause peut entraîner des pages mal positionnées. Votre site est correctement placé sur vos expressions-clés et d'un coup c'est le plongeon voire la disparition.

Plusieurs causes complémentaires sont en général à l'œuvre :

- Une mise à jour de Google, par exemple l'arrivée de Google Panda durant l'été 2011 et sa mise à jour en novembre 2011 sur la gestion des contenus dynamiques.
- Google dépense avec minutie ses ressources informatiques pour évaluer un site. Votre site a passé un seuil en anomalies statistiques sur critère et un contrôle plus sérieux de vos pages identifie des optimisations trop agressives ou une triche ou une maladresse non encore détectée.
- Un site vers lequel vous avez un lien devient un site à problème selon Google et vous devenez suspect.
- Des sites ayant des backlinks vers vos pages sont déclassés, typiquement suite à la mise en service de Google Panda / Penguin et de sa chasse aux liens non naturels comme ceux issus d'annuaires bidon à faibles contenus ajoutés. Vous perdez alors le bénéfice de ces liens et votre référencement chute alors.

10.1 Empêcher une page d'être indexée

Plusieurs raisons peuvent entraîner la décision du webmestre d'interdire à une ou des pages de son site d'être présentes dans l'index d'un moteur de recherche. En voici une première : la sécurité informatique. Google indexe tout, vraiment tout. Il exploite le moindre lien que ses bots trouvent.

Un exemple parmi des centaines : des entreprises et des universités ont vu le répertoire des e-mails non encore envoyés être indexé. Pour consulter de très nombreuses informations confidentielles, il suffit de saisir dans Google le mot-clé précis que l'on trouve dans de tels répertoires. Je n'en dirai pas plus dans cet ouvrage consacré au référencement et non à comment hacker la messagerie d'une entreprise.

La SERP renvoie alors des milliers d'entrées. Chacune renvoie les informations suivantes : le texte de l'e-mail, la pièce jointe, l'expéditeur, le destinataire, le répertoire utilisé par le serveur…

- Les informations sur le répertoire permettent d'aller le scanner toutes les 10 secondes, par exemple, histoire d'aller prélever une copie de tous les e-mails en partance. En effet, un e-mail quitte votre PC et attend de quelques secondes à quelques minutes sur le serveur avant d'être expédié. Un scan régulier et rapide permet d'avoir une copie de presque tous les e-mails émis par un serveur.

- Il devient possible de récupérer les e-mails des expéditeurs et destinataires. C'est idéal pour préparer un envoi de spam. Les listes d'e-mail se revendent assez bien sûr le Net, surtout si elles sont récentes.
- Les contenus des e-mails deviennent accessibles. Ces informations sont précieuses pour tout concurrent de l'entreprise en question : affaires en cours, clients, prospects, prix, codes d'accès à des comptes bancaires ou autres, etc. Peu importe ce que le pirate vole via ces e-mails. À partir de ce qu'il a, il pourra vendre les informations directement (l'origine frauduleuse n'est pas dissimulée) ou sous forme d'une étude prospective avec des prospects ayant de vrais projets ou d'une détection de projet ou n'importe quoi qui masquerait l'origine frauduleuse.

Bref, il y a de nombreux usages de Google ou d'outils conçus pour appuyer le référencement qui peuvent être détournés pour aider les hackers en herbe. *Googler* (barbarisme signifiant *utiliser Google*) pour pirater des informations est un usage commun sur le Net.

Le seul moyen d'empêcher cela est d'utiliser à bon escient les outils interdisant à Google ou à qui que ce soit d'aller fureter dans les répertoires confidentiels.

Un vrai hacker n'utilisera pas Google ou rarement. Il utilisera des scanners "professionnels" pour chercher les points faibles d'un site, de sa messagerie, de son hébergement ou de son codage informatique pour les exploiter et les monétiser. Google se comporte juste comme un scanner d'entrée de gamme. Il faut donc bloquer l'accès des répertoires critiques contre tout ou presque, pas juste aux bots de Google. C'est ce que nous allons voir, même si c'est à la limite du hors sujet par rapport au référencement.

Sous Linux et Apache, il est recommandé de lire le bon usage des fichiers *.htaccess* et *.htpasswd*. Un bon agencement des répertoires et de ces deux fichiers vous placera sous la protection d'Apache ou du noyau Linux de votre serveur, ils sont bien plus difficiles à pirater que vos répertoires dans votre site Internet, où ils sont potentiellement sans défense ou presque.

D'autres raisons existent pour bloquer Google dans l'indexation des pages d'un site, en voici deux courantes, parmi de nombreuses autres :

- Un répertoire contient la prochaine version du site. Il est inutile de donner accès à Google dessus et de lui fournir des motifs à duplicate content ou pire.
- Des pages sont en duplicate content. On bloque l'accès de Google sur ces répertoires et pages pour désamorcer tout risque de pénalité sur les vraies pages en ligne.

ASTUCE

Bloquer l'accès de pages à Google

Le paramétrage du fichier *robots.txt* permet d'administrer les droits d'accès des moteurs sur les différentes parties d'un site, depuis un seul fichier. C'est simple et aisé à mettre en œuvre.

La balise meta robots permet de gérer les droits d'accès directement dans une page. Cela facilite l'automatisation par script PHP ou la mise en place d'exception au niveau d'une page.

Bloquer totalement un répertoire

Google peut passer outre vos déclarations de non-accès, tout comme un scan de hacker, à vos répertoires. Le plus simple et le plus prudent consiste alors à interdire à quiconque l'accès à ces répertoires.

Le principe est le suivant :

Vous positionnez un fichier *.htaccess* dans le répertoire à protéger (dans notre exemple ce serait le répertoire du back office de monsite : */htdocs/monsite/admin*). Ce fichier déclare :

```
AuthUserFile /htdocs/monsite/admin/pass/.htpasswd
AuthGroupFile /dev/null
AuthName "ACCES SECURISE MONSITE 3MdigitPmic"
AuthType Basic
Require valid-user
```

- AuthUserFile : indique où se situe le fichier contenant le nom de chaque personne ayant le droit d'accès à ce répertoire (là où est déposé le fichier *.htaccess*). Très important : ce fichier est toujours dans un répertoire dédié. Ne jamais le mettre dans le même répertoire que le *.htaccess*.
- AuthGroupFile /dev/null : pas de gestion de groupe d'utilisateurs dans cet exemple.
- AuthName "ACCES SECURISE MONSITE 3MdigitPmic" : affiche ce message et une demande de login/mot de passe à tout internaute essayant de s'introduire dans le répertoire. 3MdigitPmic est un pseudo mnémotechnique permettant de se rappeler un mot de passe sans avoir à fouiller dans ses archives. Ici : *999michel* serait le mot de passe induit (3 digits maxi = 999 et Pmic, prénom Michel).
- Require valid-user : seuls les internautes définis dans le *.htpasswd* ont le droit d'accès à ce répertoire.
- Le répertoire */htdocs/monsite/admin/pass/* contient deux fichiers :

- *.htaccess* contient une seule ligne : interdiction à tous sauf Apache d'accéder à ce répertoire et à ses fichiers.

```
Deny from all
```

- *.htpasswd* liste les usagers autorisés sous la forme d'un mot pour le login, du séparateur deux-points (:) puis du mot de passe crypté.

```
Michel :105Ghk231T.vVd2
```

Cette architecture simple vous protège des scans et des attaques liées à la détection de failles dans votre hébergement.

Le répertoire à protéger invoque un accès par login/mot de passe. Seuls Apache et les internautes autorisés y ont accès. En d'autres termes, les données contenues dans ce répertoire, par exemple des scripts PHP, des fichiers de configuration, des pages HTML peuvent être utilisées par votre site, mais elles sont directement inaccessibles à un internaute lambda.

Le fichier des logins et mots de passe est dans un sous-répertoire interdit à tous, sauf Apache, permettant ainsi l'usage de ce fichier.

Les deux répertoires se protègent l'un l'autre et bloquent tout accès à tout scan ou bot de moteur. C'est bien plus efficace qu'un *robots.txt*.

robots.txt

Ce fichier doit être placé dans la racine de l'hébergement du site.

Il ne doit pas contenir de ligne blanche (vide de tout caractère).

REMARQUE

Le fichier robots.txt ne remplace pas le fichier *.htpasswd*

La politique de sécurité contre les pirates et autres intrus se gère via les 2 fichiers en *.ht**. Le fichier *robots.txt* est utilisé pour canaliser le travail des robots et ne constitue en aucun cas une quelconque défense contre un hacker. Le répertoire protégé par un *robots.txt* en disallow reste accessible à tout logiciel de scan.

La commande user–agent : permet de lister les bots concernés par le présent paramétrage. Le caractère * les désigne tous. google désigne uniquement les bots de Google, bien sûr.

En général, la politique d'accès aux informations du site par les bots est valable pour tout moteur de recherche. La 1re ligne sera donc : user–agent:*.

La commande disallow : permet de désigner un répertoire ou un chemin d'accès avec un nom de fichier précis comme étant interdit aux bots indiqués dans user–agent. Exemple : disallow:/grilles–des–remises.html.

La force du fichier *robots.txt* est de regrouper en un seul endroit les droits d'accès des bots sur le site.

On peut utiliser ce fichier pour administrer un fichier sitemap accessible à tout bot de tout moteur avec la commande sitemap:.

Le fichier suivant *robots.txt* interdit l'accès au répertoire où sont stockés les documents texte du site, au répertoire de la prochaine version du site, et à un fichier précis. Le fichier *sitemap.xml* est indiqué en URL d'accès complète incluant le nom de fichier pour tous les moteurs de recherche.

```
user-agent:*
disallow:/textes-du-site/
disallow:/prototype-prochain-site/
disallow:/listing-erreurs-commandes.html
Sitemap:http://www.monsite/monsitemap.xml
```

Via Google Webmaster Tools, vous pouvez retirer des URL ou répertoires de l'index de Google. Attention, Google a des recommandations très précises : retirer un répertoire plutôt que des fichiers un par un.

Balise meta robots

La balise robots est à déposer en en-tête de page avec les autres balises meta comme description ou keywords. Elle permet de gérer deux arguments :

- indexer ou non le contenu de cette page ;
- suivre ou non les liens quittant cette page.

Sa syntaxe en XHTML est :

```
<meta name="robots" content="[no]index , [no]follow" />
```

La signification des arguments est :

- index : le contenu de la page peut être indexé.
- noindex : interdit au moteur d'indexer le contenu de cette même page.
- follow : les liens présents sur cette page peuvent être suivis par le bot d'un moteur.

REMARQUE

Avantages de la balise meta robots

La combinaison des arguments de la balise offre plus de souplesse que le fichier *robots.txt*. On peut choisir d'indexer le contenu de la page et de bloquer les liens sortants ou inversement. Cela répond à de nombreux besoins de webmaster pour qui le fichier *robots.txt* est bien trop rigide.

> **REMARQUE**
> La syntaxe en balise meta permet de gérer les droits d'accès des bots des moteurs aux pages du site via un automatisme en PHP/MySQL.

Pour plus d'informations sur *robots.txt*, nous vous conseillons le site **http://www.robotstxt.org**.

10.2 Les pénalités infligées par Google

Google a une panoplie de pénalités pour sanctionner les erreurs ou le webspam. L'arrivée de Panda / Penguin a changé une partie de cette panoplie.

Désindexation de mots

Quand une page a un "petit" duplicate content avec une autre page dans un autre site, la page considérée comme en duplicate content se voit infliger une pénalité de désindexation sur les mots significatifs du bloc de texte en cause.

Par exemple, le club de tennis de la ville de Clochemerle publie son adresse postale et ses coordonnées téléphoniques dans la page adéquate de son site : **tennis-club-clochemerle.com/contact.html**.

Outre les coordonnées, le webmestre ajoute l'e-mail du club, le processus d'inscription, les e-mails de différents intervenants dans le club et quelques autres informations facilitant le contact entre le club et ses (futurs) adhérents.

Dès que la mise en ligne est faite, le webmestre débutant contacte différents sites par e-mail pour faire publier les coordonnées du club. Il copie-colle les coordonnées du club prises dans la page *contact.html* dans son envoi d'e-mail. Le webmestre du site de la mairie, par exemple, reçoit une telle demande. Après les envois d'e-mail, notre webmestre fait un addurl chez Google pour le site tout neuf du club de tennis. Le webmestre de la mairie copie-colle les coordonnées du club dans la page adéquate de son propre site.

Nous avons **ville-de-clochemerle.fr/adresse-club-sport.html** qui est une page contenant toutes les coordonnées de tous les clubs de sport de la bonne ville de Clochemerle. Rien ne ressemble plus à une adresse que la même adresse postale.

```
Club de tennis La raquette sympa
Ancienne route de Triffouilly les Oies
BP 15
36999 Clochemerle
tél : 01 99 99 99 99
```

Nous avons 2 paragraphes identiques sur 2 pages de 2 sites différents : on est dans un cas de duplicate content

Google a trois possibilités :

- Laisser faire. Il tolère un certain temps les "petites" occurrences de duplicate content. Plusieurs types de données sont ainsi épargnés, qui nécessitent une parution multiple : actualité, résumé de film venant de sortir, communiqué de presse…
- Désindexer toute la page qu'il considère comme le doublon de l'originale. Là, on a régulièrement des surprises ! La page originale n'est pas toujours celle qu'on croit. Le site ayant copié les données peut parfaitement se retrouver, selon Google, comme propriétaire de l'information.
- Désindexer partiellement la page. Seul le bloc de texte et les mots qu'il contient sont désindexés.

Dans notre exemple, comme les deux pages ont des informations autres que la simple adresse postale du club de tennis, Google préférera probablement désindexer le bloc de texte en cause dans une des deux pages.

Quelle page aura la pénalité ? est la bonne question à se poser. Le site du club de tennis vient juste d'être mis en ligne alors que le site de la Mairie de Clochemerle existe depuis 3 ans. Le site considéré comme légitime sera fort probablement celui de la ville, pas celui du club. En effet, un bot de Google passera avant sur le site de la mairie. Un addurl verra le site mis en attente quelques jours, puis un bot passe et les données sont mises en attente durant plusieurs jours. Bref, le site de la mairie de Clochemerle a publié l'adresse du club auprès de Google avant le site dudit club de tennis.

Des filtres sur les désindexations

Les 2 pages en conflit de duplicate content peuvent appartenir à deux pays différents. Les désindexations peuvent être actives dans un pays et inactives dans un autre.

En fonction de la nature des protagonistes du conflit de duplicate content, on aura une désindexation plus ou moins active, selon les paramètres de votre navigateur. En voici deux qui semblent avoir un poids dans la sélectivité à l'affichage :

- le pays où vous êtes situé ;
- le moteur Google que vous utilisez (le .com, le .be, le .fr, etc.).

Désindexation de page

Reprenons notre exemple d'adresse de club de tennis en double sur 2 pages de 2 sites différents…

Le webmestre décide de créer une page *inscription.html* où figurent toutes les informations nécessaires pour s'inscrire, qui contacter durant ce processus ? etc. La page *contact.html* a uniquement les coordonnées du club (adresse, téléphone) et un formulaire.

Pour Google, non seulement cette page *contact.html* est en duplicate content sur le bloc de texte contenant les coordonnées, mais en plus ce bloc de texte représente la quasi-totalité des informations de la page. Toute la page sera désindexée.

D'autres erreurs ou maladresses que le duplicate content peuvent conduire à une désindexation ou à une perte de Page Rank :

- des paid links quittant la page (ou considérés comme tels par Google) ;
- du spamdexing sur la page.

Liste noire

Symptôme : La page, voire tout le site, est totalement absent de l'index.

> ASTUCE
>
> **Ne pas confondre désindexation et liste noire**
>
> La désindexation est réservée aux erreurs ou ce qu'on suppose tel. Elle implique la réintégration automatique de la page rapidement après la correction de l'erreur.
>
> La liste noire frappe le spamdexing, qu'il soit volontaire ou non. La réintégration du site passe par une demande de réinclusion auprès de Google.

Pour déterminer si une page précise est en liste noire ou totalement absente de l'index, utilisez la commande site:<*URL ou Nom de domaine à tester*> que nous avons déjà vue à plusieurs reprises.

Si la SERP indique *Les termes de recherche spécifiés – site:www.monsite-àmoi.com – ne correspondent à aucun document* alors le site ou la page spécifié est absent de l'index, soit pour cause de liste noire, soit parce que le nom de domaine ou la page testée n'ont jamais été parcourus par un bot de Google.

A priori, vous savez si votre site et ses pages ont déjà été indexés par Google. Mais il existe plusieurs maladresses qui pourraient rendre inaccessibles des pages de votre site.

Si une page est absente de l'index, vérifiez la présence de la page d'accueil du site.

- Si elle est absente, vous connaissez la réponse : tout le site est en liste noire.
- Si elle est présente, c'est que quelque chose ne tourne pas correctement quelque part dans le site.

En effet, quand du spamdexing est détecté sur une page, la forte tendance de Google est de mettre tout le site sous le nom de domaine en liste noire.

Quelquefois, le webmestre reçoit un e-mail de Google l'en informant. L'adresse utilisée est soit connue de Google via un service souscrit, comme Webmaster Tools, soit l'adresse standard postmaster@<*nom de domaine*>.

L'envoi d'email d'avertissement est de plus en plus pratiqué par Google.

Votre site peut être mis en liste noire pour différentes raisons :

- Le webspam – vous trichez ou quelqu'un le fait pour vous, ou un bogue donne cette impression.
- Le codage est très mauvais. Certains générateurs de code HTML produisent des codes tellement encombrés et mauvais que Google ne prend pas en compte la page.
- En fait, suite à un traitement interne chez Google, durant quelques minutes à quelques heures, le site est absent de l'index pour différentes raisons techniques rarement commentées par Google. Bref, cela revient tout seul rapidement.

Vous êtes en liste noire ? Il vous faut trouver la raison, sauf si vous connaissez très bien le pourquoi d'une telle sanction.

Pour identifier le webspam mis en cause dans votre classement en liste noire, il vous faut identifier l'algorithme concerné. Cet aspect est abordé en détail dans le chapitre dédié à Panda / Penguin. Si la cause du problème n'est pas Panda ou Penguin, il faut étudier les codages informatiques mis en œuvre sur votre site.

- Vérifiez que le codage informatique ne génère pas un quelconque webspam, tel que du texte en blanc sur fond blanc, etc. Avez-vous des changements de graphisme en fonction de la saison, des événements, des pubs à afficher ? Vérifiez bien que, par accident, vous n'avez pas un texte en blanc sur fond blanc ou quelque chose du même genre.
- Jouez-vous avec des tests du style : si Googlebot alors afficher ceci sinon afficher cela ? Vérifiez que vous restez dans des limites raisonnables et que toute la page ne change pas selon le résultat du test.
- Ouvrez une fenêtre en mode texte et une autre normalement. Comparez les contenus. Si vous voyez un texte sur l'une, mais pas sur l'autre, vous venez de trouver une source de webspam involontaire potentielle. Vérifiez le pourquoi de cet écart de contenus !

Si des pages de votre site sont dans l'index et que certaines autres n'y sont pas, ce n'est pas du bannissement hors de l'index. Vous avez un bogue, voire plusieurs, qui perturbent les bots de Google. Allez voir la section dédiée à ces problèmes.

Pour faire réintroduire un site exclu suite à un webspam, volontaire ou non, lisez la section suivante !

10.3 Faire annuler une pénalité de Google

Pour annuler une désindexation, il faut annuler le duplicate content en corrigeant le problème. C'est la seule solution.

Combien de temps faut-il attendre pour annuler une désindexation ? En moyenne, selon les époques, le temps d'attente est de quelques jours.

ASTUCE

Accélérer le processus chez Google

Une fois la correction effectuée sur le duplicate content, on a plusieurs possibilités pour accélérer le processus chez Google :

- en créant ou mettant à jour son sitemap et en le soumettant à Google via Webmaster Tools ;
- en faisant du netlinking de qualité.

Il semblerait que cela accélère un peu la réactivité de Google, mais le résultat en gain de temps n'est pas garanti.

Pour la liste noire, c'est un peu plus compliqué. L'objectif est de faire réintroduire le site banni.

Il faut identifier la cause et régler le problème. On peut alors demander la réinclusion. Il est conseillé d'expliquer ce qui s'est passé, et il vaut mieux éviter de refaire du spamdexing.

Le processus de demande de réinclusion a un peu varié au fil de ces derniers mois. À la date de ce livre, il faut passer par Webmaster Tools, ce qui implique bien sûr d'y inscrire son site.

Le Blog de Matt Cutts a un post régulièrement remis à jour sur le sujet. Le mieux est de le lire (en anglais) et de suivre ses excellents conseils en formulation de demande… **http://www.mattcutts.com/blog/reinclusion-request-howto/**.

ASTUCE

Si vous récupérez un site en liste noire, qu'il est impossible de réinclure

Cette astuce n'a de sens que si vous tenez absolument au nom de domaine. Changez tout le contenu du whois. Changez le contenu du site. Refaites la demande de réinclusion en indiquant que vous venez de racheter le nom de domaine. En général, cela fonctionne. Astuce non garantie, bien sûr.

> **ASTUCE**
> Lisez bien le blog de Matt Cutts et les liens fournis avant de passer à la demande de réinclusion. Vous éviterez de nombreuses bêtises classiques.

10.4 Identifier une page désindexée

Via l'outil pour les webmestres (Webmaster Tools), Google communique les erreurs techniques : page impossible à accéder, hors délai, etc.

Aucune autre information n'est donnée par Google. C'est à vous de vous rendre compte du problème.

Voici un mode opératoire qui pourra vous aider…

La commande site:<*votre nom de domaine*> va vous permettre de lister les pages du site prises en compte. On remarque que :

- Les pages en liste noire ou pas encore indexées n'y figurent pas.
- Les pages désindexées y figurent.

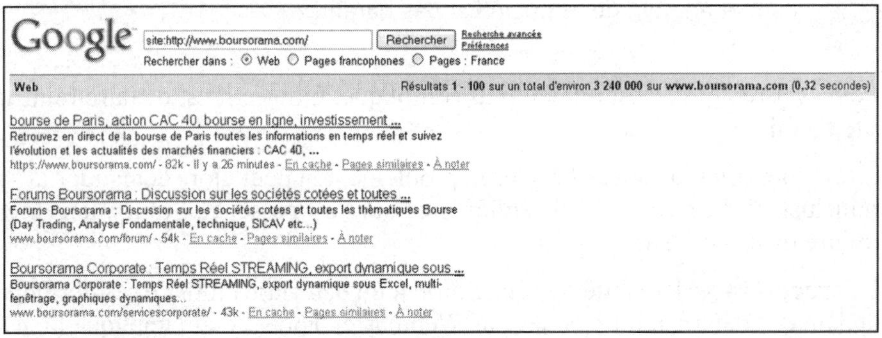

Figure 10-1 : *La commande site*

Si la mise en ligne est récente, il vaut mieux faire régulièrement cette mesure site: afin de compter la progression dans la prise en compte des pages par le moteur.

Les pages sont en ligne depuis plusieurs mois

Elles ont eu ou auraient dû avoir une note blanche ou verte en Page Rank dans la Google bar. Certaines pages du site ont une note Google blanche ou verte ; d'autres sont grisées.

Les pages en Page Rank grisé ont deux problèmes potentiels :

- Elles ont une pénalité quelconque. Par exemple, il y a des backlinks incohérents vis-à-vis de la page. Des points de Page Rank peuvent être retirés, et le compteur éventuellement remis en grisé.

- Elles ont été mises en ligne il y a moins de quelques mois, après la dernière attribution de Page Rank via la Google bar.

En effet, Google attribue un Page Rank sous forme d'une note blanche (0) ou verte (de 1/10 à 10/10) à chaque page, deux ou trois fois par an.

Figure 10-2 : *PR grisé, est-elle désindexée ?*

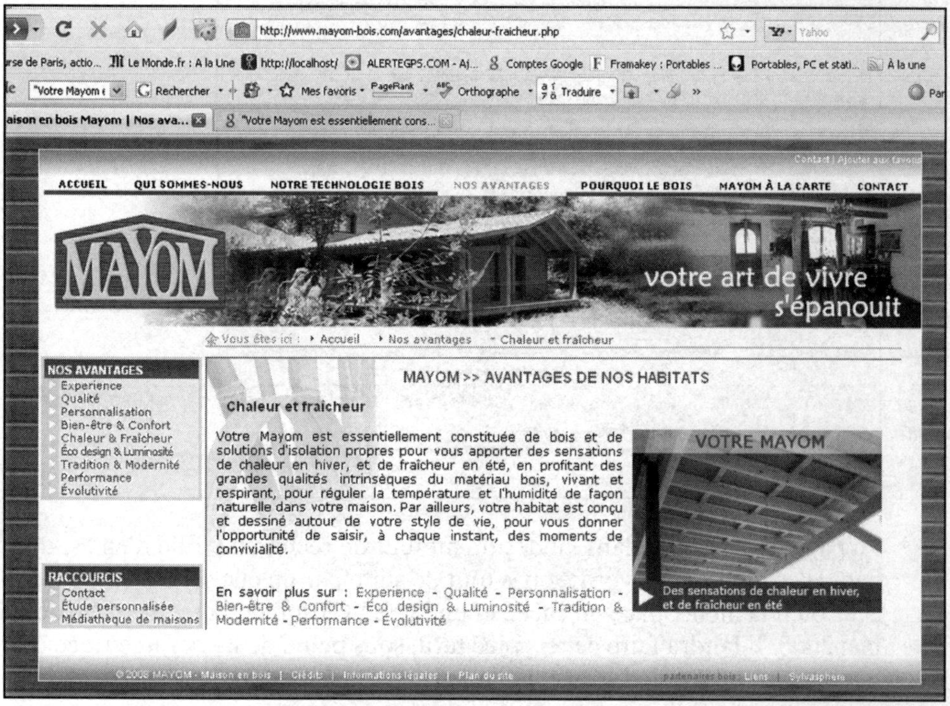

La non-attribution d'une note de Page Rank indique une pénalité si la page est en ligne depuis une allocation de PR en Toolbar.

Au hasard du Web, nous avons trouvé cette page en juillet 2008 : **http://www.mayom-bois.com/avantages/chaleur-fraicheur.php**.

Aucun Page Rank sur cette page nous indique la Toolbar de Google. Est-elle désindexée ?

> REMARQUE
>
> **Google filtre !**
>
> En fonction de votre historique traçable, Google filtre et change les résultats de ses réponses. Une page qui était invisible car désindexée redevient soudainement visible dans votre SERP mais pas dans celle du voisin.
>
> Vos tests doivent être menés en ne laissant aucun indice à Google.

La commande link: nous indique qu'il n'y a aucun lien pointant vers cette page, mais la commande link: est réputée comme volontairement non fiable chez Google.

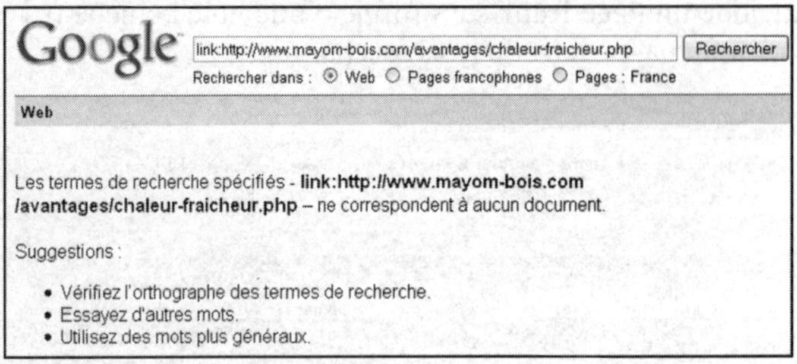

Figure 10-3 : *La commande Google link: n'indique aucun lien vers cette page*

Essayons la commande site: de Google.

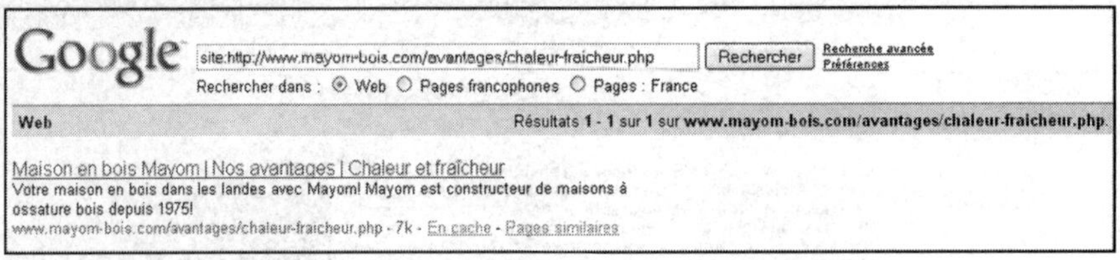

Figure 10-4 : *La commande Google site : indique la présence de cette page dans l'index*

La page est présente dans l'index du moteur de recherche. Elle n'en est donc pas bannie. Attention, ne vérifiez pas tout de suite par un clic sur **En cache** que vous avez bien la même page en cache et en ligne ! C'est bien la même page depuis le 17 mai 2008. Il faudra faire ce test plus tard, sous peine de laisser une trace d'historique et donc de changer le filtrage de Google ce qui fausserait le test.

Essayons de la trouver de manière conventionnelle via une requête contenant de nombreux mots présents sur cette page.

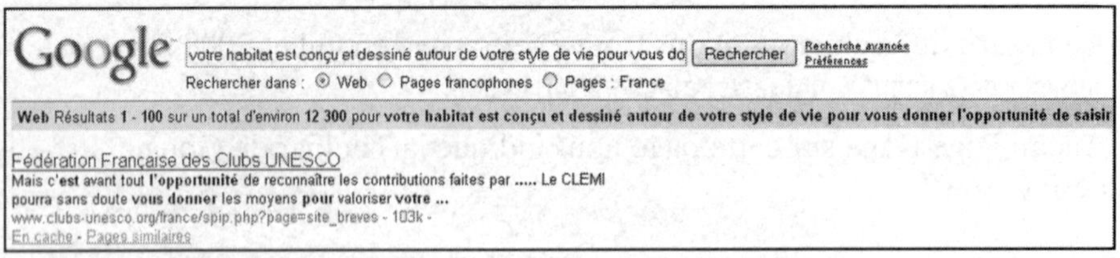

Figure 10-5 : *Cette requête contient une phrase complète de la page – Notre page en est absente*

Nous faisons une requête sur une phrase copiée depuis la page et collée dans l'interface Google. Notre page en cours de test est absente des SERP.

Testons en mettant entre guillemets cette même requête (les guillemets forcent Google à chercher exactement cette phrase).

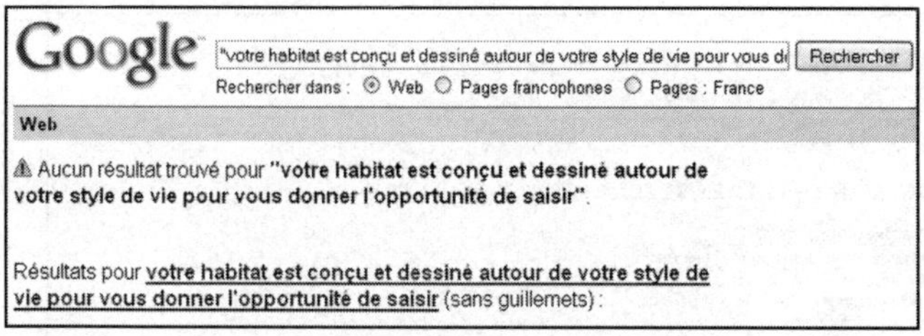

Figure 10-6 : *Cette requête contient une phrase complète de la page entre guillemets – Aucune correspondance !*

Aucune page ne correspond ! Pour bien éliminer tout risque d'erreur, réduisons la longueur du texte entre guillemets.

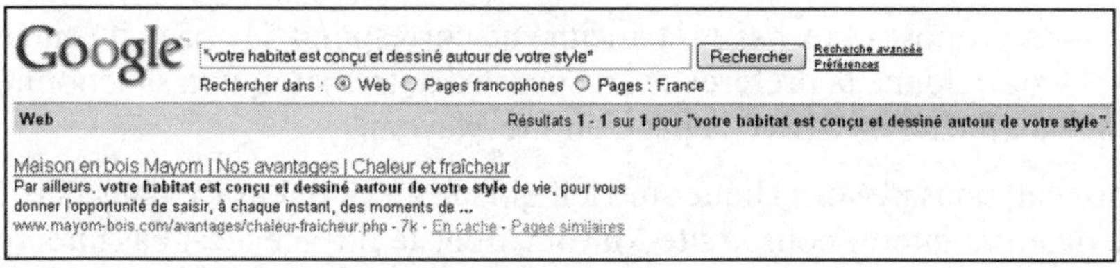

Figure 10-7 : *Seule notre page en test est dans la SERP*

Cette page est totalement ou partiellement désindexée du moteur de recherche. Faisons un autre test pour vérifier qu'un filtre Google ne nous a pas joué un tour.

Saisissons des mots significatifs de cette page dans une requête sur Google. À noter, la présence du mot mayom, peu courant et donc très sélectif.

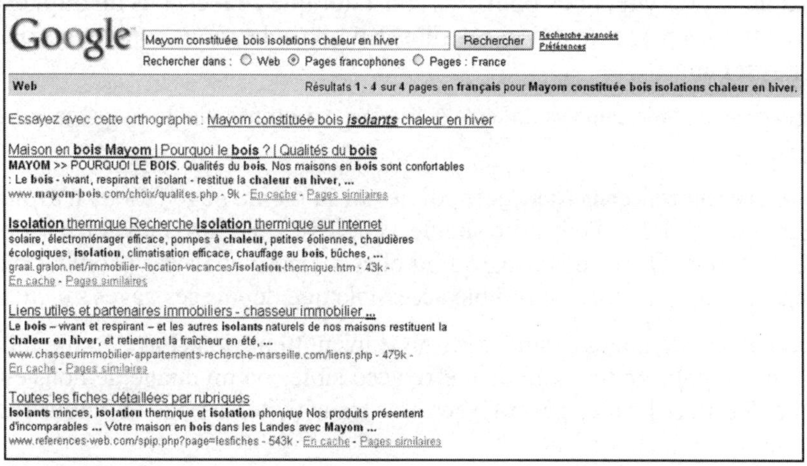

Figure 10-8 : *Mots de la page en requête et SERP sans notre page*

Une autre page du site **mayom-bois.com** sort systématiquement mais jamais la page que nous testons.

Poussons le test plus loin en augmentant le nombre de mots-clés dans la requête afin de faire sortir les pages non sanctionnées du site **Mayom** de la SERP. Nous essayons d'obliger Google à sortir la page en test.

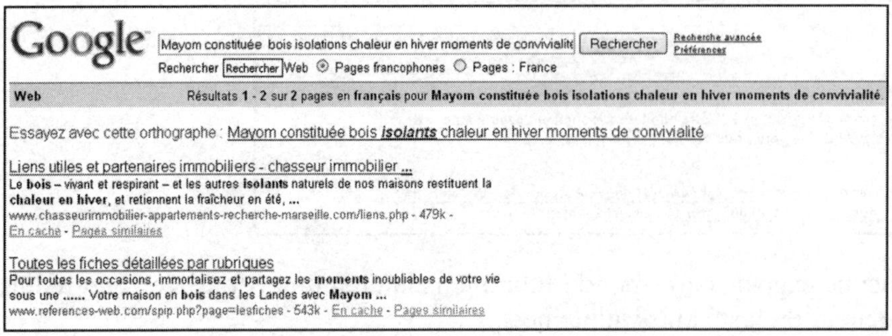

Figure 10-9 : *Encore plus de mots de la page en requête. SERP toujours sans notre page*

Google nous propose deux pages et aucune ne correspond à la page du site que nous testons. Google donne la préférence aux pages d'autres sites, non sanctionnées, plutôt que d'afficher en SERP la page du site Mayom.

Prudemment, nous n'avons cliqué sur rien qui laisserait une trace dans l'historique Google de notre intérêt pour le site Mayom, donc le filtrage n'est pas intervenu pour changer le contenu des SERP en y faisant figurer exceptionnellement la page que nous évaluons. Nous venons de recouper notre test. Cette page a une pénalité de désindexation.

Avant de terminer notre exemple, intéressons-nous au pourquoi de cette sanction ? La page ayant été prise au hasard du Web, il nous faut chercher pourquoi à coup de tests manuels. Très vite, nous pourrons constater que ce n'est pas un duplicate content entre des pages de différents sites. En revanche, nous constatons plusieurs points surprenants :

http://www.mayom-bois.com/avantages/experience.php pointe sur la page **mayom** > **nos avantages.**

http://www.mayom-bois.com/avantages/ pointe sur la même page ! Nous n'avons pas accès aux codes sources. Pour faire simple, cela ressemble fort à une erreur de codage en URL rewriting. Or ces deux pages sont elles-mêmes pénalisées (Toolbar en grisé) ! Et la page que nous testons ne semble accessible que depuis ces pages sanctionnées.

Les liens partant de pages désindexées ne transmettent rien (Page Rank, mots-clés, etc.). Or notre page en test semble n'être accessible, via un nuage de liens en bas de page, que depuis ces pages désindexées. Par transitivité, la page que nous testions devient désindexée elle-même.

Cet exemple malheureux en référencement illustre plusieurs points :

- Une légère erreur dans la programmation de l'URL rewriting déclenche des sanctions contre certaines pages-clés du site.
- Une autre erreur, à savoir un faible poids en volume de mots face aux menus et visuels répétés sur les autres pages, envoie la page survivante, **/avantages/**, en désindexation.

- Ces sanctions déclenchent des conséquences négatives sur une partie du site à cause d'un plan de navigation un peu trop hiérarchique via des nuages de liens trop verticaux. Les nuages de liens ne sont pas assez répartis sur le site. Ils sont plus là comme navigation pour l'internaute que comme un outil mixte, internautes et optimisation des tags.
- Cela fait plusieurs mois que ces sanctions sont en place, et le site ne réagit pas, perdant du trafic qualifié. Nous sommes là en plein dans la justification des contrôles et du suivi.

Pages récentes

Les pages récentes ne peuvent avoir une note en Page Rank dans la Google Toolbar.

Lors de vos tests de ranking sur les mots-clés visés, si ces pages récentes n'apparaissent pas ou si ce n'est pas la page récente escomptée, alors il va falloir l'analyser en détail pour évaluer si elle a été correctement prise en compte par le moteur.

Bien sûr, une page récente est défavorisée face à des pages plus anciennes lorsqu'elle est en compétition sur un mot-clé. Pour passer devant des pages établies bien positionnées et grimper vers de meilleures positions, il faut avoir une meilleure optimisation, puis de meilleurs backlinks et un meilleur Web 2.0 social. Progressivement, la page se hissera dans l'index, et elle doublera toute page moins "dynamique" qu'elle, au fil du temps.

Si des pages sont devant vous dans une SERP et qu'elles respectent ces critères mieux que votre page, vous n'aurez aucune chance de les doubler.

Test de la désindexation de toute la page

Le but du test est de vérifier si cette page apparaît parmi d'autres pages, sur une requête relativement simple.

1. Examinez votre page. Retirez tout ce qui touche au répétitif : menu, bandeau, logo, colonne de droite répétée à l'identique sur toutes les pages du site ou de la rubrique, gestion des tags identique sur toutes les pages de la rubrique, etc. Que reste-t-il ? Un formulaire, un minuscule paragraphe ? Inutile d'aller plus loin. Votre page est complètement désindexée. Elle ne possède pas assez de contenu unique pour être éligible à rester dans l'index de Google.
2. Examinez l'URL de votre page. Est-elle compliquée, avec des &, des ID= et autres éléments un peu obscurs ? Si c'est le cas, Google n'indexera pas une telle URL : passez en URL rewriting.
3. Examinez ensuite les backlinks quittant cette page. Sont-ils cohérents vis-à-vis de votre page et des pages ciblées ? Vérifiez si chaque backlink de cette page aboutit à la page prévue. Traquez les liens cassés, les redirections, les

pages dont le contenu a changé sans qu'on vous en informe, etc. Trop de liens non cohérents peuvent conduire à des pénalités de Google.

4. Autrement, voici la suite des tests à conduire, ils sont orientés vers la détection de la cause n°1 de désindexation partielle ou totale d'une page, le duplicate content...

   Prenez une phrase par copier-coller dans la page à tester. Évitez si possible les sections de test ayant de nombreux accents (é, à, ç, è, etc.) et caractères comme l'apostrophe. Soumettez-la comme requête à Google. Plusieurs SERP de Google sont possibles :

   - Rien ne correspond à votre demande. Raccourcissez la taille de la phrase copiée-collée dans la requête. Recommencez !
   - Il y a des centaines ou des milliers de pages correspondant à votre requête, et la page prévue de votre site figure dans la SERP. Aucune désindexation de toute la page n'est appliquée, bien ! Il va falloir tester la désindexation partielle.
   - Il y a des milliers de pages correspondant à votre requête, et aucune page de votre site ne figure dans la SERP. Il va falloir affiner la requête pour évaluer si toute la page est désindexée ou non.
   - Il y a la bonne page mais avec une extension bizarre, comme PHPSESSID=*quelque chose*. Une erreur de codage vous crée un problème. La gestion de session crée de multiples URL avec le même contenu. À chaque passage, le bot récupère une page avec une URL différente. Cela crée du duplicate content. Les pages en duplicate content sont désindexées sauf une. Sauf qu'on ne peut pas savoir quelle URL restera dans l'index. Donc vous cherchez à résoudre un duplicate content interne.

5. Trop de réponses et le fait que notre page ne soit pas présente dans la SERP impliquent qu'il faut affiner notre requête... Plutôt que de rajouter des mots, nous allons mettre entre guillemets (le caractère ") une partie du texte copié-collé.

   - Rien ne correspond à votre demande. Nous avons un problème très sérieux sur cette page. Ne serait-elle pas en liste noire ? Vérifiez votre manipulation. N'avez-vous pas fait une erreur quelque part ?
   - Seule votre page apparaît en SERP. Modifiez les positions des guillemets jusqu'à obtenir une SERP à multiples réponses incluant votre page. Si vous n'y arrivez pas, toute votre page est probablement désindexée, ou alors le bloc de texte que vous venez de tester est en désindexation partielle sur votre page. Retirez les guillemets et refaites le test. Examinez attentivement les réponses. Si une ou des pages apparaissent avec une partie du texte identique à votre bloc sélectionné, vous venez de découvrir qui vous a poussé en duplicate content. Testez cette page sur un autre bloc de texte pour vérifier si vous n'êtes en désindexation partielle que sur ce bloc de texte ou sur toute la page.

- Votre page apparaît parmi d'autres. Vous n'avez pas de désindexation de toute la page, ni de désindexation partielle sur ce bloc de texte (mais peut-être sur une autre partie du texte).

Test de la désindexation partielle de la page

Vous venez de vérifier que votre page n'est pas désindexée entièrement. Néanmoins, elle ne ressort pas sur vos mots-clés. Peut-être que votre page est désindexée partiellement sur un bloc de texte contenant ces mots-clés.

Testons :

1. Saisissez les mots-clés de votre page et des mots pris au hasard sur votre page dans une requête Google.
2. Adaptez la requête par ajout ou changement ou retrait de mots jusqu'à obtenir votre page parmi d'autres dans une SERP sur une requête incluant vos mots-clés stratégiques.
3. Si vous n'y arrivez pas, testez chaque bloc de texte de votre page jusqu'à identifier le site qui vous a poussé en duplicate content et le bloc de texte incriminé.

Conclusion

À l'issue de ces tests, vous avez déterminé si votre page est désindexée ou non.

Si elle fait l'objet d'une telle pénalité, modifiez vos contenus pour en sortir.

Si votre page est dans les profondeurs des SERP, le problème est ailleurs. Examinez l'optimisation de vos pages, votre gestion de tags et tout ce que nous avons déjà abordé. Regardez dans les autres points de ce chapitre afin d'évaluer si vous n'êtes pas victime d'une contre-performance due à une erreur.

10.5 Voleurs de contenus

Des voleurs de contenus peuvent mettre vos pages en duplicate content. Il en existe deux sortes :

- les voleurs humains ;
- les robots voleurs : les *proxies*.

Seuls les jeunes sites sont concernés. Si vous publiez une page originale et qu'un site la republie avant vous, votre page sera le duplicate content, pas celle du voleur.

Publiez avant vous fait appel à plusieurs notions : la date précise à laquelle un bot de Google cartographie le contenu et le Page Rank de la page. Cette information est issue du blog de Matt Cutts. Le Page Rank influe Google sur qui a écrit quoi en premier.

Les proxies sont des mécanismes qui optimisent les accès et la vitesse de transmission des données sur le Web. Ils ont d'autres fonctions, dont celle de permettre l'anonymat. De multiples raisons sur le Net incitent certains internautes à naviguer anonymement (on ne peut pas remonter jusqu'à eux). Un tel mécanisme d'anonymat passe par un logiciel proxy sur un serveur. Le problème est que les proxies aspirent tout le site et comme Google trouve tout sur le proxy voleur, vous vous retrouvez en duplicate content sur vos propres contenus.

Quelques remarques : le fait de publier un sitemap avec URL, nom de fichier et autres accélère la venue de Google sur votre site. Si vous allez publier un jeune site, il serait opportun de le publier et d'enchaîner rapidement vers la mise en ligne d'un *sitemap.xml*, de quelques backlinks de qualité et de faire un addurl auprès de tous les grands moteurs.

Avoir mis en ligne une page d'attente permet également de passer outre la période de 5 jours où Google gèle toute action sur un jeune site juste publié.

Les proxies ont des bots qui surfent sur le Net et qui pompent le contenu des sites qu'ils rencontrent et qui pourraient présenter un intérêt pour leurs clients. Une approche consiste à les empêcher d'accéder à votre site tout neuf.

Un bot de proxy va avoir une forte tendance à se faire passer pour un bot de Google ou Yahoo! ou autre grand moteur afin d'accéder à votre site.

Une première astuce consiste à faire coder cet algorithme dans vos pages, en PHP bien sûr :

- si HTTP_USER_AGENT = bot de Google, alors vérifier si c'est bien Google ;
- si NON, alors renvoyer erreur 403 ;
- si OUI, alors envoyer la page.

Pour vérifier la validité du bot, vous trouverez quelques indications ici :

http://googlewebmastercentral.blogspot.com/2006/09/how-to-verify-googlebot.html.

Le principe est le suivant :

- Si c'est un bot Google, alors récupérer le numéro d'IP du visiteur ;
- Ce numéro d'IP a-t-il déjà été mis en liste noire ou en liste blanche ? S'il est connu en liste blanche, OK. S'il est connu en liste noire, envoyer erreur 403 ;
- Demander à un utilitaire Internet de transcrire ce numéro d'IP en nom du propriétaire ;
- Si on a bien Google dans le nom du propriétaire alors c'est OK et on l'inscrit en liste blanche, sinon c'est un proxy et envoyer erreur 403 et on l'inscrit en liste noire ;
- Ajouter le numéro d'IP du proxy dans le fichier *.htaccess* sous la forme d'une ligne : deny from 192.192.192.1.

Une telle protection consomme de la ressource, et probablement elle ralentirait Google au détriment du référencement. Pour limiter la consommation de ressources, une gestion locale de liste noire/liste blanche permet de limiter les accès aux outils lents nécessaires au bon fonctionnement de cet algorithme. Il faut retirer cette protection dès que le risque de se faire piquer les contenus disparaît. Cette protection est mieux que rien pour un tout jeune site. Mais elle n'est pas parfaite, loin de là ! Elle peut être hackée assez facilement, et le mécanisme de cache local décrit (liste noire/liste blanche) n'est pas assez performant. Mais il n'est pas dans le propos de cet ouvrage de rentrer en détail dans des algorithmes et programmes techniquement pointus. Nous en resterons à une phase initiation.

Si vous vous êtes fait pirater vos contenus, allez voir la procédure avec Google via ce lien : **http://www.google.com/intl/fr/webmasters/spamreport.html**.

10.6 Duplicate content

Pour de nombreuses raisons, Google ne veut pas polluer son index avec des pages ayant le même contenu : trop de phrases identiques, ou même des paragraphes entiers voire un copier/coller d'une page complète.

Les pages en DC trop fort ont en général un PR grisé.

Celles ayant juste des filtres localisés à quelques expressions-clés conservent le PR vert.

Vos pages ne doivent pas avoir de DC. Vous pouvez gérer les pages appelées sous différentes URL via la balise canonical.

Similitude de texte

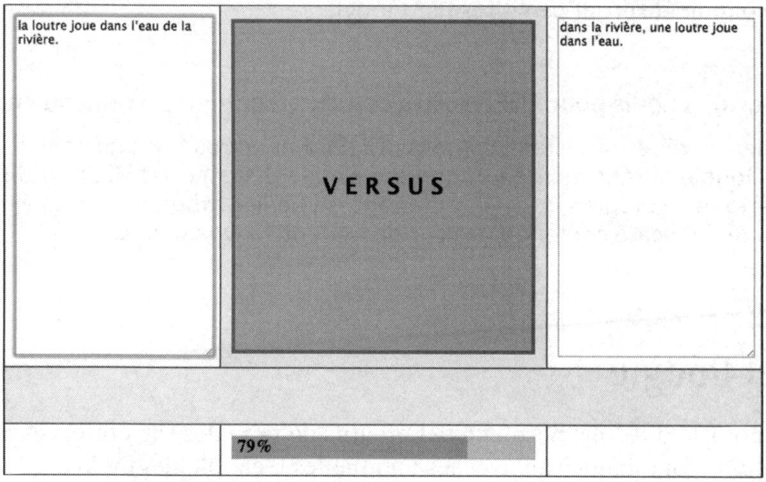

Figure 10-10 : *Détection d'un "DC similitude"*

Certaines fermes de contenus copient des contenus et via différents algorithmes les réécrivent plus ou moins bien, sans en changer le sens, dans l'objectif de juste changer la forme pour se débarrasser des détecteurs de duplicate content (DC) de Google.

Google a mis en œuvre des algorithmes détectant plus ou moins bien ce type de pratique.

La figure précédente montre un tel algorithme à l'œuvre. Dans cet exemple, l'outil ne fonctionne que sur deux phrases, une à la fois, pour mesurer leur similitude et la noter. Ici on a un score de 79 % issu de la pondération de huit algorithmes différents. Trois de ces huit algorithmes ont donné un score supérieur à 80 %, le plus mauvais dans ce cas particulier calculant une similitude de 66 %.

Ce type d'algorithme a plusieurs usages :

- Pour Google, lutter contre les fermes de contenus.
- Pour Google, lutter, même à petite échelle, contre les copieurs/colleurs modificateurs.
- La chasse au plagiat. Même si l'on modifie un peu le texte d'origine, un tel algorithme identifie un plagiat de texte.
- Pour le référenceur, un tel outil lui permet de détecter les cas de duplicate content de son site entre ses pages et entre ses pages et les pages d'un autre site.

10.7 PDF, Word et duplicate content

Si votre site propose ses contenus dans des fichiers Word ou PDF en téléchargement, ces pages et fichiers seront considérés par les moteurs comme du duplicate content et seront pénalisés par Google.

ASTUCE

Répertoire dédié pour PDF/Word à contenu identiques à ceux du site

Dédiez un répertoire aux fichiers Word, PDF et autres formats de fichiers lus par Google offrant les mêmes contenus que vos pages HTML. Interdisez ce répertoire à Google via un paramétrage du fichier *robots.txt*. Vous éviterez ainsi le duplicate content entre ces documents et vos pages.

10.8 Flash et Google

Cette technologie d'Adobe permet à des créatifs de faire des sites Internet plus "design", plus ergonomiques qu'avec les habituelles technologies du Web.

Cette technologie exige un plug-in à installer. Il est gratuit, mais c'est une technologie propriétaire d'Adobe. Flash offre des avantages mais aussi nombre d'inconvénients.

"Sac à bogues" et points forts de Flash

Cette expression populaire parmi les codeurs en web résume bien un des inconvénients de Flash. Pour nuancer le propos, deux types de problèmes techniques apparaissent avec l'usage de la technologie Flash dans un site.

- les bogues dus au produit lui-même ;
- la facilité à coder des bogues avec Flash.

Les conséquences sont les suivantes : plantages du navigateur, du poste de travail, failles de sécurité, surcharges du poste de travail. Certaines animations Flash publicitaires consomment 25 à 40 % des ressources d'un PC grand public récent ! Dès que 3 animations de ce type sont présentes dans des fenêtres ou onglets, c'est le plantage quasi assuré et sans message d'erreur.

Un autre inconvénient : la sécurité informatique. Il faut savoir qu'il est assez facile de coder des attaques via des animations Flash. Certes Adobe sort régulièrement des mises à jour de son Player Flash afin de combler chaque faille identifiée, mais régulièrement de nouvelles failles apparaissent.

De plus en plus d'internautes utilisent des scripts antiFlash pour se débarrasser de ces problèmes (pas exemple, l'excellent Noscript de Giogio Maone pour Firefox qu'on trouve à l'adresse **http://noscript.net/** ou directement depuis **https://addons.mozilla.org/en-US/firefox/addon/722**). Les internautes peuvent ainsi se débarrasser des publicités agressives codées en Flash et n'accepter les animations Flash que depuis les sites qu'ils jugent acceptables ou de qualité. Un autre avantage de ce type de plug-in est de simplement contrôler le nombre d'animations Flash actives et de limiter le risque de plantage ou de se faire pirater son PC à travers une quelconque faille de sécurité.

Apple a réglé le problème sur ses produits iOS (iPhone, iPad) : Flash n'est pas supporté. Steve Jobs n'a jamais apprécié les produits mal ficelés. Malgré ses qualités, Flash est banni des produits Apple iOS pour cause d'un trop grand nombre de faiblesses.

Ces conséquences négatives sont directement issues de l'architecture de Flash qui est à la base de ses qualités et qui ont fait son succès. En voici quelques-unes :

- Une qualité et une finesse d'affichage irréprochable.
- De vastes possibilités de menus déroulants et de développements ergonomiques.
- Le support parfaitement intégré de multiples possibilités d'affichages multimédias et de navigations associées.

- Le strict respect de l'affichage prévu : quel que soit le navigateur ou le poste de travail, les animations s'affichent strictement de la même manière.

Flash n'a pas de limitation ou de contraintes sur la forme d'un objet sur lequel on peut cliquer. Illustrons le propos. Les zones graphiques cliquables peuvent être de toutes formes. Il est rare d'avoir une commune ou un département avec des frontières rectilignes. En HTML, on encapsule un tel objet dans un rectangle et la totalité du rectangle devient cliquable. Ou on pose un petit carré dans le graphique aux formes tourmentées et seul le petit carré est cliquable. Cela pose nombreux problèmes d'ergonomie aux codeurs bloqués par la faiblesse de HTML4.

En Flash, on peut réaliser une cartographie cliquable d'excellente qualité et avec de très bonnes possibilités ergonomiques. Par exemple, dans une carte de France ou d'une région, on peut manipuler un département ou une commune sur l'ensemble de sa surface, en se bornant à sa frontière, même si celle-ci est très étendue, ce qui ouvre d'excellentes possibilités ergonomiques. Sur **www.habitatoulouse.fr/1-21298-Habitat-Toulouse-Cartographie-de-notre-patrimoine.php**, on trouve par exemple une cartographie où tout élément est cliquable même si sa forme est irrégulière.

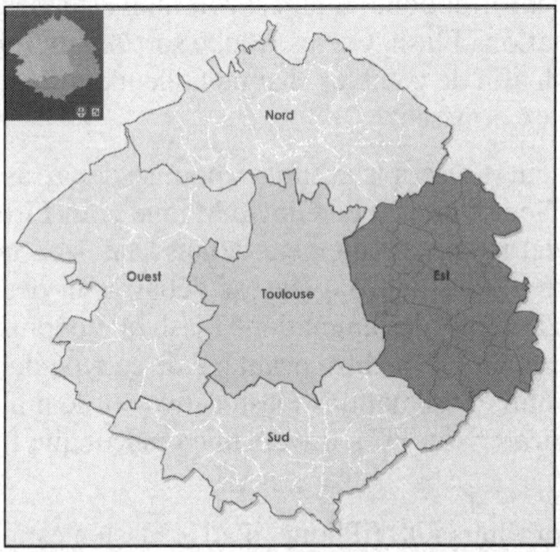

Figure 10-11 : *Carte avec un groupe de communes cliquables*

Pour atteindre une telle qualité de résultats, Adobe a mis au point une architecture propriétaire qui gère tout : liens, mise en page, affichage multimédia, navigation via des menus déroulants, etc.

Nous avons vu les principes de fonctionnement d'un moteur de recherche.

- Celui-ci se base, entre autres, sur tous ces critères afin de calculer le positionnement d'une page sur un mot-clé précis.
- Il n'est pas possible de pointer directement vers une partie d'animation depuis une page HTML externe. On ne peut pointer que vers l'objet lui-même. Donc

il est impossible d'utiliser les subtilités des backlinks pour évaluer les différents blocs de texte d'une grosse animation Flash.

- De même, les liens sociaux Web 2.0 ne pourront pointer que vers la page contenant l'objet animation Flash. Donc impossible de nuancer le positionnement des différentes composantes d'une animation Flash.

Nous venons de voir trois freins majeurs à la prise en compte correcte d'animations Flash.

La prise en compte de Flash par Google

Les moteurs de recherche arrivent à lire le texte des animations Flash. Le texte pur, donc sans la prise en compte des critères on page, un tel texte n'a aucune chance d'être correctement positionné dans un moteur face à une page HTML.

Google a fait paraître des JavaScript documentés permettant de publier des animations Flash en les doublant de contenus associés totalement accessibles à un bot.

http://code.google.com/p/swfobject/wiki/documentation

Le progrès est sensible, mais la portée reste limitée. En effet, cela revient entre autres inconvénients à associer à un objet Flash de multiples contenus. Cela équivaut à faire une page HTML qui en contiendrait N et avec un nombre de critères limités, ce qui freine les calculs de positionnement. Cette approche est valide pour de petites animations uniquement.

REMARQUE

En juillet 2008, Google peut lire une animation Flash

En juillet 2008, Adobe a annoncé la livraison à Google et à Yahoo! d'un logiciel permettant à ces moteurs de lire le contenu texte et liens des animations Flash et de pouvoir ainsi référencer une animation Flash. Il est à noter que Microsoft n'aura rien. En effet, étant concurrent d'Adobe, le moteur de recherche de Microsoft devra se passer de cette possibilité.

Les autres moteurs ne seront pas livrés non plus avec ce player : ni Exalead (France), ni les moteurs nationaux chinois... Cela pourrait rapidement changer, car ces moteurs ne sont pas concurrents d'Adobe et, en accroissant le désavantage de Microsoft, Adobe se met en position de tuer la technologie concurrente de Flash chez Microsoft. !

Voici quelques points complémentaires :

- Il ne serait plus nécessaire de doubler l'animation Flash de contenus lisibles par les bots des moteurs. Le coût de production du site en est donc diminué d'autant. Dans la pratique, il est conseillé d'utiliser la zone permettant de décrire le contenu de l'animation.

- Une animation Flash possède moins de critères qu'une page web. Les calculs de positionnement devraient en être affectés au détriment des animations Flash face à des pages HTML correctement construites et renseignées. Un défaut sera présent pour les grosses animations Flash : il n'y a pas de gestion de tags. Bref, pour les grosses animations Flash, celles qui sont équivalentes à un site, le progrès est insignifiant.
- Il n'y a pas de backlinks externes vers les blocs internes d'une animation Flash, donc aucun calcul sérieux de positionnement basé sur le Web 2.0 ou sur les liens naturels. C'est le fondement même de Google qui est ainsi perturbé. Une seule exception : les animations de petite taille.
- Moins de critères pour évaluer un positionnement signifie une plus grande facilité pour faire du spamdexing. Il est à prévoir que la communauté des optimiseurs *black hat* va se faire une joie d'évaluer les limites et de commencer à exploiter les éventuelles failles du système contre Google. Prudent, Google ne devrait pas a priori donner la priorité en positionnement à des animations Flash face à des pages HTML correctement référencées. Ce fait a été vérifié durant l'année 2009. Une animation Flash et sa description participent au référencement d'une page au même titre qu'une image ou une vidéo.

Conclusion : l'impact de cette approche est limité. Elle concerne uniquement les animations Flash de petite taille.

Flash et un bon référencement

Il faut éviter de coder l'équivalent d'un site Internet dans une seule animation Flash. Il vaut mieux le segmenter en animations Flash autonomes et faire une navigation basée sur des liens entre pages HTML à raison d'une animation de petite taille par page HTML.

Ainsi les codeurs et référenceurs pourront :

- renseigner tous les critères de page examinés par Google pour calculer un positionnement ;
- compléter dans chaque page les critères manquants : Web 2.0, images avec balises alt renseignées. Ainsi, une animation de petite taille arrivera à fortement approcher les critères d'une page HTML classique. Elle pourra donc concourir sérieusement pour prendre une bonne position dans les SERP.

En attendant que le nouvel outil capable de décrypter les animations Flash et donc de calculer un minimum de positionnement soit mis en service chez Google et Yahoo!, il serait intéressant de doubler le contenu de l'animation.

Plusieurs cas sont possibles, la liste n'est pas exhaustive mais couvre la plupart des usages de Flash :

- L'animation Flash contient de nombreuses pages, des menus de navigation, l'équivalent d'une rubrique, voire de tout un site.
- Le Flash ne concerne que des décorations sur le site : défilé de photos, texte, etc. On peut considérer que c'est un visuel de type img.
- Le Flash contient une animation de la taille approximative d'une page HTML.

Si votre site est une animation Flash, le plus sûr est de le doubler d'un site HTML, plus ou moins riche graphiquement selon le budget qu'il vous reste. Chaque page de ce site propose "fortement" de cliquer sur un lien menant vers la page HTML contenant l'animation Flash.

La page HTML contenant l'animation Flash est en <meta robots>noindex, nofollow afin de ne surtout pas faire indexer cette page et ainsi éviter tout risque de duplicate content entre les textes de l'animation et les textes des pages HTML.

Si votre animation Flash est une simple décoration d'une page, il faut simplement penser à renseigner ce qu'elle contient via le JavaScript préconisé par Google.

Si votre animation Flash contient l'équivalent d'une page HTML, plutôt que de doubler la page il pourrait être plus simple d'utiliser le JavaScript préconisé par Google et de mettre en place l'équivalent d'une page HTML en texte et visuels directement sur la même page.

Flash et Google Instant

Attention, Google Instant affiche en temps réel une SERP de 10 résultats. L'internaute peut déplacer sa souris sur les doubles chevrons inclinés et visualiser la page. Si celle-ci contient du Flash, le Flash ne sera pas affiché, Google Instant visualisera alors le contenu de la zone alternative.

Conséquences :

- Soignez le design de vos zones alternées sous peine de perdre le trafic des internautes utilisant Google Instant et ils sont nombreux.
- Le contenu de votre zone alternée à Flash sera utilisé pour le référencement en mode texte par Google et il sera parcouru par les internautes avec Google Instant. Soignez vos contenus textuels et vos visuels.

10.9 Les frames

Ce système est obsolète. Une frame, c'est-à-dire une partie de la page HTML, est vue comme une page indépendante. Cela perturbe (négativement) le référencement.

Des précautions en codage permettent d'éviter de perturber Google, mais désormais les performances actuelles des réseaux publics, dopés par ADSL, permettent de se passer de cette optimisation (l'usage des frames) pour économiser les débits des réseaux et améliorer les temps de réponse d'un site.

Il reste peu de sites développés avec des frames. De nombreuses études indiquent que cette technologie est ergonomiquement contre-productive. La correction des défauts de cette technologie face au référencement se fait à base de JavaScript, et cela complique la gestion des backlinks classiques ou Web 2.0.

Le plus simple est d'éliminer du site cette technologie de frame obsolète.

10.10 JavaScript

Google n'entre pas à ce jour, officiellement, dans les JavaScript. Tous les textes, liens ou images gérés (c'est-à-dire calculés) en JavaScript seront officiellement ignorés par le bot sauf pour des sites comme Facebook.

La réalité est un peu différente. Google utilise sa technologie Google Chrome pour analyser des pages truffées de code Ajax comme celles de Facebook. Pour le moment, il ne le fait pas sur des pages de site de "Monsieur Tout Le Monde".

Les éléments accessibles via des calculs JavaScript ne peuvent être indexés. Il faut donc les sortir et les disposer autrement ou ailleurs pour les rendre techniquement accessibles aux bots, sauf si on veut les cacher à Google. Plusieurs pistes existent pour disposer des textes essentiellement destinés à Google. Le codeur HTML peut jouer sur la mise en page ou via des calques DHTML par exemple.

ASTUCE

Rendre invisible une portion de page à Google

Il existe des balises pour interdire à Google de suivre ou d'indexer un lien, une page. Il n'existe rien pour l'empêcher d'indexer une portion de page.

Nous verrons plus loin que c'est une possibilité très intéressante. Calculer en JavaScript une portion de page pour la rendre invisible à Google est une des techniques applicables quand un tel besoin se fait sentir.

Évitez que, sous certaines conditions, cette portion de page apparaisse à tout utilisateur. Vous risquez de réaliser du cloaking involontairement et de subir les foudres de Google. En d'autres termes, un texte est définitivement invisible ou toujours visible à Google.

Le piège classique consiste à avoir des menus déroulants. Ils sont développés en JavaScript, et en général ils sont illisibles par un bot. Donc les liens contenus dans le menu déroulant seront ignorés, ce qui est préjudiciable au référencement de la page elle-même et au fait que ces liens non suivis vont donc pointer vers des pages ignorées de Google.

Deux techniques permettent de contourner cette problématique :

- Changer la technique de menu déroulant utilisée pour en avoir une qui soit compatible avec les performances des bots. C'est le meilleur choix.
- Doubler le menu JavaScript par un menu de liens en dur en bas de page. Actuellement Google fait semblant de ne pas lire des liens calculés en JavaScript. Tant que cela dure, cette technique est valable.

Une autre erreur classique consiste à faire un plan de site avec des liens en dur et de relier cette page **Plan du site** à la page d'accueil. Certes Google va indexer les pages, mais en suivant un et un seul lien. Le transfert de Page Rank sera infime, et Google va avoir du mal à prendre au sérieux des contenus accessibles, selon lui, via un seul et unique lien depuis la page **Plan du site**.

Toutes les pages-clés d'un site, la page d'accueil et les pages têtes de rubrique, doivent être accessibles via un lien lisible par Google depuis chacune de ces pages-clés. Cette arborescence en "râteau" permet de lisser le Page Rank entre ces pages, comme nous l'avons déjà vu. Il ne faut pas compter réussir un positionnement de page sur mot-clé avec des menus JavaScript déficients en accessibilité technique aux bots des moteurs. Le volume de liens participe clairement à la bonne prise en compte par Google de pages sur leurs mots-clés.

Nous avons vu différentes techniques permettant de voir une page comme la verrait un bot.

Examinez de cette manière vos pages mal placées dans Google pour vérifier si des liens ne sont pas invisibles à cause de JavaScript ou d'autres défauts.

Piège : lien invisible… visible !

Ce genre de codage de lien en JavaScript est lisible par Google :

```
<a href="javascript:popup('http://www.monsite.fr');">
```

Tests à l'appui via Google Webmaster Tools, Google suit ce type de lien.

Le JavaScript doit être un peu plus compliqué. Actuellement, Google ne cherche pas vraiment à suivre un lien JavaScript mais si celui-ci est évident, il le suit. Il faut externaliser tout le JavaScript vers un fichier en *.js* sachant que de toute façon, si Google veut récupérer l'URL du lien, c'est possible.

Voici un algorithme pour exposer le principe d'un JavaScript moins lisible par Google mais certes pas infaillible :

```
Dans une page HTML ::
<input type=button name='btn' value="Go"
 onClick="aller()"/>
On trouve la function aller dans un js.js ::
function aller() {
  window.open('http://www.unsite.com', '', '');
}
```

Un clic sur le bouton **Go** appelle le JavaScript stocké dans le fichier externe à la page HTML, *js.js*.

Cette fonction aller() ouvre une nouvelle fenêtre avec l'URL www.unsite.com.

Pour le moment, ce type d'implémentation fonctionne pour cacher un lien et une URL à Google.

Une autre approche consiste à calculer un lien en concaténant des variables. Voici un algorithme :

```
$a = 'http://www.' ;
$b = 'monsite' ;
$c = '.fr' ;
$url = $a . $b . $c ;
```

$url sera illisible officiellement pour Google.

Il est déconseillé de systématiser l'utilisation de liens cachés à Google via un JavaScript ou tout autre dispositif. Il est impossible de cacher efficacement un lien et ce n'est pas une approche pérenne.

Dans le cadre de cet affrontement avec les référenceurs utilisant le Page Rank Sculpting, Google suit déjà les liens en rel=nofollow et y affecte du Page Rank, comme si le lien était en follow, Page Rank qui sera donc perdu car détruit.

Si ce lien caché mais pas déclaré en nofollow officiellement pour éviter la perte de Page Rank est suivi, la page accédée verra son contenu indexé et si celle-ci n'était pas prévue pour cet usage, elle peut contenir des informations type duplicate content par exemple (c'est généralement le cas) ; le référencement va en pâtir.

10.11 Certaines pages absentes de l'index

Certaines pages sont absentes de l'index de Google et les autres sont bien présentes.

Vous avez vérifié : elles ne sont pas désindexées, mais bien absentes. Via la commande site ou une manipulation équivalente, ces pages sont absentes de l'index. Et des pages de votre site sont bien présentes dans l'index. Donc ce n'est pas une mise en liste noire. La raison est probablement technique.

Comment est-ce possible ? Voici quelques hypothèses à vérifier :

Hypothèse n°1 : ces pages n'ont pas été indexées car elles n'ont pas été parcourues par un bot. Si l'outil Webmaster Tools de Google est en service sur votre site, vous le saurez vite. Cherchez-y votre page. Si elle est absente, il vous reste à trouver pourquoi aucun lien menant à cette page n'est lisible par un bot. Ces pages ne sont-elles pas accessibles uniquement via un formulaire ? Un bot ne sait pas saisir dans un formulaire. Cela le bloque. Ces pages absentes de l'index ont peut-être une gestion de cookie ou une gestion de session obligatoires, ce qui empêche le bot d'accéder à la page.

Vous devez laisser le bot de Google accéder à vos pages à référencer. Une manière simple consiste à détecter l'agent d'un moteur, et à l'orienter d'office vers une page qui ne nécessite pas de session ou cookie. N'omettez pas la précaution-clé, sujet déjà abordé : les contenus des pages sans gestion de session ou avec doivent être identiques ou presque.

REMARQUE

Algorithme pour éviter des sessions gênantes pour Google.

Le principe est le suivant :

Si le HTTP_USER_AGENT de l'internaute est Google (ou autre moteur de recherche) alors la page générée est dépourvue de session_start(). Sinon, on peut le laisser.

Une telle fonction se code aisément en PHP. Elle a plusieurs avantages : elle est portable sur toute plateforme, elle est indépendante de l'hébergeur, elle est fiable. Il y a un inconvénient : il faut coder en PHP.

Un session_start() en PHP déclenche la gestion de session dans une page dont l'affichage est piloté depuis un script PHP. Nous revenons en détail sur ce point un peu plus loin.

Hypothèse n°2 : ces pages n'ont pas été indexées car elles sont trop récentes. L'indexation d'une page peut prendre de quelques minutes à plusieurs jours selon les différents critères de votre site et de la page à indexer : Page Rank, nombre de backlinks et qualité de ceux-ci, présence ou non d'un *sitemap.xml*, etc.

Hypothèse n°3 : ces pages n'ont pas été indexées car elles ont une URL trop complexe. Vous savez quoi faire à ce stade du livre : passer en URL rewriting.

10.12 Optimisation trop agressive

Il s'agit de maladresses ou de spamdexing de petite échelle tentant de flouer les algorithmes de Google.

Pictogramme avec balise alt/title

Vous avez probablement des pictogrammes sur votre site : pour désigner un panier ou caddy dans un site de e-commerce, la page d'accueil, la zone des téléchargements, etc.

Vous avez peut-être des onglets de menu sous forme de bouton : accueil, contact, qui sommes-nous ?, etc.

Une astuce assez ancienne consistait à remplir les balises title et img de ces pictogrammes de mots-clés propres à la page où ils s'affichaient.

Très mauvaise idée : c'est très facile à cartographier et donc à détecter. Au mieux Google ne tient pas compte de cette optimisation un peu trop agressive (à la limite du spam), au pire il filtre cette page sur les mots-clés dans les balises alt et title de ces pictogrammes.

Réutilisation d'une photo ou d'un visuel

Vous utilisez dans différentes pages de votre site, un même visuel. Pour tenter de leurrer Google, vous le modifiez légèrement afin de changer son image JPEG : une rognure ici, un recadrage là, etc.

C'est inefficace. La reconnaissance de forme dans une photo ne se laissera pas abuser. Votre photo, même avec un nom de fichier différent et de légères modifications à chaque usage dans le site, sera détectée comme identique. Si vous optimisez les balises title et alt de chaque photo par rapport au contenu de la page, la supercherie sera très vite découverte. Cela pourrait être considéré comme une optimisation trop agressive.

Il vaut mieux utiliser des photos uniques ou tellement modifiées que l'on ne reconnaît plus la structure d'origine dans la copie du visuel.

Pour tester vous-même ce type d'algorithme, il vous suffit de prendre une image de fond d'écran Windows, puis de tenter de la mettre dans Google Image. Google va vous répondre qu'il connaît cette image. Puis essayez de la réintroduire dans Google Image après l'avoir un peu modifiée. Vous aurez la même réponse de Google. Puis, augmentez le nombre de modifications jusqu'à ce que Google Image arrête de détecter la similitude de manière fiable.

10.13 Gestion de session et arguments (PHP)

Ce problème est dû à deux causes complémentaires qui répondent à une nécessité : étiqueter ce que fait ou qui est l'internaute pour personnaliser une page à envoyer.

Principe : un webmestre référenceur doit s'adapter aux nécessités d'un moteur. Dans ce cas précis, un bot ou des filtres n'ont pas à gérer le nettoyage des URL dues à de mauvais codages informatiques. Un exemple parmi des millions : une URL contenant sid=235. Est-ce un session ID, un argument permettant la construction d'une requête MySQL à la volée ? Le moteur ne peut pas le savoir. Donc il ne nettoiera jamais des URL mal gérées, ce qui peut bien sûr entraîner des pénalités contre ces pages.

Symptôme : on a N liens pointant vers la même page physique ayant une personnalisation faible entre chaque variante. Chaque lien possède un PHPSESSID différent ou bien un numéro ou un code.

Pourquoi coller un numéro de session ou un argument à une URL ? Pour étiqueter l'internaute par rapport à un besoin spécifique de personnalisation.

Prenons un exemple pour illustrer… Dans un site ayant un onglet catalogue de formations, le webmestre veut savoir d'où l'internaute clique pour arriver dans un formulaire. L'objectif est de préremplir les champs du formulaire avec des données contenues dans la page d'où il a cliqué. En effet, l'internaute s'intéresse à la formation qu'il vient de lire. Le formulaire doit contenir le nom de cette formation et non pas lui faire saisir manuellement. Le seul moyen de connaître sa page est d'associer ce numéro ou le code de la formation au lien. Ainsi, en cliquant sur le lien, l'internaute envoie un lien de la page à afficher avec un argument positionnant le nom de cette formation directement dans le formulaire à remplir.

Pour trouver ce type de problème, N URL identiques avec des arguments ou autre pointant vers une seule page physique :

- Tapez la commande site:nom de domaine/URL à tester/.
- Recherchez l'URL de la page. Si vous listez N versions avec N URL différentes via l'adjonction d'un suffixe de passage de paramètre (cela ressemble à un ?id=), vous êtes dans ce problème.

Il existe une variante de ce problème : les données à passer en paramètres lors des échanges entre le serveur du site et le navigateur de l'internaute.

Dans ces deux cas, la problématique est la même : il faut récupérer, gérer une information propre à cet internaute uniquement.

Exemple : un catalogue de formations techniques pour adultes.

Les thèmes :

- Formations RH ;
- Formations techniques web ;
- Formations financières…

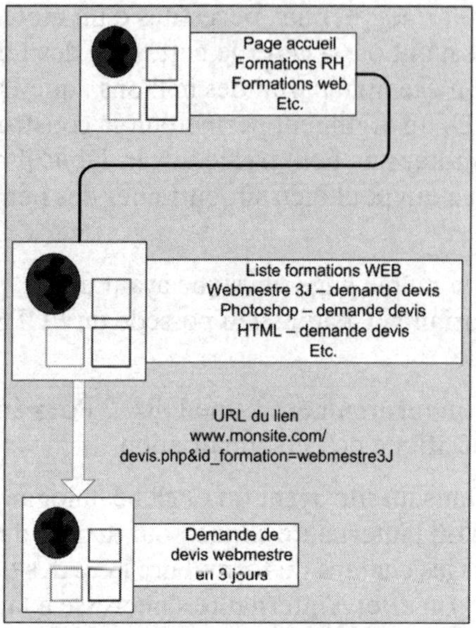

Figure 10-12 : *Lien avec URL et duplicate content*

Dans chaque thème, on liste les formations en détail. Exemple sur les formations techniques web :

- Webmestre en 3J ;
- Photoshop ;
- HTML ;
- PHP/MySQL…

Pour permettre une demande de renseignement ou de devis, le script PHP appliqué à toutes les pages génère à côté de chaque référence un lien **Demande de devis/information pour cette formation**. Ce lien doit contenir la référence de la formation visée. On aura typiquement un lien à cliquer avec un paramètre indiquant le code de la formation.

```
<a href="../devis.php?id_formation=webmestre3J"> demande
✂ information sur formation webmestre en 3 jours</a>
```

Vous aurez donc autant d'URL différentes vers le formulaire contact qu'il y a de formations dans le catalogue, donc des centaines d'URL différentes pointant vers la même page. Cela entraîne un duplicate content massif et de la dilution de Page Rank (celui perdu par les pages désindexées).

La première solution dans ce cas précis consistait à indiquer à Google que ce lien ne doit pas être suivi grâce à un attribut rel=nofollow inséré dans le lien.

```
<a href="../formulaire-contact.php?id_formation=web-webmestre-03J" rel=
✂ "nofollow"> demande information sur formation webmestre en 3 jours</a>
```

Ainsi, ces liens seront ignorés et seul le lien sans passage d'argument sera pris en compte par le moteur.

> REMARQUE
>
> **Perte de Page Rank inévitable**
>
> Des liens en rel=nofollow font perdre un peu de Page Rank mais ils évitent le duplicate content autrement plus nocif.

Depuis 2009, le codeur déclarera dans sa page formulaire pointée par des liens avec arguments une balise d'URL canonique décrite ci-après. Il évitera ainsi une fuite de Page Rank.

URL canonique (canonical URL)

Conscient de ce problème – de multiples URL pointant vers une même page pour des besoins divers ou suite à des erreurs de codage –, Google a validé en 2009 le principe d'une URL canonique.

Un développeur de site peut indiquer dans une page que quelle que soit l'URL avec session ou autre argument qui arrivait sur cette page, la seule et unique URL à prendre en compte était celle entre balises indiquant sa canonical URL.

```
<link rel="canonical" href="URL unique et officielle" />
```

URL, session, argument et sitemap.xml

Une autre méthode permet de révéler un problème de gestion dans les URL à cause de la session ou autres paramètres à passer en argument.

Il suffit d'utiliser un bon outil de sitemap XML. Nous avons déjà abordé l'utilisation de l'outil de Yooda pour générer un *sitemap.xml*.

L'examen du fichier *sitemap.xml* généré peut fournir de solides informations. En effet, les URL mal réécrites, les PHPSESSIONID mal gérés, les arguments multipliant une même page sous de multiples URL apparaîtront dans ce fichier. Il suffit de l'examiner. Il doit être parfait, sinon c'est qu'un bogue sur le site perturbe sa génération et donc le bot de Google rencontrera lui aussi des problèmes.

10.14 Pages restant mal positionnées

Malgré de multiples efforts, vos pages sont présentes dans les SERP, loin du début, et elles ne se hissent pas dans l'index de Google.

Il faut passer en revue tout ce que nous avons déjà abordé dans les chapitres précédents : mise en page, utilisation des balises hN, des balises title et meta description, etc.

Vérifiez que vos noms de fichier ne comportent pas de "blanc" (caractère espace). Utilisez le signe moins comme caractère de séparation entre deux mots d'un nom de fichier : *calanques-de-sormiou.jpg* par exemple.

Examinons d'autres pistes de travail…

La feuille de style.

Si vous avez modifié vos balises hN en feuille de style par des instructions qui masquent la balise hN d'origine, votre mise en page sera certes à votre goût, mais le bot de Google ne cartographiera pas votre texte comme une balise hN.

Exemple : Vous définissez en CSS une classe titre1rouge qui reçoit les spécifications d'une balise h1 mais rouge, puis un titre1Vert et ainsi de suite. Pour Google, ce sera une classe qui n'a rien à voir avec hN.

Dans vos pages, statiques ou dynamiques, il vaut mieux avoir ceci : <h1 span= redéfinition de la balise h1 > texte avec mots–clés </h1>.

Ainsi le bot de Google comprend qu'il accède à un texte entre balises h1.

ASTUCE

Ne jamais masquer les balises classiques W3C

Le bot de Google n'interprète pas la feuille de style. Les algorithmes de Google utilisent les balises connues et classiques utilisées par le plus grand nombre : h1, strong, etc. Il ne faut donc pas réécrire ces balises en changeant leurs définitions. Sinon vous perdrez des critères utilisés par Google pour le positionnement.

OS-Commerce, Joomla et CMS

OS-Commerce, Joomla et autres CMS respectent plus ou moins les nécessités de l'optimisation. Certains critères sont difficiles ou impossibles à respecter en standard : URL rewriting, mise en page en balise h1 dans le corps de la page automatisée, etc. Il faut ajouter un module supplémentaire ou d'autres opérations du même niveau.

Sans ces ajouts ou refontes des paramètres, les pages de ces sites rencontrent plus de problèmes pour réussir la phase de positionnement. Il peut être nécessaire de faire appel à un spécialiste de cet outil pour mieux respecter les nécessités de l'optimisation.

Un CMS (*Content Management System*) est un logiciel qui permet de gérer le contenu d'un site sans avoir à s'occuper du codage. Joomla en est un parmi de multiples autres.

10.15 Les mises à jour de Google

Google met à jour ses infrastructures pour différentes raisons :

- augmenter sa capacité de traitement ;
- transformer ces augmentations de traitement en nouvelles fonctionnalités ;
- améliorer ses algorithmes, en ajouter de nouveaux ou augmenter leurs utilisations.

Quelle que soit la raison, le référenceur sera toujours concerné par les évolutions de Google. Comme ces évolutions peuvent se traduire par des décrochages (ou des améliorations) de vos pages sur vos mots-clés, nous allons aborder les dernières mises à jour de Google dans ce chapitre.

Google ajoute de nouveaux datacenters régulièrement pour augmenter sa puissance de calcul toujours plus élevée. Il doit aussi rénover les fermes de serveurs un peu trop anciennes pour disposer à surface égale de davantage de puissance de calcul et de stockage.

Ces augmentations de puissance de calcul et de traitement peuvent donner lieu à des fonctionnalités nouvelles dans le moteur. Par exemple, avec Google Instant, l'affichage en temps réel d'une SERP de 10 résultats au fur et à mesure de la saisie d'une requête consomme beaucoup de ressources et fait gagner du temps et du confort à l'internaute. Ces fonctionnalités ont toujours un impact sur le comportement de l'internaute, donc le référenceur est concerné systématiquement.

La mise en service de nouveaux algorithmes a obligatoirement un impact sur le référencement de tous les sites.

Google Caffeine (2010)

Cette mise à jour concerne la partie matérielle et les algorithmes l'utilisant. Concrètement, grâce à Caffeine, Google a pu mettre en service progressivement le temps réel.

Dans le moteur de recherche, Google Instant vous donne un affichage temps réel d'une SERP au fil de la saisie de votre requête.

Depuis l'automne 2011, Google Analytics propose en version bêta test un affichage temps réel des internautes surfant sur votre site. Caffeine permet à Google de mettre en œuvre des algorithmes plus consommateurs de ressources.

Google Panda (2011)

La version Panda a un objectif simple : améliorer les résultats de recherche. Comment ? En débarrassant les SERP des sites "bidon", officiellement appelés "fermes de contenus".

La chasse à la ferme de contenus

Une ferme de contenus est construite à partir de contenus à bas prix. Par exemple des contenus sont dupliqués depuis de vrais sites avec ou sans l'autorisation des sites originaux.

Comme une ferme de contenus se heurte plus ou moins aux algorithmes de détection de duplicate content, certaines fermes de contenus, les plus malignes, utilisent des programmes qui réécrivent le contenu d'une page, plus ou moins bien. Ainsi, un codeur référenceur doué peut produire un site contenant des dizaines de milliers de pages de contenus volés, réussir son référencement et avoir son site présent sur des milliers de mots-clés.

Il ne reste plus qu'à mettre en œuvre une régie publicitaire comme Google AdSense et 1 % de l'audience va cliquer sur une pub procurant ainsi de confortables revenus à la ferme de contenus. Celle-ci peut aussi commercialiser des paid links. On le voit, les fermes de contenus ont tout pour déplaire à Google : pollution des SERP, vente de paid links faussant le Page Rank.

Google Panda met en œuvre des algorithmes destinés à identifier et à pénaliser les fermes de contenus.

Une ferme de contenus peut prendre divers aspects :

- Un annuaire.
- Un site volant les contenus et les réaffichant à sa sauce.
- Un site volant les contenus, les modifiant via divers programmes et les réaffichant à sa sauce.
- Un site avec une armée de petites mains installées dans des pays à bas coûts et publiant des informations à faible valeur ajoutée, le tout associé à des fonctions Web 2.0 faisant participer les internautes (gratuitement bien sûr) dans les réponses.

Google peut détecter avec Panda les plus maladroites de ces fermes de contenus. Comme pour les paid links bien conçus, les fermes de contenus intelligemment montées passeront à travers les mailles du filet.

Ces fermes de contenus vont devoir affronter la deuxième partie de l'offensive Google. Une fois éliminées les plus maladroites, Google commence à pousser les fonctions de crédibilité :

- Google Plus ;
- la balise Author ;
- la prise en compte encore plus poussée des réseaux sociaux.

En favorisant la reconnaissance des auteurs d'articles, Google va pouvoir à terme classer les sites en deux groupes. Ceux dont il connaît les auteurs : ce ne sont donc pas des robots qui écrivent, ceux dont les articles ne sont pas signés : ils sont donc suspects. À terme, quand il y aura assez de sites "signés", il pourra se permettre d'écarter les sites non signés, qui sont donc de potentielles fermes de contenus.

Bien entendu, un premier critère sera la taille du site. Une ferme de contenus possède un gros volume de pages. Donc le site de 200 pages non signées d'une PME ne risque rien. Il n'est pas assez gros pour attirer l'attention des contrôles Google.

De nombreux autres critères interviennent dans les calculs de Google. Par exemple les robots réécrivant des contenus volés font souvent des fautes. Une page mal orthographiée sera donc potentiellement une page d'un site de ferme de contenus. Vous pouvez être concerné à deux titres :

- Les versions en d'autres langues de votre site proviennent de traducteur automatique. Signez vos pages et liez-les fortement aux versions en langue originale, française ou anglaise.
- Les posts en forum intégrés à une page du site ont de nombreuses fautes de français. La solution est simple : rejetez les posts mal écrits.

Un autre critère : les avis Google. Un site sans avis sera suspect. Un site avec de nombreux avis Google positifs indiquera des contenus de qualité, donc ce n'est pas une ferme de contenus.

Les informations de Google sur les règles à respecter dans les contenus pour ne pas avoir de problèmes avec Panda sont publiées sur :

http://sites.google.com/site/webmasterhelpforum/informations-supplementaires-concernant-la-creation-de-sites-de-qualite.

En résumé, pour limiter ou éviter les ennuis avec Google Panda, des règles sont à suivre dont certaines ont déjà été abordées dans ce livre. Voici les principales règles concernant les sites de PME/PMI :

- Bien gérer la balise canonical.
- Si possible, signer les contenus avec la balise author.
- Éviter les fautes de français, d'orthographe, etc. dans les contenus.
- Créer un contenu original, limiter au maximum le duplicate content, ne pas répéter ce qui a déjà été dit, poser plutôt un lien vers le contenu d'un site de confiance. Ne pas répéter un texte de loi par exemple.
- Éviter les pages au contenu textuel court. Google est un moteur orienté texte. De telles pages sont synonymes de fermes de contenus.

Caffeine/Panda, mise à jour de novembre 2011

C'est une autre manière de réussir à améliorer la qualité des SERP sur plusieurs plans avec un seul algorithme.

Les internautes en général cherchent de l'information fraîche. Qui s'intéresse à un modèle de voiture d'il y a 6 ans ? Pas grand monde. Donc si vous saisissez scenic, ce véhicule Renault ayant existé en version 1 puis 2 puis 3, Google va donner priorité aux pages et objets les plus récents sur ce mot-clé.

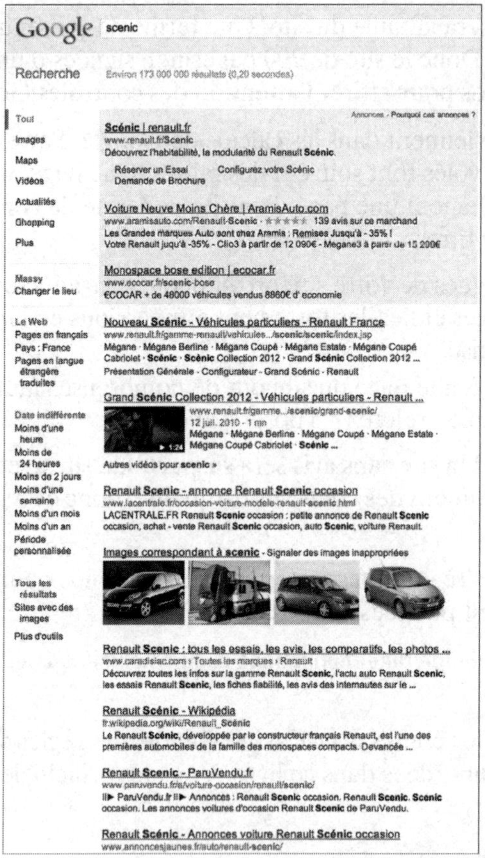

Figure 10-13 : *SERP Panda sur "scenic"*

Testons scenic sur **google.fr**. Effectivement, nous récupérons en SERP :

- des pages sur le Scénic 3 puis sur des petites annonces de Scénic d'occasion ;
- une vidéo sur le Scénic 3 modèle 2012 ;
- deux photos de Scénic 3 ;
- une photo de Scénic 2 tombé d'un camion et ayant probablement une forte note de popularité ce qui la favorise en SERP page 1 ;

- une photo de Scénic 2.

Nous venons d'illustrer le travail de Panda version novembre 2011. Deux remarques s'imposent :

- Les pages les plus récentes sont poussées en avant (les photos, les vidéos).
- Problème : les Scénic d'occasion sont aussi des informations récentes et donc elles se mêlent aux informations sur le Scénic 3.

Une ferme de contenus va avoir du mal à rafraîchir de manière cohérente ces informations. Ce n'est pas impossible, mais cela exige une organisation capable de détecter quel nouvel article pourrait remplacer un plus ancien sans rompre la cohérence des données. Ce n'est pas impossible à coder, c'est juste assez difficile à mettre au point et là aussi les sites les plus faibles seront poussés hors du jeu.

Conclusion pour le référenceur :

- Les pages doivent être régulièrement mises à jour avec de nouveaux contenus cohérents.
- Si vous avez une ferme de contenus, vous avez intérêt à être bon dans le métier (codeur/référenceur). Sinon vous serez poussé en touche par les mises à jour de Google.

10.16 Résumé

Nous avons vu comment empêcher Google d'indexer des pages ou des portions de pages.

Nous avons étudié des tests pour détecter des pénalités (des filtres) contre une page et ainsi comprendre pourquoi des pages n'arrivent pas à se hisser dans les SERP sur vos mots-clés.

Nous avons étudié les trois principales pénalités de Google : la désindexation, totale ou partielle, le bannissement (liste noire).

Nous avons vu plusieurs cas types d'erreurs ou de maladresses pouvant entraîner des pénalités de Google.

Le duplicate content involontaire est la première source d'erreur et de pénalité. Nous avons vu des cas types où un codeur innocent peut produire du duplicate content avec une grande facilité.

Vous avez eu un aperçu de Google Panda et de sa récente mise à jour. Vous savez ce que Google traque. À vous d'éviter d'avoir trop de pages ciblées par Google Panda.

Les recommandations et solutions à ces problématiques ont été abordées et présentées.

chapitre

11

Mesure du retour sur investissement

Référencer puis positionner un site représente des budgets temps-homme et finances non négligeables. Il est probable que, dans un proche futur, la qualité du site Internet de l'entreprise et sa visibilité seront considérées comme des actifs et participent à la valorisation de l'entreprise.

Pour maintenir la qualité de son *search marketing* (partie référencement/positionnement), il est important de contrôler la qualité des actions et leur efficacité. Il n'existe aucun outil intégré complet pour l'usage des PME (c'est-à-dire à prix abordable) sur le marché.

Les petits budgets emploieront les astuces évoquées dans le présent chapitre. Nombre de sites web se contentent de mesurer le ratio positionnement/nombre de visites en sachant pertinemment que cette mesure est assez grossière. Elle a le mérite de donner une tendance. Mais il est possible de faire beaucoup mieux.

L'analyse des diverses statistiques fournies par Google, ou par la mesure de son référencement, offre deux informations essentielles :

- *Comprendre le comportement des internautes sur le site* et donc, comprendre les raisons pour lesquelles le site transforme des internautes en clients… ou pas. Ce n'est pas l'objet du présent livre. Le lecteur pourra découvrir le livre de Nicolas Malo (*Web Analytics* édité chez Eyrolles) sur ce sujet très vaste et complexe.
- *Comprendre les effets du référencement sur le trafic du site* et mesurer ainsi le retour sur investissement des actions de créations de trafic, d'identifier de nouvelles expressions clés et d'autres actions pouvant améliorer le référencement et donc le trafic créé.

11.1 Les statistiques

Plusieurs outils permettent de réaliser des mesures d'audience et de leurs qualités. Plusieurs outils permettent de suivre l'efficacité du référencement en mesurant le positionnement. Ces outils sont complémentaires. Intégrer leurs différents résultats en un seul tableau de bord, même rudimentaire, est déjà un premier pas sur l'analyse de vos statistiques.

> REMARQUE
>
> **La précision n'existe pas sur Internet**
>
> Il est très difficile d'avoir des outils de mesure fiables. La présence de tel ou tel plug-in perturbe ou bloque telle mesure. Un double click est considéré comme deux visites ou une seule, selon l'intervalle entre les deux clics. Il existe de nombreux événements capables de fausser des mesures. Il faut donc travailler sur les tendances, pas sur les valeurs absolues.

Le fichier log du site

Dans le log du site, Apache enregistre pour un site Internet de nombreux éléments :

- les pages vues ;
- les visiteurs et visites ;
- le volume de données transférées ;
- si c'est accessible, le navigateur et le type d'ordinateur ;
- les mots clés et l'origine de l'internaute.

Comme Apache comptabilise les fichiers accédés, c'est l'outil le plus fiable pour mesurer l'audience brute d'un site. En revanche, il n'effectue pas certaines mesures réalisées par d'autres outils. Apache est assez facile à abuser si on veut gonfler le trafic d'un site. En standard, il ne sait pas détecter les robots qui cliquent et autres astuces.

Pour disposer des vrais chiffres bruts d'audience sur un site n'ayant pas de prétention à mettre son trafic en valeur, c'est l'outil le plus fiable. Ainsi :

- le nombre de visites est précis et exact ;
- mais la part visiteur unique n'est pas plus fiable que celle d'un autre outil ;
- le nombre de pages vues est plus fiable, mais de nombreuses erreurs d'internautes faussent ce chiffre (double clic compté pour deux pages vues, etc.).

Les statistiques avec marqueurs

Google Analytics appartient à cette catégorie ainsi que Xiti. Un marqueur, un code écrit en JavaScript, est posé sur chaque page à mesurer.

À chaque chargement de page, ce JavaScript appelle un service sur un serveur et de nombreux éléments sont collectés et tracés :

- date précise (jour heures minutes secondes) ;
- page lue (URL) ;
- provenance ;
- mots clés…

Google Analytics possède en sus une connexion vers les informations liées à des campagnes de liens sponsorisés, AdWords. On peut ainsi avoir un seul tableau de bord avec les activités séparées : d'un côté celles d'AdWords, et de l'autre celles des recherches naturelles.

Ces données de Google Analytics vont permettre de cartographier l'activité sur le site de manière différente et complémentaire des logs. Par exemple, on peut mesurer le taux de conversion d'un formulaire par rapport à des mots clés et par là, connaître les expressions clés ayant amenées des internautes à remplir tel formulaire ou à acheter tel produit. Le Web Analytics permet de piloter finement de nombreuses actions sur le site, tant techniques que webmarketing. Nous y reviendrons un peu plus loin.

Les outils SEO – rapport positionnement

Figure 11-1 : *Capture d'écran de Rank Tracker, logiciel de suivi de référencement*

#	Mot-Clef	Pos. Google.fr	Google.fr Diffé...	Date d'entrée	▾ Visites	Google.fr UR...	Google.fr Date de v...
1	[redacted]	1	0 •	19 juin 201...	53	http://www...	24 août 2012
2	contrat entretien chaudière [redacted]	1	0 •	5 oct. 2011...	3	http://www...	24 août 2012
3	plombier [redacted]	Places 1(1)	+2 ↑	17 juin 201...	2	http://www...	24 août 2012
4	plombier [redacted]	Places 3(2)	+1 ↑	17 juin 201...	2	http://www...	24 août 2012
5	chaudière [redacted]	1	0 •	17 juin 201...	1	http://www...	24 août 2012
6	chauffagiste [redacted]	Places 3(1)	+1 ↑	17 juin 201...	1	http://www...	24 août 2012

Ces outils SEO (*Search Engine Optimization*), donnent des informations correspondant au strict métier du référencement :

- Positionnement d'un site sur une expression dans Google (*pos Google.fr* dans la capture écran).
- Évolution de la position dans la durée.
- Historique de positionnement.
- URL exacte de la page positionnée.
- Etc.

En clair, ces outils mettent à disposition un ensemble de mesures importantes pour évaluer un référencement. Ce type d'outils est fort pratique, mais ils souffrent d'un défaut majeur : ils ne sont pas intégrés. Par exemple, vous voyez une amélioration du positionnement d'une expression clé, mais ce que le logiciel ne vous dit pas (encore ?) :

- *La hausse du trafic ainsi obtenue* (ou la baisse) : ces informations sont essentiellement dans Google Analytics.
- *Les éventuelles modifications apportées à votre site* : ces informations sont en votre possession.
- *Les éventuelles modifications apportées aux sites concurrents sur vos expressions clés* : ces informations sont à capturer en ligne.
- *Les modifications apportées aux algorithmes de Google* : cette information n'est pas disponible, mais des calculs utilisant les informations ci-dessus, et quelques autres, permettraient d'estimer la portée de ces modifications.

L'ensemble de ces informations permettrait à un référenceur de bien mesurer les conséquences de ses actions.

Nous venons de fixer les limites de la mission du référenceur. Un bon nombre d'informations corrélées lui échappent, à moins qu'il ne dispose d'outils spécifiques à son métier.

Revenons aux outils de statistiques SEO actuellement disponibles. Nous avons besoin de connaître rapidement le positionnement d'un site sur chacune des expressions-clés que le référenceur a sélectionnées. Ce troisième outil est capable de construire un rapport de positionnement sur de multiples mots clés, plusieurs moteurs et plusieurs sites (il traite le positionnement de votre site et le compare à celui de vos concurrents).

Un rapport de positionnement vous indique à quel rang dans l'index d'un moteur se retrouve la landing page de votre site sur une expression-clé précise. Vous pouvez aussi comparer les performances de vos concurrents avec les vôtres.

On risque, en cas de sur-utilisation, de voir le numéro d'IP de son micro-ordinateur blacklisté durant une période de quelques heures. Google vous demande alors très régulièrement à l'écran un code lisible par les humains mais difficile à contourner pour un logiciel.

Google Webmaster Tools (GWT)

Nous détaillons plus loin cet outil Google qui donne de précieuses indications sur l'audience et le trafic de votre site.

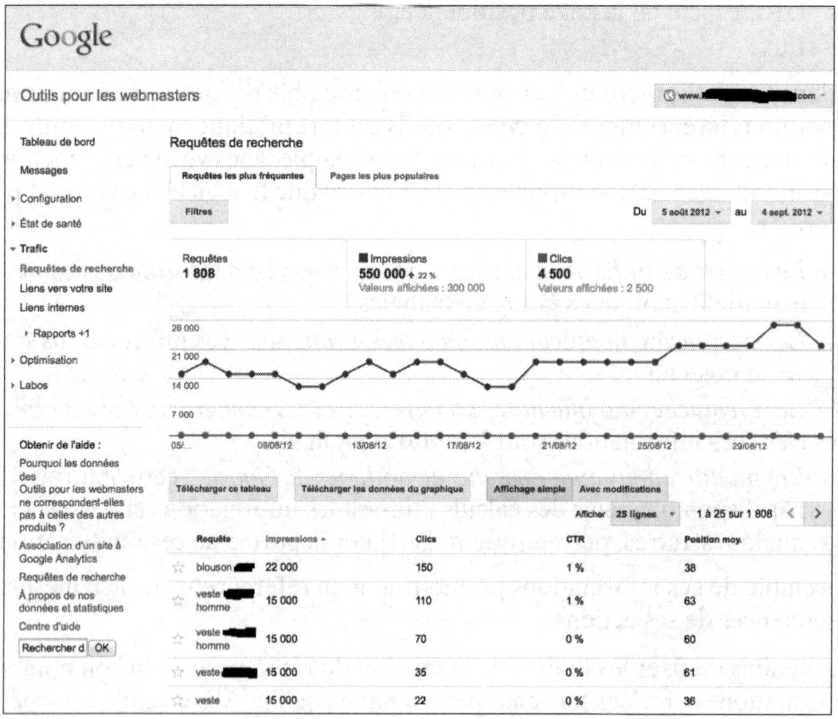

Figure 11-2 : *GWT Trafic > Requêtes de recherche*

La courbe bleue affiche les impressions, c'est-à-dire les affichages dans **google.fr** du 5 août 2012 au 4 septembre 2012. Cette information est importante pour un référenceur : cela lui indique le volume d'affichage des snippets du client dans le moteur. On peut mesurer ici les conséquences d'une action de référencement.

Dans cet exemple de courbe, le site a été refondu et mis en ligne le 25/08. On voit que peu après, dès le lendemain, le trafic grimpe brusquement par paliers de 18 000 à 28 000 affichages journaliers.

La courbe rouge est écrasée par l'échelle de la courbe bleue (c'est un gros défaut de GWT). Elle indique le volume de clics depuis **google.fr**. Dans cette capture d'écran, le volume de clics est de quelques centaines par jour.

11.2 Corréler le rapport de positionnement et le trafic créé

Un rapport de positionnement ressemble à ceci :

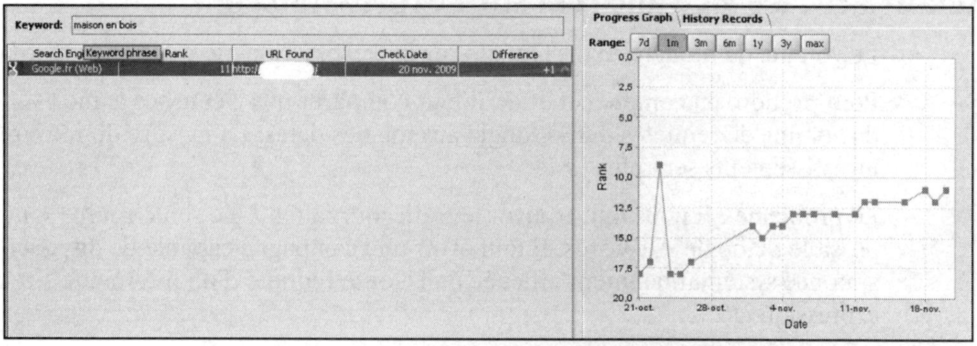

Figure 11-3 : *Positionnement de "maison en bois" sur un mois*

Sur une expression-clé précise, maison en bois, il nous présente le positionnement jour après jour d'un site. Nous remarquerons deux choses :

- Sur un mois, le travail du référenceur a passé le site d'un rang aux environ de 18 jusqu'à un rang de 11, soit du bas de la page 2 au haut de la page 2 dans les SERP de Google.
- Un pic étrange propulse le site le 23 octobre en première page. Ce genre de pic, qu'il monte ou descende, correspond probablement à des applications ou retraits volontaires ou accidentels de filtres, ce qui déclenche des classements étranges et de courte durée.

Corrélons avec les visites obtenues via cette expression-clé sur le site en question :

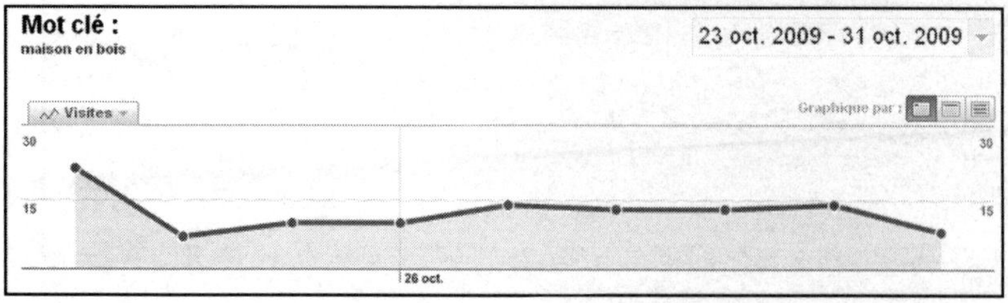

Figure 11-4 : *Trafic sur "maison en bois" du 23/10 au 31/10*

Ce zoom sur le trafic montre un pic associé au pic en positionnement sur la page 1 du 23 octobre puis une chute dès le retour en page 2. La montée et la descente d'une expression-clé de page 1 en page 2 et inversement influent directement sur la création de trafic.

Une telle conclusion était évidente mais cela permet de montrer concrètement une corrélation simple.

Pour mesurer l'efficacité du référencement, un rapport de base doit corréler d'un côté les courbes de positionnement et de l'autre les courbes des visites mesurées dans Google.

Relativiser face au trafic réel sur l'expression clé

Le volume de requêtes dans Google sur une expression-clé varie chaque jour.

Pour prendre en compte cet effet, il faut comparer nos 2 courbes à une estimation du volume de requêtes dans Google aux mêmes dates. La mesure du retour sur investissements sera plus juste.

Le problème : Il nous faut trouver le trafic journalier. Une seule source semble possible : Google AdWords. Il faut avoir une campagne capable de disposer d'une annonce systématiquement affichée dans toute requête d'un internaute sur une expression-clé.

Pour cela, il suffit de payer Google. Ce sera un peu cher. À condition de ne pas être pointilleux sur les délais et sur la précision, nous verrons un peu plus loin une astuce pour disposer de telles informations sous forme de tendances, avec un décalage de quelques semaines et une précision finale plus juste. Mais regardons d'abord la logique de mesures et comparaisons.

L'expression retenue pour illustrer notre propos est : abonnement "XXXXX", où XXXXX représente le nom d'un titre de presse.

Le rapport de positionnement fait apparaître un passage de la page 2 à la page 1 le 17 septembre.

Figure 11-5 : *Incluant la période du 23 août au 17 octobre positionnement sur XXXXX*

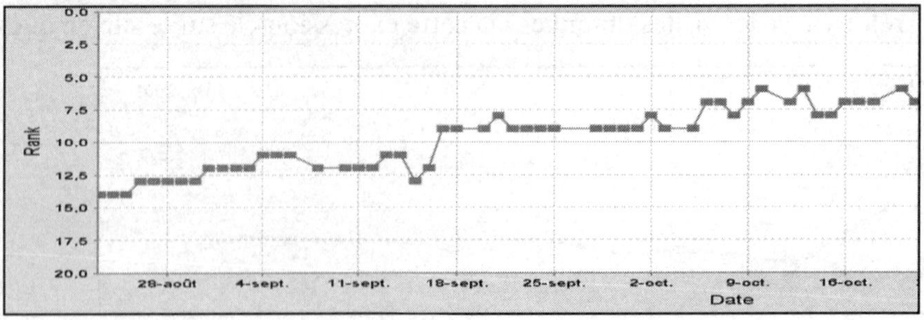

11

Examinons le trafic du 23 août au 17 octobre sur le mot clé XXXXX. Le trafic quand on moyenne a gagné légèrement, un carré de haut, lors du passage de page 2 à page 1 dans les SERP de Google.

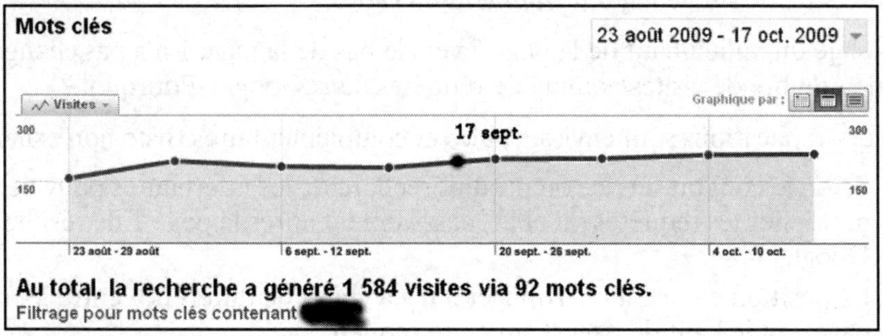

Figure 11-6 : *Trafic sur XXXX du 23 août au 17 octobre en affichage par semaine*

On constate un pic le 17 septembre sur le diagramme journalier.

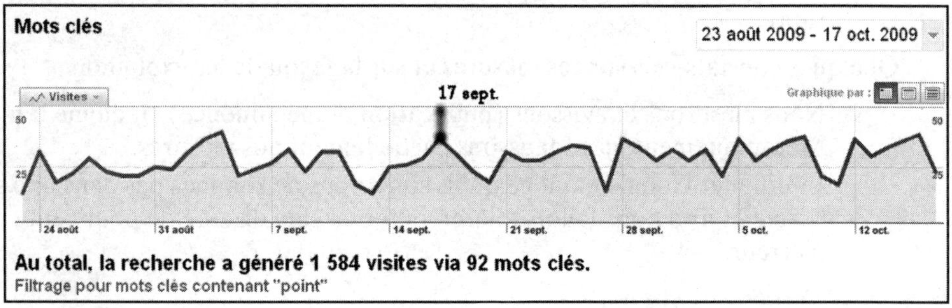

Figure 11-7 : *Trafic sur XXXX du 23 août au 17 octobre en affichage journalier*

On constate un pic le 17 septembre dans le volume de requêtes sur XXXXX.

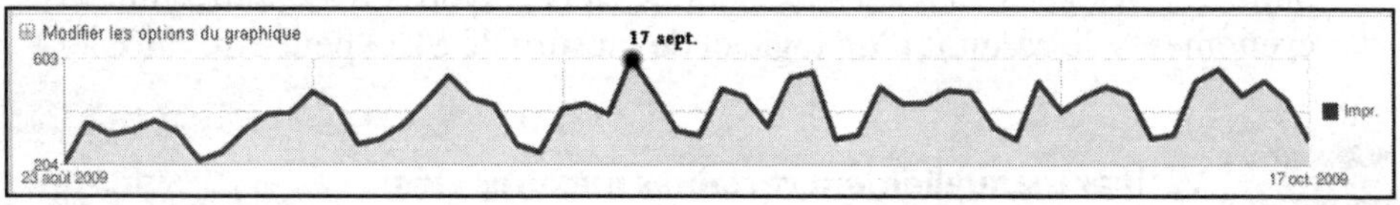

Figure 11-8 : *Le volume de recherche sur XXXXX sur la période du 23 août au 17 octobre*

Le nombre de requêtes liées à XXXXX oscille entre 204 et 603 par jour sur la période étudiée.

Étudions de près ces graphes. Sur la période du 23 août au 16 septembre, le site a capté en visite 7 à 10 % des personnes ayant requêté sur XXXXX.

Paradoxalement, le 17 septembre, jour où le positionnement est monté en page 1, ce ratio est tombé à 5 % même si en valeur absolue, le nombre de visiteurs a été excellent.

Du 18 septembre à la fin de la période de mesure, ce taux oscille entre 6 et 10 %, ce qui est surprenant puisque le site est désormais en page 1. Le volume de visites augmente sur la 2e partie de la période du fait d'une augmentation moyenne de requêtes supérieure au léger effritement du ratio.

Le passage du milieu/haut de la page 2 vers le bas de la page 1 n'a pas changé le ratio de nombre de visites/volume de requêtes dans Google. Pourquoi ?

Plusieurs explications sont envisageables et complémentaires (liste non exhaustive) :

- Selon le coût du service ou produit recherché, les internautes pouvaient multiplier les requêtes ou aller massivement après la page 1 de résultats Google.
- La position en or est en Top 5 et il n'y a guère de différence entre le bas de page 1 et le haut de page 2 sur cette requête.
- Les mesures ne sont pas justes via Google AdWords. Globalement, les impressions publicitaires peuvent avoir variées et ainsi fausser notre calcul de ratio.

Quelques constats-clés sur ces mesures et sur la façon de les exploiter.

- Nous mesurons et agissons (publication d'une annonce) en même temps. Mécaniquement, nous faussons partiellement nos mesures.
- Internet et Google étant ce qu'ils sont, nous ne sommes pas dans une science exacte et il va nous falloir tolérer au moins une dizaine de pour cent en taux d'erreur.

Vérifier manuellement un référencement

Suite à des bogues ou à l'absence d'accès aux cookies ou à d'autres micro évènements, le résultat d'un logiciel de mesure de SEO peut être faux.

> ASTUCE
>
> **Vérifier manuellement certaines mesures clés**
>
> Il est plus prudent de vérifier manuellement les dires d'un logiciel de mesure de positionnement. Il peut arriver que les résultats soient inexacts ou carrément faux.

Il faut alors contrôler en vérifiant manuellement le positionnement et en :

- Gérant la localisation manuellement.
- Désactivant l'historique web.

Google permet de changer le lieu de navigation manuellement.

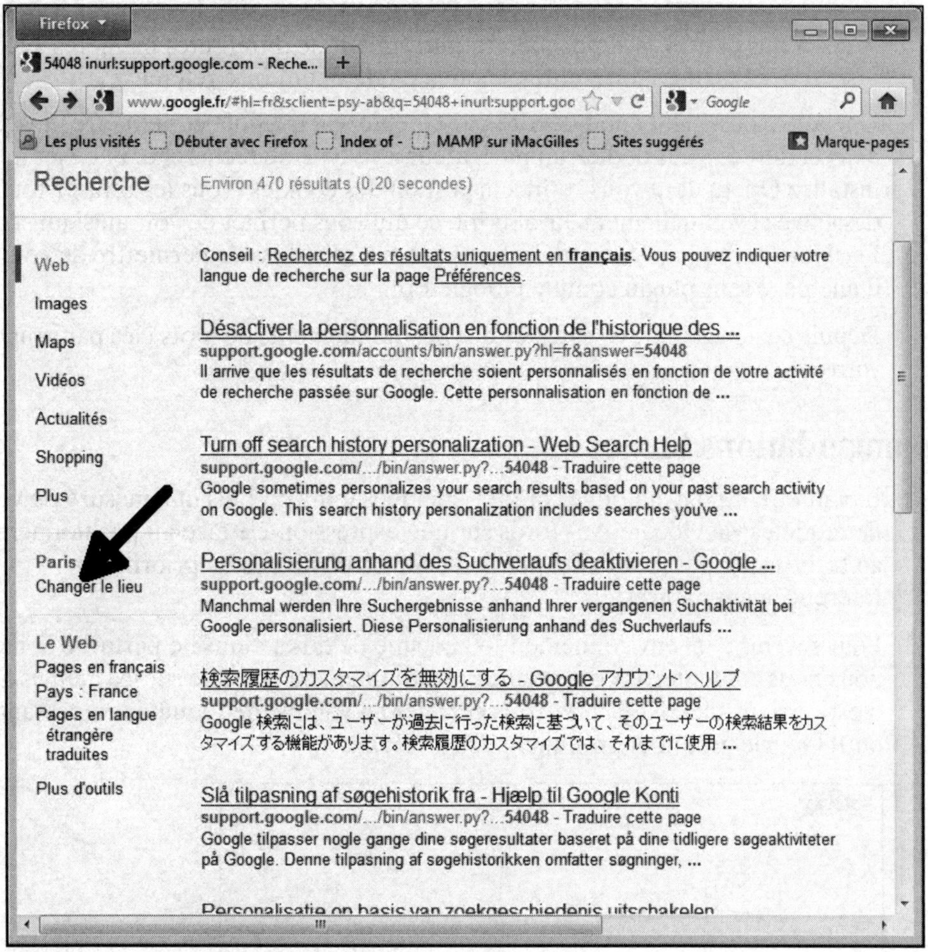

Figure 11-9 : *Changer le lieu de navigation manuellement dans Google.fr*

Vous pouvez ainsi tester une requête locale comme par exemple Plombier en indiquant la ville d'Evry comme lieu de personnalisation géographique à prendre en compte, même si vous êtes en fait connecté à Internet depuis Nice.

Désactivez l'historique de vos recherches sur Google

Pour désactiver l'historique web de vos recherches sur Google et annuler ainsi toute influence de vos recherches passées sur vos recherches immédiates via la personnalisation, Google a publié un billet : **http://support.google.com/accounts/bin/answer.py?hl=fr&answer=54048**.

Plusieurs possibilités existent :

- En effaçant le cookie Google, vous neutralisez cette fonction provisoirement.
- Vous pouvez la supprimer définitivement de différentes manières avec des conséquences différentes selon le mode opératoire retenu.

Une autre possibilité, non décrite par Google, est possible et peut être plus pratique dans la durée : vous dédiez un navigateur à ce type de recherche. Par exemple, vous installez Opera dont vous retirez la gestion des cookies (vous les refusez tous). Vous désactivez éventuellement JavaScript, ce qui vous permet de voir ainsi un site sans Flash ou autre plugin, ce qui est fort pratique afin de vous permettre de voir l'aspect d'une page sans plugin comme Google Bot.

Depuis ce navigateur, vous tester des positionnements de mots clés par rapport à votre site.

Recommandations finales

Il peut être utile d'étalonner durant quelques jours ou plus une mesure du volume de requêtes via Google AdWords sur une expression-clé face au positionnement et au trafic capté par le site. On peut en déduire un niveau de priorité en référencement naturel.

Pour revenir à un environnement où aucune de nos actions ne perturbe la mesure, nous nous contenterons de mesurer positionnement et trafic sur les mêmes groupes d'expressions-clés. Nous pourrons corréler au volume de requêtes en passant par un outil Google gratuit et pratique : *Google Trends*.

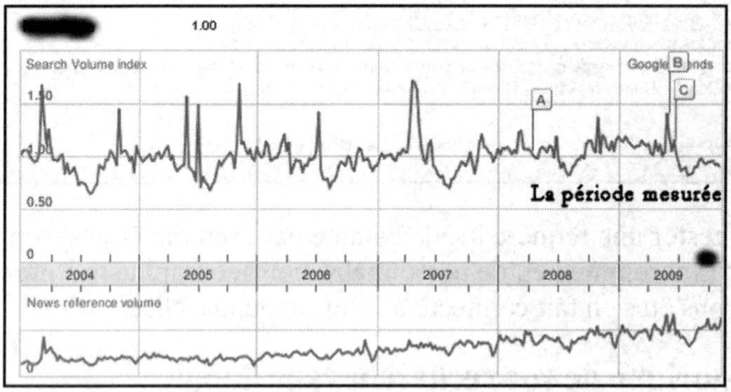

Figure 11-10 : *Le volume de recherche sur XXXXX depuis 2004*

Google Trends donne en relatif le volume de requêtes mois par mois.

En disposant d'une base absolue issue d'une campagne Google AdWords ou de Keyword Tool, nous pouvons suivre l'évolution en volume de requêtes en données réelles et pas simplement relatives et le corréler sur une base mensuelle au positionnement et au volume de visites issu du référencement. Cette approche intégrant 3 graphes distincts présente plusieurs intérêts-clés pour un site :

- On mesure une efficacité globale du référencement, y compris la qualité du snippet.
- En y ajoutant la courbe du taux de rebonds issue de Google Analytics, on peut ainsi disposer d'un indice mesurant non seulement le référencement naturel mais aussi la réaction moyenne des internautes face à la landing page.
- On mesure une efficacité brute, sujette à caution, mais néanmoins indicatrice d'une tendance.
- Une dernière courbe permettrait de caler notre surveillance : *l'objectif atteint* issu de Google Analytics. Elle traduit l'atteinte via le site et toutes les actions de promotions, d'un objectif concret sous forme de ventes, de prises de contacts, de demande de devis ou de rendez vous.

11.3 Tableau de bord et corrélation

1. Notez les passages de Google bot sur votre site, puis tracez un chronogramme prenant en compte vos travaux de référencement...
2. Alignez sur le même chronogramme la fréquentation de votre site (depuis vos fichiers de log et autres statistiques), les conversions d'objectifs, les demandes de devis "spontanées" (téléphone et fax).
3. Alignez vos autres actions de marketing : e-mailing, envoi postal, bannières pub dans le même chronogramme.
4. Calez enfin vos CA et autres sources de revenus liées au Web (fréquentation magasin, commandes en ligne, date d'envoi des coupons de réduction...).

Ce qui peut se résumer ainsi :

- Date 1 – passage d'un Google bot – positionnements d'une liste de combinaisons de mots clés.
  - Travaux de référencement effectués depuis la date 1, mises à jour incluses.
  - Statistiques de fréquentation via mots clés de moteur de recherche.
  - Courbes de votre activité commerciale.

- Date 2 – passage d'un Google bot – positionnements de la liste de combinaisons de mots clés.
  - Travaux de référencement effectués depuis la date 2, mises à jour incluses.
  - Statistiques de fréquentation via mots clés de moteur de recherche.
  - Courbes de votre activité commerciale.

- et ainsi de suite...

Vous obtiendrez ainsi un tableau de bord mettant en évidence les performances de chaque action ou de chaque groupe d'actions.

11.4 Google Analytics

Google Analytics couvre de nombreux aspects. Étudions ceux ayant un rapport avec le référencement naturel.

REMARQUE

(not provided)

Google a décidé de masquer les mots clés utilisés dans le moteur par des internautes connectés et authentifiés à un service Google. Toute ligne (*not provided*) indique les internautes connectés, authentifiés, sur lesquels Google ne donnera aucune information excepté leur nombre.

	Mot clé	Visites ↓	Pages/visite	Durée moy. de la visite	Nouvelles visites (en %)	Taux de rebond
	1. (not provided)	95	2,59	00:00:47	93,68 %	43,16 %

Figure 11-11 : *(not provided), 95 visites sur le site via des mots clés occultés par Google*

Il ne reste plus qu'à effectuer des règles de trois pour plus ou moins prendre en compte ces informations occultées par Google

Il reste à espérer que Google Plus sera un échec pour Google. Avec Gmail, c'est le service Google avec authentification qui reste ouvert en permanence et qui donc diminue la qualité des statistiques nécessaires à un référenceur pour travailler.

Analyse des mots clés créateurs de trafic

La commande **Sources de trafic > Mots clés > Afficher le rapport complet** nous affiche la liste des mots clés utilisés pour accéder au site durant une période donnée. La période se paramètre en haut à droite. Un clic sur la date de début, un clic sur la date de fin, et nous avons l'intervalle de temps à étudier (voir fig. 11-12).

Ces mots clés amènent du trafic ciblé. Commentons cette illustration (à noter que tous les mots clés et indices permettant d'identifier le site ont été gommés afin d'assurer l'anonymat du site utilisé) :

- Expression #1 est l'expression-clé la plus efficace en volume de trafic. Mais 70 % des internautes restent moins de 10 secondes. Le taux de rebonds est très élevé. Manifestement, nombre d'entre eux sont venus sur le site mesuré par erreur.

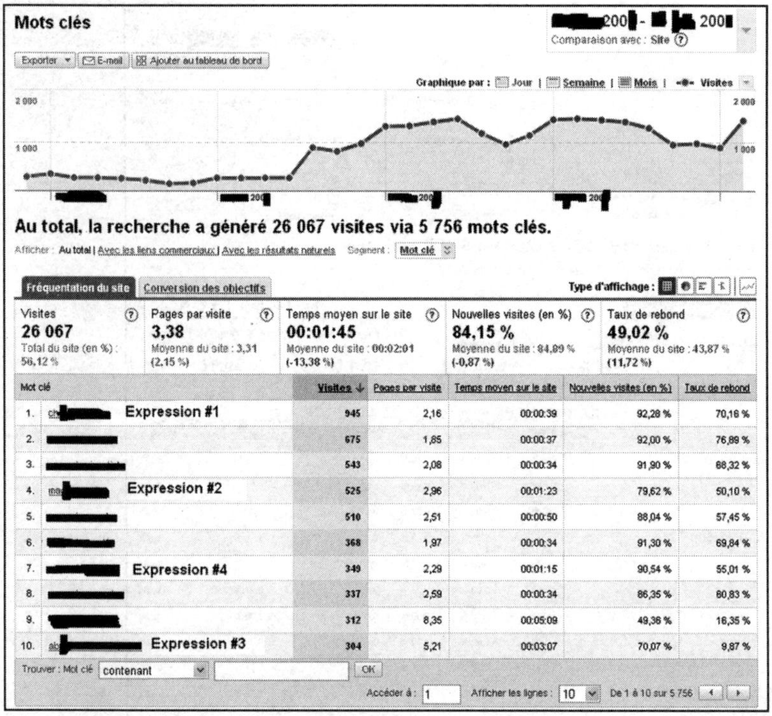

Figure 11-12 : *Google Analytics : mots clés ayant entraîné des visites*

- Expression #2 est plus prometteur. Le taux de rebonds est de 50 %, le temps passé sur le site est proche de la moyenne du site (2 min).
- Expression #3 est excellente pour le site. Faible taux de rebonds, plus de 8 pages vues par visite, plus de 5 min sur le site.

Étudions l'onglet **Conversion des objectifs**… Nous allons y voir les mots clés ayant participé à des ventes en ligne (voir fig. 11-13).

Notre tableau de bord se complète. Expression #1 transforme à 1,48 %. Bien. 1,48 internaute sur 100 achète *via* CB ou Chèque. Expression #2 transforme à près de 3 % pour un volume de trafic inférieur à la moitié du précédent. Un problème existe sur Expression #4. Du trafic et 0 commande. Il va falloir étudier. Expression #3 offre 3,29 % de taux de conversion.

Conclusions : ces mesures montrent des tendances et des actions à y corréler. Quelle est la position de notre site sur chacune des expressions 1 à 4 et les investissements liés ?

- Expression #1 : le site est Top 60 sur 408 000 pages – 100 % du trafic est issu de liens sponsorisés. Le budget est faible. L'opération est rentable. Investir du référencement naturel représenterait un budget bien trop important, car le mot clé est très bien défendu par d'autres sites.

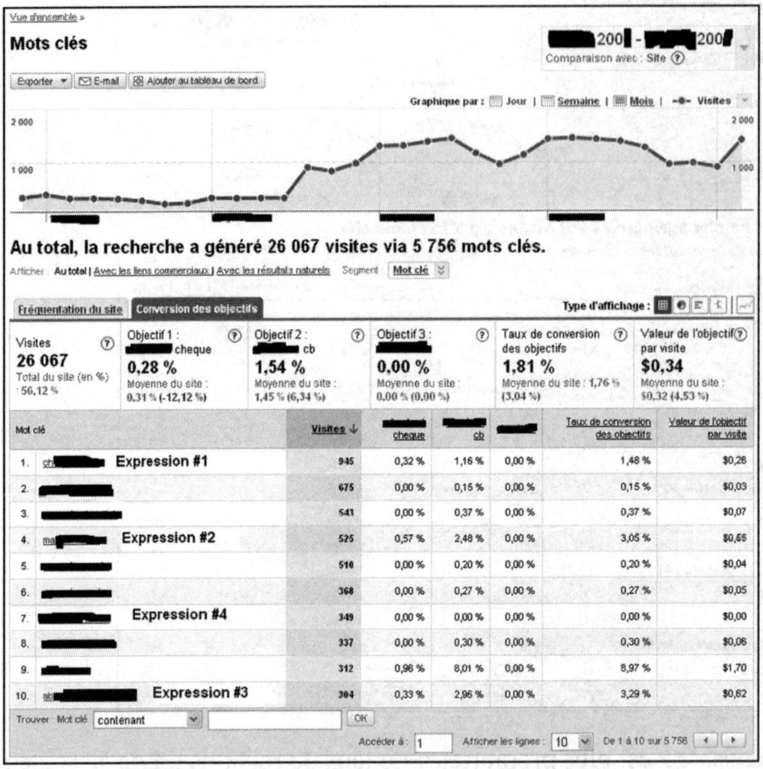

Figure 11-13 : *Google Analytics : conversion des objectifs*

- Expression #2 : le site est Top 80 sur 700 000 pages. Même problématique que précédemment, sauf que le Top 10 est atteignable sans trop d'investissement en référencement naturel et qu'ainsi le site pourrait bénéficier d'un effet de traîne sur les déclinaisons autour de cette expression-clé.
- Expression #4 : le site est hors mesure sur 41 000 000 de pages (41 millions de pages). Il faut stopper les dépenses en liens sponsorisés ou il faut parvenir à baisser le prix de l'article vendu. Il est trop cher face à la concurrence. Il n'y a aucun intérêt à investir un cent dans le référencement naturel de cette expression-clé.
- Expression #3 : le site est Top 10 sur 2 000 000 pages (2 millions de pages). Le trafic est issu de liens sponsorisés et du référencement naturel. Le coût en liens sponsorisés est énorme à cause de la très forte concurrence sur cette expression entre annonceurs. Il faut accélérer les investissements sur cette expression-clé pour passer en Top 5 dès que possible et ainsi stopper les liens sponsorisés.

L'utilisation de cet outil permet de mesurer l'efficacité des mots et expressions-clés.

REMARQUE

Piège : Google Analytics a-t-il mal géré le classement ?

Nous sommes dans l'onglet **Mots clés** et non pas dans l'onglet **AdWords**. Or nous avons les mesures d'AdWords mélangées à celles des mots clés naturels.

C'est un piège très classique. Une erreur dans l'URL rewriting perturbe les marqueurs et l'outil perd la trace de "*qui vient d'où ?*". Faites attention en codant votre URL rewriting, de nombreux effets de bord se déclenchent et ils faussent les mesures.

Quelques interprétations

Ces tableaux contiennent des statistiques-clés pour comprendre ce qui se passe dans le site vis-à-vis du référencement. Voici quelques interprétations de ces mesures…

- Les mots clés ayant un fort taux de pages vues/visite sont à étudier de près. Ils génèrent du trafic de qualité.
- Les mots clés ayant un taux de 1 page vue/visite indiquent une totale inadéquation du contenu face aux mots clés choisis et utilisés par des internautes. Là aussi, il faut creuser pourquoi. L'internaute arrive, et en peu de seconde il quitte le site. Deux explications possibles :
  - le mot clé est mal choisi ;
  - le contenu de la page n'est pas adapté aux profils des internautes lançant une requête sur ce mot clé.
- le nombre de pages vues par visiteur est élevé, mais aucun formulaire de prise de contact n'est saisi. Il manque quelque chose au site qui gêne l'internaute. Il lit, semble intéressé, puis quitte le site. Deux explications possibles :
  - le formulaire contact n'est pas assez visible ;
  - il manquerait un contenu qui inciterait le visiteur à finaliser une décision de prise de contact : exemples de devis, exemples de prix, liste de ce qui est disponible le 1er de chaque mois… Bref, une information très concrète lui permettant de caler sa demande face à un budget.

11.5 Google Webmaster Tools

La mise en œuvre est simple. Il suffit de s'inscrire chez Google, de suivre les instructions. L'ajout d'une balise meta dans la page *index* permet de se faire authentifier comme possesseur du site auprès de Google Webmaster Tools.

Cet outil donne accès à des informations mesurées par Google concernant votre site. Une partie de ces indications concerne le SEO.

Les mesures indiquées sont à peu près fiables a priori. Mais elles sont issues de moyennes ce qui explique les éventuels écarts avec d'autres outils de mesure.

On ne peut pas accéder à un quelconque historique. Impossible par exemple de demander les résultats d'il y a 3 mois. C'est un des défauts de l'outil. Il est probablement volontaire de la part de Google.

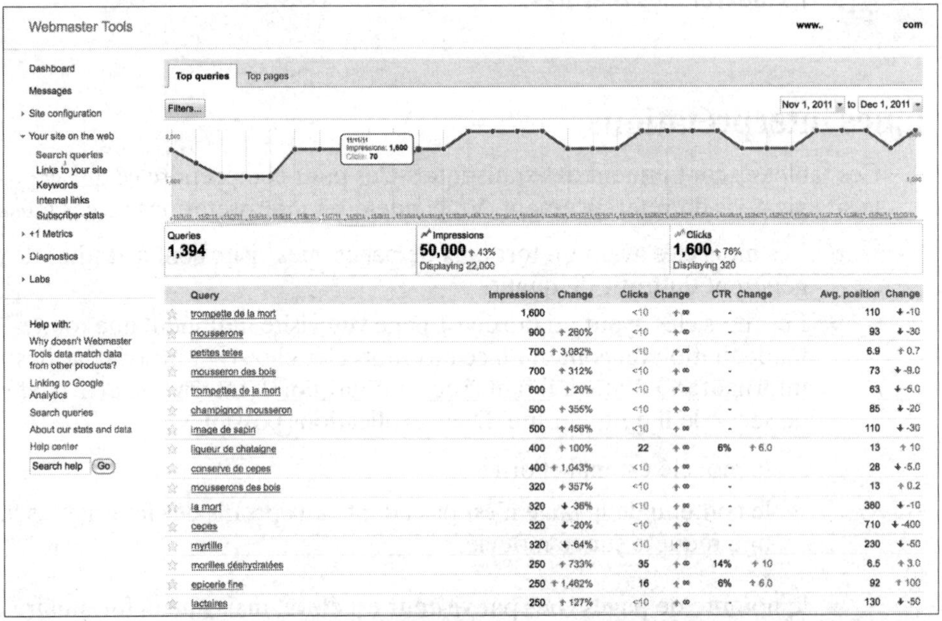

Figure 11-14 : *Webmaster Tools et SEO*

Sur cette capture d'écran, on voit l'intérêt SEO de cet outil (**Votre site sur le web** > **Requêtes**).

Webmaster Tools affiche sur les 30 derniers jours le volume d'affichage de snippets de votre site (impressions), le nombre de requêtes différentes ayant amené l'affichage de votre snippet (1 394 dans cet exemple) et le nombre de clics (1 600 clics pour 50 000 affichages). On mesure ainsi l'efficacité du site en SEO.

Webmaster Tools affiche pour chaque expression-clé le volume d'impressions et le taux de clics. L'information sur la position moyenne (**Avg. position**) est issue de calculs de position de votre page sur un lot d'expressions-clés. Google n'en dit pas plus. Manifestement, ce calcul est biaisé ou inapproprié. Les positions indiquées sont de peu d'utilité.

Les liens vers votre site : liste la plus grande partie des liens externes pointant vers votre site. Cette liste est souvent incomplète.

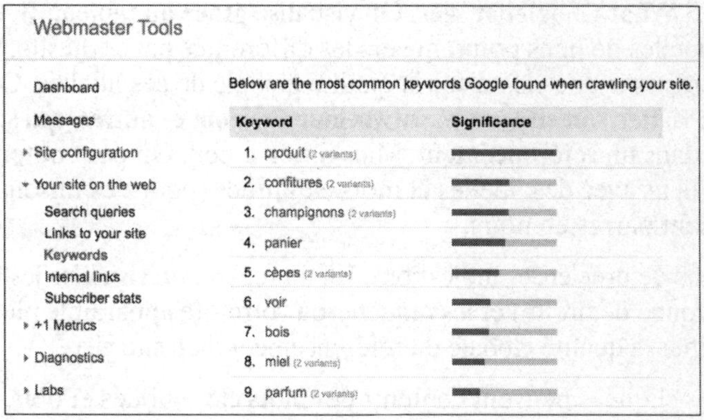

Figure 11-15 : *"Mots clés" de Webmaster Tools et SEO*

L'onglet **Mots clés** indique la vision de Google des mots clés de votre site. S'il y a un écart avec votre propre vision, il vous faudra revoir le contenu de vos pages et le rédactionnel ainsi que la mise en page.

+1 Metrics : vous donne des statistiques de pose et d'influence de Google+1 sur votre site.

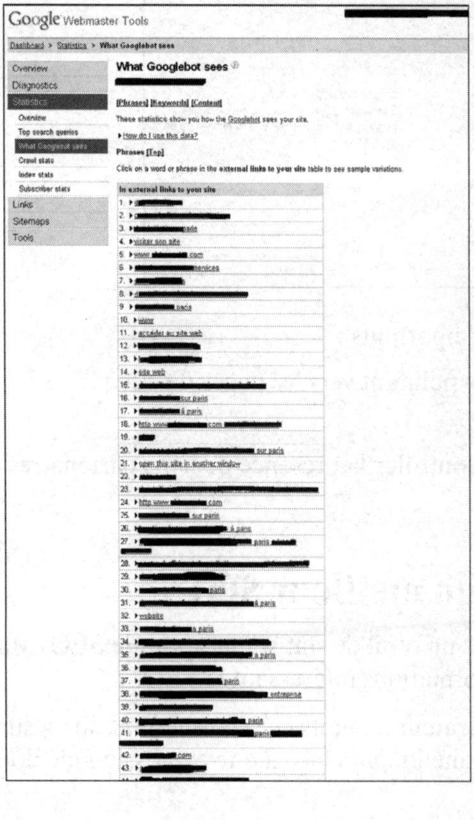

Figure 11-16 : *What Googlebot sees*

Allez sur **Statistics** > **What Googlebot sees**. On visualise grâce au tableau *What Googlebot sees* les libellés de liens pointant vers les différentes pages du site. On peut ainsi d'un seul regard avoir une vision sur la qualité globale de ces libellés. On trouve les habituels **visiter son site**, **www**, **wwww.monsite.com** et autres, qui sont totalement inutiles dans un référencement. Mais il y en a peu. On peut noter que ce site a de nombreux liens avec des libellés et mots clés utiles (pour des raisons de confidentialité, ils sont barrés en noir).

Search queries donne de précieuses indications. En un regard, on visualise les requêtes les plus cliquées (colonne de droite) et les requêtes où votre site apparaît le plus. C'est pratique pour identifier la qualité globale du référencement d'un site web.

Les requêtes les plus cliquées peuvent contenir des mots clés oubliés et donc à prendre en compte dès que possible, ou des mots clés attirant un trafic inutile et donc à remanier pour laisser la place à des mots clés porteurs de trafic qualifié. On peut développer une approche encore plus performante en utilisant Google Analytics sur les mots clés.

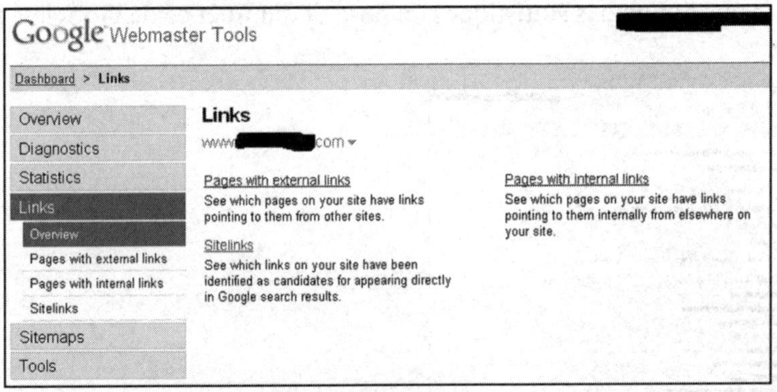

Figure 11-17 : *Google Webmaster Tools – Links*

L'onglet **Links** liste deux éléments importants :

- les backlinks de sites externes pointant vers les pages du site ;
- les liens internes.

On peut ainsi en quelques regards contrôler la présence de liens partenaires et la gestion des tags entre autres valeurs.

11.6 Google AdWords pour un meilleur SEO

A priori, Google AdWords n'est pas un outil de statistiques pour le SEO. Mais ce programme donne accès à deux informations intéressant le SEO.

Nous avons accès à un outil, le générateur de mots clés, permettant de mesurer le trafic d'une zone géographique comme un pays face à une expression-clé donnée.

Prenons comme exemple l'expression-clé antiquités Essonne. Quel est le nombre de recherches utilisant cette expression-clé en France, en Belgique ou en Suisse ? Quels sont les mots clés proches ? Quel est le volume de longue traîne utilisant antiquités Essonne comme racine ?

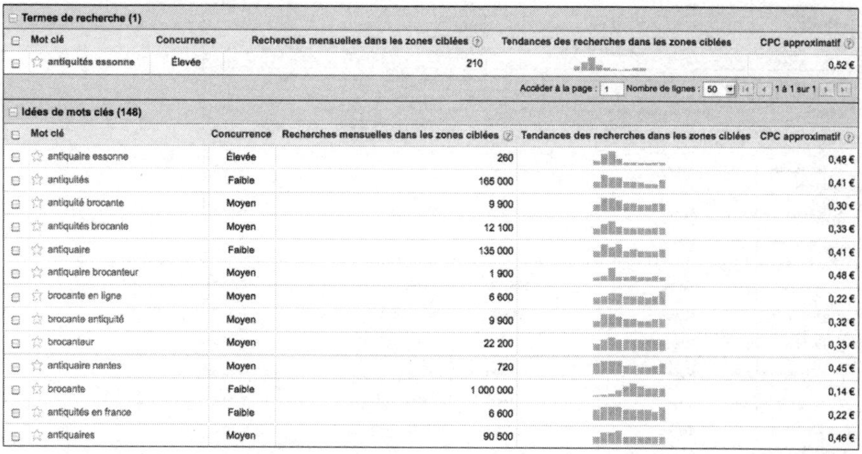

Termes de recherche (1)

Mot clé	Concurrence	Recherches mensuelles dans les zones ciblées	Tendances des recherches dans les zones ciblées	CPC approximatif
antiquités essonne	Élevée	210		0,52 €

Accéder à la page : 1 Nombre de lignes : 50 1 à 1 sur 1

Idées de mots clés (148)

Mot clé	Concurrence	Recherches mensuelles dans les zones ciblées	Tendances des recherches dans les zones ciblées	CPC approximatif
antiquaire essonne	Élevée	260		0,48 €
antiquités	Faible	165 000		0,41 €
antiquité brocante	Moyen	9 900		0,30 €
antiquités brocante	Moyen	12 100		0,33 €
antiquaire	Faible	135 000		0,41 €
antiquaire brocanteur	Moyen	1 900		0,48 €
brocante en ligne	Moyen	6 600		0,22 €
brocante antiquité	Moyen	9 900		0,32 €
brocanteur	Moyen	22 200		0,33 €
antiquaire nantes	Moyen	720		0,45 €
brocante	Faible	1 000 000		0,14 €
antiquités en france	Faible	6 600		0,22 €
antiquaires	Moyen	90 500		0,46 €

Figure 11-18 : *AdWords, générateur de mots clés sur "Antiquités Essonne"*

Dans cet exemple, nous voyons que antiquités Essonne concerne 210 requêtes/mois. Le générateur de mots clés nous informe que antiquaire Essonne représente un peu plus. Nous percevons au fil des suggestions que brocante est bien plus porteur que antiquaire/antiquités. Ce serait une bonne idée que de voir avec le client si la brocante ne serait pas une partie de son métier en plus d'antiquaire, vu ces suggestions et des statistiques de trafic mesuré associées.

Ces statistiques sont précieuses pour séparer d'un côté les actions purement basées sur des campagnes de liens sponsorisés, et de l'autre, des actions en référencement naturel. Elles permettent aussi d'évaluer la difficulté pour conquérir un mot clé en référencement naturel. En effet, la colonne *CPC approximatif* nous informe du coût du clic. Plus il est élevé, plus ce mot clé intéresse de monde prêt à payer, donc cela dénote un intérêt potentiel et la violence de la concurrence en SEM (en AdWords) et en SEO. Les annonceurs ont probablement fait appel à des référenceurs pour limiter le budget AdWords (voir fig. 11-19).

Des précisions importantes peuvent être utilisées dans le travail de sélection des expressions-clés. Le générateur de mots clés permet de préciser *Exact* ou *Large*. Les résultats de ces deux statistiques permettent de mesurer la taille de la longue traîne et de mieux cibler les expressions longues les plus ciblées, les plus pertinentes pour votre site.

Figure 11-19 : *AdWords, générateur de mots clés ; Exact ou Large pour mesurer un potentiel de longue traîne*

Termes de recherche (2)

Mot clé	Concurrence	Recherches mensuelles dans les zones ciblées	Tendances des recherches dans les zones ciblées	CPC approximatif
antiquités essonne	Élevée	210		0,56 €
[antiquités essonne]	Faible	22	-	0,90 €

Accéder à la page : 1 Nombre de lignes : 50 1 à 2 sur 2

Idées de mots clés (299)

Mot clé	Concurrence	Recherches mensuelles dans les zones ciblées	Tendances des recherches dans les zones ciblées	CPC approximatif
[antiquités essonne]	Faible	22	-	0,90 €
antiquaire essonne	Élevée	260		0,52 €
[antiquaire essonne]	Élevée	36	-	0,52 €
antiquités	Faible	165 000		0,44 €
[antiquités]	Moyen	1 600		0,31 €
[antiquité brocante]	Moyen	480		0,36 €
antiquité brocante	Moyen	9 900		0,32 €
antiquités brocante	Moyen	9 900		0,36 €
[antiquités brocante]	Élevée	2 400		0,31 €
antiquaire	Moyen	135 000		0,44 €
[antiquaire]	Élevée	4 400		0,57 €
antiquaire brocanteur	Moyen	1 900		0,52 €
[antiquaire brocanteur]	Élevée	170		0,46 €
[brocante antiquité]	Élevée	110		0,33 €
brocante antiquité	Moyen	9 900		0,35 €
brocante en ligne	Élevée	8 100		0,22 €
[brocante en ligne]	Élevée	5 400		0,20 €

Dans notre exemple, on mesure que antiquité brocante voit 9 900 requêtes/mois en *Large*, et en *Exact* [antiquité brocante] (entre crochets pour une valeur en *Exact*) se réduit à 480. Ce qui signifie qu'il y a 9 400 requêtes en longue traîne sur antiquité brocante. D'autres requêtes plus précises dans le générateur de mots clés d'AdWords nous permettront de détailler une partie de cette longue traîne. Des requêtes dans Google Suggest nous donneront des compléments, le générateur de mots clés est bridé et nombre d'expressions ne sont pas données lors de ces études. Il faudra une campagne AdWords réelle pour obtenir les chiffres manquants et des précisions centrées sur l'Essonne.

Les textes en liens sponsorisés permettent de tester des promesses capables de transformer au maximum un affichage du lien en un clic vers le site. En disposant de statistiques plus fines sur l'usage de mots clés précis dans une zone géographique (France, Île-de-France, français, anglais…), le référenceur va pouvoir affiner sa stratégie de référencement.

Pour chaque expression-clé, Google donne le nombre de fois où votre annonce a été affichée dans la colonne *impr*. Donc un *impr* comptabilise une requête sur ce mot clé avec un affichage de votre annonce AdWords dans une SERP.

Cette mesure est à peu près fiable si :

- votre annonce est toujours en page 1 ;
- votre budget maximum journalier n'est pas atteint.

Sauf si l'on investit fortement ou si on limite la zone géographique à un petit territoire, ces deux critères sont rarement atteints. Le critère principal est de ne pas épuiser son budget journalier. Pour limiter les dépenses, quelques pistes sont à étudier :

- payer l'enchère le moins cher possible, tout en essayant éventuellement de rester en page 1 ;
- avoir un texte peu engageant pour éviter que l'on clique dessus.

On peut aussi accepter de laisser filer son annonce en page 2 en payant encore moins, et alors on calcule un volume estimé de requêtes. On cherche une tendance, donc cette information peut être suffisante.

Si votre annonce AdWords est plutôt affichée en page 2, la valeur de *impr* n'évoluera pas quand un internaute arrête sa recherche dès la page 1 des SERP. Faisons des règles de trois pour faire une approximation du volume de saisie. En se basant sur différentes études, on peut mettre en place cette règle qui donnera une tendance.

Le volume de requêtes sur un mot/expression-clé est égal au volume *impr* de l'annonce en page 1 (rang 1 à 8), ou au volume *impr* x [2 – 6] si la moyenne de la position est en page 2 (rang 9 à 16), ou au volume de *impr* x 10 si l'annonce est en moyenne en page 3.

En corrélant les chiffres ainsi obtenus et ceux de Keyword Tool pour identifier des mots clés, on obtient une tendance en volume de requêtes sur un intervalle de temps précis pour une zone précise. Ces informations permettent d'arbitrer des décisions (voir fig. 11-20).

Cet exemple des statistiques AdWords montre des informations intéressantes.

Sur une période de, disons 10 mois, le mot clé defiscalisation a eu 20 563 affichages malgré une position moyenne de 35,6, c'est-à-dire au-delà des 3 premières pages. Ce mot clé est extrêmement disputé et traduit un volume de requêtes très important mais impossible à mesurer avec notre formule. Simplement, nous pouvons dire que le volume est largement supérieur à 20 000 par mois. La nouvelle version de Google Keyword Tool donne 135 000 requêtes mensuelles en moyenne.

Figure 11-20 : *Google AdWords – statistiques*

Résumé | **Mots clés** | Emplacements Nouveau ! | Variantes de l'annonce

[redacted] à [redacted] 2008 ▾ Modifier la période

Toute la période

25 juin 2007 - 18 juil. 2008 OK

Inclure les éléments supprimés

Dans ce groupe d'annonces, les mots clés déclenchent l'affichage des annonces sur les réseaux de recherche et de contenu. Vous ne disposez d'aucun emplacement. En savoir plus | Envoyer vos commentaires

+ Ajouter des mots clés : Ajout rapide | Générateur de mots clés   Modifier des mots clés | Rechercher dans cette liste   Personnaliser les colonnes

Mettre en veille | Réactiver | Supprimer | Modifier les paramètres des mots clés   [redacted] mots clés.

Mot clé	État	Enchère actuelle CPC max	Masquer les paramètres Classer par : Enchère | URL	Clics	Impr. ▾	CTR	CPC moy.	Coût	Pos. moy.	Taux de conv.	Coût/Conv.	Conversions
defiscalisation	Actif	€[redacted]	▾ Paramètres [redacted] CPC max [redacted] [Modifier]	39	20 563	0,18 %	[redacted]		35,6	[redacted]	[redacted]	0
[redacted]robien [redacted]	Actif	€[redacted]	▾ Paramètres [redacted] CPC max [Modifier]	2	2 208	0,09 %	[redacted]		11,3	[redacted]	[redacted]	0
"borloo [redacted]	Actif	€[redacted]	▾ Paramètres [redacted] CPC max [Modifier]	4	2 008	0,19 %	[redacted]		11,8	[redacted]	[redacted]	1
robien [redacted]	Actif	€[redacted]	▾ Paramètres [redacted] CPC max [Modifier]	0	997	0,00 %	-	-	15,8	[redacted]	[redacted]	0
defiscalisation [redacted] immobilier	Actif	€[redacted]	▾ Paramètres [redacted] CPC max [Modifier]	0	735	0,00 %	-	-	16,9	[redacted]	[redacted]	0
[redacted]	Actif	€[redacted]	▾ Paramètres [redacted] CPC max [Modifier]	0	579	0,00 %	-	-	30,3	[redacted]	[redacted]	0
exemple [redacted]	Actif	€[redacted]	▾ Paramètres [redacted] CPC max [Modifier]	1	221	0,45 %	[redacted]		8,1	[redacted]	[redacted]	0
[redacted]	Actif	€[redacted]	▾ Paramètres [redacted] CPC max [Modifier]	0	218	0,00 %	-	-	9,6	[redacted]	[redacted]	0

Le mot clé robien *<quelque chose>* a vu 2200 affichages malgré une position moyenne en page 2 de SERP. Cela traduit un volume de requêtes relativement faible. Nous l'estimons à 440/1200 environ. Keyword Tool indique 3600 par mois. L'écart peut provenir de différences sur la zone géographique : France contre langue française, par exemple. Mais peu importe, nous avons notre tendance : elle est sur cette expression-clé de 500 à 3600 requêtes par mois.

Exemple *<quelque chose>* oscille entre page 1 et surtout page 2 de la SERP ; il nous indique 221 affichages. Notre formule nous indique une tendance à 80/120. Keyword Tool indique 200 requêtes mensuelles environ. Là aussi, nous avons notre tendance.

Exemple *<quelque chose>* peut rester en AdWords. Cette expression-clé est sérieusement référencée par de nombreux sites, et la compétition entre annonceurs est faible.

Le mot clé robien *<quelque chose>* a de la compétition en AdWords, mais cette expression est peu défendue par les sites concurrents. L'effort sera donc mis en référencement naturel sur cette expression-clé qui est vite positionnée en bonne position naturelle. Les statistiques montrent un taux de clics assez faible en naturel. Après examen, il est demandé au marketing de réécrire le title et la meta description de la page pour améliorer ce taux de clics depuis les affichages dans Google.

Sur cet exemple, nous avons vu qu'en corrélant les statistiques d'AdWords, Keyword Tool et Google Analytics, on pilote les investissements en création de trafic via différents outils, dont le référencement naturel.

11.7 Le taux de rebonds dans Google Analytics

Cet indice vous indique plusieurs choses. D'abord, il traduit une fuite d'internautes fraîchement arrivés sur votre site via une page avec taux de rebonds. Séduit par le snippet, l'internaute a cliqué depuis une SERP Google, puis une fois arrivé, il a fui votre page. Pourquoi ? Soit votre snippet a trompé les internautes, soit votre contenu ne correspond pas aux attentes des internautes et à la promesse du snippet.

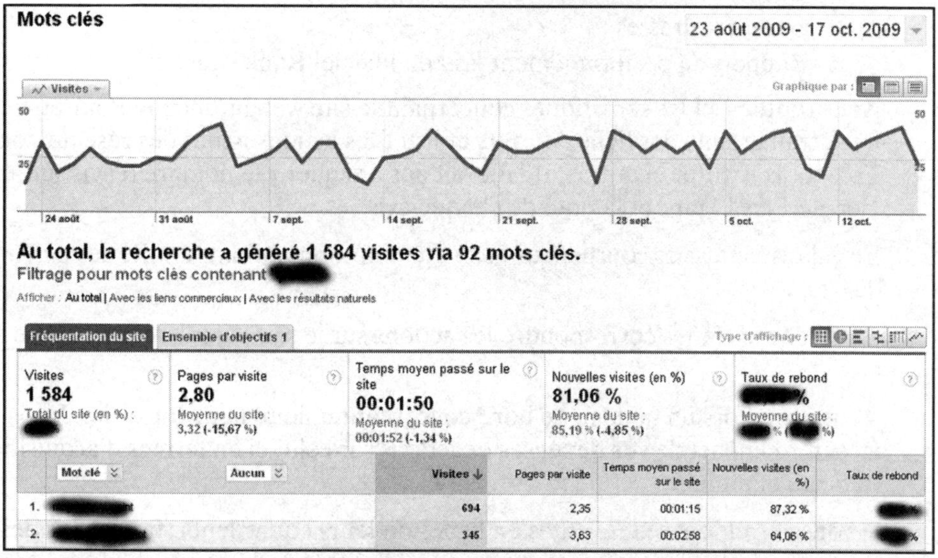

Figure 11-21 : *Taux de rebonds dans Google Analytics, la colonne complètement à droite*

Le lecteur est en train de se poser cette question : Quel est le rapport avec le référencement. C'est un problème de qualité de contenu et de possibilité de garder un internaute sur un site.

Google mesure le départ d'un internaute vers votre site depuis une SERP. Il revient aussitôt sur Google et relance une requête ou clique vers une autre page depuis la même SERP. C'est un mauvais point pour la réputation de votre page sur ces mots clés et sur ce thème qui est mesuré par Google.

Si trop d'internautes font juste un aller-retour vers votre landing page sur une expression-clé d'un thème précis, c'est que votre site séduit par son snippet mais que son vrai contenu fait fuir.

Votre popularité sur cette expression-clé et sur le thème peut chuter et votre page peut alors perdre des positions jusqu'à la mise à jour de votre page ou du snippet et au retour du taux de rebonds à une valeur raisonnable.

11.8 Analyser et corréler ces statistiques

Vous avez vu différentes sources de statistiques :

- Fichier log d'Apache (le serveur des pages HTML de votre site) ;
- Google Analytics ;
- Google Webmaster Tools ;
- Google AdWords ;
- Google Adresses ;
- Rapport de positionnement issu du logiciel Rank Tracker.

Nous traitons ici les statistiques concernant le site web lui-même. Pour être complet, il faudrait le suivi des liens entrants et lister les actions issues des réseaux sociaux Facebook, Twitter et autres. Il faudrait aussi acquérir le nombre d'avis sur le site via Google Plus / Maps et la note de chaque avis.

En calant toutes ces courbes sur l'axe du temps, on obtient le suivi des performances du site.

En face, vous faites correspondre les actions sur le site : ajout de page, mise à jour, etc.

Vous avez alors un tableau de bord concernant uniquement votre site. Vous pouvez mesurer l'impact de vos dépenses et actions sur celui-ci en termes d'acquisition de trafic au minimum.

Si vous corrélez avec les ventes en lignes ou leurs équivalents (faire venir des prospects dans votre point de vente, prise de contact, demande de devis ...), vous pourrez identifier et classer les actions productives de business pour votre site.

Autres statistiques pour mieux gérer vos investissements

D'autres statistiques pourront être créées depuis les courbes ci-dessus. Elles vous aideront à faire de la prévision. Voici un exemple simple.

Votre chiffre d'affaire via les clients recrutés par Internet permet de tracer une courbe plus ou moins proche de l'acquisition de trafic. Vous pourrez calculer combien il vous faut de visites par jour sur le site, ou sur des pages choisies, pour avoir un client sur tel type de produit.

Avec des statistiques corrélant la fréquentation, le profil des internautes (provenance géographique), vous pourrez identifier :

- *Votre zone de chalandise* : d'où viennent vos clients et en déduire les zones où vous êtes peu visible, et donc à cibler via AdWords pour acquérir de nouveaux prospects.
- *Vos expressions clés porteuses de trafic de qualité* : vous pourrez donc identifier des expressions clés porteuses de trafic qui n'achète jamais rien. C'est la nuance entre le visiteur qui n'achète rien et le client. Cela vous permet de déclasser en référencement ces expressions clés dans votre site pour les remplacer par d'autres plus intéressantes.
- *Les produits se vendant le plus* vis-à-vis des mots clés saisis par les internautes.

Etc. Ces informations vous montreront où les investissements SEO sont les plus rentables.

11.9 Résumé

Nous avons vu différents outils de statistiques. Ils sont complémentaires. L'analyse et le recoupement de ces informations donnent la capacité de piloter le référencement de son site.

Google Analytics (mais aussi Xiti et quelques autres) permettent de suivre les tendances du site face à son référencement naturel.

Le log du site affiche certains nombres sur l'audience avec une réelle fiabilité.

AdWords et Keyword Tool nous communiquent de précieuses informations sur les volumes de requêtes.

Google nous permet d'afficher les SERP sur un mot clé et d'auditer rapidement les sites concurrents installés aux meilleures places.

Ainsi, grâce à ces outils, pour tout mot clé, le webmestre dans un rôle de « traffic manager » pourra évaluer :

- le trafic potentiel ;
- les promesses aptes à déclencher des clics sur le site et des transformations de prospects en clients ;
- la difficulté à prendre une position naturelle ;
- l'évolution du trafic résultant de ces actions ;
- l'évolution des revenus liés à chaque action.

Google Trends est un outil intéressant pour évaluer la tendance d'un mot clé ou d'une expression complète. En la corrélant au positionnement et au trafic issu de l'expression-clé, on obtient des mesures intéressantes en termes d'efficacité globale du référencement.

chapitre

12

Référencement automatisé

Nous avons vu que la production du référencement suit un cycle :

- Mots clés à répartir sur le site : *travail non répétitif.*
- Optimisation de chaque page sur les mots clés qui lui sont assignés : *travail répétitif et volumineux.*
- Popularité par tags, backlinks ou/et Web 2.0 afin de positionner la page face à ses concurrentes opérant sur les mêmes mots clés : *travail répétitif et volumineux.*
- Analyse de la fréquentation : *travail partiellement répétitif.*
- Relance du site pour y installer des correctifs : *travail partiellement répétitif et volumineux.*

Les opérations répétitives sont chronophages. Pire, elles peuvent faire l'objet d'erreurs lors de la production, à cause de la fatigue par exemple. Une erreur ou un oubli durant la phase mot clé, chose fort courante, peuvent nécessiter de remanier la répartition des mots clés sur toutes les pages du site.

Une conclusion s'impose : les opérations de référencement d'un site de plusieurs dizaines de pages et portant sur de multiples mots clés coûtent cher si on ne les automatise pas, ou alors le travail est insuffisamment fini, entraînant de médiocres performances.

REMARQUE

Pas de codes source PHP/MySQL

Ce livre a pour objectifs de faire découvrir le référencement et de transmettre une initiation éclairée. Les principes de l'automatisation sont abordés, mais il n'y a pas de code source en PHP/MySQL.

12.1 Que peut-on automatiser ?

Les opérations non répétitives n'offrent aucun intérêt en automatisation. Les opérations nécessitant le coup d'œil de l'expert sont difficiles à automatiser. Cela induit que la recherche sur les mots clés adéquats ne pourra pas être automatisée, ni l'analyse de l'audience du site.

Toute page d'un site a un rôle à jouer dans le référencement de tout mot clé installé sur toute page. La gestion des tags, les backlinks, les flux de Page Rank impliquent toutes les pages d'un site et la cohérence de toutes les actions. Nous avons déjà abordé ces sujets. Donc toute page doit être optimisée afin que cela profite à la stratégie de référencement de tout le site.

La popularité d'une page dépend des backlinks internes (la gestion des tags), des backlinks externes et des liens sociaux mis en place via des fonctionnalités Web 2.0.

La gestion des tags peut être automatisée facilement. Nous maîtrisons tout : les pages du site, les mots clés, l'hébergement, etc.

Lors de modifications dans les mots clés, il peut être nécessaire de reprendre tout ou partie des optimisations et des tags. Si ces postes sont automatisés, ce sera facile et économique à réaliser.

12.2 Seuil nécessitant l'automatisation

Tout d'abord, il faut comprendre que l'automatisation d'un référencement comprend plusieurs "modules". Plus le site est volumineux, plus il est intéressant d'optimiser un maximum de choses.

Les petits sites en volumes de pages n'offrent guère d'intérêt à une automatisation complète du référencement. Un site de, disons, une vingtaine de pages en HTML constitue une limite. Au-delà, il est recommandé d'automatiser un minimum de choses sur le site via des scripts PHP et l'usage éventuel d'une base MySQL.

Un site de quelques centaines de pages devrait avoir une automatisation maximale de son référencement. Entre ces 2 valeurs, le déploiement partiel d'une automatisation amène visibilité du site, efficacité, réactivité et confort.

12.3 Différents niveaux d'automatisation

L'automatisation du référencement peut coïncider avec l'automatisation du fonctionnement du site web afin de faciliter sa maintenance.

Pour simplifier la maintenance du site, un codeur va regrouper en un seul endroit le menu de navigation et d'autres composantes du site.

Si le menu du site est défini dans un seul endroit pour toutes les pages, le modifier en vue d'optimiser la gestion des tags et des liens internes sera d'autant plus facile.

Génération de pages HTML

Les pages ne sont pas codées en HTML mais générées à la volée depuis un site ayant ses informations stockées en base de données : e-commerce, annuaire, catalogue produits, etc.

On a affaire alors à une application web informatique : de la logique est codée via des programmes informatiques pour effectuer certaines tâches : catalogue, prise de commande, mise à jour des stocks, calculs des délais et des frais d'envoi, etc.

Les "pages" sont en fait des agrégats d'informations diverses. La logique applicative possède les informations sur ces agrégats. Elle seule pourra donc calculer une éventuelle optimisation automatisée.

Voici un exemple simple où l'annuaire d'un site d'hébergements sera organisé en :

- Une logique de présentation et de recherche du logement adéquat : nombre de lits, localisation, attractions aux environs, etc. Le résultat de la recherche est une liste de pages dédiées chacune à un hébergement répondant aux critères sélectionnés.
- Une page est dédiée à chaque logement.

Figure 12-1 : *Liste de pages répondant au critère Costa Brava – www.vacances.com*

Le respect du critère Costa Brava liste des pages. Chacune correspond à un seul hébergement.

La page affiche automatiquement le critère retenu : Costa Brava. Les vignettes photos sont affichées par le script PHP en face du rapide descriptif et d'un backlink doté d'un libellé cohérent : location + type d'hébergement (maison ou appartement) + nombre de personnes possibles + nom de la commune. Ces informations sont en base de données, et la page est construite à la volée. On notera que le backlink est parfaitement contextuel entre la page de départ et d'arrivée, et que les mots clés du libellé sont soigneusement adaptés. Automatisation rime ici avec qualité.

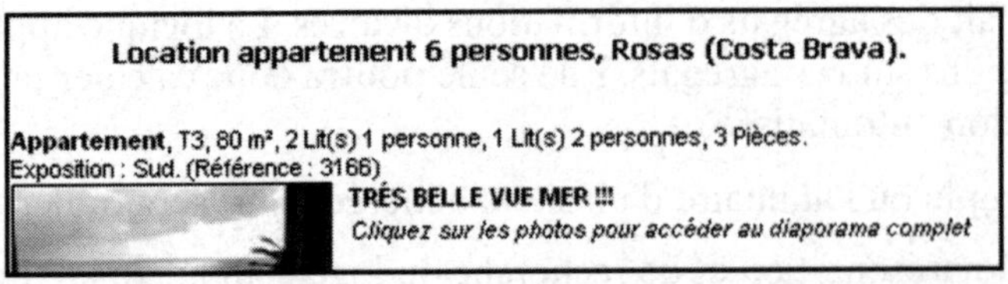

Figure 12-2 : *Page dédiée à un hébergement*

Un clic sur un lien d'un appartement précis visualise une page dédiée à cet hébergement. Le titre de la fenêtre et le titre en haut de page reprennent le libellé du lien favorisant la cohérence du backlink et des pages reliées.

Figure 12-3 : *Des mots clés automatiquement positionnés*

Le marketing du site connaît les logements d'un côté et les éléments intéressant le public. Par exemple, un parc d'attractions numérique comme le Futuroscope attire des millions de visiteurs chaque année, visiteurs intéressés par toute forme de logement proche du parc. L'annuaire des hébergements du département aura intérêt à faire figurer Futuroscope, hébergements, location, chambre d'hôtes, etc. combinés à d'autres mots clés plus locaux (ex : châteaux de la Loire, nom de la commune…) dans un maximum de pages.

Ces mots ne vont pas être mis manuellement dans les pages. Un mécanisme informatique (un script PHP) les déposera dans les différents endroits adéquats pour optimiser au mieux les pages du site. Une page dédiée à un logement verra les mots clés typant le logement et les environs mis en évidence automatiquement : chambre d'hôtes, gîte, proche du Futuroscope ou d'autres lieux touristiques recherchés.

La page est générée depuis un enregistrement d'une table de base MySQL.

Automatiser une page à la volée

Le logement est décrit dans un enregistrement d'une table. Cet enregistrement contient toutes les informations sur le logement à louer : type, lieu, prix, description, etc.

Figure 12-4 : *Table MySQL décrivant un hébergement de vacance*

	Champ	Type
☐	type_fiche	varchar(2)
☐	nb_hbgt	int(4)
☐	communes	varchar(100)
☐	code_postal	varchar(5)
☐	[redacted]	smallint(6)
☐	animaux	varchar(1)
☐	pers	smallint(6)
☐	nb_ch	smallint(6)
☐	texte_1	text
☐	texte_2	text
☐	code_[redacted]	varchar(5)
☐	theme	varchar(10)
☐	num_prop	int(11)
☐	civilite	smallint(6)
☐	noms	varchar(80)
☐	prenoms	varchar(100)
☐	adresse_1	varchar(120)
☐	adresse2	varchar(120)

Les informations de la page peuvent être utilisées pour construire les critères liés au référencement : titre de la page, liens vers des pages ayant le même genre d'hébergement, etc.

Menu de navigation

Les liens contenus dans ce menu constituent un outil précieux pour le référencement. Le webmestre peut également être hésitant sur la structure des rubriques de son site : nom, menu, contenus, répartition, etc.

Ce menu va souvent évoluer et devoir subir des modifications au fil de l'évolution des besoins du site et de son référencement.

Avoir le même menu dupliqué sur chaque page HTML est gérable à condition que le nombre de pages ne soit pas trop important. La bonne solution consiste à avoir le menu déposé en un et un seul endroit, à partir duquel il est utilisé par toutes les pages du site. Ainsi, en une modification, on met à jour toutes les pages du site. C'est la méthode la plus simple, elle est très répandue dans nombre de petits et moyens sites.

Une approche plus complexe et plus puissante, pour des sites de plus grande ampleur, consiste à décrire le menu dans une table d'une base MySQL, puis à générer depuis cette table le code source du menu en *.html* ou *.php*. Il existe de multiples variantes autour de cette approche. On peut ainsi gérer plusieurs menus différents en un seul endroit et en une seule passe. Cela facilite la maintenance du site et la maintenance du référencement.

Figure 12-5 : *Menu généré depuis un fichier unique en PHP pour toutes les pages du site*

title de page

Un title de page doit être unique et adapté aux mots clés de la page.

Plusieurs solutions sont possibles :

- Le title de page est un champ dans l'enregistrement décrivant une page (ex : une chambre d'hôte – le title de cette page a été saisi manuellement). Cette solution s'impose pour les pages où il est impossible d'automatiser le calcul du title. Elle est irréaliste pour les sites ayant des centaines de pages, voire plus.
- Le title est calculé d'après les mots clés affectés à cette page : on ajoute une colonne *mots clés* à l'enregistrement dans la table. Cette colonne contient les quelques mots clés stratégiques affectés à cette page. D'autres colonnes (champs) contiennent des informations utiles au référencement. À partir de ces données, des algorithmes vont calculer le title de page.

Exemple d'un title calculé

```
Echo "<TITLE>Location <type hébergement> proche de
<mot clé 1>, <mot clé 2>, à <commune hébergement>.
<mot clé 3> </TITLE>
```

La table hébergement contient, entre autres, les champs suivants :

- Type hébergement : chambre d'hôtes, gîtes, camping, etc.
- Mot clé 1 : lieu touristique à succès proche. Exemple : Futuroscope.
- Mot clé 2 : lieu touristique à succès proche. Exemple : Une église, une abbaye, un monument célèbre, ou un thème demandé sur Google, comme canoë-kayak, tourisme vert, écotourisme…
- Commune hébergement : ainsi, si un internaute saisit dans une requête "chambre d'hôtes Clochemerle", cette page fera partie des réponses dans la SERP.
- Mot clé 3 : un groupe de mots clés. Exemple : Table d'hôtes.

L'utilisation de ces champs permet de construire un title de page unique, lisible par un humain et fort utile pour le référencement.

Le title de page devrait être limité à 8 / 10 mots significatifs. Il devrait avoir une signification, car il est utilisé par Google dans ses SERP. Des humains vont le lire dans les SERP, il faut donc que le title incite l'internaute à cliquer sur le lien dans la SERP.

meta description

Ce champ est utilisé par Google et dans les résultats de SERP. Il contient plus de mots que le title, 20 au lieu de 8 à 10. La même logique s'applique. Soit on a une meta description saisi manuellement, soit on le calcule d'après les mots clés affectés à la page et d'après divers champs d'information.

Il doit être calculé pour :

- Inciter à cliquer dans le lien de la SERP : cette meta description est affichée dans les SERP de Google, elle doit donc être soigneusement rédigée ou calculée.
- Pour rester dans la logique de l'exemple du title calculé précédent, on aurait :

```
<type hébergement>, multiples activités proches dont :
<mot clé 1>, <mot clé 2>, <mot clé 4>, <mot clé 5>
- <mot clé 3> à <commune hébergement>.
```

Bandeau du haut

Figure 12-6 : *Exemple de bandeau en haut de page automatisé par un script PHP unique*

Sur de nombreux sites, le bandeau du haut est constitué du logo et d'un bandeau graphique s'étalant sur le reste de la largeur de la page.

> REMARQUE
>
> **Piège à éviter**
>
> Attribuer un alt et un title différents à chaque image composant le bandeau du haut est très visible : le même nom de fichier et la même image ayant des informations distinctes selon la page.
>
> Google pourrait interpréter cela comme du spamdexing. Si vous voulez pousser l'automatisation du référencement à ce niveau, il va falloir investir dans des automates plus sophistiqués.

Plutôt que de décrire ce bandeau en feuille de style, où on ne peut pas gérer de balises alt et title pour une image, mieux vaut gérer le bandeau de la même manière que le menu : un fichier unique, un script PHP par exemple.

On profite ainsi d'un peu de texte en balise alt et title. Mais toutes les pages vont avoir le même bandeau : il va participer au duplicate content répété à chaque page du site. Cela limite l'efficacité de cette astuce en référencement à moins de passer à la vitesse supérieure.

Pour personnaliser chaque bandeau du haut à chaque page, il faut automatiser la personnalisation de chaque composante dynamique afin de conserver une cohérence dans le référencement et mettre le site à l'abri d'une détection automatique de spam.

Un bandeau par page

Grâce à différentes librairies graphiques, on peut modifier une image automatiquement. Il faut générer presque autant de bandeaux graphiques qu'il y a de pages dans le site. Un script PHP adéquat produira ces bandeaux.

Voici un exemple :

1. On dispose d'un bandeau graphique composé de différentes images.
2. Un script PHP modifie légèrement chaque image de manière aléatoire.
3. Les images sont réassemblées et compressées en JPEG.
4. Le fichier contenant le bandeau graphique est renommé par le script en utilisant des mots clés de la page à laquelle il sera attaché.

Un enregistrement dans une table MySQL sert à mémoriser :

- le nom du fichier image ;
- le code de la page à laquelle il est associé.

Le script PHP qui va composer la page à la volée va trouver dans une table MySQL les informations pour construire cette page.

Reprenons notre exemple de location d'hébergement. La page d'un hébergement va s'afficher. Un script a appelé le bandeau graphique.

```
$ALT = "<lieu hébergement> : location <type hébergement>
proche de <mot clé 1>, <mot clé 2>" ;
$TITLE = $ALT ;
Affiche_haut("logo.jpg", selection_bandeau(), $ALT,
$DESCRIPTION ) ;
```

Selection_bandeau est une fonction localisant le nom du fichier bandeau adéquat à la page à afficher.

Affiche_haut est une fonction affichant le haut de la page : le logo et le bandeau adéquat. Le script de la page a calculé auparavant les valeurs des balises alt et title du bandeau affiché depuis les données stockées en table et concernant la dite page. On obtient ainsi un bandeau graphique sous la forme d'une image personnalisée en

URL et en contenu graphique pour chaque page. Il est ainsi possible de mettre en place des balises alt et title propres à chaque page quel que soit le visuel.

alt et title, nom d'image

Le nom du fichier img devrait décrire le contenu de la photo avec des mots simples et les codes nomenclatures : *table-blanche-tb12547.jpg* plutôt que *table-blanche-145x100x70-plastique-TB12547.jpg*. Personne n'utilise les dimensions d'une table ou le type de son plastique pour effectuer des recherches via un moteur. Donc il est inutile de les faire figurer dans le nom du fichier.

À chaque image correspondent deux informations-clés aisées à contrôler par un moteur :

- son URL ;
- le code binaire représentant le visuel.

Si vous dupliquez la même image sous différents noms de fichier et avec des balises alt et title différentes, cela peut se détecter aisément. À proscrire donc !

Si vous gérez des balises alt et title différentes pour une image donnée (une seule URL), cela peut aussi se détecter aisément. À proscrire donc !

Pour personnaliser de manière précise tous les visuels img d'une page, ils devraient être uniques. Nous avons déjà vu qu'on peut automatiser les modifications d'une même image en N versions proches mais différentes en URL et en code binaire. Les balises alt et title de tous ces visuels pourront ainsi être personnalisées à la volée pour chaque page et ses mots clés associés.

Les balises hN

Des mots clés entre balises hN participent au succès du référencement. Un gabarit de page peut recevoir un script PHP destiné à systématiquement afficher un texte de mots clés en h1.

Restons dans notre exemple de location d'hébergement.

```
$type_hébergement = <requête MySQL sur le champ type
hébergement de l'enregistrement sur l'hébergement à
afficher> ;
$motclé1 = <requête MySQL sur le champ mot clé1> ;
$motclé2 = <requête MySQL sur le champ mot clé2> ;
Echo "<h1>Location hébergement type " . $type_hebergement .
" proche de " . $motclé1 . " - " . $motclé2 ."</h1>" ;
```

Ce script récupère des informations liées à nos besoins en référencement de cette page précise : type d'hébergement et mots clés. Puis il affiche entre balises h1 ce texte ainsi composé de mots clés.

Nuage de liens ou tags cloud

Cette technique affiche un groupe de mots clés correspondant en général à un lien pointant vers une page du site. Le lien, le mot clé, les deux pages ainsi reliées doivent être cohérentes.

On peut afficher un nuage de tags de manière automatisée. Il existe de multiples algorithmes. En voici un parmi de nombreux autres…

Il nous faut un gabarit de nuage contenant des mots et des liens préconstruits mais sans URL. Ce gabarit affiche 12 expressions, chacune associée à un backlink et composée d'un ou quelques mots clés. 4 mots seront en strong, 4 seront en h3, 4 seront en h1.

Le nuage est affiché via un appel à une fonction PHP produisant le squelette du nuage. Il faut fournir à cette fonction d'affichage, pour chacun de ces douze slots, une expression-clé et l'URL du backlink.

On ne pourra pas humainement fournir, pour chaque page, une gestion manuelle des 12 slots du nuage. Pour associer intervention humaine et automatisation de manière harmonieuse, la fonction affichage du nuage dispose d'une capacité à calculer les tags à mettre en place de manière cohérente avec la page où il faut le déposer. Ainsi :

- La fonction affiche nuage() prend en compte les éventuels éléments donnés en argument : expression-clé/URL de page.
- La fonction affiche nuage() sait sur quelle page elle doit s'afficher. Elle accède aux données sur cette page en SQL. Elle peut aisément calculer les mots clés à prendre en compte.
- Une table MySQL contient la liste des mots clés stratégiques de tout le site et, pour chacun, une correspondance avec la page prioritaire.
- La fonction affiche nuage() a donc, d'un côté, des mots clés d'une page et, de l'autre, une liste de tous les mots clés avec une URL associée. La suite est simple à faire, il faut générer le code PHP de correspondance.

Un nuage de liens peut avoir de multiples formes. Certaines sont évidentes, comme à une époque sur le site **www.20minutes.fr**, un nuage de mots clés sous forme de liens cliquables, d'autres formes sont plus subtiles avec d'autres efficacités.

Figure 12-7 : *Des nuages de mots clés en liens présentés différemment*

Sur le site **www.750g.com**, de petits nuages de liens sont créés pour chaque réponse à une requête. Pour le mot chocolat, à chaque recette proposée, il y a un nuage de liens cohérents renforçant la page **Chocolat** et les pages parlant de chocolat dans le site.

Seules l'imagination et la compétence du référenceur peuvent constituer des limites à la forme et à l'efficacité des nuages de liens sur le site.

Balise canonical

Le rôle de la balise canonical a été exposé dans le chapitre 2.

La gestion de la balise canonical et l'URL rewritting doivent être traités en même temps. En effet, il s'agit de gérer des URL qui sont censées être identiques en étant calculée l'une via un fichier *.htaccess* et l'autre par des calculs codés en PHP depuis des données gérées dans MySQL.

Le seul moyen d'automatiser le référencement tout en limitant au maximum les bogues, est de gérer en base de données toutes les informations nécessaires au calcul des URL réécrites et donc du *canonical*.

Comme vous pouvez avoir besoin dans de nombreux cas de faire des *duplicate contents*, vous êtes amené à les gérer vous-même en choisissant automatiquement l'URL prioritaire à montrer à Google. Quel que soit l'URL réécrite affichée, vous calculez l'URL voulue et vous la publiez dans la balise *canonical*.

Pour résumer, il vous faut :

- un système automatique ou administré en back office pour déterminer parmi N URL possibles dans le site pour une page, quelle sera la seule et unique URL qui sera en balise *canonical*.
- toutes les informations sur les rubriques, pages, URL réécrites seront sous forme de tables. Ainsi depuis une seule source (ces tables), vous pourrez calculer les canonical et les URL réécrites à utiliser pour les onglets de vos menus, liens etc. Vous éviterez ainsi bogues et ennuis avec Google en SEO.

URL rewriting

Pour faciliter la mise en place d'un URL rewriting de qualité, il est fondamental de respecter les points suivants :

- Peu de fichiers PHP impliqués : plus il y en a, plus le *.htaccess* peut devenir complexe ;
- Un maximum de données en tables MySQL. La description de vos rubriques, URL réécrites et autres données permettant de calculer un lien entre deux pages doivent être en gérées sous forme de tables MySQL, sinon il sera impossible d'exploiter automatiquement tous les cas possibles. Dans le cas contraire, vous seriez alors exposé à semer des liens rompus dans votre site au fil de vos oublis ;
- Une hiérarchisation de la navigation. Il faut éviter les menus déroulants. Ceux-ci écrasent la hiérarchie de toute arborescence, ce qui impacte alors négativement tout référencement en noyant les expressions-clés de votre site dans l'océan de vos mots clés non stratégiques.

Une navigation dans un site permettant d'accéder de multiples manières à une même page rend un URL rewriting difficile à mettre place, voire impossible. On aura alors du duplicate content de partout.

Il faut alors limiter l'URL rewriting à la navigation hiérarchisée et mettre en nofollow tous les autres liens du site. L'autre approche consiste à gérer les URL *canonical* (rappel : on indique à Google l'URL voulue du site quelque soit l'URL utilisée).

Google verra toutes les pages du site selon une navigation hiérarchisée pilotée par URL rewriting.

- Il n'accédera pas aux autres liens de navigation, ce qui évitera de nombreux problèmes.

- Cela simplifie fortement la mise en place d'une gestion des tags et de nuages de liens.

12.4 Résumé

Nous avons vu l'intérêt et les principes de l'automatisation du référencement sur les tâches répétitives.

Le principe de l'automatisation repose sur le transfert du savoir humain dans un programme manipulant des données capables de faire à peu près les mêmes actions qu'un humain. Seules les tâches répétitives et peu à moyennement complexes pourront donc être automatisées. Pour faire la différence face aux sites concurrents moins dynamiques, ce sera déjà fort efficace.

L'optimisation automatisée de chaque page du site permet de disposer du meilleur de chaque page et de le mettre à disposition de la stratégie globale de référencement du site.

Les liens internes bien gérés permettent de transférer du Page Rank de nombreuses pages vers certaines pages précises en y associant des mots clés précis et soigneusement choisis. Ces actions accélèrent fortement le référencement sur les mots clés des pages choisies par le référenceur. C'est l'outil idéal pour piloter la stratégie globale de référencement du site :

- choix des mots clés et des pages associées avec leurs contenus pour être mis en avant ;
- pilotage de l'action en administrant des backlinks internes pour pousser à coup de Page Rank et de libellés de backlinks, des expressions clés prioritaires.

chapitre

13

Le référencement pour votre site

Ce chapitre présente des cas pratiques dans lesquels le lecteur pourra puiser idées et aide pour le référencement de son propre site.

> ASTUCE
>
> **Personnaliser ce livre à votre site web et à son référencement**
>
> À chaque type de site et de PME correspond une approche du référencement adaptée. Bien sûr, cette approche sera basée sur tout ce que nous avons vu. Mais selon le profil du site et de ses besoins, le travail d'adaptation peut être très différent.

Nous avons vu au fil de ce livre les étapes clés :

- L'identification des mots clés.
- Le choix d'une technologie ou un outil pour publier son site.
- L'impact de l'arborescence sur le référencement.
- L'impact de la structure du site et de ses contenus sur le référencement.
- Le référencement « local » via Google Adresses.
- L'optimisation d'un site de la mise en page jusqu'au maillage de liens pour mieux orienter Google sur vos choix de mots clés.
- La réflexion sur les façons de poser et tenter d'obtenir des liens valides aptes à vous aider dans votre référencement.
- La manière d'automatiser le référencement des sites importants ayant des produits à montrer ou à vendre en ligne afin d'améliorer son efficacité et diminuer les coûts de SEO.
- L'analyse des statistiques et leur compréhension.

Ces étapes ont des importances variables selon les objectifs de votre site. Le but de ce chapitre est de montrer divers profils de PME et les approches personnalisées à avoir pour optimiser au mieux son référencement et son budget.

Voici les profils de site qui vont être abordés concrètement dans ce chapitre.

Profil n°1 : Artisan plombier / chauffagiste.

Ce type de profil correspond à tout site proposant des produits ou prestations vendus dans un rayon d'une dizaine de kilomètres. On retrouve dans ce profil de nombreux artisans et commerçants.

Profil n°2 : Site e-commerce du type Prestashop, petit budget

L'exemple pris pour ce site est celui d'un site qui réalise de la vente en ligne sur toute la France de quelques dizaines de produits.

Nombre de TPE ou PME tentent de vendre via un e-commerce clés en main quelques produits. Dans cet exemple, le site vend en ligne des produits du terroir. Le site est une extension sur Internet du ou des points de vente physiques. La cible est nationale avec un budget Internet relativement faible.

Profil n°3 : Tourisme national / bilingue

Ce profil correspond à de nombreux acteurs du tourisme en France. Un budget Internet plus ou moins élevé, rien à livrer en ligne, la prestation de tourisme doit être consommée sur place depuis les locaux de l'entreprise.

On trouve dans ce type de profil tous les acteurs de tourisme : chambres d'hôte, hôtels, balades et randonnées avec guide en tout genre.

> REMARQUE
>
> **Personnalisation du SEO pour ces profils**
>
> A priori, avec ces cinq profils, on couvre 90 % des besoins des PME / TPE. À des fins pédagogiques, les résultats réels de divers sites de PME / TPE de chacun des profils seront rendus anonymes et utilisés pour chaque approche personnalisée.

13.1 Profil n°1 : SEO pour Artisan

Les artisans et commerçants ont essentiellement une clientèle locale. La zone de chalandise type comprend :

- La ville elle-même.
- Les villages et l'éventuelle banlieue de la ville.
- Les villes avoisinantes quand la densité urbaine le permet ou dans le cas d'une faible couverture par leurs concurrents.

Les artisans ont une « frontière » géographique qui s'établit. Trop loin de leur base, il y a une limite kilométrique à leur zone de chalandise issue d'un mix :

- De la pression concurrentielle (plus un artisan s'éloigne de sa base, plus il est en concurrence avec des artisans pratiquant le même métier).
- Et des coûts d'éloignement (plus il y a de distance, plus il a de temps à passer en transport et en frais kilométriques).

Nous retrouvons cette logique dans Google Adresses. Plus la localisation de l'artisan est proche de la géolocalisation de votre requête, plus Google le poussera en évidence dans les résultats de recherche. Plus l'artisan s'éloigne de la géolocalisation de la requête, moins il apparaît facilement. Ce constat est fondamental pour équilibrer SEP « local » et SEO hors de la zone locale adressable *via* Google Adresses.

Les requêtes type vont être liées au métier de l'artisan et à la géolocalisation. La géolocalisation va prendre deux formes :

- Directement prise en compte par Google en utilisant le cookie Google du navigateur de l'internaute. Cet internaute est connecté habituellement à Evry en région parisienne par exemple. Exemple : plombier.
- Car le lieu est spécifié dans la requête : plombier Evry, plombier Essonne, plombier 91, dépannage plomberie Evry, etc.

Les actions fondamentales suivantes sont à mettre en place pour un artisan :

- Identifier les expressions clés porteuses de trafic pour son métier.
- Disposer d'un site Internet référençable mais sans nécessité d'une usine à gaz. Quelques pages vont lui suffire à « lester » son site de contenu et de textes / mots clés lui permettant de se positionner en référencement local et en référencement hors de la zone locale adressable via Google Adresses.
- Mettre en ligne sa fiche Google Adresses.
- Obtenir quelques liens et avis Google Adresses.

Détaillons ci-après.

Identifier les expressions clés d'un artisan

Bien sûr nous allons utiliser Google AdWords / outil générateur de mots clés dont nous avons déjà parlé dans ce livre.

La recherche n°1 doit porter sur le métier central de l'artisan. Exemple : plombier / plomberie (voir fig. 13-1).

Nous filtrons pour obtenir uniquement les mots clés liés à la racine plombier / plomberie. Pour cela, la case *Afficher uniquement les idées directement liées à mes termes de recherche* doit être cochée.

La zone géographique minimum couverte est la France. Il ne reste plus qu'à estimer les recherches locales à partir d'une règle de trois entre la France (450 000 recherches sur Plomberie en mode *Large*) et la ville d'Evry. Cela donne 4 500 recherches pour l'Essonne et quelques centaines pour la ville d'Evry elle-même. Il faut diviser par 600 environ.

Le **Coût Par Clic (CPC)** nous indique l'intensité de la compétition. Plus c'est cher, plus cela doit attirer l'attention.

La **saisonnalité (tendances des recherches)** montre avec des barres vertes peu précises le volume de recherche mensuel des 11 mois précédents sur l'expression clé, dans la zone ciblée (par défaut la France), et dans la langue ciblée (par défaut le français). Cette information est importante car elle montre les fluctuations de trafic. L'expression dépannage chaudière est plus utilisée les mois froids que les mois chauds pour des raisons évidentes. Ces fluctuations de trafic vont se retrouver dans les statistiques d'audience. Les baisses saisonnières de trafic sur votre site ne concernent donc pas la qualité du référencement mais elles sont dues à la chute du trafic liée à ce type de recherche.

Figure 13-1 : *Google AdWords / outil générateur de mots clés : à la recherche des expressions liées à la racine plombier / plomberie*

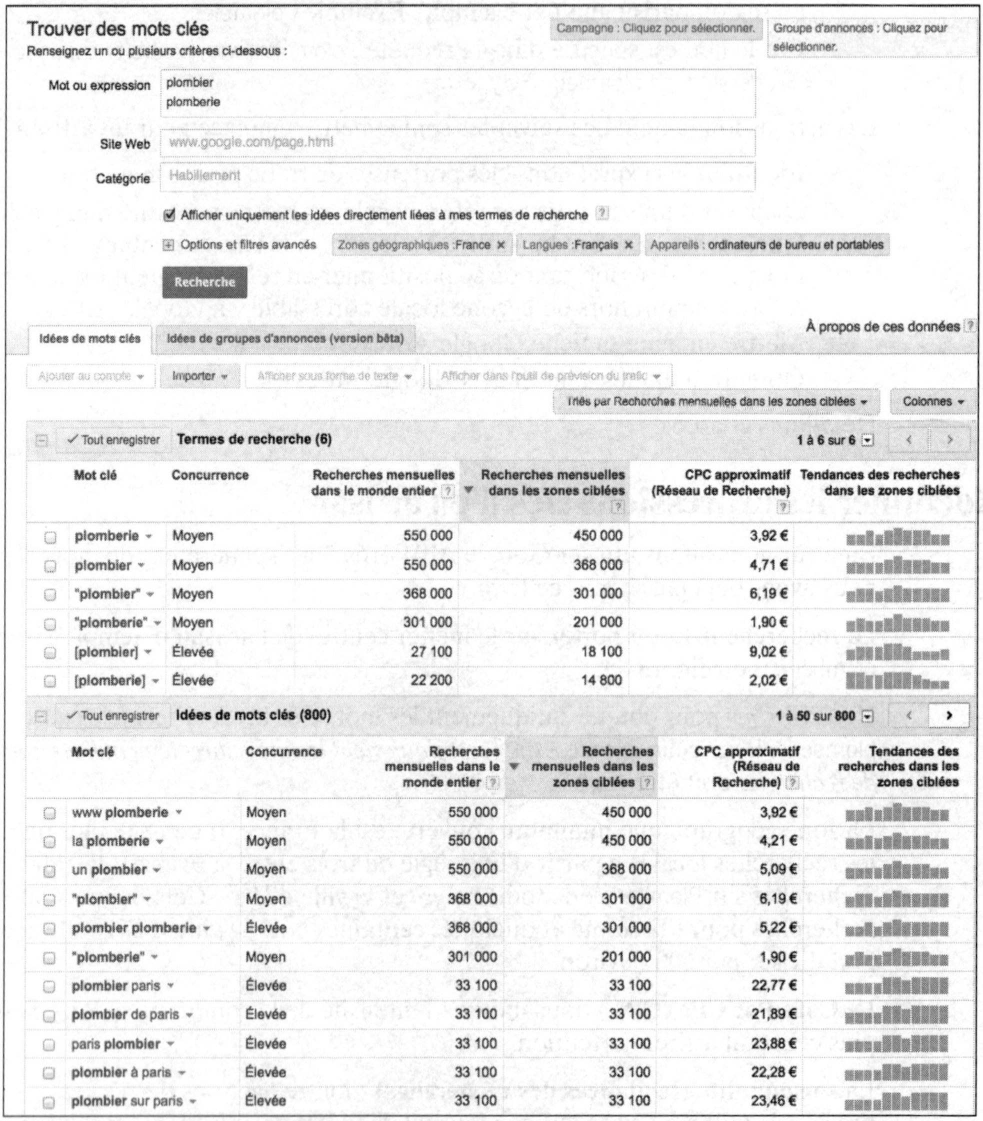

La liste des expressions clés comprend trois fois chaque mot clé, car nous avons coché à gauche de la page *Large, Exact* et *Expression*, filtres que nous avons déjà détaillés dans le chapitre sur la sélection des mots clés.

La colonne des résultats nous donne des idées d'expressions clés et de la présence ou non d'une importante longue traine. Par exemple, sur notre capture d'écran, plombier :

- 368 000 recherches de type *Large*.
- 301 000 recherches de type *Expression*.
- 18 100 recherches de type *Exact*.

Cela signifie que de nombreuses requêtes voient plombier, écrit exactement comme cela, associé à un autre mot clé minimum. La liste des résultats nous montre que ce mot clé en plus sera parmi :

- Paris ;
- Chauffage ;
- Formation ;
- Chauffagiste ; etc.

En procédant ainsi, nous identifierons plusieurs expressions clés à mettre en œuvre dans le site.

En décochant la case *Afficher uniquement les idées directement liées à mes termes de recherche*, on obtient des suggestions de Google et on peut trouver des synonymes ou des idées proches de plombier / plomberie comme par exemple chauffagiste.

Site Internet d'un artisan

Les deux priorités classiques d'un site d'artisan porte sur :

- le sérieux de l'artisan (la trilogie marketing classique : légitimité, crédibilité, image donnée) ;
- que le site soit visible dans Google.

En effet, sans visibilité, le site peut être magnifique, le trafic étant faible, son efficacité commerciale sera quasi nulle. Une fois l'internaute arrivé sur le site, celui-ci doit afficher par ses contenus la légitimité et la crédibilité de l'artisan sur son métier.

Cela passe par l'affichage sur le site des moyens utilisés (voiture d'intervention, stock de pièces détachées), la qualité de la formation (plombier certifié XYZ, diplômé), des références clients, des partenariats avec des marques, etc.

Les sites de TPE voient leur page d'accueil devenir généralement la landing page des quelques expressions clés jugées stratégiques.

Pour un plombier à Evry, cela sera : plombier Evry, dépannage plomberie Evry, travaux plomberie Evry, par exemple.

Ces expressions clés seront implémentées directement dans la page d'accueil du site et les autres pages serviront uniquement d'engrais pour pousser la page d'accueil en évidence.

Impact de l'arborescence et des contenus sur le référencement

Figure 13-2 : *Arborescence et contenu*

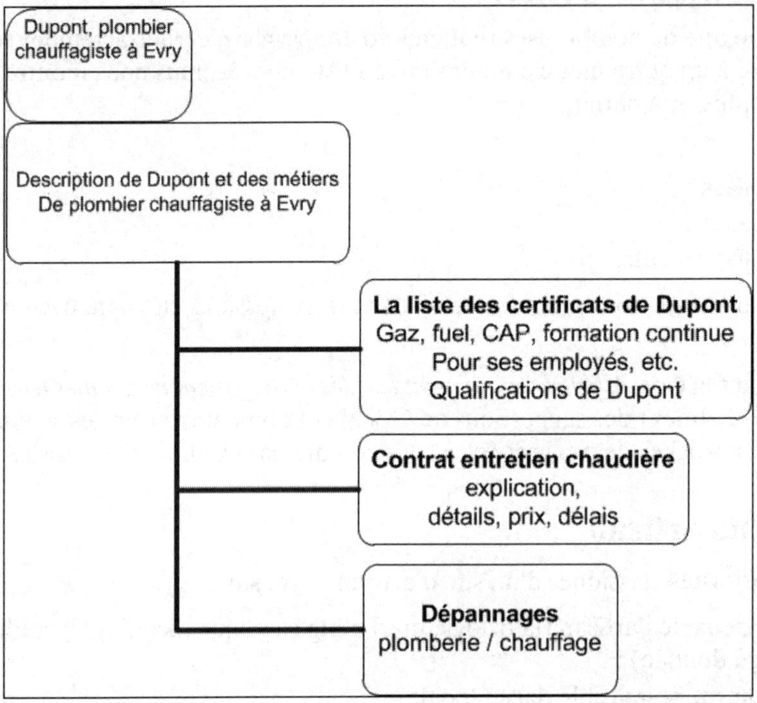

Trois racines clés ont été identifiées. Ce sont les racines de mots clés qui vont amener la plus grande partie du trafic sur un site de plombier chauffagiste :

- Plombier.
- Chauffagiste.
- Chaudière.

L'arborescence ci-joint pousse ces expressions clés :

- *Page accueil* : présence des mots clés plombier, chauffagiste, chaudière.
- Une page sur les qualifications techniques pour rassurer les internautes.
- Une page sur les chaudières et leur entretien sous contrat.
- Une page sur le dépannage des chaudières et de la plomberie.

Cette arborescence simple met en exergue les expressions clés stratégiques voulues. Des textes adaptés et utilisant ces mots clés, leurs synonymes et mots clés connexes termineront le travail de l'influence de l'arborescence et des contenus sur le référencement.

Technologie du site web pour artisan

Un artisan plombier isolé pourra retenir une technologie type WordPress pour son site web (on peut faire un site web avec WordPress). Il a besoin du site, d'une mise en page simple, d'un outil de mise à jour des contenus.

Une entreprise de plomberie disposant aussi de compétences en chauffage par exemple, rayonnera sur une zone plus importante et elle sera à la recherche de davantage de contacts commerciaux pour faire travailler ses employés. Elle pourra prendre un WordPress plus « musclé » en volume de page ou un petit site en framework PHP selon le volume de contenu publiable dont l'entreprise dispose. (voir le chapitre dédié aux choix de technologies pour son site web).

Les nuances clés entre ces deux approches de sites sont :

- L'artisan a plutôt besoin d'un site simple pour un référencement local.
- La PME a besoin d'un site plus étoffé, avec un référencement local et un référencement hors de sa zone Google Adresses.

Frontière fluctuante de Google Adresses

Il y a relativement peu d'artisans couvreurs en Essonne, moins de 50. Rien qu'à Evry et proches environs, il y a 50 plombiers. La frontière Google Adresses d'un couvreur englobe facilement une portion importante de l'Essonne. Un plombier installé à Evry ne pourra jamais être affiché par les affichages Google Maps / Adresses à Corbeil, ville située à quelques kilomètres d'Evry, car il y a trop de plombiers à Corbeil Essonne.

Les frontières de Google Adresses, et donc les affichages correspondants dans les pages de résultats Google, sont fluctuantes au gré des tensions entre le volume de sites à prendre en compte localement.

Si les frontières Google pour votre site vous conviennent, un simple référencement local d'un site en WordPress vous suffira. Si vous voulez allez plus loin, il vous faudra investir dans plus de contenus, un site sous framework PHP et du travail en SEO. Vos investissements seront du niveau d'une entreprise prospectant plus loin que la zone Google Adresses. Même si vous êtes un artisan travaillant seul, pour avoir des prospects par Google sur votre zone de chalandise vous devrez investir comme une PME quelques milliers d'euros (ou le temps homme équivalent) dans votre site et dans du travail de référencement.

Référencement local

Nous avons vu dans le chapitre dédié au référencement local comment remplir une fiche Google Adresses. Dans le cadre de notre exemple de plombier, voici quelques spécificités d'un site d'artisan.

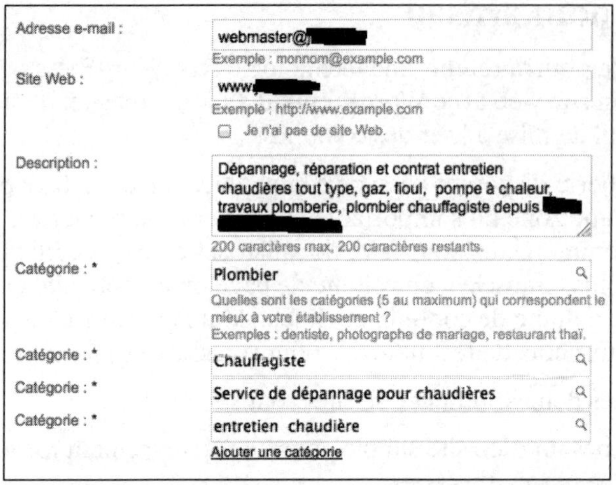

Figure 13-3 : *Google Adresses : description et catégories*

La description comprend des mots clés et un descriptif très simples de l'activité (ici un plombier chauffagiste dans le 92) : Le téléphone fixe doit être précisé, ainsi que l'adresse et la raison sociale. Il est déconseillé de modifier la raison sociale de celle présente sur le Kbis de l'entreprise. Vous risquez d'inciter Google à créer d'autres fiches Google Adresses et votre fiche remplie sera poussée sur la touche.

Le site web doit être bien évidemment le vôtre. Pour un site de TPE / artisan, la page d'accueil devra disposer des coordonnées : raison sociale, adresse, numéro de téléphone fixe. On en voie ainsi un signal positif à Google. Encore mieux, disposer l'URL Google Plus de l'entreprise sur la page d'accueil sera un autre signal positif envoyé à Google.

En catégorie, des essais rapides désignent quelques noms proposés par Google à retenir : plombier, chauffagiste, service de dépannage pour chaudière, etc. Toutes les professions ne sont pas couvertes. Couvreur, par exemple ne dispose d'aucune catégorie dans Google Adresses et les mots les plus proches, toit / toiture non plus (voir fig. 13-4).

La plupart des artisans se déplacent chez leurs clients. Il faut donc cocher la case *Oui, nous pouvons nous rendre à domicile*. En revanche, dans le cas d'un commerçant, ne se déplaçant généralement pas, celui-ci devra cocher *Non*, sauf si il livre à domicile.

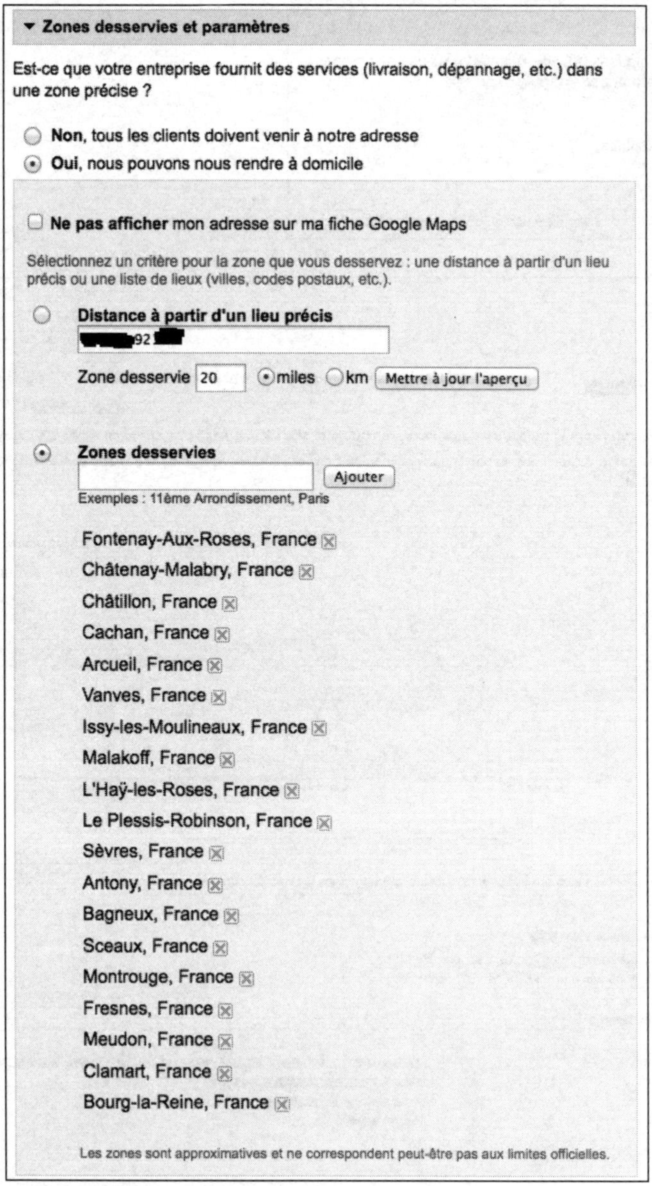

Figure 13-4 : *Google Adresses : Zone de chalandise*

En cochant *Oui*, il est plus habile de sélectionner ensuite *Zone desservies* et de saisir les codes postaux des villes où vous cherchez des clients.

Pensez ensuite à déposer quelques photos, vos horaires d'ouverture et autres informations demandées par Google. Si vous distribuez des marques (robinet, radiateur, etc.), précisez-le dans *Détails supplémentaires*.

Figure 13-5 : *Google Adresses : Détails supplémentaires*

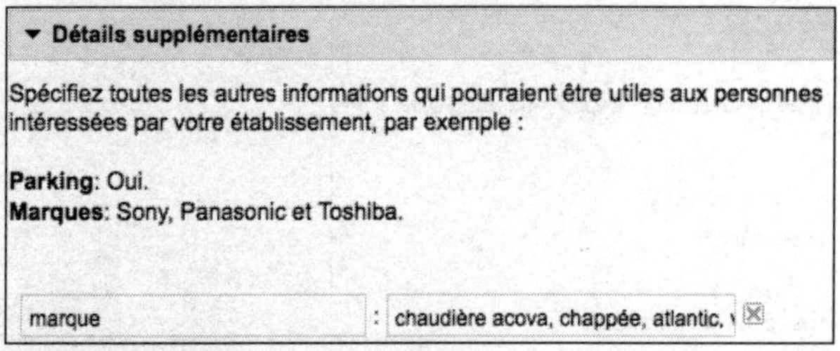

Figure 13-6 : *Google Adresses : trafic obtenu*

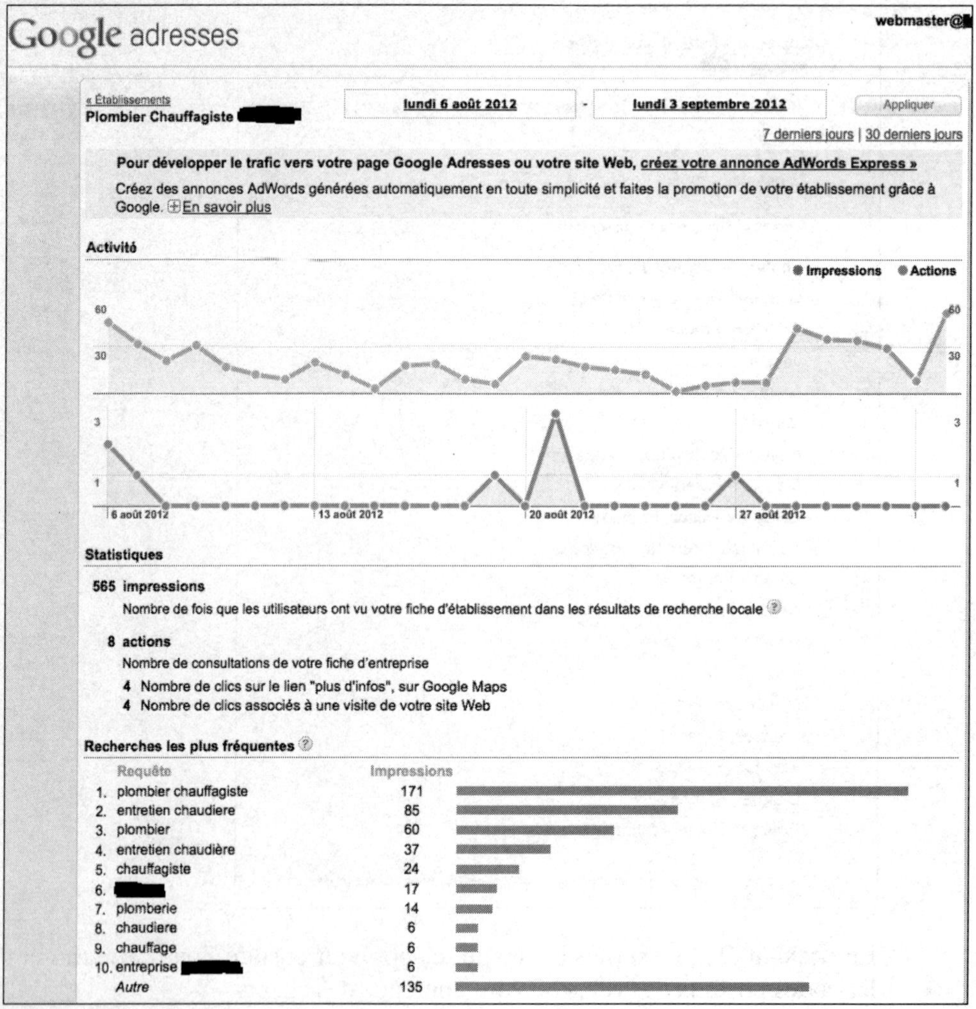

Ce type de paramétrages apporte ces résultats de trafic. La courbe bleue affiche les impressions (c'est-à-dire les affichages) de vos snippets dans **google.fr**. La courbe verte montre les clics des internautes sur ces affichages :

- Plus d'informations par la page Google Plus.
- Venue sur le site Internet.

Ici nous avons 565 affichages avec 8 clics. On voit les expressions clés saisies en requête de recherche dans Google. On voit que le descriptif et ces requêtes sont très proches.

REMARQUE

Le téléphone

Nombre de personnes numérote directement le téléphone affiché dans le snippet sans même cliquer sur quoi que ce soit. Pensez à mesurer la provenance de vos appels téléphoniques entrants : *Comment nous avez-vous connus ?* Internet ou Google en réponse indiqueront que le référencement local a fonctionné.

Le référencement local implique que le site indiqué dans Google Adresses soit cohérent avec la description saisie dans Google Adresses.

Vous devez absolument vous connecter au moins une fois par mois sur votre compte Google Adresses et faire une modification mineure sur votre fiche. En effet, différents indices (questionnaire de Google sur l'usage de Adresses, réponses surprenantes du support Google) montrent que ré-enregistrer régulièrement votre fiche Adresses envoie un signal positif à Google. En anglais on appelle cette opération un *poke*.

ASTUCE

Promotion via Google Adresses

Si la place le permet, vous pouvez glisser une courte promotion dans votre description comme par exemple « *-30% sur tout* », « *le 3ème gratuit* », « *payer 2 nuits, la 3ème gratuite* ».

Vous pouvez aussi propager cette astuce dans le meta description de votre page d'accueil. Cela augmentera le taux de clics depuis Google.

Analyser le trafic

Nous allons utiliser deux outils déjà vus : Analytics et Google Webmaster Tools (GWT).

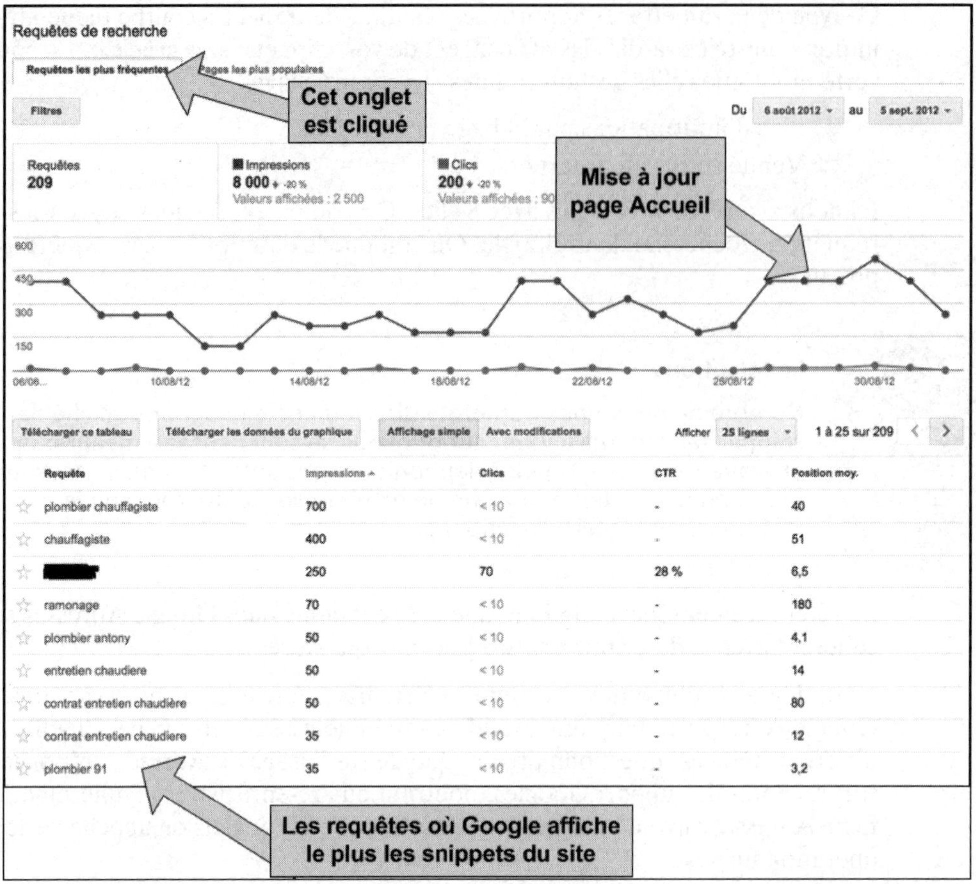

Figure 13-7 : *Google Webmaster Tools : requêtes les plus populaires*

On voit que les requêtes les plus populaires correspondent bien au contenu du site. GWT n'est pas très fiable pour afficher les clics depuis les requêtes saisies dans Google sur un petit site de TPE / PME. Il vaut mieux se tourner vers Google Analytics.

GWT peut nous donner des informations intéressantes en cliquant sur l'onglet **Pages les plus populaires** (voir fig. 13-8).

Sur ce site, on observe que la page *contrat d'entretien des chaudières* possède un taux de clics de 3 % à peine inférieur à la page d'accueil (4 %).

Le message est passé : contrat d'entretien chaudière est une expression clé qui transforme beaucoup depuis Google. Il est essentiel d'améliorer sa performance, tant en affichage dans Google, qu'en modifiant le meta description de cette page (notion de promotions, 3 mois gratuits, etc.) pour améliorer les performances commerciales du site.

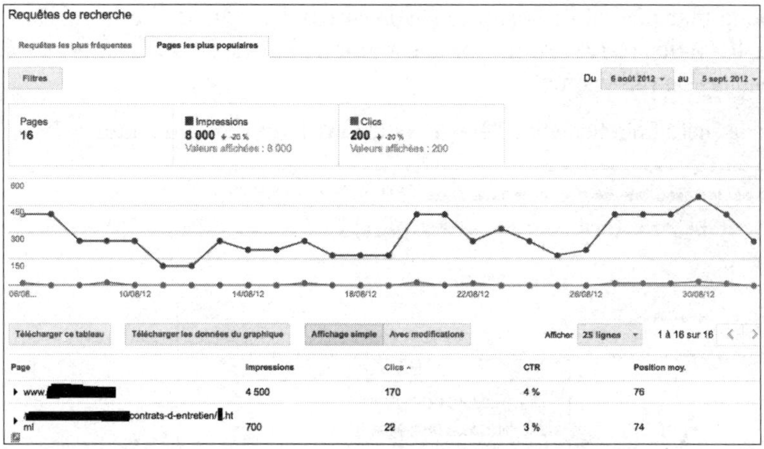

Figure 13-8 : *Google Webmaster Tools : pages les plus populaires*

Figure 13-9 : *Google Analytics : trafic issu des recherches naturelles*

On voit que la marque est importante (690 visites). Le nom de l'entreprise, une PME, pèse 40 % des requêtes. Le solde est amené par des expressions clés comme plombier chauffagiste (48 visites).

Examinons la piste Entretien chaudière vu avec GWT un peu plus haut.

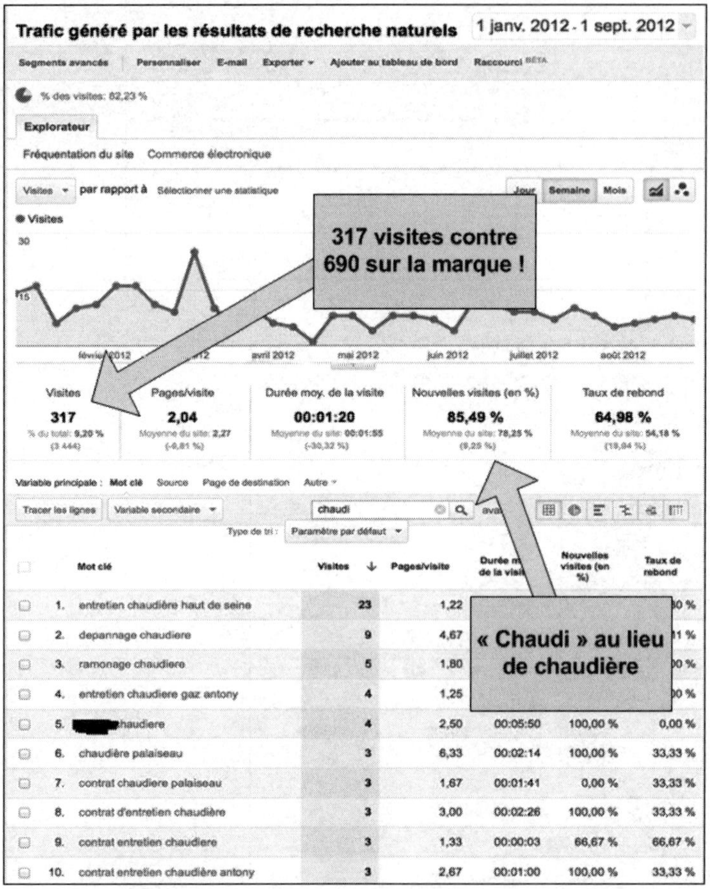

Figure 13-10 : *Google Analytics trafic issu de chaud (pour chaudière)*

Pour éviter les erreurs de mesure liées à l'orthographe de chaudière, dans Analytics nous avons saisi chaudi. 317 visites contre 690 sur la marque. Indiscutablement, un travail de référencement poussé sur entretien chaudière pourrait être payant.

Regardons quelques positions sur entretien chaudière :

Figure 13-11 : *Rank Tracker : positions d'entretien chaudière*

entretien chaudière 92	Places	4(1)
entretien chaudière 91		14
entretien chaudière hauts de seine	Places	4(1)
entretien chaudière essonne		15

Surprise, on voit que seuls haut de Seine et 92 sont en Google Adresses. Essonne et 91 sont en page 2 et sans Google Adresses. Des actions correctives dans la fiche Google Adresses et dans le site sont à faire pour mieux marquer la localisation.

Réseaux sociaux et linking

Il n'est pas évident de trouver des liens sociaux pour un plombier. Le mieux est d'obtenir des avis positifs sur sa fiche Google Adresses.

Prenons une fiche au hasard pour exposer l'approche : **https://plus.google.com/104998694928260603685/about?hl=fr**

Cette société de plombier à Evry (prise au hasard) possède une fiche Google Adresses visible donc dans Google Plus.

Figure 13-12 : *Google Plus / Adresses d'un plombier à Evry*

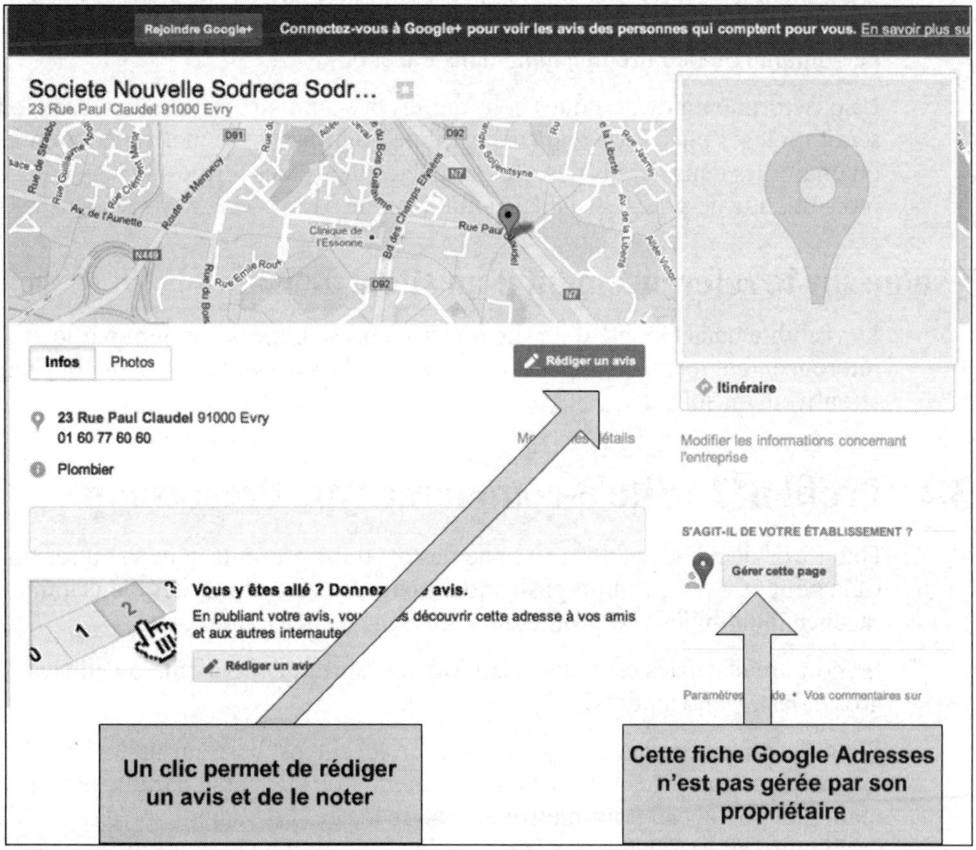

Cette fiche montre deux choses intéressantes :

- Son propriétaire, la société SODRECA, ne l'a pas réclamé à Google. Elle traine donc sans optimisation dans Google.
- Tout internaute ayant un compte Gmail ou autre compte Google (Google Plus, etc.) peut déposer son avis sur cette entreprise.

La majorité des internautes ne posent pas d'avis. En revanche, rien ne vous interdit de contacter vos clients (si possible les satisfaits) ayant un email en @gmail.com et de leur demander dans un envoi d'e-mailing explicatif et contenant l'URL de votre fiche Google Plus de cliquer sur *Rédigez un avis* et de commenter leur contentement de votre travail.

Les avis positifs dans Google ont beaucoup de poids en référencement local.

Dans la même veine, vous pouvez poser sur votre site des boutons sociaux simples issus de *AddThis* ou autre, afin de permettre à des internautes de tweeter votre nom de domaine ou de faire un *j'aime* dans Facebook.

La pose prudente de quelques liens depuis des annuaires spécialisés dans le BTP serait un léger plus. Pose *prudente* car il ne s'agit pas de se mettre Penguin à dos en obtenant des liens depuis des sites suspectés d'être des fermes de liens. Il est recommandé de poser ces liens manuellement.

Résumé sur le référencement d'un site d'artisan

La visibilité dans Google d'un site d'artisan passe impérativement par le référencement local, donc par une fiche Google Adresses correctement remplie et attentivement suivie.

13.2 Profil n°2 : Site e-commerce type Prestashop

Une PME décide de vendre en ligne des produits présents dans sa ou ses boutiques. Cela peut être des produits gastronomiques, des vêtements, des biens immobiliers (agence immobilière ou promoteur), des machines à coudre, etc.

Le nombre d'articles est faible. La PME les fabrique elle-même ou elle les achète en gros et les revend au détail.

Pour des raisons budgétaires évidentes, un tel site est basé sur un logiciel de e-commerce type Prestashop. Généralement, la PME passe par une entreprise maîtrisant le logiciel pour mettre en œuvre le site. Le budget type d'une PME / TPE oscille de 3 500 à 7 000 euros HT pour la réalisation de la boutique en ligne. Les PME plus argentées et ayant des objectifs élevés investiront davantage (design, graphisme, volume de produit, marketing, etc.).

Prestashop est un logiciel « gratuit » de boutique en ligne. Comme tout logiciel de e-commerce, il souffre de nombreux défauts vis-à-vis du référencement. Un paramétrage adéquat et une attention soutenue permettent de gommer une partie de ceux-ci. Cela ne ramène pas Prestashop au niveau d'un site développé sous framework du point de vue SEO, mais d'un autre côté Prestashop offre de nombreuses fonctionnalités qui coûteraient trop cher à développer sous framework pour un petit budget.

Identifier les expressions clés

Le site vend dans toute la France. Nul besoin donc de chercher des expressions clés géo localisées par Google comme celles vus dans la partie artisan plus haut.

Typiquement, un site de e-commerce doit se préoccuper de ce lot de mots clés :

- Vente *<produit>* (souvent, Google traite vente et achat comme étant des synonymes).
- Vente en ligne *<produit>*.
- *<Métier>* en ligne (exemples : épicerie en ligne, boucherie en ligne, etc.).

Ce seront des mots clés à analyser soigneusement dans Google AdWords / **Outil générateur de mots clés.**

Notre exemple central portera sur la vente de produits du terroir en ligne : champignons, charcuterie, miel, confiture, etc. Les expressions clés immédiatement associées pour démarrer les recherches sont épicerie en ligne, épicerie fine. Génériques, elles vont être ciblées sur la page d'accueil comme landing page (voir fig. 13-13).

On voit que creuser l'expression clé Vente *<produit>* (ici vente champignons) nous indique une longue traine. De 1 600 requêtes *Large* on descend à 170 requêtes mensuelles en mode *Expression*. La longue traine est de près de 90 % ! Il y a 1 600-170 = 1 430 requêtes en longue traine.

On remarquera que le générateur de mots clés d'AdWords ne nous indique presque rien hormis :

- Vente DE champignon (140 requêtes sur les 1 430 à identifier).

Il reste 1 300 requêtes à identifier. Quelques tâtonnements avec Google Suggest nous permettent de découvrir :

- vente champignon hallucinogène ;
- vente champignon frais ;
- vente champignons sauvages ;
- vente champignon règlementation ;
- etc (voir fig. 13-14).

Figure 13-13 : *Vente champignons dans Adwords > outil > générateur de mots clés*

	Mot clé	Concurrence	Recherches mensuelles dans les zones ciblées	CPC approximatif (Réseau de Recherche)	Tendances des recherches dans les zones ciblées
☐	**vente champignons**	Faible	1 600	0,20 €	
☐	**[vente champignons]**	Faible	36	0,15 €	-
☐	**"vente champignons"**	Faible	170	0,22 €	

⊟ ✓ Tout enregistrer **Idées de mots clés (71)** 1 à 50 sur 71

	Mot clé	Concurrence	Recherches mensuelles dans les zones ciblées	CPC approximatif (Réseau de Recherche)	Tendances des recherches dans les zones ciblées
☐	**[vente champignons]**	Faible	36	0,15 €	-
☐	**"vente champignons"**	Faible	170	0,22 €	
☐	"recette vol au vent aux champignons"	Faible	46	0,08 €	
☐	recette vol au vent aux champignons	Faible	140	0,08 €	
☐	[recette vol au vent aux champignons]	Faible	46	0,08 €	
☐	"champignons comestibles"	Faible	9 900	0,17 €	
☐	[champignons comestibles]	Faible	5 400	0,11 €	
☐	champignons comestibles	Faible	22 200	0,16 €	
☐	vol au vent champignons	Faible	590	0,08 €	
☐	"vol au vent champignons"	Faible	170	0,08 €	
☐	[vol au vent champignons]	Faible	140	0,08 €	
☐	vol au vent aux champignons	Faible	590	0,08 €	
☐	"vol au vent aux champignons"	Faible	110	0,08 €	
☐	[vol au vent aux champignons]	Faible	28	0,08 €	-
☐	vente de champignons frais	Faible	46	0,16 €	
☐	"vente de champignons frais"	Moyen	16	0,15 €	-
☐	[vente de champignons frais]	Moyen	12	0,16 €	-
☐	vente cepes	Moyen	320	0,15 €	
☐	"vente cepes"	Moyen	73	0,14 €	
☐	[vente cepes]	Faible	16	0,08 €	-
☐	"champignons secs"	Faible	390	0,29 €	
☐	[champignons secs]	Faible	73	0,27 €	
☐	champignons secs	Faible	1 600	0,30 €	
☐	"girolles en conserve"	Faible	73	0,53 €	
☐	[girolles en conserve]	Faible	28	0,69 €	-
☐	girolles en conserve	Faible	590	0,61 €	
☐	"achat cepes"	Faible	73	0,16 €	
☐	[achat cepes]	Faible	22	0,08 €	-
☐	achat cepes	Moyen	210	0,21 €	

Figure 13-14 : *Vente champignons : recherches à tâtons pour découvrir la longue traine de cette racine clé*

On élimine les expressions clés sans intérêt pour le site (hallucinogène, …). On mesure avec le Générateur de mots clés, l'expression Vente champignons sauvages, pour évaluer si le trafic des 12 derniers mois est intéressant ou pas. Si c'est le cas, cette expression clé devra être pris en compte dans la catégorie *champignon* sur une page à choisir.

Il faut renouveler cette technique sur toutes les expressions clés pouvant capter du trafic ciblé.

À chaque découverte, on dépose l'expression clé dans une cellule d'un tableur en colonne. On lui associe les volumes de requêtes. On aura ainsi un seul document groupant tous les mots clés porteur de trafic. On pourra en déduire la racine clé, l'expression de longue traine plus ou moins importante.

Impact de l'arborescence et des contenus sur le référencement

La sélection des mots clés ci-dessus nous permet d'identifier deux groupes de mots clés :

- Les génériques stratégiques comme épicerie fine par exemple. Il faut les associer à 2 landing pages : la page d'accueil et une page dédiée directement connectée au menu principal du site.
- Les mots clés spécialisés et stratégiques comme champignons et sa longue traine, vente champignon, cèpes, morilles, etc. Ces mots identifiés sont à regrouper dans une rubrique dédiée et structurée : *champignons*.

Page d'accueil : elle reçoit les expressions clés génériques et stratégiques porteuses de trafic : épicerie en ligne, épicerie fine. Les têtes de rubrique reçoivent les expressions clés elle-même génératrices d'expressions clés longue traine (exemple : champignons).

Figure 13-15 : *Arborescence du site : ébauche issue du SEO étudié*

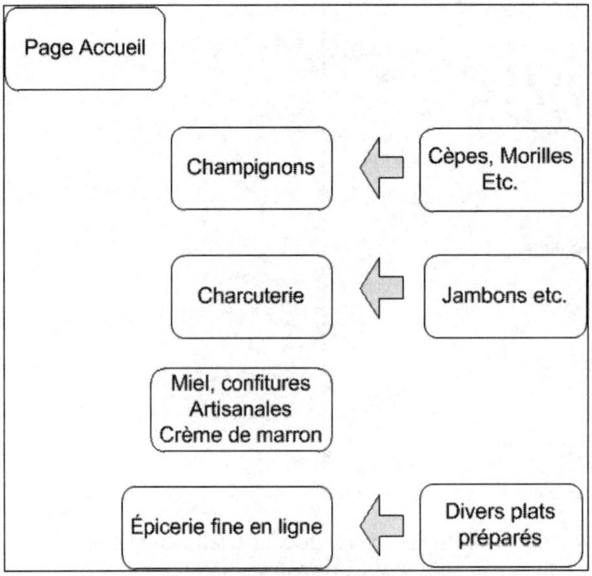

Champignons reçoit la liste des champignons. À la vue des recherches d'expressions clés on aurait pu se poser la question de classer par type de conteneur : conserve, bocal de cèpes, poudre de cèpes, cèpes séchés, etc. Mais le thème central est la race de champignon, on va donc les organiser dans Prestashop en sous menu d'une tête de rubrique (voir capture écran).

Figure 13-16 : *Arborescence de la catégorie champignons dans le site sous Prestashop.*

REMARQUE

Les expressions clés pilotent la conception de l'arborescence

Les volumes d'expressions clés ciblées, la factorisation entre elles dégagent les lignes de force désignant les racines clés, les futures catégories. Les principales déclinaisons de chaque racine clé nous indiquent la structure de chaque catégorie.

Le menu du site sous Prestashop étant répété sur chaque page du site, les liens du menu poussent tous les mots clés de chaque ancre vers leurs pages respectives. (Cèpes de la catégorie *Champignons* pousse cèpes vers la page traitant des différentes conserves de cèpes par exemple)

Un site ainsi structuré épicerie (*fine*), (*en ligne*) > champignons > cèpes > liste des conserves de cèpes pour toutes les catégories sera très compréhensible à Google et porteurs de signaux positifs pour le référencement.

Analyser le trafic avec Analytics et commerce électronique

Nous allons utiliser les deux outils déjà vus : Analytics et Google Webmaster Tools (GWT).

Analytics va passer en mode commerce électronique. Vous allez découvrir des options intéressantes du produit en SEO. Pour cela, votre Google Analytics doit être configuré en *Commerce électronique* sur votre site. Vous devez avoir mis en place une *URL rewriting* compréhensible et représentative des mots clés du title de la page.

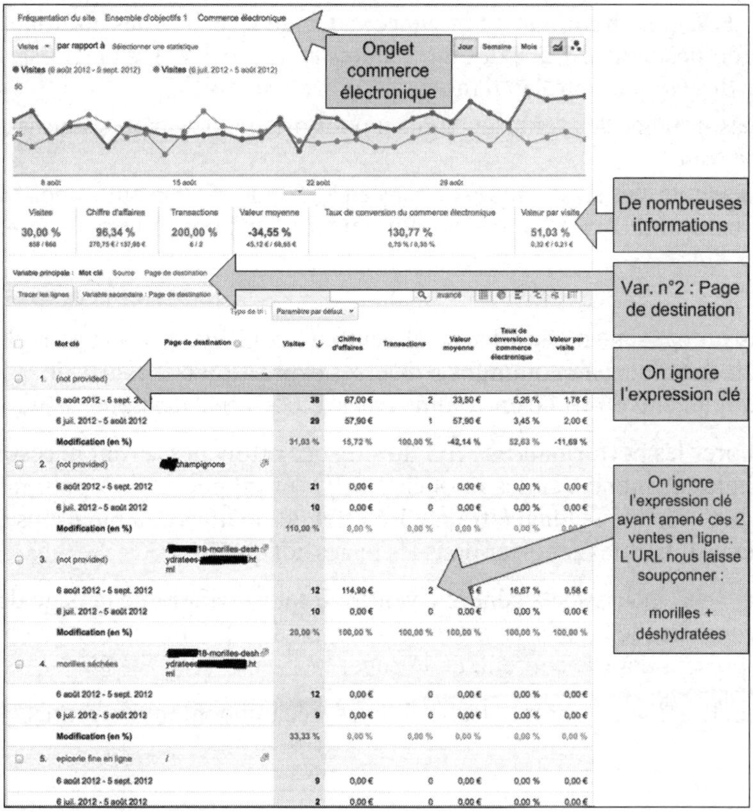

Figure 13-17 : *Analytics*

Comme d'habitude, *(not provided)* indique le refus de Google de laisser accéder aux mots clés saisis par un internaute surfant et connecté à Gmail ou sur un autre service Google.

L'onglet **Commerce électronique** est cliqué. Nous avons les mesures des internautes venant sur le site via le SEO. Nous allons sélectionner une *variable secondaire* : *Page de destination*. On va ainsi avoir les mots clés répartis par landing page. Ce qui va nous permettre de lever une partie du voile de *(not provided)*.

Sur la capture d'écran on voit que 2 ventes en ligne ont été réalisées en *(not provided)* sur la page de destination avec une URL **Morilles déshydratées**. Le focus de cette page étant sur les morilles déshydratées, certes on n'obtient pas de Google les expressions clés, mais on se doute bien qu'elles ont un lien avec ces 2 mots clés.

L'analyse dans la durée en mode *commerce électronique* et pas simplement sur *2 mois* comme dans la capture d'écran montrera que :

- De nombreuses ventes viennent du référencement naturel et pas seulement d'AdWords. Sur cet exemple, en aout (mois creux), AdWords n'a ramené aucune vente contre 6 pour le référencement naturel. Sur 15 mois, ce site d'une TPE (une boutique en province) a vendu 62.5 % à des internautes issus du référencement, 25 % à des internautes issus d'AdWords et le reste en venue directe (clic sur lien dans un email par exemple).
- La quasi-totalité des ventes en ligne a pour origine des expressions issues de la longue traine.
- Que les mots clés stratégiques épicerie en ligne, épicerie fine ont ramené 2 ventes en 15 mois alors que les mots clés liés aux produits ont ramené le reste !

Conclusions

Le focus mis sur épicerie en page d'accueil peut être conservé, mais la page d'accueil doit accueillir des mots clés communs à diverses expression clés issues de la longue traine et ayant amené du trafic en volume (vente cèpes, achat mousserons, etc.).

Afin d'améliorer les performances SEO du site, des retouches seront nécessaires dans les intitulés de menus, et des retouches SEO seront nécessaires pour mieux exploiter le potentiel de la longue traine. En effet, les mêmes combinaisons de mots clés reviennent. Il faut les reporter dans les pages adéquates.

Par exemple, Achat mousseron a généré 2 ventes. Il faut vérifier que la page dédiée aux *Mousseron* possède bien achat ou vente dans son title. Il faut vérifier que achat / vente soient présent dans le contenu de la page.

Le tout permettra d'augmenter le trafic ciblé et mécaniquement les ventes.

Analyser le trafic avec GWT

Voyons si Google Webmaster tools peut nous apprendre quelque chose sur le site pour améliorer son SEO.

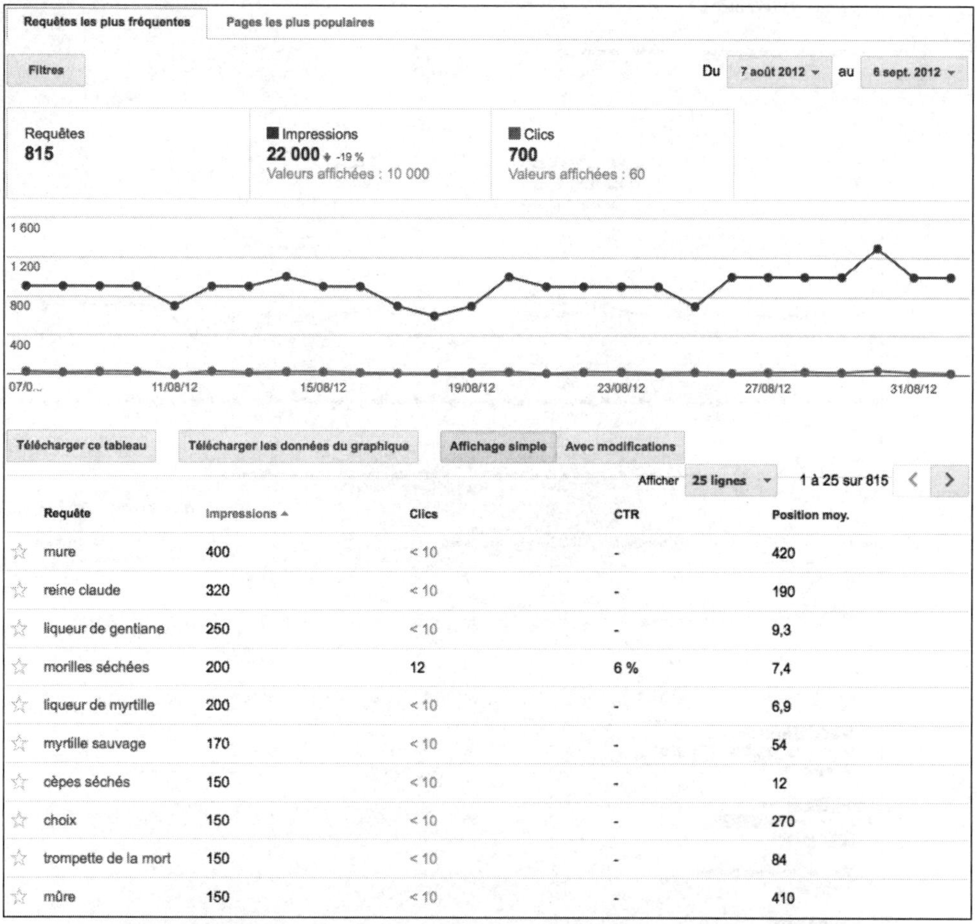

Requête	Impressions	Clics	CTR	Position moy.
mure	400	< 10	-	420
reine claude	320	< 10	-	190
liqueur de gentiane	250	< 10	-	9,3
morilles séchées	200	12	6 %	7,4
liqueur de myrtille	200	< 10	-	6,9
myrtille sauvage	170	< 10	-	54
cèpes séchés	150	< 10	-	12
choix	150	< 10	-	270
trompette de la mort	150	< 10	-	84
mûre	150	< 10	-	410

Figure 13-18 : *Google Webmaster Tools > trafic > requêtes de recherche.*

On note tout de suite l'absence de champignon dans ces statistiques. Normal, ce mot clé est noyé dans de multiples expressions clés de la longue traine (achat champignon, champignon chanterelle, etc.) à raison de quelques occurrences chacune. Analytics nous chiffre 94 visites via 77 expressions distinctes sur août.

GWT nous montre 22 000 affichages dans Google en août dont 10 000 répartis sur 815 requêtes, le tout ayant entrainé 700 clics vers le site.

Cela dénote un affichage en longue traine. Une mesure de positionnement montre effectivement que le site est présent sur en page 1 sur de nombreuses expressions clés de longue traine.

Figure 13-19 : *Google Webmaster Tools > trafic > pages les plus populaires*

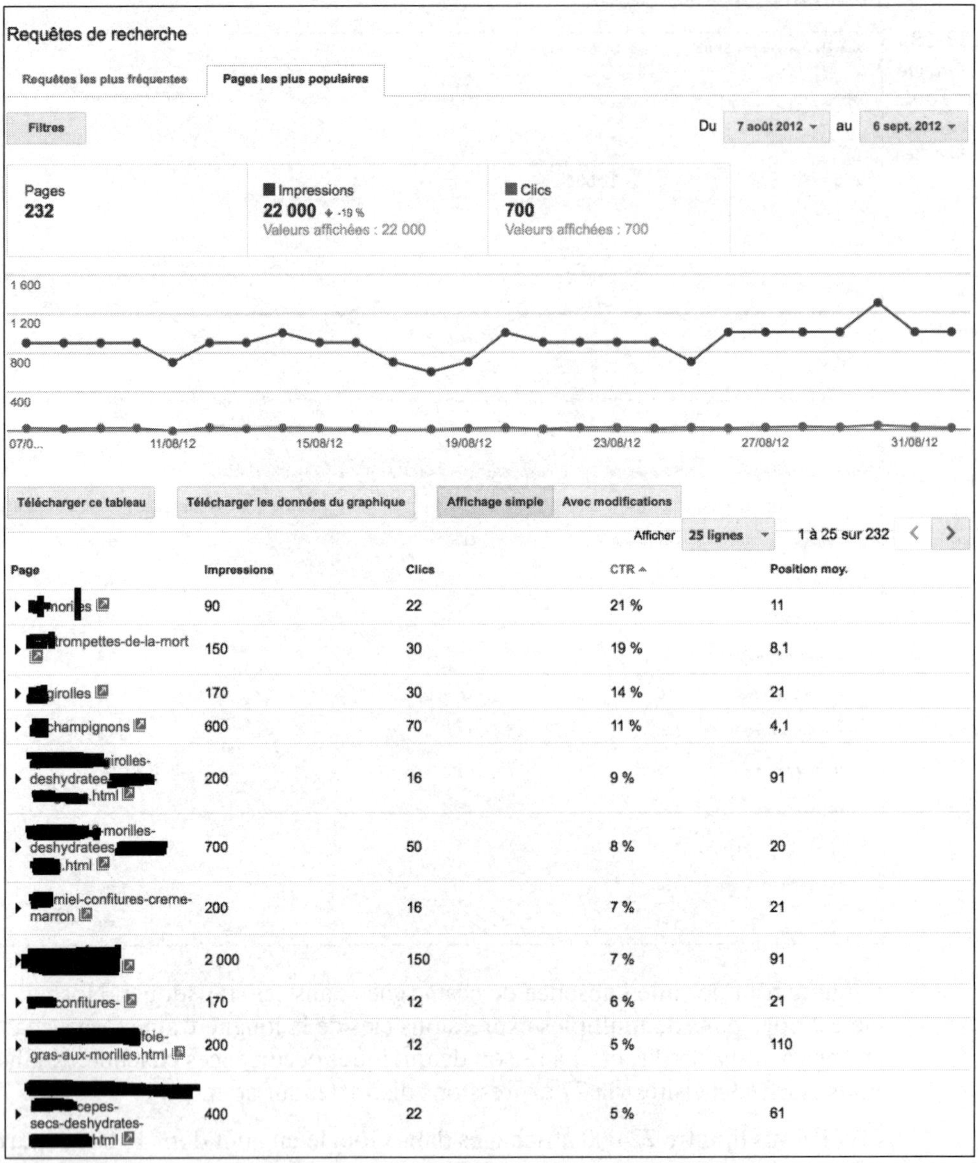

Page	Impressions	Clics	CTR	Position moy.
[redacted]mori[redacted]s	90	22	21 %	11
[redacted]trompettes-de-la-mort	150	30	19 %	8,1
[redacted]girolles	170	30	14 %	21
[redacted]champignons	600	70	11 %	4,1
[redacted]irolles-deshydratee[redacted].html	200	16	9 %	91
[redacted]-morilles-deshydratees[redacted].html	700	50	8 %	20
[redacted]miel-confitures-creme-marron	200	16	7 %	21
[redacted]	2 000	150	7 %	91
[redacted]confitures-	170	12	6 %	21
[redacted]foie-gras-aux-morilles.html	200	12	5 %	110
[redacted]cepes-secs-deshydrates-[redacted]html	400	22	5 %	61

Cliquons sur l'onglet **Pages les plus populaires**. Cette page nous apprend beaucoup de choses importantes pour le SEO : les pages et snippets les plus affichés : morilles, trompettes de la mort, confitures et les plus cliquées quand affichées (CTR de 5 à 21 %). Nous voyons les pages les plus affichées avec le taux de clics depuis Google le plus élevé.

Cela montre que le référencement fonctionne et que le snippet de ces pages fait cliquer les internautes. La mission SEO est donc assurée. En revanche, avec un taux de clic de 5 à 20 %, le volume de vente issu de ces visites est faible. Mais c'est un autre problème et un autre sujet : comment utiliser Analytics pour identifier les freins à la vente et donc vendre davantage. Le référencement amène du trafic ciblé : mission atteinte.

13.3 Profil n°3 : Tourisme national / bilingue

Les sites de tourisme peuvent être décomposés en quelques catégories :

- *Le site de l'acteur lui-même* : hôtel, restaurant, chambre d'hôtes, parc d'attraction, accro-branche, promenades en mer, etc.
- *Des sites portail* : toutes les chambres d'hôtes de tel département, de tel pays. Tous les hébergements de telle région, etc. Sur les sites portails, les acteurs touristiques louent pour quelques centaines d'euros un emplacement pour leur château, maison dans les arbres, hôtel, camping, etc. Ou bien les acteurs touristiques rétribuent le portail au client envoyé.
- *Les sites institutionnels* : office du tourisme, CRT, etc.

Les plus nombreux, et de très loin, sont les sites des acteurs eux même. Ces sites visent une clientèle nationale, voire francophone (Belgique, Luxembourg, Suisse francophone en plus de la France) et quelque fois anglo-saxonne.

Sélection des expressions clés

Bien que ces sites aient tous des besoins en mots clés différents, une logique à peu près identique s'applique. Les racines clés, les expressions porteuses d'un gros trafic ciblé directement ou via une longue traine issue de la racine obéissent à une logique proche :

- 80 à 90 % des racines clé englobent le service : hôtel, chambre d'hôtes, etc.
- Suivi du lieu : Dijon, Marseille, etc.
- Ou et de l'activité touristique envisagée : Calanques, VTT, randonnées Alpes, Futuroscope, kite surf, etc.

L'utilisation d'Adwords > **outil** > **générateur de mots clés** donne des statistiques précieuses pour évaluer le volume de requêtes et leurs saisonnalités.

Ébauche de l'arborescence

De cet usage des mots clés, il en ressort une arborescence type pour optimiser au maximum ces racines clés.

- Page d'accueil : présenter le service et le lieu immédiatement : *Chambre d'hôtes à Bayeux, Location de bateaux à Porto (Corse) …* Si vous avez un objet touristique majeur proche, le mentionner dès la page d'accueil : *à 15 km de Eurodisney, à 10 mn du Futuroscope*, etc.
- Mettre en œuvre une rubrique listant les chambres de l'hôtel, les bateaux à louer, les différents parcours de l'accro-branche, etc. un clic sur un item de la liste ouvre une page dédiée à une chambre, un bateau, une croisière, un parcours accro-branche etc. On appelle cela un « *drill down* » dans le jargon informatique. Et comme Google est un programme informatique, ses algorithmes comprennent fort bien une telle architecture de pages au sein d'une rubrique.
- Mettre en œuvre une rubrique présentant les environs par rapport à votre service : *vue sur les calanques, à 2 mn randonnées de Marseille à Cassis, équitation à 3 mn, Futuroscope Poitiers à 20 km, grottes de Lascaux à 20 mn*, etc. tout en rappelant votre service. Un tel annuaire des environs vous permettra d'échanger quelques liens avec d'autres sites et il vous permet de combiner en longue traine de nombreux mots clés.

La plupart des sites d'acteurs touristique ont un poids faible, faute de volume de backlinks et de temps passé à gérer correctement le SEO du site. Il importe alors d'aborder directement le cœur du sujet dès la page d'accueil. La page la mieux référencée et la plus facile à référencer est toujours la page d'accueil sur un site de TPE pour différentes raisons techniques. La racine clé stratégique, service + lieu (« Chambre d'hôtes avec 3 chambres proche à 5 km du Futuroscope ») doit être mise en œuvre sur la page d'accueil accompagnée de photos et textes traitant de ce sujet.

ASTUCE

Aborder la vocation de votre site dès la page d'accueil

Ne faites surtout pas une page *Bienvenue*, ou *sélectionner votre langue* et autre *splash page*. Dès la page d'accueil, présenter votre activité, vos services, votre localisation si elle a une importance pour vos clients. Il ne faut pas gaspiller le potentiel de référencement de la page la plus importante pour les algorithmes de Google : le contenu de votre page d'accueil.

Technologie du site

Un site de tourisme vend essentiellement de la prestation de service à consommer sur place : location de chambre, de bateaux, de moto, de voiture, de repas (restaurant) etc. Il n'y a donc pas besoin d'une boutique en ligne. Un formulaire de réservation ou une réservation en ligne suffisent dans la plupart des cas. Les services incluant guides, skipper et ou matériel peuvent nécessiter un logiciel plus complet gérant les ressources d'un côté (matériel, équipage, contraintes juridiques, temps passés pour calculer payes et indemnités ou taxes de tourisme etc.) et les réservations de l'autre.

Dans presque tous les cas, le site pourra être fait soit avec un logiciel simple type WordPress version site Internet, ou soit comme site sous CMS (mais gare aux problèmes de réussite de référencement) ou un site développé sous framework, un peu plus cher en apparence mais capable de drainer davantage d'internautes grâce à un meilleur référencement.

Technologie site web pour Chambre d'hôte et équivalent

Une chambre d'hôte pourra faire appel à WordPress. En effet, comme nous le verrons ci-après, une chambre d'hôte dépend de deux facteurs clés :

- Sa présence dans plusieurs annuaires de qualité qui disposent d'une bonne visibilité sur Google sur des expressions clés hors de leur portée. Ces sites disposent de moyens bien supérieurs à ce que peut faire un simple propriétaire isolé dans son coin. Ces portails (payant) de qualité ne manquent pas, qu'ils soient régionaux comme Best of Périgord (**best-of-perigrod.tm.fr**) par exemple, ou nationaux (**chambres-hôtes.fr** entre autres).
- On ne peut pas ignorer l'annuaire Trip advisor (**tripadvisor.fr** ou **.com**) massivement utilisé par les anglo-saxons et de plus en plus en plus par les autres nationalités.
- La présence dans son site des expressions clés liées à des activités touristiques proche géographiquement comme le Futuroscope, le parc Disney, un zoo, les calanques de Cassis, etc. Donc l'utilisation de Google Adresses et de Google Plus sera un atout.

Dans tous ces cas, le fait d'être sous un CMS difficile à référencer ou d'être en framework ne change rien. La présence dans les annuaires (permettant au passage d'obtenir des liens) et un bon référencement local basé sur Google Adresses suffisent. La technologie du site importe peu.

WordPress version site Internet suffira pour la quasi-totalité de ce type de site. Inutile de dépenser plus en technologie. Il est bien plus rentable d'investir en photos de qualité, en inscriptions payantes dans des annuaires

Le piège à éviter

> **ASTUCE**
>
> **évitez le piège mortel du duplicate content**
>
> Il ne faut pas copier-coller la description de votre service dans tous les annuaires. Vous allez perdre beaucoup d'argent !

La quasi-totalité des petits acteurs touristiques tombent dans un piège qui va leur coûter très cher en référencement et donc en revenus : le duplicate content.

En copiant-collant la description de votre service dans différents annuaires, dans votre site, vous allez enclencher une spirale infernale :

- Vos annonces dans les annuaires payants seront ignorées de Google. Seuls les internautes utilisant le moteur de recherche interne au site pourront vous voir.
- Avec *N* sites ayant la même description et ayant un lien vers votre propre site, Penguin pourrait décider un jour que c'est un link scheme, du webspam, et exclure votre site de Google.

Figure 13-20 : *Une page choisie au hasard, chambre d'hôtes avec piscine à Sarlat*

Voici un exemple en ligne en septembre 2012 présenté dans la capture d'écran : le domaine des écureuils à Sarlat, chambre d'hôtes avec piscine. Ce site est présent dans un annuaire (**chambres-hôtes.fr**), il possède son propre site web. Ce site fait des duplicate contents massifs, il met mal en valeur sa position près de Sarlat et le fait d'avoir une piscine. Il est introuvable avec des expressions clés comme chambre hôtes Sarlat piscine sur Google (91 requêtes par mois ultra ciblées) où en revanche on trouve les annuaires comme (**chambres-hôtes.fr**), mais avec un résultat noyant le Domaine des écureuils avec toutes les autres chambres. Google affiche aussi les concurrents du Domaine de l'écureuil. Cette chambre d'hôtes est absente d'autres requêtes dans Google. La conséquence est une perte de trafic ciblé et donc de revenus, surtout à mi-saison où les acteurs touristiques ne font pas le plein de clients. La visibilité sur Google est alors primordiale pour rentrer des revenus quand il y a plus d'acteurs que de clients !

Un test sur chambre hôtes Sarlat écureuil permet d'identifier la page retenue par Google sur ce texte : c'est l'annuaire. Le site du propriétaire n'apparaît pourtant pas dans Google sur une requête le ciblant en priorité.

Vous devez différencier vos textes à chaque fois pour éviter les ennuis liés aux duplicate content et maximiser votre visibilité

Technologie site web pour Acteurs touristiques importants

Un hôtel, une activité plus complexe comme un ranch équestre, un loueur de bateaux, un excursionniste vont se heurter à des obstacles plus difficiles en création de trafic qui pourraient nécessiter des sites web plus complexes.

Deux approches sont possibles. L'une est bon marché mais dangereuse, l'autre est plus coûteuse mais plus pérenne :

- Faire un site sous WordPress version site Internet en ciblant une expression clé majeure. Par exemple Calanques de Marseille / Cassis. Ce n'est pas cher et avec du bon netlinking et référencement local, un tel site pourra obtenir une bonne position sur une expression-clé. Mais ce sera fragile et le site sera totalement dépendant de cette seule expression-clé.
- Faire un site très étoffé avec un framework en ciblant non seulement l'expression clé Calanques de Marseille / Cassis, mais aussi de nombreuses variantes d'expressions clés. C'est plus cher, mais la chasse à la longue traine sur de multiples expressions-clés va rapporter un trafic plus important et plus pérenne. Mieux, un tel site résistera davantage à Panda / Penguin qu'un site léger entièrement basé sur une expression-clé.

Analysons le trafic : Analytics

Tout d'abord, quels sont les points à chercher dans les statistiques et pourquoi ?

Quand les internautes vont-ils lancer leurs recherches sur mon service ?

Autrement dit : à quelles dates vont-ils saisir des requêtes dans Google avec des mots clés concernant mon activité ? D'où vont-ils chercher ? Les touristes vont-ils préparer leurs séjours de l'étranger en distractions locales, ou vont-ils rechercher sur place ? S'ils cherchent sur place, vont-ils utiliser un smartphone ou un desktop (PC ou Mac portable typiquement) ?

Les réponses à ces questions conditionnent les contenus du site, la date de mise en ligne des nouveautés et la mise en page.

Une autre question se pose : est-il nécessaire d'investir dans un site version mobile pour iPhone / Android ?

Les réponses à ces questions sont dans Analytics et dans un test.

Analytics sur un site d'excursions touristiques

Les mots clés ont été recherchés et sélectionnés selon les procédés exposés plusieurs fois dans le livre.

Ce qui nous intéresse, ce sont les méthodologies pour mieux exploiter ces mots clés.

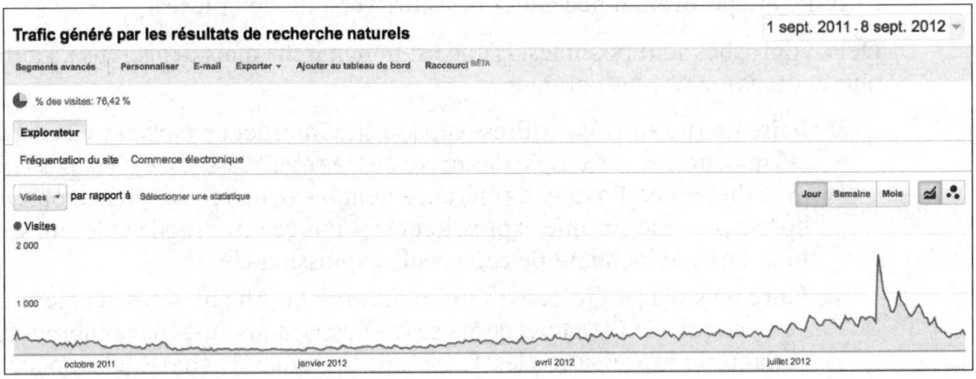

Figure 13-21 : *12 mois et une semaine de statistiques du 1/09/2011 au 8/09/2012*

La courbe de l'exemple montre une saisonnalité marquée :

- Plus il y a de touristes dans la région, plus il y a de visites par le référencement.

- On remarquera aussi qu'une seule expression clé dépasse le seuil de 50 % de taux de rebond (elle est entourée en noir). Effectivement, cette expression clé capte du trafic, mais elle n'est pas très ciblée sur le site.

Essayons d'affiner en examinant d'où les internautes surfent, pour différencier préparation des vacances avant le départ de recherche d'une excursion une fois sur place. Pour cela nous comparons notre courbe de trafic sur mots clés à la variable secondaire **Visiteurs > Régions**.

Figure 13-22 : *Variable secondaire Visiteurs > Régions*

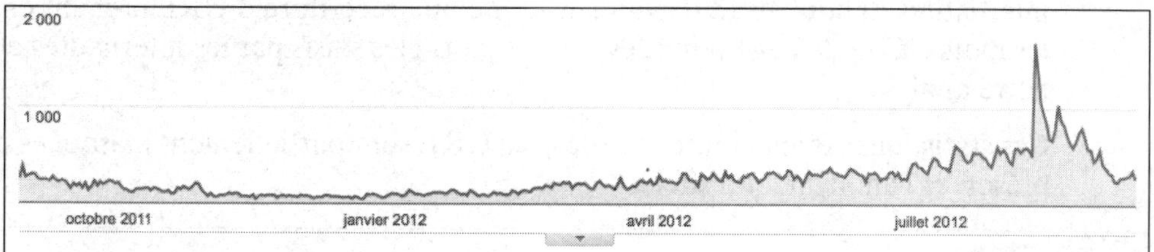

Visites	Pages/visite	Durée moy. de la visite	Nouvelles visites (en %)	Taux de rebond
96 695	**3,65**	**00:02:27**	**77,88 %**	**40,58 %**
% du total: 76,42 % (126 532)	Moyenne du site: 3,66 (-0,27 %)	Moyenne du site: 00:02:31 (-2,56 %)	Moyenne du site: 79,02 % (-1,45 %)	Moyenne du site: 41,04 % (-1,10 %)

Variable principale : **Mot clé** Source Page de destination Autre

Tracer les lignes | Variable secondaire : Région | avancé

On clique sur ce lien

Type de tri : Paramètre par défaut

	Mot clé	Région	Visites	Pages/visite	Durée moy. de la visite	Nouvelles visites (en %)	Taux de rebond
1.	(not provided)	Provence-Alpes-Cote d'Azur	4 204	4,28	00:03:26	81,49 %	34,06 %
2.	(not provided)	Ile-de-France	1 829	4,70	00:03:46	78,84 %	33,35 %
3.	[redacted]	Provence-Alpes-Cote d'Azur	1 156	4,97	00:03:59	51,21 %	28,89 %
4.	(not provided)	Rhône-Alpes	951	4,69	00:03:53	79,81 %	33,54 %
5.	[redacted]	Ile-de-France	844	4,40	00:04:29	52,13 %	40,64 %
6.	(not provided)	Languedoc-Roussillon	470	4,24	00:03:23	82,77 %	30,43 %
7.	[redacted] jeune fille [redacted]	Provence-Alpes-Cote d'Azur	389	4,14	00:03:11	81,23 %	30,08 %
8.	location [redacted]	Provence-Alpes-Cote d'Azur	378	2,72	00:01:17	80,95 %	52,65 %
9.	location [redacted]	Provence-Alpes-Cote d'Azur	366	2,73	00:01:51	78,14 %	39,34 %
10.	[redacted]	Rhône-Alpes	281	4,77	00:03:32	58,72 %	37,37 %

Nous voyons que la version française du site a 75 % de recherches depuis *Provence Alpes Côte d'azur*, donc de la recherche plutôt locale, et 25 % de recherche nationale, c'est-à-dire de la préparation de vacances. Ces recherches et préparations ont lieu sans surprise au printemps mais aussi juste avant de partir manifestement (un pic depuis Paris les 5 et 6 août de 200 visiteurs par jour dénote une préparation d'excursion juste avant de partir pour la Côte d'Azur).

Mieux, on clique sur le *(not provided)* « Ile de France » de 1 829 visites. On arrive alors sur une page Analytics détaillant le trafic sans les mots clés issu de l'Ile de France sur la période de 12 mois. C'est peu utile, sauf pour juger de la saisonnalité. Comme cela a été déjà expliqué, il nous suffit d'ajouter en variable secondaire **Sources de trafic** > **Page de destination** pour avoir les URL des pages où sont arrivées les internautes. Il nous suffit d'avoir sur le site une réécriture d'URL prenant en compte les mots clés de la page pour deviner les mots clés saisis par les internautes et affiner notre analyse.

Ces statistiques étant confidentielles, les URL sont partiellement masquées pour préserver l'anonymat du site.

Figure 13-23 : *Ile de France, préparation de vacances, expressions clés cachées par Google mais néanmoins dévoilées*

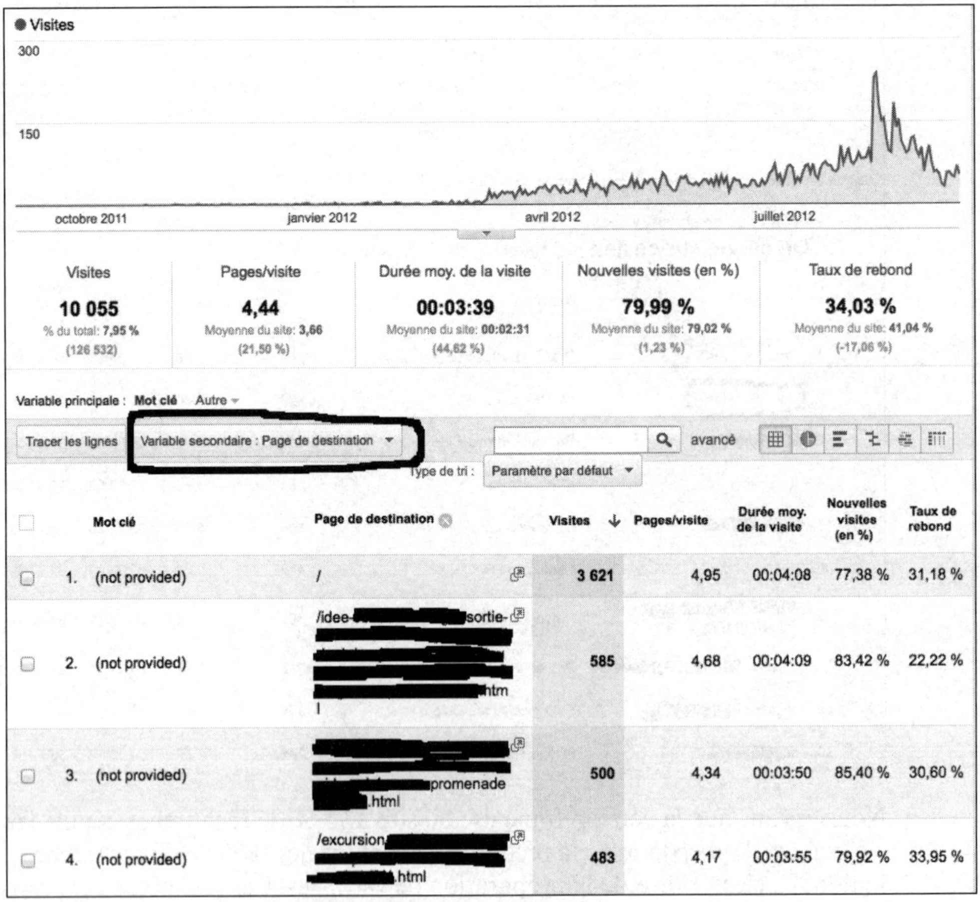

On perçoit malgré le masquage *(not provided)* de Google que les mots clés utilisés sont liés à la préparation d'excursions, avant d'arriver sur le lieu de vacances : idée de sortie, d'excursion, de visite, de promenade / randonnées avec guide, etc.

Les conséquences sur le référencement sont immédiates :

- Cela conforte le choix des expressions clés idées de sortie, d'excursion, de visites, etc.
- Ces expressions clés (idée sortie, etc.). Un examen rapide dans Analytics nous montre qu'elles sont aussi utilisées localement. Il faut si possible (200 caractères pour décrire l'activité) en tenir compte dans le Google Adresses de l'entreprise pour être très performante sur le référencement local.
- L'expression clé surprenante idée enterrement vie de jeune fille montre en statistique une courbe extraordinaire pour un acteur touristique soumis à la saisonnalité. Les requêtes sont essentiellement hors période de juillet-août donc, hors haute-saison. Les excursions sont rarement pleines à 100 % hors juillet-août, donc pouvoir ajouter du « touriste local » en période de moindre charge est du pur bénéfice. Le référenceur doit alors monter une opération originale : mettre à jour la fiche Google Adresses avec cette expression clé uniquement de septembre à mai pour capter plus de trafic local, puis remettre la fiche Google Adresses à jour pour juin-juillet-aout avec une approche orientée excursions classiques recherchées par les touristes de passage.

ASTUCE

Suivez la saison avec des expressions-clés

Avoir des clients en saison creuse ou moyenne est un des enjeux d'un acteur touristique. En gérant la fiche Google Adresses avec idée enterrement vie de jeune fille on dope le référencement juste au moment où il faut. Cette idée peut être mise en œuvre avec des expressions clés comme « 1 jour gratuit pour 2 achetés », etc.

Smarphone à prendre en compte

Analytics va nous permettre de voir le taux de connexion depuis des smartphones, tablettes ou classiques desktop de type PC ou Mac.

Si le pourcentage est élevé, il faudra tester le site sur smartphone pour le rendre aisément accessible. En adaptant une feuille de style, on peut garder le même site et faciliter la navigation et l'affichage sur mobile doté d'écran 3,5 à 4 pouces.

Analytics > **Technologie** > **Navigateur et système d'exploitation** > onglet **Système d'exploitation** affiche les systèmes et donc les matériels utilisés par les internautes.

Un problème va vite se poser : comment différencier iPhone et iPad pour les matériels Apple et Android pour téléphone d'Android pour tablette ? En effet, une tablette peut être considérée comme un desktop vu son écran de 10 pouces. Un mobile dispose d'un écran de 3,5 à 4 pouces bien plus petit. Il n'y a pas de méthode fiable. On ne peut que faire des estimations et règles de trois.

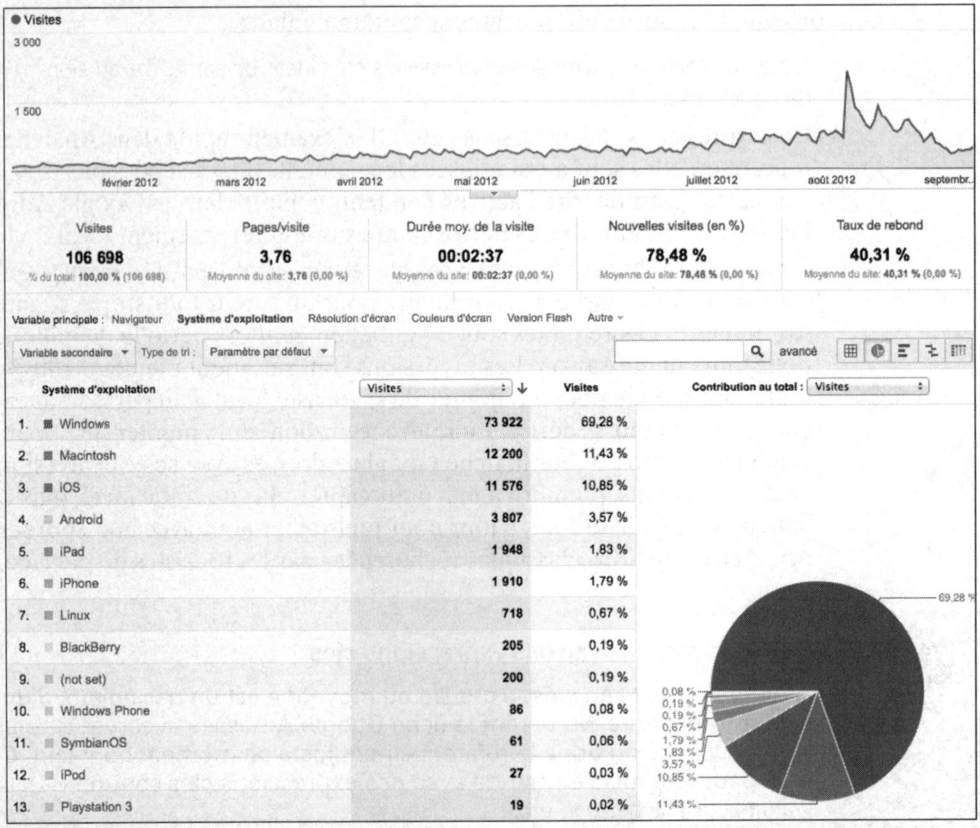

Figure 13-24 : *Les machines utilisées pour venir sur le site.*

En effet, iOS recouvre les iBidules en tout genre sans avoir plus de précisions. iPhone et iPad en revanches sont bien plus clairs. Ils font jeu égal. On considèrera que la moitié des visites iOS sont des iPhone. On voit qu'il est recommandé de disposer d'un site capable d'être correctement affiché et visible sur écran de mobiles. Des réglages en feuille de style devraient être suffisants.

ASTUCE

N'investissez pas un gros budget dans une version dédiée mobile

Plusieurs tests nous ont montré que les sites pour mobiles n'étaient absolument pas prioritaires à ce jour dans les SERP de Google. Il est inutile pour une PME de développer un site dédié mobile pour obtenir du trafic ciblé mobile. Google sur iPhone propose les mêmes résultats de recherche que Google depuis un desktop. Sauf à vouloir absolument un site version

ASTUCE

iPhone comme **lemonde.fr** par exemple, il est inutile à ce jour (septembre 2012) d'investir au-delà d'un simple confort d'affichage pour mobile pour la quasi-totalité de sites de PME.

Analysons le trafic : GWT

Google Webmaster Tools va nous donner des informations complémentaires utiles pour le SEO du site.

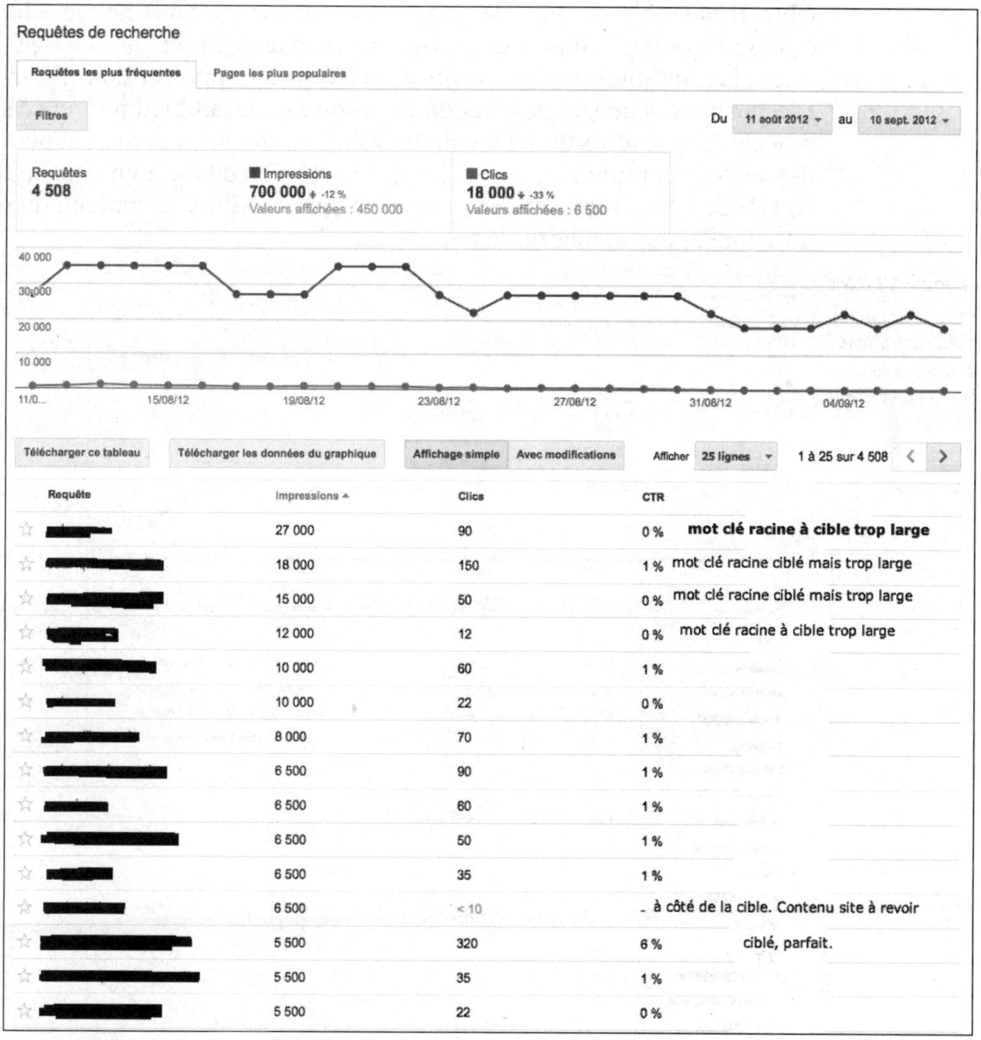

Requête	Impressions	Clics	CTR	
[redacted]	27 000	90	0 %	**mot clé racine à cible trop large**
[redacted]	18 000	150	1 %	mot clé racine ciblé mais trop large
[redacted]	15 000	50	0 %	mot clé racine ciblé mais trop large
[redacted]	12 000	12	0 %	mot clé racine à cible trop large
[redacted]	10 000	60	1 %	
[redacted]	10 000	22	0 %	
[redacted]	8 000	70	1 %	
[redacted]	6 500	90	1 %	
[redacted]	6 500	60	1 %	
[redacted]	6 500	50	1 %	
[redacted]	6 500	35	1 %	
[redacted]	6 500	< 10	-	à côté de la cible. Contenu site à revoir
[redacted]	5 500	320	6 %	ciblé, parfait.
[redacted]	5 500	35	1 %	
[redacted]	5 500	22	0 %	

Figure 13-25 : *GWT, Trafic > Requêtes de Recherche triées en décroissant depuis la plus affichée*

Trafic > Requêtes de Recherche liste les expressions clés (requêtes) triées de manière décroissante depuis la plus affichée. Ces statistiques nous apprennent :

- Que le snippet du site est affiché sur de nombreux mots ou expressions clés bien trop large en ciblage. Par exemple, c'est comme si un loueur de voiture à Bordeaux voyait son site proposé en résultats de recherche sur le mot clé voiture. On ne peut rien contre ce mécanisme, car un tel site a besoin d'être vu sur location de voiture.
- Sur les 10 premières expressions clés affichées, les dix qui ont le plus d'affichages dans Google, une expression clé est parfaitement ciblée et elle rapporte 6 % de clics, une autre expression-clé est totalement à côté de la cible. Il va falloir identifier la page proposant ce mot clé et lui faire diminuer sa mise en exergue auprès de Google. Cette page gaspille du « *Google juice* ». Il faut la réorienter vers une expression clé apte à apporter du trafic ciblé. C'est comme si un site de location de voiture se voyait bien référencé sur le mot clé Porsche alors qu'il loue un tel véhicule une fois par an. On peut se demander pour quelle raison l'expression clé bien ciblée a un taux de clic (CTR) de 6 % seulement. Ne pourrait-on pas modifier le contenu du site et du snippet pour améliorer le taux de clics ?

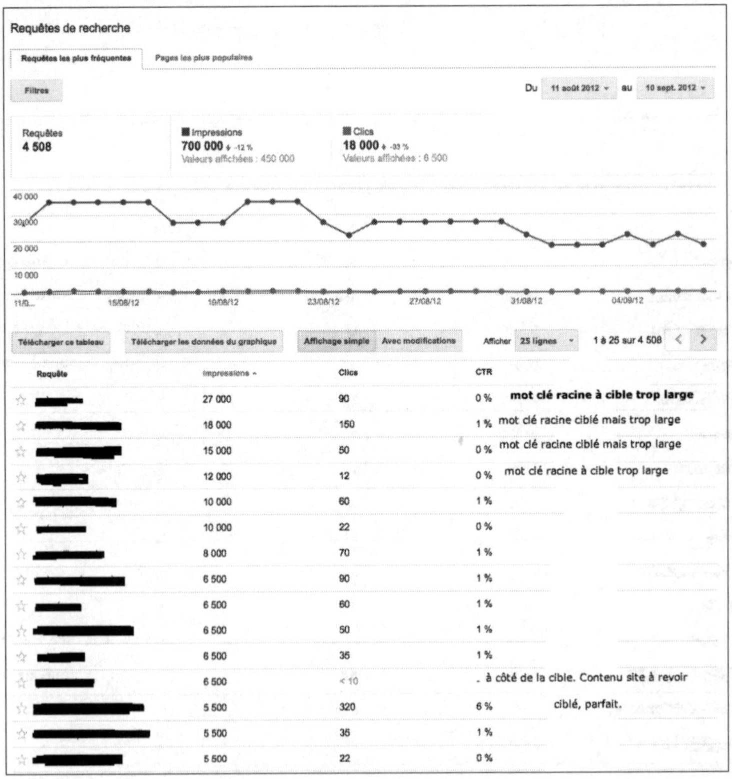

Figure 13-26 : *GWT, Trafic > Requêtes de Recherche triées en décroissant depuis la plus cliquée en volume*

Afficher les requêtes les plus cliquées en volume doit normalement nous afficher les expressions clés que nous ciblons sur le site. S'il en manque, il faut se poser des questions. Si les volumes ne sont pas proches des volumes estimés par Google Trends ou par Google AdWords (trafic des mots clés par l'outil générateur de mots clés), il faut aussi se questionner.

Par exemple enterrement de vie de jeune fille nous donne 250 affichages sur un mois avec un taux de clic de 28 %.

Google AdWords > **outil générateur de mots clés** ne donne aucune information sur enterrement de vie de jeune fille. C'est comme si personne ne saisissait cette requête dans Google ! Nous sommes obligés de nous rabattre sur enterrement de vie de fille. 135 000 requêtes en mode *Large*, quelques dizaines à centaines dans les autres modes. Cela indique un fort trafic dispersé sur une immense longue traine. Le ratio population de la zone de chalandise par rapport à la population française nous donne 1 %. En clair nous pouvons considérer que le volume moyen de requêtes sur enterrement de vie de fille est de 135 000 x 1 % = 1 350 en mode *Large*. Avec 250 affichages sur enterrement de vie de jeune fille, on voit que nous sommes à peu près dans le volume de cette expression clé précise.

Cette approche nous apprend aussi que l'expression enterrement de vie de fille doit être testée en SEO sur le site. On a peut-être là une expression clé insuffisamment travaillée.

Google Trends nous indique que août 2012, mois de la mesure, le volume de requêtes sur cette expression clé est en chute libre à 41 % du trafic de mai 2012. Cela nous confirme que la saisonnalité de cette expression clé ne suit pas celle des touristes de juillet-août.

13.4 Résumé

Un site d'artisan peut disposer d'une bonne visibilité dans Google à condition de bien gérer son référencement local (Google Adresses) et de posséder un site web même très simple et à bas coût basé sur WordPress. Il sera primordial d'obtenir des avis positifs dans Google au sujet de son entreprise.

Un site de e-commerce à petit ou moyen budget doit se préoccuper de sa fiche Google Adresses pour des raisons de crédibilité. Le site devra affronter de nombreux concurrents. Un net investissement en référencement sera nécessaire. Une analyse des diverses statistiques sera nécessaire afin d'identifier les défauts en référencement du site, les oublis, les inévitables corrections (mots clés inutiles ou mal évalués en importance, mots clés sous-estimés dans leur potentiel à créer du trafic et des commandes…).

Un site d'acteur dans le tourisme dépendra de sa taille et de son métier. Tous auront besoin de liens et de présence dans les annuaires gratuits ou payants. Les plus ambitieux auront besoin, comme les sites de e-commerce, d'analyser finement leurs statistiques pour créer du trafic ciblé selon les périodes choisies. Remplir son activité en saison creuse est un enjeu important pour tous les sites intervenant dans le tourisme.

chapitre

14

Annexes

14.1 Conclusion

Au fil de ce livre, par rapport aux éditions simplifiées publiées les années précédentes, plusieurs points clés ressortent.

Il est de plus en plus complexe de référencer un site. Il y a davantage de compétition, des acteurs malhonnêtes tentent de piller vos contenus, Google est de plus en plus difficile à conquérir sur vos mots clés malgré ses affirmations de « *faites un bon contenu, on s'occupe du reste* ».

Pour créer du trafic, il se révèle nécessaire d'analyser de plus en plus finement les statistiques de votre site. De nombreuses informations capables d'aider votre référencement s'y cachent.

Réussir son référencement devient une tâche chronophage et complexe. Vu son importance dans le développement commercial d'une entreprise, il est fondamental de suivre cet aspect. Il est essentiel de comprendre comment tout ceci fonctionne pour suivre les éventuels intervenants, internes ou extérieurs, et la qualité de leurs travaux.

Les divers chapitres de cet ouvrage vous montrent un principe de base. Le référencement tient de la *plomberie*. On relit des pages de sites de toutes sortes par des tuyaux. Dans ces tuyaux coule un « Google juice » qui transporte des informations liées au référencement. On peut appeler ce liquide, le Page Rank. Il prend des informations sur la page de départ et il les associe à des informations de la page ciblée par le lien. Mieux vous comprendrez et exploiterez ce principe, le mieux vous réussirez votre référencement. C'est ce que ce livre essaie de faire : de vous faire comprendre ces mécanismes qui prennent différentes formes mais qui aboutissent tous au même objectif de Google : évaluer vos contenus, votre crédibilité à les publier et les réactions des internautes.

Panda et Penguin. Google utilise désormais un logiciel « intégré » pour identifier un comportement suspect de webspam destiné à abuser ses algorithmes. Désormais ces comportements suspects pris isolément, peuvent être évalués simultanément par Google pour en déduire si un site triche et floue les calculs produits par Google.

14.2 Webographie

Google

- **http://www.google.com/tools/firefox/toolbar/FT2/intl/fr/** : Pour avoir le Page Rank d'une page et quelques autres fonctions pratiques pour l'optimisation… À noter que la Google Toolbar pour Firefox est un outil fort pratique. Elle existe aussi pour Microsoft Internet Explorer.

- **http://www.google.fr/addurl** : Pour soumettre son site à Google…
- **http://www.mattcutts.com/blog/how-to-report-paid-links/** : La page de Matt Cutts, ou Google et les paid links… Cette page est régulièrement mise à jour. Matt Cutts, via ce blog, est la "voix" officielle de Google pour tout ce qui touche aux règles d'optimisation des pages.
- **http://www.google.com/dmca.html** : Si vous êtes victime d'un vol de données sur votre site et qu'en plus vous êtes mis en duplicate content, voici le formulaire pour demander à Google de corriger l'erreur et signaler la violation d'un copyright…
- **http://www.google.com/analytics/fr-FR/** : Google Analytics. Google commercialise gratuitement ou de manière payante selon la volumétrie du site, cet outil d'analyse de trafic et de mesure d'audience. Son intégration à Google AdWords le rend particulièrement agressif vis-à-vis de ses concurrents.
- **http://www.google.fr/webmasters/tour/tour1.html** : Webmaster Tools facilite le travail du webmestre référenceur. L'onglet backlinks, qui contient les liens externes pointant vers chaque page du site évalué, est fort pratique pour vérifier la présence des liens retours.
- **https://adwords.google.fr/select/KeywordToolExternal?defaultView=2** : KeywordTool, pour rechercher vos mots clés.
- **http://www.google.com/trends** : Trends, pour obtenir des informations relatives à l'utilisation d'expressions-clés.
- **http://support.google.com/accounts/bin/answer.py?hl=fr&answer=54048** : comment désactiver la personnalisation en fonction de l'historique des recherches passées. Vous pouvez ainsi tester manuellement un positionnement sans avoir l'influence de vos recherches passées.
- **http://support.google.com/adwords/bin/answer.py?hl=fr&answer=2472679.**

Référencement

- **http://www.seo-camp.org/** : si votre activité principale ou vos centres d'intérêts sont le référencement ou le Search Engine Marketing (SEM), ce site et l'association SEO Camp vous intéresseront.
- **http://www.mediametrie.fr/home_departement.php?rubrique=net** : Médiamétrie est une société spécialisée dans la mesure d'audience sur tout média. Ce lien vous présente des informations générales à connaître pour tout référenceur. L'onglet sur le comportement des internautes vis-à-vis de la recherche en ligne est bien sûr un grand classique. À noter que Médiamétrie commercialise un outil de mesure d'audience de site : e-stat.
- **http://www.xiti.com** : Xiti commercialise des outils de mesures d'audience et d'analyse de trafic. Le site publie des études intéressantes sur le comportement des internautes.

- **http://www.webmaster-hub.com** : un forum à destination des webmestres et bien documenté pour le référencement. À connaître !
- **http://www.aufeminin.com** : un site techniquement intéressant pour le référencement. L'étude des codes sources de leurs pages est instructive. À suivre en veille technologique.
- **http://www.iwebtool.com** : un site pour les référenceurs amateurs de quelques outils et de news en anglais.
- **http://www.rankquest.com** : un site classique pour les référenceurs. À noter une barre d'outils à peu près complète pour un webmestre SEO.
- **http://outils.enaty.com** : des news en français ou pointant vers des sites anglo-saxons sur le référencement entre autres.
- **http://www.stonetemple.com** : le site d'une société SEO et webmarketing orientée moteurs de recherche.

  L'onglet **Articles** contient des interviews avec des pointures du Web : **http://www.stonetemple.com/STC_Articles.shtml**.
- **http://www.webrankinfo.com** : ce site publie des articles, un forum dédié au référencement. Un classique dans le monde des référenceurs.
- **www.hochmanconsultants.com/articles/sitelinks.shtml** : cette source, en anglais, s'est donné la peine d'étudier les sites de ses clients pour en tirer quelques pistes de travail utiles sur la manière d'obtenir un Sitelinks de Google. Plusieurs des points identifiés par cette source recoupent mes propres mesures statistiques.
- **http://wordpress.org/extend/plugins/search.php?q=seo** : la liste des plugins WordPress pour le SEO.

Outils

- **http://www.link-assistant.com/** : cette société fournit une suite d'outils d'excellente qualité, notamment Rank Tracker. Une suite complète existe : SEO Power Suite.
- **http://fr.wikipedia.org/wiki/Lynx_(navigateur)** : Lynx était un navigateur texte, sans souris, particulièrement adapté aux malvoyants pour différentes raisons techniques. Un bot de moteur se comporte comme un navigateur texte type Lynx. Depuis, d'autres possibilités permettent d'obtenir le même résultat sans s'encombrer à installer un navigateur MS-DOS sur sa machine. Wikipedia décrit bien Lynx. On pourra aussi utiliser le plug-in pour Firefox **http://www.yellowpipe.com/yis/tools/lynx/rightlynx** ou désactiver tous les plug-in et JavaScript d'un navigateur destiné exclusivement aux tests comme Opera ou Firefox.
- **https://addons.mozilla.org/en-US/firefox/addon/722** : Noscript est un plug-in Firefox pour naviguer de manière à peu près sécurisée sur le Net. Il filtre de nombreux scripts et sécurise votre navigation.

- **http://www.joostdevalk.nl/seo-tools/link-analysis.** Plusieurs outils ou plug-in simplifiant la vie du référenceur. SEO Link Analysis complète le travail de Google Webmaster Tools, en affichant le PR des liens entrants par exemple. C'est très pratique pour évaluer partiellement la qualité des liens entrants. Les liens en PR grisés ne valent rien. En travaillant avec le propriétaire de la page, le PR peut être réalloué ce qui bénéficie à votre référencement.
- Pour soumettre son site à Yahoo! : **http://fr.siteexplorer.search.yahoo.com/free/submit**.
- Pour soumettre son site à Microsoft Bing : **http://www.bing.com/?cc=fr**.
- **www.yooda.com** : La société Yoodacommercialise ou met à disposition des outils pour le référencement. Parmi ceux-ci, il y a le logiciel Map (pour faire un *sitemap.xml*) et un analyseur de densité de mots dans une page HTML.
- Il existe de nombreux fournisseurs de logiciels calculant le positionnement des pages de votre site (ou d'un site concurrent) sur une liste d'expressions-clés. On gagne ainsi un temps précieux. Celui-ci offre un rapport qualité/prix intéressant : **http://www.link-assistant.com/rank-tracker/**.

Un hébergeur peut se prétendre français et héberger hors de France. Nous avons vu qu'un site web en .com ainsi hébergé rencontrait de nombreux problèmes de référencement.

- **http://ip-to-country.webhosting.info/node/view/36** vous permet de vérifier une adresse IP par rapport au pays où elle est allouée.
- **http://www.whatismyip.com/** est un autre site qui fournit des utilitaires forts pratiques pour les néophytes quand il s'agit de comprendre ce qui se passe avec les adresses IP.
- **http://www.hyper-lien.com/outils/hebergeur-site.php** : un outil en ligne qui vous permet de savoir par qui est hébergé un site donné.
- **http://www.sitemaps.org** : tout sur le protocole sitemap.
- **http://www.seo-browser.com** : cet outil vous présente une page comme la verrait un bot de moteur. On peut naviguer en cliquant sur les liens.
- **http://www.webrankinfo.com/outils/header.php** : Un analyseur d'en-tête HTTP (HTTP header). Vous saisissez une URL, et l'outil vous renvoie le code HTTP rencontré, qu'il s'agisse d'une erreur ou d'une redirection vers une autre URL. C'est pratique pour tester un jeu de redirections codées dans un fichier *.htaccess*.
- **http://www.duplicatecontent.net** : outil en ligne vous permettant de comparer deux pages pour traquer le duplicate content en contenu ou en structure technique.
- **http://www.symfony-project.org/**, Symfony : un framework de développement web informatique, puissant mais réservé à des codeurs professionnels.
- **http://cakephp.org/**, CakePHP : issu du MIT, un autre framework de développement web informatique, puissant et lui aussi réservé à des codeurs professionnels.

La commande ping sous MS-DOS (son émulation sous Windows XP) vous permet d'obtenir la correspondance entre un nom de domaine et une adresse IP. Exemple : **www.1and1.fr** est un hébergeur français. On est en droit de penser, en tant que client de ce fournisseur d'hébergements, que **monsite.com** sera donc hébergé en France. L'adresse IP de ce site en juillet 2008, obtenue par ping www.1and1.fr est 212.227.126.71. L'outil *ip-to-country* (dont nous donnons l'adresse quelques lignes au-dessus) indique que le serveur d'hébergement est en fait en Allemagne. Les sites en .com, en .net, en .org de webmestres ignorant l'impact d'une telle géolocalisation seront défavorisés dans l'index de Google face à leurs concurrents hébergés sur des serveurs géolocalisés en France.

Googlez "php gd library" pour lister de nombreux sites exposant comment générer des images contenant du texte.

Et pour finir, cette adresse et cet outil (non testé) : **www.netim.fr/tools/geo_localisation.php**.

Google Panda

- **http://www.seo-theory.com/2011/05/06/characteristics-of-the-google-panda-algorithm/** : résumé de connaissances sur Panda en mai 2011. Article très instructif sur la genèse de Panda.

URL rewriting, expressions régulières

L'URL rewriting (réécriture d'URL à la volée) pour les débutants : via Google, on trouve de nombreux sites sur la réécriture d'URL. L'expression-clé à googler est "URL rewriting".

Voici quelques sites parmi d'autres :

- **http://www.webrankinfo.com/analyses/autres/url-rewriting-debutants.php** ;
- **www.webmaster-hub.com/publication/Mod-rewrite-ou-la-reecriture-des.html** ;
- **fr.wikipedia.org/wiki/Htaccess** ;
- **www.urlrewriting.fr/**.

L'URL rewriting nécessite de comprendre la programmation par expressions régulières. Voici l'expression-clé à googler "expressions régulières" et quelques URL :

- **http://www.expreg.com/rewrite.php** ;
- **http://www.commentcamarche.net/php/phpreg.php3** ;
- **http://www.expreg.com/** ;
- **http://www.asp-php.net/tutorial/asp-php/regexp.php** ;
- **http://awstats.sourceforge.net** : ce logiciel exige que vous ayez les droits d'administration sur Apache et Linux de votre serveur d'hébergement. En général, c'est votre serveur.

Si vous êtes en hébergement mutualisé (OVH et autres), vous devriez avoir accès à un logiciel d'analyse de vos fichiers de log. Cette approche technique possède un avantage sur les autres solutions : il comptabilise les accès à Apache et aux fichiers du disque dur. Ce qui a pour conséquence qu'aucun script ou plug-in ne pourra dissimuler un internaute ou un bot à un tel outil.

14.3 Points-clés du référencement réussi

Cette annexe vous résume les actions à coordonner pour réussir votre référencement et positionnement sur un moteur pour vos mots clés.

Sélectionner les mots clés

Sélectionner les mots clés porteurs de trafic ciblé et qualifié est le premier enjeu de votre référencement/positionnement.

Un audit de vos mots clés est nécessaire. En partant des mots clés évidents, à l'aide principalement de l'outil Google générateur de mots clés, vous pourrez chercher tous les mots clés et combinaisons porteurs de trafic. L'étude des sites de la concurrence pourra également vous donner quelques pistes.

Structurer le site Web 1.0

Un moteur de recherche essaie de comprendre le contenu de vos pages. Pour y arriver et effectuer les autres missions à réussir, un moteur aurait besoin d'une ressource quasi infinie en serveurs. Ce n'est pas le cas. Les codeurs de Google doivent donc arbitrer entre la consommation de ressources informatiques et la bonne compréhension et donc l'indexation d'une page et de son contenu.

Quelques règles permettent d'adapter le site aux capacités limitées en compréhension du moteur :

- Une page contient un contenu lié à un et un seul thème.
- Une rubrique, contenant des pages, regroupe des thèmes connexes.
- Un site, le regroupement des rubriques, porte sur une thématique générale.

Tenter de ne pas dépasser 5 % d'exception aux règles précédentes. Sinon, réfléchissez au pourquoi de tant d'exceptions. N'y aurait-il pas un problème dans votre business plan, votre logique ou votre structure ?

Ces règles vont avoir d'autres effets positifs :

- Les internautes comprendront plus facilement la vocation du site, de chaque rubrique, de chaque page. Cela permet de mieux cibler le trafic et de diminuer le taux de rebonds.

- Un thème, une page permet de plus facilement répartir les mots clés du point précédent sur les différentes pages du site.
- Il sera plus facile de rédiger un texte strictement centré sur un thème précis pour le contenu de ladite page.
- On profitera de chaque page tête de rubrique pour regrouper des mots clés dispersés sur différentes pages de cette rubrique dans une seule page. On gardera ainsi une visibilité sur des requêtes peu usitées mixant des mots clés peu connexes.

Passer en Web 2.0

La masse des internautes utilisant le site fait la puissance de Google. Sans eux, le moteur rejoindrait AltaVista au musée des antiquités.

Google doit les conserver. Pour cela, il doit les fidéliser par sa qualité globale. Mettre l'internaute au centre de sa stratégie est donc la seule voie possible pour dominer le marché de la recherche sur Internet.

Le Web 2.0 est basé sur l'interactivité internautes/site. Google a mis au centre de sa stratégie de référencement/positionnement la détection et la mesure de toutes les interactions entre un site et son audience.

Structurer son site en Web 2.0, c'est se donner davantage de potentiel de visibilité en utilisant Google. Le propos de ce livre n'est pas d'apprendre à migrer de Web 1.0 vers Web 2.0. Néanmoins, voici quelques pistes de réflexion :

- Disposer de contenus de qualité. Un constructeur de maisons en bois dédiera une rubrique à l'écologie et à la construction en bois.
- Faciliter la pose de liens sociaux sur toute page ayant du contenu.
- Permettre une interactivité directe dans le site avec l'internaute : *votre avis*, *votre commentaire*, *votre note*, *poser des questions*, etc. Modérer ces interactions et y répondre.

Ces interactions vont produire des liens sociaux et des contenus pour le plus grand bénéfice de votre positionnement.

Gérer la cohérence et l'optimisation des mots clés

Toutes les optimisations et actions de référencement/positionnement sont interdépendantes. Plus elles sont nombreuses et cohérentes, plus le référencement/positionnement est réussi.

On peut augmenter la partie volume des actions de référencement simplement en augmentant le volume de pages d'un site web.

Optimiser une page signifie placer les mots clés voulus en exergue dans l'ordre désiré par le référenceur.

- Les mots clés stratégiques, 3 à 5 maximum par page, devront apparaître dans tous les critères on page y compris dans le title de page et les ancres de liens quittant le site (nuages de liens, etc.)
- Les mots clés importants, 3 à 5 maximum par page, devront apparaître dans presque tous les critères on page, y compris l'URL naturelle ou réécrite, mais jamais dans le title de page.
- Les mots clés standard n'apparaîtront jamais dans les critères on page suivants : title de page, meta description, URL naturelle ou réécrite.

Les mots clés de chaque page doivent être cohérents avec le contenu de la page.

La réécriture d'URL ou les URL naturelles doivent suivre la logique de la structure du site exposée plus haut et participer via l'usage de mots clés à l'optimisation de chaque page.

Les navigations transverses avec des URL chargées en arguments doivent être masquées à Google. Différentes techniques le permettent.

La règle *une page : une URL unique* doit être suivie. Les URL en doublons peuvent rester sur le site, mais elles doivent être cachées à Google en utilisant des nofollow ou des code JavaScript.

Rédiger correctement le contenu

À chaque page doit correspondre un contenu unique et à thématique unique avec un texte de quelques centaines de mots significatifs. Sinon, elle risque de ne pas être indexée par le moteur.

Ce contenu doit être correctement rédigé et donc être correct du point de vue de l'orthographe (sauf optimisation spéciale sur les coquilles), de la grammaire et de la syntaxe. Il n'est pas exigé d'avoir des qualités rédactionnelles dignes d'un écrivain. Il faut juste respecter la langue. Le moteur n'a pas la capacité à comprendre jeux de mots ou argot ou une écriture "parlée" et familière.

Utiliser le Page Rank Sculpting, le siloing, les nuages de liens

Les menus du site répartissent le Page Rank de manière équitable entre chaque niveau hiérarchique :

- La page d'accueil a le maximum.
- Les têtes de rubrique ont un peu moins de PR que la page d'accueil.
- Les pages dans les rubriques en ont moins que les pages têtes de rubrique et ainsi de suite.

Les nuages de liens, aussi appelés tags cloud ou gestion des tags, ont plusieurs fonctions majeures :

- Faciliter la navigation entre pages du site distantes de plusieurs clics en navigation hiérarchisée calquée sur la structure du site.
- Transférer un peu de Page Rank de pages standard liées à un ou plusieurs mots clés vers des pages stratégiques sur ces mêmes mots clés. C'est le Page Rank Sculpting.
- Mettre en exergue les mots clés du libellé du lien sur la page de départ et sur la page d'arrivée.

Gérer le *siloing* (hiérarchisation de l'information verticale, comme dans un silo). Les informations d'un site structurées en silos aident Google à comprendre les contenus du site. Cela favorise ainsi le référencement. Lorsque ce concept est correctement manipulé, il est possible d'influencer Google pour améliorer le positionnement de son site sur des expressions-clés.

Les mots clés devront donc être à peu près cohérents entre chaque paire de pages liée par un tel lien.

Automatiser l'optimisation

Optimiser chaque page va vite se révéler un travail éreintant et titanesque. Il faut automatiser plus ou moins celui-ci. Le codage de scripts en PHP, qui utilisent MySQL comme base de données, permettra à un codeur d'éliminer ce travail chronophage.

Eviter le spamdexing

Il est fortement recommandé de ne coder aucune technique de spam pour flouer le moteur (le *spamdexing*). C'est au final peu efficace et contre-productif.

La définition d'un paid link, une forme de spamdexing, un backlink "payé" selon Google, recouvre en fait une multitude de cas transformant quasiment tout backlink négocié en paid link.

Le netlinking à base de paid links constitue la seule exception possible à cette règle de ne jamais faire de spamdexing.

Mettre en place du netlinking et Linkbuilding

Un backlink correctement codé et réfléchi véhicule un peu de Page Rank et quelques mots clés qui seront mis en exergue sur la page de départ du lien et sur la page d'arrivée.

La cohérence de ces mots clés et des thèmes des 2 pages liées est de rigueur. Cette cohérence peut être totale (exactement le même thème) ou connexe (des thèmes voisins).

La mise en place d'une stratégie de netlinking, qu'ils soient considérés comme des paid links ou non par Google, peu importe, est indispensable au bon positionnement du site sur ses mots clés.

On évitera les paid links grossiers : manifestement issus de fermes de liens, ils n'ont aucune cohérence avec vos pages (des sites sans contenu ou dont le contenu est généré automatiquement par des robots, etc.). Tout backlink mis en place doit être cohérent, complètement ou approximativement. On peut presque toujours trouver une approche pour rendre un lien incohérent à peu près cohérent. Il faut juste y consacrer un peu d'imagination, de temps et d'efforts.

Le netlinking met du temps à porter ses fruits, mais c'est un investissement sur la durée et efficace.

Les liens doivent être tissés :

- Par des échanges de liens bien ciblés et en "quantité raisonnable", sinon Google, qui tolère ce troc, les passera en paid links. Google n'a jamais documenté la valeur de "quantité raisonnable".
- Par des actions de netlinking cohérentes : l'exemple d'un netlinking entre fournisseur et réseau de distribution est détaillé dans ce livre. Votre imagination en webmarketing (ou celle de votre prestataire) doit vous inspirer une démarche efficace. Il vous faudra un budget et du temps. Les campagnes de qualité sont chronophages et nécessitent des trésors de patience et de diplomatie.
- Par l'inscription de votre site dans des annuaires à peu près de qualité. Cela sera surtout efficace pour noyer vos autres actions de netlinking et éviter ainsi d'être en anomalie statistique, avec le risque d'un contrôle trop approfondi de Google sur l'ensemble de votre site.
- En les louant, à condition de bien vérifier la qualité de ces paid links. Certes, le risque est nul pour votre site, mais il est inutile de perdre votre temps et votre argent avec des liens grossiers et sans intérêt.

Choisir entre positionnement naturel et AdWords

AdWords, les liens sponsorisés de Google, et le positionnement naturel sont complémentaires. Dans de multiples cas, il est intéressant de tester ou de laisser une expression-clé en AdWords plutôt que d'investir en référencement naturel.

Les deux approches sont à pratiquer par tout traffic manager ayant en charge la création de trafic ciblé et qualifié sur son site web.

Maintenir le référencement

Il est très courant d'oublier des mots ou expressions-clés. L'imagination des internautes n'ayant pas de limites, on trouve régulièrement de nouvelles idées en étudiant l'audience et les statistiques du site via divers outils : Xiti, Google Analytics pour citer quelques exemples de logiciels d'analyse de trafic et d'audience basés sur l'approche technique des marqueurs en JavaScript.

Awstats est un logiciel à installer sur le serveur d'hébergement. Il faut avoir le droit d'en être l'administrateur. Il utilise les accès physiques aux ressources du serveur Apache pour comptabiliser le trafic. Si votre hébergement est mutualisé, vous avez probablement accès à un outil logiciel identique ou équivalent analysant le fichier de log du serveur Apache de votre site.

Avec ces outils, vous pouvez mesurer la performance de vos expressions-clés, en découvrir de nouveau, déduire de nouveaux centres d'intérêt des internautes. Ces informations vous permettent de mettre à jour vos mots clés, d'arbitrer l'abandon de certains au profit de nouveaux entrants.

Webmaster Tools de Google suit plusieurs paramètres importants : la liste des liens entrants sur le site, la vision de Google de vos mots clés dans des libellés de backlink et quelques autres informations de même nature.

Utiliser les rapports de positionnement

Deux techniques existent. L'une utilise une API de Google, qui en limite l'usage à X utilisations par 24 heures. L'autre simule un navigateur et interroge directement Google.

Le résultat par API est une moyenne de position sur une durée avec probablement un filtrage moyen.

Le résultat par interrogation directe est généralement différent, sur un même mot clé pour un même site, du résultat par API. C'est une photo à un instant donné de l'état de l'index avec le filtrage correspondant à votre position, historique et poste de travail.

Les deux résultats sont plutôt complémentaires. L'un donne la tendance, l'autre livre l'instantané.

chapitre

15

Index

!

A

B

C

D

E

F

G

H

I

J

K

L

M

N

O

P

U

V

W

X

Y

Notes

Notes

Notes

Notes

Comprosé et imprimé en France. - JOUVE, 1, rue du Docteur Sauvé, 53100 MAYENNE
N° 970177U. - Dépôt légal : octobre 2012